존재와 시간

정식 한국어판

존재와 시간

마르틴 하이데거

이기상 옮김

까치

Sein und Zeit (17th edition)
by Martin Heidegger

Korean translation copyright © 1998 by Kachi Publishing Co., Ltd.
Copyright © 1993 by Max Niemeyer Verlag GmbH. Co.
All rights reserved.
This Korean edition was published by arrangement with Max Niemeyer Verlag GmbH. Co., Tübingen through DRT International, Seoul.

이 책의 한국어 판권은 DRT International/뿌리깊은나무 저작권 사무소를 통한 저작권자와의 독점계약으로 (주)까치글방에 있습니다. 저작권법에 의해서 한국 내에서 보호받는 저작물이므로 무단전재 및 복제를 금합니다.

역자 이기상(李基相)
가톨릭대학교 신학부를 졸업하고 벨기에 루뱅 대학교 신학대학원에서 석사과정을 수료했다. 그후 독일 뮌헨 예수회 철학대학교에서 철학 석사학위와 박사학위를 취득했다. 1984-2012년 한국외국어대학교 철학과 교수로 재직했으며 현재 한국외국어대학교 명예교수이다. '우리말로 학문하기 모임'의 초대회장이었으며, 현재 우리사상연구소 소장이다. 1992년 열암학술상, 1994년 한국출판문화상 번역상을 수상했다. 주요 저서로 『하이데거의 실존과 언어』, 『하이데거의 존재와 현상』, 『하이데거의 존재사건학』, 『철학노트』, 『콘텐츠와 문화철학』, 『지구촌 시대와 문화콘텐츠』, 『글로벌 생명학』 외 다수가 있으며 역서로 『형이상학이란 무엇인가』(하이데거), 『형이상학의 근본문제들』(하이데거), 『기술과 전향』(하이데거), 『하이데거 사유의 길』(페겔러), 『하이데거의 예술철학』(폰 헤르만) 외 다수가 있다.

정식 한국어판
존재와 시간

저자 / 마르틴 하이데거
역자 / 이기상
발행처 / 까치글방
발행인 / 박후영
주소 / 서울시 용산구 서빙고로 67, 파크타워 103동 1003호
전화 / 02 · 735 · 8998, 736 · 7768
팩시밀리 / 02 · 723 · 4591
홈페이지 / www.kachibooks.co.kr
전자우편 / kachibooks@gmail.com
등록번호 / 1-528
등록일 / 1977. 8. 5
초판 1쇄 발행일 / 1998. 2. 25
제2판 1쇄 발행일 / 2025. 5. 7
　　　　3쇄 발행일 / 2025. 11. 10

값 / 뒤표지에 쓰여 있음

ISBN 978-89-7291-867-7　93110

존경과 우정으로
에드문트 후설에게 바친다.

1926년 4월 8일 바덴 주 슈바르츠발트의 토트나우베르크에서.

일러두기

1. 이 책은 마르틴 하이데거(Martin Heidegger)의 『존재와 시간(*Sein und Zeit*)』(Max Niemeyer Verlag, Tübingen, 2006) 제19판을 대본으로 삼아 번역했다. 제19판은 전집 발간을 위해서 전체를 다시 한번 꼼꼼히 읽으며 교정을 보았다는 것과 하이데거가 토트나우베르크 오두막에 두고 가까이 사용하던 하이데거 자신의 『존재와 시간』 소장본을 참고로 하여 그 소장본의 가장자리 여백에 기록한 주석을 싣고 있다는 점이 특색이다.
2. 본문 좌우의 숫자(1, 2……)는 원서의 해당 쪽수를 나타낸다.
3. 숫자 주(1), 2)……)는 초판에 실린 지은이의 주석이다.
4. 별 주(*, **……)는 앞에서 언급한 여백 주석에 해당하는 지은이의 주석이다.
5. 칼 주(†, ††……)는 옮긴이가 이해를 돕기 위해서 보탠 옮긴이의 주석이다. 그 내용은 619쪽 이하에 모아놓았다.
6. 큰따옴표(" ")는 원서의 강조 부호(» «)에 해당하며, 작은따옴표(' ')는 옮긴이가 추가한 부호이다.
7. 대괄호([ ]) 안의 낱말은 역자가 이해를 돕기 위해서 보탠 것이다.
8. 소괄호(( ))는 원문에 나오는 그대로이다. 단 소괄호 안의 그리스어나 라틴어, 한자 표기는 옮긴이가 첨가한 것이다.

책 머리에†

 이 책 『존재와 시간』은 1927년 초 후설(Edmund Husserl)이 펴낸 학술지 『철학 및 현상학 탐구 연보』 제8집에 처음으로 발표되었으며 동시에 별책부록으로 출간되었다.
 여기 새로운 판으로 모습을 보인 제7판은 텍스트에서는 아무것도 바뀐 것이 없다. 단지 인용과 구두점을 새로 보며 손댔을 뿐이다. 이 신판의 쪽수는 극미한 차이가 날 뿐 첫판의 쪽수와 일치한다.
 지금까지의 판에 따라다녔던 "제1부"라는 표시를 삭제했다. 사반세기가 지난 지금, 제1부가 새로이 쓰이지 않고는 제2부가 그대로 이어질 수 없다. 그럼에도 존재에 대한 물음이 우리 현존재를 움직여야 한다면, 여기에서 제시한 길은 오늘날에도 여전히 꼭 필요한 것으로 남아 있다.
 이 존재에 대한 물음의 해설을 위해서는 같은 출판사에서 발간된 『형이상학 입문』을 참조할 것을 권한다. 이 책은 1935년 여름학기의 강의 텍스트를 담고 있다.

차례

책 머리에 7

서론 존재의 의미에 대한 물음의 설명

제1장 존재물음의 필연성, 구조 그리고 우위

제1절 존재에 대한 물음을 분명히 다시 제기해야 할 필연성 17
제2절 존재에 대한 물음의 형식적 구조 21
제3절 존재물음의 존재론적 우위 27
제4절 존재물음의 존재적 우위 30

제2장 존재물음의 정리작업에서의 이중의 과제. 탐구의 방법과 그 개요

제5절 현존재의 존재론적 분석론은 존재 일반의 의미를 해석하기 위한 지평을 파헤쳐 드러냄이다 36
제6절 존재론의 역사를 해체해야 하는 과제 42
제7절 탐구의 현상학적 방법 52
      가. 현상의 개념 54
      나. 로고스의 개념 58
      다. 현상학의 예비개념 62
제8절 논구의 개요 69

제1부 현존재를 시간성으로 해석하고 시간을 존재에 대한 물음의 초월론적 지평으로 설명함

제1편 현존재에 대한 예비적 기초분석

제1장 현존재를 예비적으로 분석해야 하는 과제의 설명
제9절 현존재 분석론의 주제 72
제10절 현존재 분석론을 인간학, 심리학, 생물학과 구별하여 한정함 77
제11절 실존론적 분석론과 원시적 현존재의 해석. "자연적 세계개념" 획득의 어려움 84

제2장 현존재의 근본구성틀로서의 세계-안에-있음 일반
제12절 안에-있음 그 자체에 방향을 잡아 세계-안에-있음을 대강 그려봄 87
제13절 어떤 한 기초 지어진 양태에서의 안에-있음의 범례화. 세계인식 97

제3장 세계의 세계성
제14절 세계 일반의 세계성이라는 이념 102
　가.　주위세계성 및 세계성 자체의 분석 107
제15절 주위세계에서 만나게 되는 존재자의 존재 107
제16절 세계내부적인 존재자에서 알려지는 주위세계의 세계적합성 115
제17절 지시와 기호 121
제18절 사용사태와 유의미성. 세계의 세계성 129
　나.　데카르트의 세계해석에 대비하여 세계성의 분석을 구별 부각시킴 138
제19절 연장된 사물로서의 "세계"에 대한 규정 139
제20절 "세계"에 대한 존재론적인 규정의 기초 142
제21절 데카르트의 "세계" 존재론에 대한 해석학적 토의 146
　다.　주위세계의 주위차원과 현존재의 공간성 155
제22절 세계내부적인 손안의 것의 공간성 156
제23절 세계-안에-있음의 공간성 160
제24절 현존재의 공간성과 공간 168

제4장 더불어 있음과 자기 자신으로 있음으로서의 세계-안에-있음. "그들"

제25절 현존재는 누구인가 하는 실존론적인 물음의 단초 174
제26절 타인들의 공동현존재와 일상적인 더불어 있음 178
제27절 일상적인 자기 자신으로 있음과 "그들" 190

제5장 안에-있음 그 자체

제28절 안에-있음에 대한 주제적 분석이 가지는 과제 198
   가. '거기에'의 실존론적 구성 203
제29절 처해 있음으로서의 거기에-있음 203
제30절 처해 있음의 한 양태로서의 공포 211
제31절 이해로서의 거기에-있음 215
제32절 이해와 해석 224
제33절 해석의 파생양태인 발언 231
제34절 현-존재와 말. 언어 240
   나. '거기에'의 일상적 존재와 현존재의 빠져 있음 249
제35절 잡담 250
제36절 호기심 254
제37절 애매함 257
제38절 빠져 있음과 내던져져 있음 260

제6장 현존재의 존재는 염려

제39절 현존재의 구조전체의 근원적인 전체성에 대한 물음 268
제40절 현존재의 한 탁월한 열어밝혀져 있음인
　　　　불안이라는 근본적 처해 있음 273
제41절 현존재의 존재는 염려 282
제42절 현존재를 염려로 보는 실존론적 해석을
　　　　현존재의 존재론 이전의 자기해석에서부터 확증함 290
제43절 현존재, 세계성, 실재성 295
   ㄱ) "외부세계"의 존재 및 그것의 증명 가능성의 문제로서의 실재성 297
   ㄴ) 존재론적 문제로서의 실재성 306
   ㄷ) 실재성과 염려 310

제44절 현존재, 열어밝혀져 있음, 진리 311
　ㄱ) 전통적 진리개념과 그 존재론적 기초 314
　ㄴ) 진리라는 근원적 현상과 전통적 진리개념의 파생성 320
　ㄷ) 진리의 존재양식과 진리의 전제 330

제2편　현존재와 시간성

제45절 현존재에 대한 예비 기초분석의 성과와
　이 존재자에 대한 근원적인 실존론적 해석의 과제 337

제1장　현존재의 가능한 전체존재와 죽음을 향한 존재

제46절 현존재적인 전체존재를 존재론적으로 파악하고 규정하는 것이
　불가능해 보임 344
제47절 타인의 죽음의 경험 가능성과 전체 현존재의 파악 가능성 346
제48절 미완, 종말, 전체성 351
제49절 죽음의 실존론적 분석과 이 현상에 대한
　가능한 다른 해석과의 제한구별 358
제50절 죽음의 실존론적-존재론적 구조를 앞서 그려봄 362
제51절 죽음을 향한 존재와 현존재의 일상성 366
제52절 일상적인 죽음을 향한 존재와 죽음의 완전한 실존론적 개념 370
제53절 죽음을 향한 본래적인 존재의 실존론적 기획투사 377

제2장　본래적 존재가능의 현존재적인 증명과 결단성

제54절 본래적 실존적 가능성을 입증하는 문제 388
제55절 양심의 실존론적-존재론적 기초들 392
제56절 양심의 부름의 성격 395
제57절 양심은 곧 염려의 부름 398
제58절 불러냄의 이해와 탓 406
제59절 실존론적 양심해석과 통속적 양심해석 419
제60절 양심에서 증거된 본래적인 존재가능의 실존론적 구조 427

제3장   현존재의 본래적인 전체존재가능과
        염려의 존재론적 의미로서의 시간성

제61절 현존재의 본래적인 전체존재를 제한규정함에서부터 시간성을 현상적으로
        밝혀내는 데에로 나아가는 방법적인 단계를 앞서 윤곽 지음 437
제62절 현존재의 실존적 본래적 전체존재가능은 앞질러 달려가보는 결단성 441
제63절 염려의 존재의미를 해석하기 위해서 획득한 해석학적 상황과
        실존론적 분석론 일반의 방법적 성격 449
제64절 염려와 자기성 457
제65절 염려의 존재론적 의미로서의 시간성 466
제66절 현존재의 시간성과 거기에서 발원하는 실존론적 분석을
        근원적으로 반복해야 하는 과제 477

제4장   시간성과 일상성

제67절 현존재의 실존론적 구성틀의 근본구성계기와
        그 구성틀에 대한 시간적 해석을 앞서 윤곽 지음 481
제68절 열어밝혀져 있음 일반의 시간성 483
        ㄱ) 이해의 시간성 483
        ㄴ) 처해 있음의 시간성 489
        ㄷ) 빠져 있음의 시간성 497
        ㄹ) 말의 시간성 501
제69절 세계-안에-있음의 시간성과 초월의 문제 503
        ㄱ) 둘러보는 배려의 시간성 505
        ㄴ) 둘러보는 배려가 세계내부적인 눈앞의 것의
            이론적인 인식으로 변양됨의 시간적 의미 511
        ㄷ) 세계의 초월의 시간적 문제 520
제70절 현존재적 공간성의 시간성 524
제71절 현존재 일상성의 시간적 의미 528

제5장   시간성과 역사성

제72절 역사 문제의 실존론적-존재론적 개진 531
제73절 역사의 통속적 이해와 현존재의 생기 538
제74절 역사성의 근본구성틀 544

제75절 현존재의 역사성과 세계-역사 551
제76절 현존재의 역사성에서 유래하는 역사학의 실존론적 근원 557
제77절 이상의 역사성 문제의 제시와 딜타이의 탐구 및
요르크 백작의 이념과의 연관 564

제6장 시간성과 통속적 시간개념의 근원으로서의 시간내재성

제78절 전술한 현존재의 시간적 분석의 불완전함 573
제79절 현존재의 시간성과 시간의 배려 576
제80절 배려된 시간과 시간내재성 583
제81절 시간내재성과 통속적 시간개념의 발생 595
제82절 시간과 정신의 관련에 대한 헤겔의 견해에 대비하여
시간성, 현존재, 세계시간의 실존론적-존재론적 연관을 구별함 606
ㄱ) 헤겔의 시간개념 607
ㄴ) 시간과 정신의 연관에 대한 헤겔의 해석 612
제83절 현존재의 실존론적-시간적 분석론과 존재 일반의 의미에 대한
기초존재론적 물음 616

옮긴이의 주 619
초판 옮긴이의 말 639
제2판 옮긴이의 말 647

"[왜냐하면] 당신들은 분명 이미 오래 전부터 당신들이 '존재하는'이라는 표현을 사용할 때 당신들이 본디 의미하고 있는 그것에 친숙해 있다. 우리도 전에는 그것을 이해하는 것으로 믿었는데, 지금은 당혹스러움에 빠져 있다. (……δῆλον γὰρ ὡς ὑμεῖς μὲν ταῦτα (τί ποτε βούλεσθε σημαίνειν ὁπόταν ὂν φθέγγησθε) πάλαι γιγνώσκετε, ἡμεῖς δὲ πρὸ τοῦ μὲν ᾠόμεθα, νῦν δ᾽ ἠπορήκαμεν……)"[1] 오늘날 우리는 우리가 "존재하는"이라는 낱말로 본디 무엇을 의미하고 있는가 하는 물음에 대답을 할 수 있는가? 결코 그렇지 못하다. 그렇다면 존재의 의미에 대한 물음을 새롭게 제기할 필요가 있다. 그런데 오늘날 우리는 "존재"라는 표현을 이해하지 못해 당혹스러움에라도 빠져 있는가? 결코 그렇지 않다. 그렇다면 우선 무엇보다도 다시금 이 물음의 의미에 대한 이해를 일깨워야 할 필요가 있다. "존재"의 의미에 대한 물음을 구체적으로 정리작업해내는 일이 이 책이 의도하고 있는 것이다. 시간을 모든 개개 존재이해 일반의 가능한 지평으로 해석해내는 것이 이 책의 잠정적인 목표이다.

이러한 목표를 달성하기 위한 의도와, 그러한 의도에 함축되어 있고 그것이 요구하고 있는 연구 그리고 이러한 목표에로의 길이 서론 격의 해설을 필요로 한다.

---

1) Platon, *Sophistes*(『소피스트』), 244a.

서론
존재의 의미에 대한 물음의 설명

제1장
존재물음의 필연성, 구조 그리고 우위

제1절 존재에 대한 물음을 분명히 다시 제기해야 할 필연성

앞에서 언급된 [존재†에 대한] 물음은 오늘날 망각 속에 묻혀버렸다. 비록 우리의 시대가 "형이상학"을 다시 긍정한 것을 자신의 공에 의한 진보로 치고는 있지만 말이다. 그렇지만 사람들은 자신들이 새롭게 불을 당겨야 할 '존재를 둘러싼 거인들의 싸움(γιγαντομαμαχία περὶ τῆς οὐσίας)'의 재개에서는 면제된 것으로 간주한다. 여기에서 문제가 되는 물음은 분명히 어떤 하나의 임의의 물음이 아니다. 그 물음은 플라톤(Platon)과 아리스토텔레스(Aristoteles)를 숨 가쁘게 몰아대며 연구하도록 만들었지만, 그후로는 [불행히도] 실제 탐구의 주제가 되는 물음으로서는 침묵 속에 빠지고 만다. 그 두 철학자가 이룩해놓은 것은 여러 변경과 "덧칠" 속에서도 헤겔(Georg Wilhelm Friedrich Hegel)의 『대논리학』에까지 견지된다. 그리고 그 두 철학자가—비록 단편적이고 첫 번째의 시도에서이기는 하지만—최대의 긴장된 사유의 노력 속에 일찍이 현상에서부터 획득한 것은 이미 오래 전에 진부한 것이 되고 말았다.

이것뿐이 아니다. 존재의 해석을 위한 그리스식 단초의 토대 위에서 다음과 같은 독단적인 경향이 형성되었다. 즉, 존재의 의미에 대한 물음은 불필요하다고 설명할 뿐 아니라 더 나아가서 그러한 물음을 소홀히 하는 것을 재가하는 하나의 독단이 생겨난 것이다. 사람들은 "'**존재**'는 가장 보편적이고 가장 내용 없는 개념이다"라고 말한다. 이러한 개념으로서 존재개념은 그것에 대한 그 어떤 개념정의의 시도도 거부한다. 이러한 가장 보편적인 개념, 따라서 정의할 수 없는 개념은 또한 어떠한 정의도 필요로 하지 않는다. 모두가 그 개념을 항상 사용하며, 또한 그 개념이 그때마다 무엇을 의미하는지를 모두 이미 이해하고 있다. 따라서 은닉되어 있으면서 고대의 철학함을 동요 속에 몰아넣었고 그 속에 붙들어놓았던 그것이, 일종의 태양과도 같은 명백한 자명성이 되었을 뿐만 아니라 그것에 대해서 아직도 묻는 사람은 방법적인 오류를 저질렀다고 문책을 받게 되었다.

3 이 연구의 시작부터 그러한 선입견들을 자세하게 논의할 수는 없다. 어쨌거나 그 선입견들은 존재에 대한 물음이 불필요함을 끊임없이 새롭게 강조하고 퍼뜨렸다. 그 선입견들은 그 뿌리를 고대 존재론 자체에 두고 있다. 이 존재론은 다시금—존재론적 근본개념들이 거기에서부터 자라나온 그 토양과 관련지어볼 때, 특히 그 범주 및 그 범주의 완전성에 대한 증명의 합당성과 연관 지어볼 때—오직 존재에 대한 물음이 먼저 해명되고 대답된 그 실마리에서만 충분하게 해석될 수 있을 뿐이다. 그러므로 우리는 이 선입견들의 논의를 통해서 존재의 의미에 대한 물음을 재개해야 할 필연성이 분명해질 정도로만 그 선입견들을 논의하려고 한다. 이러한 선입견들에는 세 가지가 있다.

1. "존재(存在)"*는 "가장 보편적인" 개념이다(τό ὄν ἔστι καθόλου μάλιστα πάντων). "존재는 모든 것 중에 가장 보편적이다."[1] "존재에 대한 이해는 인간이 존재자에게서 파악하고 있는 그 모든 것의 속마다 이미 내포되어 있다."[2] 그런데 "존재"의 "보편성"은 유(類)의 보편성이 아니다. "존재"는, 존재자가 유와 종에 따라서 개념적으로 분류파악되는 한, 존재자의 가장 윗단계의 지역을 한계 짓는 것이 아니다. "존재는 유가 아니다(οὔτε τὸ ὄν γένος)."[3] 존재의 "보편성"은 모든 유적 형태의 보편성을 "넘어선다.""존재" 는 중세 존재론의 지칭에 따르면 일종의 "초월자"이다. 이러한 초월적 "보편"의 단일성을 아리스토텔레스는 이미 사태내용적인 최고의 유개념의 다양성과 대비시켜서 유비의 단일성으로 인식했다.† 이 발견과 더불어 아리스토텔레스는 플라톤의 존재론적 물음제기에 전적으로 종속되어 있음에도 불구하고 존재의 문제를 근본적으로 새로운 토대 위에서 제기했다. 그러나 그 역시도 이러한 범주적 연관의 어두움을 밝혀 보이지는 못했다. 중세 존재론은 이 문제를 무엇보다도 토마스 학파 또는 스코투스 학파의 방향 내에서 다양하게 논의했지만, 근본적인 명확성에는 이르지 못했다. 그리고 마침내 헤겔이 "존재"를 "무규정적인 직접적인 것"으로 규정하고 이 규정을 그의 『대논리학』의 모든 범주적 설명의 밑바탕에 놓았을 때, 그 역시 고대 존재론과 동일한 시각 안에 머무르는 셈이다. 단지 그는 아리스토텔레스가 제기한, 사태내용적인 "범주"의 다양성에 마주한 존재의 통일성의 문제를 포기한다는 점이 다를 뿐이다. 따라서 사람들이 "존재"는 가장 보편적인 개념이라고 말할 때, 그것은 그 개념이 가장 명확한 개념이고 어떠한 논의도 더는 필요로 하지 않는다는 것을 뜻하는 것은 아니다. "존재"라는 개념은 오히려 가장 어두운 개념이다.

---

1) Aristoteles, *Metaphysica*(『형이상학』), B 4, 1001 a 21.
2) Thomas von Aquinas, *Summa theologiae*(『신학대전』), II¹ qu. 94 a 2.
3) Aristoteles, *Metaphysica*(『형이상학』), B 3, 998 b 22.
* '존재하는' 것(das Seiend), 존재성(die Seiendheit).

2. "존재"라는 개념은 정의될 수 없다. 사람들은 "존재" 개념의 보편성에서부터 이와 같은 귀결을 끄집어냈다.[4] 그리고 이것은 올바른 귀결이다. 만일 정의가 최근류(最近類)와 종차(種差)에 의해서 얻어지는 것이라면 말이다. 실제로 "존재"는 존재자로서 개념파악될 수 없다. 존재에는 어떤 다른 본성이 덧붙여질 수 없다. "존재"는 거기에 존재자가 서술되는 식으로는 규정될 수 없다. 존재는 정의상 더 고차의 개념들로부터 도출될 수도 없고, 하위의 개념들에 의해서 서술될 수도 없다. 그렇지만 여기로부터 "존재"가 아무런 문제도 제기하지 않는다는 것이 귀결되어 나오는가? 결코 그렇지 않다. 귀결될 수 있는 것은 단지, "존재"는 존재자와 같은 그런 어떤 것은 아니다*라는 사실뿐이다. 그렇기 때문에 나름대로의 한계를 감안할 때 정당한 존재자의 규정양식이라고 할 수 있는 이것—그 자신의 토대를 고대 존재론에 두는 전통 논리학의 "정의"—이 존재에는 적용될 수 없다. 존재의 정의 불가능성은 존재의 의미에 대한 물음을 던지지 않아도 된다고 면제해주는 것이 아니라, 오히려 바로 그 물음을 던질 것을 촉구한다.

3. "존재"는 자명한 개념이다. 모든 인식함에, 발언함에, 존재자에 대한 모든 개개의 행동관계에, 자기 자신에 대한 모든 개개의 관계 맺음에 "존재"는 사용되며, 거기에서 그 표현은 "아무 문제 없이" 이해된다. 누구나 "하늘은 푸르다", "나는 기쁘다" 등을 이해한다. 그렇지만 이러한 평균적인 이해 가능성은 단지 몰이해성을 증명할 뿐이다. 그것은 존재자로서의 존재자에 대한 그 모든 행동관계와 존재에 선험적으로 하나의 수수께끼가 놓

---

[4] Pascal, *Pensées et Opuscules*(『팡세와 다른 소품들』), Léon Brunschvigs 편집, 파리, 1912년, 169쪽. "이러한 부조리에 빠지지 않고는 존재의 정의를 시도할 수 없다. 왜냐하면 "……이다(있다)"라는 낱말을 말로 표현하든지 아니면 은연중에 암시하든지 간에, 아무튼 하나의 낱말을—그 낱말로부터 출발하지 않고서는—정의할 수 없기 때문이다. 그러므로 존재를 정의하기 위해서는 "……이다(있다)"라고 말할 수밖에 없는데, 그렇게 함으로써 정의되어야 할 낱말을 그 정의 속에 사용하게 된다."

* 그렇다! 그러한 존재자를 위한 개념들의 도움으로써는 존재 자체(Seyn)에 대해서 아무것도 결정할 수 없다.

여 있다는 것을 드러내놓고 있다. 우리가 각기 이미 하나의 존재이해 속에 살고 있으며 그리고 동시에 존재의 의미가 어두움에 싸여 있다는 이 사실은 "존재"의 의미에 대한 물음을 다시 제기해야 할 근본적인 필연성을 입증한다.

철학의 근본개념의 테두리 안에서, 그리고 심지어는 "존재"라는 개념과 연관을 지어서 자명성을 끌어들인다는 것은 매우 의심스러운 절차일 것이다. 왜냐하면 "자명한 것", 그리고 그것만이, 즉 "통속 이성의 비밀스러운 판단"(칸트[Immanuel Kant])이 분석론(즉 "철학자들의 임무")의 분명한 주제이고 주제로 남아 있어야 하기 때문이다.

이런 선입견들에 대한 고찰은 동시에 다음의 사실을 분명하게 해주었다. 즉, 존재에 대한 물음에는 **대답**만이 결여된 것이 아니라, 심지어 그 물음 자체가 어둡고 갈피를 찾지 못한다는 것이다. 따라서 존재물음을 다시 제기한다고 함은 우선 일단 물음 제기를 충분하게 정리작업해냄을 말한다.

제2절 존재에 대한 물음의 형식적 구조

존재의 의미에 대한 물음이 제기되어야 한다. 만일 그 물음이 하나의 기초적인 물음 또는 바로 그 기초적인 물음 그 자체라면, 그러한 물음은 그에 합당한 투명성을 필요로 한다. 따라서 간략하게나마 하나의 물음에 도대체 무엇이 속하는지가 논의되어야 한다. 그래야 거기에서부터 존재물음을 하나의 **탁월한** 물음으로 드러내 보일 수 있을 것이다.

모든 물음은 일종의 찾아나섬이다. 모든 찾아나섬은 찾고 있는 것에서부터 자신의 방향을 미리 제시받는다. 물음은 존재자를 그것의 있음의 사실과 그리 있음에 있어 인식하려는 찾아나섬이다. 인식하는 찾아나섬은 물음이 향하는 그것을 밝히 파헤쳐서 규정함이기 때문에 "탐구"가 될 수 있다. 물음은 어떤 것에 대한 물음으로서 자신에게서 **물어지고 있는** 것을 가진다.

모든 어떤 것에 대한 물음은 어떤 방식으로건 어떤 것에 물음을 거는 것이다. 물음에는 물어지고 있는 것 외에 **물음이 걸려 있는 것**이 속한다. 탐구하는, 다시 말해서 이론적인 물음에서는 물어지고 있는 것이 규정되고 개념화되어야 한다. 이 경우 물어지고 있는 것에는 본래 의도되는 것으로 물음이 꾀하고 있는 것이 놓여 있다. 물음은 여기에서 목표에 이르게 된다.†
물음 자체는 한 존재자, 즉 질문자의 행동관계로서 나름의 고유한 존재성격을 가진다. 물음은 "그냥 그렇게 물어봄"으로거나 또는 명확한 물음제기로서 수행될 수 있다. 명확한 물음제기의 고유함은, 물음이 우선 먼저 언급된 물음 자체의 그 모든 구성적 특징들에서 스스로에게 투명해진다는 데에 있다.

존재의 의미에 대해서 물음이 **제기되어야 한다**. 이로써 우리는 존재물음을 방금 제시한 구조계기들의 관점에서 논의해야 할 필요성 앞에 서게 된다.

찾아나섬으로서 물음은 찾고 있는 것에서부터 앞선 방향지도를 받을 필요가 있다. 따라서 존재의 의미는 어떤 방식으로든 이미 우리가 다룰 수 있어야 한다. 이로써 암시되는 것은 우리가 항상 이미 하나의 존재이해 속에서 움직인다는 사실이다. 이 존재이해에서부터 존재의 의미에 대한 분명한 물음과 그 개념으로의 경향이 자라나온다. 우리는 "존재"가 무엇을 말하는지 알지 못한다. 그러나 "'존재'가 무엇이냐?"고 물을 때 이미 우리는 "이다(있다)"에 대한 이해 속에 머무르고 있는 것이다. 이 "이다(있다)"가 무엇을 뜻하는지 개념적으로 확정할 수 없으면서도 말이다. 우리는 거기에서부터 그 의미를 파악하고 확정해야 하는 그 지평마저도 모르고 있다. **이러한 평균적이고 모호한 존재이해는 하나의 현사실**††**이다**.

이러한 존재이해가 그토록 매우 왔다 갔다 하고 어슴푸레하며 순전한 낱말적 앎의 한계에서 거의 못 벗어나지만, 어쨌거나 각기 이미 다루고 있는 존재이해의 이러한 무규정성은 그 자체가 곧 하나의 긍정적인 현상이다.

이 현상은 해명을 필요로 한다. 그렇지만 존재의 의미에 대한 탐구는 이러한 해명을 시작부터 주려고 하지 않는다. 평균적인 존재이해에 대한 해석은 그 필요한 실마리를 형성된 존재의 개념에서 비로소 획득한다. 개념의 밝은 빛에서부터 그리고 그 개념에 속한 그 밝음의 명시적인 이해의 방식에서부터 어두움에 감싸여 있는 또는 아직 밝혀지지 않은 존재이해가 무엇을 의미하는지가, 어떠한 종류의 어둡게 함 또는 방해가 존재의미가 밝게 되는 것을 막을 수 있고 필연적으로 그러는지가 드러날 수 있을 것이다.

평균적이고 모호한 존재이해는 그 외에도 존재에 대한 전승된 이론과 견해들에 의해서 관철될 수도 있는데, 그래서 이때 이러한 이론들은 지배적인 이해의 원천으로서 은닉된 채 남게 된다―존재에 대한 물음에서 찾고 있는 것은, 비록 처음에는 전혀 파악 불가능한 것이기는 해도, 전적으로 알려지지 않은 것도 아니다.

정리작업해내야 할 물음에서 **물어지고 있는 것**은 존재이다. 즉 존재자를 존재자로서 규정하는 바로 그것, 존재자―이것이 어떻게 논의되건 상관없이―가 각기 이미 그리로 이해되어 있는 바로 그것이다. 존재자의 존재는 그 자체가 또 하나의 존재자가 아니다. 존재문제의 이해에 철학의 제일보는 "어떠한 우화도 이야기하지 않는다",[5] "지어낸 이야기를 하지 않는다"는 데에, 다시 말해 존재자로서의 존재자를―마치 존재가 하나의 가능한 존재자의 성격을 가졌기라도 하듯이―다른 존재자에게로 소급함으로써 그 유래로부터 규정하는 데에 있다. 물어지고 있는 것으로서의 존재는 따라서 존재자의 발견과는 본질적으로 구별되는 나름의 고유한 제시의 양식을 요구한다. 이렇게 되어 **물음이 꾀하고 있는 것**, 즉 존재의 의미도 나름의 독특한 개념성을 요구하게 된다. 이 개념성 또한 존재자가 자신의 의미에 맞는 규정성에 이르게 되는 그 개념들과는 본질적으로 구별된다.

---

5) Platon, *Sophistes*(『소피스트』), 242 c.

존재가 물어지고 있는 것을 형성하고 존재가 존재자의 존재를 말하는 한, 존재물음에서 **물음이 걸려 있는 것**은 존재자 자체라는 것이 귀결되어 나온다. 이 존재자에게서 흡사 그것의 존재를 캐묻는 셈이다. 그런데 그 존재자가 자기 존재의 성격을 거짓되지 않게 제시할 수 있기 위해서는 그 존재자가 우선 그것이 그것 자체에서 존재하듯이 그렇게 접근 가능해져야 한다. 존재물음은 그것의 물음이 걸려 있는 것과 관련지어 존재자에게로의 올바른 접근양식을 획득하여 먼저 앞서 확보할 것을 요구한다. 그런데 우리는 많은 것을 아주 다양한 의미로 "존재한다"고 명명한다. 우리가 그것에 대해서 이야기하는 것, 우리가 의미하는 것, 그것과 우리가 이렇게 또는 저렇게 관계 맺는 것 등 그 모든 것이 존재하는 것이며, 우리 자신이 무엇이며 어떻게 존재하는지 하는 것 또한 존재하는 것이다. 존재는 있다는 사실과 그리 있음에, 실재, 눈앞에 있음, 존립, 타당함, 있음*에, "주어져 있음"†에 놓여 있다. 어떤 존재자에게서 존재의 의미를 읽어내야 하는가?** 어떤 존재자에게서 존재의 열어밝힘이 그 출발점을 취해야 하는가? 출발점은 자의적인가, 아니면 어떤 특정의 존재자가 존재물음의 정리작업에 일종의 우위를 점하는가? 어떤 존재자가 이러한 범례적인*** 존재자이며 어떤 의미에서 그것이 우위를 지니는가?

존재에 대한 물음이 분명하게 제기되어야 하고 그 자체에서 티 없이 투명하게 수행되어야 한다면, 지금까지의 해설에 따를 때 이 물음의 정리작업은 다음과 같은 것을 요구한다. 즉 존재에 대한 관점의 방식에 대한 설명, 의미의 이해 및 개념적 파악에 대한 설명, 범례적인 존재자의 올바른

---

* Dasein : 여기에서 통상적인 의미에서의 '있음'을 뜻할 뿐 그 이상이 아니다['현존재'라는 의미가 아니다].
** 두 개의 서로 다른 물음이 여기에서 열거된다. 무엇보다도 현존재의 역할과 관련해 오해의 소지가 있다.
*** 오해의 소지가 있다. 범례적인 이유는 다음과 같다. 현존재가 바로 현-존재로서의 그의 본질에서 (존재의 진리를 지속시키면서) 존재 그 자체와 놀이를 하며, 놀이 중이면서 이 놀이의 경우를 조화의 놀이 속으로 데려오기 때문이다.

선택을 위한 가능성의 준비, 그리고 이 존재자에게로의 참다운 접근양식의 산출 등이 요구된다. 어떤 것에 대한 관점, 어떤 것의 이해와 개념파악, 선택, 접근 등은 물음을 구성하는 행동관계들이며 그래서 그 자체가 한 특정한 존재자의, 즉 묻고 있는 우리들이 각기 그것인 그런 존재자의 존재양태들이다. 그러므로 존재물음의 정리작업이란 한 존재자—즉 묻고 있는 자—를 그 존재에서* 투명하게 만드는 것을 말한다. 이러한 물음을 묻는 일은 한 존재자 자체의 **존재양태**로서 그 존재자에서 물어지고 있는 그것—즉 그 존재—에서부터 본질적으로 규정된다. 이러한 존재자, 즉 우리들 자신이 각기 그것이며 여러 다른 것들 중 물음이라는 존재가능성을 가지는 그런 존재자를 우리는 **현존재[거기에-있음]**†라는 용어로 파악하기로 하자. 존재의 의미에 대한 분명하고 투명한 물음제기는 한 존재자(현존재)를 그 존재**에 있어 앞서 먼저 적합하게 설명할 것을 요구한다.

그렇지만 그러한 시도가 명백한 순환에 빠지는 것은 아닌가? 앞서 먼저 존재자를 그 **존재**에 있어 규정해야 하는 일, 그래서 그런 근거로 존재에 대한 물음을 비로소 제기하기를 원하는 것, 이것은 원 속을 걷는 것이 아니고 무엇인가? 물음의 정리작업을 위해서 이 물음에 대한 대답이 이제 비로소 데려와야 할 그것을 이미 "전제"하는 것은 아닌가? 원리탐구의 분야에서는, 어느 때에나 쉽게 끌어들일 수 있는 "순환논증"과 같은 형식적인 이의제기가 탐구의 구체적인 길을 고려하는 데에는 언제나 아무짝에도 쓸모가 없다. 그것은 존재이해를 위해서는 아무런 도움도 되지 못하고 탐구의 장으로 밀고 들어가는 것을 막을 뿐이다.

그렇지만 실제로 앞에서 특징지은 물음제기에는 도대체 아무런 순환이 놓여 있지 않다. 존재자가 그 존재에 있어 규정될 수 있다. 이때 존재의 의미에 대한 명시적인 개념을 이미 가지고 있어야만 하는 것은 아니다. 그래

---

* 현-존재[거기에-있음]: 존재 자체의 무(無) 안에 들어 머물면서 관계로서 머무르고 있다.
** 그렇지만 이 존재자에게서 존재의 의미를 읽어내는 것은 아니다.

야만 했다면 지금까지 어떠한 존재론적 인식도 있을 수 없었어야 하는데, 그런 인식이 실제로 존립했었다는 것은 누구도 부인하지 못할 것이다. "존재"는 분명 지금까지의 그 모든 존재론에서 "전제되었다." 그렇지만 마음대로 다룰 수 있는 **개념**으로서가 아니다. 즉, 찾고 있는 그것으로서가 아니다. 존재를 "전제함"은 존재에 대한 앞선 관점취득의 성격을 띠고 있다. 그것도 존재에 대한 관점에서부터 앞에 주어져 있는 존재자를 그 존재에 있어 잠정적으로 분류파악하는 식으로 그렇다. 존재에 대한 이러한 주도적인 관점취득은 우리가 항상 이미 그 안에서 움직이고 있는 바로 그 평균적인 존재이해에서 자라나온다. 그리고 그 존재이해가 결국에는* 현존재 자신의 **본질구성틀**†에 속한다. 이러한 "전제"는 거기에서부터 명제추론을 연역해내는 어떤 한 원칙의 정립과는 아무런 연관이 없다. 존재의 의미에 대한 물음 제기에는 도대체 "순환논증"이 놓여 있을 수가 없다. 왜냐하면 그 물음의 대답에서 문제가 되는 것은 연역적인 근거제시가 아니라, 근거를 밝히 파헤쳐내어 제시함이기 때문이다.

존재의 의미에 대한 물음에는 "순환논증"같은 것이 놓여 있지 않다. 그러나 물어지고 있는 것(존재)이 한 존재자의 존재양태로서의 물음과 기이하게 "뒤로 또는 앞으로 연관되어" 있다. 물음이 물어지고 있는 것에 의해서 본질적으로 관련되어 있음은 존재물음의 가장 고유한 의미에 속한다. 이것이 말하는 것은 단지 이것이다. 즉 현존재의 성격을 띤 존재자는 존재물음 자체와 하나의—아마 탁월하기까지 한—연관을 가지고 있다. 그로써 벌써 한 특정 존재자의 존재우위가 증명되었으며 존재물음에서 **물음**이 걸려 있는 것의 역할을 해야 할 범례적인 존재자가 앞에 주어진** 것인가? 지금까

---

* 다시 말해서 애초부터.
** 다시금 24쪽 중간에서처럼 본질적으로 단순화시켜 말하고 있기는 하지만, 올바르게 사유되고 있다. 현존재는 존재를 표상하는 추상작용에 주어지는 존재자의 한 경우는 아니지만, 분명히 존재이해의 장소이기도 하다.

지의 논의로는 현존재의 우위도 증명되지 않았으며 일차적으로 물음이 걸려야 할 존재자로서의 그의 가능한, 또는 필연적인 역할이 결정되지 않았다. 그러나 분명 현존재의 우위와 같은 어떤 것이 알려진 셈이다.

제3절 존재물음의 존재론적† 우위

물음 그 자체의 형식적 구조를 실마리로 삼아 존재물음을 특징지음으로서 이 물음이 독특한 물음임이 분명해졌다. 그래서 그것의 정리작업과 해결은 일련의 기초적인 고찰을 요구한다. 그러나 존재물음의 빼어난 특징은 그 물음을 그것의 역할, 의도 그리고 동기와 관련지어 충분히 제한규정할 때에만 비로소 완전하고 명명백백히 드러날 것이다.

지금까지는 [존재]물음을 재개해야 할 필요성의 동기가 일단은 그 유래의 고귀함에서부터 제시되었지만, 그러나 무엇보다도 특정한 대답이 없다는 데에서부터, 심지어는 충분한 문제제기조차 도대체 결여되어 있었다는 데에서부터 제시되었다. 그런데 사람들은 이러한 물음이 무슨 소용이 있는지 알기를 요구할 수 있다. 그런 물음이라는 것은 순전히 가장 보편적인 보편성에 대한 허공 잡는 사변적 용무였을 뿐이거나 실제로 단지 그런 용무일 뿐인가? 아니면 그 물음은 가장 원칙적이면서도 동시에 가장 구체적인 물음인가?

존재는 그때마다 한 존재자의 존재이다. 존재자의 총체가 그것의 상이한 권역에 따라 특정한 사태분야의 규명과 제한규정의 장이 될 수 있다. 이 사태분야들은 또한 그편에서, 예컨대 역사, 자연, 공간, 삶, 현존재, 언어 등은 그에 상응하는 학문적 탐구에서 대상들로서 주제화될 수 있다. 학문적 탐구는 사태분야의 구별 및 일차적인 고정을 소박하고 거칠게 수행한다. 분야를 그 근본구조에서 정리작업해내는 일은 어떤 방식으로 이미 존재구역─이 안에서 사태분야 자체가 제한된다─에 대한 학문 이전의 경험과 해석에 의해서 주도되어 있다. 이렇게 자라나온 "근본개념들은" 우선 분야를 처음으로 구체적으로 열어밝히는 실마리로 남게 된다. 탐구의 중점이 이러한 실증성에 놓여 있든 아니든, 탐구의 진정한 진보는 결과를 수집하고 그것을 "교과서"에 수록, 간직하는 데에서 이루어지는 것이 아니고, 오히려 사태에 대한 그런 식의 증대되는 지식에서부터 대개 반응하듯이 튀어 나와 제기된, 그때마다의 분야의 근본구성틀에 대한 물음에서 이루어진다.

학문들의 본래의 "운동"은 근본개념들에 대한 다소간 근본적이고 그 운동 자체에는 투명하지 않은 수정 속에서 일어난다. 한 학문의 수준은 그 학문이 자신의 근본개념의 위기를 어느 정도까지 감당할 능력이 있는가에서부터 규정된다. 학문들의 그러한 내재적인 위기에서 실증적으로 탐구하는 물음이 그 물음이 걸려 있는 사태 자체와 맺는 관계는 뒤흔들리게 된다. 오늘날 상이한 분과들 어디에서나 탐구를 새로운 기초 위에 옮겨놓으려는 경향이 두드러지고 있다.

겉보기에 가장 엄밀하고 가장 확고하게 짜인 듯 보이는 학문인 **수학**도 "근본토대의 위기"에 휩싸여 있다. 형식주의와 직관주의 사이의 논쟁은 이 학문의 대상이 되어야 할 그것으로의 일차적인 접근양식의 획득과 확보를 둘러싸고 벌어지고 있다. **물리학**의 상대성이론은 자연 자체의 고유한 연관을 그것이 "그 자체에서" 그러하듯이 산출해내려는 경향에서부터 자라나온 것이다. 자연 자체로의 접근조건에 대한 이론으로서 상대성이론은 그 모든 상대성들을 규정하여 운동법칙의 불변성을 보존하려고 애쓰며, 그로써 그 이론에 앞서 주어진 사태영역의 구조에 대한 물음 앞에, 즉 물질의 문제 앞에 다다르게 된다. **생물학**에서는 기계론과 생기론이 제시한 유기체와 생명에 대한 규정의 배후로 소급해 올라가, 생명체 그 자체의 존재양식에 대해서 새로이 규정하려는 경향이 두드러지고 있다. **역사학적 정신과학**에서는 전승과 그 표현 그리고 전통을 꿰뚫고 역사적 현실 자체로 나아가려는 충동이 강해지고 있다. 즉 문헌사는 이제 문제사가 되어야 한다. **신학**은 믿음 자체의 의미에서부터 앞선 윤곽을 받고 믿음 내에 머물러 있으면서 신과 관계를 맺는 인간 존재의 해석을 더 근원적으로 시도해보려고 한다. 신학은 **루터**(Martin Luther)의 통찰을 서서히 다시금 이해하기 시작한다. 그 통찰에 의하면 신학의 교의적인 체계론이 바탕을 두는 "기초"는 일차적으로 믿는 물음에서 자라나온 것이 아니며, 그 개념성도 신학적 문제틀을 위해서는 충분하지 못할 뿐 아니라 오히려 그것을 은폐하고 왜곡한다.

근본개념들은, 그 안에서 한 학문의 모든 주제적인 대상의 밑바탕에 놓인 사태영역이 선행적이며 모든 실증적인 탐구를 주도한다는 이해에 이르게 되는 그러한 규정들이다. 따라서 이러한 개념들은 오직 그에 상응하는 사태영역 자체를 선행적으로 철저히 탐구할 때에만 참되게 증명되고 근거 제시될 수 있다. 그런데 이러한 영역들이 모두 다 존재자 자체의 구역에서부터 획득되는 한, 그러한 근본개념들을 길어내는 선행적인 탐구란 다른 것이 아니라 그 존재자를 그 존재의 근본구성틀에서 해석해내는 것을 말한다. 그러한 탐구가 실증과학을 앞서 가야 한다. 그리고 그 탐구는 그렇게 **할 수 있다**. **플라톤과 아리스토텔레스**의 작업이 그에 대한 증거이다. 학문의 이러한 정초는 한 학문의 우연적인 상태를 그것의 "방법"에서 탐구하는 절름발이 "논리학"과는 근본적으로 구분된다. 그것은 다음과 같은 의미에서 생산적인 논리학이다. 즉 그것은 하나의 특정한 존재분야 속으로 뛰어들어 그것을 그 존재구성틀에서 가장 처음으로 열어밝히며 획득한 구조들을 물음의 투명한 지침으로 실증과학에게 주어 사용하도록 한다는 의미에서 그렇다. 이렇듯 예를 들어 철학적으로 일차적인 것은 역사학의 개념형성에 대한 이론이 아니며 또한 역사학적 인식에 대한 이론도 아니고 역사학의 대상으로서의 역사에 대한 이론도 아니고 오히려 본래의 역사적인 존재자를 그것의 역사성에서 해석하는 일이다. 그래서 **칸트**의 순수이성비판의 긍정적인 소득도 인식에 대한 하나의 "이론"을 정립한 데에 있는 것이 아니라, 하나의 자연 일반에 속하는 그것의 산출작업을 위한 단초의 확보

11

에 있다. 그의 초월 논리학은 자연이라는 존재분야에 대한 선험적인 사태 논리학이다.†

그러나 그러한 물음—어떠한 존재론적인 방향과 경향에 쏠리지 않고 가장 넓은 의미로 생각한 존재론—은 그 자체가 일종의 실마리를 필요로 한다. 존재론적 물음은 분명히 실증과학이 던지는 존재적 물음과 대비해볼 때 더 근원적이다. 그러나 존재자의 존재에 대한 그러한 탐구가 존재 일반의 의미를 논의하지 않은 채 놔둔다면, 그것은 그 자체로서 소박하고 불투명한 채로 남을 것이다. 존재의 서로 다른 가능한 방식들을 연역에 의하지 않고 구성해야 하는 계보학의 존재론적인 과제가 바로 "우리가 본디 '존재'라는 표현으로 의미하고 있는" 그것에 대한 앞선 이해를 필요로 한다.

그러므로 존재물음은, 존재자를 이런저런 존재자로서 철저히 탐구하며 거기에서 각기 이미 하나의 존재이해 안에서 움직이는 학문들의 선험적 가능조건뿐 아니라 또한 존재적 학문들 앞에 놓여 있으면서 그것에 기초를 부여하는 존재론들 자체의 가능조건까지도 목표로 삼는다. 만약 모든 존재론들이 먼저 존재의 의미를 충분하게 설명하지 못하고 또한 그러한 해명을 자신의 기초적인 과제로서 개념파악하지 못한다면, 그것들이 아무리 풍부하고 꽉 짜인 범주체계를 구사한다고 해도, 그 근거에서 맹목적이고 자신의 고유한 의도가 전도된 채로 남는다.

올바르게 이해된 존재론적인 탐구 자체는 존경스러운 전통을 순전히 다시 받아들이는 일과 지금까지 불투명했던 문제의 촉진을 넘어서서 존재물음에게 그것의 존재론적 우위를 준다. 그러나 이러한 사태적-학문적 우위만이 유일한 우위는 아니다.

제4절 존재물음의 존재적 우위

학문 일반을 참된 명제들의 근거제시연관의 전체라고 규정할 수 있겠다.

그러나 이 정의는 완전하지도 않으며 학문을 그 의미에 적중시키지도 못한다. 학문들은 인간의 행동관계로서 이 존재자(인간)의 존재양식을 가지고 있다. 이 존재자를 우리는 **현존재**라는 용어로 파악한다. 학문적인 탐구는 이 존재자의 유일한 존재양식도 아니고 가장 가까운 가능한 존재양식도 아니다. 현존재 자신은 그 외에도 다른 존재자들에 비해서 뛰어나다. 이러한 뛰어남이 잠정적으로나마 두드러지게 제시되어야 한다. 여기에서 우리의 논의는, 뒤에 가서 비로소 본격적으로 제시되어야 할 분석들을 앞서 끌어들일 수밖에 없다.

현존재는 단지 그저 여러 다른 존재자들 아래에서 발견되는 그런 존재자의 하나가 아니다. 현존재는 오히려 그 존재자에게 그 존재함에서 바로 이 존재함 자체가 문제가 된다는 점으로 존재적으로 뛰어나다. 이 경우 현존재의 이러한 존재구성틀에는, 현존재가 그 존재에서 이 존재와 일종의 존재관계를 가진다는 사실이 속한다. 그리고 이것은 다시금 다음을 말한다. 현존재는 어떠한 방식과 명확성에서건 자신의 존재를 이해하고 있다. 이 존재자에게 고유한 점은 자신의 존재와 더불어 자신의 존재에 의해서 그 자신에게 그의 존재가 열어밝혀져 있다는 것이다. **존재이해는 그 자체가 곧 현존재의 규정성의 하나이다.*** 현존재의 존재적인 뛰어남은 현존재가 존재론적으로 **존재한다**는 그 점에 있다.

'존재론적으로-존재한다'†는 말은 여기에서 아직 존재론을 형성한다는 것을 말하는 것이 아니다. 그러므로 우리가 존재론이라는 칭호를 존재자의 의미에 대한 명시적 이론적인 물음을 위해서 유보한다면, 앞에서 이야기된 현존재의 '존재론적으로-존재함'은 존재론 이전의 그것이라고 지칭해야 할 것이다. 그렇지만 그것은 예컨대 단순히 '존재적으로-존재하는' 정도를 의

---

* 그렇지만 존재는 여기에서 인간의 존재(실존)만을 뜻하는 것은 아니다. 이 점은 다음의 사실에서 분명해진다. 세계-안에-있음은 전체로서의 존재에 대한, 즉 존재이해에 대한 실존의 연관을 자체 안에 포함하고 있다.

미하는 것이 아니라, 존재를 이해하는 방식으로 존재함을 의미한다.

현존재가 그것과 이렇게 또는 저렇게 관계를 맺을 수 있고 또 언제나 어떻게든 관계 맺고 있는* 존재** 자체를 우리는 **실존**이라고 이름한다. 그리고 이 존재자의 본질규정이 어떤 사태내용적인 무엇[본질]을 제시해서 이루어질 수 있는 것이 아니고 오히려 그의 본질은 그 존재자가 각기 자신의 존재를 자기의 것으로 존재해야 하는 거기에 있기 때문에, 현존재라는 칭호는 순전히 이 존재자를 지칭하기 위한 순수한 존재표현으로서 선택된 것이다.

현존재는 언제나 자기 자신을 그의 실존에서부터, 즉 그 자신으로 존재하거나 그 자신이 아닌 것으로 존재하거나 할 수 있는 그 자신의 한 가능성에서부터 이해한다. 현존재는 이러한 가능성들을 그 스스로 선택했든지, 아니면 그 가능성들 안으로 빠져들게 되었든지, 아니면 각기 이미 그 안에서 성장해왔다. 실존은 오직 그때마다의 현존재에 의해서 장악하거나 놓치는 방식으로 결정된다. 실존의 문제는 언제나 오직 실존함 자체에 의해서만 처리될 수 있다. 이때의 주도적인 자기 자신에 대한 이해를 우리는 **실존적** 이해라고 이름한다. 실존의 물음은 현존재의 존재적 "용건"이다. 그것을 위해서 실존의 존재론적 구조가 이론적으로 투명해야 할 필요는 없다. 이러한 존재론적인 구조에 대한 물음은 실존을 구성하는 그것을 풀어헤쳐보는 것을 목표로 한다.*** 이러한 구조의 연관을 우리는 **실존성**이라고 이름한다. 실존성의 분석학은 실존적 이해의 성격을 띠지 않고 **실존론적** 이해의 성격을 띤다. 현존재의 실존론적 분석학의 과제는 그 가능성과 필연성을 고려해볼 때 현존재의 존재적 구성틀에 앞서 윤곽 지어져 있다.

그런데 이제 실존이 현존재를 규정하는 한, 이 존재자에 대한 존재론적

---

* 자신의 고유한 존재로서 관계 맺고 있는.
** 그러한 존재 자체.
*** 따라서 실존철학이 아니다.

인 분석학은 각기 이미 언제나 실존성에 대한 선행적인 관점취득을 필요로 한다. 우리는 이 실존성을 실존하고 있는 존재자의 존재구성틀이라고 이해한다. 그러한 존재구성틀이라는 이념 안에 이미 존재 일반에 대한 이념이 놓여 있다. 그래서 현존재에 대한 분석론을 관철해나갈 가능성 또한 존재 일반의 의미에 대한 물음을 선행적으로 정리작업하는 데에 달려 있다.

학문은 현존재의 존재방식이다. 이 존재방식에서 현존재는 그 자신으로 존재할 필요가 없는 그런 존재자와도 관계를 맺는다. 그런데 현존재에게는 하나의 세계 안에 존재한다는 것이 본질적으로 속한다. 그러므로 현존재에 속하는 존재이해는 동일근원적으로 "세계"와 같은 어떤 것에 대한 이해와, 세계내부에서 접근 가능하게 되는 그런 존재자의 존재에 대한 이해에도 관계된다. 그렇기 때문에 현존재적이지 않은 존재성격의 존재자를 주제로 삼는 존재론들은 현존재 자체의 존재적 구조에 기초하고 거기에서 동기받으며, 이 존재적 구조가 존재론 이전의 존재이해의 규정성을 자체 안에서 개념파악하고 있다.

따라서 거기에서부터 다른 모든 존재론이 비로소 발원할 수 있는 **기초존재론은 현존재의 실존론적 분석론**에서 찾아져야 할 것이다.

현존재는 이렇게 다른 모든 존재자에 비해서 여러 우위를 간직한다. 첫 번째 우위는 **존재적** 우위이다. 즉, 이 존재자는 그 존재에서 실존에 의해 규정되어 있다. 두 번째 우위는 **존재론적** 우위이다. 즉 현존재는 자신의 실존규정성 때문에 그 자체에서 "존재론적"이다. 그런데 이제 현존재에게 동일근원적으로—실존이해의 구성계기로서—모든 현존재적이지 않은 존재자의 존재에 대한 이해가 속한다. 따라서 현존재는 세 번째 우위로서 모든 존재론의 존재적-존재론적 가능조건을 가진다. 현존재는 이렇게 자신이 모든 다른 존재자에 비해 존재론적으로 일차적으로 물음이 걸려야 할 존재자임을 증명한 셈이다.

그런데 실존론적인 분석론은 그 나름 또한 결국 **실존적으로**, 다시 말해 존재적으로 뿌리를 박고 있다. 오직 철학적으로 탐구하는 물음 자체가 각기 그때마다 실존하는 현존재의 존재가능성으로서 실존적으로 장악된 때에만 실존의 실존성을 열어밝힐 가능성, 그리고 그로써 충분히 기초 지어진 존재론적 문제틀 일반에 착수할 가능성이 존립하게 된다. 이로써 또한 존재 물음의 존재적 우위도 분명해졌다.

현존재의 존재적-존재론적 우위는 이미 일찍부터 고찰되었으나, 이때 현존재 자신이 그의 진정한 존재론적인 구조에서 파악되기에 이르거나 또는 단지 그리로 향해 가는 문제가 되지도 못했다. 아리스토텔레스는 "(인간의) 영혼은 어떤 방식에서는 [모든] 존재자이다"[6]라고 말한다. 인간의 존재를 형성하는 "영혼"은 자신의 존재함의 방식에서, 즉 감각(아이스테시스[αἴσθησις])과 사고(노에시스[νόησις])에서 모든 존재자를 그것의 있음의 사실과 그리 있음과 관련해서, 다시 말해서 언제나 그것의 존재에서도 발견한다. 파르메니데스(Parmenides)의 존재론적 테제를 소급지시하는 이 문장을 토마스 아퀴나스(Thomas Aquinas)는 자신의 특징 있는 논의 속에 수용한다. "초월범주"— 다시 말해 한 존재자의 어떠한 가능한 사태내용적 유적 규정성도 넘어서는, 유적 존재자의 어떠한 양태도 넘어서 있으며 그것이 무엇이건 상관없이 모든 어떤 것에 필연적으로 해당되는 그런 존재성격들—를 도출하는 과제 안에서 참됨도 그러한 초월범주의 하나로 증명제시되어야 한다. 이것은 한 존재자를 끌어들임으로써 가능해지는데, 그 존재자는 그의 존재양식 자체상 존재하는 어떠한 존재자와도 "합치할" 수 있는 고유함을 지닌다. 이러한 뛰어난 존재자가, 즉 본성상 모든 존재자와 합치할 수 있는 그 존재자가 바로 영혼인 것이다.[7] 비록 존재론적으로 설명은 되지 않지만 모든 다른 존재자

---

6) Aristoteles, *De anima*(『영혼론』), Γ 8, 431 b 21. 같은 책 5, 430 a 14 이하 참조.
7) Thomas Aquinas, *Quaestiones de veritate*(『진리론』), qu. I a 1 c. 초월범주에 대한 좀더 엄밀하지만 앞에서 논의한 것과는 약간 다른 서술로서는 *De natura generis*(『유의 본성에 대하여』) 참조.

에 대한 "현존재"의 우위는 두드러지게 나타나는데, 그러나 이것은 분명 존재자의 총체를 쉽게 주관화해버리는 것과는 아무런 공통점이 없다.

존재물음이 존재적-존재론적으로 뛰어나다는 증명은 현존재가 가진 존재적-존재론적 우위를 임시로 소개한 데에 근거한다. 그러나 존재물음 그 자체의 구조에 대한 분석(제2절)이 물음제기 자체 내에서 가지는 이 존재자의 뛰어난 역할에 부딪쳤다. 거기에서 현존재는 자신을—물음이 투명한 물음이 되어야 한다면—우선 먼저 존재론적으로 충분하게 정리작업해야 할 존재자로 드러내보였다. 그런데 이제는 현존재의 존재론적 분석론 자체가 기초존재론을 형성하고 있으며, 따라서 현존재가 원칙적으로 선행적으로 그의 존재와 관련해서 **물음이 걸려야** 할 존재자로 기능한다는 것이 제시되었다.

존재의 의미에 대한 해석이 과제가 될 경우, 현존재는 일차적으로 물음이 걸려야 할 존재자일 뿐 아니라, 더 나아가 각기 이미 그의 존재에 대해 바로 이 물음에서 물음이 되고 있는 **그것**과 관계를 맺고 있는 그런 존재자이다. 이 경우 존재물음은 다른 것이 아니라 현존재 자체에 속한 본질적인 존재경향, 즉 존재론 이전의 존재이해의 근본화[철저화]인 셈이다.

제2장
존재물음의 정리작업에서의 이중의 과제.
탐구의 방법과 그 개요

제5절 현존재의 존재론적 분석론은 존재 일반의 의미를 해석하기 위한 지평을 파헤쳐 드러냄이다

존재물음의 "제기"에 놓인 과제들을 지칭하면서 제시된 바는, 일차적으로 물음이 걸려 있는 것으로 기능해야 할 그런 존재자를 확정하는 것이 필요할 뿐 아니라, 또한 이 존재자에게로 가는 올바른 접근양식을 분명하게 획득하여 확보하는 것도 요구된다는 점이다. 존재물음 내에서 어떤 존재자가 주요한 역할을 떠맡는지가 논의되었다. 그런데 어떻게 이 존재자, 즉 현존재에 접근해야 하며 어떻게 이해하는 해석에서 그 존재자를 어떻게 대면해야 하는가?

현존재가 가지고 있는 것으로 증명된 존재적-존재론적 우위는, 이 존재자는 존재자 자체를 "직접적으로" 포착한다는 의미에서뿐 아니라 그의 존재양식이 또한 똑같이 "직접적으로" 앞에 주어져 있다†는 관점에서도, 존재적-존재론적으로 일차적으로 주어져 있어야 한다는 견해로 오도할 수 있다. 현존재는 분명 존재적으로 가까운 것이 아니라 가장 가까운 것이다. 우리가 바로 각기 그것이다. 그럼에도 불구하고 바로 그렇기 때문에 존재론적으로는 가장 먼 것이다. 분명 그의 가장 고유한 존재에 그 존재에 대한 이해를 가지고 있고 각기 이미 자신의 존재에 대한 일정한 해석[되어 있음] 속에 머무르고 있다는 것이 속한다. 그러나 그렇다고 해서 마치 이러한 존재이해가 가장 고유한 존재구성틀에 대한 주제적 존재론적 성찰에서 발원할 것처럼, 이러한 자기 자신에 대한 가장 가까운 존재론 이전의 존재해석이 합당한 실마리로 떠맡아질 수 있다고 말하는 것은 아니다. 오히려 현존재는 그에 속한 존재양식에 따라, 자신의 고유한 존재도 그가 본질적으로 끊임없이 우선 관계 맺는 그 존재자에서부터, 즉 "세계"에서부터* 이해하려는 경향이 있다. 현존재 자신 안에, 그리고 그로써 그의 고유한 존재이해 안에, 우리가 나중에 세계이해가 현존재해석에 존재론적으로 되반영된다고 제시하게 될 그것이 놓여 있다.

그러므로 현존재의 존재적-존재론적 우위는, 현존재에게 그만의 특이한 존재구성틀—그에게 귀속하는 "범주적"† 구조의 의미로 이해된—이 은폐된 채 남게 되는 데에 대한 근거이다. 현존재는 그 자신에 대해서 존재적으로는 "가장 가깝고" 존재론적으로는 가장 멀지만, 존재론 이전으로는 그래도 낯설지 않다.

이로써 이 존재자에 대한 해석이 아주 독특한 어려움 앞에 서 있음을 잠정적으로 소개만 한다. 그 어려움이란 주제적인 대상 및 주제화하는 행동관계 자체의 존재양식에 근거하는 것이지, 예를 들어 우리 인식능력이 결함투성이의 장비이기 때문이 아니며 또는 얼핏 보아 쉽게 제거할 수 있는, 적합한 개념성의 결여에 근거하는 것이 아니다.

그런데 이제 현존재에게 존재이해만이 속하는 것이 아니라, 또한 이 존재이해가 현존재 자신의 그때그때의 존재양식과 더불어 형성되기도 하고 붕괴되기도 한다면, 현존재는 아주 풍부한 해석[되어 있음]을 구사할 수 있을 것이다. 철학적 심리학, 인간학, 윤리학, "정치학", 시작(詩作), 전기(傳

---

* 다시 말해서 여기에서는 눈앞의 것에서부터.

記) 그리고 역사기술 등은 각기 상이한 방법으로 규모를 달리하면서 현존재의 행동관계, 능력, 역량, 가능성과 역운들을 추적했다. 그러나 여전히 물음으로 남는 것은, 과연 이러한 해석들이 그것들이 아마도 실존적으로 근원적이었듯이 그렇게 똑같이 근원적으로 실존론적으로 수행되었는가이다.† 그 두 가지가 필연적으로 함께 갈 필요는 없지만 그렇다고 또한 서로 배척하지도 않는다. 실존적 해석은, 철학적 인식이 그 가능성과 필연성에서 개념파악되어 있다면, 실존론적 분석론을 요청한다. 현존재의 근본구조들이 존재물음 자체에 명시적으로 방향을 잡아 충분하게 부각되어야, 현존재해석이 지금까지 획득한 것이 그 실존론적인 정당화를 비로소 얻게 될 것이다.

따라서 현존재의 분석론은 존재에 대한 물음에서 첫 번째 관심거리가 되어야 한다. 그럴 경우 현존재에게로 이끄는 주도적인 접근양식을 획득하여 확보하는 것이 더욱 시급한 일이 될 것이다. 소극적으로 말한다면, 어떤 임의의 존재와 현실의 이념—그것이 아무리 "자명하다"고 하더라도—도 이 존재자에게 구성적으로 독단적으로 가져다 붙여서는 안 되며, 그러한 이념에 의해서 윤곽 잡힌 "범주들"은 어떤 것도 현존재에 존재론적으로 조사하지도 않고 강제로 덮어씌워서는 안 된다. 오히려 접근양식과 해석양식은 이 존재자가 자신을 그 자신에 있어 그 자신에서부터 내보여줄 수 있게끔 선택되어야 한다. 분명 그 양식은 존재자를 그것이 우선 대개 존재하는 그대로, 즉 그것의 평균적인 일상성에서 제시해주어야 한다. 이러한 일상성에서 임의의 우연적인 구조들이 아니라, 현사실적인 현존재의 모든 존재양식 속에서 존재를 규정하는 구조로 관철되는 그런 본질적인 구조들이 산출되어야 한다. 그럴 경우 현존재의 일상성의 근본구성틀에 대한 관점 안에서 이 존재자의 존재를 예비적으로 부각시키는 일이 자라나오게 된다.

이렇게 파악된 현존재의 분석론은 전적으로 존재물음을 정리작업해내야 하는 주도적인 임무에 방향이 잡힌 채 남아 있다. 그렇게 이 분석론은 자신의 한계를 규정받는다. 이 분석론은 현존재에 대한 하나의 완벽한 존재론을 제시하려고 할 수 없다. 그런 존재론은 "철학적" 인간학과 같은 것이 철학적으로 충분한 토대 위에 서 있어야 한다면 물론 구축되어 있어야 할 것이다. 가능한 인간학 또는 그것의 존재론적 기초부여라는 의도에서 볼 때, 다음의 해석은 단지—비록 본질적이기는 해도—몇몇 "단편들"만을 제공할 뿐이다. 현존재의 분석론은 완벽하지도 않을뿐더러 우선은 **잠정적이다.**[†] 그것은 단지 처음으로 이 존재자의 존재를—그 의미를 해석하지 않은 채—두드러지게 할 뿐이다. 가장 근원적인 존재해석을 위한 지평을 파헤쳐 드러내 보이는 일을 이 분석론은 예비해야 한다. 그 지평이 획득된 뒤에 비로소 현존재의 예비적인 분석론은 더 고차의 본래적인 존재론적 토대 위에서 반복될 것을 요구할 것이다.

우리가 현존재라고 이름 짓는 그 존재자의 존재의 의미로서 **시간성**이 제시될 것이다. 이러한 제시는 잠정적으로 드러내 보인 현존재의 구조들을 시간성의 양태로 반복하여 해석함으로써 자신이 참되다는 것을 입증해야 한다. 그러나 현존재를 이렇게 시간성으로 해석하더라도, 여전히 존재 일반의 의미*를 찾아나선 주도적인 물음에 대한 대답이 아직 주어진 것은 아니다. 그렇지만 분명 그 대답을 얻기 위한 토대는 마련된 셈이다.

현존재에는 존재적 구성틀로서 일종의 존재론 이전으로 존재함이 속한다는 것이 암시적으로 지적되었다. 현존재는 존재하면서 존재와 같은 어떤 것을 이해하는 방식으로 존재한다. 이러한 맥락을 확고하게 견지하면서 보여주어야 할 것은, 거기에서부터 현존재가 도대체 존재와 같은 어떤 것을 드러나지 않게 이해하고 해석하는 그것이 바로 **시간**이라는 점이다. 시간이 모든 존재이해 및 모든 존재해석의 지평으로서 밝혀져야 하며 진정으로 개념파악되어야 한다. 이것이 통찰될 수 있도록 하기 위해서는 **시간을 존재이**

---

* καθόλον, καθ᾽ αὐτό[전체에서, 그 자체에서의 존재].

해의 지평으로서 존재를 이해하는 현존재의 존재인 시간성에서부터 근원적으로 설명하는 일이 필요하다. 이러한 모든 과제의 전체 속에는 동시에, 획득된 시간이라는 개념을 통속적인 시간이해와 구별해서 한정해야 한다는 요구가 놓여 있다. 그런 통속적인 시간이해는 아리스토텔레스 이래 베르그송(Henri-Louis Bergson)을 넘어서까지 견지되어오는 전통적인 시간개념 속에 침전된, 그런 시간해석에서 명시적으로 드러난다. 이때 분명하게 해야 할 것은, 과연 그리고 어떻게 이러한 시간개념과 통속적인 시간이해가 도대체 시간성에서부터 발원하는가이다. 그로써 베르그송의 테제에 반해서—그가 의미하는 시간은 공간이다—통속적인 시간개념에 그 독자적인 권리를 되돌려줄 수 있게 된다.

오랫동안 "시간"은 존재자의 여러 상이한 영역들을 소박하게 구별하기 위한 존재론적인 척도, 아니 차라리 존재적인 척도로 기능해왔다. 사람들은 "시간적인" 존재자(자연의 경과들과 역사의 사건들)를 "비시간적인" 존재자(공간적이고 수적인 관계들)와 구별하여 경계 지었다. 사람들은 "무시간적인" 명제의 의미[즉, 타당함]를 명제발언의 "시간적인" 흐름과 구별하려고 한다. 그 외에도 사람들은 "시간적인" 존재자와 "초시간적인" 영원 사이에 벌어진 "틈"을 발견하고 거기에 다리를 놓으려고 시도한다. "시간적"이란 여기에서는 "시간 속에 있는" 정도를 말한다. 물론 아직은 여전히 어둡기만 한 규정이다. 어쨌든 "시간 속에 있다"는 의미의 시간이 존재의 영역을 나누는 척도로서 기능한다는 사실은 성립한다. 어떻게 시간이 이러한 탁월한 존재론적인 기능을 떠맡게 되었는지, 더구나 무슨 권리로 바로 시간과 같은 어떤 것이 그러한 척도로서 기능하는지, 더 나아가서 과연 시간의 이러한 소박한 존재론적인 사용에서 그것의 본래적인 가능한 존재론적인 중요성이 표현되는지 등은 지금까지 물음으로 제기되지도 않았고 연구되지도 않았다. "시간"은, 통속적인 시간이해의 지평에서 보자면, 흡사 "저절로" 이러한 "자명한" 존재론적인 기능 속으로 휘말려들었으며 지금까지 그 안에 머물러 있다.

이와는 다르게 정리작업해낸 존재의 의미에 대한 물음의 토대 위에서 보여주어야 할 것은 과연 그리고 어떻게 올바로 고찰되고 올바로 설명된 시간의 현상 속에 모든 존재론의 중심문제틀이 뿌리를 내리고 있는가이다.

만일 존재가 시간에서부터 개념파악되어야 하고 존재의 여러 상이한 양태들과 파생체들이 그 변형과 파생에서 실제로 시간에 대한 관점에서부터 이해될 수 있다면, 그로써 또한 존재 자체가—이를테면 "시간 속에" 있는 것으로서의 존재자뿐 아니라—그것의 "시간적인" 성격에서 제시되는 셈일 것이다. 이 경우 "시간적인"은 더 이상 "시간 속에 있는"만을 말할 수는 없을 것이다. "비시간적인 것"과 "초시간적인 것"도 그것의 존재를 고려해볼 때 "시간적"이다. 그리고 이것도 다시금 "시간 속"의 존재자로서의 "시간적인 것"에 대비할 때 결여의 방식으로 그럴 뿐 아니라 또한 일종의 **적극적인**—물론 이제 해명해야 할—의미로 그렇다. "시간적인"이라는 표현이 철학 이전 또는 철학적인 언어 사용을 통해서 제시된 의미에서 입증이 되었기 때문에, 그리고 또한 그 표현이 다음의 연구에서는 다른 의미를 요구하고 있기 때문에, 우리는 존재와 그 성격 그리고 그 양태의 근원적인 의미를 시간에서부터 규정한 것은 **존재시적인 규정**이라고 명명한다. 그러므로 존재 그 자체를 해석해야 하는 기초적 존재론적 과제는 자체 안에 **존재의 존재시성**†을 산출해내는 일도 포함한다. 존재시성의 문제틀을 개진했을 때 가장 처음으로 존재의 의미에 대한 물음에 대한 구체적인 답이 주어질 것이다.

존재가 각기 그때마다 오직 시간에 대한 관점에서부터만 파악 가능하기 때문에, 존재물음에 대한 대답은 하나의 격리된 맹목적 문장 속에 담겨질 수 없다. 대답은 그것이 문장의 형태로 발언하는 것을 뒤따라 말하면서는 개념파악되지 못한다. 더구나 그 대답이 허공을 떠다니는 결과로서 지금까지의 취급양식에서는 아마도 벗어나는 그런 "입각점"을 순전히 알게 된 지식으로 계속 전해진다면 그렇다. 대답이 "새로운지" 아닌지는 중요하지 않으며 외면적인 일일 뿐이다. 그 대답에서 긍정적인 것은 그것이 충분히 오래된 것이어서 "고대인들"이 마련해놓은 가능성들도 개념파악하는 것을 배울 수 있다는 거기에 있어야 한다. 그 대답은 그것의 가장 고유한 의미에 따라서, 밝히 파헤쳐진 지평 내부에서 연구조사하는 물음과 함께 시작하라는, 구체적인 존재론적 탐구를 위한 지침을 줄 것이다. 그리고 오직 이것만을 줄 뿐이다.

이렇게 존재물음에 대한 대답이 탐구의 실마리가 된다면, 거기에는 다음과 같은 사실이 놓여 있다. 즉 그 대답 자체에서부터 지금까지의 존재론의 특수한 존재양식, 그것의 물음, 발견 그리고 실패의 운명이 현존재적으로 필연적이었다는 것이 통찰되어야 비로소 대답이 충분하게 주어진 셈이 된다.

제6절 존재론의 역사를 해체해야 하는 과제

모든 탐구—따라서 최종적으로 중심적인 존재물음의 주변에서 움직이는 탐구만이 아니라—는 현존재의 존재적 가능성의 하나이다. 현존재의 존재는 자신의 의미를 시간성에서 발견한다. 그런데 이 시간성이 또한 동시에 현존재 자신의 한 시간적 존재양식인 역사성의 가능조건—과연 그리고 어떻게 현존재가 하나의 "시간 속에" 존재하는 것인가는 별개의 문제로 하고—인 것이다. 역사성의 규정은 사람들이 역사(세계사적인 사건)라고 지칭하는 그것에 앞서 놓여 있다. 역사성이란 현존재 그 자체가 일어나는 "생기"의 존재구성틀을 의미한다.† 이것을 바탕으로 이제야 비로소 처음으로 "세계사"와 같은 어떤 것이 가능해져서 역사적으로 세계사에 속하게 된다. 현존재는 각기, 그가 이미 그렇게 "무엇"으로 존재해온,†† 자신의 현사실적인 존재 속에 존재한다. 두드러지든 그렇지 않든 현존재는 자신의 과거로서 존재하고 있다. 그의 과거는 흡사 그의 "배후에서" 그에게 끼어들고, 그래서 그는 지나간 것을 때때로 그의 안에 남아 영향을 미치는 그런 현전하는 속성으로 소유한다는 식으로만 그런 것이 아니다. 현존재는, 대충 말해서, 그때마다 자신의 미래에서부터 "일어나고 있는" 그의 존재의 방식에서 자신의 과거이다. 현존재는 그의 그때마다의 존재방식에서 존재하며 그렇기 때문에 그에게 속한 존재이해와 함께 하나의 전승된 현존재해석 속에서 태어나며 그 안에서 성장한다. 현존재는 이러한 해석에서부터 자신을 우선 이해하며 어떤 범위에서는 끊임없이 그렇게 이해한다. 이러한 이해가 그의 존재의 가능성들을 열어밝히며 그것을 규제한다. 그 자신의 고유한 과거—이것은 언제나 그의 "세대"의 과거를 말한다—는 현존재를 뒤따라오지 않으며 오히려 각기 그때마다 이미 그를 앞서간다.

현존재의 이러한 기초적인 역사성이 이 현존재 자신에게는 은닉된 채로 남아 있을 수 있다. 그러나 그것은 또한 일정한 방식으로 발견될 수 있고 나름대로의 보호를 받을 수 있다. 현존재는 전통을 발견하고 보존하고 그것을 분명하게 따라갈 수 있다. 전통의 발견과, 전통이 "넘겨주는" 그것 또는 어떻게 넘겨주는가 하는 그 방식의 열어밝힘이 독자적인 과제로 파악될 수 있다. 현존재는 이렇게 스스로를 역사학적인 물음과 탐구의 존재양식 안으로 보낸다. 역사학—더 정확하게 말하면 역사학성—은 묻는 현존재의 존재양식으로서, 현존재가 그의 존재의 근거에서 역사성에 의해 규정되어 있기 때문에만 오직 가능하다. 만일 이 역사성이 현존재에게 은닉된 채 남아 있고 그렇게 남아 있는 한, 현존재에게는 역사에 대한 역사학적 물음과 발견의 가능성이 거부되어 있는 셈이다. 역사학의 결여가 현존재의 역사성을 부인하는 증명은 아니다. 오히려 그것은 이러한 존재구성틀의 결손적인 양태로서 현존재의 역사성에 대한 증명이다. 한 시대는 오직 그것이 "역사적"이기 때문에 비역사학적일 수도 있는 것이다.

다른 한편으로 현존재가 그에게 놓여 있는 가능성을, 즉 스스로에게 자신의 실존을 투명하게 만들 수 있을 뿐 아니라 또한 실존성 자체의 의미를, 다시 말해 선행적으로 존재 일반의 의미를 캐물어갈 수 있는 가능성을 장악했다면, 그리고 그러한 물음에서 현존재의 본질적인 역사성에 대한 시각이 열렸다면, 그 경우 다음 사실에 대한 통찰은 피할 수 없다. 즉 그것의 존재적-존재론적 필연성과 연관되어 소개되었던 존재에 대한 물음은 그 자체가 역사성에 의해서 성격규정되어 있다는 사실 말이다. 이렇듯 존재물음의 정리작업은 역사적인 것으로서의 물음 자체의 가장 고유한 존재의미에서부터 그 자신의 고유한 역사를 캐묻기 위한, 다시 말해 역사학적인 것이 되기 위한 지침을 받아야 한다. 그래서 과거를 적극적으로 자기 것으로 만들어서 가장 고유한 물음의 가능성을 완전히 소유하려고 해야 한다. 존재의 의미에 대한 물음은 그것에 속하는 이행양식에 따라서, 다시 말해 현존재를 그의 시간성과 역사성에서 선행적으로 설명하는 것으로서, 스스로 자신을 역사학적인 물음으로 이해하게끔 인도되었다.

현존재의 가장 가까운 평균적인 존재양식—따라서 그는 이 안에서 우선 또한 역사적이다—에 대한 관점에서 현존재의 기초적인 구조들을 예비적으로 해석하는 일은 다음과 같은 점을 드러내 보여야 한다. 현존재는 그가 그 안에 있는 자기의 세계에 빠져버려서 거기에서부터 반사적으로 자신을 해석하려는 경향이 있을 뿐만 아니라, 그와 동시에 또한 그가 다소간 분명하게 장악한 그의 전통에 빠져버린다. 이 전통은 그에게서 자주적인 처신, 물음과 선택을 빼앗는다. 이것은 또한 특히 현존재의 가장 고유한 존재 속에 뿌리를 박고 있는 이해와 이 이해의 형성 가능성에도, 즉 존재론적인 이해에도 통용된다.

여기에서 지배에 이르게 되는 전통은 우선 대개 그것이 "넘겨주는" 그것에 거의 접근하지 못하게 하며 오히려 그것을 은폐한다. 전통은 물려받은 것을 자명성에 맡기며, 거기에서부터 전수된 범주와 개념들이 부분적으로는 진정한 방식으로 길어내는 그 근원적인 "원천들"로의 통로를 막는다. 전통은 심지어 그러한 유래 자체를 망각†하게끔 만든다. 전통은 그러한 소급을 그 필연성에 있어서나마 이해하는 것조차 필요하지 않게끔 만든다. 전통은 현존재의 역사성을 뿌리째 뽑아버려서, 현존재는 그저 철학함의 가능한 유형, 방향, 입장들의 다양한 형태에 대한 관심으로부터 가장 멀리 떨어진 가장 낯선 문화 속을 움직이고 다니며, 이러한 관심으로써 그 자신의 지반 없음을 감추려고 든다. 그 결과, 현존재는 그 모든 역사학적인 관심과 그 모든 문헌학적으로 "사실적인" 해석에 대한 열중에도 불구하고, 과거를 생산적으로 자기 것으로 만든다는 의미에서 과거로 긍정적으로 소급함을 가능하게 하는 가장 기초적인 조건들을 더는 이해하지 못하게 된다.

서두(제1절)에서 제시한 바처럼, 존재의 의미에 대한 물음은 끝나지 않았고 충분히 제기되지도 않았을 뿐 아니라 "형이상학"에 대한 그 모든 관심에도 불구하고 망각에 빠져버렸다. 그리스의 존재론과 그의 역사—이것이 다양한 지류와 변천을 걸쳐 오늘날에도 여전히 철학의 개념성을 규정하고 있다—는, 현존재가 자기 자신과 존재 일반을 "세계"에서부터 이해하며, 그렇게 성장한 존재론은 전통에 떨어지며, 전통은 그 존재론을 자명성으로, 순전히 새롭게 작업처리해야 할 재료로(헤겔의 경우 이렇다) 가라앉게 내버려둔다는 증거이다. 이렇게 뿌리가 뽑힌 그리스의 존재론이 중세에는 확고한 교수요목이 된다. 그 존재론의 체계학이란, 물려받은 단편들을 두들겨 맞추어 하나로 세운 구조물과는 완전히 다르다. 존재에 대한 그리스의 근본견해를 교의적으로 인수받는 한계 안에서 아직도 건드리지 않은 계속해야 할 많은 작업들이 이러한 체계학에 놓여 있다. **스콜라 철학적인** 각인을 받으며 그리스 존재론은 본질적인 면에서 **수아레스**(Francisco Suárez)의 형이상학에 대한 토론의 길을 거쳐 근대의 "형이상학"과 초월철학으로 넘어가며, 헤겔 "논리학"의 기초와 목표까지도 여전히 규정한다. 이러한 역사의 흐름 속에서 특정의 뛰어난 존재영역들이 시야에 들어오고 계속 일차적으로 문제틀을 주도하는 한(데카르트[René Descartes]의 "나는 사유한다", 주체, 자아, 이성, 정신, 인격 등), 그 존재영역들은—존재물음의 철저한 소홀에 상응하여—존재와 그 존재의 구조가 물어지지 않은 채 남게 된다. 오히려 전통 존재론의 범주 장치가 상응한 형식화와 순전히 부정적인 제한을 받아 그러한 존재자에게 옮겨 적용되었다. 아니면 주체의 실체성을 존재론적으로 해석하려는 의도로 변증법을 도움의 수단으로 끌어들였다.

존재물음 자체를 위해서 그 물음의 고유한 역사에 대한 투명성이 획득되어야 한다면, 이 경우 경직화된 전통을 느슨하게 풀고 전통에 의해서 시간화된 은폐들을 풀어내는 일이 필요하다. 이러한 과제를 우리는 **존재물음을 실마리로 삼아서** 전수된 고대 존재론의 요소(장치)를 근원적인 경험―여기에서 첫 번째의 그리고 그후의 주도적인 존재의 규정들이 획득되었다―을 찾아 **해체해가는** 일을 수행하는 것이라고 이해한다.

존재론적인 근본개념들의 유래를 이런 식으로 증명하는 일은, 그 근본개념들의 "출생증명서"를 탐구하여 교부하는 일로서, 존재론적인 입각점의 나쁜 상대화와는 아무런 연관도 없다. 해체는 또한 존재론적인 전통을 떨쳐버린다는 **부정적인** 의미를 지니지도 않는다. 해체는 그 반대로 전통을 그것의 긍정적인 가능성―이것은 언제나 다음을 말한다―과 관련된 그것의 **한계**에서 표시해야 한다. 이 한계는 그때마다의 물음제기와, 탐구의 가능한 장을 이 물음제기에 의해서 윤곽 잡는 한계설정과 함께 현사실적으로 주어진다. 해체는 과거에 대해서 그것을 부정하는 관계를 맺지 않는다. 그리고 그 비판도 "오늘"에 해당되며 존재론사의 지배적인 취급양식―그것이 학설사적으로 또는 정신사적으로 또는 문제사적으로 관심 잡혀 있건―을 겨냥한다.† 해체는 과거를 무(無) 속에 파묻으려는 것이 아니다. 그것은 **긍정적인** 의도가 있다. 해체의 부정적인 기능은 두드러지지 않은 채 간접적인 것으로 남아 있다.

존재물음의 원칙적인 정리작업을 목표로 삼는 지금의 이 연구의 테두리 안에서는 이 물음제기에 본질적으로 속하며 순전히 그 안에서만 가능한, 존재론사의 해체가 오직 그 역사의 근본적으로 결정적인 단계들에서만 수행될 것이다.††

해체의 긍정적인 경향에 맞추어 우선 제기되어야 할 물음은 이렇다. 과연 그리고 어느 정도로 존재론의 역사의 흐름에서 존재의 해석이 시간의 현상과 주제적으로 합쳐질 수 있었는가, 그리고 과연 이를 위해서 필연적인 존재시성의 문제틀이 원칙적으로 부각되었으며 부각될 수 있었는가? 존재시성의 차원을 향해 탐구하는 도상의 구간을 간, 다시 말해 현상 자체의 강요에 의해서 스스로를 그리로 밀려가도록 놔둔 첫 번째이자 유일한 사람은 칸트이다. 존재시성의 문제틀이 고정되어야만 도식론의 어둠에 빛을 마련해주는 것이 성공할 수 있다. 그럴 경우 이러한 방법의 길 위에서, 왜 칸트에게 이 분야가 그 본래적인 차원과 그 중심적인 존재론적 기능에 닫힌 채 있을 수밖에 없었는지가 보일 수 있을 것이다. 칸트 자신이 그가 어두운 분야에 과감하게 발을 들여놓은 것을 알고 있었다. "현상 및 그것의 순전한 형식을 고려해볼 때, 우리 지성의 도식론은 인간 영혼에 깊숙이 감추어져 있는 기술이다. 이 기술의 참다운 조작법을 우리가 언젠가 자연에서부터 알아내고 그것을 가림 없이 눈앞에 내놓게 된다는 것은 어려운 일이다."[1) 만일 "존재"라는 표현이 증명될 수 있는 의미를 가져야 한다면, 칸트가 여기에서 무엇 앞에서 흡사 도망치는지, 그것이 주제적으로 근본적으로 명백해져야 한다. 결국에는 다음의 분석에서 "존재시성"이라는 칭호 아래 드러날 바로 그 현상들이, 칸트가 그것의 분석론을 "철학자의 업무"라고 규정한 바로 그 "보통 이성"의 **가장 비밀스러운** 판단들이다.

다음의 연구는 존재시성의 문제틀을 실마리로 삼아 해체의 과제를 수행하는 가운데 도식론의 장과, 거기에서부터 시간에 대한 칸트의 학설을 해석하려고 시도할 것이다. 동시에 왜 칸트가 존재시성의 문제틀에 대한 통찰을 얻는 데에 실패할 수밖에 없었는지를 보여줄 것이다. 두 가지가 그러한 통찰을 방해했다. 첫째, 존재물음 일반의 소홀, 둘째, 이것과 연관 지어

---

1) Kant, *Kritik der reinen Vernunft*(『순수이성비판』), 180쪽 이하.

현존재에 대한 주제적인 존재론의 결여이다. **칸트**식으로 말해서는 주체의 주체성에 대한 선행적인 존재론적 분석론의 결여이다. 그 대신에 오히려 **칸트**는 그 모든 본질적인 발전적 형성에도 불구하고 교의적으로 데카르트의 입장을 넘겨받고 있다. 둘째, 시간에 대한 그[칸트]의 분석은 그 현상을 주체에 되돌려놓았음에도 불구하고 전수된 통속적인 시간이해에 방향을 잡는다. 이것이 궁극적으로는 **칸트**가 "초월론적인 시간규정"의 현상을 그것의 고유한 구조와 기능에서 산출해내는 것을 방해했다.† 이와 같은 전통의 이중적인 영향으로 인해서 시간과 "나는 사유한다" 사이의 결정적인 **연관**이 완전한 어둠 속에 휩싸이게 되며 한 번도 문제가 되지 못한다.

　데카르트의 존재론적인 입장을 넘겨받음으로써 **칸트**는 하나의 본질적인 소홀을 함께 저지르는데, 그것은 곧 현존재의 존재론의 소홀이다. 이러한 소홀은 **데카르트**의 가장 고유한 경향이라는 의미에서 하나의 결정적인 소홀인 셈이다. "코기토 숨(cogito sum)", 즉 "나는 사유한다, 나는 존재한다"로써 **데카르트**는 철학에 하나의 새로운 확실한 토대를 제공하기를 요구한다. 그러나 이러한 "근본적인" 시작에서 규정되지 않은 채 내버려둔 것이 있는데, 그것은 곧 레스 코기탄스(res cogitans), 즉 사유하는 사물의 존재양식, 더 정확히 말해 "나는 존재한다"의 존재의미이다. "나는 사유한다, 나는 존재한다"의 드러나지 않은 존재론적인 기초를 끄집어내는 작업은 존재론사로 해체하며 소급해 올라가는 길의 두 번째 단계에 체류할 때에 채워질 것이다. 그 해석은 **데카르트**가 존재물음 자체를 놓칠 수밖에 없었음에 대한 증명을 제시할 뿐 아니라, 또한 "코기토"라는 절대적인 "확실존재" 때문에 이 존재자의 존재의미에 대한 물음으로부터 면제되었다는 견해에 왜 그가 이르게 되는지를 보여줄 것이다.

　그러나 **데카르트**는 단지 이러한 소홀에, 그리고 그로써 레스 코기탄스―이것이 정신이건 또는 마음이건―를 존재론적으로 완전히 규정이 되지 않은 채 내버려두었다는 거기에만 남아 있지 않다. **데카르트**는 자신의 "성찰"

의 기초적 고찰을, 중세 존재론을 그가 흔들릴 수 없는 기초라고 설정한 그 존재자에 옮겨 적용하는 방법을 통해서 끝까지 수행한다. 레스 코기탄스(사유하는 사물)는 존재론적으로 엔스(ens, 존재자)로 규정되는데, 엔스의 존재의미는 중세 존재론에는 창조된 존재자를 엔스로 보는 이해 속에 고정되어 있다. 신은 무한한 존재자로서 **창조되지 않은** 엔스이다. 그런데 어떤 것이 산출되어 있음[제작되어 있음]이라는, 가장 넓은 의미의 창조되어 있음은 고대 존재개념의 본질적인 구조계기의 하나이다. 겉보기의 철학함의 새로운 시작은 숙명적인 선입견의 이식이라는 것이 폭로된다. 이러한 선입견에 근거하여 그후의 시대는, 존재물음을 실마리로 삼아 그리고 동시에 넘겨받은 고대 존재론과의 비판적인 대결을 벌이고 있는, "감정"에 대한 주제적인 존재론적 분석론을 등한시했다.

  데카르트가 중세 스콜라 철학에 의존하며 그 철학의 용어를 사용한다는 사실은 중세에 대한 지식이 있는 사람이라면 누구나 알아본다. 그러나 이러한 "발견"을 가지고는 철학적으로 아무것도 얻은 것이 없는 셈이다. 중세의 존재론이 레스 코기탄스에 대한 존재론적인 규정 또는 비규정에 이렇게 영향을 미친 것이 후대에 어떤 원칙적인 의의를 가지는가 하는 것이 어둠에 싸여 있는 한 그렇다. 그러한 의의는 앞서 먼저 고대 존재론의 의미와 한계가 존재물음에 방향을 잡은 가운데에 제시되어야 비로소 평가될 수 있다. 달리 말해 해체의 과제는 고대 존재론를 존재시성의 문제틀의 빛 속에서 해석하는 것이다. 여기에서 명백해지는 것은, 존재자의 존재에 대한 고대의 해석이 "세계" 또는 가장 넓은 의미의 "자연"에 방향 잡혀 있다는 점과, 그 해석이 실지로 존재에 대한 이해를 "시간"에서부터 얻고 있다는 점이다. 이에 대한 외적인 증빙기록—물론 **오직** 이것뿐이다—은 존재의 의미를 파루시아(παρουσία) 또는 우시아(οὐσία)라고 규정한 그것이다. 그것은 존재론적-존재시적으로 "현전성"을 의미한다. 존재자가 그 존재에서 "현전성"으로 파악되었다. 다시 말해서 하나의 특정한 시간양태, 즉 **"현재"**를 고려에 두고 이해되었다.

그리스 존재론의 문제틀은 모든 다른 존재론의 하나처럼 그 실마리를 현존재 자체에서부터 취할 수밖에 없다. 현존재, 다시 말해 인간의 존재는 철학적인 "정의"에서뿐만 아니라 통속적인 "정의"에서도 초온 로곤 에콘(ζῷον λόγον ἔχον), 즉 그것의 존재가 본질적으로 말할 수 있음에 의해서 규정된 생명체로 한계규정되었다. 레게인(λέγειν, 제7절의 나 참조)은 말을 건네며 이야기 나누는 가운데에 만나는 존재자의 존재구조를 얻기 위한 실마리이다. 그렇기 때문에 **플라톤**에서 형성된 고대 존재론이 "대화술"이 된 것이다. 존재론적인 실마리 자체를 발전적으로 정리작업해냄과 더불어, 다시 말해 로고스(λόγος)의 "해석학"과 더불어 존재물음을 더 근본적으로 파악할 수 있는 가능성이 커진다. 진정한 철학적 당혹감이었던 "대화술"은 쓸모없는 것이 된다. 그렇기 때문에 **아리스토텔레스**는 대화술에 대해서 "더 이상 아무런 이해도" 가지고 있지 않았다. 왜냐하면 그는 그것을 일종의 더 근본적인 토대 위에 올려놓아서 지양시켰기 때문이다. 레게인 자체 또는 노에인(νοεῖν)—눈앞에 있는 것을 그것의 순수한 눈앞에 있음에서 단적으로 인지함(파르메니데스가 이것을 이미 존재해석의 주도적인 끈으로 삼았다)—은 어떤 것을 순수히 "현재화시킴"이라는 존재시적 구조를 가지고 있다. 그 안에서 자기를 내보이는 그 존재자, 본래적인 존재자로 이해되는 그 존재자는 따라서 그것의 해석을 (지금) 마주-대함(Gegen-wart)에 대한 고려 속에서 얻는 셈이다. 다시 말해 그 존재자는 현전성(우시아[οὐσία])으로서 개념파악된다.

그렇지만 이러한 그리스의 존재해석은, 거기에서 기능하는 실마리에 대한 아무런 뚜렷한 앎이 없이, 시간에 대한 기초존재론적인 지식 또는 이해도 없이, 이러한 기능의 가능근거에 대한 통찰 없이 수행되었다. 오히려 그 반대로, 시간 자체가 여러 다른 존재자 가운데의 한 존재자로서 취해지고, 시간 자체를 그것에 드러나지 않게 소박하게 방향 잡은 존재이해의 지평에서부터 그것의 존재구조에서 파악하려고 시도되었다.

존재물음을 원칙적으로 정리작업하려는 이 연구의 테두리에서는 고대 존재론―무엇보다도 특히 학문적으로 최고의 순수한 단계에 올랐던 아리스토텔레스의 존재론―의 기초에 대한 상세한 존재시적인 해석이 제공될 수는 없다. 그 대신에 이 연구는, 존재에 대한 고대 과학의 토대와 한계에 대한 **판별기준**으로 선택될 수 있는 아리스토텔레스의 시간논구[2]에 대한 해석을 제시해줄 것이다.

시간에 대한 아리스토텔레스의 논구는 그 현상에 대해서 우리에게 전수된 최초의 상세한 해석이다. 그 논구는 그후의 모든 시간파악―베르그송의 것도 포함해서―을 본질적으로 규정해왔다. 아리스토텔레스의 시간개념에 대한 분석에서부터 동시에 거꾸로, 칸트의 시간파악이 아리스토텔레스에 의해 산출된 구조 안에서 움직인다는 것이 분명해질 것이다. 이 말은 칸트의 존재론적인 근본방향 설정이 하나의 새로운 물음이라는 그 모든 차이에도 불구하고 그리스적으로 머물러 있다는 것을 의미한다.

존재론적인 전승의 해체를 관철해야만 비로소 존재물음이 그 참된 구체성을 획득한다. 존재물음은 거기에서 존재의 의미에 대한 물음이 회피될 수 없음을 완벽하게 증명해낼 것이며, 그렇게 이 물음을 "반복해야[재개해야]" 한다는 말의 의미를 증명할 것이다.

"사태 자체가 깊이 감싸여 있는"[3] 이러한 장에서의 연구는 모두 자신의 연구 성과를 과대평가하지 않도록 조심해야 한다. 왜냐하면 그러한 물음은 끊임없이, 거기에서부터 "'존재'란 무엇을 말하는가?"라는 물음에 대한 대답을 길어낼 수 있을 어떤 더 근원적인 보편적 지평을 열어밝힐 수 있는 가능성 앞으로 자기 자신을 강박하기 때문이다.† 도대체 존재에 대한 물음이 이제 다시 일깨워지고 통제 가능한 대결의 장이 획득되어 있어야만, 그 27

---

2) Aristoteles, *Physik*(『자연학』) Δ 10, 217, b 29-14, 224, a 17.
3) Kant, *Kritik der reinen Vernunft*(『순수이성비판』), B 121.

러한 가능성에 대해서 진지한 그리고 긍정적인 이득을 염두에 둔 담판이 가능할 것이다.

제7절 탐구의 현상학적 방법

탐구의 주제적인 대상(존재자의 존재 또는 존재 일반의 의미)을 잠정적으로 특징지음으로써 또한 그 방법도 이미 윤곽 잡힌 것처럼 보인다. 존재자의 존재를 부각시키고 존재 자체를 설명하는 일은 존재론의 과제이다. 그러나 존재론의 방법은, 사람들이 예컨대 역사적으로 전수된 존재론에서나 또는 그 비슷한 시도들에서 충고를 구하려는 한, 최고도로 의심스러운 것으로 남을 것이다. 존재론이라는 용어는 이 탐구에서는 형식적으로 넓은 의미로 사용되고 있기 때문에, [그리로 가려는] 길이 존재론의 방법을 존재론의 역사를 추적하면서 해명하는 것을 스스로 금한다.†

존재론이라는 용어를 사용한다고 해서 다른 여타의 분과들과 연계된 어떤 특정한 철학 분과를 지칭하여 말하는 것도 아니다. 그것은 도대체가 어떤 앞서 주어진 분과의 과제로 충분할 성질의 것이 아니다. 오히려 그 반대로, 특정한 물음이 지니고 있는 사태의 필연성에서부터 그리고 "사태 자체"가 요구하는 취급양식에서부터 어쨌든 하나의 분과가 형성될 수 있는 것이다.

존재의 의미에 대한 주도적인 물음과 함께 탐구는 철학 자체의 기초적인 물음 앞에 서게 된다. 이러한 물음의 취급양식은 **현상학적인** 그것이다. 이것으로 이 논구가 어떤 "입각점"을 서술해주는 것도 아니고 어떤 "방향"을 지정해주는 것도 아니다. 왜냐하면 현상학은, 그것이 자기 자신을 이해하고 있는 한, 그 둘의 어떤 것도 아니고 그 어떤 것일 수도 없기 때문이다. "현상학"이라는 표현은 일차적으로 일종의 **방법개념**이다. 그것은 철학적 탐구대상들이 사태내용적으로 무엇인가가 아니라 오히려 철학적 탐구의 **어떻**

게[방법]를 특징짓고 있다. 하나의 방법개념이 더욱 진정으로 영향을 행사하면 할수록, 그것이 더 포괄적으로 한 학문의 원칙적인 수행을 규정하면 할수록, 그것은 더욱더 근원적으로 사태 자체와의 대결에 뿌리를 박으며, 더욱더 멀리 우리가 기술적인 조작술—이런 것은 이론적인 분과에도 많이 있다—이라고 칭하는 그것과 떨어진다.

"현상학"이라는 칭호가 표현하는 준칙은 따라서 "사태 자체로!"라고 정식화될 수 있다. 즉 모든 허공을 떠다니는 구성과 우연한 발견에 반대하고, 증명된 듯이 보일 뿐인 개념을 넘겨받는 데에 반대하며, 때로 여러 세대를 거쳐 문제로서 널리 받아들여지던 그럴듯한 물음들에 반대한다. 그렇지만 이러한 준칙은—사람들은 이렇게 대꾸하려고 할 것이다—너무나 자명하며 게다가 모든 과학적 인식의 원칙을 표현한 것에 불과하지 않은가. 사람들은 왜 이러한 자명성이 두드러지게 하나의 탐구를 지칭하기 위한 표제로서 채택되어야 했는지를 통찰하지 못한다. 실지로 문제가 되는 것은 바로 이 "자명성"이며, 우리는 그것을 이 논구의 진행을 밝히는 데에 중요한 범위 내에서만 가까이에서 고찰하려고 한다. 우리는 단지 현상학의 예비개념만을 제시할 것이다.

그 표현은 현상과 로고스라는 두 구성요소를 가진다. 그 둘은 그리스의 용어 파이노메논(φαινόμενον)과 로고스(λόγος)로 소급한다. 외면적으로 볼 때 현상학이라는 칭호는 신학, 생물학, 사회학 등과 비슷하게 만들어졌다. 이 이름들은 신에 대한, 생명에 대한, 사회에 대한 학문이라고 번역된다. 그렇다면 현상학이란 **현상에 대한 학문**이 될 것이다. 현상학의 예비개념은, 그 칭호의 두 구성요소, 즉 "현상"과 "로고스"로써 무엇이 의미되는지를 특징지음으로써, 그리고 그 둘로 결합된 이름의 의미를 확정함으로써 부각되어야 할 것이다. 아마도 **볼프**(Christian Freiherr von Wolff)의 학파에서 생성되었을 그 낱말의 역사는 여기에서 중요하지 않다.

가. 현상의 개념

"현상(現象)"이라는 용어가 소급하는 그리스 표현 파이노메논(φαινόμενον)은, '자신을 내보여준다'를 의미하는 동사 파이네스타이(φαίνεσθαι)에서 나왔다. 따라서 파이노메논은 '자신을 내보이는 그것', '자신을 내보이는 것', '드러내는 것'을 말한다. 파이네스타이 자체는 '백일하에 내놓는다', '밝은 데에 놓는다'는 파이노(φαίνω)의 중간 동사형†이다. 파이노는 빛, 밝음, 다시 말해 '그 안에서 어떤 것이 드러나며, 그 자신에게서 보이는 그것'을 뜻하는 포스(φῶς)와 같이 파(φα-)라는 어근에 속한다. 따라서 "현상"이라는 표현의 뜻으로서 확정할 수 있는 것은 '자신을 그 자체에서 내보여주는 것', '드러나는 것'이다. 이 경우 파이노메나, 즉 "현상들"은 '백일하에 또는 빛으로 데려올 수 있는 것의 총체'이며 그리스인들이 때때로 간단히 타 온타(τὰ ὄντα, 존재자)와 동일시하는 그것이다. 이제 존재자는 그것으로 가는 접근양식에 따라 각기 상이한 방식에서 자신을 그것 자체에서부터 내보여줄 수 있다. 심지어 존재자가 그것이 그 자체에서 그것이 아닌 바로 그것으로서 자신을 내보여줄 수 있는 가능성도 성립한다. 이러한 자신을 내보여줌에서는 존재자는 "……처럼 보인다." 그러한 자신을 보여줌을 우리는 가상이라고 칭한다. 이렇듯 그리스어에서도 파이노메논, 즉 현상이라는 표현은 '그렇게 보이는 것', '겉보기의 것', '가상' 등의 의미를 지니고 있다. 파이노메논 아가톤(φαινόμενον ἀγαθόν)은 선(善)처럼 보이기는 하지만 "실제로는" 그것이 자신을 그렇게 내보이는 그것이 아닌 것을 의미한다. 그 외의 현상 개념에 대한 이해에는 모든 것이, 파이노메논의 두 의미(즉, 자신을 내보이는 것과 가상으로서의 "현상")에서 지칭된 것이 그 구조상 어떻게 서로 연관되는가에 달려 있다. 어떤 것이 도대체 그것의 의미상 자신을 내보이는 척하는, 다시 말해 현상인 척하는 한에서만, 그것이 그것이 아닌 그 어떤 것으로 자신을 내보일 수 있고, "마치……인 것처럼 보일" 수 있다. 파이노메논("가상")의 의미에 이미 근원적인 의미(현상 = 드러나는 것)가 두 번째 의미를 기초 짓는 것으로서 함께 포함되어 있다. 우리는 "현상"이라는 칭호를 용어상 파이노메논의 긍정적이고 근원적인 의미에 부여하고, 현상을 현상의 결여적 변양태인 가상으로서의 현상과는 구별한다. 그러나 그 두 용어가 표현하는 그것은 처음에는 사람들이 "나타남" 또는 "순전한 나타남"이라고 칭하는 그것과는 전혀 아무런 연관이 없다.

이를테면 "아픈 증세의 나타남"과 같은 말이 그것이다. 여기에서 의미되는 것은 신체에 나타난 어떤 것인데, 그것은 자신을 내보이며 자신을 내보임에서 이러한 자신을 내보이는 것으로서, 자기 자신을 내보이지 못하는 어떤 것을 "지시하고" 있다. 그러한 증세의 등장, 즉 그것의 자신을 내보임은 자기 자신을 내보이지 못하는 장애가 있다는 사실과 결부된다. 따라서 "어떤 것의" 나타남으로서의 나타남은, 오히려 자신을 내보인다는 것이 아니라, 차라리 자신을 내보이지 않는 어떤 것이 자신을 내보이는 어떤 것을 통해서 자신을 알려온다는 것을 말한다. 나타남은 일종의 **자신을 내보이지 않음**이다.* 그러나 여기에서의 "않음"을 결여적 "아님"—이것이 가상의 구조를 규정한다—과 함께 취급해서는 안 된다. 나타나는 것과 같은 방식으로 자신을 내보이지 못하는 그것은 또한 가상으로 나타날 수마저 없다. 모든 지시, 연기(演技), 징후, 상징 등은—그것들이 비록 서로 간에는 다르기는 하지만—이와 같은 나타남이라는 형식적인 근본구조를 가진다.

비록 "나타남"이 결코 현상의 의미에서 자신을 내보임이 아니기는 하지만, 그럼에도 나타남은 어떤 것이 **자신을 내보임을 근거로 해서만** 가능하다. 그러나 이렇게 나타남을 함께 가능하게 하는 자신을 내보임은 나타남 그 자체가 아니다. 나타남은, 자신을 내보이는 어떤 것을 통해서 자신을 **알려옴**이다. 만일 사람들이 다음과 같이 말한다면, 즉 "나타남"이라는 낱말은 어떤 것이 그 자신은 나타나지 않으면서 그것을 통해서 나타나고 있는 어

---
* 이러한 경우에는.

떤 것을 지적하는 것이라고 말한다면, 그렇게 해서는 현상개념이 제한규정되는 것이 아니라 단지 전제되어 있을 뿐이다. 그렇지만 그것이 어떤 전제인가 하는 것은 은닉된 채 남아 있다. 왜냐하면 이러한 식의 "나타남"의 규정에는 "나타나다"라는 표현이 이중의 의미로 사용되고 있기 때문이다. 그것을 통해서 어떤 것이 "나타나는" 그것은, 그것 안에서 어떤 것이 자신을 알려오는 그것, 다시 말해 자신을 내보이지 않는 그것이다. 그리고 "자신을 '나타나지 않고'라는 말에서는 나타남이 자신을 내보임을 의미한다. 그러나 이러한 자신을 내보임은, 그 안에서 어떤 것이 자신을 알려오는 바로 "그 안(그곳)"에 본질적으로 속한다. 따라서 현상은 **결코** 나타남이 아니지만, 그러나 모든 나타남은 다 현상에 의존한다. 현상을 또한 더욱 불분명한 "나타남"이라는 개념의 도움으로 정의한다면 모든 것이 뒤죽박죽일 테고, 이러한 토대 위에서 벌이는 현상학의 "비판"이란 말할 것도 없이 아주 기이한 시도가 될 것이다.

"나타남"이라는 표현은 그 자체 다시금 이중의 것을 의미할 수 있다. 첫째, 자신을 내보이지 않음인 자신을 알려옴의 의미에서의 **나타남**이 그것이고, 둘째, 알려주고 있는 것 자체가 그것이다. 이것[알려주고 있는 것 자체]은 그것의 자신을 내보임에서 자신을 내보이지 않는 어떤 것을 지시한다. 그리고 마지막으로 사람들은 나타남을 자신을 내보임이라는 현상의 진짜 의미를 뜻하는 칭호로서 사용할 수 있다. 이러한 세 가지 각기 다른 사태 내용을 "나타남"이라고 지칭한다면, 혼란은 피할 길이 없을 것이다.

그 혼란은 "나타남"이 그 밖에 또다른 의미를 취할 수 있음으로 인해서 본질적으로 더욱 가중될 것이다. 만일 사람들이 자신을 내보임에서 드러나지 않는 것을 지시하고 있는 알려주는 것을, 그 자체 드러나지 않는 것에서 등장하는 것으로서, 즉 이것에서부터 방사(放射)되어 나오는 것으로서 파악한다면, 그것도 그 드러나지 않는 것이 본질적으로 결코 드러날 수 없는 것으로 생각된다면, 이 경우 나타남은 밖으로 끄집어내옴 또는 밖으로 끄집어내어진 것을 말하는데, 그러나 이 밖으로 끄집어내오는 것은 그것의 본래적인 존재[물자체]를 형성하고 있지 못한다. 이 경우가 바로 "순전한 나타남"일 뿐이라는 의미의 나타남이다. 밖으로 끄집어내어진 알려주는 것이 분명 자기 자신을 내보이고 있는데, 이때 그것은, 그것이 알려주고 있는 그것의 방사로서, 이것을 바로 끊임없이 그것 자체에서 은닉하고 있다. 그러나 이러한 은닉하는 내보이지 않음이 다시금 가상은 아니다. **칸트**는 나타남이라는 용어를 이러한 맥락에서 사용한다. 그에 따르면 나타남이란 우선 "경험적 직관의 대상들", 즉 이 직관에서 자신을 내보이는 그것이다. 이렇게 자신을 내보이는 것(진정한 근원적인 의미의 현상)은 동시에, 나타남 속에서 자신을 **감추는** 그것을 알리며 방사하는 것으로서의 "나타남"이다.

자신을 내보이는 것을 통해 자기를 알려옴이라는 의미의 "나타남"을 위해서 현상이 구성적인 한, 이 현상이 결여적으로 가상으로 변형될 수 있으며 그래서 나타남은 순전한 가상이 될 수 있다. 어떤 사람이 어떤 특정한 조명 아래에서는 마치 그가 빨개진 뺨을 가진 것처럼 보일 수 있으며, 이때 자신을 내보이는 빨감이 열이 있음을 알려주는 것으로 받아들여질 수 있고, 이것은 다시금 유기체에 어떤 장애가 발생했음을 지시하는 것이다.

현상―그것-자체에서-자신을-내보이는-것―은 어떤 것을 만나는 탁월한 만남의 양식이다. 그에 반해 **나타남**은 존재자 자체 안에 있는 지시의 연관을 의미한다. 그래서 **지시하는 것**(알려주는 것)은 오직, 그것이 그것 자체에서 자신을 내보일 때에만, 즉 "현상"일 때에만, 자기의 가능한 기능을 충족시킬 수 있다. 나타남과 가상은 그 자체 상이한 방식으로 현상에 기초한다. "현상"의 혼란스럽기만 한 다양함―현상, 가상, 나타남, 순전한 나타남이라는 칭호로 명명되는―은 처음부터 '그것 자체에서 자신을 내보임'이라는 현상개념이 이해될 때에야 비로소 해결될 수 있다.

이러한 현상개념의 파악에, 어떤 존재자가 현상이라고 말해지는지가 규정되지 않은 채 남아 있고, 또 스스로 내보이는 것은 각기 그때마다 하나의 존재자인지 또는 존재자의 존재성격인지가 도대체 열려 있다면, 우리가 얻은 것이란 순전히 **형식적인** 현상개념일 뿐이다. 그러나 만일 자신을 내보이는 것 아래에, 예를 들어 칸트의 의미로 경험적 직관을 통해서 접근 가능한 존재자가 이해된다면, 이때 형식적인 현상개념은 일종의 적합한 적용에 오게 된 셈이다. 이러한 사용에서의 현상은 **통속적인** 현상개념의 의미를 채워준다. 그렇지만 이러한 통속적 현상개념은 현상의 현상학적 개념이 아니다. 칸트의 문제틀의 지평 내에서는, 현상학적으로 현상 아래 개념파악된 그것이, 여러 다른 차이들을 유보한다면, 이렇게 설명될 수 있다. 즉 나타남에서, 즉 통속적인 현상에서 그때마다 각기 이미 앞서가며 함께 가며—비록 주제적이지 않기는 하지만—자신을 내보여주고 있는 그것은 주제적으로 자신을 내보이도록 만들 수 있는데, 이러한 그것 자체에서 자신을 내보여주는 것("직관의 형식들")이 곧 현상학의 현상이다. 왜냐하면 만일 칸트가 '공간은 어떤 한 질서의 선험적인 그 안'이라고 말할 때, 그가 그로써 일종의 사태에 근거한 초월론적 발언을 요구, 주장하는 것이라면, 공간과 시간은 분명 그렇게 자신을 내보여줄 수 있기 때문이다. 공간과 시간은 현상이 될 수 있어야 하기 때문이다.

그런데 이제 현상학적인 현상개념 자체가 이해되어야 한다면—자신을 내보여주는 것이 어떻게 더 자세하게 규정되든 간에 그것은 도외시하고—이러한 이해를 위한 회피할 수 없는 전제는 형식적인 현상개념의 의미와, 그것을 통속적인 뜻에 합당하게 적용하는 것의 의미를 앞서 통찰하는 것이다. 현상학의 예비개념을 확정하기에 앞서 로고스(λόγος)의 의미를 제한규정해야 한다. 그로써 현상학이 도대체 어떤 의미로 현상"에 대한 학문"일 수 있는지가 분명해질 것이다.

나. 로고스의 개념

로고스라는 개념은 플라톤과 아리스토텔레스에게 다의적이다. 그것도 의미들이 긍정적으로 하나의 근본의미에 의해 이끌리지 않고, 따로따로 논다는 의미에서 다의적이다. 그러나 이것은 실지에 있어서는 가상일 뿐이다. 그 가상은 우리가 해석을 통해서 그 근본의미를 그것의 일차적인 내용에서 적합하게 파악할 수 없는 한 계속 남을 것이다. 우리가 '로고스의 근본의미가 말[이야기]이다'라고 말한다면, 이러한 낱말적인 번역은 말[이야기] 자체가 무엇을 의미하는지가 규정되어야 완전한 효력을 가진다. 로고스라는 낱말의 그후의 의미의 역사는 그리고 특히나 후대 철학의 다양한 멋대로의 해석은, 너무나도 명백하게 드러나 있는 말이라는 본래적인 의미를 끊임없이 은닉해왔다. 로고스는 이성, 판단, 개념, 정의, 근거, 관계 등으로 "번역", 다시 말해 언제나 해석되었다. 그러나 "말"이 어떻게 그런 식으로 변양되어 로고스가 그 모든 열거된 것을 의미하게 되며 그것도 학문적인 언어사용 내에서 그렇게 될 수 있다는 말인가? 로고스가 발언—이때의 발언은 "판단"의 의미이다—의 의미로 이해된다고 해도, 얼핏 보기에 합당한 것처럼 보이는 이러한 번역도 사실은 로고스의 기초적인 의미를 놓치고 있다. 판단이 오늘날의 어떤 "판단이론"의 의미에서 이해된다면 더욱 그렇다. 만일 사람들이 판단을 "결합함" 또는 "입장취함"(인정함-배척함)으로 이해한다면, 로고스는 판단을 의미하지 않는다. 어쨌거나 일차적으로는 아니다.

오히려 말로서의 로고스는 델룬(δηλοῦν)과 같은 것으로서, 말에서 그것에 관하여 "말"이 되고 있는 그것을 드러나게 함을 뜻한다.† 아리스토텔레스는 말의 이러한 기능을 더 날카롭게 아포파이네스타이(ἀποφαίνεσθαι)라고 설명한다.[4] 로고스는 어떤 것을 보이게 해준다(φαίνεσθαι). 즉, 그것에 대해서 이야기되는 그것을 이야기하는 자에게(그리스어의 중간태[中間態]) 또는 서로 이야기를 나누는 자들에게 보이도록 해준다. 말은 그것에 관해 이야기되고 있는 그것을 그것 자체에서부터(ἀπὸ……) "보이도록 해준다."

---

[4] Aristoteles, *De interpretatione*(『해석론』), cap. 1-6. 그 외에도 *Metaphysica*(『형이상학』), Z 4 그리고 *Ethica nicomacaea*(『니코마쿠스 윤리학』) Z 참조.

말에서는(ἀπόφανσις)—그 말이 진정한 말인 한—이야기된 그것[내용]이 그것에 대해서 이야기되는 그것[대상]에서부터 길어내야 하며, 그래서 이야기하는 함께 나눔이 그것의 말함 속에서 그것에 대해서 이야기되는 그것을 드러나게 하여 다른 사람에게 접근 가능하게 해야 한다. 이것이 아포판시스(ἀπόφανσις)로서의 로고스의 구조이다. 그러나 모든 "말"이 제시하며 보이게 해줌이라는 의미의 이러한 드러나게 함이라는 양태를 갖춘 것은 아니다. 예를 들어 청함(εὐχή)도 드러나게는 하지만, 그 방식은 다르다.

구체적인 수행에서 말함(보이게 해줌)은 이야기함, 즉 낱말을 음성으로 발설한다는 특징이 있다. 로고스는 포네(φωνή, 소리)이며 그것도 포네 메타 판타지아스(φωνὴ μετὰ φαντασίας), 즉 거기에서 그때마다 각기 어떤 것이 보이는 음성적인 발설이다.

오직 아포판시스로서의 로고스의 기능이 어떤 것을 제시하며 보이게 해줌에 있기에, 로고스가 신테시스(σύνθεσις)라는 구조형태를 가질 수 있는 것이다. 여기에서 신테시스가 말하는 것은 표상을 종합함과 연결함도, 심리적인 발생사건을 취급함도 아니다. 그럴 경우 그러한 종합과 연관되어서는 어떻게 그 종합이 내적인 것으로서 바깥의 물리적인 것과 도대체 일치할 수 있는가 하는 "문제"가 생겨나올 수밖에 없다. 여기에서 신(συν)은 순수 서술적(제시적) 의미가 있으며 '어떤 것을 그것의 어떤 것과의 함께 모음에서, 어떤 것을 어떤 것으로서 보이도록 해줌'을 말한다.

그리고 다시금, 로고스가 보이게 해줌이기 때문에, **그렇기 때문에** 로고스는 참이거나 거짓일 수 있다. 여기에서 모든 것은, "일치"라는 의미의 일종의 구성된 진리개념으로부터 해방되는 것에 달려 있다. 그 (일치라는) 이념은 알레테이아(ἀλήθεια)라는 개념에서 일차적인 것이 아니다. 알레테우에인(ἀληθεύειν)으로서의 로고스의 "참임"이 말하는 것은, **그것에 관해서** 말해지고 있는 그 존재자를 아포파이네스타이로서의 레게인에서[즉, 존재자를 그것 자체에서 그것 자체에서부터 보이게 해주는 말함에서] 그것의 은폐되어 있음에서부터 끄집어내어 그것을 비은폐된 것(알레테스[ἀληθες])으로 보이도록 해줌, 다시 말해서 **발견함**이다. 같은 맥락에서 "거짓임"(프세위데스타이[ψεύδεσθαι])도 덮어 감춤이라는 의미로 속임을, 즉 어떤 것을 어떤 것 앞에 (보이도록 해줌의 방식으로) 놓아서 그로써 그것을 그것이 아닌 그 어떤 것으로서 내놓음을 말한다.

그러나 "진리"가 이러한 의미를 가지며 로고스가 보이게 해줌의 한 특정한 양태이기 때문에, 로고스가 진리의 일차적인 "자리"라고 말해서는 안 된다. 사람들이―오늘날 일반적으로 통상적으로 되었듯이―진리를 "본래" 판단에 속하는 것으로 규정하고, 더 나아가서 이 테제의 근거로 **아리스토텔레스**를 끌어들인다면, 이 경우 이러한 끌어들임이 아무런 정당성도 없을 뿐 아니라 무엇보다도 또한 그리스의 진리개념을 오해하는 것이다. 그리스적 의미로, 그것도 방금 언급한 로고스보다도 더 근원적으로 "참"인 것은 아이스테시스(αἴσθησις), 즉 어떤 것을 단적으로 감각적으로 인지함[받아들임]이다. 아이스테시스가 각기 그때마다 그것의 이디아(ἴδια)를, 즉 그때마다 진짜 오직 바로 그것을 **통해서** 그리고 그것에게만 접근 가능한 존재자를 겨냥하는 한, 예컨대 봄이 색깔을 겨냥하는 한, 이 경우 인지함은 언제나 참이다. 이것은, 봄은 언제나 색깔을 발견하고 들음은 언제나 음향을 발견한다는 것을 뜻한다. 그러나 가장 순수하고 가장 근원적인 의미로 "참"인 것, 다시 말해서 오직 발견하기만 하며 그래서 결코 덮어 감출 수 없는 것은 순수 노에인(νοεῖν), 즉 존재자 그 자체의 가장 단순한 존재규정을 단적으로 바라보면서 인지함이다. 이러한 노에인은 결코 덮어 감추는 법이 없고 거짓일 수 없다. 기껏해야 그것은 인지하지 못함, 아그노에인(ἀγνοεῖν), 즉 단적이고 적합한 접근통로로서는 충분하지 못할 뿐이다.

더는 순수한 보이게 해줌의 이행형태를 가지지 못하고 그때마다 제시함에서 어떤 다른 것에 의존하며, 그래서 그때마다 어떤 것을 어떤 것으로서 보이게 해주는 그것은 이러한 종합의 구조와 함께 덮어 감출 가능성을 떠맡는다. 그러나 "판단의 진리"는 이러한 은폐함의 반대경우이다. 다시 말해 그것은 진리의 **다중적으로 기초 지어진** 현상의 하나이다. 실재론과 관념론은 똑같이 근본적으로 그리스의 진리개념의 의미를 놓치고 있다. 그리스적 진리개념에 근거해서만 사람들이 도대체 그저 철학적 인식으로서의 "이데아론"과 같은 것의 가능성만을 이해할 수 있는 한 그렇다.

그리고 로고스의 기능은 어떤 것을 단적으로 보이게 해줌에, 존재자를 **인지하게 함**에 있기 때문에, 로고스가 이성을 의미할 수 있다.† 그리고 다시금 로고스가 레게인의 의미뿐 아니라 동시에 레고메논(λεγόμενον), 즉 제시된 것 그 자체의 뜻으로도 사용되기 때문에, 그리고 이 레고메논이 다른 것이 아니고 바로 휘포케이메논(ὑποκείμενον), 즉 모든 접근하는 말함과 논함을 위해서 각기 그때마다 이미 근저에 있는 것으로 놓여 있는 그것이기 때문에, 레고메논으로서의 로고스는 근거, 합리를 뜻할 수 있다. 그리고 마지막으로 레고메논으로서의 로고스가 또한 어떤 것이라고 말해진 것으로서, 그것의 어떤 것과의 연관 속에서, 다시 말해 "연관되어 있음"에서 드러나는 그것을 뜻할 수 있기 때문에, 로고스는 **연관과 관계**의 의미도 얻는다.

"서술적 말"에 대한 이러한 해석이 로고스의 일차적인 기능을 분명히 하는 데에는 충분할 것이다.

다. 현상학의 예비개념

"현상"과 "로고스"에 대한 해석에서 밖으로 끄집어내온 것을 구체적으로 떠올려볼 때 그러한 칭호로 의미되는 것들 사이의 내적 연관이 눈에 확 들어온다. 현상학이라는 표현을 그리스어로는 레게인 타 파이노메나(λέγειν τὰ φαινόμενα)라고 정형화할 수 있겠다. 그런데 레게인은 아포파이네스타이를 말한다. 그러니 현상학은 아포파이네스타이 타 파이노메나(ἀποφαίνεσθαι τὰ φαινόμενα)를 말하는 것이 된다. 즉 자신을 내보이고 있는 그것을, 그것이 자신을 그것 자체에서부터 내보이고 있듯이, 그렇게 그것 자체에서부터 보이게 해줌이다. 이것은 현상학이라는 이름으로 불리는 탐구의 형식적 의미이다. 이렇듯 여기에서는 앞에서 정형화시킨 준칙 "사태 자체로!"가 표현되고 있는 것에 다름 아니다.

그러므로 현상학이라는 칭호는 그것의 의미를 볼 때 신학 등의 명칭과는 다른 의미를 가진다. 신학 등의 경우는 관련된 학문의 대상들을 그것의 그 때마다의 사태내용과 관련지어 명명한다. 그러나 "현상학"은 그것의 탐구 대상을 명명하는 것도 아니며 그 칭호가 그 사태내용을 성격규정하는 것도 아니다. 그 낱말은 단지, 그 학문[현상학]에서 다루어져야 할 **그것**을 우리가 **어떻게** 제시하고 취급해야 하는가 하는 **방법**만을 해명할 뿐이다. 현상"에 대한" 학문이 말하는 것은, 우리가 현상들을 파악할 때 그 대상에 대한 논의는 모두 직접적인 제시와 직접적인 증명으로 다루어야 한다는 그러한 식의 대상의 파악이다. 근본적으로 반복적 표현인 "기술(記述) 현상학"도 동일한 의미이다. 기술은 여기에서 예를 들어 식물학의 형태론과 같은 종류의 절차를 뜻하지 않는다. 그 칭호는 다시금 일종의 금지의 의미를 띤다. 즉 증명하지 않은 규정은 어떤 것이든 멀리할 것이 그것이다. 기술 자체의 성격, 즉 로고스의 특수한 의미는, "기술되어야" 할 그것, 다시 말해 현상으로 만나는 양식에서 학문적인 규정성으로 이끌려 와야 할 그것의 "사태성"에서부터 비로소 처음으로 확정될 수 있다. 형식적인 현상개념 및 통속적인 현상개념의 의미에 따를 때, 우리는 존재자를 그것이 자신을 그것 자체에서 내보이고 있듯이 보여주는 그러한 모든 제시를 형식적으로 정당하게 현상학이라고 부를 수 있다.

이러한 형식적인 현상개념이 현상학적인 현상개념으로 탈바꿈(탈형식화) 되어야 한다면, 이제 어떠한 점을 고려해야 하며 이러한 현상개념은 통속적인 그것과 어떻게 구별되는가? 현상학이 "보이게 해주어야" 할 그것은 무엇인가? 탁월한 의미로 "현상"이라고 지칭되어야 할 그것은 무엇인가? 무엇이 그 본질상 **필연적**으로 **명시적** 제시의 주제인가? 분명 우선 대개는 바로 자기 자신을 내보이지 않는 그러한 것, 우선 대개 자기 자신을 내보이는 그것에 비추어볼 때 은폐된 것이지만, 그럼에도 동시에 우선 대개 자기 자신을 내보이는 그것에 본질적으로 속한 어떤 것으로서 그것의 의미와 근거를 이루는* 그런 것이다.

특이한 의미로 은폐된 채 남거나 또는 다시 은닉 속에 되떨어지거나 또는 오직 "위장되어서만" 자신을 내보이는 그것은 이 존재자 또는 저 존재자가 아니라, 앞의 고찰이 보여준 바처럼 존재자의 존재이다. 존재자의 존재는 아주 심하게 은닉되어서 그것이 망각되고 그것 또는 그것의 의미에 대한 물음조차 제기되지 않을 수 있다. 그러므로 탁월한 의미에서 그것의 가장 고유한 사태내용에서부터 현상이 되기를 요구하는 그것이 바로 현상학이 자신의 대상으로서 주제적으로 "손아귀"에 넣어야 할 것이다.

현상학은 존재론의 주제가 되어야 할 그것[존재]으로 나가는 접근양식이며, 그것을 증명하며 규정하는 양식이다. **존재론은 오직 현상학으로서만 가능하다.** 현상의 현상학적 개념은 자신을 내보여주는 것으로서 존재자의 존재, 그것의 의미, 그것의 변양태 그리고 그것의 파생태를 말한다. 그리고 자신을 내보여줌은 제멋대로의 내보여줌도 아니고 더구나 나타남과 같은 것도 아니다. 존재자의 존재는 단연코 "그것의 배후에" "나타나지 않는" 어떤 것이 서 있는 그런 어떤 것일 수는 없다.

현상학의 현상들 "배후에는" 본질적으로 다른 어떤 것도 서 있지는 않지만, 그러나 현상이 될 수 있는 그것이 은폐되어 있을 수는 있다. 그리고 현상들이 우선 대개 주어져 있지 않다는 바로 그 때문에 현상학이 필요한 것이다. 은닉되어 있음이 곧 "현상"의 반대개념이다.

현상이 은닉되어 있을 수 있는 가능한 양식은 상이하다. 우선 한 현상이, 그것이 도대체 아직 **발견되지 않는**다는 의미로 은닉되어 있을 수 있다. 우

---

* 존재의 진리.

리는 그 현상의 존립 여부에 대해서 알고 있는 것도, 모르고 있는 것도 아니다. 그 외에도 현상은 **파묻혀 있을** 수 있다. 거기에는 현상이 전에 한 번 발견되었으나 다시 은닉 속에 빠졌다는 사실이 깔려 있다. 이 은닉은 총체적인 은닉이 될 수도 있지만 그러나 또는 통례적으로 전에 발견된 것이, 비록 가상이기는 하지만, 아직 보일 수 있다. 그렇지만 가상인 그만큼, 그만큼의 "존재"이다. 이러한 은닉이 "위장"일 경우가 가장 흔하고 가장 위험한 경우이다. 왜냐하면 여기에 착각과 오도의 가능성이 특히나 끈질기기 때문이다. 마음대로 다룰 수는 있지만, 그러나 그 토대가 은닉되어 있는 존재구조와 그 개념들은 아마 한 "체계" 내부에서는 자신의 권리를 요구주장할 것이다. 그러한 존재구조와 개념들은 하나의 체계 속에 구성적으로 밀착되어 있다는 이유로, 더 이상의 정당화가 필요하지 않은 "명확한", 그리고 그렇기 때문에 계속될 연역에서 출발점으로서 유용할 수 있는 어떤 것으로서 주어진다.

은닉 자체—은폐성으로 파악되든, 파묻힘으로 파악되든, 또는 위장의 의미로 파악되든 간에—는 다시금 이중의 가능성을 가진다. 우연적인 은닉이 있고 필연적인 은닉, 다시 말해 발견된 것의 존립양식에 근거하는 은닉이 있다. 모든 근원적으로 길어올려진 현상학적인 개념과 문장은 함께 나누어진 발언으로서 변질의 가능성 안에 놓여 있다. 그것은 텅 빈 이해 속에서 계속 전달되어 자기의 토대를 상실하고 허공에 뜬 테제가 될 수 있다. 근원적으로 "잡기 쉽던" 것이 굳어져 잡기 어려운 것이 될 가능성은 현상학 자체의 구체적인 작업 속에 놓여 있다. 그리고 이 탐구의 어려움은, 그것이 긍정적인 의미로 자기 자신에 대해서 비판적이 되어야 하는 바로 거기에 있다.

존재와 존재구조를 현상의 양태에서 만나는 그 만남의 양식이 현상학의 대상들로부터 가장 먼저 **획득되어야** 한다. 그러므로 현상으로의 **접근통로**와 지배적인 은닉을 통과하는 **통과**뿐 아니라 분석의 **출발**도 하나의 고유한 방법적인 확보를 요구한다. 현상을 "원본적"이고 "직관적"으로 파악하고 설명하려는 이념 안에, 우연적이고 "직접적"이고 생각 없는 "바라봄"의 소박함에 대한 반대가 놓여 있다.

현상학의 예비개념을 제한규정한 토대 위에서 이제 또한 "현상적" 및 "현상학적"이라는 용어들도 그 뜻이 확정될 수 있다. 현상의 만남의 양식에서 주어지고 설명 가능한 것을 "현상적"이라고 이름한다. 현상적 구조들이라는 것이 그 예이다. 제시와 설명의 양식에 속하며 이러한 탐구에서 요구된 개념성을 이루는 그 모든 것은 "현상학적"이라고 부른다.

현상학적인 이해에서의 현상이 언제나 오직 존재를 이루고 있는 그것뿐이지만 그리고 존재가 그때마다 각기 존재자의 존재이기 때문에, 존재를 밝게 파헤쳐 보이려는 의도를 채우기 위해서는 우선 먼저 존재자 자체를 올바로 데려오는 것이 필요하다. 이 존재자가 마찬가지로 그것에 진정으로 속하는 접근양식에서 자신을 내보여야 한다. 그래서 통속적인 현상개념도 현상학적으로 중요해진다. 범례적인 존재자를 "현상학적으로" 안전하게 확보해야 하는 예비과제는 본래적인 분석론을 위한 출발점으로서 언제나 이미 그 분석론의 목표에서부터 앞서 윤곽 잡혀 있다.

사태내용적으로 볼 때 현상학은 존재자의 존재에 대한 학문, 즉 존재론이다. 앞에서 제시한 존재론의 과제에 대한 설명에서 일종의 기초존재론의 필연성이 생겨나왔는데, 이 기초존재론은 존재론적-존재적으로 뛰어난 존재자, 즉 현존재를 주제로 삼으며 그래서 그것은 핵심적인 문제, 즉 존재 일반의 의미*에 대한 물음으로 인도되어야 한다. [기초존재론적] 탐구 자체에서부터 귀결되어 나올 것은, 현상학적 기술의 방법적인 의미가 해석이라는 점이다. 현존재 현상학의 로고스는 헤르메네우에인(ἑρμενεύειν, 해석함)의 성격을 가지며, 그 해석함을 통해서 현존재 자체에 속하는 존재이해에

---

* 존재는 타당함이 아니며 보편적인 존재자를 위한 존재도 아니다. '일반' = καθόλου = 존재자의 존재가 그 전체로서. 차이의 의미.

존재의 본래 의미와 현존재의 고유한 존재의 근본구조들이 알려지게 된다. 현존재의 현상학은 낱말의 근원적인 의미에서 해석학인데, 그 의미에 따르면 그것은 해석의 업무를 지칭한다. 그러나 이제 존재의 의미 및 현존재의 근본구조 자체를 밝혀냄으로써 현존재적이지 않은 존재자에 대해 계속 더 연구하려는 모든 존재론적 탐구를 위한 지평을 두드러지게 작업해내는 한에서, 이러한 해석학은 동시에 모든 존재론적 탐구의 가능조건을 정리작업한다는 의미의 "해석학"이 되기도 한다. 그리고 마지막으로, 현존재가 다른 모든 존재자에 비해—실존의 가능성 안에 있는 존재자로서—존재론적인 우위를 가지는 한, 해석학은 현존재의 존재에 대한 해석으로서 실존의 실존성에 대한 분석론이라는 특수한 세 번째의—철학적으로 이해한다면, 일차적인—의미를 얻게 된다. 그럴 경우 이러한 해석학을 통해서 우리가 현존재의 역사성을 존재론적으로 역사학의 존재적 가능조건으로서 정리작업해내는 한, 오직 도출된 방식으로만 "해석학"이라고 명명될 수 있는 그것, 즉 역사학적 정신과학의 방법론은 이러한 현존재 분석론으로서의 해석학에 뿌리를 박는다.

철학의 근본주제로서의 존재는 어떤 한 존재자의 유가 아니다. 그렇지만 그것은 모든 존재자에 다 상관된다. 그것의 "보편성"은 더 높은 곳에서 찾아져야 할 것이다. 존재와 존재구조는 모든 존재자를 넘어서 있으며 한 존재자가 가지는, 존재하는 모든 가능한 규정성을 넘어서 있다. **존재는 단적으로 초월이다.*** 현존재의 존재의 초월은, 그 안에 가장 근본적인 **개별화**의 가능성과 필연성이 놓여 있는 한, 하나의 탁월한 초월이다. 존재를 초월로서 열어밝히는 일은 모두 **초월론적** 인식이다. 현상학적 진리(존재의 열어

---

* 그 낱말이 아무리 형이상학적인 여운을 담고 있다고 하더라도 초월은 물론 스콜라 철학의 의미나 그리스적-플라톤적 의미로 코이논(κοινόν, 전체, 총체성)을 뜻하는 것이 아니고 탈자적인 것—시간성—즉 존재시성을 뜻한다, 그렇지만 "지평"이다! 존재 자체(Seyn)는 존재자(Seyendes)를 '덮어 간직한다.' 그러나 존재 자체의 진리에서부터 [사유할 때] 초월은 존재사건(Ereignis)이다.

밝혀져 있음)는 초월론적 진리이다.

존재론과 현상학은 철학에 속하는 여러 다른 분과들 옆에 나란히 있는 두 가지 상이한 분과가 아니다. 그 두 칭호는 철학 자체를 대상과 취급양식에 따라 성격부여한다. 철학은 현존재의 해석학에서 출발하는 보편적인 현상학적 존재론인데, 이 해석학은 실존*에 대한 분석론으로서 모든 철학적 물음의 실마리의 끝을, [거기에서부터] 그것이 발원하며 [거기로] 그것이 되돌아가는 거기에다 고정해놓았다.

다음의 연구는 에드문트 후설(Edmund Husserl)이 놓은 토대 위에서만 가능할 수 있었다. 그의 『논리 연구』와 더불어 현상학이 돌출할 수 있었다. 현상학의 예비개념이 암시하는 것은, 현상학의 본질적인 점이 철학적 "방향"으로서 현실적으로 되는** 거기에 있지 않다는 사실이다. 가능성은 현실성보다 더 높은 차원에 있다. 현상학의 이해는 오로지 그것을 가능성으로서 장악하는 거기에 있다.5)

다음의 분석에서 발견될 표현의 껄끄러움과 "거침"과 관련해 한마디해두는 것이 좋겠다. 존재자에 대해서 이야기하며 보고하는 것이 다르고 존재자를 그 존재에서 파악하는 것이 다르다. 후자의 과제를 위해서는 대개 합당한 언어가 없을 뿐 아니라 무엇보다도 "문법"이 없다. 그 수준에서 비길 데가 없는 예전의 존재 분석적 탐구를 언급하는 것이 허용된다면, 우리는 플라톤의 『파르메니데스』의 존재론적 절들, 또는 아리스토텔레스의 『형이상학』 제7권 제4장을 투키디데스(Thucydides)의 이야기의 한 단원과 비교해볼 수 있다. 그러면 사람들은 그리스인들에게 그들의 철학자들이 강요하다시

---

5) 다음의 연구가 "사태 자체"를 열어밝히는 데에 몇 걸음이라도 앞으로 나갔다면, 지은이는 그것을 일차적으로 에드문트 후설에게 힘입은 것이다. 그는 프라이부르크 대학교에서의 교수 시절, 세밀한 개인 지도를 통해서 그리고 미발표된 연구들을 자유롭게 맡겨주어 지은이로 하여금 현상학적 탐구의 여러 상이한 분야들에 친숙하게 만들어주었다.

* 그러나 여기에서의 '실존'은 기초존재론적이다. 다시 말해서 존재 자체의 진리와 연관되어 있고 오직 그러할 뿐이다!

** 다시 말해서 칸트의 비판적 관념론의 초월론적-철학적 방향이 아니다.

피 한 표현들이 지닌 전대미문의 점을 보게 될 것이다. 그리고 역량은 본질적으로 모자라는데, 거기에 열어밝혀야 하는 존재분야는 그리스인들에게 주어진 분야보다 존재론적으로 훨씬 더 어려울 경우, 개념형성의 번거로움과 표현의 딱딱함은 더욱 가중될 것이다.

제8절 논구의 개요

존재의 의미에 대한 물음은 가장 보편적이고 가장 공허한 물음이다. 그러나 동시에 그 안에는 그 물음이 그때마다의 현존재*로서 고유하게 그리고 가장 날카롭게 개별화될 가능성이 있다. "존재"라는 근본개념을 획득하고 그것이 요구하는 존재론적인 개념의 틀 및 이것의 필연적인 변형을 앞서 윤곽 잡기 위해서는 하나의 구체적인 실마리가 필요하다. 존재라는 개념의 보편성은 연구의 "특수성"과 모순되지 않는다. 다시 말해 하나의 특정한 존재자, 즉 현존재에 대한 특수한 해석의 길을 통해서 존재라는 개념으로 파고드는 것을 막지 않는다. 그 현존재 안에서 존재에 대한 이해 및 가능한 해석을 위한 지평이 획득되어야 한다. 그런데 이 존재자 자체가 그 자체에서 "역사적"이며 그래서 이 존재자를 가장 고유하게 존재론적으로 두루 밝혀내는 일은 필연적으로 하나의 "역사학적인" 해석이 된다.

존재물음의 정리작업은 그래서 두 가지의 과제로 갈라진다. 이에 상응하게 이 책의 내용도 두 부분으로 나뉜다.

제1부: 현존재를 시간성으로 해석하고 시간을 존재에 대한 물음의 초월론적 지평으로 설명함.

제2부: 존재론의 역사를, 존재시성의 문제틀을 실마리로 삼아서 현상학적으로 해체하는 작업의 근본특징들.

---

* 본래적으로는 [존재의] '거기에' 안에 들어서 있음을 수행함.

제1부는 세 편으로 분류된다.

1. 현존재에 대한 예비적 기초분석.
2. 현존재와 시간성.
3. 시간과 존재.*

제2부도 마찬가지로 세 편으로 나뉜다.

1. 도식론과 존재시성의 문제틀의 전 단계로서의 시간에 대한 **칸트**의 학설.
2. **데카르트**의 "코기토 숨(나는 사유한다, 나는 존재한다)"의 존재론적 기초와 "사유하는 사물"이라는 문제틀 안으로의 중세 존재론의 인수.
3. 고대 존재론의 현상적 지반과 한계에 대한 판별체로서의 **아리스토텔레스**의 시간에 대한 논구.

---

* 초월함축적인 차이.
　지평 그 자체의 극복.
　유래로의 방향전환.
　이러한 유래에서부터의 현전.

제1부
현존재를 시간성으로* 해석하고
시간을 존재에 대한 물음의 초월론적 지평으로 설명함**

제1편
현존재에 대한 예비적 기초분석

존재의 의미에 대한 물음에서 일차적으로 물음이 걸리는 것은 현존재의 성격을 가진 존재자이다. 현존재에 대한 예비적 실존론적 분석론은 그 자체 그것의 고유함에 맞추어 대충의 임시 설명이 필요하며, 얼핏 보아 그것과 비슷한 듯이 보이는 다른 연구들과 제한구별하는 것이 필요하다(제1장). 연구의 확정된 단초를 확고하게 견지하면서 현존재에서 기초구조를, 즉 세계-안에-있음을 밝히 파헤쳐 드러내야 한다(제2장). 현존재해석의 이러한 "선험"은 조각을 모아 맞춘 규정성이 아니라, 일종의 근원적이며 끊임없는 전체 구조이다. 그러나 이 구조는 그것을 구성하는 계기들에 대한 여러 상이한 관점을 허용한다. 이 구조의 그때마다의 선행적인 전체를 시야에 둔 채 그 계기들을 드러내 보여야 한다. 그래서 분석의 대상은 다음과 같다. 세계의 세계성(제3장), 더불어 있음과 자기 자신으로 있음으로서의 세계-안에-있음(제4장), 안에-있음 그 자체(제5장). 이러한 기초구조의 분석을 토대로 해서 현존재의 존재에 대한 잠정적인 게시가 가능하다. 현존재의 실존론적 의미는 염려이다(제6장).

---

* 이 발간된 부분에서 오직 이것만.
** 이에 대해서는 마르부르크 대학에서의 1927년 여름학기 강의록 참조(『현상학의 근본문제들』).

제1장
현존재를 예비적으로 분석해야 하는 과제의 설명

제9절 현존재 분석론의 주제

 분석의 과제로 주어진 존재자는 각기 우리들* 자신이다. 이러한 존재자의 존재는 각기 나의 존재†이다. 이러한 존재자의 존재에서 이 존재자 자체는 자기의 존재**와 관계를 맺고 있다. 이러한 존재의 존재자로서의 그 존재자에게는 그의 고유한 존재가 떠맡겨져 있다.†† 이러한 존재자에게 그때마다 각기 그 자체 문제가 되는 것은 존재***이다. 현존재의 이러한 특징부여에서부터 두 가지가 귀결되어 나온다.

 1. 이 존재자의 "본질"은 그의 존재해야 함****에 있다. 이 존재자의 무엇임(본질, essentia)은—도대체 그것에 대해서 이야기될 수 있는 한—그의 존재(실재, existentia)에서부터 개념파악되어야 한다. 이때 존재론적인 과제가 제시해야 할 것은 바로 이것이다. 즉 우리가 이 존재자의 존재를 지칭하기 위해서 실존을 선택할 때, 이 칭호는 전수된 용어인 실재와 같은 존재론적인 의미를 가지지 않으며 가질 수 없다. 왜냐하면 실재는 존재론적으로 눈

---

* 각기 '나'.
** 그렇지만 이것[존재]은 역사적인 세계-안에-있음이다.
*** 어떤 존재? 거기에를 존재함, 그리고 그 안에서 존재 자체를 견지함.
**** 그것이 존재해야 하는 그것. 규정!

앞의 존재 정도를 말하며, 따라서 현존재와 같은 성격의 존재자에게는 속하지 않는 존재양식을 말하기 때문이다. 우리가 언제나 실재라는 칭호 대신 눈앞에 있음이라는 해석하는 표현을 사용하고 실존은 존재규정으로서 오직 현존재에게만 배정한다면, 혼란을 피할 수 있을 것이다.†

현존재의 "본질"은 그의 실존에 있다. 따라서 이 존재자에서 끄집어내올 수 있는 성격들은 이렇게 저렇게 "보이는" 눈앞의 존재자의 눈앞에 있는 어떤 "속성들"이 아니고, 오히려 그때마다 각기 그에게 가능한 존재함의 방식이며 오직 이것일 뿐이다. 이 존재자의 모든 그리 있음은 일차적으로 존재이다. 그렇기 때문에 우리가 이 존재자를 지칭하는 "현존재[거기에-있음]"라는 칭호는—책상, 집, 나무와 같이—그의 무엇을 표현하는 것이 아니라 존재[있음]*를 표현한다.

2. 이 존재자에게 그의 존재함에서 문제가 되는 그 존재는 각기 나의 존재이다. 그렇기 때문에 현존재는 결코 존재론적으로 눈앞에 있는 것인 존재자의 한 류에 속하는 경우나 표본으로 파악될 수 없다. 눈앞에 있는 존재자에게는 그것의 존재가 "아무래도 좋은" 것이다. 정확하게 고찰하면 그것은 그것에게 그의 존재가 아무래도 좋은 것일 수도, 그렇지 않은 것일 수도 없는 식으로 "존재하고" 있다. 현존재에게 말을 건넴은 그 존재자의 **각자성**의 성격에 맞추어 언제나 **인칭대명사**를 함께 말해야 한다. 즉 "나는 이렇고", "너는 저렇다"라고.**

그리고 현존재는 다시금 각기 그때마다 이런 또는 저런 존재함의 방식에서 나의 현존재이다. 현존재는, 그가 어떤 방식으로 각기 나의 현존재인가 하는 것을 이미 언제나 어떻게든 결정했다. 그의 존재함에서 바로 이 존재함 자체가 문제가 되는 그 존재자는 그의 존재에 대해서 그의 가장 고유한 가능성으로 관계한다. 현존재는 각기 그의 가능성으로 **존재하며** 현존재는

---

* '거기에'의' 존재. 이때의 '의'는 목적격 소유격[즉, 거기에를 존재하게 함].
** 다시 말해서 각자성은 떠맡겨져 있음을 의미한다.

그 가능성을 일종의 눈앞의 것으로 그저 속성으로 "가지고" 있는 것이 아니다. 그리고 현존재가 본질적으로 각기 그의 가능성으로 존재하기 때문에, 이 존재자는 그의 존재에서 자기 자신을 "선택할" 수 있고 획득할 수 있다. 현존재는 자기 자신을 상실할 수도 있으니, 다시 말해 결코 획득하지 못하고 그저 "겉보기에만" 획득할 수도 있다. 현존재가 자기 자신을 상실했을 수도 있거나 자기 자신을 아직 획득하지 못했을 수도 있음은 오직 그가 그의 본질상 가능한 **본래적인** 존재인 한, 다시 말해 자기 자신을 자기 것으로 하는 한에서 가능하다. **본래성과 비본래성**—이 표현은 엄밀한 낱말의 의미에 따라서 용어로 선택된 것이다—이라는 두 존재양태는, 현존재가 도대체 각자성으로 규정되어 있다는 데에 근거한다. 그런데 현존재의 비본래성이 예컨대 "모자라는" 존재나 "낮은 차원의" 존재등급을 의미하지 않는다. 비본래성은 오히려 현존재를 그의 가장 완전한 구체성에 맞추어서 그의 분주함[일 처리], 흥분, 관심, 향락력에서 규정할 수 있다.

현존재의 두 가지 윤곽 지은 성격들—본질(essentia)에 우선한 "실재(existentia)"의 우위 그리고 각자성—이 이미 보여주는 것은, 이 존재자의 분석론이 아주 독특한 현상적 영역 앞에 서게 된다는 점이다. 이 존재자는 결코 세계내부에 그저 눈앞에 있기만 한 존재양식을 가지고 있지 않다. 그러므로 그 존재자는 눈앞에 있는 것을 발견하는 방식에서와 같이 주제적으로 앞에 주어질 수는 없다. 그 존재자의 올바른 제시는 전혀 자명하지 않으며 그래서 그 제시의 규정 자체가 이 존재자에 대한 존재론적 분석론의 본질적인 부분을 이룬다. 이 존재자의 올바른 제시를 안전하게 수행하느냐에, 이 존재자의 존재를 과연 이해로 데려올 수 있는가의 가능성이 달려 있다. 분석이 아무리 잠정적이라고 하더라도, 그것은 언제나 올바른 단초의 확보를 요구한다.

현존재는 자신을 존재자로서 각기 그때마다, 그가 그의 존재에서 어떻게든 이해하며 그것으로 존재하는 그런 하나의 가능성에서부터 규정한다. 이것이 현존재의 실존구성틀이 지니는 형식적 의미이다. 그런데 바로 거기에

이 존재자를 **존재론적으로** 해석하는 데에 필요한 지침이, 그의 존재의* 문제를 그의 실존의 실존성에서부터 전개시키라는 지침이 놓여 있다.† 그러나 이 말은 현존재를 실존의 한 구체적인 가능한 이념에서부터 구성하라는 것을 뜻하지 않는다. 현존재는 분석의 출발에서 한 특정한 실존함의 차별성에 있어 해석하지 말고, 오히려 그의 무차별적인 우선 대개에 있어 열어보여야 한다. 현존재의 이러한 일상성의 무차별성은 **아무것도 아닌 것이 아니며** 오히려 이 존재자의 한 긍정적인 현상적 특징이다. 모든 실존함은, 그것이 존재하는 것을 볼 때, 이러한 존재양식에서부터 그리고 그 안으로 되돌아가서 존재한다. 우리는 이러한 현존재의 일상의 무차별성을 **평균성**이라고 칭한다.

평균적인 일상성이 이제 이 존재자의 존재적 우선을 형성하기 때문에, 그것은 언제나 거듭 현존재의 설명에서는 **건너뛰어져왔고** 지금도 건너뛰어지고 있다. 존재적으로 가장 가까운 것, 잘 알려진 것이 존재론적으로는 가장 먼 것이며 잘 안 알려진 것이고 그것의 존재론적인 의미가 끊임없이 간과되고 있는 것이다. 아우구스티누스(Aurelius Augustinus)가 "나 자신에게 나만큼 가까운 것이 있을까?"라고 물으며 "나는 분명히 여기에서 일하고 있으며 나 자신 안에서 일하고 있다. 나에게 나 자신은 많은 어려움의 밭이며 나는 땀을 흘려 그것을 갈고 있다"[1]고 대답할 때, 이것은 단지 현존재의 존재적 및 존재론적 불투명성에만 해당되는 것이 아니다. 그것은 더 높은 정도로서, 이 존재자를 그것의 현상적으로 가장 가까운 존재양식에서 놓치지 말아야 할 뿐 아니라 그것을 긍정적인 특징부여에서도 접근 가능하게 만들어야 할 존재론적인 과제에도 해당된다.

그런데 현존재의 평균적인 일상성을 하나의 순전한 "관점"으로 간주해서는 안 된다. 그 안에는 비록 비본래성의 양태이기는 하지만 실존성의 선험

---

1) Augustinus, *Confessiones*(『고백록』), 제10권 제16장.
* 더 정확히 말해서, 존재이해의.

적인 구조가 놓여 있다. 그리고 거기에서도 현존재에게는 특정한 방식으로 그의 존재가 문제가 된다. 이때 현존재는 그의 존재와 평균적인 일상성의 양태에서 관계 맺는데, 그것이 그저 그 앞에서의 도피의 양태이든 또는 그것의 망각의 양태이든 말이다.

현존재를 그의 평균적인 일상성에서 설명하는 일은 예컨대 모호한 비규정성의 의미에서 그저 평균적인 구조들을 내주는 것만은 아니다. 존재적으로 평균성의 방식으로 존재하는 그것이 존재론적으로는 충분히 중요한 구조에서 파악될 수 있다. 이때 이 구조는 이를테면 현존재의 **본래적인** 존재의 존재론적인 구조와는 구조적으로 구분된다.

현존재의 분석론에서부터 발원한 모든 설명내용은 그 실존구조를 고려하여 획득된 것들이다. 그것들이 실존성에서부터 규정되기 때문에 우리는 현존재의 존재성격을 **실존범주**라고 이름한다. 이것을 우리는 현존재적이지 않은 존재자의 존재규정—이것을 우리는 **범주**라고 이름한다—과는 날카롭게 구분해야 한다. 이때 이 표현을 그것의 일차적인 존재론적 의미에서 받아들이고 확고하게 잡아야 한다. 고대 존재론은 자신의 존재해석을 위한 범례적인 토대로 세계내부에서 만나는 존재자를 택했다. 이 존재자에 이르는 접근양식으로는 노에인(νοεῖν) 또는 로고스가 합당하다. 그 안에서 존재자를 만난다. 그런데 이러한 존재자의 존재는 탁월한 레게인(보이게 해줌)에서 파악될 수 있어야 하며 그래서 이 존재가 애초부터, 그것이 무엇인 바로 그것으로서, 그리고 그것이 개개의 모든 존재자에 이미 있는 바로 그것으로서 이해될 수 있어야 한다. 존재자에 대한 말함(로고스)에서 그때마다 선행적으로 존재를 말하고 있음이 곧 카테고레이스타이(κατηγορεῖσθαι)이다. 이것이 뜻하는 것은 우선 '공적으로 고소(告訴)함', '모든 사람 앞에서 어떤 것을 누구에게 떠맡겨버림'이다. 존재론적으로 사용할 경우 이 용어가 의미하는 것은 '존재자에게 흡사 공개적으로 그것이 각기 이미 존재자로서 무엇인지를 말해줌', 다시 말해 그것을 그것의 존재에서 모든 사람들이 볼 수 있도록 해줌이다. 그러한 봄에서 보이고 드러난 것이 바로 카테고리아이(κατηγορίαι, 범주)이다. 범주는 로고스에서 여러 상이한 방식으로 말해지고 논의될 수 있는 존재자의 선험적인 규정들을 포괄한다. 범주와 실존범주는 존재성격의 두 가지 근본 가능성이다. 거기에 상응하는 존재자는 일차적인 캐물음의 각기 상이한 방식을 요구한다. 즉 존재자는 **누구**(실존)이거나 또는 **무엇**(가장 넓은 의미의 눈앞에 있음)이다. 존재성격의 이 두 양태의 연관에 대해서는 존재물음의 지평이 해명된 뒤에야 비로소 다루어질 수 있을 것이다.

서론에서 이미 암시되었듯이, 현존재의 실존론적 분석론에서는 또 하나의 과제가 같이 추진된다. 이 과제의 긴급성은 존재물음 자체의 그것에 거의 뒤지지 않는 것으로서 선험적 토대를 밝히 파헤쳐 드러내는 일인데, 이것은 "인간이란 무엇인가" 하는 물음이 철학적으로 논의되려면 드러나야 한다. 현존재의 실존론적 분석론은 모든 심리학, 인간학 앞에, 물론 생물학 앞에도 놓여 있다. 현존재에 대한 이러한 여러 가능한 연구와 제한구별함으로써 분석론의 주제가 한결 더 분명한 제한규정을 얻을 수 있다. 이로써 동시에 그것의 필연성도 한층 더 깊이 증명된 셈이다.

제10절 현존재 분석론을 인간학, 심리학, 생물학과 구별하여 한정함

연구의 주제를 처음으로 긍정적으로 윤곽 잡은 후이기는 하지만, 연구의 금지적인 성격의 규정은 언제나 중요한 것으로 남는다. 일어나지 말아야 할 것에 대한 논의들이 쉽게 결실이 없는 것으로 끝나기는 하지만 말이다. 제시되어야 할 것은, 지금까지의 현존재를 목표로 삼은 물음제기와 탐구들*이―그것의 사태적인 풍성한 성과가 상함을 받지 않고―본래적인 **철**

---

* 이것들은 전혀 현존재를 목표로 삼지 않았다.

학적인 문제를 놓치고 있다는 것, 그것들은 따라서—그것들이 이러한 실패 속에 고집스럽게 남아 있는 한—그것들이 근본적으로 추구하고 있는 그것을 성취할 수 있다고 요구주장해서는 안 된다는 것이다. 실존론적 분석론을 인간학, 심리학, 생물학과 구별지어 한정함은 오직 원칙적인 존재론적 물음과만 관계가 있다.† 그 학문들은 "학문이론적으로", 열거한 분과들의 학문구조가—예를 들어 그 분과의 촉진을 위해서 일하는 사람들의 "학문성"이 아니라—오늘날 철두철미하게 의문스러운 것이 되었고, 존재론적인 문제틀에서 발원되어야 할 새로운 자극을 필요로 한다는 이 이유 하나만으로도, 이미 필연적으로 충분하지 못하다.

역사학적인 방향설정 속에서 실존론적 분석론의 의도가 분명히 드러날 수 있다. 사람들이 '코기토 숨[나는 사유한다, 나는 존재한다]'을 근대의 철학적 물음의 출발토대로서 발견한 사람으로 보는 **데카르트**는 자아의 코기타레[사유함]를 어떤 한계 내에서 탐구했다. 그에 비해 숨[나는 존재한다]은, 그것이 코기토[나는 사유한다]와 똑같이 근원적으로 단초로 설정되었음에도 불구하고, 전혀 논의되지 않은 채로 놔두었다. 분석론은 숨[나는 존재한다]의 존재에 대한 존재론적인 물음을 제기한다. 이것이 규정되어야 비로소 사유의 존재양식이 파악될 수 있게 된다.

그렇지만 분석론의 의도를 이렇게 역사학적으로 예시하는 것은 동시에 오도의 가능성도 있다. 우리의 첫 번째 과제의 하나는, 우선적으로 주어져 있는 자아와 주체의 단초가 현존재의 현상적 존립을 근본에서부터 놓칠 수 있다는 것을 증명하는 일일 것이다. "주체(Subjekt)"라는 이념은 모두—그 것이 어떤 선행적인 존재론적 근본규정에 의해서 해명되지 않는 경우—"숩엑툼(subjectum)", 즉 휘포케이메논(ὑποκείμενον, 실체 또는 기체)의 단초를 **존재론적으로** 여전히 함께하는 셈이다. 아무리 강력하게 존재적으로 "영혼실체" 또는 "의식의 사물화"를 반대해서 저항한다고 하더라도 그렇다. 사물성 자체도 이제 비로소 그것의 존재론적인 유래를 증명할 필요가 있으며, 그래야 무엇을 도대체 **긍정적으로** 주체의, 영혼의, 의식의, 정신의, 인격의 사물화되지 않은 **존재** 아래에서 이해해야 하는지를 물을 수 있다. 이러한 명칭들은 모두 특정한 "형성 가능한" 현상영역을 명명하는데, 그것들의 사용이 언제나 기이하게도 그렇게 지칭된 존재자의 존재에 대해서는 물어야 할 필요가 없다는 분위기와 함께 이루어진다. 그러므로 우리가 이러한 명칭들과 "삶", "인간"과 같은 표현들도, 우리들 자신인 그런 존재자를 지칭하기 위해서는 사용하지 않는데 그것이 용어사용에 있어서의 고집만은 아니다.

그러나 다른 한편으로 모든 학문적으로 진지한 "삶의 철학"—이 낱말은 식물의 식물학과 같은 말이다—이 올바로 이해한 경향에는 드러나지 않게 현존재의 존재에 대한 이해의 경향이 들어 있다.* 그러나 여기에서 눈에 두드러지는 것은—그리고 이것이 삶의 철학의 원칙적인 결함이다**—"삶" 자체가 하나의 존재양식으로서 존재론적으로 문제가 되고 있지 않다는 점이다.

빌헬름 딜타이(Wilhelm Dilthey)의 탐구는 "삶"에 대한 끊임없는 물음으로 사람들을 숨 가쁘게 몰아댔다. 이 "삶"의 체험들을 그는 그 구조연관과 발전연관에 따라서 이 삶 자체의 전체에서부터 이해하려고 노력한다. 그의 "정신과학적 심리학"의 철학적인 중요성은, 그것이 더 이상 심리적인 요소나 원자들에 방향을 정하지 않으며 영혼의 삶을 더 이상 조각조각 뜯어 맞추려고 하지 않고 "삶의 전체"와 "형태"를 목표로 삼는 데에서 찾아서는 안 되고, 오히려 그가 그 모든 것에서 무엇보다도 먼저 "삶"에 대한 물음으로의 도상에 있었다는 거기에서 찾아야 한다. 물론 여기에서도 아주 뚜렷하게 그의 문제틀의 한계와, 그 문제틀을 그 안에서 낱말로 데려올 수밖에 없었던 그 개념성의 한계가 드러나고 있다. 그러나 이러한 한계는 **딜타이**와 **베르그송**만이 아니라 그들에 의해서 규정된 "인격주의"의 모든 방향들과

---
* 아니다!
** 이것만이 아니다. 진리물음도 전적으로 그리고 본질적으로 충분하지 못하다.

철학적 인간학으로의 그 모든 경향이 공유한다. 인격성에 대한 원칙적으로 더 철저하고 더 투명한 현상학적 해석마저도 현존재의 존재에 대한 물음의 차원에는 이르지 못한다.† 물음, 수행, 세계관적 방향설정 등의 그 모든 차이에도 불구하고 인격성의 해석에서 **후설**[2)]과 **셸러**(Max Scheler)가 부정적인 점에서는 일치한다. 그들은 "인격존재" 자체에 대한 물음은 더는 제기하지 않았다. **셸러**의 해석을 예로 들기로 한다. 단지 그것이 문헌상 접근 가능해서일 뿐 아니라[3)] 또한 **셸러**가 인격존재를 그 자체로서 강조하며 그 모든 "심리적인 것"에 대비하여 행위의 특수한 존재를 구별제한하는 방법으로 규정하려고 노력하기 때문이다. **셸러**를 따르면 인격은 결코 절대로 하나의 사물이나 하나의 실체로 생각되어서는 안 된다. 그것은 "오히려 체험이 직접적으로 함께 체험한 **단일성**이다. 즉 직접적으로 체험된 것의 배후와 바깥에 있는 그저 사유된 하나의 사물이 아니다.[4)] 인격은 사물적 실체적 존재가 아니다. 그 외에도 인격의 존재는, 어떤 일정한 법칙성을 따르는 이성행위의 주체가 된다는 거기에서 다 소진되는 것도 아니다.

인격은 사물도, 실체도, 대상도 아니다. 이로써 강조되는 것은 **후설**[5)]이

[2)] 후설의 "인격성"에 대한 탐구는 지금까지 발간되지 않고 있다. 그 문제에 대한 원칙적인 방향설정은 이미 『엄밀한 학문으로서의 철학』(*Logos* I, 1910년, 319쪽)이라는 연구에서 드러난다. 이 탐구는 『순수 현상학 및 현상학적 철학을 위한 이념들』(후설 전집 제4권)에서 계속 더 깊이 추진된다. 이 이념들의 제1부(『철학 및 현상학 탐구 연보』 제1권, 1913년 참조)는 모든 실재성의 구성에 대한 탐구 토대로서 "순수 의식"의 문제를 서술한다. 제2부는 상세한 구성분석을 수행하며 세 단원으로 나누어 다룬다. 1. 물질적 자연의 구성. 2. 동물적 자연의 구성. 3. 정신적 세계의 구성(자연주의적인 태도에 대립된 인격주의적 태도). **후설**은 자신의 서술을 다음과 같은 말로 시작한다. "딜타이가 과연 목표를 제시하는 문제들과 성취해야 할 작업의 방향을 파악하기는 했지만, 그러나 그는 아직 결정적인 문제의 형성과 방법적으로 올바른 해결로 밀고 들어가지는 못했다." 이러한 처음의 정리작업 이래 **후설**은 그 문제들을 더욱 심도 있게 추적했으며 그의 프라이부르크 대학교 강의에서 그중 본질적인 부분들을 전해주었다.*

[3)] 『철학 및 현상학 탐구 연보』 제1권, 2(1913년)과 제2권(1916년). 특히 242쪽 이하 참조.
[4)] 같은 책, 제2권, 243쪽.
[5)] *Logos*(『로고스』) I, 앞의 곳 참조.
* 그렇지만 목표와 결과를 볼 때 그 모든 것은 여기에서 원한 것과 도달한 것과는 다르다.

인격의 단일성을 위해서 자연사물의 구성과는 본질적으로 다른 구성을 요 48
구할 때 그가 암시한 것과 똑같은 것이다. 셸러는 인격에 대해서 말한 내용
을 행위들에도 표현한다. "행위는 결코 절대로 대상이 아니다. 왜냐하면 행
위의 존재의 본질에 그것이 오직 수행 자체에서만 체험되고 반성 속에서
주어진다는 것이 속하기 때문이다."6) 행위들은 비심리적인 어떤 것이다.
인격의 본질에는, 인격이 오직 지향적 행위의 이행 속에서만 실존한다는
것이 속하며, 그래서 인격은 본질적으로 대상이 아니다. 모든 심리적인 객
관화는, 따라서 행위를 심리적인 어떤 것으로 보는 모든 파악은 탈인격화
와 동일하다. 인격은 어쨌거나 지향적 행위의 이행자로서 주어져 있으며,
그 행위는 한 가지 의미의 단일성에 의해서 결속되어 있다. 따라서 심리적
인 존재는 인격존재와 아무런 연관이 없다. 행위는 이행되고, 인격은 행위
이행자이다. 그러나 "이행하다"의 존재론적인 의미는 무엇이며, 인격의 존
재양식을 어떻게 긍정적으로 존재론적으로 규정할 수 있는가? 비판적인 물
음은 여기에서 머물러 있을 수 없다. 물음은, 사람들이 신체적, 영혼적, 정
신적 통일로 파악하는 것이 습관화된 전체 인간의 존재에 대해서 제기되고
있는 것이다. 신체, 영혼, 정신은 다시금 현상영역들을 이름하며, 이것들은
특정한 연구를 위해서는 그 자체 주제적으로 분리될 수 있는 것이다. 일정
한 한계 내에서는 그것들이 존재론적으로 규정되어 있지 않다는 것이 중요
하지 않을 수도 있다. 그러나 인간의 존재에 대한 물음에서는 이 존재가 더
군다나 이제 비로소 다시 규정되어야 하는 신체, 영혼, 정신의 존재양식들
에서부터 총합적으로 계산되어 나올 수는 없다. 그리고 이런 방식으로 진
행되어나가는 존재론적인 시도마저도 전체의 존재에 대한 이념을 전제하지
않을 수 없을 것이다. 그러나 현존재의 존재에 대한 원칙적인 물음을 잘못
설정하거나 잘못 이끄는 것은 고대 그리스도교적 인간학으로 잡힌 일반적

---

6) 같은 책, 246쪽.

인 방향정립이다. 그러한 인간학의 불충분한 존재론적인 기초에 대해서는 인격주의와 삶의 철학도 간과하고 있다. 전통적인 인간학이 자체 안에 지닌 것은 다음과 같다.

1. 이성적 동물, 이성적 생명체라고 해석되는 초온 로곤 에콘(ζῷον λόγον ἔχον). 그런데 초온(생명체)의 존재양식이 여기에서 눈앞에 있음과 앞에 존재함의 의미로 이해된다. 로고스는 일종의 고차원의 자질인데, 그것의 존재양식도 그렇게 결합된 존재자의 존재양식과 마찬가지로 어둠 속에 남아 있다.

2. 인간의 존재와 본질을 규정하기 위한 다른 실마리는 **신학적인** 실마리이다. 그리고 하느님은 말씀하셨다. "우리 모습을 닮은 사람을 만들자."[7] 그리스도교적 신학적-인간학은 여기에서부터 고대의 정의도 함께 채용하여 우리가 인간이라고 이름하는 그 존재자에 대한 해석을 획득한다. 그러나 신의 존재가 고대 존재론의 수단으로 존재론적으로 해석되는 것과 마찬가지로, 그렇게 유한한 존재자의 존재가 해석된다. 그리스도교적 정의는 근대를 거치면서 탈신학화되었다. 그러나 인간은 자신을 넘어서는 어떤 것이라는 "초월"의 이념의 그 뿌리를 그리스도교의 교의학에 가진다. 이 교의학이 인간의 존재를 그때마다 존재론적으로 문제 삼았다고는 말하려고 하지 않을 것이다. 이러한 초월이념—그에 따르면 인간은 지성존재 그 이상이다—이 여러 상이한 변형 속에서도 영향을 미쳤다. 그것의 유래는 다음의 인용에서 잘 예시될 수 있을 것이다. "인간의 처음의 상태는 이러한 뛰어난 선물들로 인해서 탁월했다. 이성, 지성, 현명, 판단이 이 지상 생활을 이끄는 데에 충분할 뿐 아니라, 그런 것들에 의해서 그는 신과 영원한 행복으로까지 **초월한다**."[8] "인간이 하느님과 그의 말씀을 **찬양한다**는 사실이, 인간이 그의 본성상 어느 정도 하느님에 가까이 태어났고 어느 정도 하느님의 모습을 **닮았고** 어느 정도 하느님에 **기울어지는 경향**이 있음을 분명하

---

7) 「창세기」 1장 26절.
8) Calvin, *Institutio Christianae Religionis*(『기독교 강요』) I, 15, § 8.

게 암시한다. 이 모든 것은 의심의 여지없이 인간이 하느님의 **모습**에 따라서 만들어졌다는 데에서부터 흘러나온다."[9]

전통적 인간학의 중요한 근원들인 그리스의 정의와 신학적인 실마리가 보여주는 것은, "인간"이라는 존재자의 한 본질규정 안에 인간의 존재에 대한 물음은 망각된 채로 남아 있으며, 오히려 이 존재가 다른 창조된 사물들의 눈앞에 있음의 의미로 "자명하게" 개념파악되었다는 것이다. 이러한 두 실마리는 근세의 인간학에서는 사유하는 사물, 의식, 체험의 연관에서 출발하는 방법적인 출발점과 뒤엉키게 된다. 그러나 사유행위가 존재론적으로 규정되지 않은 채 남아 있는 한, 또는 다시금 묵시적으로 "자명하게" 그것의 "존재"는 어떠한 물음 아래에도 놓이지 않는, 그런 "주어진" 어떤 것으로 간주되는 한, 인간학적인 문제틀은 그것의 결정적인 존재론적인 기초에서 규정되지 않은 채 남아 있는 것이다.

똑같은 것이 "**심리학**"에도 못지않게 통용된다. 심리학의 인간학적인 경향은 오늘날 놓칠 수 없다. 결여된 존재론적인 기초는, 인간학과 심리학을 하나의 보편적인 **생물학** 안에 구축한다고 해서 보충될 수 없다. 가능한 파악과 해석의 순서에서 볼 때 생물학은 "생명에 대한 과학"으로서 현존재의 존재론—비록 전적으로 여기에는 아니라고 하더라도—에 기초한다. 생명은 하나의 고유한 존재양식인데, 그것은 본질적으로 오직 현존재에서만 접근 가능하다. 생명의 존재론은 일종의 결여적 해석의 방법으로 성취된다. 그것은 어떤 것이 그저 단지 살아 있기만 한 것처럼 존재할 수 있다는 것이 어떤 경우인지를 규정한다. 생명은 단순한 눈앞에 있음도 아니고 또한 현존재도 아니다. 다시금 현존재는, 사람들이 그것을 생명(삶)이라고—존재론적으로는 규정하지 않고—설정하고 거기에다가 어떤 다른 것을 추가하는 식으로 그렇게 존재론적으로 규정될 수 없다.

---

9) Zwingli, "Von der Klarheit des Wortes Gottes"(『하느님 말씀의 명확함에 대하여』), *Deutsche Schriften*(『독일어 저서』) I, 56.

인간학, 심리학, 생물학은 우리들 자신이 그것인 그 존재자의 **존재양식**에 대한 물음에 명확하고 존재론적으로 충분히 근거제시된 대답을 못한다고 지적함으로써 이 분과의 긍정적인 작업에 대해서 판단을 내리는 것은 아니다. 그러나 다른 한편 언제나 거듭 의식하고 있어야 하는 것은, 이러한 존재론적 기초가 추가적으로 경험적인 재료에서부터 가설적으로 열어밝혀질 수는 없으며, 오히려 경험적인 재료가 수집되기만 할 때조차도 그 기초는 "거기에" 언제나 이미 있다는 점이다. 실증적인 탐구가 이러한 기초를 보지 못하고 그것을 자명한 것으로 간주한다고 해서, 그것이 밑바탕에 놓여 있지 않다는 데에 대한 증명이 되지 못하며, 실증과학의 테제가 그때마다 나름대로 문제시되는 것보다 더 근본적인 의미로 문제시되고 있지는 않다는 데에 대한 증명이 되지는 못한다.[10]

제11절 실존론적 분석론과 원시적 현존재의 해석. "자연적 세계개념" 획득의 어려움

현존재를 그의 일상성에서 해석하는 일은 원시적 현존재의 단계를 기술하는 것과 동일하지 않다. 그런 단계에 대한 지식은 인간학에 의해서 경험적으로 매개될 수 있을 것이다. 일상성은 원시성과 일치하지 않는다. 오히려 일상성은, 현존재가 고도로 발달되고 세분화된 문화 속에서 움직일 때라도, 아니 바로 그 경우에, 현존재의 한 존재양태이다. 다른 한편 원시적인 현존재도 비일상적인 존재의 가능성을 가지며 **자신의 특수한 일상성을 가진다**.

---

[10] 선험의 열어밝힘이 "선험론적" 구성은 아니다. 후설을 통해서 우리는 다시 모든 진정한 철학적 "경험"의 의미를 이해하는 것을 배웠을 뿐 아니라 또한 그에 필요한 도구를 다루는 법도 배웠다. "선험주의"는 자기 자신을 이해하는 모든 학문적인 철학의 방법이다. 선험주의가 구성과는 아무 상관이 없기 때문에, 선험의 탐구는 현상적 토대를 올바로 준비할 것을 요구한다. 현존재의 분석론을 위해서 예비되어야 하는 가장 가까운 지평은 현존재의 평균적인 일상성 안에 놓여 있다.

"원시적 현상들이" 때로 해당 현존재에 대한 이미 널리 퍼진 자기해석에 의해서 아직 덜 은폐되어 있고 덜 복잡화되어 있기 때문에, 현존재 분석을 "원시 민족의 삶"에 방향을 잡아서 하는 것이 긍정적인 방법적 의미를 가질 수 있다. 원시적 현존재는 때로 "현상들"―현상학 이전의 의미로 받아들여―에 근원적으로 몰입하여 더 직접적으로 말한다. 우리 측에서 볼 때 서툴고 거친 개념성이 현상들의 존재론적인 구조를 순수하게 끄집어내오는 데에 긍정적으로 유익할 수 있다.

그런데 지금까지 우리에게 원시인에 대한 지식을 제공한 것은 민속학이다. 그리고 이 민속학은 재료의 첫 번째 "채용"에서, 그것의 선별과 정리작업에서 이미 인간 현존재에 대한 특정한 앞선 개념과 해석 안에서 움직인다. 민속학자가 함께 끌어들이는 일상심리학 또는 더군다나 과학적 심리학과 사회학이 철저히 탐구해야 할 현상들로의 적합한 접근 가능성과 그에 대한 적합한 해석과 전달을 보장하는지는 결정되어 있지 않다. 여기에서도 앞에서 언급한 분과들에서와 똑같은 사태가 드러난다. 민속학은 그 자체가 이미 현존재에 대한 충분한 분석론을 실마리로서 전제한다. 그러나 실증과학이 철학의 존재론적인 작업을 기다릴 수도 없고 기다려서도 안 되기 때문에, 탐구의 진행과정은 "진보"로 수행되지 않으며 오히려 반복으로서 그리고 존재적으로 발견된 것을 존재론적으로 더 투명하게 순화시키는 일로서 수행된다.[11]

---

[11] 최근에 카시러는 신화적 현존재를 철학적 해석의 주제로 만들었다. E. Cassirer, *Philosophie der symbolischen Formen*(『상징 형태의 철학』), 제2부 『신화적 사유』, 1925년 참조. 이 연구로 인해 민속학적 탐구는 더 포괄적인 실마리들을 가지게 되었다. 철학적인 문제틀에서 볼 때 여전히 다음과 같은 물음이 남는다. 과연 해석의 기초들이 충분하게 투명한가? 특히 칸트의 순수이성비판의 건축술과 그것의 체계적인 내용이 도대체 그러한 과제를 위한 가능한 윤곽을 제공할 수 있는가? 또는 여기에는 하나의 새로운, 더 근원적인 단초가 필요한 것은 아닌가? 16쪽의 각주―여기에서 카시러는 후설이 열어밝힌 현상학적 지평을 언급한다―가 말하듯이, 카시러 자신이 그러한 과제의 가능성을 본다. 1923년 12월에 "현상학적 탐구의 과제와 길들"이라는 주제로 개최된 칸트 학회의 함부르크 지회에서의 한 강연에서 지은이가 카시러와 가진 대담에서도 이미 그는 앞에서 언급한 강연에서 윤곽 잡은 실존론적 분석론이 요구된다는 점에 동의했다.

52 　존재론적 문제틀을 존재적 탐구와 대비하여 형식적으로 구별 제한하는 일이 그렇게 쉽다고 하더라도, 현존재의 실존론적 분석론을 관철하는 데에, 특히나 그 단초에 어려움이 없는 것은 아니다. 그 과제 속에는 한 가지 소망이 포함되어 있는데, 그 소망은 오랫동안 철학을 불안하게 해왔으며,* 철학은 그 소망을 충족시키는 데에 언제나 실패만 거듭했다. 그것은 곧 "자연적 세계개념"의 이념을 정리작업해내는 일이다. 이러한 과제의 결실 있는 착수는, 매우 다양하고 아주 멀리 떨어져 있는 문화와 현존재의 형태에 대해서 풍부한 지식을 갖춘 오늘날에 더욱 유리한 것처럼 보인다. 그러나 그것은 가상일 뿐이다. 근본적으로 그러한 지나치게 풍부한 지식은 본래적인 문제를 잘못 보게 만드는 유혹이다. 융합적으로 모든 것을 비교하고 정형화한다고 해서 저절로 진정한 본질인식이 주어지는 것은 아니다. 하나의 도표에 있는 다양함을 다 다룰 수 있다고 해서 거기에 질서 있게 놓인 그것에 대해서 실제로 이해하고 있음을 보장하는 것은 아니다. 질서의 진정한 원칙은 그것의 고유한 사태내용을 지니고 있는데, 그것은 질서지음을 통해서는 결코 발견될 수 없고 오히려 거기에 이미 전제되어 있는 것이다. 이렇듯 세계상을 정리하는 데에는 세계 일반에 대한 명시적인 이념이 필요하다. 그리고 "세계" 자체가 현존재의 구성요소라면, 세계현상을 개념적으로 정리작업하는 데에는 현존재의 근본구조에 대한 통찰이 요구된다.

　이 장의 긍정적인 특징부여와 부정적인 고려는, 다음에 따라오는 해석의 경향 및 물음의 자세에 대한 이해를 올바른 궤도로 이끈다는 목적을 띠고 있었다. 존립하는 실증 분과들의 촉진을 위해서 존재론은 단지 간접적으로만 기여할 수 있다. 존재자에 대한 지식획득을 넘어 존재에 대해서 묻는 것이 모든 학문적 추구의 자극이라면, 존재론은 그 자체가 하나의 독자적인 목적을 가지고 있는 것이다.

---

* 전혀 그렇지 않다! 세계-개념 자체를 전혀 개념파악하지 못했으니 말이다.

제2장
현존재의 근본구성틀로서의
세계-안에-있음 일반

제12절 안에-있음 그 자체에 방향을 잡아 세계-안에-있음을 대강 그려봄

앞의 예비 논의(제9절)에서 우리는 이미 앞으로의 연구에 확실한 빛을 던져야 할, 그러나 그것 자체가 동시에 이 연구에서 구조적 구체화를 획득하게 될 존재성격들을 부각시켰다. 현존재는 그의 존재함에서 이 존재와 관계를 맺는 존재자이다. 이로써 실존의 형식적 개념이 제시되었다. 현존재는 실존한다. 그 외에도 현존재는 각기 나 자신이 바로 그것인 존재자이다. 실존하는 현존재에게는 각자성이 본래성과 비본래성의 가능조건으로서 속한다. 현존재는 그때마다 각기 이 두 양태들 중의 한 양태 안에서, 또는 그 둘의 양태적 무차별 속에서 실존한다.

현존재의 이러한 존재규정들이 이제는 선험적으로, 우리가 세계-안에-있음이라고 이름하는 존재구성틀의 근본으로 고찰되고 이해되어야 한다. 현존재 분석론의 올바른 단초는 이 구성틀의 해석에 달려 있다.

"세계-안에-있음"이라는 합성된 표현이 이미 그 형태에서 그것으로 일종의 통일적인 현상을 의미하고 있음을 보여준다. 이러한 일차적인 실상이 전체적으로 고찰되어야 한다. 조각으로 분리할 수 있는 구성요소들로 분해

53

할 수 없음이, 이 구성틀의 구성적 구조계기들이 여러 겹으로 되어 있음을 배제하지는 않는다. 이러한 표현으로 게시된 현상적 실상은 실제로 삼중의 관점취득을 보장한다. 우리가 전체 현상을 선행적으로 확고히 견지하면서 그 현상적 실상을 추적한다면, 다음의 세 가지를 끄집어낼 수 있을 것이다.

1. "세계-안에". 이 계기와 관련지어서는 "세계"의 존재론적인 구조를 탐문해야 하고 세계성 그 자체의 이념을 규정해야 할 과제가 생긴다(제1편 제3장 참조).

2. 각기 그때마다 세계-안에-있음의 방식으로 존재하는 그 존재자. 그것으로써 모색되어야 할 것은, 우리가 "누구인가?"라고 캐물을 때 묻는 바로 그것이다. 현상학적 제시에서 규정되어야 할 것은, 누가 현존재의 평균적인 일상성 속에서 존재하는가이다(제1편 제4장 참조).

3. 안에-있음 그 자체. "안" 자체의 존재론적 구성이 끄집어내어져야 한다(제1편 제5장 참조). 이러한 구성틀의 계기들의 하나를 부각시키는 것은 다른 계기들을 함께 부각시킴을 말한다. 다시 말해 그때마다 전체 현상을 봄을 말한다. 세계-안에-있음이 분명 현존재의 선험적으로 필연적인 구성틀의 하나이기는 하지만, 그것으로 현존재의 존재를 완전하게 규정하기에는 도저히 충분하지 못하다. 부각시킨 세 현상들에 대한 주제적인 개별분석에 앞서 마지막으로 열거한 구성틀의 계기에 대한 일종의 방향을 잡아주는 특징부여가 시도되어야 한다.

안에-있음은 무엇을 말하는가? 우리는 우선 이 표현을 "세계 안에"에 추가하는 "안에 있음"이라고 생각하여, 이러한 안에 있음을 "……안에 있음"이라고 이해하려는 경향이 있다. 그 경우 이 용어로, 물이 잔 "안에", 의복이 옷장 "안에" 있듯이, 어떤 다른 것 "안에" 있는 어떤 존재자의 존재양식을 지칭한다. 우리는 "안에"라는 낱말로, 공간 "안에" 자리를 잡은 두 개의 존재자가 이 공간 안에서의 그것들의 자리와 관련지어 서로 연관되는 존재관계를 의미한다. 물과 잔, 의복과 옷장 등은 둘 다 같은 방식으로 공간

"안에" 한자리에 있다. 이런 식의 존재관계는 계속 확대될 수 있다. 예를 들어 강의실 안에 의자, 대학 안에 강의실, 도시 안에 대학 식으로 해서 "우주공간 안에" 의자라고까지 말이다. 그것들의 서로서로 "안에" 있음이 이런 식으로 규정될 수 있는 존재자들은 세계 "내부에서" 발견되는 사물들로서 다들 똑같은 눈앞에 있음이라는 존재양식을 가진다.† 어떤 하나의 눈앞의 것 "안에" 눈앞에 있음, 하나의 특정한 장소연관의 의미로 동일한 존재양식의 어떤 것이 함께 눈앞에 있음은, 우리가 **범주적**이라고 칭하며 현존재적이지 않은 존재양식의 존재자에 속하는 것으로 보는, 그런 존재론적 성격들이다.

'안에-있음'은 이와는 다르게 현존재의 존재구성틀의 하나이며 **실존범주**의 하나이다. 따라서 그것으로써 우리는 하나의 육체적 물건이 (인간신체가) 어떤 눈앞에 있는 존재자 "안에" 있는 그런 눈앞에 있음을 생각해서는 안 된다. 안에-있음은 눈앞에 있는 것들의 공간적인 "서로 안에 있음"을 뜻하지 않는데, 더구나 "안에"도 근원적으로 결코 언급한 종류의 공간적인 연관을 의미하지 않는다.[1] "안에(in)"는 "거주하다, 체류하다"를 의미하는 이난(innan-)에서 유래한다. 그 어근에서 "an"은 "나는 습관이 되었다", "……와 친숙하다", "나는 어떤 것을 보호한다"를 뜻한다. 그것은 "나는 거주한다"와 "나는 사랑한다"는 의미의 "나는 돌봐준다"는 의미가 있다. 이러한 의미의 안에-있음이 귀속되고 있는 그 존재자를 우리는 내가 각기 그것 자체인 그 존재자라고 특징짓는다. "bin(나는 있다)"라는 표현은 "bei(……곁에)"와 결부되어 있다. "나는 있다"는 다시금 "나는 거주한다, 나는 ……에 머문다, 이러저러한 친숙한 것으로서의 세계에 머문다"를 말한다. "ich bin (나는 있다)"의 부정형으로서의 "Sein(존재)"*는, 다시 말해 실존범주로서 이해된 Sein은 '……에 거주하다', '……와 친숙하다'를 뜻한다. 따라서 안에-

---

1) Jakob Grimm, *Kleinere Schriften*(『소품집』), 제7권, 247쪽 참조.
* 존재는 또한 '존재자가 있다'는 '있다'의 부정형이기도 하다.

있음은, 세계-안에-있음이라는 본질적인 구성틀을 가지는 현존재의 존재*에 대한 형식적 실존론적 표현이다.†

세계 "곁에 있음"―세계 속에 몰입해 들어간다는, 좀더 상세하게 해석되어야 할 의미로―은 안에-있음에 기초하는 실존범주의 하나이다. 여기의 분석에서 문제가 되고 있는 것은 현존재의 근원적인 존재구조의 하나―이것의 현상적 내용에 맞추어 존재개념들이 개념파악되어야 한다―를 관찰하는 것이기 때문에, 그리고 이 구조가 전수된 존재론적 범주들에 의해서 원칙적으로 파악될 수 없기 때문에, 이러한 "곁에 있음"도 더 상세하게 고찰되어야 한다. 우리는 다시금 존재론적으로 본질적으로 다른 어떤 것과 대비하여 부각시키는 방법을 택하기로 한다. 다시 말해 우리가 언어적으로 똑같은 수단으로 표현하는 범주적 존재이해를 택한다. 쉽게 지워버릴 수 있는 기초적인 존재론적 구별을 현상적으로 현재화시키는 일을 **명시적으로** 수행해야 한다. "자명한 것을" 논의할지도 모를 위험을 무릅쓰고서라도 말이다. 그렇지만 존재론적 분석론의 현 상황이 보여주는 것은, 우리가 이러한 자명성을 좀처럼 충분하게 "장악하고 있지" 못하며 그것의 존재의미를 해석했다는 것은 더욱 드문 일이며 적합한 구조개념들을 확실한 형태로 소유하고 있다는 사실과는 더더욱 거리가 먼 일이라는 점이다.

실존범주로서의 세계 "곁에 있음"이 의미하는 것은 결코 앞에 발견되는 사물들이 나란히 함께 눈앞에 있음과 같지 않다. "현존재"라고 이름하는 한, 존재자가 "세계"라고 이름하는 다른 존재자와 함께 "나란히 옆에" 있는 것과 같은 것이 아니다. 어쨌거나 우리는 두 개의 눈앞의 것이 함께 있음을 때로는 언어적으로, 예를 들어 이렇게 표현하는 경향이 있다. "책상이 문 '옆에' 놓여 있다." "의자가 벽을 '건드리고' 있다." 엄밀히 말해 "건드린다" 고는 결코 말할 수 없다. 그것은 면밀하게 검토해볼 때 의자와 벽 사이의

---

* 그렇지만 존재 일반에 대한 표현이 아니며 더더욱 존재 자체에 대한 표현이 아니다. 단적으로 아니다!

아주 미세한 공간이 결국 언제나 확정될 수 있기 때문이 아니라, 의자가 원칙적으로 벽을 건드릴 수 없기—그 사이의 공간이 아무리 0에 가깝다고 해도—때문이다. 건드릴 수 있기 위한 전제는, 벽이 의자"에게" 만나질 수 있다는 그것이리라. 존재자가 세계내부에 있는 존재자를 건드릴 수 있는 것은 오직 그 존재자가 그 본성상 안에-있음의 존재양식을 가질 때뿐이다. 즉 그의 거기-있음과 더불어 이미 세계와 같은 어떤 것이 그에게 함께 발견되어 있고, 그 세계에서부터 존재자가 접촉 속에 드러날 수 있을 때에만, 그 존재자가 그것의 눈앞에 있음에서 접근 가능하게 될 것이다. 세계내부에 존재하고 거기에다 그것들 자체가 **무세계적인** 두 존재자는 결코 서로를 "건드릴" 수 없으며, 어떤 것도 다른 것 "곁에" "있을" 수 없다. "거기에다 무세계적이다"라는 추가문장이 빠져서는 안 되는데, 그 까닭은 무세계적이 아닌 존재자도, 이를테면 현존재 자신도, 세계 "안에" 눈앞에 있는 식으로 있을 수 있기 때문이다. 더 정확히 말해서, 그런 존재자도 일정한 권한과 일정한 한계에서는 단지 눈앞의 것으로 **파악될 수** 있기 때문이다. 이를 위해서는 안에-있음이라는 실존론적 구성틀을 완전히 도외시하거나 간과하는 것이 필연적이다. "현존재"를 하나의 눈앞의 것으로 또는 그저 눈앞의 것으로만 보는 이러한 가능한 파악을 우리는 현존재에게 **고유한** 방식의 "눈앞에 있음"과 혼동해서는 안 된다. 이러한 눈앞에 있음은 특수한 현존재 구조를 도외시하고는 접근될 수 없고, 오직 그 구조를 앞서 이해하고 있을 때에만 가능하다. 현존재는 자기의 가장 고유한 존재를 일종의 "사실적인 눈앞의 존재"의 의미로 이해한다.[2] 그렇지만 고유한 현존재의 사실의 "사실성"은 하나의 암석류가 사실적으로 앞에 있음과는 존재론적으로 근본적으로 다르다. 모든 현존재가 그때마다 그것으로 존재하는 바로 그 현존재라는 현사실의 사실성을 우리는 그의 **현사실성**이라고 칭한다. 이 존재규정

---

2) 이 책의 제29절 참조.

의 뒤엉킨 구조는 이미 끄집어낸 현존재의 근본구성틀의 빛 안에서만 비로소 **문제로서** 파악될 수 있다. 현사실성이라는 개념이 자체 안에 포함하고 있는 것은 "세계내부적인" 존재자의 세계-안에-있음인데, 그래서 이 존재자가 그의 "역운(曆運)"에서 스스로를, 자신의 고유한 세계내부에서 만나게 되는 존재자의 존재와 결속되어 있는 것으로 이해하게 된다.

우선은 단지 실존범주로서의 안에-있음과 범주로서의 눈앞의 것들끼리의 "내부성"의 존재론적 구분을 보는 것이 중요하다. 우리가 그렇게 안에-있음을 제한구별할 때, 그로써 현존재에게 어떠한 종류의 "공간성"도 인정하지 않는 것은 아니다. 오히려 그 반대이다. 현존재 자신 나름의 고유한 "공간 안에 있음"을 가지는데, 이것은 또한 그 나름 오직 **세계-안에-있음** 자체의 근거 위에서만 가능하다. 그러므로 안에-있음은 또한 어떤 존재적 특징부여에 의해서 존재론적으로 분명하게 될 수도 없다. 예를 들어, 하나의 세계 안에-있음은 일종의 정신적인 속성이고, 인간의 "공간성"은 그의 신체성—이것은 언제나 동시에 물체성에 의해서 "기초부여받고" 있다—의 상태라고 말하는 식으로 말이다. 그로써 사람들은 다시 하나의 그렇게 만들어진 정신사물이 하나의 육체사물과 함께 눈앞에 있다는 데에 서게 되며, 그리고 그렇게 합성된 존재자 그 자체의 존재는 더욱더 어둠 속에 남게 된다. 현존재의 본질구조로서의 세계-안에-있음에 대한 이해가 비로소 현존재의 **실존론적 공간성**에 대한 통찰을 가능하게 한다. 이 통찰이 그 구조를 보지 못하거나 또는 애초부터 삭제하는 것을 막는다. 이러한 삭제는 존재론적으로가 아니라 분명 "형이상학적으로" 다음과 같은 소박한 견해 속에서 동기를 부여받고 있으니, 즉 인간은 우선 하나의 정신적인 사물이며 그것이 나중에 추가로 하나의 공간 "안으로" 옮겨놓아진다는 견해가 그것이다.

현존재의 세계-안에-있음은 그것의 현사실성과 더불어 각기 이미 안에-있음의 특정한 방식들로 분산되었거나 갈기갈기 찢겨졌다. 안에-있음의 이러한 방식들의 다양성은 범례적으로 다음과 같이 열거하여 제시할 수 있다. 즉 어떤 것에 관여하다, 어떤 것을 제작하다, 어떤 것을 경작하고 가꾸다, 어떤 것을 사용하다, 어떤 것을 포기하여 잃어버리도록 놔두다, 시도하다, 관철하다, 알아보다, 캐묻다, 고찰하다, 논의하다, 규정하다 등이다. 이러한 안에-있음의 방식들은 앞으로 더 상세하게 특징지어야 할 **배려함**의 57 존재양식을 가지고 있다. 이행하지 않음, 소홀히 함, 체념함, 휴양함 등의 **결여적** 양태들도 배려함의 방식들이며, 배려함의 가능성과 관련해 "그저 그냥" 있음의 그 모든 양태들도 마찬가지이다. "배려함"이라는 칭호는 우선은 학문 이전의 의미를 간직하고 있으며 '어떤 것을 수행하다', '처리하다', '끝내다' 등을 뜻할 수 있다. 그 표현은 또한 "자신에게 어떤 것을 조달하다"라는 의미로 자신에게 어떤 것을 배려해줌을 의미할 수도 있다. 그 외에도 우리는 그 표현을 다음과 같은 특색 있는 어법에서도 사용한다. 즉 나는 그 시도가 실패할까 걱정했다. 이 경우 "배려함"은 걱정함과 같은 것을 뜻한다. 이러한 학문 이전의 존재적 의미들에 대비하여 이 책의 연구에서는 "배려함"이라는 표현을 존재론적인 용어(실존범주)로서 가능한 세계-안에-있음의 존재를 지칭하기 위해서 사용한다. 이 명칭을 선택한 이유는, 현존재가 우선 대체로 경제적이고 "실천적"이기 때문이 아니라, 현존재 자체의 존재를 **염려**로 드러내야 하기 때문이다. 이 용어도 다시금 존재론적인 구조개념으로 파악되어야 한다(제1편 제6장 참조). 이 표현은 각각의 현존재에게서 모두 존재적으로 발견될 수 있는, "고난(苦難)", "우울", "생활걱정" 등과는 아무 연관이 없다. 그러한 것들은 "무사태평"이나 "쾌활"과 마찬가지로 오직 현존재가 **존재론적으로** 이해될 때 염려이기 때문에만 가능한 것이다. 현존재에게 본질적으로 세계-안에-있음이 속하기 때문에, 세계에 대한 그의 존재는 본질적으로 배려이다.*

---

* 인간-존재와 현-존재가 여기에서는 동일한 것으로 간주되고 있다.

안에-있음은 지금까지 말한 것에 따르면 현존재가 때로는 가지다가 때로는 가지지 않을 수도 있는—그것이 없이도 그것이 있을 때나 다름없이 잘 있을 수 있는—그런 "특성"이 아니다. 인간은 "존재하다가" 거기에 덧붙여, 그가 때때로 마련하기도 하는 "세계"에 대해서 하나의 존재관계를 가지는 것이 아니다. 현존재는 결코 "우선" 흡사 존재에서 자유로운 어떤 존재자이다가, 때로 세계와 어떤 "연관"을 가지려는 기분을 가지기도 하는 존재자가 아니다. 그런 식의 세계와 연관을 가짐은 오직 현존재가 세계-안에-있음으로서 그가 존재하듯이 그렇게 존재하기 때문에만 가능하다. 이러한 존재구성틀은, 현존재와 같은 성격의 존재자 외에 또 다른 존재자가 눈앞에 있고 그래서 이 존재자와 마주치게 됨으로써 비로소 생겨나오는 것이 아니다. 이 다른 존재자가 현존재와 "마주칠" 수 있는 것은 오직 그 존재자가 하나의 **세계내부**에서 자신을 그것 자신에서부터 내보일 수 있기 때문이다.

오늘날 널리 사용되는 "인간은 자신의 주위세계를 가지고 있다"는 말은, 이 "가짐"이 규정되지 않는 한, 존재론적으로 아무것도 말하는 바가 없는 것이다. "가짐"은 그 가능성을 따라서 볼 때 안에-있음이라는 실존론적 구성틀에 기초한다. 이러한 방식으로 본질적인 존재자로서 현존재는 주위세계적으로 만나는 존재자를 분명하게 발견할 수 있고, 그것에 대해서 알 수 있고, 그것을 다룰 수 있고, "세계"를 **가질** 수 있다. "하나의 주위세계를 가짐"이라는 존재적으로 진부한 이 이야기가 존재론적으로는 하나의 문제인 것이다. 그것을 해결하는 일은 다른 것이 아니라 우선 현존재의 존재를 존재론적으로 충분히 규정할 것을 요구한다. 생물학에서—특히 폰 베어(Karl Ernst von Baer) 이래로 다시—이러한 존재구성틀이 사용된다면, 이 경우에는 그 동일한 것의 철학적인 사용을 "생물학주의"라고 판단해서는 안 된다. 왜냐하면 생물학도 실증과학으로서 이 구조를 결코 발견할 수 없고 규정할 수 없기 때문이다. 생물학은 그것을 전제하고 항시 그것을 사용할 수밖에 없다.* 그 구조 자체는, 그것이 우선 먼저 현존재의 구조로 개념파악되어 있어야만, 철학적으로 생물학의 주제적 대상의 선험적 토대로 설명될 수 있다. 이런 식으로 개념파악된 존재론적인 구조에 방향을 잡아야 비로소 결여의 방법을 통해서 "생명"의 존재구성틀을 선험적으로 한정할 수 있다. 존재적으로뿐 아니라 존재론적으로도 세계-안에-있음은 배려로서 우위를 지닌다. 현존재의 분석론에서 이 구조는 그것의 근거를 놓는 해석을 경험하게 된다.

그러나 지금까지 제시된 이러한 존재구성틀의 규정은 전적으로 부정적인 발언 속에서만 움직이고 있지 않는가? 우리는 언제나 그저 이러한 이른바 그렇게 기초적인 안에-있음이 어떤 것이 아닌지만을 들어왔다. 실지로 그렇다. 그러나 이러한 부정적인 성격규정의 우세 또한 우연이 아니다. 그것은 오히려 그 자체가 현상의 독특함을 알려주고 있으며 그로써 현상 자체에 적합한 진정한 의미로 긍정적이다. 세계-안에-있음의 현상학적인 제시는 위장과 은폐를 퇴치한다는 성격을 가지는데, 그 까닭은 이러한 현상이 언제나 이미 개개의 현존재에서 일정한 방식으로 그 자체로 "보이기" 때문이다. 그리고 그것이 그러한 이유는, 세계-안에-있음이 현존재의 존재와 더불어 그의 존재이해에 각기 이미 열어밝혀져 있는 한, 그 현상이 현존재의 근본구성틀의 하나를 형성하고 있기 **때문**이다. 그러나 현상은 또한 이미 언제나 대개 근본적으로 잘못 해석되었거나 또는 존재론적으로 충분하지 못하게 해석되었다.** 이러한 '일정한 방식으로 보기는 하지만 그럼에도 대개는 잘못 해석됨'은 그 자체가 다른 어느 곳이 아닌 바로 이러한 현존재 자체의 존재구성틀에 근거한다. 그 존재구성틀에 따라 현존재는 자기 자신

---

* 그렇지만 과연 여기에서 정당하게 '세계'에 대해서 이야기된다고 할 수 있을까? 단지 주변[주위]일 뿐이다! 이러한 주변에는 '가진다'는 것이 어울린다. 그러나 현-존재는 결코 세계를 '가지고' 있지 않다.
** 그렇다! 그것[현상]은 존재적으로 볼 때 결코 있는 것이 아니다.

을—다시 말해 또한 자신의 세계-안에-있음도—존재론적으로 우선은, 그 자신이 아닌 바로 그 존재자, 그러나 그가 자기의 세계 "내부에서" 만나게 되는 그런 존재자와 그것의 존재에서부터 이해한다.*

현존재 자체에서 그리고 현존재에게 이러한 존재구성틀은 언제나 이미 어떻게든 알려져 있다. 그런데 그것이 이제 인식되어야 한다면, 이 경우 그러한 과제에서의 명시적인 인식함은 바로 자기 자신을 "영혼"의 세계에 대한 범례적인 연관을 위한 세계인식으로 취한다. 그렇기 때문에 세계에 대한 인식(노에인[νοεῖν]) 또는 "세계"에 대해서 이야기함과 논의함(로고스)은 세계-안에-있음의 일차적인 양태로—이 세계-안에-있음이 그 자체로 개념파악되지 않으면서도—기능하는 것이다. 그런데 이제 이러한 존재구조가 존재론적으로 접근되지 않은 채 남아 있으면서도 존재적으로 존재자(세계)와 존재자(영혼) 사이의 "관계"로서 경험되기 때문에, 그리고 존재가 우선은 존재론적으로 세계내부적인 존재자로서의 존재자를 발판으로 삼아 이해되기 때문에, 언급한 존재자들 사이의 관계가 그런 존재자들을 바탕으로 삼아 그것들의 존재의 의미로, 다시 말해 눈앞의 존재로 개념파악하려는 시도가 행해진다. 세계-안에-있음은—비록 현상학 이전으로 경험되고 알려져 있기는 하지만—존재론적으로 적합지 못한 해석의 방법으로는 드러나지 않는다. 사람들은 현존재구성틀을 이제는 그저 오직—그것도 자명한 어떤 것으로서—적합하지 못한 해석에 의한 각인에서만 알고 있다. 이런 식으로 현존재구성틀은 인식이론 또는 "인식의 형이상학"의 문제를 위한 "명증적인" 출발점이 된다. 도대체 하나의 "주체가" 하나의 "객체"에 관계한다는 것, 또는 그 역보다 더 자명한 것이 무엇이라는 말인가? 이러한 "주체-객체-연관"은 전제되어야 한다. 그러나 만일 그 연관의 존재론적 필연성과 특히 그것의 존재론적 의미가 어둠에 싸여 있다면, 그러한 전제는—

---

* 일종의 소급해석.

그것의 현사실성은 건드릴 수 없는—바로 그렇기 때문에 정말로 일종의 화(禍)가 되는 전제로 남게 된다.

세계인식이 대개 그리고 전적으로 안에-있음의 현상을 범례적으로 대변하고 그것도 인식이론만을 위한 것이 아니기 때문에—왜냐하면 실천적인 행동관계도 "비이론적"이고 "무이론적인" 행동관계로 이해되기 때문이다—그리고 이러한 인식의 우위로 인해 자신의 가장 고유한 존재양식에 대한 이해가 오도되고 있기 때문에, 세계-안에-있음이 세계인식의 관점 아래에서 더 날카롭게 부각되어야 하고 그것 자체가 안에-있음의 실존론적인 "양태성"으로 드러나도록 만들어야 한다.

제13절 어떤 한 기초 지어진 양태에서의 안에-있음의 범례화. 세계인식

만일 세계-안에-있음이 현존재의 근본구성틀의 하나이고 그 안에서 현존재가 도대체 움직일 뿐 아니라 또한 일상성의 양태에서 주로 움직인다면, 그것은 또한 언제나 이미 존재적으로도 경험되어 있어야 할 것이다. 전적으로 완전히 파묻혀 은닉된 채 남아 있다는 것은 이해될 수 없을 것이다. 더구나 현존재가 자기 자신에 대한 존재이해를—이것이 아무리 규정되지 않은 채 기능하고 있다고 하더라도—가지고 있다고 하니 말이다. 그러나 "세계인식의 현상" 자체가 파악되자마자 그것은 또한 즉시 "외면적인" 형식적인 해석에 빠지고 만다. 이에 대한 사항의 예는 오늘날에도 여전히 통상적인, 인식을 "주체와 객체 사이의 연관"으로 보는 설정이다. 이것은 그 "진리"만큼이나 공허함을 자체 안에 품고 있다. 그러나 주체와 객체는 예를 들어 현존재와 세계와 합치하지 않는다.*

비록 안에-있음을 존재론적으로 일차적으로 인식하는 세계-안에-있음에

---

* 분명히 그렇다! 이미 둘을 함께 놓음으로써 거부하는 것이 또한 운명적이라고 말할 수 없듯이.

서부터 규정하는 것이 관건이라고 해도, 거기에도 여전히 첫 번째로 요구되는 과제로 세계 안에서 또는 세계에 대한 존재로서의 인식함을 현상적으로 특징짓는 것이 깔려 있다. 이러한 존재관계에 대해서 반성하게 될 때, 우선 자연이라고 지칭되는 한 존재자가 인식되고 있는 것으로서 주어져 있다. 그러나 이 존재자에게서 인식함 자체를 만날 수는 없다. 도대체 인식함이 "존재한다"면, 그것은 유일하게 인식하고 있는 그 존재자에게만 속하는 것이다. 그러나 이 인간사물이라는 존재자에게도 인식함은 눈앞에 있지 않다. 어쨌든 인식함을 이를테면 신체적인 속성처럼 외면적으로 확정할 수는 없다. 인식함이 이제 이 존재자에게 속하고는 있는데 외적인 성질이 아닌 이상, 그것은 분명 "내면에" 있어야 한다. 인식함이 우선 그리고 본래적으로 "내면에" 있고, 아니 도대체 일종의 물리적-심리적 존재자의 존재양식 같은 것은 전혀 가지지 않는다고 명백하게 견지하면 할수록, 그만큼 더 전제없이 인식의 본질에 대한 물음과 주체와 객체의 관계에 대한 해명의 본질에 대한 물음을 진행하고 있는 것으로 믿는다. 왜냐하면 이제 비로소 하나의 문제가 생겨나오기 때문이다. 즉 이러한 물음들이 제기된다. 어떻게 이 인식하는 주체가 그의 내면의 "영역"에서 나와 "다른 외부의" 영역으로 가는가, 어떻게 도대체 인식함이 하나의 대상을 가질 수 있는가, 결국에는 주체가 다른 영역으로 뛰어들 필요가 없이 대상을 인식할 수 있기 위해서는 대상 자체가 어떻게 생각되어야 하는가? 그러나 이러한 다양하게 변형시킬 수 있는 단초에서는 일반적으로 이 인식하는 주체의 존재양식에 대한 물음은 제기되지 않고 남는다. 그 주체의 인식이 다루어질 때에는 그 주체의 존재방식을 사람들이 끊임없이 묵시적으로 언제나 이미 주제로 가지는 셈이다. 하기야 사람들은 그때마다, 주체의 내면과 "내면의 영역"이 분명 마치 "상자"나 "용기"처럼 사유되고 있지 않다는 보증을 듣기는 한다. 그러나 그 안에 인식함이 우선 갇혀 있는 그 내재의 "내면"은 긍정적으로 무엇을 의미하는가, 어떻게 인식함의 이러한 "내면존재"라는 존재성격이 주체의 존재양식 안에 근거하는가 하는 데에 대해서는 침묵만이 맴돌고 있다. 이러한 내면의 영역이 어떻게 해석되든, 어떻게 인식함이 그 영역 "밖으로" 나가 "초월"을 획득하게 되는지 하는 물음만이 제기되는 한, 사람들은 그러한 수수께끼를 던져주는 이러한 인식함이 도대체 무엇이고 어떻게 일어나는가 하는 것을 먼저 설명하지도 않은 채 인식함을 문제점으로 발견하고 있다는 것이 백일하에 드러난다.

이러한 단초에서 사람들은 인식현상에 대한 가장 초보적인 주제화로써도 이미 묵시적으로 함께 말해지고 있는 그것에 대해서 맹목적인 채로 남아 있다. 그것은 곧, 인식함은 세계-안에-있음으로서의 현존재의 한 존재양식이며 그것은 자신의 존재적인 기초를 이 존재구성틀에 가지고 있다는 점이다. 현상적 실상—즉 인식함은 세계-안에-있음의 한 존재양식이다— 에 대한 이러한 언급에 대해서 사람들은 이렇게 이의를 제기하고자 할 것이다. 그런 식의 인식에 대한 해석은 인식문제 자체를 말살시킬 것이다. 인식함이 이미 자신의 세계—이 세계는 주체의 초월함에서 비로소 도달되어야 하는데—에 있다는 것을 **전제한다면**, 도대체 무엇이 아직도 물어야 할 것으로 남는다는 말인가? 마지막으로 정식화된 이 물음에서 다시금 현상적으로 증명되지 않은 구성적인 "입각점"이 전면에 나타나고 있다는 것을 도외시해도 남는 물음은 이것이다. 하나의 인식문제가 과연 그리고 어떤 의미에서 성립되어야 할지에 대해서 어떤 법정이 결정하는가? 인식함 자체의 현상과 인식하는 자의 존재양식 외에 다른 것이 있다는 말인가?

인식함 자체라는 현상적 실상에서 스스로를 내보이는 것이 무엇인지에 대해서 우리가 이제 물음을 제기한다면, 이 경우 확고하게 견지해야 할 것은 이것이다. 즉 인식함 자체는 선행적으로 일종의 이미-세계-곁에-있음 안에 근거하는데, 현존재의 존재는 그 사실에 의해서 본질적으로 구성되어 있다. 이러한 이미-곁에-있음은 우선 단순히 어떤 순수한 눈앞의 것을 움직이지 않고 멍하니 바라보는 것이 아니다. 세계-안에-있음은 배려함으로서 배려되고 있는 "세계"에 의해서 마음을 빼앗기고 있다. 인식함이 눈앞의 것을 고찰하는 규정함으로서 가능하기 위해서는 선행적으로 세계와 배려하는 상관맺음에 결함이 생기는 것이 필요하다.† 모든 제작함, 사용함 등을 단념하고 배려함이 이제 오직 다만 안에-있음의 양태에만, 즉……곁에 그저 단지 머무름으로만 있다. 이러한 세계에 대한 존재양식에 근거해서—이 존재양식이 세계내부적으로 만나게 되는 존재자를 그저 단지 그것의 순수한 겉모습(에이도스[εἶδος])에서 만나게 해준다—그리고 이러한 존재양식의 양태로서 그렇게 만나는 것을 분명하게 바라보는 것이 가능하다.* 이러한 바라봄은 그때마다 하나의 특정한 방향 잡음, 눈앞의 것을 대면함이다.†† 이러한 행위는 만나는 존재자에서 애초부터 하나의 "관점"을 끄집어낸다. 그러한 바라봄은 스스로 세계내부적인 존재자에 독자적으로 머무르는 양태에 이르게 된다. 이러한 종류의 "체류"—모든 형태의 사용과 이용을 중지한 상태에서—에서 눈앞의 것을 인지함[받아들임]이 수행된다. 인지함은 어떤 것을 어떤 것으로서 말함과 논의함이라는 수행양식을 가지고 있다. 이러한 가장 넓은 의미의 해석함의 토대 위에서 인지함은 규정함이 된다. 인지된 것과 규정된 것은 문장으로 발언되고, 그렇게 발언된 것으로서 간직되고 보존될 수 있다. ……에 대한 발언을 이렇게 인지하면서 간직함은 그 자체 세계-안에-있음의 한 방식이므로, 그것은 주체가 어떤 것에 대한 표상을 조달하는 "과정"으로 해석되어서는 안 된다. 이때 표상들은 그렇게 자기 것으로 만들어진 것으로 "내면에" 보관된 채 있으며, 그래서 그것들과 연관해서 때로, 그것들이 어떻게 현실과 "일치하는가" 하는 물음이 생길 수 있다.

……으로 향함과 파악함에서 현존재는 예컨대 그가 우선 그 안에 들어박혀 있는 그의 내면영역에서부터 비로소 밖으로 나오는 것이 아니라, 오히

---

* 어떤 것으로부터 눈을 돌린다[간과한다]고 해서 곧바로 바라봄이 되는 것은 아니다, 바라봄은 나름의 고유한 근원을 가지며 저 간과함을 필연적인 귀결로 가진다. 고찰함은 나름의 고유한 근원성을 가진다. 에이도스에 대한 시야는 다른 것을 요구한다.

려 그는 그의 일차적인 존재양식에 따라 언제나 이미 "바깥"에, 각기 그때마다 이미 발견된 세계에서 만나는 존재자 곁에 있는 것이다. 그리고 인식해야 할 존재자 곁에 규정하며 머물러 있음은 예를 들어 내면의 영역을 떠나는 것이 아니고, 오히려 이러한 대상 곁에 "밖에 나가 있음"에서 현존재는 바르게 이해된 의미로 "안에" 있는 것이니, 다시 말해 그 자신이 세계-안에-있음으로서 인식하는 그 존재자이다. 그리고 또한 인식된 것을 인지함(받아들임)도 파악하기 위해서 밖으로 나갔다가 획득한 먹이를 가지고 의식의 "용기" 안으로 되돌아오는 것이 아니라, 인지함, 보존함, 간직함에서 인식하는 현존재는 **현존재로서 바깥에 남아** 있다. 존재자의 존재연관에 대한 "순전한" 앎에서, 그것들을 "그저" 표상함에서, 그것들에 대해서 "단지" 생각함에서 나는 **원본적인** 파악에서보다 덜 세계 바깥 존재자 곁에 있는 것이 아니다. 얼핏 보아 예전에 인식했던 것에 대한 모든 존재관계가 사라진 듯한 어떤 것에 대한 망각까지도 근원적인 안에-있음의 한 **변양태로서** 개념파악되어야 하며, 모든 착각과 오류도 다 마찬가지이다.

　세계인식을 구성하는 세계-안에-있음의 양태들의 기초부여의 연관을 제시한 결과 분명하게 된 것은, 인식함에서 현존재는 현존재에서 각기 그때마다 이미 발견된 세계에 대해서 하나의 새로운 **존재입지[상태]**를 획득한다는 점이다. 이러한 새로운 존재가능성이 독자적으로 형성될 수 있으며, 과제가 될 수도 있으며, 학문으로서 세계-안에-있음에 대해서 주도적인 역할을 넘겨받을 수도 있다. 그러나 인식함이 가장 처음으로 주체가 하나의 세계와 맺는 "교통"을 **마련해주는** 것도 아니며 세계가 주체에 영향을 미침으로 말미암아 **생기는** 것도 아니다. 인식함은 세계-안에-있음에 기초한 현존재의 한 양태이다. 그러므로 세계-안에-있음은 근본구성틀로서 일종의 **선행적인** 해석을 요구한다.

제3장
세계의 세계성

제14절 세계 일반의 세계성이라는 이념

 세계-안에-있음이 우선 "세계"라는 구조계기의 관점에서 보여야 한다. 이러한 과제의 달성은 쉽고 너무나 진부한 것처럼 보인다. 그래서 사람들은 여전히 계속 그러한 것은 무시해도 괜찮은 것으로 믿는다. "세계"를 현상으로서 기술한다는 것이 무엇을 말할 수 있는가? 세계내부 "존재자"에서 자신을 내보이는 그것을 보이게 해줌이다. 이 경우 첫걸음은 세계 "안에" 있는 것들, 즉 집, 나무, 사람, 산, 별 등을 열거하는 것이다. 우리는 이러한 존재자의 "겉모습[보임새]"을 **묘사하며** 그 존재자에게서, 존재자와 더불어 일어나는 것들을 **이야기할** 수 있을 것이다. 그러나 그러한 일은 분명 현상학 이전의 "일"로서 현상학적으로는 하나도 중요하지 않을 수 있다. 기술은 존재자에 붙들린 채 남을 것이다. 그것은 존재적이다. 그런데 추구되고 있는 것은 존재이다. 현상학적인 의미에서 "현상"은, 자신을 존재와 존재구조로서 내보이고 있는 그것이라고 형식적으로 규정되었다.
 따라서 "세계"를 현상학적으로 기술한다고 함은 '세계내부에 눈앞에 있는 존재자의 존재를 제시하고 개념적-범주적으로 고정함'을 말한다. 세계내부의 존재자들은 사물들, 자연사물들, "가치 있는" 사물들이다. 그것들의 사물성이 문제이다. 후자의 사물성이 자연사물성 위에 구축되어 있기 때문에, 자연사물의 존재가, 즉 자연 그 자체가 일차적인 주제이다. 자연사물의, 즉 실체의 모든 것에 기초를 부여하는 존재성격은 곧 실체성이다. 그것의 존재론적인 의미를 구성하는 것은 무엇인가? 이로써 우리는 연구를 하나의 명백한 물음의 방향으로 이끌고 왔다.

그러나 이때 우리는 과연 존재론적으로 "세계"에 대해서 묻고 있는 것일까? 특징지은 문제틀은 의심의 여지없이 존재론적이다. 그러나 그 문제틀 자체가 자연의 존재에 대한 가장 순수한 설명에 성공한다고 해도, 이 존재자에 대한 수학적인 자연과학에서 주어지는 근본발언들에 맞추어 이루어진다면, 이 존재론은 결코 "세계"의 현상을 적중시키지 못한다. 자연은 그 자체가 세계내부에서 만나게 되는, 그리고 여러 상이한 길[방법]과 단계에서 발견될 수 있는 존재자의 하나이다.

그렇다면 우리는 현존재자가 우선 대개 그 곁에 체류하고 있는 그 존재자, 즉 "가치 있는" 사물들에 머물러 있어야 하는가? 그것들이 그 안에서 우리가 살고 있는 그 세계를 "본래적으로" 드러내주지 않는가? 아마도 그것이 실제로 "세계"와 같은 어떤 것을 더 철저하게 제시해줄지도 모른다. 그러나 그럼에도 이 사물들은 세계 "내부"의 존재자들이다.

세계내부적인 존재자에 대한 존재적 묘사도, 그 존재자의 존재에 대한 존재론적인 해석도, 그 자체로는 "세계"의 현상을 적중시키지 못한다. "객관적인 존재"로 가는 이 두 접근양식들은 이미 상이한 방식으로 "세계"를 "전제한다".

결국에는 "세계"가 도대체 열거한 존재자에 대한 규정으로 이야기될 수밖에 없지 않는가? 그렇지만 우리는 분명 이러한 존재자들을 세계내부적이라고 이름한다. "세계"는 심지어 현존재의 존재성격의 하나가 아닌가? 이 경우 모든 현존재는 각기 "우선" 자신의 세계를 가지는 것이 아닌가? 그래서 "세계"가 "주관적인" 어떤 것이 되는 것은 아닌가? 그렇다면 "그 안에" 우리가 존재하는 하나의 "공동의" 세계가 어떻게 가능해질 수 있다는 말인가? 그리고 세계에 대한 물음이 제기될 때, 어떤 세계를 의미하고 있는 것인가? 이 세계도 저 세계도 아닌 **세계 자체의 세계성**이 문제가 된다. 어떤 길에서 그러한 현상을 만날 수 있는가?

"세계성"은 일종의 존재론적 개념이며 세계-안에-있음의 한 구성적 계기의 구조를 의미한다. 그런데 우리는 세계-안에-있음을 현존재의 실존론적 규정으로 알고 있다. 그렇다면 세계성도 그 자체 하나의 실존범주이다. 우리가 존재론적으로 "세계"에 대해서 물을 때, 우리는 결코 현존재 분석론의 주제적 장을 떠나는 것이 아니다. "세계"는 존재론적으로 현존재가 본질적으로 그것이 아닌 그 존재자의 규정이 아니고, 오히려 현존재 자체의 한 성격이다. 그렇다고 이것이 "세계"라는 현상에 대한 연구의 길이 세계내부적인 존재자와 그것의 존재를 거쳐가야 함을 배제하는 것은 아니다. 세계에 대한 현상학적인 "기술"의 과제가 명백하게 드러나 있는 것이 아니기 때문에 그것에 대한 충분한 규정이 벌써 본질적인 존재론적 해명을 요구한다.

지금까지의 숙고에서 "세계"라는 낱말을 자주 사용하면서 그것의 다의성이 눈에 띄었다. 이러한 다의성을 풀면은 여러 상의한 의미들에서 말해지고 있는 현상들과 그것들의 연관이 제시될 수 있을 것이다.

1. 세계는 존재적 개념으로 사용되며 이 경우 세계내부에 [눈앞에] 존재할 수 있는 존재자의 총체를 의미한다.

2. 세계는 존재론적인 용어로서 기능하며 1.에서 언급된 존재자의 존재를 의미한다. "세계"는 각기 나름의 존재자의 다양성을 포괄하는 영역에 대한 명칭이 될 수 있다. 예컨대 세계는 수학자의 "세계"라는 이야기에서와같이 수학의 가능한 대상들의 영역을 의미한다.

3. 세계는 다시금 존재적인 의미에서 이해될 수 있는데, 이제는 현존재가 본질적으로 그것이 아닌, 세계내부적으로 만날 수 있는 존재자가 아니라, 오히려 현사실적인 현존재가 이 현존재로서 "그 안에서" "살고 있는" 그곳으로 이해될 수 있다. 세계는 여기에서 존재론 이전의 실존적 의미를 띤다.

여기에는 다시금 여러 상이한 가능성들이 성립한다. 세계는 "공적인" 우리-세계 또는 자신의 "고유한" 가장 가까운 (가정적) 주위세계†를 의미한다.

4. 세계는 마지막으로 **세계성**이라는 존재론적-실존론적 개념을 지칭한다. 세계성 자체는 특수한 "세계들"의 그때마다의 구조전체로 변양될 수 있지만, 자체 안에 세계성 자체의 선험적 토대를 포함한다. 우리는 세계라는 표현을 용어상 3.에서 고정한 의미로 사용할 것을 요구한다. 세계라는 표현이 때때로 1.에서 언급한 의미로 사용될 경우에는 큰따옴표(" ")로 표시하기로 한다.

"세계적"이라는 [형용사적] 변화는 용어상 현존재의 존재양식의 하나를 의미하지, 결코 세계 "안에" [눈앞에] 있는 존재자의 존재양식의 하나를 의미하지 않는다. 후자의 경우를 세계귀속적* 또는 세계내부적이라고 칭한다.††

지금까지의 존재론에 대한 일별에서 드러나는 것은, 세계-안에-있음이라는 현존재구성틀의 결여와 세계성이라는 현상의 **건너뜀**이 같이 가고 있다는 사실이다. 그 대신 사람들은 세계를, 세계내부적으로 눈앞에 있는— 더구나 우선은 전혀 발견되어 있지 않은—존재자의 존재에서부터, 자연** 에서부터 해석하려고 시도했다. 자연은—존재론적 범주적으로 이해해서—가능한 세계내부적인 존재자의 존재의 한계경우이다.††† 이러한 의미의 자연으로서의 존재자를 현존재는 오직 그의 세계-안에-있음의 한 특정한 양태에서 발견할 수 있을 뿐이다. 이러한 인식은 세계를 특정하게 탈세계화하는 성격을 가진다. 한 특정한 세계내부적으로 만나는 존재자의 존재구조에 대한 범주적 총괄개념으로서의 "자연"은 결코 세계성을 이해하도록 만들 수 없다.*** 그리고 또한 예컨대 낭만파의 자연개념이라는 의미에서의 "자연"이라는 현상도 비로소 세계개념에서부터, 다시 말해 현존재의 분석론에서부터 존재론적으로 파악될 수 있다.

---

* 현-존재는 바로 세계를 이해하며 존재한다.
** 여기에서 "자연"은 칸트적으로 이해된 근대 물리학의 의미.
*** 오히려 그 반대이다!

세계의 세계성에 대한 존재론적인 분석의 문제와 고려해볼 때 전수된 존재론은—이 존재론이 도대체 문제를 보고 있다면—막다른 골목에서 움직이고 있다. 다른 한편 현존재의 세계성 및 그의 세계화의 가능성과 양식에 대한 해석은, 왜 현존재가 세계인식의 존재양식에서는 존재적으로-존재론적으로 세계성의 현상을 건너뛰는가를 보여주어야 한다.† 그런데 이러한 건너뜀의 현사실 안에는 동시에, 세계성이라는 현상으로 가는 통로를 위한 올바른 현상적 출발—이 출발은 건너뜀을 막아야 한다—을 획득하기 위해서는 특별한 대비책이 필요하다는 지적이 깔려 있다.

이를 위한 방법적인 지침은 이미 주어졌다. 세계-안에-있음, 그리고 따라서 세계도 현존재의 **가장 가까운** 존재양식으로서의 평균적인 일상성의 지평에서 분석론의 주제가 되어야 한다. 일상적인 세계-안에-있음을 뒤밟아야 하며, 그것을 현상적인 발판으로 삼아서 세계와 같은 것이 시야에 들어와야 한다.

일상적인 현존재의 가장 가까운 세계는 **주위세계**이다. 이 연구는 평균적인 세계-안에-있음의 실존론적인 성격에서부터 세계성 자체라는 이념으로 가는 길을 취할 것이다. 주위세계의 세계성(주위세계성)을 우리는 가장 가까이 만나게 되는 **주위세계**내부적인 존재자에 대한 존재론적인 해석을 거쳐 통과하여 찾는다. 주위세계라는 표현은 "주위"라는 전철 속에 공간성에 대한 지시를 포함한다. 그렇지만 주위세계에 구성적인 "주위를 빙 둘러"는 일차적으로 "공간적인" 의미를 가지는 것이 아니다. 하나의 주위세계에 논란의 여지없이 귀속되는 공간성격은 오히려 세계성의 구조에서부터 비로소 해명될 수 있다. 여기에서부터 제12절에서 언급한 현존재의 공간성이 현상적으로 드러날 수 있다. 그런데 존재론은 오히려 반대로 공간성에서부터 "세계"의 존재를 외연적 사물로서 해석하려고 시도해왔다. 존재적으로도 존재론적으로도 현존재와 일치하지 않는 사유하는 사물에 반대로 방향을 잡은 가운데에 "세계"에 대한 이러한 존재론으로 기운, 가장 극단적인 경향이 데카르트에게서 보인다. 이러한 존재론적인 경향과의 제한구별을 통해서 여기에서 시도되고 있는 세계성의 분석이 명백해질 수 있을 것이다. 이 분석은 세 단계에 걸쳐 수행될 것이다. 가. 주위세계성 및 세계성 자체의 분석. 나. 데카르트의 "세계" 해석에 대비하여 세계성의 분석을 예시하며 구별. 다. 주위세계의 주위적 차원과 현존재의 "공간성."

가. 주위세계성 및 세계성 자체의 분석

제15절 주위세계에서 만나게 되는 존재자의 존재

가장 가까이 만나게 되는 존재자의 존재에 대한 현상학적 제시는 일상적인 세계-안에-있음을 실마리로 삼아서 달성될 것이다. 이 일상적인 세계-안에-있음을 우리는 또한 세계 안에서의 세계내부적인 존재자와의 왕래라고도 이름한다. 이 왕래는 이미 배려함의 방식의 다양성 안으로 분산되었다. 왕래의 가장 가까운 양식은—제시된 바와 같이—그저 인지하기만 하는 인식함이 아니라, 오히려 자기의 고유한 "인식"을 가지는, 다루며 사용하는 배려함이다. 현상학적인 물음은 우선 그러한 배려함에서 만나게 되는 존재자의 존재로 쏠린다. 여기에서 요구되는 시각을 확보하기 위해서는 방법적인 예비가 필요하다.

존재를 열어밝히고 설명하는 데에 존재자가 그때마다 앞서 주제가 되고 함께 주제가 되고는 있지만, 본래적인 주제는 존재이다. 지금의 분석의 영역에서는 앞선 주제의 존재자로서 주위세계적 배려함에서 자신을 내보이는 것이 단초로 설정되었다. 이때 이러한 존재자는 어떤 이론적인 "세계"-인식의 대상이 아니라 사용된 것, 제작된 것 등이다. 그것은 그렇게 만나게 되는 존재자로서 앞선 주제로 "인식"의 시야에 들어오는데, 이 인식은 현상학적인 인식으로서 일차적으로 존재를 보며 이러한 존재에 대한 주제화에서부터 그때마다의 존재자를 함께 주제로 삼는다. 따라서 현상학적인 해석은 존재자에 존재하는 성질을 인식함이 아니고, 그 존재자의 존재의 구조를 규정함이다. 그런데 이 현상학적인 해석은 존재에 대한 탐구로서, 각기 그때마다 이미 현존재에 속하며 존재자와의 모든 왕래에서 "생생한" 존재이해를 독자적으로 분명하게 이해하는 일이 된다. 현상학적으로 앞선 주제가 되는 존재자, 따라서 여기에서는 사용된 것, 제작 중에 있는 것은 그러한 배려 속으로 자신을 옮겨놓을 때에 접근 가능하다. 엄밀히 말해, 자신을 옮겨놓는다는 말은 오해의 여지가 있다. 왜냐하면 이러한 배려하는 왕래의 존재양식으로 이제 비로소 우리 자신을 옮겨놓을 필요가 없기 때문이다. 일상적인 현존재는 이미 항상 이러한 방식에서 **존재하고 있다**. 예를 들어 문을 열면서 나는 손잡이를 사용한다. 그렇게 만나는 존재자에 이르는 현상학적 통로의 획득은 오히려 밀고 들어와서 함께 관여하는 해석의 경향을 밀어내는 데에 있다. 이러한 해석의 경향은 그러한 "배려함"이라는 현상 자체를 덮어버리고, 그와 동시에 심지어 존재자까지도—이 존재자가 그것 자체에서부터 배려함에서 그것을 위한 것으로 만나게 되는 그 **방식을**—은폐한다. 이렇게 사로잡힐 우려가 있는 잘못이, 우리가 이제 탐구하면서 다음과 같은 물음을 던질 때, 명백해질 것이다. 어떤 존재자가 앞선 주제가 되어야 하며 현상 이전의 토대로서 확립되어야 하는가?

사람들은 사물들이라고 대답할 것이다. 그러나 이러한 자명한 대답과 더불어 찾고 있는 현상 이전의 토대는 아마도 이미 놓쳐버린 것이 될 수 있다. 왜냐하면 존재자를 이렇게 "사물(res)"이라고 말함에는 일종의 드러나지 않게 앞서 잡는 존재론적인 성격부여가 놓여 있다. 그러한 존재자에서 그 존재로 계속 물어나가는 분석은 사물성과 실재성에 마주치게 된다. 존재론적인 설명은 그런 식으로 앞으로 나아가면서 실체성, 물질성, 연장되어 있음, 서로 곁하여 있음 등과 같은 존재성격들을 발견할 것이다. 그러나 배려함에서 만나게 되는 존재자는 이러한 존재에서는 존재론 이전으로도 우선은 은닉되어 있다. 사물을 "우선적으로 주어진" 존재자로 칭함으로써, 사람들이 존재적으로 어떤 다른 것을 의미한다고 해도, 존재론적으로 실패한다. 사람들이 본래 무엇을 의미하는지가 규정되지 않고 남는다. 또는 사람들이 이 "사물"을 "가치 있는" 사물로서 성격부여하기도 한다. 가치는 존재론적으로 무엇을 말하는가? 가치가 "붙음" 또는 "붙어 있음"을 어떻게 범주적으로 파악할 수 있는가? 가치가 붙어 있음이라는 이러한 구조의 어두움은 도외시한다고 해도, 그로써 배려하는 왕래에서 만나게 되는 것의 현상적 존재성격은 적중되는가?

그리스인들은 "사물"에 대해서 적합한 용어를 가지고 있었다. 프라그마타(πράγματα), 즉 사람들이 배려하는 왕래(프락시스[πρᾶξις])에서 그것과 상관이 있는 그것이다. 그러나 그리스인들은 바로 이 특별한 "프라그마틱한 [실용적인]" 성격을 존재론적으로 어둠에 내버려두었으며 그것을 "우선" "순전한 사물"이라고 규정했다.* 우리는 배려에서 만나게 되는 존재자를 **도구**†라고 이름한다. 주로 왕래하게 되는 것은 필기도구, 재봉도구, 작업도구, 운전도구, 측량도구 등이다. 도구의 존재양식을 끄집어내어야 한다. 이것은 하나의 도구를 도구로 만들어주는 그것, 즉 도구성을 먼저 한계규정해서 그것을 실마리로 삼을 때 가능하다.

엄밀히 말해 **하나의 도구는 없다.**†† 도구의 존재에는 그때마다 각기 언제나, 그 안에서 도구가 그것이 무엇인 바로 이 도구일 수 있는 일종의 도구전체가 속한다. 도구는 본질적으로 "무엇을 하기 위한 어떤 것"이다. 유용성, 기여성, 사용성, 편의성 등과 같은 "하기 위한"의 여러 상이한 방식들이 하나의 도구전체성을 구성한다. "하기 위한"의 구조에는 일종의 어떤 것의 어떤 것에로의 **지시**가 놓여 있다. 이 칭호가 가리키는 현상이 다음의 분석

---

* 왜? 에이도스(εἶδος, 보임새)-모르페(μορφή, 형상)-휠레(ὕλη, 질료) 등이 테크네(τέχνη, 기술)에서부터, 따라서 '인위적으로' 해석되었다. 만일 모르페(μορφή)가 에이도스(εἶδος)나 이데아(ἰδέα)가 아니라면!

에서 비로소 그것의 존재론적인 발생에서 드러나게 될 수 있다. 잠정적으로 하나의 지시의 다양성을 현상적으로 시야에 데려오는 것이 중요하다. 도구는 그것의 도구성에 상응하게 언제나 다른 도구에의 귀속성에서부터 존재한다. 필기도구, 펜, 잉크, 종이, 책받침, 책상, 등불, 가구, 창문, 문, 방 등. 이러한 "사물들은" 결코 우선 스스로에게 자신을 내보이고 나서 그 다음 실제적인 것의 합으로서 방 하나를 채우는 것이 아니다. 가장 먼저 만나게 되는 것은—비록 주제적으로 파악되지는 않아도—방이다. 이 방도 다시금 "네 개의 벽들 사이"에 있는 것이라는 기하학적인 공간적 의미가 아니라, 도리어 거주도구로서 그렇다. 이 거주도구에서부터 "실내장식"이, 이 실내장식에서 그때마다의 "개별적인" 도구가 자신을 내보이는 것이다. 이러한 개별 도구에 앞서 이미 그때마다 하나의 도구전체성이 발견된다.

각기 그때마다 도구에 맞추어진 왕래—이 안에서 도구가 오직 유일하게 진짜로 그것의 존재에서 자신을 내보일 수 있다—는, 예를 들어 망치를 들고 망치질을 함은 이 존재자를 주제적으로 앞에 놓인 사물로서 파악하지도 않으며 예컨대 도구구조 그 자체의 사용을 알고 있지도 않다. 망치질은 순전히 추가로 망치의 도구성격에 대한 지식을 더 가진 것이 아니다. 오히려 망치질은 이 망치를 더 적합하게는 가능하지 않을 정도로 그렇게 자기 것으로 만든다.† 그러한 사용하는 왕래에서 배려는 그때마다 도구를 구성하는 "하기 위한"에 예속된다. 망치라는 물건을 그저 멀거니 바라보지만 말고 손에 잡고 활기차게 사용하면 할수록, 그것과의 관계가 더욱더 근원적으로 될 것이고 더욱더 가려지지 않은 채로 그것을 무엇인가 그것으로서, 즉 도구로서 만나게 될 것이다. 망치질을 함 자체가 망치의 독특한 "편의성[손에 익음]"을 발견한다. 도구가 그 안에서 그것 자체에서부터 스스로를 내보이는 도구의 존재양식을 우리는 손안에 있음이라고 부른다. 오직 도구가 이러한 "자체 존재"를 가지고 있어서 단지 그 자리에 있는 것이 아니기 때문에, 그것은 가장 넓은 의미에서 손에 익을 수 있고 마음대로 사용될 수 있다. 이렇게 저렇게 만들어진 사물의 "외양"을 아무리 날카롭게 **바라본다고** 해도 그저 바라보기만 해서는 손안의 것을 발견할 수 없다. 그저 "이론적으로" 사물을 바라보는 시각은 손안에 있음의 이해를 결여한다. 그러나 사용하며 다루는 왕래는 맹목적이 아니다. 그것은 자기 나름의 고유한 봄의 양식을 가지고 있으며, 이것이 다루는 일을 이끌며 그 일에 그것의 특수한 확실성을† 부여한다. 도구와의 왕래는 "하기 위한"의 지시의 다양성 아래에 예속되어 있다. 거기에 맞추어진 시야가 곧 **둘러봄**이다.

"실천적" 행동관계는 시각이 없다는 의미의 "비이론적"이 아니다. 그리고 그것이 이론적인 행동관계와 구별되는 것은, 여기에서는 고찰되고 저기에서는 **행동이 취해진다**는 데에 있는 것이 아니고, 행위가 맹목적이지 않기 위해서 이론적인 인식을 적용한다는 데에 있는 것이 아니며, 오히려 행위가 자기의 시각을 가지듯이 고찰도 그렇게 근원적으로 일종의 배려이다. 이론적인 행동관계는 둘러봄이 아닌 그저 바라봄이다. 바라봄은—둘러봄이 아니기에—규율이 없을 수 없으며 자신의 규범을 **방법**에서 형성하여 마련한다.

손안의 것은 도대체 이론적으로 파악되어 있지도 않으며, 그 자체가 둘러봄에 우선적으로 둘러보는 주제가 되지도 않는다. 우선적인 손안의 것의 독특함은, 그것이 그것의 손안에 있음에서 흡사 자신을 숨겨 바로 그래서 본래적으로 손안에 있게 된다는 데에 있다. 일상적인 왕래가 우선적으로 머무르는 그곳은 작업도구 자체가 아니라, 오히려 일[제작물]이, 다시 말해 그때마다 만들어내야 할 것이 일차적으로 배려된 것이며 따라서 또한 손안의 것이다. 일[제작물]은 그 안에서 도구를 만나게 되는 지시전체성을 간직하고 있다.

만들어내야 할 물품은 망치, 대패, 못 등의 '**그것을 위하여**'로서 그 나름 도구의 존재양식을 가진다. 만들어내야 할 구두는 신기 위한 것(신발도구)이며, 완성된 시계는 시간을 보기 위한 것이다. 배려하는 왕래에서 주로 만나게 되는 물건―작업 중에 있는 물품―은 그것에 고유하게 귀속되는 사용성에 각기 그때마다 이미 **그것의** 사용성의 '그것을 위하여'가 함께 주어져 있다. 주문 요청된 물품은 그편에서는 오직 그것의 사용에 근거해서만, 그리고 이러한 사용에서 발견된 존재자의 지시연관에 근거해서만 존재한다.

그러나 만들어내야 할 물품이 오직 어떤 것을 위해서 사용되는 것만은 아니다. 제작함 자체가 각기 그때마다 일종의 어떤 **것**을 어떤 것을 위해서 사용함이다. 물품에는 동시에 "재료"에의 지시가 놓여 있다. 그것은 가죽, 실, 못 등에 의존한다. 가죽은 다시금 표피[동물의 살가죽]에서 만들어진다. 이 표피는 짐승들에게서 벗겨낸 것이며, 이 짐승들은 다른 사람에 의해서 사육된 것이다. 짐승들은 세계내부에 사육되지 않은 채로도 발견된다. 그 세계에서 이 존재자는 어떤 의미에서는 스스로를 만들어내고 있는 셈이다. 따라서 주위세계에서는 그것 자체가 제작을 필요로 하지 않으며 언제나 이미 손안에 있는 그런 존재자도 접근 가능하다. 망치, 집게, 못 등은 그것들 자체가 강철, 쇠, 청동, 돌, 나무 등을 지시한다(그것으로 만들어졌다). 사용된 도구에서 사용을 통해서 "자연"―자연생산물의 빛 안에서의 "자연"―이 함께 발견된다.

그러나 여기에서 자연이 단지 그저 눈앞에 있는 것으로서 이해되어서는 안 되며 또한 **자연의 힘**으로 이해되어서도 안 된다. 숲은 삼림이며, 산은 채석장이며, 강은 수력이고, 바람은 "돛을 펼쳐주는" 바람인 것이다. 발견된 "주위세계"와 함께, 그렇게 발견된 "자연"도 만나게 된다. 손안의 것으로서의 자연의 존재양식을 도외시하여, 그것 자체를 단지 그것의 순전한 눈앞에 있음에서 발견하고 규정할 수 있다. 그러나 이러한 자연발견에는 "살아 움직이는", 우리를 엄습하는, 풍광으로서 우리를 사로잡는, 그러한 것으로서의 자연은 은닉된 채 남게 된다. 식물학자의 식물은 밭 둔덕에 핀 꽃이 아니며, 지리학적으로 확정지은 강의 "발원지"는 "근본에서의 샘"이 아니다.

제작된 물품은 그것의 사용성의 '그것을 위하여'와 그것의 성립의 '거기에서부터'만을 지시하는 것이 아니라, 단순한 수공업적인 상태에서도 그것 안에는 동시에 착용자와 이용자에 대한 지시가 놓여 있다. 물품은 착용자나 이용자의 신체에 맞게 재단되며, 그는 물품의 생성에 자리를 함께한다. 물품의 다량제작에도 이러한 구성적인 지시가 결여되어 있는 것은 결코 아니다. 그 지시가 단지 규정되어 있지 않을 뿐이며, 임의의 다수, 평균을 가리킨다. 따라서 물품과 함께 손안에 있는 존재자만을 만나게 되는 것이 아니라, 또한 현존재―이 현존재에게 제작된 물품이 그의 배려 속에 손안에 있는 것이다―의 존재양식의 존재자도 만나게 된다. 그것과 동시에 그 안에서 착용자와 이용자가 살고 있는, 동시에 우리의 세계이기도 한 세계를 만나게 된다. 각기 그때마다 배려된 물품은 예를 들어 작업장이라는 집 안의 세계에만 [손안에] 있는 것이 아니라, 또한 **공공의 세계**에도 있다. 이 공공의 세계와 더불어 **주위세계 자연**도 발견되어 있고 모두에게 접근 가능하다. 길, 거리, 다리, 건물 등에서 배려에 의해 자연이 특정한 방향에서 발견된다. 지붕을 갖춘 승강장은 우천을 감안하며, 공공의 조명설비는 어두운 밤을, 다시 말해 낮의 밝음이 있다가 없어지는 특수한 변화를, 즉 "태양의 위치를" 감안한다. 시계에서는 각기 그때마다 우주체계에서의 하나의 특정한 별자리를 감안한다. 우리가 시계를 볼 때, 우리는 암묵적으로 "태양의 위치"를 이용하는 것이니, 이 태양의 위치에 따라서 관청이 시간측정을 천문학적으로 조정하는 것이다. 우선적으로 눈에 띄지 않게 손안에 있는 시계라는 도구를 사용할 때 주위세계 자연도 함께 손안에 있는 것이다. 가장 가까운 작업세계 속에 그때마다 배려하는 몰입함이 가지는 발견의 기능의 본질에는, 물품에서, 다시 말해 그것의 구성적인 지시에서 함께 데려와진 세계내부적인 존재자가 각기 작업세계로의 몰입의 양식에 따라서 그 명료성의 정도가 다르게, 둘러보는 밀고 들어감[탐색]의 폭이 다르게 발견될 수 있는 것으로 남아 있다는 점이 속한다.

이러한 존재자의 존재양식은 손안에 있음이다. 그렇지만 이것이, 마치 가까이 만나게 되는 "존재자"에게 그러한 "관점"을 들씌워서, 처음에 그 자체로 눈앞에 있던 세계재료가 이런 방식으로 "주관적으로 색칠되는" 것처럼, 순전한 파악성격으로* 이해되어서는 안 된다. 그런 식으로 향하는 해석이 간과하고 있는 것은, 그렇게 되기 위해서는 존재자가 먼저 순수한 눈앞의 것으로 이해되고 발견되어서 그것이 "세계"와 발견하며 자기 것으로 만드는 왕래를 계속해나가는 데에 우위를 점하고 지도적 역할을 맡아야 했을 것이라는 점이다. 그러나 이것은 벌써 우리가 세계-안에-있음의 **기초 지어진 양태**라고 제시한 바 있는 인식함의 존재론적인 의미에 배치된다. 이 인식함은 배려 속에 있는 손안의 것을 넘어서 비로소 단지 그저 눈앞에 있기만 한 것을 밝히 파헤쳐 보이려고 앞으로 밀고 나간다. 손안에 있음은 존재자가 "그 자체로" 존재하는 대로의 존재자에 대한 존재론적 범주적 규정이다. 그러나 손안의 것은 오직 눈앞의 것에 근거해서만 "있다". 그렇다면 여기에서부터―이러한 테제를 한번 인정하여―손안에 있음이 존재론적으로 눈앞에 있음에 기초하고 있다는 것이 귀결되어 나오는가?

계속 파고드는 존재론적인 해석에서 손안에 있음이 세계내부적으로 가깝게 발견되는 존재자의 존재양식으로 증명된다고 치자. 그리고 더 나아가 순수한 눈앞에 있음에 대비해서 손안에 있음의 근원성이 입증될 수 있다고 치자. 그렇다고 해도 과연 도대체 지금까지 설명된 것으로써 세계현상을 존재론적으로 이해하는 데에 조금이라도 보탬이 되었는가? 우리는 세계내부적인 존재자를 해석하면서 언제나 이미 세계를 "전제했다". 이러한 존재자들을 함께 짜맞춘다고 해서 그 총합으로서 "세계"와 같은 어떤 것이 생겨나오는 것이 아니다. 그렇다면 도대체 이러한 존재자에서부터 세계현상의 제시로 이끌어줄 길이 있는 것인가?[1]

---

[1] 지은이는 1919/20년 겨울학기 이래 계속해서 강의를 통해서 주위세계 분석을, 그리고 현존재의 "현사실성의 해석학"을 가르쳐왔다.†

* 그렇지만 분명히 오직 만남의 성격이다.

제16절 세계내부적인 존재자에서 알려지는 주위세계의 세계적합성

세계는 그 자체 하나의 세계내부적인 존재자는 아니지만, 그래도 세계는 이 존재자를 깊이 규정하기 때문에, 세계가 "주어져 있는"한에서만 이 존재자를 만날 수 있게 되고 발견된 존재자가 그것의 존재에서 자신을 내보일 수 있게 된다. 그러나 어떻게 세계가 "주어져 있을" 수 있는가? 현존재가 존재적으로 세계-안에-있음에 의해서 구성되고 그의 존재에 똑같이 본질적으로 자기 자신에 대한 이해가 속한다면—그 이해가 아무리 규정되어 있지 않다고 하더라도—그렇다면 현존재가 세계에 대한 이해도 가지는 것 아닌가? 물론 그 이해가 일종의 존재론 이전의 이해로서 명시적인 존재론적 통찰을 결하고 있고 결할 수 있지만 말이다. 세계내부적으로 만나게 되는 존재자와 함께, 다시 말해 이 존재자의 세계내부성과 함께 배려하는 세계-안에-있음에게 세계와 같은 어떤 것이 스스로를 내보이지 않을까? 이러한 현상이 현상학 이전의 시야에 들어오지 않을까? 그 현상이 주제적으로 존재론적인 해석을 요구함이 없이 이미 항상 그러한 현상학 이전의 시야에 서 있는 것은 아닐까? 현존재 자신은 손안에 있는 도구에 배려하며 몰입되는 범위 안에서, 그 안에서 현존재에게 배려된 세계내부적인 존재자와 함께 일정한 방식으로 그것의 세계성이 빛나게 되는, 그런 하나의 존재가능성을 가지는 것이 아닐까?

현존재의 그러한 존재가능성들을 배려하는 왕래의 내부에서 제시할 수 있다면, 이 경우 그렇게 빛나는 현상을 뒤밟아, 그 현상을 흡사 "세우고" 그것의 그것 자체를 내보이는 구조에서 캐물으려고 시도할 수 있는 길이 하나 열리게 된다.

세계-안에-있음의 일상성에는, 배려된 존재자를 만나게 하면서 이때 세계내부적인 것의 세계적합성[세계적 특성]이 전면에 드러나게 하는 그러한 배려함의 양태들이 속한다. 가까이 손안에 있는 존재자가 배려함에서 사용 불가능한 것으로, 그것의 특정한 사용을 위해서 차비되어 있지 못한 것으로 만나게 될 수 있다. 작업도구는 파손된 것으로 판명되고 재료는 부적합한 것으로 드러난다. 도구는 여기에서도 어쨌거나 손안에 있기는 하다. 그러나 사용 불가능성을 발견하고 있는 그것은 속성을 확정하는 바라봄이 아니라 사용하는 왕래의 둘러봄이다. 이러한 사용 불가능성의 발견에서 도구는 눈에 띄게 된다.† 눈에 띔이 손안에 있는 도구를 일정한 손안에 있지 않음에서 내준다. 바로 거기에서 이러한 사태가 드러난다. 즉 사용할 수 없는 것이 거기 그냥 놓여 있다. 그것은 이러저러한 외양을 하고 그것의 손안에 있음에서 그런 겉모양의 것으로서 항시 또한 눈앞에도 있었던 도구사물로서 자신을 내보이고 있다. 순수 눈앞에 있음이 도구에서 고시되지만, 다시 배려된 것의 손안에 있음 속으로, 다시 말해 다시 손질을 받게 되는 것의 손안에 있음 속으로 돌아가서 숨기 위해서이다. 사용할 수 없는 것의 이러한 눈앞에 있음은 아직 단적으로 아무런 손안에 있음을 결하지 않으며, 그렇게 눈앞에 있는 도구는 아직 그저 어디에건 앞에 놓여 있는 사물이 아니다. 도구의 파손은 아직 일종의 순전한 사물의 변화가 아니며, 어떤 눈앞의 것의 속성에서 단순히 발견되는 변화의 하나가 아니다.

배려하는 왕래는 각기 그때마다 손안에 있는 것의 **내부에서** 사용 불가능한 것에만 부딪치는 것이 아니다. 그 왕래는 또한 비는[그 자리에 없는] 것도, 즉 단지 "손에 맞지" 않을 뿐 아니라 도대체 "손이 닿는 데에 있지"도 않는 것도 발견한다. 이러한 종류의 없어서 아쉬워함[없음을 알게 됨]은 어떤 손안에 있지 않은 것의 발견으로서 손안의 것을 일정한 그저 눈앞에 있음에서 발견한다. 손안의 것은 손안에 있지 않음을 알게 되면서 **강요[절실함]**의 양태에 오게 된다. 비는 것이 더 요긴하게 사용되면 사용될수록, 그것을 더 본래적으로 그것의 손안에 없음에서 만나게 되면 될수록, 그만큼 더 그 손안의 것은 강요성을 더하게 되어서 그것이 손안에 있음의 성격을 상실하는 듯이 보인다. 그것은 자신을 그저 단지 눈앞에 있는 것―그 비는 것 없이는 그 자리에서 떼어낼 수 없는 그런 것—으로서 드러낸다. 어찌할 바 모르고 그 앞에 서 있음은 배려의 결손된 양태로서 어떤 손안의 것의 단지 그저 눈앞에 있음을 발견한다.

배려된 세계와의 왕래에서 손안에 없는 것을 단지 사용 불가능한 것이나 또는 단적으로 비는 것의 의미로서 만나게 될 수 있을 뿐 아니라, 또한 비지 않고 사용 불가능한 것도 아니지만 배려를 방해하며 "길에 가로 놓여 있는", 그런 손안에 없는 것으로서도 만날 수 있다. 배려가 그것을 위해서 "시간이 없어서" 그리로 갈 수 없는 그것은 여기에 속하지 않는 것, 끝내지 못한 것의 방식으로 손안에 있지 않은 것이다. 이러한 손안에 있지 않은 것은 방해하고 우선 먼저 배려해야 할 것의 **버팀**을 드러나게 해준다. 이러한 저항감과 함께 새로운 방식으로 손안의 것의 눈앞에 있음이, 여전히 거기 그냥 놓여 있으면서 처리를 요구하는 것의 존재로서 통고된다.†

눈에 띔, 강요, 버팀의 양태들은, 손안의 것에서 눈앞에 있음의 성격을 전면에 부각시키는 기능을 가진다. 그러나 이때 손안의 것은 아직 단순히 눈앞의 것으로 **고찰되거나** 멀거니 보이지 않는다. 자신을 고시하고 있는 눈앞에 있음이 아직은 도구의 손안에 있음과 결부되어 있다. 이 도구가 아직은 자신을 순전한 사물로서 드러내고 있지 않다. 도구는 사람들이 던져버리고 싶어하는 그것이라는 의미의 "그따위 것"이 된다. 그런 반발의 경향에서도 손안의 것은 여전히 손안의 것으로서 그것의 확고한 눈앞에 있음에서 자신을 내보인다.

손안의 것의 변양된 만남에 대한—그 안에서 손안의 것의 눈앞에 있음이 드러나고 있는—이러한 지적이 **세계현상**의 해명과 무슨 상관이 있다는 말인가? 이러한 변양에 대한 분석에서도 우리는 아직도 세계내부적인 것의 존재에 서 있으며 세계현상에는 여전히 가까이 접근하지 못했다. 그 현상이 아직 파악되지는 못했지만 이제 우리는 그 현상을 시야로 데려올 가능성 안으로는 들어왔다.

눈에 띔, 강요, 버팀에서 손안의 것은 어떤 의미에서 손안에 있음을 상실하게 된다. 그러나 이 손안에 있음은 그 자체 손안의 것과의 왕래에는, 비록 비주제적이기는 하지만 이해되어 있다. 그것은 단순히 사라져버리는 것이 아니라 사용 불가능한 것의 눈에 띔에서 흡사 자기 자신과 결별하는 것이다. 손안에 있음이 다시 한번 자신을 내보이기는 하지만 바로 여기에서 또한 손안의 것의 세계적합성도 내보여진다.

도구로서의 손안의 것의 존재구조를 지시를 가지고 규정했다. 가까운 "사물들"의 독특하고 자명한 "그 자체로 있음"을 그 사물들을 사용하면서도 명확하게 주목하지 않는 배려함—이것은 사용 불가능한 것에 부딪칠 수 있다—속에서 만나게 된다. 하나의 도구가 사용 불가능하다. 바로 여기에 '하기 위한'이 '그것을 위한'을 가리키는 그 구성적 지시가 방해를 받고 있음이 놓여 있다. 지시 자체는 고찰되지 않고 있으며 오히려 배려하며 지시를 따르는 "거기에" 있는 것이다. 그런데 **지시의 방해** 속에서—어디에 사용할 수 없음에서—지시가 명백해지게 된다. 그것은 분명 여기에서도 아직 존재론적인 구조로서는 아니라고 하더라고 작업도구의 파손에 부딪친 둘러봄에게 존재적으로 명백해진다. 지시가 그때마다의 '그것을 위한'을 가리킴을 일깨워주는 이러한 둘러봄과 더불어 이 '그것을 위한' 자체가, 그리고 그와 더불어 작업연관이, 전체 "작업장"이, 그것도 그 안에서 배려함이 언제나 이미 체류하고 있는 그곳으로서 시야에 들어온다. 도구연관이 그전에 한번도 본 적이 없는 전체로서가 아니라, 둘러봄에서 항시 애초부터 이미 보아진 전체로서 빛나게 된다. 이러한 전체와 더불어 세계가 자신을 알려온다.

마찬가지로 그것의 일상적인 그 자리에 있음이 너무나 자명해서 우리가 전혀 주의도 기울이지 않았던 어떤 손안의 것의 빔(결여)도 일종의 둘러봄에서 발견된 지시연관의 **단절**이다. 둘러봄은 허공에 부딪히고 이제야 비로소 비는 것이 **그것을 가지고 무엇을 하기 위해서** 손안에 있었던 것인지를 보게 된다. 다시금 주위세계가 스스로를 알려온다. 거기에서 그렇게 빛나게 되는 그것은 그 자체 여러 다른 것들 가운데에 있는 손안의 것은 결코 아니고, 예컨대 손안에 있는 도구에 기초를 주는 눈앞의 것은 더더욱 아니다. 그것은 그 모든 확정과 고찰 이전에 "거기에" 있다. 그것은 그 자체, 둘러봄이 언제나 존재자를 다루는 한, 둘러봄에게 접근 불가능하지만, 그러나 그것은 둘러봄에 그때마다 이미 열어밝혀져 있다. "열어밝힘"과 "열어밝혀져 있음"이 다음에서 용어로 사용되고 있는데, 그것은 "훤히 열어보임", "훤하게 열려져 있음"을 의미한다. "열어밝힘"은 따라서 "간접적으로 추론에 의해서 획득함"과 같은 것을 의미하지 않는다.

세계가 손안의 것에서부터 "성립"하지 않는다는 점은 여러 다른 것들 중에 다음의 사실이 보여준다. 즉 앞에서 해석된 배려함의 양태들에서 세계의 빛남과 손안의 것의 탈세계화가 함께 가며, 그래서 이 손안의 것에서 그저 눈앞에 있음이 전면에 부각된다는 사실이 그것이다. "주위세계"의 일상적 배려 속에서 손안에 있는 도구를 그것의 "자체 존재"에서 만날 수 있기 위해서는, 둘러봄이 그 안에 "몰입해" 있는 그 지시와 지시전체성이 이 둘러봄을 위해서뿐 아니라 더 나아가 둘러봄이 아닌 "주제적"인 파악에도 비주제적으로 남아 있어야 한다. 세계가 자신을 알려오지 않음이 손안의 것이 그것의 눈에 안 띰에서 튀어나오지 않는 가능조건이다. 그리고 그 안에 이 존재자의 자체 존재의 현상적 구조가 구성되어 있다.

눈에 안 띰, 강요하지 않음, 버티지 않음과 같은 결여태적 표현들은 가까이 손안에 있는 것의 존재의 긍정적인 현상적 성격을 의미한다. 이러한 "않음"은 손안의 것이 자체 안에 머물러 있는 성격을 의미하며, 이것을 우리는 '자체 존재'라는 표현을 염두에 두는 것인데, 그것을 우리는 성격부여의 방식으로 "우선" 주제적으로 확정 가능한 것으로서의 눈앞의 것에 서술한다. 일차적으로 그리고 전적으로 눈앞의 것에만 방향을 잡아서는 "그 자체로 있음"이 존재론적으로 결코 해명될 수 없다. 그렇지만 "그 자체로 있음"에 대한 이야기가 존재론적으로 중요한 것이어야 한다면, 하나의 해석이 요구되어야 한다. 사람들은 대개 존재적으로 존재의 이러한 그 자체를 강조하여 끌어들이는데, 현상적으로는 옳은 일이다. 그러나 이렇게 **존재적인 사태**를 끌어들인다고 해서 그것이 벌써 그러한 끌어들임과 함께 추정적으로 주어진 **존재론적인** 발언의 요구를 충족시키는 것은 아니다. 지금까지의 분석은, 세계내부적인 존재자의 자체 존재는 오직 세계현상을 근거로 해서만 존재론적으로 파악 가능하다는 것을 이미 분명하게 해주었다.

그러나 세계가 어떠한 방식으로 빛날 수 있으려면 그것은 도대체 열어밝혀져 있어야 한다. 둘러보는 배려에 세계내부적인 손안의 것이 접근 가능해짐과 더불어 그때마다 이미 세계가 앞서 열어밝혀져 있다. 따라서 세계는, 현존재가 존재자로서 각기 이미 "그 안에" 있었던 어떤 것이며, 현존재가 어떤 형태로든 분명하게 도달함에서 그리에로 언제나 되돌아갈 수 있는 어떤 것이다.

지금까지의 해석을 따르면 세계-안에-있음은 도구전체의 손안에 있음을 구성하고 있는 지시 속으로 비주제적으로 둘러보며 몰입함이다. 배려함은 그때마다 이미 세계와의 친숙함을 근거로 해서 그것이 존재하듯이 그렇게 가능한 것이다. 이러한 친숙함에서 현존재는 자신을 세계내부적으로 만나는 그것에 잃어버리고 그것에 사로잡힐 수 있다. 현존재가 그것과 친숙해 있는 그것은 무엇이며, 어떻게 세계내부적인 것의 세계적합성이 빛날 수 있는가? 그 안에서 둘러봄이 "움직이며" 그것의 가능한 단절이 존재자의 눈앞에 있음을 앞으로 모는 그 지시전체성은 좀더 상세하게는 어떻게 이해할 수 있는가?

세계성의 현상과 **문제를** 끄집어내는 것을 목표로 삼는 이러한 물음들에 답하기 위해서는 구조들에 대한 좀더 구체적인 분석이 요구된다. 제기된 물음들은 이 구조들의 구성연관 속으로 캐물어야 한다.

제17절 지시와 기호

손안의 것("도구들")의 존재구조를 잠정적으로 해석하면서 지시라는 현상이 드러났기는 하지만 워낙 대략적이어서, 우리는 동시에 그저 처음으로 게시된 현상을 그것의 존재론적인 유래와 관련지어서 밝혀내야 할 필요성을 강조했다. 그 외에도 지시와 지시전체성이 어떤 의미에서든 세계성 자체를 위해서 구성적이 될 것이라는 것도 드러났다. 우리는 지금까지 세계가 오직 손안의 것을 주위세계적으로 배려하는 특정한 방식에서, 그리고 그 방식에서 그것도 손안의 것의 손안에 있음과 더불어 빛나게 되는 것을 보았을 뿐이다. 그러므로 우리가 세계내부적인 존재자의 존재에 대한 이해에서 더 깊이 앞으로 파고들면 들수록, 세계현상을 밝히 파헤쳐 드러내기 위한 현상적 토대도 그만큼 더 넓어지고 더 확실해질 것이다.

우리는 다시 손안의 것의 존재에서 출발해보자. 그러나 이제는 **지시의 현상** 자체를 더 날카롭게 파악하기 위한 의도에서이다. 이러한 목적을 위해서 우리는, 그 안에서 다중적인 의미로 "지시들"이 발견될 수 있는 도구의 하나를 존재론적으로 분석해보기로 한다. 그러한 "도구"를 우리는 **기호**에서 발견한다. 이 낱말로써는 많은 것이 지칭된다. 여러 상이한 **양식**의 기호뿐 아니라, '……에 대한 기호가 됨'은 그 자체 하나의 **보편적인 연관의 양식**으로 형식화될 수 있어서, 기호구조 자체가 모든 존재자 일반의 "성격규정"을 위한 존재론적인 실마리를 내주고 있다.

그러나 기호는 우선 그 자체 도구이며, 이 도구의 특별한 도구성격은 **가리킴**에 성립한다. 이와 같은 기호로는 이정표, 경계석, 항해를 위한 폭풍경보용 공, 신호, 기(旗), 장례표지 등이 있다. 가리킴은 지시함의 한 "양식[종]"으로 규정될 수 있다. 지시함은—극단적으로 형식적으로 볼 때—하나의 **연관지음**이다. 그러나 연관이 예를 들어 기호, 상징, 표현, 의미 등으로 세분화되는 지시라는 종의 유로서 기능하지는 않는다. 연관은 일종의 형식적인 규정인데, 이러한 규정은 "정식화"라는 방식으로 어떤 사태내용과 존재방식이건 간에 그것들의 온갖 종류의 관계에서 다 직접 읽어낼 수 있다.[2]

모든 지시는 다 연관이다. 그러나 모든 연관이 다 지시인 것은 아니다. 모든 "가리킴"은 다 지시이다. 그러나 모든 지시함이 다 가리킴은 아니다. 여기에 동시에 다음과 같은 사실이 놓여 있다. 즉 모든 "가리킴"이 다 연관이지만, 그러나 모든 연관이 다 가리킴은 아니다. 이로써 연관의 형식적 보편적 성격이 밝게 드러난다. 지시, 기호 또는 심지어 의미와 같은 현상들을 연구하기 위해서 그것들을 연관으로 성격규정해서는 아무것도 얻는 것이 없다.* 결국에 가서는 심지어 "연관" 자체가 그것의 형식적-보편적 성격 때문에 그 존재론적인 근원을 하나의 지시에 가진다는 것이 제기되어야 한다.

여기의 이 분석이 지시의 현상과 구별되는 기호의 해석에만 제한되는데, 이때 이러한 제한 내에서도 가능한 기호의 전체 다양성이 합당하게 연구될 수는 없다. 기호에는 표시기호, 예고기호, 상기기호, 주의기호, 식별기호 등이 있는데, 이들의 가리킴은—그러한 기호로서 무엇이 사용되는가를 도외시하더라도—그때마다 다르다. 이러한 "기호"와 구별해야 할 것으로는 흔적, 유물, 기념물, 증서, 상징, 표현, 현상, 의미 등이 있다. 이러한 현상들은 그것들의 형식적 연관성격에 근거해서 쉽게 형식화할 수 있다. 우리는 오늘날 특히 쉽게 그러한 "연관"의 하나를 실마리로 삼아서 모든 존재자를 하나의 "해석" 아래에 던져넣으려는 경향이 있다. 그러한 해석은 언제나 "들어맞는데", 그 까닭은 그것이 근본적으로, 형식과 내용이라는 쉽게 다룰 수 있는 도식 못지않게 아무것도 이야기하지 않기 때문이다.

기호를 위한 범례로서 나중의 분석에서 다른 관점에서 범례적으로 기능

---

2) E. Husserl, *Ideen zu einer reinen Phänomenologie und phänomenologischen Philosophie* (『순수 현상학 및 현상학적 철학을 위한 이념들』), 제1부, 그리고 『철학 및 현상학 탐구 연보』 제1권, 제10절 이하 참조. 그 외에도 이미 『논리 연구』 제1권 제11장에서 다루고 있다. 기호와 의미에 대한 분석에 대해서는 특히 제2권의 첫 번째 연구를 참조.

* 기호논리학의 요구주장의 가능성을 증명하기 위해서는 기본적이다.

할 수 있는 것 하나를 선택하자. 최근 승용차에 회전식의 붉은 화살[깜빡이]이 장치되어 있는데, 그것의 위치는 그때마다―예를 들어 사거리에서―자동차가 가려고 하는 길을 가리킨다. 화살의 위치는 운전자에 의해서 규제된다. 이러한 기호는 단지 운전자의 배려함(조종함) 속에서만 손안에 있는 도구가 아니다. 함께 타지 않은 사람들도―아니 바로 이들이―그 도구를 보고 대응되는 쪽으로 피하거나 멈춰 서거나 하는 방식으로 이용한다. 이러한 기호는 교통수단과 교통통제라는 도구연관의 전체 안에 세계내부적으로 손안에 있는 것이다. 이러한 가리키는 도구는 하나의 도구로서 지시에 의해서 구성된다. 그것은 "하기 위한"의 성격, 즉 그것의 특정한 용도[쓰임새]를 가지고 있으니, 곧 가리키기 위해서 있다. 기호의 이러한 가리킴이 "지시함"으로 파악될 수 있다. 이때 유의해야 할 것은, 가리킴으로서의 이러한 "지시함"이 도구로서의 기호의 존재론적인 구조가 아니라는 점이다.

가리킴으로서의 "지시함"은 오히려 도구의 존재구조에, 즉 '……을 위한 쓰임새'에 근거한다. 이 쓰임새가 하나의 존재자를 벌써 기호로 만드는 것은 아니다. "망치"라는 도구도 쓰임새에 의해서 구성되지만, 그로써 망치가 기호가 되는 것은 아니다. 가리킴이라는 "지시"는 하나의 쓰임새의 "그것을 위하여"를 존재적으로 구체화한 것이며, 하나의 도구를 이 도구로 규정한다. 그에 반해 "……을 위한 쓰임새"라는 지시는 도구로서의 도구에 대한 존재론적-범주적 규정성의 하나이다. 쓰임새의 '그것을 위하여'가 가리킴에서 그것의 구체화를 획득한다는 사실은 도구구성틀 그 자체에게는 우연적인 일이다. 기호라는 이러한 예에서 이미 쓰임새로서의 지시와 가리킴으로서의 지시 사이의 구별이 드러난다. 그 둘은 일치하기는커녕 그것들의 단일성 속에서 하나의 특정한 도구양식의 구체화를 비로소 가능하게 한다. 그러나 이제 가리킴이 그렇게 확실하게 도구구성틀로서의 지시함과 원칙적으로 다르다고 해도, 다시금 가리킴이 그때마다 주위세계적으로 손안에 있는 도구전체의 존재양식과 그리고 그것의 세계적합성과 일종의 독특하고

제3장 세계의 세계성 123

심지어는 탁월하기까지 한 연관을 분명히 가지고 있다는 것도 또한 논란의 여지가 없다. 가리키는 도구는 배려하는 왕래에서 **우월하게** 사용된다. 그러나 이러한 사실을 확정하는 것으로는 아직 존재론적으로 충분하지 못하다. 이러한 우월의 근거와 의미가 해명되어야 한다.

기호의 가리킴은 무엇을 말하는가? 그 대답은 오직 우리가 지시도구와의 적합한 왕래양식을 규정할 때에만 획득될 수 있다. 그 안에서 또한 그것의 손안에 있음이 진정으로 파악 가능하게 되어야 한다. 기호와의 합당한 상관맺음은 어떤 것인가? 앞에서 언급한 예(화살)에 방향을 잡고 이렇게 말할 수 있을 것이다. 만나게 되는 기호에 상응하는 행동관계(존재)는 그 화살을 달고 다가오는 자동차를 보고 "피하거나" 또는 "멈춰서는" 것이다. 피함은 한 방향을 취함으로서 본질적으로 현존재의 세계-안에-있음에 속한다. 이 현존재는 언제나 어떤 형태로든 방향을 취해서 도상에 있다. 섬과 머무름은 단지 이러한 방향 잡은 "도상에" 있음의 극단적인 경우들일 뿐이다. 기호는 한 특별한 "공간적인" 세계-안에-있음에게 보내지고 있다. 우리가 기호를 노려보고 앞에 있는 지시물건으로 확정한다면, 바로 이 경우 기호는 본래적으로 "파악되지" 않는다. 우리가 화살의 지시방향을 눈으로 좇아가서 화살이 가리키는 부근에 있는 어떤 것을 바라본다고 하더라도, 이 때에도 우리는 기호를 본래적으로 만나지 못한다. 기호는 배려하는 왕래의 둘러봄을 향하고 있으며, 그래서 자기의 지시를 따르는 둘러봄이 그러한 동행함에서 주위세계의 그때마다의 주변적인 것을 분명하게 "멀리 바라보게끔" 한다. 둘러보는 멀리 바라봄은 손안의 것을 **파악하지** 못한다. 그것은 오히려 주위세계내부에서 방향을 잡는다. 다른 가능한 도구경험이 있을 수 있는데, 화살을 자동차에 속한 도구의 하나로 만나게 되는 것이 그것이다. 이때 화살의 특별한 도구성격은 발견될 필요가 없다. 화살이 무엇을 어떻게 가리켜야 하는지는 전적으로 규정되지 않은 채 있다. 그렇지만 만나게 되는 것은 결코 순수한 사물이 아니다. 사물경험은 여러 측면에서 규정되지 않은 도구의 다양성을 가까이에서 발견한 것과 비교할 때 나름대로의 고유한 **규정성**을 요구한다.

기술한 양식의 기호는 손안의 것을 만나게 한다. 더 정확하게 말하자면 손안의 것의 한 연관을 접근 가능하게 하여 배려하는 왕래가 자신에게 하나의 방향을 주며 확보하게 한다. 기호는 다른 사물과 가리키는 연관에 놓인 사물이 아니라, 오히려 하나의 도구전체를 두드러지게 둘러봄 안으로 부각시켜서 그와 동시에 손안의 것의 세계적합성이 자신을 알려오게 하는 하나의 도구이다. 표시기호[징후]와 예고기호에서는 "다가오고 있는 그것이" "자신을 내보이고" 있는데, 이미 눈앞에 있는 것에 추가로 부가되는 어떤 단지 앞에 발생하는 것이라는 의미에서가 아니다. "다가오고 있는" 그것은 우리가 거기에 우리를 대비하는, 또는 우리가 다른 것에 팔려 있어서 "대비하지 못한" 것이다. 상기기호에서는 일어났고 끝나버린 그것이 둘러보는 식으로 접근 가능해진다. 주의기호에서는 사람들이 그때마다 있는 "거기를" 보여준다. 기호들은 일차적으로 언제나 사람들이 살고 있는 "그 안"과, 배려가 머무르고 있는 거기와, 그것이 가지고 있는 사용사태를 보여준다.

기호의 독특한 도구성격은 "기호설정"에서 특히 명확해진다. 기호설정은, 어느 때나 하나의 손안의 것을 통해 그때마다의 주위세계가 둘러봄에 알려질 수 있도록 하기 위해서 손안에 있는 가능성을 필요로 하는, 그런 어떤 둘러보는 앞서봄 안에서 그리고 거기에서부터 수행된다. 그런데 이제 세계내부적으로 가까운 손안의 것의 존재에는 앞에서 기술했듯이 자체 안에 머물러 있으며 밖으로 나오지 않는 성격이 속한다. 그렇기 때문에 주위세계에서의 둘러보는 왕래는, 그것의 도구성격에서 손안의 것을 **눈에 띄게 하는** "일"을 떠맡는, 그런 손안에 있는 도구가 필요하다. 그래서 그런 도구(기호)의 제작은 그것의 눈에 띔을 염두에 두어야 한다. 그러나 사람들은 기호를 그렇게 눈에 띄는 기호로 임의로 눈앞에 있게 할 수는 없으며, 기호는 특정한 방식으로 쉽게 접근될 수 있게 하는 의도에서 "설치된다".

기호설정은 그러나 반드시 도대체 아직 [손안에] 있지 않은 도구를 제작해내는 식으로 수행될 필요는 없다. 기호는 또한 이미 손안에 있는 것을 기호로 취하면서 생겨나올 수도 있다. 이러한 양태에서 기호설정은 보다 더 근원적인 의미를 드러내 보여준다. 가리킴에서 단지 하나의 손안에 있는 도구전체와 주위세계 일반이 둘러보며 방향을 잡아 다룰 수 있는 것으로 마련될 뿐 아니라, 기호설정이 심지어 맨 처음으로 발견할 수도 있다. 기호로 취해지는 것은 그것의 손안에 있음에 의해서 비로소 접근 가능해진다. 예를 들어 토지경작에 남풍이 비를 예고하는 기호로서 "타당하게 통용된다면", 이 경우 이러한 "타당함" 또는 그러한 존재자에 "붙어 있는 가치"는 어떤 그 자체로 이미 눈앞에 있는 것에, 즉 기류와 특정한 지리학적 방향에 추가되는 첨가물이 아니다. 남풍은 이러한 그저 단지 발생하는 것으로—이것이 기상학적으로 무엇으로 접근이 가능하건—결코 먼저 그저 눈앞에 있다가 때때로 예고기호의 기능을 떠맡는 것이 아니다. 오히려 토지경작의 둘러봄이 참작하는 방식으로 비로소 남풍을 바로 그것의 존재에서 발견하는 것이다.

그러나 사람들은, 기호로 취해지는 **그것이** 분명 먼저 그것 자체에서 접근 가능해지고 기호설정에 **앞서** 파악되어야 한다고 이의를 제기할 것이다. 확실히 그렇다. 그것은 도대체 이미 어떤 방식으로건 앞에 발견될 수 있어야 한다. 물음은 단지 이것이다. 어떻게 이러한 선행적인 만남에서 존재자가 발견되는가? 순수하게 앞에 있는 사물로서인지, 오히려 이해되지 않은 도구로서, 즉 손안의 것으로서인지. 다시 말해 사람들이 지금까지 그것을 가지고 "어떻게 시작해야 할지를 전혀" 몰랐던, 그런 손안의 것, 그래서 둘러봄에 아직도 가려져 있는 그것 말이다. 사람들은 여기에서도 다시금 둘러보는 가운데에서는 아직 발견되지 않은 손안의 것의 도구성격을, 단지 그저 눈앞에 있기만 한 것의 파악을 위해서 앞서 주어져 있는 순전한 사물성으로 해석해서는 안 된다.

일상적인 왕래에서의 기호의 손안에 있음과, 기호에 속해 있으면서 여러 상이한 의도와 방식으로 제작 가능한 눈에 띔은 가까이 손안에 있는 것에 구성적인 눈에 안 띔을 증거할 뿐 아니라, 기호 자체는 자신의 눈에 띔을 일상 속에 "자명하게" 손안에 있는 도구전체의 눈에 안 띔에서부터 취해 온다. 예를 들어 주의기호로서 잘 쓰이는 "손수건의 매듭"이 그것이다. 이 매듭이 가리켜야 할 것은 각기 그때마다 일상의 둘러봄에서 배려되어야 할 어떤 것이다. 이 기호는 많은 것과 아주 상이한 것을 가리킬 수 있다. 그러한 기호에서 가리켜지는 것의 범위가 넓어지면 넓어질수록 그만큼 이해와 사용의 폭은 좁아진다. 그것이 기호로서 대개는 오직 "설정자"를 위해서만 손안에 있을 뿐 아니라, [때로는] 이 설정자 자신에게도 접근 가능하지 않은 것이 될 수 있으며, 이 경우 그는 첫 번째의 기호를 둘러보며 사용할 수 있기 위해서 두 번째의 기호가 필요하게 된다. 그렇게 되어 기호로서 쓸모없는 것이 된 매듭이 자기의 기호성격을 잃어버리는 것이 아니라, 오히려 가까이 손안에 있는 것의 불안하게 하는 강요성[절실함]을 획득하게 된다.

사람들은 일상적 배려에서 기호가 세계이해에 대해서 가지는 우월한 역할을 원시 현존재의 풍부한 "기호"사용을 가지고, 예를 들어 물신(物神)과 마술을 가지고 예시해보려고 시도할 수도 있을 것이다. 확실히 그러한 기호사용의 밑바탕에 깔려 있는 기호설정은 이론적인 의도나 이론적인 사변의 길을 통해서 성취된 것은 아니다. 기호사용은 전적으로 하나의 "직접적인" 세계-안에-있음 내부에 머물러 있다. 그러나 자세히 살펴보면, 물신과 마술을 도대체 기호의 이념을 실마리로 삼아 해석하는 것은, 원시 세계에서 만나게 되는 존재자의 "손안의 존재"의 양식을 파악하기에는 충분하지 못하다는 것이 드러난다. 기호현상과 관련지어서 다음과 같은 해석이 주어질 수도 있다. 즉 원시 인간들에게는 기호와 지시체[기호가 가리키는 것]가 일치한다. 기호 자체는 지시체를 대체의 의미로 대변할 뿐 아니라 또한 기호 자체가 언제나 곧 지시체인 식으로 대변한다. 그러나 기호가 지시체와 이렇게 기이하게 합치하게 되는 것은, 기호사물이 이미 하나의 일정한 "객관화"를 경험하여 순수한 사물로서 경험되고 지시체와 더불어 이와 동일한 존재영역으로 옮겨 놓아지기 때문이 아니다. "합치"는 앞서 먼저 고립된 것의 동일화가 아니며, 오히려 기호가 아직 지시된 것으로부터 해방이 되지 않았음을 보여준다. 그러한 기호사용은 아직은 전적으로 지시된 것에 향한 존재에 몰입되어 있어서 기호가 그 자체로서 도대체 아직 분리될 수 없는 경우이다. 합치는 어떤 일차적인 객관화에 근거하는 것이 아니라 오히려 그러한 객관화의 전적인 결여에 근거한다. 이것이 말하고 있는 것은, 기호가 도대체 도구로서 발견되어 있지 않아서 결국에 가서는 세계내부적으로 "손안에 있는 것"이 도대체 도구의 존재양식을 가지지 못한다는 것이다. 아마 이러한 존재론적인 실마리도 (손안에 있음과 도구도) 원시 세계의 해석을 위해서는 아무것도 달성하는 것이 없으니 하물며 사물성의 존재론은 더욱 말할 것도 없다. 그러나 만일 원시 현존재와 원시 세계 자체에 하나의 존재이해가 구성적이라면, 이 경우 더욱 긴급하게 필요한 것은 세계성이라는 "형식적" 이념 또는 한 현상의 정리작업이다. 그 현상은 모든 존재론적 발언이—앞서 주어져 있는 현상적 연관 안에서 어떤 것이 아직 그것이 아니든 또는 더는 그것이 아니든—그것이 무엇이 아닌 바로 그것에서부터 하나의 긍정적인 현상적 의미를 얻게 되는 식으로 변양 가능하다.

앞에서 말한 기호에 대한 해석은 단지 지시의 성격규정을 위한 발판을 제공하려고 함이었다. 기호와 지시의 관련은 다음과 같이 삼중이다. 1. 가리킴은 사용용도[쓰임새]의 '그것을 위하여'의 가능한 구체화로서 도구구조 자체에, 즉 '하기 위한[지시]'에 터하고 있다. 2. 기호의 가리킴은 하나의 손안의 것의 도구성격으로서 하나의 도구전체성 안에, 하나의 지시의 연관 안에 속한다. 3. 기호는 다른 도구들과 함께 손안에 있을 뿐 아니라, 그것의 손안에 있음 안에서 주위세계가 그때마다의 둘러봄에 두드러지게 접근 가능해진다. 기호는 하나의 존재적 손안의 것이며, 이러한 특정의 도구로서 동시에 손안에 있음, 지시전체성 그리고 세계성의 존재론적 구조를 게시하는 어떤 것으로서 기능한다. 바로 그 안에 이러한 손안의 것이 둘러보며 배려하는 주위세계내부에서 가지는 우월함이 뿌리를 박고 있다. 따라서 지시 자체는—그것이 존재론적으로 기호를 위한 기초일망정—그 자체가 기호로서 개념파악될 수는 없다. 지시는, 그것이 손안에 있음 자체를 구성하는 이상, 어떤 하나의 손안의 것에 대한 존재적 규정성은 아니다. 어떤 의미에서 지시가 손안의 것의 존재론적인 "전제"인가? 그리고 지시는 이러한 존재론적인 기초로서 동시에 어디까지 세계성 자체의 구성요소인가?

제18절 사용사태와 유의미성. 세계의 세계성

손안의 것은 세계내부적으로 만나게 된다. 따라서 이러한 존재자의 존재, 즉 손안에 있음은 세계 및 세계성과 그 어떤 존재론적인 관련이 있다. 세계는 모든 손안의 것 안에 언제나 이미 "거기에" 있다. 세계는 모든 만나게 되는 것과 함께—비록 비주제적이기는 하지만—선행적으로 이미 발견되어 있다.* 그러나 세계는 또한 주위세계적인 왕래의 일정한 방식에서도 빛날 수 있다. 세계는, 거기에서부터 손안의 것이 손안의 것으로 존재하는 바로 그것이다. 어떻게 세계가 손안의 것을 만나게 할 수 있는가? 지금까지의 분석이 보여준 것은, 세계내부적으로 만나게 되는 것이 배려하는 둘러봄, 즉 참작함에 그것의 존재에서 자유롭게 주어졌다는 점이다. 이러한 선행적인 자유롭게 내어줌이 무엇을 말하는가? 그리고 어떻게 그것을 세계의 존재론적인 탁월함으로 이해할 수 있는가? 세계의 세계성에 대한 물음은 어떤 문제 앞에 서게 되는가?

손안의 것의 도구구성틀이 지시로서 제시되었다. 어떻게 세계가 이러한

---

* 밝혀져 있다.

존재양식의 존재자를 그 존재와 관련지어 자유롭게 내어줄 수 있으며, 왜 이 존재자를 먼저 만나게 되는가? 특정한 지시로서 우리는 사용용도[쓰임새], 유해성, 유용성 등을 언급했다. 사용용도의 '그것을 위하여(Wozu)'와 유용성의 '그것을 위하여(Wofür)'는 그때마다 지시의 가능한 구체화를 앞서 윤곽 짓는다. 기호의 "가리킴", 망치의 "망치질"은 존재자의 속성이 아니다. 속성이라는 명칭이 사물의 어떤 가능한 규정성에 대한 존재론적인 구조를 지칭해야 한다면, 그것들은 도대체 속성이 아니다. 손안의 것은 기껏해야 적합성과 부적합성을 가지고 있으며, 그것의 "속성"은, 흡사 눈앞에 있음이 하나의 손안의 것의 가능한 존재양식으로서 손안에 있음에 결부되어 있듯이, 이러한 적합성과 부적합성에 결부되어 있다. 그러나 도구구성틀로서의 쓰임새(지시)는 한 존재자의 적합성도 아니며, 오히려 한 존재자가 적합성에 의해서 규정될 수 있는 데에 대한 존재적인 가능조건이다. 그렇다면 지시란 무엇을 말한다는 말인가? 손안의 것의 존재가 지시의 구조를 가진다고 하는 것은, 그것이 그것 자체에서 **지시되고 있음**의 성격을 가짐을 말한다. 존재자는, 그것이 무엇인 이 존재자로서 어떤 것을 지시하고 있다는 그 점에서 발견된다. 그것은 **그것을 가지고 어디에 사용하는** 그 사용성을 지닌다. 손안의 것의 존재성격은 **사용사태**†이다. 사용사태에는, 어떤 것을 가지고 어떤 것에[어디에] 사용하도록 함이 깔려 있다. "어떤 것을 가지고 어디에"라는 연관이 지시라는 용어로써 제시되어야 한다.

사용사태는 세계내부적인 존재자의 존재이며, 이 존재자는 각기 그때마다 이미 그리로 자유롭게 주어져 있다. 세계내부적인 존재자는 존재자로서의 그것과 함께 각기 그때마다 하나의 사용사태를 가진다. 그것이 하나의 사용사태를 가지고 있다는 이 사실은 이 존재자의 존재에 대한 **존재론적인** 규정이지, 존재자에 대한 존재적 발언이 아니다. 그 존재자가 '거기에' 사용사태를 가지고 있는 그 '어디에(Wobei)'가 쓰임새의 '그것을 위하여'이며 유용성의 '거기에'이다. 존재자는 쓰임새의 '그것을 위하여(Wofür)'와 함께 다시금 자신의 사용사태를 가지는 것이다. 예를 들어 망치는 이 손안의 것—그래서 망치라고 불리는 것—을 가지고 망치질하는 데에 자신의 사용사태를 가지는데, 망치질함은 무엇인가를 고정하는 데에 자신의 사용사태를 가지며, 고정함은 폭풍우를 방비하는 데에 자신의 사용사태를 가진다. 이 방비라는 것은 현존재가 그 안으로 피난하기 위함 때문에 있는 것이니, 다시 말해서 현존재의 존재의 한 가능성 때문에 있는 것이다. 하나의 손안의 것을 가지고 어떤 사용사태를 가지는가 하는 것은 그때마다 사용사태전체성보다 앞서서 윤곽 지어진다. 사용사태전체성—예를 들어 이것이 하나의 작업장에 손안에 있는 것을 그것의 손안에 있음에서 구성하고 있다—은 개별도구보다 "한층 더 이르며", 그 모든 설비와 부동산을 갖춘 저택의 사용사태전체성도 마찬가지이다. 그러나 사용사태전체성 자체는 궁극적으로 하나의 '그것을 위하여'로 소급되어 올라가는데, 이 '그것을 위하여'를 가지고는 더 이상의 사용사태가 없으며, 그것 자체는 하나의 세계내부에 있는 손안의 것의 존재양식 안에 있지 않고, 오히려 그것의 존재가 세계-안에-있음으로 규정되어 있으며 그것의 존재구성틀에 세계성 자체가 속하는 그런 존재자이다. 이러한 일차적인 '그것을 위하여'는 어떤 사용사태의 가능한 '거기에'가 될 수 있는 '그것을 위하여'가 아니다. 이 일차적인 '그것을 위하여'는 하나의 '그 때문에(Worum-willen)'이다. 이 '그 때문에'는 언제나, 그에게 그의 존재에서 바로 이 존재 자체가 문제가 되는 현존재의 존재에 상관된다.† 사용사태의 구조에서부터 본래적이고 유일한 '그 때문에'로서의 현존재의 존재 자체로 이끈, 이 제시된 연관을 우선은 아직 상세하게 추적할 수는 없겠다. "사용하게 함"을 한층 더 넓게 해명하여, 우리가 세계성이라는 현상을 그것과 관련하여 분명히 문제로 제기할 수 있기 위해서 제대로 규정하는 것이 그에 앞서 요구된다.

사용하게 함은, 하나의 현사실적인 배려함 내부에서 하나의 손안의 것을, 그것이 현재 있는 **그대로** 그리고 그것이 그것 **때문에** 그렇게 있듯이 그렇게 **존재하도록 함***을 존재적으로 의미한다. 이러한 존재적 의미의 "존재하도록 함"†을 우리는 원칙적으로 존재론적으로 파악한다. 이로써 우리는 세계내부적으로 가까운 손안의 것을 선행적으로 자유롭게 내어줌이 뜻하는 의미를 해석한 것이다. 선행적으로 "존재하도록" 함은 어떤 것을 우선 그것의 존재로 데려와 산출함을 말하는 것이 아니라, 오히려 "존재자"가 이미 그것의 손안에 있음을 발견하고 그렇게 하여 이 존재의 존재자로서 만나도록 해줌을 말한다.** 이러한 "선험적인" 사용하게 함이, 손안의 것을 만나고 그리고 이때 현존재가 그렇게 만나는 존재자와의 존재적 왕래에서 그것을 존재적인 의미로 사용하게 하는 가능조건이다. 이에 반해 존재론적으로 이해된 사용하게 함은 모든 개개의 손안의 것을 손안의 것으로서 자유롭게 내어줌과 상관된다. 이때 손안의 것이 존재적으로 취해져서 그것의 사용을 만나든가 또는 오히려 그때 그것이 존재적으로 바로 그것의 사용—이것이 대개 우선 배려되는 것인데—을 만나지 못해, 우리가 그것을 발견된 존재자로서 그 무엇인 그대로 "존재하도록" 하지 못하고 손대거나 고치거나 부숴버리는 그런 존재자이든 상관이 없다.

이 사용사태로 자유롭게 내어주는 각기-이미-사용하게-해왔음이 현존재 자신의 존재양식을 성격규정하고 있는 **선험적 완료*****이다. 존재론적으

---
* 존재하도록 함(Seyn-lassen) : "진리의 본질에 관하여"를 참조, 거기에서는 존재하도록 함을 원칙적으로 아주 넓게 파악하여 개개의 모든 존재자에게 적용했다!
** 따라서 그것의 진리 안에서 현상하도록 한다.
*** 같은 단락에서 또한 "선행적으로 자유롭게 내어줌"에 대해서도 이야기되는데, 그것은 곧 (일반적으로 말해서) 존재를 존재자의 가능한 개방성으로 자유롭게 내어줌을 뜻한다. 이러한 존재론적인 의미에서의 '선행적으로'는 라틴어로 a priori, 그리스어로 πρότερον τῇ φύσει(Aristoteles, *Physik*, A 1)를 말한다. 더 분명하게 말한다면, 아리스토텔레스의 『형이상학』(E 1025 b 29)에 나오는 τὸ τί ἦν εἶναι, 즉 '그것이 무엇이었던 그 존재', '그때마다 이미 앞서 존재해온 그것', 존재해온 것, 즉 완료이다. 그리스어의 εἶναι(존재하다)에는 완료형이 없다. 이것이 여기에서는 ἦν εἶναι로 지칭되고 있다. 그것은 어떤 존재적인 지나가버린 것이 아니라 오히려 그때마다 이른[먼저의] 것으로서, 우리가 존재자 그 자체에 대한 물음에서 소급지시되고 있는 바로 그것이다. '선험적 완료'라는 표현 대신에 '존재론적 완료' 또는 '초월론적 완료'라고 부를 수도 있을 것이다(칸트의 도식론 참조).

로 이해된 사용하게 함이란, 존재자를 그것의 주위세계내부적인 손안에 있음에 선행적으로 자유롭게 내어줌이다. 사용하게 함의 '어디에(Wobei)'에서부터 사용사태의 '그것을 가지고(Womit)'가 자유롭게 주어진다. '그것을 가지고'는 배려함에 이러한 손안의 것으로서 만나진다. '그것을 가지고'에서 도대체 하나의 **존재자**가 자신을 내보이는 이상, 다시 말해 그 존재자가 그것의 존재에서 발견된 이상, 그것은 각기 이미 주위세계적인 손안의 것이며 그래서 "우선" 그저 눈앞에 있기만 한 "세계재료"가 아니다.

  사용사태 자체는 손안의 것의 존재로서 그때마다 단지 하나의 사용사태전체성이 앞서 발견되어 있음에 근거해서만 발견될 뿐이다. 따라서 발견된 사용사태에, 다시 말해서 만나게 되는 손안의 것에 우리가 손안의 것의 세계적합성이라고 칭한 그것이 앞서 발견되는 것이다. 이러한 앞서 발견된 사용사태전체성은 자체 안에 세계에 대한 어떤 존재론적인 관련을 간직하고 있다. 존재자를 사용사태전체성으로 자유롭게 내어주는 사용하게 함은, 그것이 그리로(Woraufhin) 자유롭게 내어주는 그것[사용사태전체성]을 어떻게든 이미 열어밝혔어야 한다. 주위세계적인 손안의 것이, 이 손안의 것이 비로소 처음으로 세계내부적인 존재자**로서** 접근 가능해질 정도로, 그렇게 그리로 자유롭게 되는 그것[지평]은 이렇게 발견된 존재양식의 존재자로서 개념파악될 수는 없다. 우리가 앞으로 **발견되어 있음**을 모든 현존재적이지 **않은** 존재자의 존재가능성을 위한 용어로서 확정한다면, 그 지평은 본질적으로 발견될 수 있는 것이 아니다.

  그런데 그리로 세계내부적인 존재자가 우선 자유롭게 되는 그것[지평]이 선행적으로 열어밝혀져 있어야 한다는 것은 무엇을 말하는가? 현존재의 존재에는 존재이해가 속한다. 이해는 자신의 존재를 이해함 속에 가진다. 현존재에게 본질상 세계-안에-있음이라는 존재양식이 해당된다면, 세계-안에-있음에 대한 이해가 그의 존재이해의 본질적인 존립에 속할 것이다. 세계내부적으로 만나게 되는 것을 그리로 자유롭게 내어주는 그것[지평]의 선행적인 열어밝힘은 다른 것이 아닌 바로 세계에 대해서 이해함이다. 이 세계에 대해서 현존재는 존재자로서 언제나 이미 관계를 맺고 있다.

선행적으로 '무엇을 가지고 어디에' 사용하게 함은, 사용하게 함, 사용사태의 '어디에', 사용사태의 '그것을 가지고'와 같은 어떤 것을 이해함에 근거한다. 그러한 것과 그 외에도 그 밑바탕에 놓인 것으로서, 사용사태가 거기에 사용되는 '그것을 위하여'와, 궁극적으로 모든 '그것을 위하여'가 그리로 소급되는 '그 때문에' 등 이 모든 것은 일정한 이해에서 선행적으로 열어밝혀져 있어야 한다. 그런데 그 안에서 현존재가 세계-안에-있음으로서 자신을 존재론 이전으로 이해하는 그곳은 어디인가? 앞서 언급한 관련 맥락의 이해에서 현존재는 두드러지게 또는 두드러지지 않게 장악된, 본래적인 또는 비본래적인 존재가능―그 때문에 현존재 자신이 존재하고 있는―에서부터 하나의 '하기 위한(Um-zu)'으로 스스로를 지시하고 있다. 이 존재가능이 하나의 '그것을 위한'을 구체적인 사용하게 함―구조상 어떤 것을 가지고 사용하게 함이다―의 가능한 '어디에'로서 앞서 윤곽 짓는다. 현존재는 그때마다 이미 언제나 자신을 어떤 '그 때문에'에서부터 한 사용사태의 '그것을 가지고'로 지시한다. 다시 말해서 현존재는 그때마다 이미 언제나, 그가 존재하는 한, 존재자를 손안의 것으로서 만나게끔 한다. 현존재가 그 안에서 '자신을 지시함'의 양태에서 선행적으로 자신을 이해하는 '그곳(Worin)'이 곧 존재자를 '그리로(Woraufhin)' 선행적으로 만나게끔 하는 그 지평이다. 사용사태라는 존재양식 안에서 존재자를 만나게끔 하는 '그리로'로서의 자기 자신을 지시하는 이해의 '그곳'이 세계라는 현상이다. 그리고 현존재가 그리로 자신을 지시하고 있는 그것의 구조가 곧 세계의 **세계성**을 구성하고 있는 바로 그것이다.

현존재가 이런 방식으로 그 안에서 각기 이미 자기 자신을 이해하는 그곳과 현존재는 근원적으로 친숙하다. 세계와의 이러한 친숙함이 세계를 세계로서 구성하는 연관들에 대한 이론적인 투명성을 필연적으로 요구하지는 않는다. 그렇기는 하지만 이러한 연관들에 대한 하나의 명확한 존재론적 실존론적인 해석의 가능성은 현존재에게 구성적인 세계친숙성에 근거하고 있다. 그리고 이 세계친숙성 자체는 또한 현존재의 존재이해를 함께 형성하고 있다. 이러한 가능성이 분명하게 장악될 수 있는데, 그것은 현존재 자신이 자기의 존재와 이 존재의 가능성들, 또는 심지어 존재 일반의 의미를 근원적으로 해석해야 하는 것을 자신의 과제로 설정했을 때이다.

지금까지의 분석으로써 우리는 단지 그 안에서 세계, 세계성과 같은 것이 찾아질 수 있는 지평을 비로소 밝히 파헤쳐 보였을 뿐이다. 앞으로의 고찰을 위해서는 현존재의 자기 자신을 지시함의 맥락을 존재론적으로 무엇이라고 파악하려고 하는지를 우선 더 명확하게 만들어야 한다.

다음에서 좀더 상세하게 분석하게 될 이해(제31절 참조)는 언급한 연관들을 하나의 선행적인 열어밝혀져 있음 안에 견지하고 있다. 친숙하게 연관들 안에 머무르면서 이해는 이 열어밝혀져 있음을, 그 안에서 그것의 지시함이 움직이고 있는 그것으로서 자기 앞에 가지고 있다. 이해는 자기 자신을 이러한 연관들 자체 안에서 그것들에 의해 지시되도록 한다. 지시함의 이러한 연관들이 가지는 연관의 성격을 **의미부여**라고 파악하자. 이러한 연관들과의 친숙함 속에서 현존재는 그 자신에게 "의미부여한다". 현존재는 자기 자신에게 존재와 존재가능을 그의 세계-안에-있음과 관련하여 이해하도록 해준다. '그 때문에(Worum-willen)'는 하나의 '하기 위한(Um-zu)'에 의미를 부여하고, 이것은 하나의 '그것을 위하여(Dazu)'에, 그리고 이것은 사용하게 함의 '어디에(Wobei)'에, 그리고 이것은 사용사태의 '그것을 가지고(Womit)'에 의미를 부여한다. 이러한 연관들은 그것들끼리 근원적인 전체성으로 서로 얽혀 있으며, 그것들은 이러한 의미부여로서 그것들이 무엇인 바로 그것이다. 이 의미부여 속에서 현존재는 그 자신에게 선행적으로 그의 세계-안에-있음을 이해할 것으로 내준다. 이러한 의미부여의 연관의 전체를 우리는 **유의미성**†이라고 칭한다. 이 유의미성이 세계의 구조를, 즉 현존재* 그 자체가 그때마다 이미 그 안에 있는 그것의 구조를 형성하는 바로 그것이다. 하나의 세계 안에서 사용사태의 존재양식(손안에 있음) 안에서 만나게 되며 그렇게 자신을 그것의 자체로 있음에서 알려올 수 있는 존재자가 발견될 존재적 가능조건은 유의미성과의 친숙함 속에 있는 현존재이다. 현존재는 현존재로서 그때마다 이러한 존재자로서 존재하며, 그의 존재와 더불어 본질적으로 이미 손안의 것의 한 연관이 발견되어 있다. 현존재**는, 그가 존재하는 한, 그때마다 이미 하나의 만나게 되는 "세계"†에 의존했으며, 그의 존재에는 본질적으로 이러한 의존성이 속한다.

그러나 현존재가 그때마다 이미 그것과 친숙해 있는 그 유의미성 자체는, 이해하는 현존재가 해석하는 현존재로서 "뜻들"―이것들 자체는 다시 낱말과 언어의 가능존재를 기초 놓는다***―과 같은 어떤 것을 열어밝힐 수 있는 존재론적 가능조건을 자체 안에 간직하고 있다.††

열어밝혀진 유의미성은 현존재의, 즉 세계-안에-있음의 실존론적 구성틀로서 하나의 사용사태전체성이 발견될 수 있는 존재적 가능조건이다.

우리가 이렇게 손안의 것의 존재(사용사태)를, 그리고 심지어는 세계성 자체를 하나의 지시연관으로 규정한다면, 그럴 경우 세계내부적인 존재자의 "실체적 존재"가 하나의 관계체계 속으로 사라져버리는 것은 아닌가? 그리고 관계들이라는 것이 언제나 "생각된 것들"인 한, 세계내부적인 존재자의 존재가 "순수 사유" 속으로 녹아들어가는 것은 아닌가?

지금 여기의 연구의 장 내에서는 되풀이해서 명백히 한 존재론적 문제틀의 구조와 차원의 차이들을 원칙적으로 구별해서 견지해야 한다. 1. 우선 만나게 되는 세계내부적인 존재자의 존재(손안에 있음). 2. 우선 만나게 되는 존재자들을 거치는, 독자적으로 발견하는 통과에서 발견되고 규정될

---

* 현-존재, 인간이 본질적으로 존재하는 그곳.
** 그렇지만 어떤 한 주체의 자아적인 활동으로서가 아니라 오히려 '현존재와 존재'로서이다.
*** 옳지 않다, 언어는 증축되는 것이 아니라 '거기에'로서의 진리의 근원적 본질이다.

수 있는 존재자의 존재(눈앞에 있음). 3. 세계내부적인 존재자 자체를 발견할 수 있는 존재적 가능조건의 존재, 세계의 세계성.* 마지막으로 언급한 존재는 세계-안에-있음, 다시 말해 현존재의 **실존론적** 규정의 하나이다. 그 앞의 두 존재 개념들은 **범주**들이고 현존재적이지 않은 존재의 존재자에 해당된다. 유의미성으로서 세계성을 구성하는 지시연관을 사람들은 형식적으로 하나의 관계체계의 의미로 파악할 수도 있다. 다만, 그런 식의 형식화가 현상들을 너무 넓게 평준화시키기 때문에 본래적인 현상적 내용을 상실하며, 그래서 유의미성이 자체 안에 간직하는 대로의 그토록 "단순한" 연관들에서는 더욱 그러하다는 사실을 유의해야만 한다. '하기 위한', '그 때문에', 사용사태의 '그것을 가지고' 등의 '관계들' 또는 "관계항들"은 그것들의 현상적 내용상 어떠한 수학적인 함수화도 거부한다. 그것들은 결코 사유된 어떤 것이 아니며 "사유"에서 비로소 정립된 것이 아니라, 오히려 그 안에서 배려하는 둘러봄 그 자체가 그때마다 이미 머무르고 있는 연관들이다. 세계성의 구성요소로서의 이러한 "관계체계"는 세계내부적인 손안의 것의 존재를 절대 사라지게 하지 않으며, 오히려 세계의 세계성을 근거로 이 존재자가 그것의 "실체적인" "자체로 있음"에서 처음으로 발견될 수 있다. 그리고 세계내부적인 존재자 자체를 만나게 될 수 있어야 비로소, 이러한 존재자의 장 안에서 그저 눈앞에 있기만 한 것도 접근 가능한 것으로 만들 수 있는 가능성이 존립한다. 이러한 존재자가 그저 단지 눈앞에 있음에 근거해서 그것의 "속성"과 관련지어 수학적으로 "함수개념"으로 규정될 수 있다. 이러한 종류의 함수개념들은 존재론적으로 단지 그 존재가 순수한 실체성의 성격을 가지는 존재자와 연관 지어서만 도대체 가능하다. 함수개념들은 언제나 단지 형식화된 실체개념으로서만 가능하다.†

---

* 더 정확하게 말해서, 세계의 성함[주재].

세계성이라는 특수한 존재론적인 문제틀이 한층 더 날카롭게 부각되려면 분석을 계속해나가기에 앞서서 세계성의 해석을 하나의 극단적인 반대 경우를 가지고 분명하게 해야 한다.

나. 데카르트의 세계해석에 대비하여 세계성의 분석을 구별 부각시킴

이 연구는 세계성의 개념과 이 현상 안에 포함된 구조들을 오직 단계적으로만 확실하게 할 수 있을 뿐이다. 우리가 세계에 대한 해석의 단초를 우선 하나의 세계내부적인 존재자에서 단초를 잡을 경우 세계 일반의 현상을 더는 시야로 데려올 수 없으므로, 이 단초를 아마도 그것의 가장 극단적인 수행에서 존재론적으로 분명하게 하려고 시도해보자. 우리는 데카르트에게서의 "세계" 존재론의 근본특징에 대해서 간략하게 서술할 뿐 아니라 또한 그것의 전제에 대해서도 물음을 던져서 지금까지 획득한 것의 빛 안에서 이 전제의 성격규정을 지어보려고 한다. 이 논의는, 어떤 원칙적으로 토의되지 않은 존재론적인 "기초" 위에서, 데카르트 이전은 말할 것도 없고 데카르트 이후의 세계에 대한 해석이 움직이고 있는지를 인식하도록 해줄 것이다.

데카르트는 세계의 존재론적인 근본규정을 엑스텐시오(extensio), 즉 연장(延長)에서 보고 있다. 연장이 공간성을 함께 구성하고 있는 한—데카르트에 의하면 심지어 공간성과 동일하기까지 하다—그리고 공간성이 어떤 의미에서건 세계를 위해서 구성적인 것으로 남아 있는 한, 데카르트의 "세계" 존재론에 대한 논의는 동시에 주위세계 및 현존재 자신의 공간성을 긍정적으로 설명하는 데에 소극적인 발판만을 제공할 뿐이다. 우리는 데카르트의 존재론과 관련지어 삼중의 것을 다루려고 한다. 1. 연장된 사물로서의 "세계"에 대한 규정(제19절). 2. 이러한 존재론적인 규정의 기초(제20절). 3. 데카르트의 "세계" 존재론에 대한 해석학적 토의(제21절). 다음의 고찰은 그것의 상세한 근거제시를 "코기토 숨(나는 사유한다, 나는 존재한다)"에 대한 현상학적 해체를 통해서만 비로소 획득하게 될 것이다(이 책의 제2부 제2편 참조).

제19절 연장된 사물로서의 "세계"에 대한 규정

데카르트는 사유하는 사물로서의 "에고 고기토(ego cogito, 나는 사유한다)"를 "물체적인 사물(res corporea)"과 구별한다. 이 구별이 그 이후 "자연과 정신"의 구별을 존재론적으로 규정한다. 이 대립이 존재적으로 얼마나 많은 내용적인 변화 속에 확정될 수 있건, 그것의 존재론적인 기초와 그 대립항들 자체가 설명되지 않고 있다는 것은 그 가장 가까운 뿌리를 데카르트가 행한 구별에 두고 있다. 데카르트는 어떤 존재이해 안에서 이러한 존재자들의 존재를 규정했는가? 그 자체로 있는 한 존재자의 존재에 대한 명칭은 실체(substantia)이다. 이 표현은 금세 실체로서 존재하는 한 존재자의 존재, 즉 **실체성**을 의미하다가 또 금세 그 존재자 자체, 즉 **하나의 실체**를 의미하기도 한다. 실체의 이러한 이중 의미성은 이미 우시아(οὐσία)*라는 고대 개념이 자체 안에 지니고 있었으며, 그것은 우연이 아니다.

물체적인 사물에 대한 존재론적인 규정은 실체에 대한, 다시 말해서 하나의 실체로서의 이 존재자의 실체성에 대한 설명을 요구한다. 물체적인 사물의 본래적인 그 자체로 있음을 형성하고 있는 것은 무엇인가? 과연 하나의 실체를 그 자체로서, 다시 말해서 그것의 실체성을 어떻게 파악할 수 있는가? "그리고 실체가 실지로 어떤 속성에 의해서 알려진다고 해도, 개개의 실체에는 하나의 중요한 고유성이 있으며, 이 고유함이 각 실체의 본성과 본질을 구성하며, 다른 모든 것들은 그것에 귀속된다."[3] 실체들은 그

---

* 그리고 또한 특히나 온(ὄν). 토 온(τὸ ὄν) : 1. 존재함(있음의 존재[Seiendsein]). 2. 존재하는 것[존재자].

것들의 "속성"과 관련하여 접근이 가능하며, 개개의 실체는 하나의 탁월한 고유성을 가지고, 이 고유성에서 한 특정한 실체의 실체성의 본질을 읽어낼 수 있다. 물체적 사물과 관련지을 때 그 고유성은 어떤 것인가? "실지로 연장은 길이, 폭, 깊이에서 육체적인 실체의 본성을 구성한다."[4] 다시 말해서 길이, 폭, 깊이에 따른 연장이 우리가 "세계"라고 이름하는 물질적인 실체의 본래적인 존재를 형성하고 있다. 무엇이 연장에게 이러한 뛰어남을 주는가? "왜냐하면 물체에 속할 수 있는 다른 모든 것은 연장을 전제하기 때문이다."[5] 연장은 이야기되고 있는 존재자의 존재구성틀이며, 이것은 다른 모든 존재규정에 앞서서 "존재해야" 하니, 그래야만 이 존재규정들이 그것들이 무엇인 그것이 될 수 있다. 연장은 물체사물에 일차적으로 "지정되어야" 한다. 이에 따라서 연장과 이 연장에 의해서 성격규정된 "세계"의 실체성은 다음과 같은 방식으로 증명된다. 즉, 이 실체의 모든 다른 규정성들이, 주로 분할, 형태, 운동 등이 어떻게 연장의 양태들로서 개념파악되는지를 보여주며, 반대로 연장이 형태나 운동 없이는 이해되지 않은 채 남아 있다는 사실을 보여주어 증명한다.

이렇게 하나의 물체사물은 자신의 총연장을 유지하면서도 여러 상이한 차원에 따라 다양하게 그 총연장의 배분을 바꿀 수 있으며, 다양한 형태에서도 하나의 동일한 사물로서 자신을 표현할 수 있다. "하나의 동일한 물체가 그것이 전에 가졌던 동일한 양을 유지하면서 다양한 상이한 방식으로 연장될 수 있다. 예를 들어 어떤 때는 그것이 길이가 길어지고 넓이나 깊이가 작아졌다가, 또 어떤 때에는 반대로 넓이가 커지고 길이가 작아지기도 한다."[6]

형태는 연장의 한 양태이며, 운동도 마찬가지이다. 왜냐하면 운동은 오

---

[3] Descartes, *Principia Philosophiae*(『철학의 원리』), 제1부 제53항(Adam-Tannery 판, 전집 제8권), 25쪽.
[4] 같은 곳.
[5] 같은 곳.
[6] 같은 책, 제64항, 31쪽.

직 "장소적 운동만 생각하고 운동을 일으킨 힘은 문제 삼지 않을 때"에만 파악되기 때문이다.[7] 운동이 물체적 사물이 가지는 하나의 존재하는 속성이라면, 운동의 존재를 경험할 수 있기 위해서 운동은 이 존재자 자체의 존재, 즉 연장에서부터, 다시 말해서 순수한 장소이동으로 개념파악되어야 한다. "힘" 같은 것은 이러한 존재자의 존재를 규정하는 데에 아무런 도움도 못 된다. 딱딱함, 무게, 색깔 등과 같은 규정들은 물체로부터 제거될 수 있으며 그래도 물질은 물질인 채로 남아 있다. 이러한 규정들은 물질의 본래적인 존재를 형성하고 있지 않으며, 그것들이 존재하는 한, 그것들은 스스로가 연장의 양태임을 입증한다. 데카르트는 이것을 "딱딱함"과 관련지어 상세하게 보여주려고 시도한다. "왜냐하면 딱딱함에 대해서 우리의 지각이 우리에게 가르쳐주는 것은 단지, 딱딱한 물체들의 부분들을 손으로 누르면 그 부분들이 운동에 저항해 온다는 그 사실뿐이기 때문이다. 한 부분에 대한 우리 손의 운동에서 거기에 있는 모든 물체들이 손이 앞으로 나아가는 속도와 같은 속도로 물러선다면, 우리는 아무런 딱딱함도 느낄 수 없을 것이다. 그러나 그렇다고 해도 그렇게 뒤로 물러서는 물체가, 그것을 물체로 만드는 물체의 본성을 상실한다고 상정할 아무런 근거도 없다. 이로부터 물체의 본성이 딱딱함에 있지 않다고 하는 것이 귀결된다."[8] 딱딱함은 만질 때 경험된다. 촉각은 우리에게 딱딱함에 대해서 무엇을 "말해주고 있는가?" 딱딱한 물건의 부분들이 예컨대 우리가 밀어놓으려고 할 때 우리의 손 운동에 "저항한다". 만일 딱딱한, 다시 말해서 피하지 않은 물체가, 이와는 다르게 물체를 "향해 달려가는" 손의 장소 변화가 일어나고 있는 그 속도와 똑같은 속도로 자신의 장소를 이동한다면, 접촉에는 결코 이르지 못할 것이고, 딱딱함은 경험되지 못할 것이며 따라서 또한 존재하지도 않을 것이다. 그러나 예컨대 그런 속도로 피해가는 물체가 그로써 자신의 물체

---

[7] 같은 책, 제65항, 32쪽.
[8] 같은 책, 제2부 제4항, 42쪽.

존재를 어느 정도 상실하게 될지는 결코 통찰할 수가 없다. 만일 그 물체가 그런 식으로 "딱딱함"과 같은 것을 불가능하게 만드는 자신의 물체존재를 바뀌는 속도에서도 간직한다면, 이 딱딱함은 이러한 존재자의 존재에 속하지 않을 것이다. "같은 이유로 무게, 색깔 또는 물체적 물질 속에서 지각하는 같은 종류의 또다른 속성들도 그것들이 물질로부터 제거되더라도 물질 자체는 온전하게 남아 있음을 보여줄 수 있다. 따라서 연장의 본성은 이러한 것의 어느 것에도 종속되지 않는다는 것이 귀결된다."[9] 따라서 물체적 사물의 존재를 이루고 있는 것은 연장이며, 그것은 온갖 방식으로 나뉘고 형성될 수 있고 운동할 수 있는 것이다. 다시 말해서 분할 가능성, 형성 가능성, 운동 등의 온갖 방식에서 변할 수 있는 것이며, 각종 변화를 받아들일 수 있는 것이고 그러한 모든 변화 속에서도 자신을 견지하며 남아 있을 수 있는 것이다. 물체사물에서 그러한 **지속적인 머무름**을 만족시키는 그것이 그 물체사물에서의 본래적인 존재자이며, 그래서 이 실체의 실체성도 그것에 의해서 성격규정된다.

제20절 "세계"에 대한 존재론적인 규정의 기초

연장된 사물의 존재론적인 성격규정은 실체성이라는 존재의 이념으로 소급된다. "우리는 **실체** 아래에 그것이 실재하기 위해서 어떤 다른 사물도 필요로 하지 않는 식으로 실재하는 사물을 이해할 수 있다." (우리는 실체 아래 그것이 **존재하기** 위해서 어떤 다른 존재자도 필요로 하지 않는 식으로 **존재하**는 존재자를 이해할 수 있다[Per *substantiam* nihil aliud intelligere possumus, quam rem quae ita existit, ut nulla alia re indigeat ad existendum].)[10] "실체"의 존재가 필요로 하지 않음에 의해서 성격규정되고 있다. 그것의 존재함

---

9) 같은 곳.
10) 같은 책, 제1부 제51항, 24쪽.

에서 단적으로 다른 존재자를 필요로 하지 않는다는 그것이 본래적인 의미에서 실체라는 이념을 충족시킨다. 이러한 존재자는 가장 완전한 존재자이다. "전적으로 어떠한 다른 사물도 필요로 하지 않는 실체로 오직 하나의 유일한 실체를 생각할 수 있으니, 곧 신이다."[11] 여기에서 신은, 그것이 가장 완전한 존재자로 이해되는 이상, 하나의 순수 존재론적인 명칭이다. 동시에 신이라는 개념으로 "자명하게" 함께 의미되는 그것이 실체성의 구성적 계기인 필요로 하지 않음에 대한 존재론적인 해석을 가능하게 한다. "다른 모든 것들은 오직 신의 도움으로 실재할 수 있다는 것을 우리는 통찰하고 있다."[12] 신이 아닌 다른 모든 존재자들은 아주 넓은 의미에서의 제작과 유지를 필요로 한다. 눈앞에 있는 것의 제작 또는 제작의 불필요성이 그 안에서 "존재"가 이해되고 있는 지평을 형성한다. 신이 아닌 모든 존재자는 다 **창조된 존재자들**이다. 그 두 존재자 사이에는 그들의 존재에서 "무한한" 차이가 성립하지만, 그럼에도 우리는 창조된 것과 마찬가지로 창조주도 존재자라고 말한다. 따라서 우리는, 존재의 의미가 일종의 "무한한" 차이까지 포괄할 정도로 넓게 존재를 사용하는 셈이다. 그래서 우리는 일정한 권리를 가지고 창조된 존재자도 실체라고 이름할 수 있는 것이다. 이 존재자는 분명 신과 비교할 때 제작 및 유지를 필요로 한다. 그러나 창조된 존재자의 영역, 즉 창조된 존재자라는 의미의 "세계" 내부에 창조적 제작과 유지와 상관지을 때—예를 들어 인간의 창조적 제작 및 유지와 상관지을 때—다른 존재자를 "필요로 하지 않는" 존재자가 있다. 그런 실체들로는 두 가지가 있는데, 곧 사유하는 사물과 연장된 사물이 그것이다.

  그것의 탁월한 고유함이 연장이라고 표현되는 그 실체의 존재는 따라서, 이 세 실체들, 즉 하나의 무한한 실체와 두 개의 유한한 실체들에 **"공통적인"** 존재의 의미가 설명될 때, 존재론적으로 원칙적으로 규정 가능하다. 그

---

11) 같은 곳.
12) 같은 곳.

러나 "실체라는 명칭은, 스콜라 철학에서 사람들이 말하듯이, 신과 그 외의 다른 사물들에게 같은 의미로 합당하지는 않다. 다시 말해서 신과 피조물에 공통적인 이 명칭의 의미는 없다."[13] 데카르트는 이것을 '딱딱함'과 관련지어 상세하게 보여주려고 시도한다. 데카르트는 이로써 여기에서 중세 존재론이 다양하게 다루던 문제를 건드리는데, 곧 어떤 방식으로 존재의 의미가 그때마다 이야기되는 그 존재자를 의미하는가 하는 물음이다. "신은 존재한다"와 "세계는 존재한다"라는 발언에서 우리는 존재를 밖으로 말한다. 그러나 이 "존재한다"라는 낱말은 그때마다의 존재자를 동일한 의미에서[하나의 일관된 의미부여에서] (쉬노뉘모스[συνωνύμως, 일의적으로)* 의미할 수는 없다. 왜냐하면 그 두 존재자 사이에는 일종의 무한한 차이가 존립하기 때문이다. 만일 "존재한다"의 뜻이 일의적이라면, 창조된 것이 창조되지 않은 것으로 의미되거나 창조되지 않은 것이 창조된 것으로 격하될 것이다. 그렇지만 또한 "존재"는 단순히 같은 이름으로 기능하는 것이 아니라, 그 두 경우 "존재는 [유비적으로] 이해된다. 스콜라 철학은 "존재"라는 낱말의 긍정적인 의미를 "유비적" 의미로 파악하여 일의적 의미 또는 단지 이름만 같은 의미와 구별한다. 그리스 존재론 일반의 단초에서와 같이 이 문제도 이미 **아리스토텔레스**에게서 형성되었으며, 사람들은 **아리스토텔레스**를 좇아 유비의 여러 상이한 방식들을 확정했는데, 이 상이한 방식에 따라서 '존재'에 관한 의미부여 기능을 파악하는 데에 여러 "학파들이" 구별된다. 데카르트는 이 문제를 존재론적으로 충분히 연구하는 데에는 스콜라 철학에 훨씬 못 미친다.[14] 아니, 심지어 이 물음을 회피한다. "신과 피조물에 공통적이라고 할 이 이름(실체)의 의미는 명확하게 이해될 수 없다."[15]

---

13) 같은 곳.
14) 이에 대해서는 Thomas de Vio Caietani Cardinalis, *Opuscula omnia*(『소품 전집』), Lugduni, 1580년, 제3권, 제5논문 "명칭의 유비에 대하여", 211-219쪽 참조.
15) Descartes, *Principia Philosophiae*(『철학의 원리』), 제1부 제51항, 24쪽.
* 두루 통하는 뜻에서.

이러한 회피는, 데카르트가 실체성의 이념에 함축된 존재의 의미와 이러한 의미부여의 "보편성"의 성격을 논의하지 않은 채 놔두고 있다는 사실을 뜻한다. 존재 자체가 무엇을 말하는가 하는 물음을 중세 존재론도 고대 존재론과 마찬가지로 거의 캐묻지 않았다. 그렇기 때문에 존재에 관한 의미부여의 방식에 대한 물음과 같은 물음이 한 걸음도 앞으로 나아가지 못한 것은 놀랄 만한 일이 아니다. 그 물음이 존재의 의미부여가 "표현하고" 있는 존재의 의미를 설명하지 않은 바탕 위에서 논의되기만을 바라기 때문이다. 존재의 의미는, 사람들이 그것을 "자명한" 것으로 여겼기 때문에, 설명되지 않은 채 남아 있었다.*

데카르트는 실체성에 대한 존재론적인 물음을 회피할 뿐 아니라 또한 실체 그 자체가, 다시 말해 실체성이 선행적으로 그 자체에서 그 자체에게 접근 불가능하다고 분명하게 강조하고 있다. "그러나 실체는 그것이 실재한다는 사실 하나만으로 즉시 인식되지 않는다. 왜냐하면 이것 자체만으로는 우리를 촉발하지 못하기 때문이다."[16] "존재" 자체는 우리를 "촉발하지" 못하며 그래서 그것은 인식되지 못한다. 칸트는 데카르트의 문장을 반복하여 "존재는 실제적 술어가 아니다"**라고 말한다. 이로써 원칙적으로 존재를 순수하게 문제 삼을 수 있는 가능성이 포기되고 다른 돌파구를 찾아 앞에서 특징지은 식으로 실체를 규정하기에 이르렀다. "존재"가 실제로 **존재자로서** 접근될 수 없기 때문에, 존재가 해당 존재자의 존재하는 규정성, 즉 속성에 의해서 표현된다. 그러나 멋대로의 임의의 속성에 의해서가 아니라, 드러나지는 않지만 그래도 전제되는 그 존재의 의미와 실체성을 가장 순수하게 충족시키는 속성들에 의해서 표현된다. 물체적 사물인 유한한 실체에서 일차적으로 필연적인 "지정"은 연장성이다. "실제로 우리는 연장된 실체

---

16) 같은 책, 제52항 25쪽.
* 값싼 이해에 만족했다.
** '실제적'은 사태성, 즉 무엇임에 속하는 것으로서 오직 우리에게만 이렇게 또는 저렇게 관련될 수 있는 것이다.

또는 사유하는 실체를, 사유함과 연장되어 있음을 배제한 실체만을 따로 이해하는 것보다 훨씬 쉽게 이해한다."17) 왜냐하면 실체성이란 이성적 부류의 것으로서, 실체적인 존재자 자체와 같이 실제적으로* 분리되어 앞에 놓일 수 있는 것이 아니기 때문이다.

이렇게 해서 연장된 사물로서의 "세계"에 대한 규정의 존재론적 근본토대가 명백해졌다. 즉, 그것의 존재의미가 설명되지 않았을 뿐만 아니라 설명될 수 없는 것으로 제시된 실체성의 이념은 그때마다의 실체가 지니는 가장 탁월한 실체적 고유함을 찾는 에움길을 거쳐서 서술되었다. 하나의 실체적 존재자를 통해서 실체를 규정하기 때문에 거기에 또한 이 용어의 이중 의미성의 근거가 놓여 있는 셈이다. 실체성이 의도되면서 그것이 실체가 가지는 하나의 존재하는 속성에서부터 이해되고 있다. 존재적인 것이 존재론적인 것 아래에 놓이기 때문에, 실체라는 표현이 때로는 존재론적인 의미로 때로는 존재적인 의미로, 그러나 대개는 구별이 모호한 존재적-존재론적 의미로 기능한다. 이러한 사소한 의미의 구별의 배후에는 원칙적인 존재문제**를 해결하지 못하고 있음이 은닉되어 있다. 이 문제의 정리작업은 올바른 방식으로 다의성을 "추적할" 것을 요구한다. 그러한 어떤 것을 시도하는 사람은 "순전한 낱말의 뜻"과 "씨름하는" 것이 아니라 그러한 "미세한 차이"를 해결하기 위해서 "사태 자체"의 가장 근원적인 문제로 과감하게 뛰어드는 사람이다.

제21절 데카르트의 "세계" 존재론에 대한 해석학적 토의

이제 다음과 같은 비판적인 물음이 대두된다. 이러한 "세계"의 존재론은 도

---

17) 같은 책, 제63항, S. 31.
* 본질내용적으로[무엇의 내용으로].
** 존재론적 차이.

대체 세계의 현상을 추구하는가? 아니라면 적어도 그것은 세계내부적인 존재자를 아주 넓게 규정해 그 존재자에게서 그것의 세계적합성이 드러날 수 있도록 하는가? 이 두 물음 모두에 대해서 '아니'라고 대답해야 할 것이다. 데카르트가 연장성을 가지고 존재론적으로 원칙적으로 파악하려고 시도한 그 존재자는 오히려 우선 손안에 있는 세계내부적인 존재자를 거치는 통과에서 비로소 처음으로 발견될 수 있는 존재자이다. 이 말이 맞을지도 모른다. 그리고 이러한 특정한 세계내부적인 존재자(자연)에 대한 존재론적인 성격부여가—실체성의 이념뿐 아니라 그 정의에서 받아들여지는 "실재하다"와 "실재하기 위해서"의 의미도—[우리를] 어두움 속으로 이끈다고 하자. 그러나 그렇다고 해도 신, 자아, "세계"를 근본적으로 구별하는 데에 근거를 두는 그 존재론이 세계에 대한 존재론적인 문제를 어떤 의미로건 제기하고 촉진하게 된다는 가능성만은 성립되지 않겠는가. 그러나 이러한 가능성 자체가 성립되지 않는다면, 이 경우 데카르트가 이를테면 세계에 대해서 존재론적으로 잘못된 규정을 주고 있을 뿐 아니라, 그의 해석과 이 해석의 기초가 세계의 현상과 마찬가지로 우선 손안에 있는 세계내부적인 존재자의 존재도 건너뛰도록 만들었다는 사실에 대한 분명한 증거가 제시되어야 할 것이다.

  세계성의 문제를 설명하면서(제14절) 이 현상으로 인도하는 적합한 통로를 획득하는 것의 중요성을 언급했다. 따라서 데카르트의 단초를 비판적으로 논의하면서 우리가 던져야 할 물음은 이와 같다. 현존재의 어떤 존재양식이, 데카르트가 "세계"의 존재를 연장으로서의 그것의 존재와 동일시한 그 존재자에게로 인도하는 적합한 접근양식으로서 확정되었는가? 이 존재자에 이르는 유일하고 진정한 접근통로는 인식함(intellectio), 그것도 수학적-물리학적 인식의 의미로서의 인식함이다. 수학적 인식은, 파악양식 안에서 우리가 파악된 존재자의 존재를 확실히 잡았는가 하는 것을 어느 때이건 확실히 인식할 수 있는 존재자의 파악양식으로 통용된다. 그 존재양식상 수학적 인

96 식에서 접근될 수 있는 존재를 충족시키는 그것이 본래적인 의미로 존재하는 것이다. 이러한 존재자는 언제나 그것이 무엇인 바로 그것인 그런 것이다. 따라서 그것이 세계의 경험된 존재자에서 이 존재자의 본래적인 존재를 형성하고 있으며, 이 존재에서부터 이 존재가 여러 변화를 받아들이면서 남아 있는 것으로서 **지속적인 머무름**의 성격을 가진다는 것이 제시될 수 있다. 본래적으로 **존재하는** 것은 영속적으로 남아 있는 것이다. 그러한 것을 수학이 인식한다. 존재자에서 **수학을** 통해서 접근될 수 있는 그것이 그 존재자의 존재를 형성한다. 이렇듯 실체성의 개념 속에 감싸여 놓여 있는 존재의 한 특정한 이념에서부터, 그리고 그렇게 존재하는 것을 인식하는 인식의 이념에서부터 "세계"에게 그것의 존재가 흡사 선고되는 셈이다. 데카르트는 세계내부적인 존재자의 존재양식이 이 존재자에서부터 앞서 주어지도록 하지 않고, 오히려 그것의 근원이 드러나지 않고 그것의 권리가 입증되지 않은 존재 이념(존재, 곧 지속적으로 눈앞에 있음)에 근거해서 세계에 그것의 "본래적인" 존재를 흡사 지령하듯이 한다. 따라서 세계의 존재론을 규정하고 있는 것은 일차적으로 어떤 하나의 우연하게도 특별한 평가를 받게 된 학문, 즉 수학에 의존함이 아니고* 오히려 지속적인 눈앞에 있음으로서의 존재—이것의 파악을 수학적 인식이 각별한 의미로 충족시키고 있다—에 원칙적으로 존재론적으로 방향을 잡음이다. 데카르트는 이렇게 철학적으로 명백하게 전통적 존재론의 영향을 근대의 수학적 물리학과 그것의 초월론적 기초 위로 옮겨놓는다.

데카르트는 세계내부적인 존재자에게로 인도하는 적합한 접근통로의 문제를 제기할 필요가 없었다. 끊기지 않은 전통 존재론의 지배 아래 본래적인 존재자의 진정한 파악양식에 대해서는 애초부터 결정이 내려져 있었다. 그 파악양식은 노에인(νοεῖν), 즉 가장 넓은 의미의 "직관"에 있다. 디아노

---

* 오히려 수학적인 것 그 자체에, 마테마(μάθημα)의 온(ὄν)에 방향 잡고 있다.

에인(διανοεῖν), 즉 "사유함"은 단지 하나의 기초 지어진 이행형태일 뿐이다. 이러한 원칙적인 존재론적 방향정립에서부터 데카르트는 여전히 가능한 한 직관하면서 인지하며 존재자에 이르는 접근양식에 자신의 "비판"의 화살을 겨냥한다. 즉 사유(intellectio)에 대비하여 감각(sensatio, αἴθησις)을 비판한다.

데카르트는 존재자가 우선은 그것의 본래적인 존재에서 자신을 내보이지 않는다는 점을 잘 알고 있다. "우선" 주어진 것은 이러한 특정한 색깔의, 맛의, 딱딱한, 차가운, 소리가 나는 밀랍사물이다. 그러나 이것은, 아니 도대체 감관이 제공하는 것은 모두 존재론적으로 전혀 중요하지 않다. "감각적 지각이 단지 인간 육체와 정신과의 저 결합만을 제공한다는 것, 그리고 보통 어느 정도로 외부의 물체가 저 결합에 도움이 되거나 해가 되는지를 말해준다는 것을 유의하기만 하면 충분할 것이다."[18] 감각은 도대체 존재자를 그것의 존재에서 인식하도록 해주지 않으며 단지 "외부의" 세계내부적인 사물들이 육체와 결합된 인간존재에 도움이 되는지 해가 되는지만을 알려줄 뿐이다. "그러나 감각적 지각은 어떤 종류의 사물이 (물체가) 그것 자체에서 실재하는지는 우리에게 가르쳐주지 않는다."[19] 우리는 감각을 통해서는 존재자의 존재에 대해서는 아무런 설명도 얻을 수 없다. "그리하여 우리는 물질 또는 물체의 본성이, 보편적으로 관찰할 때, 딱딱함, 무게, 색깔 또는 다른 어떤 감각적인 속성에 성립하고 있는 것이 아니라 오직 길이, 넓이, 깊이에서의 그것의 연장되어 있음에 있다는 것을 인식하게 된다."[20]

감각에서 자신을 내보이는 그것이 그 고유한 존재양식에서 자신을 내주도록 하며 더 나아가서 그 존재양식을 규정하는 것이 데카르트에게 얼마나 어려운가 하는 것이, 그가 행한 딱딱함과 저항에 대한 경험의 해석을 비판

---

18) 같은 책, 제2부 제3항, 41쪽.
19) 같은 곳.
20) 같은 책, 제2부 제4항, 42쪽.

적으로 분석하는 가운데에 명백해졌다(제19절 참조).

딱딱함이 저항으로 파악되고 있다. 그러나 이 저항도 딱딱함과 마찬가지로 현상적 의미로 그것 자체에서 경험된 어떤 것, 그리고 그러한 경험에서 규정될 수 있는 어떤 것으로 이해되지 않았다. 데카르트에게 저항이란 그 자리에서 비키지 않음 정도를 말하니, 장소의 변화 아래에 놓여 있지 않음을 의미한다. 그렇다면 어떤 사물이 저항한다는 것은, 자신의 자리를 바꾸는 다른 사물에 비해서 하나의 특정한 장소에 머문다는 것, 또는 그 사물이 자리를 바꾸는 다른 사물에 의해서 "추월되는" 속도로 자리를 바꾼다는 것을 의미한다. 딱딱함의 경험에 대한 이런 식의 해석으로 인해 감각적인 인지함의 존재양식이, 그리고 그로써 또한 그러한 인지함에서 만나게 되는 존재자를 그것의 존재에서 파악할 수 있는 가능성이 사라져버린다. 데카르트는 어떤 것을 인지함의 존재양식을 그가 아는 유일한 존재양식으로 옮겨 놓는다. 어떤 것을 인지함은 이제 두 개의 눈앞에 있는 연장된 사물이 일정하게 나란히 눈앞에 있음이 된다. 그 두 사물의 운동관계 자체도, 일차적으로 물체적 사물의 눈앞에 있음을 성격규정하는 연장되어 있음의 양식 안에 있다. 만지는 행동관계가 "충족되기" 위해서는 만져지는 것이 아주 "가까이" 있어야 함이 요구된다. 그러나 이것은 접촉과 이 접촉에서 알려지는 딱딱함이, 존재론적으로 파악될 때, 두 개의 물체사물의 상이한 속도에 성립하고 있음을 말하는 것은 아니다. 현존재의 존재양식을 가진, 또는 적어도 생명체의 존재양식을 가진 존재자가 있지 않다면, 도대체 딱딱함과 저항이 자신을 내보일 수 없다.

이렇게 데카르트에게서는 세계내부적인 존재자에 이르는 가능한 접근통로에 대한 논의가 하나의 존재이념의 지배 아래 놓이게 되는데, 그 존재이념이란 이 존재자 자체의 한 특정한 영역에서 읽어내어진 것이다.

지속적인 눈앞에 있음으로서의 존재에 대한 이념은 세계내부적인 존재자의 존재를 극단적으로 규정하고 그 존재자를 세계 자체와 동일시하게 하는 동기가 될 뿐 아니라, 그것은 또한 동시에 현존재의 행동관계를 존재론적으로 합당하게 시야에 끌고 오는 것도 방해한다. 그리고 그로써 심지어 모든 감각적인 인지와 지성에 적합한 인지의 기초 지어진 성격을 보고 그것들이 세계-안에-있음의 한 가능성임을 볼 수 있는 길이 완전히 차단된다. 그런데 그것의 근본구성틀에 세계-안에-있음이 속하는 "현존재"의 존재를 데카르트는 연장된 사물의 존재와 동일한 방식으로 실체로 파악한다.

그러나 이와 같은 데카르트에 대한 비판적 논의로써 전적으로 그의 지평 밖에 놓여 있는 과제를 그에게 떠넘기고서는 그가 해결하지 못한 것으로 "증명하고 있는" 것은 아닌가? 데카르트가 세계의 현상을 알지 못하고 그로써 세계내부성 같은 것도 도대체 알지 못하는데, 어떻게 그가 한 특정한 세계내부적인 존재자와 그 존재를 세계와 동일시할 수 있다는 말인가?

원칙적인 논쟁의 장에서는 논쟁이 그저 학설기록적으로 파악 가능한 테제에만 매달려서는 안 되고 오히려 방향정립을 위해서 문제틀의 사태적인 경향을 취해야 한다. 그 경향이 비록 통속적인 파악을 벗어나지 못한다고 하더라도 그렇다. 데카르트가 사유하는 사물과 연장된 사물로써 "나와 세계"의 문제를 제기하려고 했을 뿐 아니라 그것의 철저한[근본적인] 해결도 요구주장했다는 사실은 그의 『성찰』(특히 제1성찰과 제6성찰 참조)에서 명백해진다. 어떠한 적극적인 비판도 없이 전통에 존재론적으로 방향을 잡은 것이 그로 하여금 현존재의 근원적인 존재론적인 문제틀을 밝히 파헤쳐 드러내는 것을 불가능하게 만들었다는 것, 세계의 현상에 대한 그의 시야를 차단할 수밖에 없었다는 것, 그리고 "세계"의 존재론을 한 특정한 세계내부적인 존재자의 존재론 속으로 몰아넣었다는 것 등을 여태까지의 논의가 증명해야 했다.

사람들은 이렇게 이의를 제기할 것이다. 실제로 세계의 문제, 그리고 주위세계적으로 우선 만나게 되는 존재자의 존재 역시 은폐된 채 남아 있다고 하더라도, 데카르트는 그것의 존재에서 다른 모든 존재자에 기초를 부여하는 세계내부적인 존재자에 대한, 즉 물질적인 자연에 대한 존재론적인 성격부여를 위한 근거를 놓은 것은 분명한 사실이지 않은가 하고 말이다.* 그리고 바로 그 물질적인 자연 위에, 즉 기초가 되는 층 위에 세계내부적 현실의 여타 다른 층들이 구축된다. 연장된 사물 그 자체 안에 우선 근거를 두고 있는 것은, 자신을 성질로서 내보이기는 하지만 "근본에서는" 연장 자체의 양태의 양적인 변양들인 규정성들이다. 이러한 그 자체가 또 환원될 수 있는 성질들 안에 아름다운, 추한, 적합한, 비적합한, 필요한, 불필요한 등과 같은 특수 성질들이 뿌리를 내리고 있다. 이러한 성질들은 일차적으로 사물성에 방향을 잡아 수량화시킬 수 없는 가치술어로서 파악되어야 한다. 이 가치술어에 의해서 처음에 그저 물질적인 사물이었던 것이 하나의 재화로 각인되게 된다. 그러나 이러한 계층화와 더불어 고찰은 분명 우리가 손안에 있는 도구라고 존재론적으로 성격규정한 그 존재자에 이르게 된다. 데카르트의 "세계"에 대한 분석이 이렇게 비로소 우선적으로 손안에 있는 것의 구조를 확실하게 구축하는 것을 가능하게 한다. 이 분석은 그저 자연사물을 전적인 사용사물로 보충하기만 하면 되는데, 이 일은 쉽게 수행할 수 있다.

그러나 이러한 방법으로—세계의 특수 문제는 일단 접어둔다고 해도—세계내부적으로 우선 만나게 되는 것의 존재에 존재론적으로 도달할 수 있는가? 물질적인 사물성과 함께 암묵적으로 일종의 존재가—즉 지속적인 사물의 눈앞에 있음이—정립되고 있지 않는가? 그리고 이때 존재자를 추가로 가치술어를 가지고 장식한다고 해도 그것으로 존재론적인 보충을 얻기는커녕 오히려 이러한 가치성격 자체가 단지 사물의 존재양식을 가지는 한 존재자의 존재적 규정성으로 남을 뿐이다. 가치술어를 추가해도 재화[재물]의 존재에 대해서 아무런 새로운 해명을 얻을 수 없고 오히려 그러한 추

---

* 후설의 '존재론들'의 구성에 대한 비판. 도대체 어떻게 전체 데카르트 비판이 이러한 의도에서 여기에 함께 놓였는가!

가는 이러한 재화를 위해서 단지 다시금 순전한 눈앞에 있음이라는 존재양식을 전제할 뿐이다. 가치란 한 사물이 가지고 있는 눈앞의 규정성이다. 가치는 결국 그것의 존재론적인 근원을 유일하게 기초층으로서의 사물현실이라는 선행적인 단초에 가진다. 그러나 현상학 이전의 경험이 벌써 사물적으로 의미되고 있는 존재자에게서 사물성에 의해서는 완전히 이해될 수 없는 어떤 것을 보여준다. 따라서 사물적 존재에는 보완이 필요하다. 그렇다면 가치의 존재 또는 로체(Rudolf Hermann Lotze)가 "긍정"의 한 양태로 파악한 가치의 "타당성"은 무엇을 말하는가? 가치가 사물에 "붙어 있다"라는 것은 존재론적으로 무엇을 의미하는가? 이러한 규정들이 어둠 속에 남아 있는 한, 사용사물을 자연사물에서부터 재구성해내는 일은—문제의 원칙적인 전도를 전적으로 접어둔다고 해도—존재론적으로 의심스러운 시도이다. 그리고 우선 "가죽이 벗겨진" 사용사물을 이렇게 재구성하는 일은 언제나 이미, 그것의 전체성을 재구성에서 다시금 산출해야 할 현상에 대한 선행적인, 긍정적인 시야를 필요로 하지 않는가? 그것의 가장 고유한 존재구성틀이 앞서서 합당하게 설명되지 않았다면 이 재구성은 건축계획도 없이 건축하는가? 전통적인 "세계" 존재론을 이렇게 재구성하고 "보충하는" 일이 결과적으로, 앞에서 행한 도구의 손안에 있음과 사용사태전체성의 분석이 출발점으로 삼은 그 동일한 존재자에 이르는 이상, 그것은 마치 실제로 그 존재자의 **존재**가 해명되거나 또는 단지 **문제**만 된 듯한 인상을 일깨운다. 데카르트가 고유함으로서의 연장성을 가지고 실체의 존재를 적중시키지 못한 것과 같이, "가치 있는" 속성으로의 도피도 손안에 있음으로서의 존재를 시야로조차 데려오지 못했으니 존재론적으로 주제로 삼지 못한 것은 말할 나위가 없다.

    데카르트는 세계에 대한 물음을 우선 접근 가능한, 세계내부적인 존재자로서의 자연사물성으로 축소시키는 것을 첨예화시켰다. 그는 한 존재자의 추정적으로 가장 엄밀한 존재적 **인식**만이 그런 인식에서 발견된 존재자의 일차적 존재에 이르는 가능한 접근통로이기도 하다는 견해를 고정시켰다. 그러나 동시에 사물존재론의 "보충들"도 원칙적으로 데카르트와 같이 동일한 독단적인 토대 위에서 움직인다는 사실을 통찰하는 것이 중요하다.

우리는 이미 (제14절에서) 세계와 우선 만나게 되는 존재자를 건너뛴 것이 우연이 아니며, 간단히 만회할 수 있는 간과가 아니고 오히려 현존재 자체의 본질적인 존재양식에 근거하고 있음을 암시했다. 현존재의 분석론이 이러한 문제틀의 테두리 안에서 가장 중요한 현존재의 주요구조들을 투명하게 만들 때, 존재 일반의 개념에 그것의 가능한 이해*의 지평이 지정되고 그래서 또한 비로소 손안에 있음과 눈앞에 있음이 존재론적으로 근원적으로 이해될 때, 비로소 지금 수행된 데카르트적이며 원칙적으로 오늘날에도 여전히 통용되는 세계존재론에 대한 비판이 철학적으로 정당했음을 인정받게 될 것이다.

이를 위해서는 다음과 같은 점들이 제시되어야 한다(이 책의 제1부 제3편 참조).

1. 우리에게 결정적인 존재론적인 전통의 시원에—명시적으로 **파르메니데스**에게서—왜 세계의 현상이 건너뛰어졌는가? 이러한 건너뜀이 끊임없이 거듭되는 것은 어디에서 유래하는가?

2. 왜 건너뛰어진 현상의 자리에 세계내부적인 존재자가 존재론적인 주제로서 끼어드는가?

3. 이러한 존재자는 왜 우선 "자연"에서 발견되는가?

4. 필연적인 것으로 경험된 세계존재론의 보충이 왜 가치현상의 도움 아래에서 이행되는가?

이 물음들에 대한 대답에서 비로소 세계의 **문제틀**에 대한 긍정적인 이해에 도달하게 되고, 그 소홀의 근원이 제시되고 전통적인 세계존재론을 퇴

---

* 그렇다! 물론 이때 '이해 가능성'은 기획투사로서의 이해에 대한 것이고 이 기획투사는 탈자적 시간성으로서 [이해되어야 한다].

치해야 할 정당한 근거가 증명제시된다.

데카르트에 대한 고찰에서 통찰해야 할 점은, 얼핏 보아 자명한 세계의 사물들에서부터 출발하는 것이, 추정상 가장 엄밀한 존재자에 대한 인식에 방향 잡는 것과 같이, 그 위에서 세계, 현존재 그리고 세계내부적인 존재자의 우선적인 존재론적 구성틀을 현상적으로 만날 수 있는 지반의 획득을 보장하지 않는다는 사실이다.

그러나 공간성이 분명 세계내부적인 존재자를 함께 구성한다는 점을 상기한다면, 이 경우 종국에 가서는 "세계"에 대한 데카르트의 분석을 "구제하는" 것이 가능해질 것이다. 연장성이 물체적 사물의 모든 규정성에 대한 전제라는 것을 근본적으로 끄집어내옴으로써 데카르트는 일종의 선험적 토대에 대한 이해를 예비한 셈인데, 그 내용을 그후 칸트가 한층 더 철저히 확정했다. 연장성에 대한 분석은 일정한 한계에서는 연장된 존재자의 존재에 대한 명시적인 해석의 소홀과 무관한 채 남아 있다. 비록 연장성에로의 소급에서 세계의 공간성도, 주위세계에서 만나게 되는 존재자의 발견된 공간성도, 심지어 현존재 자신의 공간성도 존재론적으로 개념파악될 수는 없다고 하더라도, 우선 발견된 연장성을 "세계"의 근본규정성으로 정립하는 것은 그 나름의 현상적 권리[정당성]를 가진다.

다. 주위세계의 주위차원과 현존재의 공간성

안에-있음을 처음으로 예비 특징짓는 맥락에서(제12절 참조) 우리는 현존재를 내부성[내재성]이라고 명명한, 공간에서의 존재의 한 방식과 제한구별해야 했다. 이 내부성이란 그 자체 연장된 한 존재자가 하나의 연장된 것의 연장된 경계에 의해서 둘러싸여 있음을 말한다. 내부적 존재자와 둘러싸고 있는 것, 둘 모두가 공간 안에 [눈앞에] 있다. 현존재가 그런 식으로 하나의 공간이라는 통 안에 내재한다는 것을 거부한다고 해서 현존재에게 원칙적으로 어떠한 형태의 공간성도 배제해야 하는 것은 아니다. 오히려 현존재에게 구성적인 공간성을 보기 위한 방법적 길을 연 채 놔두어야 하는 것이다. 이러한 공간성은 이제 끄집어내어져야 한다. 그런데 세계내부적인 존재자 역시 똑같이 공간 안에 있는 이상, 그것의 공간성도 세계와 어떤 존재론적인 연관 안에 서 있을 것이다.* 그렇기 때문에 어떤 의미에서 공간이 세계—이 세계는 또한 세계-안에-있음의 구조계기로서 성격규정되었다—의 한 구성요소인가 하는 것을 규정해야 한다. 특히, 주위세계의 주위성, 즉 주위세계에서 만나게 되는 존재자 자체의 특수한 공간성이 세계의 세계성에 의해서 어떻게 기초 지어지며 거꾸로 세계가 그편에서 공간 안에 [눈앞에] 있는 것이 아닌가 하는 점이 제시되어야 한다. 현존재의 공간성과 세계의 공간 규정성에 대한 연구는 그 출발점을 세계내부적으로 공간 안에 있는 손안의 것의 분석에서 취한다. 고찰은 세 단계를 두루 거친다. 1. 세계내부적인 손안의 것의 공간성(제22절), 2. 세계-안에-있음의 공간성(제23절), 3. 현존재의 공간성과 공간(제24절).

제22절 세계내부적인 손안의 것의 공간성

만일 공간이 아직 더 규정해야 할 의미로 세계를 구성한다면, 우리가 이미 앞에서 세계내부적인 것의 존재를 존재론적으로 성격규정하면서 세계내부적인 것을 또한 공간내재적인 것으로 보았을 수밖에 없다고 해도 하나도 이상할 것이 없다. 지금까지는 손안의 것의 이러한 공간성이 현상적으로 분명하게 파악되지 않았고 그것이 손안의 것의 존재구조와 얽혀 있음이 제시되지 않았다. 그것이 이제 우리의 과제이다.

---

* 따라서 세계도 공간적이다.

어느 정도로 우리는 이미 손안의 것을 성격규정할 때 그것의 공간성과 마주쳤는가? 그것은 '우선 손안의 것'에 대한 이야기였다. 그것은 그때마다 다른 것에 앞서 **먼저** 만나게 되는 존재자만을 말하는 것이 아니며 또한 동시에 "가까이에" 있는 존재자도 의미한다. 일상적인 왕래에서 만나는 손안의 것은 **가까움**의 성격을 띤다. 정확하게 들여다볼 때 도구의 이러한 가까움은 그 존재를 표현하는 용어에, 즉 "손안에 있음"에 이미 암시되고 있다. "손안에" 있는 존재자는 그때마다 각기 상이한 가까움을 가지는데, 이 가까움은 거리의 측량을 통해서 확정되지 않는다. 이 가까움은 둘러보며 "계산에 넣는" 다룸과 사용함에서부터 규제된다. 배려의 둘러봄은 이런 방식으로 가까운 것을 동시에 그 도구가 어느 때나 접근 가능한 그 방향을 고려해 고정시킨다. 도구의 방향 잡힌 가까움은, 이 도구가 순전히 어디인가에 눈앞에 있어서 공간 속에 자기의 위치를 가지고 있음이 아니라, 오히려 도구로서 본질적으로 설치되고[비치되고] 보관되고 장치되고[배치되고] 정돈되어 있음을 의미한다. 도구는 자신의 **자리**를 가지거나 또는 "주변에 흐트러져 있다". 이것은 임의의 공간장소에 그냥 앞에 있음과는 원칙적으로 구별되어야 한다. 그때마다의 자리는 주위세계적으로 손안에 있는 도구연관의 서로서로를 향해서 방향 잡힌 자리들의 전체에서부터 이 도구의 무엇을 하기 위한 자리로서 규정된다. 자리와 자리의 다양성이 사물들의 임의적인 눈앞에 있음의 '어디에'로서 해석되어서는 안 된다. 자리는 그때마다 각기 한 도구가 **귀속되어 있는** 특정한 "저기"이며 "거기에"이다. 그때마다의 귀속성은 손안의 것의 도구성격에 상응한다. 다시 말해서 도구전체에 속한 그것의 사용사태적인 귀속성에 상응한다. 그런데 하나의 도구전체가 가지는 자리 정할 수 있는 귀속성의 밑바탕에는, 그 안으로 자리전체성이 하나의 도구연관에 지정되는 그 '어디에로' 자체가 깔려 있다. 가능한 도구적 귀속성을 이렇게 배려하는 왕래에서 둘러보며 앞서 시야에 간직한 '어디에로'를 우리는 **구역[주변]**†이라고 이름한다.

"……의 부근에"는 "……쪽 방향에"를 말할 뿐 아니라 또한 동시에 그 방향에 놓여 있는 "어떤 것의 주변에"를 말한다. 방향과 거리(Entferntheit)—가까움은 이러한 양태의 하나일 뿐이다—에 의해서 구성된 자리는 이미 하나의 구역으로 그리고 그 구역 내부에서 방향이 잡혀 있다. 둘러보며 마음대로 다룰 수 있는 도구전체성의 자리들이 배정되고 발견되려면 구역과 같은 어떤 것이 먼저 발견되어 있어야 한다. 손안의 것의 자리다양성이 이렇게 구역성을 띠고 방향 잡혀 있기 때문에 그것이 주위성을, 즉 주위세계적으로 우선 만나게 되는 존재자가 우리 둘레에 놓이는 것을 가능하게 한다.†
가능한 위치의 어떤 삼차원적인 다양성이 먼저 주어져 있고 그것이 눈앞에 있는 사물들로 채워지는 것이 결코 아니다. 공간의 이러한 차원성은 손안의 것의 공간성 안에 아직 은폐되어 있다. "위에"는 "천정에"이고, "밑에는" "바닥에"이고, "뒤에"는 "문 옆에"이다. 모든 "어디에"는 일상적인 왕래의 움직임과 길에 의해서 발견되고 둘러보며 해석되는 것이지, 관찰하는 공간측정에서 확정되고 기록되는 것이 아니다.

구역들은 함께 눈앞에 있는 사물들에 의해서 비로소 형성되는 것이 아니라 그때마다 이미 개별적 자리들에 [손안에] 있는 것이다. 자리들 자체는 배려의 둘러봄에서 손안의 것에 배정되거나 또는 그냥 앞에 발견되거나 한다. 그렇기 때문에 둘러보는 세계-안에-있음이 애초부터 계산에 넣고 있는, 바로 그 끊임없이 손안에 있는 것은 자기의 자리를 가지고 있는 것이다. 그것의 손안에 있음의 "어디에"가 배려에 있어 계산에 넣어지며 여타의 다른 손안의 것으로 향해진다. 이런 식으로 그 빛과 따스함이 일상적 사용에 제공되는 태양은, 그것이 선사하는 각기 다른 사용 가능성에서부터 자신의 둘러보며 발견된 탁월한 자리를 가지게 된다. 즉 일출, 대낮, 일몰, 한밤 등이 그것이다. 이렇게 변화하는 방식으로 그럼에도 똑같이 항시 손안에 있는 것의 자리들은 그것들 안에 놓여 있는 구역들에 대한 강조된 "표지"가 된다. 이러한 천체의 방위—이것은 아직 하등의 지리학적 의미를 가질 필요가 없다―가 자리들로 차지될 수 있는 구역들의 모든 특수한 형성에 선행적인 "어디에로"를 앞서준다. 집은 나름의 해 드는 쪽과 비 들이치는 쪽을 가진다. "방들"의 배치는 여기에 방향이 잡히며 또한 그 공간 내부에서 "실내배치(Einrichtung)" 역시 그때마다 그것의 도구성격에 따라 방향이 잡힌다. 예를 들어 교회와 묘지는 태양의 일출과 일몰에 맞추어 자리잡 104
는 것으로서 생명과 죽음의 구역들이며, 거기에서부터 현존재 자신이 세계 안에서의 그의 가장 고유한 존재가능과 관련되어 규정된다. 그의 존재함에서 바로 이 존재함 자체가 문제가 되는 현존재의 배려는 선행적으로 그가 그때마다 하나의 결정적인 사용을 가지는 구역들을 발견한다. 구역들을 이렇게 선행적으로 발견함은 사용사태전체성에 의해서 함께 규정되어 있는데, 이 사용사태전체성으로 손안의 것이 만나게 되는 것으로서 자유롭게 주어진다.

그때마다의 구역의 선행적인 손안에 있음은 한층 더 근원적인 의미로 손안의 것의 존재로서 **눈에 안 띄는 친숙함의 성격**을 가지고 있다. 그 손안에 있음은 그 자체 오직 손안의 것을 둘러보며 발견할 때 눈에 띄는 방식에서만, 그것도 배려의 결손된 양태 안에서 드러난다. 어떤 것을 [있어야 할] 그것의 자리에서 발견하지 못할 때 자리의 구역이 때로는 처음으로 두드러지게 그 자체로서 접근 가능해진다. 둘러보는 세계-안에-있음에서 도구전체의 공간성으로 발견되는 공간은 그때마다 그것의 자리로서 존재자 자체에 속한다. 순전한 공간은 아직 은폐되어 있다. 공간은 자리들 속으로 흩어져 있다.* 그러나 이러한 공간성은 공간적으로 손안에 있는 것의 세계적합적인 사용사태전체성에 의해서 자신의 고유한 단일성을 가진다. "주위세계"가 어떤 하나의 앞서 주어져 있는 공간 안에서 스스로 방향을 잡는 것이 아니라, 오히려 그것의 특수한 세계성이 그것의 유의미성 안에서 둘러보며

---

* 아니다! 바로 여기에 자리들의 독특한 흩어지지 않은 단일성이 있다!

배정된 자리들의 그때마다의 전체성의 사용사태적인 맥락을 분류파악하는 것이다. 그때마다의 세계가 각기 그때마다 그것에 귀속된 공간의 공간성을 발견하는 것이다. 손안의 것을 그것의 주위세계적인 공간에서 만나게 해주는 것이 존재적으로 가능한 채 있는 것은, 현존재 자체가 그의 세계-안에-있음과 관련해서 "공간적"이기 때문이다.

제23절 세계-안에-있음의 공간성

우리가 현존재에게 공간성을 귀속시킨다면, 이 경우 이러한 "공간 안에 있음"은 이 존재자의 존재양식에서부터 분명히 개념파악되어야 한다. 본질적으로 눈앞에 있음이 아닌 현존재의 공간성은 "세계공간"의 한 위치에 놓여있음과 같은 것도, 하나의 자리에 손안에 있음도 의미하지 않는다. 그 둘은 모두 세계내부적으로 만나게 되는 존재자의 존재양식들이다. 그러나 현존재는 세계내부적으로 만나게 되는 존재자와 배려하며 친숙하게 왕래한다는 의미로 세계 "안에" 존재한다. 따라서 현존재에게 어떤 방식으로건 공간성이 귀속된다면, 그것은 오직 이러한 안에-있음에 근거해서만 가능하다. 그런데 이 안에-있음의 공간성은 **거리 없앰**과 **방향 잡음**의 성격을 가진다.

현존재의 세계-안에-있음과 관련하여 그의 존재양식으로서의 거리 없앰(Ent-fernen) 아래 우리가 이해하는 것은 멀리 떨어져 있음(가까움)과 같은 어떤 것이나 또는 거리가 아니다. 우리는 "거리 없앰"이라는 표현을 능동적이고 타동사적인 의미로 사용한다. 그것은 현존재의 존재구성틀의 하나이며, 이런 관점에서는 옮겨놓다[치우다]로서의 어떤 것을 떼어놓다는 단지 하나의 특정한 현사실적인 양태일 뿐이다. 거리를 없앰은 거리를,* 다시 말해 어떤 것의 멂을 사라지게 함을, 가까워지게 함을 말한다. 현존재는 본

---

* 거리-없애지는 그 거리는 어디에서 [오는가]?

질적으로 거리를 없애며 존재한다. 그는 그가 무엇인 그 존재로서 그때마다 존재자를 가까이*에서 만나도록 해준다. 거리를 없앰은 멂을 발견한다. 이 멂은 거리와 마찬가지로 현존재적이지 않은 존재자에 대한 범주적 규정이다. 그에 반해서 거리를 없앰은 실존범주로서 확고하게 견지되어야 한다. 도대체 존재자가 현존재에게 그것의 멂에서 발견되는 한에서만, 세계내부적인 존재자 자체에서 다른 것과 관련되어서 "거리"와 간격이 접근 가능해질 수 있다. 두 개의 점은 도대체 두 개의 사물들처럼 서로로부터 멀리 떨어져 있는 것이 아니다. 왜냐하면 이 존재자들 중에 어떤 것도 그것의 존재양식상 거리를 없앨 수 없기 때문이다. 그것들은 단지 거리를 없앰**에서 발견되는 측정 가능한 간격을 가질 뿐이다.

거리 없앰은 우선 대개 둘러보는 가깝게 함, 조달함으로서의 가까이 가져옴, 예비해놓음, 손안에 가짐이다. 그런데 존재자를 순수하게 인식하며 발견하는 특정한 방식들도 가깝게 함의 성격을 가진다. **현존재에는 가까움에 대한 본질적인 경향이 놓여 있다.***** 우리가 오늘날 다소간 강요되듯이 함께 행하는 모든 종류의 속도상승은 멂을 극복하도록 몰아세운다. 예를 들어 "라디오 방송"과 함께 현존재는 오늘날 일상적 주위세계의 확장과 파괴라는 방법으로서 그것의 현존재의 의미를 아직 내다볼 수 없을 정도로 "세계"의 거리를 없애고 있다.

거리 없앰에 필연적으로 현존재와 연관해서 손안의 것의 거리를 분명하게 산정함이 놓여 있지는 않다. 멂은 특히 결코 간격으로 파악되지 않는다. 거리가 산정되어야 할 경우, 이것도 비교적 일상적 현존재가 머무르는 그 거리와 연관되어 일어난다. 계산가의 눈으로 볼 때 이러한 어림잡음은 부정확하고 변동이 많겠지만, 그래도 그것은 현존재의 일상성 속에 그것 나

---

* 가까이와 **현전성**. 간격의 크기가 본질적인 것은 아니다.
** [여기에서의] 거리-없앰은 더 명확하게 가까워지게 함이다.
*** 어느 정도로 그리고 왜? 지속적인 현전성으로서의 존재는 우위를, 현재화를 가진다.

름의 고유한 일반적으로 이해되는 규정성을 지닌다. 우리는 이렇게 말한다. 거기까지는 산책길 정도라느니 한달음이라느니 "유행가 한 곡 부르는 거리"라느니 하고 말이다. 이러한 척도가 표현하는 것은, 그것이 "측정하지" 않으려고 한다는 것뿐 아니라 또한 그 어림잡힌 거리가, 사람들이 배려하며 둘러보며 다가가는 그 존재자에 귀속된다는 점이다. 우리가 확고한 척도를 사용하여 "그 집까지는 약 반 시간 거리이다"라고 말할 때도 이 척도를 어림잡은 척도로 간주해야 한다. "약 반 시간"은 30분이 아니며 도대체 양적인 확장이라는 의미에서의 "길이"가 아니라 일종의 지속이다. 이러한 지속은 그때마다 습관화된 일상의 "배려"로부터 해석된다. 거리는 우선 그리고 또한 "공적으로" 선택된 척도가 잘 알려진 때에도 둘러보며 어림잡힌다. 그러한 거리에 있는 것이 그러한 어림잡음에서 손안에 있기 때문에 그것이 자신의 특수한 세계내부적인 성격을 보유하는 것이다. 여기에는 심지어 거리가 떨어져 있는 그 존재자에게로 왕래하며 가는 길의 거리가 그날그날에 따라 다르다는 점도 속한다. 주위세계의 손안의 것은 실로 현존재 밖의 어떤 영원한 관찰자의 눈앞에 있는 것이 아니라, 현존재의 둘러보는 배려의 일상성 속에서 만나게 되는 것이다. 현존재가 길을 갈 때 그는 공간의 거리를 눈앞에 있는 물체사물로서 측정하며 통과하는 것이 아니며 "킬로미터를 먹어치우는" 것이 아니다. 가깝게 함과 거리를 없앰은 각기 가까워진 것과 거리가 없어진 것에 대해서 배려하며 존재함이다. "객관적으로" 긴 길이 "객관적으로" 아주 짧은 길―아마도 "매우 힘든 걸음"이고 그래서 그 사람에게 무한히 길게 여겨지는 길―보다 더 짧을 수 있다. 그런데 바로 그러한 "여겨짐"에서 그때마다의 세계가 비로소 본래적으로 손안에 있게 된다. 눈앞에 있는 사물들의 객관적인 간격은 세계내부적인 손안의 것의 멂과 가까움과 일치하지 않는다. 저 간격이 정밀하게 알려져 있을지 모르지만, 그러나 그러한 앎은 맹목적이다. 그것은 주위세계를 둘러보며 발견하며 가깝게 하는 그 기능을 가지지 못한다. 사람들은 이러한 앎을 오직 어떤 사람에게 "관련되는" 세계에 대해서 거리를 측정하는 것이 아닌, 배려하는 존재함에서와 그 존재함을 위해서만 사용한다.

사람들은 "자연" 및 사물들의 "객관적으로" 측정된 간격에 선행적으로 방향을 잡고 그러한 거리 없앰의 해석과 어림잡음을 "주관적"이라고 칭하는 경향이 있다. 그렇지만 그것은 아마도 세계의 "실재성"의 가장 실재적인 것을 발견하는 "주관성"으로서 "주관적인" 임의나 어떤 "그 자체에서는" 다른 존재자에 대한 "주관주의적" 파악하고는 아무런 상관이 없다. 현존재 일상성의 둘러보는 거리 없앰은 "참된 세계"의 자체 존재를, 즉 현존재가 발견하면서 각기 그때마다 이미 그 곁에 있는 그 존재자의 자체 존재를 발견한다.

측정된 간격으로서의 멂에 일차적으로나 또는 심지어 전적으로 방향 잡음은 안에-있음의 근원적인 공간성을 은폐한다. 추정상으로 "가장 가까운 것은" "우리로부터" 가장 짧은 거리에 놓여 있는 그것이 절대 아니다. "가장 가까운 것"은 평균적인 도달거리, 장악거리, 시각거리 안에 떨어져 있는 것 그 안에 놓여 있다. 현존재가 거리 없앰의 방식에서 본질적으로 공간적이기 때문에, 그의 왕래가 언제나 그로부터 그때마다 일정한 놀이[활동]공간 안에 떨어져 있는 "주위세계" 안에 머무르고 있으며, 그래서 우리는 우선은 거리상으로 "가장 가까운 것"을 지나쳐 들으며 지나쳐 보게 된다. 봄과 들음은 먼 곳의 것을 인지하는 감관[遠感]인데, 그것은 그것의 사정거리에 근거해서 그런 것이 아니라 오히려 현존재가 거리를 없애면서 그것들 안에 주로 머무르고 있기 때문이다. 예를 들어 안경을 착용한 사람에게 안경은 거리상 그의 "코 위에 놓여" 있을 정도로 가깝지만, 이 사용되는 도구는 주위세계적으로는 맞은편 벽에 걸린 그림보다도 훨씬 멀리 떨어져 있는 셈이다. 이러한 도구는 가까움을 가지기는커녕 흔히는 우선 발견되지도 않는다. 보기 위한 도구는, 예를 들어 전화기의 수화기와 같은 듣기 위한 도구처럼, 우선 손안에 있는 것의 눈에 안 띔이라는 특징을 지닌다. 이것은 예를 들어 걷기 위한 도구인 도로에도 해당된다. 걸을 때 도로는 걸음마다 접촉되며 겉보기에 그 모든 손안에 있는 것 중에서 가장 가깝고 가장 실제적인 것처럼 보인다. 도로는 흡사 특정한 신체부분을, 즉 발바닥을 뒤로 밀어주는 것 같다. 그렇지만 도로는 그렇게 걸으면서 "도로 위" 스무 발짝 떨어진 "거리에서" 만나는 친지보다 훨씬 더 멀리 떨어져 있다. 주위세계적으로 우선 손안에 있는 것의 가까움과 멂은 둘러보는 배려함이 결정한다. 이 배려함이 애초부터 그 곁에 머무르는 그것이 가장 가까운 것이며 그것이 거리 없앰을 규제한다.

현존재가 배려 속에서 어떤 것을 자기 가까이 가져올 경우, 이때 이것은 육체의 어떤 한 지점에서 가장 짧은 간격에 놓인 어떤 한 공간의 위치에 어떤 것을 고정시킴을 의미하지 않는다. 여기에서 '가까이에'는 '둘러보는 우선 손안에 있는 것의 주변에'를 말한다. 가깝게 만듦은 육체를 가진 '나'라는 사물로 방향을 잡는 것이 아니라 배려하는 세계-안에-있음으로, 다시 말해 이러한 세계-안에-있음에서 그때마다 우선 만나게 되는 그것으로 방향을 잡는다. 따라서 현존재의 공간성은 어떤 육체라는 물건이 눈앞에 있는 그 위치를 지시함으로써도 규정되지 않는다. 우리는 하기야 현존재에 대해서까지도, 현존재가 그때마다 하나의 자리를 차지한다고 말하기도 한다. 그러나 이러한 "차지함"은 방면에서부터 하나의 자리를 배정받는 손안에 있음과는 원칙적으로 구별해야 한다. 자리를 차지함은 주위세계적으로 손안에 있는 것을 둘러보며 앞서 발견한 방면 안으로 거리를 없앰으로 개념파악되어야 한다. 현존재는 자신의 '여기에'를 주위세계적인 '저기에'에서부터 이해한다. '여기에'는 어떤 한 눈앞의 것의 '어디에'를 의미하는 것이 아니라 오히려 '……곁에' 거리 없애면서 존재함의 '그 곁에'이며 동시에 이 거리 없앰을 의미한다. 현존재는 그의 공간성에 따라 볼 때 우선 결코 '여기에' 존재하지 않으며 오히려 '저기에' 존재하며, 그 '저기에'에서부터 자신의 '여기에'로 되돌아오는데, 그것도 다시금 오직 현존재가 그의 배려하며 '……으로 향함'을 저기 손안에 있는 것에서부터 해석하는 방식으로 그렇다. 이것은 안에-있음이 가지는 거리 없앰의 구조를 보여주는 현상적 고유성에서부터 완전히 명백해진다.

현존재는 세계-안에-있음으로서 본질적으로 일종의 거리 없앰 속에서 머무른다. 이러한 거리 없앰을, 그에게서 떨어져 있는 손안의 것의 거리를 현존재는 **결코 건너지를 수 없다**. 어떤 손안의 것이 현존재로부터 떨어져 있음 자체가 하기야 현존재에 의해서 간격으로 발견될 수 있다. 그 떨어져 있음이, 현존재가 먼저 차지한 그 자리에 눈앞에 있는 것으로 생각된 한 사물과 연관 지어 규정될 때 그렇다. 간격의 이러한 사이를 현존재는 나중에 추가로 두루 질러갈 수 있지만, 그것도 오직 그 간격 자체가 하나의 거리가 없애진 간격이 되는 방식으로 그렇다. 현존재는 자신의 거리 없앰을 두루 통과할 수 없고 도리어 그것을 함께 취했거나 지속적으로 함께 취한다. 왜냐하면 현존재가 본질적으로 거리 없앰, 다시 말해 공간적이기 때문이다. 현존재는 그의 거리 없앰의 그때마다의 주변을 배회할 수 없고 그것[거리 없앰]을 언제나 그저 바꿀 뿐이다. 현존재는 둘러보며 공간을 발견하는 방식으로 공간적인데, 그것도 그가 그렇게 공간적으로 만나게 되는 존재자와 지속적으로 거리를 없애며 관계 맺는 식으로 그렇다.

현존재는 거리를 없애는 안에-있음으로서 동시에 또한 **방향 잡음**의 성격을 가진다. 모든 가깝게 만듦은 앞서 이미, 거기에서부터 거리가 없애진 것이 가까워지는 그 방면으로 방향을 취해왔으며 그렇게 해서 자신의 자리와 연관 지어 발견될 수 있다. 둘러보는 배려는 방향 잡는 거리 없앰이다. 이러한 배려 속에, 다시 말해 현존재 자신의 세계-안에-있음에 "기호"의 필요가 앞서 주어져 있는 것이다. 이 도구는 방향을 분명하고 다루기 쉽게 제시하는 것을 떠맡는다. 그것은 둘러보며 사용되는 방면을, 즉 귀속함, 향해 감, 데려감, 가져옴 등의 그때마다의 '거기에로'를 분명하게 열어놓는다. 현존재는 존재하고 있을 때, 방향 잡으며 거리를 없애는 현존재로서 그때마다 이미 자신의 발견된 방면을 가지고 있다. 방향 잡음도 거리 없앰과 마찬가지로 세계-안에-있음의 존재양태로서 배려함의 **둘러봄**에 의해서 선행적으로 이끌려진다.

이러한 방향 잡음에서부터 오른쪽으로, 왼쪽으로라는 확고한 방향이 발원한다. 현존재는 자신의 거리 없앰처럼 이 방향들도 지속적으로 함께 취하고 있다. 여기에서는 다룰 수 없는 고유한 문제를 자체 안에 지니는 자신의 "신체성"에서의 현존재의 공간화는 이러한 방향에 맞추어 함께 두드러지고 있다. 그렇기 때문에 예를 들어 장갑과 같이 손의 움직임을 함께해야 하는, 육체를 위해서 사용되는 손안의 것은 오른쪽으로나 왼쪽으로 방향 잡혀 있어야 한다. 이와는 다르게 손에 잡혀 손과 함께 움직여지는 손연장은 손의 그 특수한 "손에 맞는" 운동을 함께하지 않는다. 그렇기 때문에 망치는 손에 의해서 다루어지기는 하지만 오른손 망치, 왼손 망치가 따로 있지는 않는다.

그러나 거리 없앰에 속하는 방향 잡음이 세계-안에-있음에 의해서 기초 지어져 있다는 점을 유의해야 한다. 오른쪽, 왼쪽은 거기에 대해서 주체가 어떤 느낌을 가지는 "주관적인" 어떤 것이 아니라, 오히려 어떤 그때마다 이미 손안에 있는 세계에로 방향 잡혀 있는 그 방향들이다. "나의 양 측면이라는 구별에 대한 순전한 느낌만 가지고는"[21] 나는 결코 하나의 세계에서 제대로 처신할 수 없을 것이다. 이러한 구별에 대한 "순전한 느낌"을 가진 주체는 하나의 구성적인 단초인데, 이 단초는 주체의 참된 구성틀에 주의를 기울이지 않으니, 즉 현존재는 방향을 잡기 위해서 이러한 "순전한 느낌"과 함께 그때마다 이미 하나의 세계 안에 있으며 또한 **있어야 한다**는 점이 그것이다. 이것은 **칸트**가 방향설정의 현상을 해명하려고 시도하며 끌어들인 예에서부터 명백해진다.

잘 알고는 있지만 캄캄한 어떤 방 안에 들어선다고 가정하자. 내가 없는

---

21) I. Kant, "Was heißt : Sich im Denken orientieren?"(『사유에서 방향을 잡는다는 것은 무엇을 말하는가?』, 1786년), 아카데미판 전집 제8권, 131-147쪽.

사이에 장소를 치워 오른쪽에 있던 것이 이제는 전부 왼쪽에 있다고 가정하자. 내가 방향을 잡으려고 하는 데에 나의 양 측면이라는 "구별에 대한 순전한 느낌"은, 어떤 특정한 대상이 파악되기 전까지는 아무런 도움이 못 되는데, 이 대상에 대해서 **칸트**는 "그것의 위치를 내가 기억하고 있는"이라고 덧붙여 말한다. 이것이 의미하는 것이 다음이 아니고 무엇이겠는가. 즉, 나는 필연적으로 "잘 알려진" 세계 곁에* 그때마다 이미 있음 안에서, 그리고 거기에서부터 방향을 잡는다. 한 세계의 도구연관이 현존재에게 이미 앞서 주어져 있어야 한다. 내가 그때마다 이미 하나의 세계 안에 있다는 것은 방향설정의 가능성을 위한 오른쪽, 왼쪽에 대한 느낌 못지않게 구성적이다. 현존재의 이러한 존재구성틀이 자명하다고 해서 그것이 그 구성틀이 수행하는 존재론적으로 구성적인 역할을 감추는 것을 정당화하지는 않는다. **칸트** 역시 그것을 감추지 않으며 현존재에 대한 다른 모든 해석도 마찬가지이다. 그러나 이러한 구성틀을 끊임없이 사용하고 있다고 해서 합당한 존재론적인 설명에서 해방되지는 않으며, 오히려 그런 설명이 요구된다. 자아가 어떤 것을 "기억 속에" 가지고 있다는 심리학적 해석은 근본에서는 세계-안에-있음이라는 실존론적인 구성틀을 의미한다. **칸트**가 이 구조를 보지 못했기 때문에, 그는 또한 가능한 방향설정의 구성이 놓여 있는 완전한 맥락도 잘못 보고 있다. 오른쪽, 왼쪽으로 방향이 잡혀 있음은 현존재 자체의 본질적인 방향 잡음에 근거하고 있고, 이 방향 잡음은 또한 그편에서 본질적으로 세계-안에-있음에 의해서 함께 규정되어 있다. 물론 **칸트**에게 방향설정에 대한 주제적인 해석이 중요한 것은 아니다. 그는 단지 모든 방향설정은 "주관적인 원칙"이 필요하다는 것을 제시하려고 한 것이다. "주관적인"은 여기에서는 "선험적인"을 의미하려고 할 것이다. 그렇지만 오른쪽, 왼쪽으로 방향 잡혀 있음의 선험은 세계-안에-있음의 "주관적인" 선험

---

* 내가 잘 내세우고 그것에 따라서 변화하는 바로 그 잘 알려진 귀속성에서부터.

에 근거하고 있고, 이것은 선행적으로 세계 없는 주체에 국한된 규정성과는 아무 상관이 없다.

거리 없앰과 방향 잡음이 안에-있음의 구성적 성격들로서, 배려하며 둘러보며 발견된 세계내부적인 공간 안에 있는 현존재의 공간성을 규정한다. 세계내부적인 손안의 것의 공간성 및 세계-안에-있음의 공간성에 대한 지금까지의 설명이, 세계의 공간성이라는 현상을 정리작업하고 공간에 대한 존재론적인 문제를 제기하기 위한 전제를 비로소 제공한다.

제24절 현존재의 공간성과 공간

현존재는 세계-안에-있음으로서 그때마다 이미 하나의 "세계"를 발견했다. 이러한 세계의 세계성에 기초한 발견이 사용사태전체성으로 존재자를 자유롭게 내어줌으로 성격규정되었다. 자유롭게 내어주는 사용하게 함은, 유의미성에 대한 선행적인 이해에 근거하는 둘러보는 자기 지시(Sichverweisen)의 방식으로 수행된다. 이제는 이 둘러보는 세계-안에-있음이 공간적이라는 것이 제시되었다. 그리고 오직 현존재가 거리 없앰과 방향 잡음의 방식으로 공간적이기 때문에만, 주위세계적으로 손안에 있는 것을 그것의 공간성에서 만나게 될 수 있다. 사용사태전체성을 자유롭게 내어줌은 동일근원적으로 하나의 방면에서 거리를 없애며 방향을 잡으며 사용하게 함, 다시 말해서 손안의 것의 공간적인 귀속성을 자유롭게 내어줌이다. 현존재가 배려하는 안에-있음으로서 그것과 친숙해 있는 그 유의미성 안에 공간이 본질적으로 함께 열어밝혀져 있음이 놓여 있다.

이렇게 세계의 세계성과 함께 열어밝혀진 공간은 아직 3차원의 순수한 다양성은 아무것도 가지지 않는다. 공간은 이러한 가장 가까운 열어밝혀져 있음에서는 계량적인 장소배열과 위치규정의 '그 안에'로서 은닉되어 있다. 공간의 '어디에로'가 현존재 안에 선행적으로 발견되어 있다는 것을 우리는 이미 방면의 현상과 함께 보여주었다. 우리는 방면을 손안에 있는 도구연관의 가능한 귀속성이 속한 '어디에'로서 이해하며, 이때 그 도구연관을 방향 잡혀 있고 거리가 없애진 것으로, 다시 말해 장소 정해진 것으로 만나게 될 수 있다. 귀속성은 세계를 위해서 구성적인 유의미성에서부터 규정되며 가능한 '어디에'의 내부에서 '여기에로' 또는 '저기에로'를 분류규정한다. '어디에' 자체는 배려의 '그 때문에' 안에 고정된 지시전체에 의해서 앞서 윤곽 지어지며, 이 지시전체 내부에서 자유롭게 내어주는 사용하게 함이 [어디에로] 스스로를 지시한다. 손안의 것으로서 만나게 되는 그것을 가지고 그때마다 어떤 방면에 사용하게 되는 하나의 사용사태가 있게 마련이다. 주위세계적으로 손안에 있는 것의 존재를 형성하는 사용사태전체성에는 방면적인 공간사태(Raumbewandtnis)가 속한다. 이 공간사태에 근거해서 손안의 것이 형태와 방향에 따라 발견되고 규정될 수 있게 된다. 그때마다 배려하는 둘러봄의 가능한 투명성에 따라 현존재의 현사실적 존재와 함께 주위세계적으로 손안에 있는 것이 거리 없애지고 방향 잡히게 된다.

세계-안에-있음을 위해서 구성적인, 세계내부적인 존재자를 만나게 함은 일종의 "공간 내줌"이다. **공간마련**(Einräumen)이라고도 칭하는 이러한 "공간 내줌"은, 손안의 것을 그것의 공간성에로 자유롭게 내어줌이다. 이러한 공간마련이 가능한 사용사태적으로 규정된 자리전체성을 발견하며 앞서 내주는 것으로서 그때마다의 현사실적인 방향설정을 가능하게 한다. 현존재는 오직 그의 세계-안에-있음에—실존범주로 이해된—공간마련이 속하기 때문에, 세계를 둘러보며 배려하면서 공간을 바꾸고 치우고 "공간을 마련할" 수 있는 것이다. 그렇지만 그때마다 선행적으로 발견된 방면도, 도대체 그때마다의 공간성도 분명하게 시야에 들어오지 않는다. 그때마다의 공간성은 그 자체 손안의 것—이것의 배려에 둘러봄이 몰입해 있는데—의 눈에 안 띔에서 이 둘러봄을 위해서 그 자리에 있다. 세계-안에-있음과 더불어 공간이 우선 이러한 공간성에서 발견되어 있다. 이렇게 발견된 공간성의 토대 위에서 공간 자체가 인식에 접근 가능해진다.

공간이 주관 안에 있는 것도, 세계가 공간 안에 있는 것도 아니다. 오히려 공간은, 현존재에게 구성적인 세계-안에-있음이 공간을 열어밝힌 이상, 세계 "안에" 있는 것이다. 공간이 주관 안에 위치하는 것도 아니고 주관이 세계를, "마치" 이 세계가 하나의 공간 안에 있듯이, 관찰하는 것도 아니고, 오히려 존재론적으로 잘 이해된 "주체", 즉 현존재가 공간적인 셈이다. 그리고 현존재가 여기에서 기술된 방식으로 공간적이기 때문에, 공간이 스스로를 선험적 토대로서 내보여주고 있는 것이다. 이 [선험적 토대라는] 명칭은 자신에서부터 하나의 공간을 밖으로 던져 만드는, 처음에는 아직 무세계적인 주체에 선행적으로 속해 있는 귀속성 같은 것을 말하는 것이 아니다. 선험성이 여기에서 말하는 것은, 손안의 것을 주위세계적으로 만나게 됨에서 그때마다 (방면으로서의) 공간을 만나게 된다는 그 선행성이다.

둘러보며 우선 만나게 되는 것의 공간성은 둘러봄 자체에게 주제가 될 수 있는데, 예를 들어 가옥건축이나 토지측량에서처럼 계량과 측량의 과제가 될 수 있다. 이러한 아직은 주로 둘러보는, 주위세계 공간성의 주제화에서도 공간이 그 자체에서 어떤 방식에서 이미 시야에 들어온다. 이런 식으로 자신을 내보이는 공간을 순수한 바라봄이, 그전에 공간에 이르는 유일한 접근 가능성이었던 둘러보는 계산을 포기하고, 캐물어 들어갈 수 있다. 공간에 대한 "형식적 직관"이 공간적 연관들의 순수한 가능성들을 발견한다. 바로 여기에서 공간적 형태에 대한 순수 형태학에서부터 위상분석에, 더 나아가 공간에 대한 순수 메트릭스적 과학에 이르는 순수한 동질적 공간의 해명에서의 일련의 단계가 성립된다. 이러한 연관에 대한 고찰은 우리의 연구에 속하지 않는다.[22] 우리 연구의 문제틀 안에서는 단지 그 위에

---

22) 이에 대해서는 O. Becker, "Beiträge zur phänomenologischen Begründung der Geometrie und ihrer physikalischen Anwendungen"(『기하학과 그것의 물리학적 적용의 현상학적 정초를 위한 기여』), 『철학 및 현상학 연보』 제6권(1923년), 385쪽 이하 참조.

순수 공간의 주제적 발견과 정리작업이 정립되고 있는 그 현상적 토대만 존재론적으로 확정되면 된다.

  둘러봄에서 해방된, 그저 단지 바라보기만 하는 공간의 발견은 주위세계적인 방면을 순수한 차원으로 중립화시킨다. 장소들과 손안에 있는 도구를 둘러보며 방향설정한 자리전체성은 무너지고 임의의 사물들을 위한 위치의 다양성으로 가라앉고 만다. 세계내부적인 손안의 것의 공간성은 이 손안의 것과 더불어 그 공간성이 가진 사용사태성격도 상실하고 만다. 세계는 특수한 주변성을 상실하게 되며 주위세계는 자연세계가 된다. 손안에 있는 도구전체로서의 "세계"는 단지 그저 눈앞에 있는 연장된 사물들의 연관으로 공간화되고 만다. 동질적인 자연공간은 오직 손안의 것의 세계적합성을 특수하게 **탈세계화**하는 성격을 가지는 식으로 만나게 되는 존재자를 발견하는 그런 양식의 길 위에서만 제시된다.

  현존재에게는 그의 세계-안에-있음에 맞추어 그때마다 이미 발견된 공간이—비록 비주제적이기는 하지만—앞서 주어지게 된다. 이에 반해 그 자체로 있는 공간은 그것 안에 포함되어 있는, 어떤 것의 순수 공간존재의 순수 가능성과 연관 지어서 볼 때 우선은 아직 가려져 있다. 공간이 스스로를 본질적으로 **하나의 세계** 안에서 내보이고 있다고 해도 그 점이 아직은 그것의 존재 양식을 결정하지는 않는다. 공간은 어떤 그 자체가 공간적인 손안의 것이나 눈앞의 것의 존재양식을 가져야 할 필요는 없다. 공간의 존재는 또한 현존재의 존재양식을 가진 것도 아니다. 공간 자체의 존재가 연장된 사물의 존재양식에서는 개념파악될 수 없다는 사실에서부터 귀결되어 나오는 것은 다음과 같은 것이 아니다. 즉, 공간이 존재론적으로 이러한 사물의 "현상"—이 현상은 존재에 있어 사물과 구별되지 않을 것이다—으로서 규정되어야 한다는 것도 아니고, 더욱이 공간의 존재가 사유하는 사물의 존재와 동일시되어 순전한 "주관적인" 것으로—이 주체의 **존재**가 의심스럽다는 것은 전혀 배제하고서—개념파악될 수 있다는 것도 아니다.

113

오늘날까지 계속 존립하는 공간의 존재와 관련한 당혹감은 공간 자체에 대한 사태내용을 충분하게 알지 못하는 데에 근거하는 것이 아니라, 오히려 존재 일반의 가능성과 그 가능성에 대한 존재론적인 개념적 해석이 원칙적으로 투명하지 못하다는 데에 있다. 존재론적인 공간문제에 대한 이해를 위해서 결정적인 것은 다음과 같은 과제에 달려 있다. 즉, 공간의 존재에 대한 물음을 우연히 가지고 있는, 더욱이 대개는 조잡한 그런 존재개념에서부터 해방시켜서, 공간 존재의 문제틀을 현상 자체에 대한 관점 안에서 그리고 여러 다양한 현상적 공간성들을 존재 일반의 가능성을 해명하는 방향에로 데려오느냐에 달려 있다.

공간의 현상에서는 세계내부적인 존재자의 존재에 대한 단 하나의 유일한 존재론적인 규정성도, 또한 여러 다른 가능성 중 일차적인 존재론적인 규정성도 발견될 수 없다. 더더욱 공간이 세계의 현상을 구성하지도 않는다. 공간은 세계로 소급되어서야 비로소 개념파악될 수 있다. 공간은 오직 주위세계를 탈세계화시켜야만 비로소 접근 가능한 것이 아니고, 공간성은 도대체 오직 세계에 근거해서만 발견 가능하며, 그것도 공간이, 현존재의 세계-안에-있음이라는 근본구성틀과 관련하여 현존재 자신의 본질적인 공간성에 상응하게, 세계를 **함께** 구성하는 식으로 그렇다.

제4장
더불어 있음과 자기 자신으로 있음으로서의 세계-안에-있음. "그들"

세계의 세계성에 대한 분석은 끊임없이 세계-안에-있음이라는 현상 전체를 시야에 데려왔는데, 이때 그 모든 구성계기들을 세계 현상 자체처럼 똑같이 현상적인 명확성에서 부각시키지는 못했다. 세계에 대한 존재론적인 해석은 세계내부적으로 손안에 있는 것에 대한 고찰을 먼저 행했는데, 그 이유는 현존재가 그의 일상성에서—이것과 관련해서 현존재가 계속 주제화되고 있는 것이다—도대체 하나의 세계 안에 있을 뿐 아니라 또한 그 세계에 대해서 하나의 지배적인 존재양식으로 관계 맺고 있기 때문이다. 현존재는 우선 대개 그의 세계에 사로잡혀[마음 빼앗기고] 있다. 세계에 몰입되어 있는 이러한 존재양식 그리고 그것과 함께 그 밑바탕에 깔려 있는 안에-있음 자체가 본질적으로, 우리가 지금 다음과 같은 물음으로 뒤밟아보려는 현상을 규정한다. 일상성 속에서 존재하고 있다는 현존재 그는 **누구인가**? 현존재의 그 모든 존재구조들, 따라서 이러한 누구인가 하는 물음에 대답할 현상까지도 현존재의 존재방식들이다. 이것의 존재론적인 성격규정은 일종의 실존론적인 그것이다. 그렇기 때문에 물음의 단초를 올바르게 정립하는 것과 그 밖의 현존재의 일상성의 현상적 권역을 시야로 데리고 올 방법[길]에 대한 앞선 윤곽이 필요하다. 누구인가 하는 물음에 대답할 수 있는 현상의 방향에 대한 탐문은 현존재의 구조로 우리를 인도할 것인데, 그 구조는 세계-안에-있음과 동일하게 근원적인 것으로서 더불어 있음과 공동현존재[함께 거기에 있음]†이다. 이 존재양식 안에 일상적인 자기 자신으로 있음의 양태가 근거하고 있으니, 그 양태에 대한 설명은 우리가 일상성의 "주체"라고 명명해도 될 그것, 즉 "**그들**"을 드러내 보일 것이다. 따라서 평균적인 현존재의 주체는 누구인가 하는 물음에 대한 이 장은 다음과 같이 나뉜다. 1. 현존재의 주체는 누구인가 하는 실존론적인 물음의 단초(제25절). 2. 타인들의 공동현존재와 일상적인 더불어 있음(제26절). 3. 일상적인 자기 자신으로 있음과 "그들"(제27절).

제25절 현존재는 누구인가 하는 실존론적인 물음의 단초

이 존재자(현존재)가 그때마다 각기 누구인가 하는 물음에 대한 답은 얼핏 보아 현존재에 대한 근본규정성을 형식적으로 제시하면서(제9절 참조) 이미 주었던 것처럼 보인다. 현존재는 그때마다 각기 나 자신인 존재자이며, 존재는 각기 나의 존재이다. 이 규정은 일종의 **존재론적인 구성틀**을 **제시**하고는 있지만 그것이 전부일 뿐이다. 이 규정은 동시에—비록 거칠기는 하지만—존재적인 면도 제시하고 있으니, 그때마다 각각의 나가 바로 그 존재자이지, 다른 사람이 아니라는 점이다. '누구인가'는 나 자신에서부터, "주체"에서부터, "자기 자신"에서부터 대답되고 있다. '누구인가'는 행동관계와 체험의 변화 속에서도 동일한 것으로 자신을 견지하며 이때 이 다양성과 관련을 맺고 있는 바로 그것이다. 그러한 것을 우리는 존재론적으로, 하나의 닫힌 영역 안에 이 영역에 대해서 그때마다 이미 끊임없이 있는 눈앞의 것이라고 이해하며, 그것이 탁월한 의미에서 밑바탕에 놓여 있는 것이라서 **주체**로 이해한다. 이 주체는 다양한 상이함 속에서도 동일한 것으로서 **자기 자신**이라는 성격을 지닌다. 사람들이 의식의 사물성과 인격의 객관성과 같이 영혼의 실체를 거부하는지는 몰라도 그럼에도 존재론적으로는 여전히, 그것의 존재가 드러나게, 또는 드러나지 않게 눈앞에 있음의 의미를 간직하고 있는 그 어떤 것을 단초로 삼고 있다. 실체성은 거기에서부터 누구인가를 묻는 물음이 대답될 수 있는 존재자를 규정하기 위한 존재론적인 실마리이다. 현존재는 암암리에 애초부터 눈앞의 것으로 개념파악된다. 어쨌거나 그의 존재가 규정되지 않고 있음은 언제나 이러한 존재의미를 함축한다. 그런데 눈앞에 있음은 현존재적이지 않은 존재자의 존재양식이다.

'내가 바로 현존재가 그때마다 각기 그것인 그로다'라는 발언의 존재적인 자명성을, 그로써 그렇게 "주어진 것"에 대한 존재론적인 해석의 길이 오해의 여지없이 윤곽 잡혀졌다는 견해로 오도해서는 안 된다. 여기에서는 심지어, 앞의 발언의 존재적 내용이 과연 일상적 현존재에 대한 현상적 상태라도 적합하게 제시해주고 있는지조차 의심스럽다. 일상적인 현존재의 주체인 누구라는 것이 바로 그때마다 각기 나 자신이 아닐 수도 있다.

존재자 자체의 존재양식에서부터 현상적으로 제시하는 것이 존재적-존재론적 발언을 획득하는 데에 예전부터 제시되어온 가장 자명한 대답들과 이 대답들에서 길어올린 문제제기에 대해서도 우위를 견지해야 한다면, 이 경우 현존재에 대한 현상학적인 해석은 이제 제기해야 하는 물음과 관련지어 문제틀이 전도되지 않도록 조심해야 한다.

그러나 만일 문제틀의 단초가 주제적인 분야의 자명한 주어져 있음에 머물러 있지 않는다면, 그것은 모든 건전한 방법론의 규칙을 거스르는 것은 아닌가? 그리고 무엇이 내가 주어져 있다는 것보다 더 의심의 여지가 없다는 말인가? 그리고 이러한 주어져 있음에, 자아를 근원적으로 끄집어내려는 목적에서 그 밖의 다른 어떠한 "주어져 있음"도, 하나의 존재하는 "세계"뿐 아니라 다른 "자아들"의 존재까지도 모두 간과하라는 지침이 놓여 있는 것이 아닌가? 실지로 또한 이러한 종류의 줌이, 즉 형식적이고 반성적인 자아인지(Ichvernehmen)가 주고 있는 그것이 자명한 것일까? 이러한 통찰은 심지어 일종의 독자적인 현상학적인 문제틀로 이끄는 통로를 열어주기까지 한다. 그 문제틀은 "의식에 대한 형식적 현상학"으로서 원칙적이며 테두리를 마련해준다는 의미를 가진다.

현사실적인 현존재에 대해서 실존론적인 분석을 행하고 있는 지금 여기의 문맥에서 다음과 같은 물음이 제기된다. 즉, 앞에서 말한 자아의 줌의 방식이 현존재를 그의 일상성에서—만일 그것이 도대체 현존재를 열어밝히기라도 한다면—열어밝히고 있는가? 현존재로의 통로가 행위의 자아에 대한 단적인 인지적인 반성이어야 한다는 것이 과연 선험적으로 자명한 것인가? 만일 이러한 종류의 현존재의 "자기를 내줌"이 실존론적인 분석론에는 하나의 유혹이며 그것도 현존재의 존재 자체에 근거하는 유혹이라면? 아마도 현존재는 자기 자신에 대해서 가장 가깝게 언제나 "그래, 그게 나야"라고 말하는데, 결국에는 그가 바로 그 존재자가 "아닐" 때 가장 큰 소리로 그렇게 말한다. 그런데 만일 현존재가 그때마다 각기 나의 것이라는 이 현존재의 구성틀이 바로, 현존재가 우선 대개 그 **자신이 아닌** 근거라면? 만일 앞에서 이야기했듯이 자아의 주어져 있음에 단초를 잡은 실존론적 분석론이 현존재 자체를, 그리고 그 자신에 대한 손쉬운 자기해석을 함정에 빠지게 하고 있다면? 만일 단적인 줌에서 접근 가능한 것을 규정하기 위한 존재론적인 지평이 규정되지 않은 채 남아 있다는 사실이 귀결되어 나올 수밖에 없다면? 사람들은 여전히 존재적으로 합당하게 이 존재자에 대해서, "나는" 그것이다 하고 말할 수 있을지 모르겠다. 그렇지만 그런 발언을 사용하는 존재론적인 분석론은 그 발언을 원칙적으로 유보해야 한다. "나[자아]"는, 아마도 그때마다의 현상적인 존재연관 속에서 자신을 자신의 "반대"로서 드러내고 있는 그 어떤 것에 대한 구속력이 없는 **형식적 제시**의 의미로만 이해되어야 한다. 이때 "비-자아"는 본질적으로 "자아성"을 결여한 존재자와 같은 것을 말하는 것이 아니고, 오히려 "자아" 자신의 한 특정한 존재양식, 예를 들어 자기상실을 의미한다.*

그러나 현존재에 대한 지금까지의 긍정적인 해석도 이미 누구인가 하는 물음에 현상적으로 충분하게 대답하려는 의도에서 자아의 형식적인 소여성[주어져 있음]에서 출발하는 것을 금한다. 세계-안에-있음에 대한 해명은 이미 우선적으로 세계 없는 순전한 주체가 "존재하거나" 주어져 있는 것이 결코 아니라는 것을 보여주었다. 그리고 또한 그와 마찬가지로 결국에는 타자 없는 고립된 자아가 우선 존재하는 것도 아니다.[1] 그런데 "타자들"이 각기 이미 세계-안에-있음에 **함께 거기 존재한다**고 하더라도, 이러한 현상적 확인이 그렇게 "주어진 것"의 **존재론적인** 구조를 자명한 것으로 여겨 탐구가 필요 없는 것으로 간주하도록 오도해서는 안 된다. 과제는 이러한 함께 거기 존재함의 양식을 우선적인 일상성에서 현상적으로 드러내고 존재론적으로 합당하게 해석하는 것이다.

세계내부적인 존재자의 자체존재의 존재적 자명성이 이 존재의 의미에 대한 존재론적인 자명성으로 오도하여 세계의 현상을 간과하도록 만들듯이, 현존재가 그때마다 각기 나의 것이라는 존재적 자명성도 거기에 속해 있는 존재론적인 문제틀을 잘못 인도할 가능성을 자체 안에 간직한다. 우선 현존재의 주체가 누구인가가 **존재론적으로** 문제일 뿐 아니라 **존재적으로도** 은폐된 채로 남아 있다.

그렇다면 이제 "누구인가" 하는 물음에 대한 실존론적-분석론적 대답이 도대체 아무런 실마리도 가지고 있지 않다는 말인가? 결코 그렇지 않다. 어쨌거나 앞에서(제9절과 제12절) 보여준 현존재의 존재구성틀에 대한 형식적 제시 중에서는 지금까지 논의된 제시가 그런 실마리 역할을 하지 못하

---

[1] 막스 셸러의 현상학적 제시를 참조. M. Scheler, *Zur Phänomenologie und Theorie der Sympathiegefühle*(『동정심에 대한 현상학 및 이론을 위하여』), 1913년, 부록 118쪽 이하. 이것은 다음의 제목으로 제2판이 나왔다. *Wesen und Formen der Sympathie*(『동정심의 본질과 형태』), 1923년, 244쪽 이하.
* 또는 비참한 자아성에 비할 때 바로 그 진짜 자기성.

고 오히려 현존재의 "본질"이 그의 실존에 근거하고 있음을 보여주는 제시의 역할을 할 뿐이다. 만일 "자아"가 현존재의 본질적인 규정성의 하나라면, 이 경우 이 규정성은 실존론적으로 해석되어야 한다. 이 경우 누구인가 하는 물음은 현존재의 특정한 존재양식의 하나를 현상적으로 제시함으로써 대답될 수 있을 것이다. 만일 현존재가 그때마다 각기 오직 실존하면서 자기 자신일 수 있다면, 이 경우 자기 자신의 자립성[불변성]은 그의 가능한 "비자립성"과 마찬가지로 그것의 문제틀에 대한 유일하게 적합한 통로로서 하나의 실존론적-존재론적 물음제기를 요구한다.

그러나 자기 자신이 "단지" 이 존재자의 존재의 한 방식으로만 개념파악되어야 한다면, 이 경우 이것은 분명 현존재의 본래적인 "핵심"을 회피하는 것이나 다름이 없어 보일 것이다. 그러나 이러한 우려는, 문제의 존재자가 근본적으로 일종의 눈앞의 것의 존재양식을 지니고 있다는—사람들이 그 존재자를 주변에서 보이는 물체적 사물의 묵직함과는 명백히 구별한다고 하더라도—뒤바뀐 앞선 견해에서부터 자라나온 것이다. 어쨌든 인간의 "실체"는 영혼과 육체의 종합으로서의 정신이 아니고 실존이다.

제26절 타인들의 공동현존재와 일상적인 더불어 있음

일상적인 현존재가 누구인가 하는 물음에 대한 대답은, 현존재가 우선 대개 그 안에 머무르는 그 존재양식의 분석에서 획득되어야 한다. 탐구는 세계-안에-있음에 방향을 잡는데, 이 세계-안에-있음이라는 현존재의 근본구성틀에 의해서 현존재의 존재의 모든 양태가 함께 규정되어 있다. 우리가 올바르게도, 다음의 세계에 대한 설명을 통해서 또한 이미 세계-안에-있음의 다른 구조계기들도 시야에 들어왔다고 말했을 때, 그 설명을 통해서 또한 누구인가 하는 물음에 대한 대답이 어떤 의미로는 이미 준비된 셈이다.

가장 가까운 주위세계—예를 들어 수공업자의 작업세계—에 대한 "기술"에서 드러나는 것은 작업 중에 놓여 있는 도구와 더불어 그 "작품"이 그를 위해서 행해지고 있는 그 타자도 "함께 만나게" 된다는 사실이다. 이러한 손안의 것의 존재양식에는, 다시 말해 그것의 사용사태 안에는 본질적으로 그것을 사용할 착용(소유)자가 지시되어 놓여 있다. 그 손안의 것은 이 착용자의 "몸에 맞게 재단되어야" 하는 것이다. 같은 방식으로 사용되는 재료에서 그 재료의 생산자나 "제공자"를 잘, 혹은 나쁘게 "이용하는" 사람으로서 만나게 된다. 예를 들어 우리가 "밖에서" 그 언저리를 따라 걷는 밭은 누구 누구에게 속한 것으로, 그에 의해서 잘 가꾸어지는 것으로 제시되며, 사용하고 있는 책은 "누구" 집에서 산 것이거나 "누구"에게서 선물받은 것이거나 하는 등이다. 해변에 정박한 보트는 그것을 타고 항해를 나가는 어떤 친지를 그 자체존재에서 지시하며 "낯선 보트"도 타인을 가리킨다. 이렇게 손안에 있는 주위세계적인 도구연관에서 "만나게 되는" 타인들은 이를테면 어떤 처음에 단지 눈앞에 있기만 한 사물에 추가로 생각되는 것이 아니고, 오히려 그것들이 그 안에서 타인들을 위해서 손안에 있는 세계에서부터 이러한 "사물들이" 만나지는 것이며, 그 세계는 또한 언제나 애초부터 나의 세계이기도 하다. 지금까지의 분석에서는 주위세계적으로 만나게 되는 것의 범위가 우선 손안에 있는 도구 또는 눈앞의 자연에, 따라서 현존재적이지 않은 성격의 존재자에 제한되었다. 이러한 제한은 설명을 단순화하기 위해서도 필요했을 뿐 아니라 또한 무엇보다도 세계내부적으로 만나게 되는 타인이라는 현존재의 존재양식이 손안에 있음과 눈앞에 있음과는 구별되기 때문에 필요하다. 따라서 현존재의 세계는 도구와 사물들 자체와는 아주 다를 뿐 아니라, **현존재로서의** 그의 존재양식을 볼 때에 그 자체가 세계-안에-있음의 방식으로 세계 "안에" 존재하며 그 세계 안에서 동시에 세계내부적으로 만나게 되는 존재자도 자유롭게 내어준다. 이러한 존재자는 눈앞에 있는 것도, 손안에 있는 것도 아니며 자유롭게 내어주는 현존재 자신과 **똑같이** 그렇게 존재하고 있다. 즉, 그 존재자도 **존재하며 함께 거기에** 있다. 그런데 만일 사람들이 벌써부터 세계를 도대체 세계내부적인 존재자와 동일시하려고 든다면 "세계"는 또한 현존재이기도 하다고 말해야 할 것이다.

그러나 이렇게 타인을 만나게 됨을 성격규정함이 분명 다시금 각기의 고유한 현존재에 방향을 잡고 있다. 이러한 성격규정도 "자아"의 특징과 고립에서부터 출발하며 그래서 이 경우 이러한 고립된 주체에서부터 타인에게로 가는 넘어감이 찾아져야 하는 것은 아닌가? 이러한 오해를 피하기 위해서는 여기에서 어떤 의미로 "타인"에 대해 이야기하고 있는지를 유의해야 한다. "타인"은 나를 제외한, 내가 그것과는 구별이 되는, 남은 여타의 사람들 전체를 말하는 것이 아니다. 오히려 타인은 사람들이 대개는 그것과 자기 자신을 구별하지 않고 그 속에 같이 속해 있는 사람들이다. 이렇게 그들과 함께 똑같이 거기에 있음은 하나의 세계내부에 "함께"-눈앞에 있음이라는 존재론적인 성격을 가지지 않는다. "함께"는 현존재적인 어떤 것이며 "똑같이" 둘러보며 배려하는 세계-안에-있음으로서의 존재의 동일성을 의미한다. "함께"와 "똑같이"는 실존론적으로 이해되어야 하지, 범주적으로 이해되어서는 안 된다. 이러한 **함께하는** 세계-안에-있음에 근거해서 세계가 그때마다 각기 이미 언제나, 내가 타인과 함께 나누는 세계인 것이다. 현존재의 세계는 **공동세계**이다. 안에-있음은 타인과 더불어 있음[공동존재]이다. 타인의 세계내부적인 자체존재는 **공동현존재[함께 거기에 있음]**이다.

우리는 타인을, 우선 눈앞에 있는 자신의 고유한 주체를 여타의, 또한 현전하는 다른 주체와 선행적으로 구별하여 파악하는 가운데 만나게 되는 것이 아니다. 그 안에서 그것에 대비해 어떤 구별이 비로소 확정되는 자기 자신에 대한 일차적인 관점 안에서 만나게 되는 것이 아니다. 우리는 타인을 배려하며 둘러보는 현존재가 본질적으로 그 안에 체류하고 있는 바로 그 **세계**에서부터 만난다. 타인을 눈앞에 있음으로 설명하는 것은 쉽게 스며들어와서 이론적으로 고안되는데, 이러한 "설명들"에 대해서 타인들이 주위세계적으로 만나게 된다는 제시된 현상적 사실요소가 확고하게 견지되어야 한다. 현존재의 이러한 우선적이고 기초적인 만남의 양식은 더 멀리 나아가서 자신의 고유한 현존재까지도 그 자신에 의해서 "체험"과 "행위중심"이 간과되거나 도대체 "고찰되지" 않고 우선은 "앞에 발견되고" 있는 것이 될 정도이다. 현존재는 "자기 자신을" 우선 그가 행하고 사용하고 기대하고 피하는 그것 안에서, 즉 우선 배려하고 있는[신경 쏟고 있는] 주위세계적으로 손안에 있는 것 안에서 발견한다.

심지어 현존재가 자기 자신을 '나 여기에'라고 분명하게 말할 때에도 이러한 장소적 인칭규정은 현존재의 실존론적인 공간성에서부터 이해되어야 한다. 이러한 공간성에 대한 해석에서 우리는 이미(제23절) 이러한 '나 여기에'가 '나'라는 사물이 차지하고 있는 어떤 탁월한 지점을 의미하는 것이 아니라, 손안에 있는 세계의 '저기에'에서부터 안에-있음으로 이해되며 배려함으로서의 현존재에 체류하고 있음을 암시했다.

훔볼트(Karl Wilhelm Freiherr von Humboldt)[2]는 "나"를 "여기에"로써, "너"를 "거기에"로써, "그"를 "저기에"로써 표현하는 언어[사용]을 지적했는데, 이 언어는 따라서—문법적으로 정식화하면—장소부사를 가지고 인칭대명사를 다시 제시하는 셈이다. 장소표현의 근원적인 의미는 과연 어떤 것인가, 부사적인가 아니면 대명사적인가 하는 것은 논란의 여지가 있다. 그러나 장소부사가 현존재로서의 "나"와 연관을 가지고 있다는 점에 유의하면 그 논쟁은 기반을 잃게 된다. "여기에", "저기에", "거기에" 등은 일차적으로 세계내부적인 공간의 위치에 놓여 있는 존재자에 대한 순수한 장소규정이 아니라 오히려 현존재의 근원적인 공간성이 지니는 성격들이다. 장

---

2) Wilhelm von Humboldt, "Über die Verwandtschaft der Ortsverbien mit dem Pronomen in einigen Sprachen"(「몇몇 언어에서 나타나는 장소부사와 대명사의 근사성에 대하여」, 1829년), 『훔볼트 선집 제6권』, 프러시아 과학 아카데미 편집, 304-330쪽.

소부사라고 추정한 그것은 현존재의 규정이며, 그것은 일차적으로 범주적인 의미가 아니라 실존론적인 의미를 가진다. 그것은 또한 대명사도 아니며, 그것의 의미는 장소부사와 인칭대명사의 차이에 앞서 놓여 있다. 그러나 이러한 표현의 본래적인 공간적인 현존재의미가 증명하는 것은, 이론적으로 왜곡되지 않은 현존재해석이 이것을 직접적으로 현존재가 공간적으로, 다시 말해 거리 없애며-방향 잡으며 배려하는 세계 "곁에 있음"에서 보고 있다는 사실이다. "여기에"에서 그의 세계 속으로 몰입하고 있는 현존재는 자기 자신을 향해 말하는 것이 아니라, 오히려 자기 자신에서부터 떠나 둘러보며 손안의 것의 "저기에"를 향해 말하는 것이며 분명 실존론적인 공간성에서 **자기 자신**을 의미하고 있는 것이다.

현존재는 자기 자신을 우선 대개 그의 세계에서부터 이해하며, 타인의 공동현존재는 세계내부적인 손안의 것에서부터 다양하게 만난다. 타인이 비록 그들의 현존재에서 흡사 주제가 되는 때라도 타인을 눈앞에 있는 인격사물로서 만나지 않고 오히려 우리는 타인을 "작업 중에", 다시 말해 일차적으로 그들의 세계-안에-있음에서 만난다. 우리가 타인이 "그냥 서성거리며 있는 것"을 볼 때라도 그는 결코 눈앞에 있는 인간사물로서 파악되고 있는 것이 아니라, 그 "서성거리며 있음"이 곧 일종의 실존론적인 존재양태이다. 즉, 배려 없이 둘러봄 없이 모든 것 곁에 체류하고 있음이며, 따라서 어떤 것 곁에도 머물러 있지 않음이다. 타인은 그의 세계 내에서의 공동현존재 안에서 만나게 된다.

그러나 "현존재"라는 표현이 분명하게 보여주는 것은, 이 존재자가 "우선은" 타인과 연관되어 있지 않은 상태에 있으며, 그래서 추가로 나중에 타인과 "함께" 있을 수 있다는 것이 아닌가. 그렇지만 우리가 공동현존재라는 용어를, 존재하는 타인들이 그리에로 세계내부적으로 자유롭게 된 그 존재를 지칭하기 위해서 사용하고 있다는 사실을 간과해서는 안 된다. 타인의 이러한 공동현존재는 오직 세계내부적으로만 한 현존재에게 열어밝혀져 있으며 그렇게 또한 함께 거기에 있는 사람들에게도 열어밝혀져 있는데, 그 까닭은 현존재가 본질적으로 그 자체에서 공동존재[더불어 있음]이기 때문이다. "현존재는 본질적으로 공동존재이다"라는 현상학적인 발언은 하나의 실존론적-존재론적인 의미를 지닌다. 그 발언은 존재적으로, 내가 현사실적으로 혼자 눈앞에 있지 않고 나 같은 종류의 타인들도 있음을 확인하려는 것이 아니다. 현존재의 세계-안에-있음이 본질적으로 공동존재에 의해서 구성되어 있다는 문장이 그런 것을 의미한다면, 이 경우 공동존재는 현존재에게 그 자신에 의해서 그의 존재양식에서부터 부여되고 있는 규정이 아니라 타인들이 그 자리에 있음에 근거해서 그때마다 생겨나는 속성일 것이다. 공동존재[더불어 있음]는, 타인이 한 사람도 현사실적으로 눈앞에 없고 지각되지 않을 때라도, 현존재를 실존론적으로 규정하고 있다. 현존재의 혼자 있음도 세계 안에 더불어 있음인 것이다. 타인은 오직 더불어 있음 **안에서만**, 그리고 더불어 있음에 **대해서만 결여될** 수도 있는 것이다. 혼자 있음은 더불어 있음의 결여적 양태의 하나이며, 그 가능성은 더불어 있음에 대한 증명이다. 그리고 다른 한편 현사실적인 혼자 있음이, 두 번째의 사례인 인간 하나가 나의 "옆에" 나타나거나 또는 그런 사람 열이 나타난다고 해서 제거되는 것은 아니다. 따라서 더불어 있음과 서로 함께 있음의 현사실성은 여러 다수의 "주체들"이 함께 그 자리에 있음에 근거하는 것이 아니다. 그렇지만 여러 사람 "가운데" 혼자 있음은 다수의 존재와 연관해서 다시금 그들이 이때 단지 눈앞에 있을 뿐임을 말하는 것은 아니다. "그들 가운데" 있으면서도 그들은 **함께 거기에** 있다. 그들의 함께 거기에 있음을 무차별성 또는 낯섦의 양태에서 만나게 된다. 결여와 "없어짐"은 함께 거기에 있음의 양태들이며, 오직 현존재가 더불어 있음으로서 타인의 현존재를 그의 세계에서 만나도록 해주기 때문에만 가능할 뿐이다. 더불어 있음은 각기의 고유한 현존재의 한 규정성이다. 함께 거기에 있음은, 그것이 더불어 있음의 세계를 통해서 더불어 있음에게 자유롭게 내어지는 한에서, 타인들의 현존재를 성격규정하고 있다. 고유한 현존재는 오직, 그것이 더불어 있음이라는 본질구조를 가지고 있는 한에서, 타인을 만나게 되는 함께 거기에 있음으로 존재하는 것이다.

더불어 있음†이 세계-안에-있음에 대해서 실존론적으로 구성적인 것으로 남아 있다면, 이 경우 그것도 세계내부적인 손안의 것과의 둘러보는 왕래—이것을 우리는 앞서 잡으면서 배려함이라고 특징지었다—와 마찬가지로 **염려**의 현상에서부터 해석되어야 한다. 현존재의 존재 자체가 바로 이 염려로서 규정될 것이다(제1편 제6장 참조). 배려함의 존재성격이 더불어 있음의 고유함일 수는 없다. 비록 더불어 있음이라는 존재양식이 배려함과 같이 세계내부적으로 만나게 되는 존재자를 **향한 존재**이기는 하지만 말이다. 그러나 더불어 있음으로서의 현존재가 그것과 관계를 맺는 그 존재자는 손안에 있는 도구의 존재양식을 가지고 있지 않다. 그 존재자 또한 현존재이다. 이러한 존재자는 배려되는 것이 아니라 오히려 **심려**의 대상이 된다.††

음식과 의복의 "배려"도, 병든 몸의 간호도 심려이다. 그러나 우리는 이 표현을 배려라는 용어의 사용과 마찬가지로 실존범주의 하나를 지칭하는 용어로 이해한다. 예를 들어 실제적인 사회복지 시설로서의 "심려"는 더불어 있음으로서의 현존재의 존재구성틀에 근거한다. 심려가 현사실적으로 긴급한 것은 현존재가 우선 대개 심려의 결손적 양태에 머무른다는 데에 그 동기를 둔다. 서로를 위해서 있음, 서로 반목하며 있음, 서로 상대하지 않으며 있음, 서로 지나쳐버림, 서로 아무 상관하지 않음 등은 심려의 가능한 방식들이다. 그리고 바로 마지막에 열거한 결손과 무차별의 양태들이 일상적 평균적인 서로 함께 있음을 성격규정한다. 이러한 존재양태들은 다시금 눈에 띄지 않으며 자명하다는 특징을 내보인다. 이 특징은 타인들의 일상적 세계내부적인 함께 거기에 있음에 고유할 뿐 아니라 매일 배려되고 있는 도구의 손안에 있음에도 고유하다. 서로 함께 있음의 이러한 무차별한 양태들이 존재론적으로 그러한 존재를 우선 여러 주체들의 순수한 눈앞에 있음으로 해석하도록 오도한다. 임의의 사물들이 "무차별하게" 함께 그 자리에 있는 것과 서로 함께 있는 존재자들이 서로 아무 상관하지 않음 사이에는 단지 동일한 존재양식이 사소하게 다르게 나타나는 것처럼 보이지만 그 둘 사이에는 존재론적으로 분명 본질적인 차이가 존립한다. 122

심려는 그것의 긍정적인 양태를 고려해볼 때 두 가지 극단적인 가능성을 지닌다. 심려는 다른 사람의 "염려"를 흡사 빼앗아서 배려함 속에서 그 대신 나서서, 그를 위해서 뛰어들 수 있다. 이러한 심려는 배려해야 할 것을 타인을 위해서 [자기가] 떠맡는다. 이때 타인은 그의 자리에서 쫓겨나 뒤로 물러앉아 나중에 배려된 것을 완성되어 마음대로 다룰 수 있는 것으로 떠맡게 되거나 또는 거기에서 완전히 해방되거나 한다. 이러한 심려에서 타인은 의존하며 지배받는 사람이 되는데, 이때 그 지배가 암묵적이어서 피지배자에게 은닉된 채 남아 있더라도 마찬가지이다. 이러한 대신 뛰어드는, "염려"를 빼앗는 심려가 서로 함께 있음을 광범위하게 규정하며, 이러한 심려는 대개 손안의 것의 배려에 관계된다.

이와는 다르게 타인을 위해서 그렇게 대신 뛰어들기보다는 그의 실존적인 존재가능에서 타인에 앞서 먼저 뛰어드는 그런 심려의 가능성도 존립한다. 이 경우 타인에게서 "염려"를 빼앗는 것이 아니라 오히려 이제 비로소 본래적으로 염려로서 되돌려준다. 이러한 심려는 본질적으로 본래적인 염려로서—다시 말해 타인의 실존에 관계되지, 그가 배려하는 어떤 무엇에 관계되지 않는다—타인으로 하여금 그 자신이 그의 염려 안에서 투명해지고 그의 염려로부터 **자유로워지도록** 도와준다.

심려는 현존재의 존재구성틀의 하나로서 입증되는데, 이 존재구성틀은 그것의 상이한 가능성에 따라 그 자신에 대한 본래적인 존재와 마찬가지로 배려되고 있는 세계에 대한 존재와도 얽혀 있다. 서로 함께 있음은 우선, 그리고 다중적으로 전적으로 그러한 존재에서 공동으로 배려되고 있는 바로 그것 안에 근거한다. 동일한 일을 한다는 데에서부터 발원하는 서로 함께 있음은 대개 외적인 경계에 머무를 뿐 아니라 또한 거리와 삼감의 양태에도 이른다. 동일한 일에 고용된 사람들의 서로 함께 있음은 흔히 오직 불신에 의해서만 지배된다. 반대로 동일한 일을 위해서 공동으로 투신함은 각기 고유하게 장악한 현존재에서부터 규정된다. 이러한 **본래적인** 결속성이 비로소, 타인을 그의 자유에서 그 자신에게로 자유롭게 내어주는 올바른 사태성을 가능하게 한다.

일상적인 서로 함께 있음은 긍정적인 심려의 이러한 두 극단—대신 뛰어들어 지배하는 심려와 앞서 뛰어들며 자유롭게 하는 심려—사이에 머물러 있으며 다양한 형태의 혼합양상을 보여준다. 그것들에 대한 기술과 분류는 여기에서의 우리의 탐구의 한계를 벗어난다.

배려함에 손안의 것을 발견하는 방식으로 **둘러봄**이 속하듯이, 심려는 **고려와 관용**에 의해서 이끌어진다. 이 둘은 심려와 더불어 상응한 결손적이며 무차별한 양태들을 두루 거쳐 무정함과—무차별을 이끄는—관대함에까지 이를 수 있다.

세계는 세계내부적으로 만나게 되는 존재자로서의 손안의 것을 자유롭게 내어줄 뿐 아니라 현존재도, 타인들도 그들의 서로 함께 있음에서 자유롭게 내어준다. 그러나 이렇게 주위세계적으로 자유롭게 된 존재자는 그것의 가장 고유한 존재의미에 상응하게, 그것이 그 안에서 타인들도 만나면서 함께 거기에 있는 그 동일한 세계 안에 있음이다. 세계성은 앞에서(제18절) 유의미성의 지시전체로서 해석되었다. 이러한 유의미성과 선행적으로 이해하며 친숙하게 있으면서 현존재는 손안의 것을 그것의 사용사태 안에서 발견된 것으로 만나게끔 만든다. 유의미성의 지시연관은 현존재 자신의 가장 고유한 존재에 대한 존재에 고정되어 있다. 그래서 현존재는 본질적으로 어떠한 사용사태도 가질 수 없고 오히려 **그것 때문에** 현존재 자신이 그가 존재하듯이 그렇게 존재하는 그런 존재인 것이다.

그러나 지금 수행한 분석에 따르면, 현존재에게 그의 존재함에서 바로 그것이 문제가 되는 바로 그 현존재의 존재에는 타인과의 더불어 있음도 속한다. 그러므로 현존재는 더불어 있음으로서 본질적으로 타인들 때문에 "존재한다". 이것은 실존론적인 본질발언으로서 이해되어야 한다. 비록 그 때마다의 현사실적인 현존재가 타인에 아랑곳하지 않고, 타인을 필요하지 않다고 생각하거나 또는 타인 없이 지낸다고 해도, 현존재는 더불어 있음의 방식으로 "존재하고 있는" 것이다. 실존론적인 타인 때문에로서의 더불어 있음에는 이 타인이 그의 현존재에서 이미 열어밝혀져 있다. 따라서 더불어 있음과 함께 선행적으로 구성되어 있는 이러한 타인의 열어밝혀져 있음이 유의미성도, 다시 말해 세계성도 함께 형성하고 있다. 그 열어밝혀져 있음은 이 세계성으로서 실존론적인 '그것 때문에'에 고정되어 있다. 그렇기 때문에 그렇게 구성된 세계의 세계성—이 안에 현존재는 본질적으로 각기 이미 존재하고 있다—이 주위세계적인 손안의 것을 만나게 해주며 그래서 둘러보며 배려되고 있는 것으로서의 그것과 같이 타인의 함께 거기에 있음도 만나게 된다. 세계의 세계성의 구조에는, 타인들이 우선 허공에 떠다니는 주체들로서 다른 사물들과 나란히 눈앞에 있는 것이 아니라, 그들의 주위세계적인 특별한 세계 안에 있음을 이러한 세계 안에 손안에 있는 것에서부터 스스로 내보이고 있다는 사실이 놓여 있다.

더불어 있음에는 타인의 함께 거기에 있음도 열어밝혀져 있는데, 이것이 말하는 것은 다음과 같은 사실이다. 즉, 현존재의 존재이해에는 이미—그의 존재가 더불어 있음이기 때문에—타인에 대한 이해가 놓여 있다. 이러한 이해는 이해 일반과 마찬가지로 인식에서 자라나온 지식이 아니라 인식함과 지식을 비로소 처음으로 가능하게 하는, 일종의 근원적인 실존론적 존재양식이다. 알게 됨은 근원적으로 이해하는 더불어 있음에 근거한다. 그것은 우선 더불어 있는 세계-안에-있음이라는 가장 가까운 존재양식을 따라 현존재가 타인들과 더불어 주위세계적으로 둘러보며 발견하고 배려하는 그것을 이해하는 앎 속에서 움직인다. 배려되고 있는 것에서부터, 그리고 그것의 이해와 더불어 심려하는 배려가 이해되어 있다. 타인은 이렇게 우선 배려하는 심려에서 열어밝혀져 있다.

그런데 이제 심려가 우선 대개 결손되거나 또는 적어도 무차별한 양태 안에―서로 지나치는 무관심 속에―머무르기 때문에, 우선적이고 본질적인 알게 됨이 일종의 서로를 알게 됨을 필요로 한다. 그리고 이 알게 됨이 심지어 수줍어하고 자기를 숨기고 위장함의 방식들에 빠져버릴 때에도 서로 함께 있음은 타인에게 가까이 가거나 "타인을 간파하기" 위해서 특별한 길을 필요로 한다.

자기를 열어 보이거나 감춤이 서로 함께 있음이라는 그때마다의 존재양식에 근거하는 것처럼, 아니 다른 것이 아닌 바로 이 존재양식인 것처럼, 타인에 대한 분명한 심려하는 열어밝힘도 그때마다 각기 오직 타인과의 일차적인 더불어 있음에서부터 자라나온다. 그러한 비록 **주제적**이기는 하지만 이론적-심리학적은 아닌, 타인을 열어밝힘이 이제 쉽게 "낯선 영혼생명"을 이해하는 이론적인 문제틀을 위해서 우선 시야에 들어오는 현상이 된다. 그런데 이렇게 현상적으로 "우선" 이해하는 서로 함께 있음의 한 방식으로 표현하는 그것이 동시에 "시원적으로" 그리고 근원적으로 도대체 타인에 대한 존재를 가능하게 하고 구성하고 있는 그것으로 취해진다. 그래서 "**감정이입**"이라는 좋다고는 할 수 없는 명칭의 이 현상이 그다음 존재론적으로 흡사, 우선 유일하게 주어져 있는 고유한 주체에서부터 우선은 도대체 닫혀 있는 다른 주체들에게로 가는 다리를 비로소 놓아야 하는 것이다.

타인에 대한 존재는 분명 존재론적으로 눈앞에 있는 사물들에 대한 존재와는 다르다. "타인" 존재자는 그 자신 현존재라는 존재양식을 가진다. 따라서 타인과 더불어 있음과 타인에 대한 존재에는 일종의 현존재에 대한 현존재의 존재관계가 놓여 있다. 그러나 이러한 관계는, 그 자신 존재이해를 가지며 그래서 현존재와 관계를 맺는 각기의 고유한 현존재에게 이미 구성적인 것이라고 사람들은 말하고 싶어할 것이다. 이 경우 타인들에 대한 존재관계는 자기 자신에 대한 고유한 존재를 "타인 안으로" 투사하는 것이 된다. 타인은 자기 자신의 복사인 셈이다.

그러나 얼핏 자명한 듯한 이러한 숙고는 약한 기반 위에 서 있다는 것을 쉽게 알아볼 수 있다. 현존재의 그 자신에 대한 존재가 곧 타인에 대한 존재라는 이 논증이 요구하는 전제는 들어맞지 않는다. 이러한 전제가 그것의 합당성에서 명증적인 것으로 입증되지 않은 한, 그 전제가 어떻게 현존재의 그 자신에 대한 관계를 타인으로서의 타인에게 열어밝혀야 할지가 수수께끼로 남아 있다.

타인에 대한 존재는 일종의 독자적이며 환원 불가능한 존재관련일 뿐 아니라, 그 존재관련은 더불어 있음으로서 현존재의 존재와 더불어 이미 존재하는 것이다. 더불어 있음에 근거해서 생생하게 서로 상대방을 알게 되는 것이 흔히, 고유한 현존재가 그때마다 자기 자신을 얼마나 넓게 이해했는가에 달려 있다는 점은 분명 논란의 여지가 없다. 그러나 그것은 단지 고유한 현존재가 타인들과의 본질적인 더불어 있음을 얼마나 넓게 스스로에게 투명하게 만들었으며 위장하지 않았는가를 말할 뿐이며, 이것은 현존재가 세계-안에-있음으로서 각기 이미 타인들과 더불어 있을 때에만 가능하다. "감정이입"이 비로소 더불어 있음을 구성하는 것이 아니라, 오히려 더불어 있음에 근거해서 비로소 감정이입이 가능한 것이며, 우세한 더불어 있음의 결손된 양태들에 의해서 감정이입의 불가피함이 동기부여받는 것이다.

인식함 일반이 그런 것처럼 "감정이입"도 근원적인 실존론적 현상이 아니라는 말은 그것과 관련하여 아무런 문제가 없음을 말하지는 않는다. 감정이입에 대한 특별한 해석학이 보여주어야 할 것은, 현존재의 상이한 존재가능들 자체가 어떻게 서로 함께 있음과 그것을 알게 됨을 잘못 이끌고 방해하며 그래서 진정한 "이해"가 억압되고 현존재가 대용품으로 도피하게 되는가 하는 점과, 또 올바른 타자이해가 그것의 가능성을 위해서 어떤 긍정적인 실존론적인 조건을 전제하고 있는가 하는 점이다. 우리의 분석은 더불어 있음이 세계-안에-있음의 실존론적 구성요소의 하나임을 보여주었다. 함께 거기에 있음은 세계내부적으로 만나고 있는 존재자의 고유한 존재양식임이 입증되었다. 현존재가 도대체 **존재하고 있는** 한, 그는 서로 함께 있음이라는 존재양식을 가지고 있다. 이 서로 함께 있음이 다수의 여러 "주체들"이 그 자리에 있는 총합적 결과로 개념파악될 수 없다. 일정한 수의 "주체들"을 눈앞에 발견함도 그 자체 오직, 우선 그들의 함께 거기에 있음에서 만나게 되는 타인들이 순전히 "수"로서 취급되고 있음으로써만 가능하다. 그러한 수는 오직 특정한 서로 함께 있음과 서로 향해 있음에 의해서만 발견될 뿐이다. 이러한 "무정한[고려라고는 없는]" 더불어 있음이 타인들을 "계산에 넣는데", 이때 이 더불어 있음은 진지하게 타인들을 "신뢰하지" 않거나 타인들과 "관계조차" 가지고 싶어하지 않는다.

자신의 고유한 현존재뿐 아니라 타인의 함께 거기에 있음도 우선 대개 주위세계적으로 배려되는 공동세계에서부터 만나게 된다. 현존재는 배려되는 세계 속에 몰입하면서, 다시 말해 동시에 타인들을 향해 더불어 있으면서 그 자신이 아니다. 그렇다면 일상적인 서로 함께 있음으로서의 존재를 떠넘겨받은 그는 누구인가?

제27절 일상적인 자기 자신으로 있음†과 "그들"

앞에서 행한 더불어 있음에 대한 분석에서 **존재론적으로 중요한 성과**는, 자신의 고유한 현존재 및 타인들의 "주체성격"이 실존론적으로, 다시 말해 일정한 존재함의 방식에서부터 규정되고 있다는 데에 대한 통찰이다. 주위세계적으로 배려된 것에서 타인들은 그들이 무엇인 그것으로서 만나게 된다. 타인들은 그들이 종사하는 바로 그것으로 **존재한다**.

사람들이 타인들과 함께, 타인들을 위해서 또는 거슬러 장악한 그것을 배려함에는 항시 타인과는 다르다는 차이에 대한 염려가 깔려 있다. 이때 그 염려는 타인과의 차이를 균등하게 하기 위해서거나, 또는 타인들의 뒤에 처져 있기 때문에 자신의 고유한 현존재를 그들과의 관계에서 만회하려고 하기 위해서이거나, 또는 현존재가 타인들에 대한 우월함 속에서 타인들을 억압하는 것을 목표로 하는 것일 수 있다. 서로 함께 있음은―그것 자체에는 은닉되어 있지만―이러한 거리에 대한 염려로 인해 동요한다. 실존론적으로 표현한다면, 서로 함께 있음은 **거리감**의 성격을 띤다. 이러한 존재양식이 일상적 현존재 자신에게 눈에 안 띄면 안 띌수록 그것은 더욱더 검질기고 더욱더 근원적으로 영향을 미친다.

그런데 더불어 있음에 속하는 이러한 거리감에는 다음과 같은 점이 놓여 있다. 즉, 현존재는 일상적인 서로 함께 있음으로서 타인의 **통치** 안에 서 있다. 현존재 자신이 **존재하고 있는** 것이 아니라 타인들이 그에게서 존재를 빼앗아버렸다. 타인들이 임의로 현존재의 일상적인 존재가능을 좌우한다. 이때 이러한 타인들은 **특정한** 타인이 아니다. 오히려 그 반대로, 어느 타인이건 모두 그 타인을 대표할 수 있다. 결정적인 것은 오직 더불어 있음으로서의 현존재가 뜻하지 않게 떠넘겨받은 눈에 띄지 않는 타인들의 지배일 뿐이다. 사람들 자신이 타인들에 속하며 그들의 권력을 공고히 한다. 사람들이 타인들에 속한 고유한 본질적인 귀속성을 은폐하기 위해서 그렇게 이름하는 "남들"이 곧 일상적인 서로 함께 있음에 우선 대개 "거기에 있는" 그들인 것이다. 그 "누구"는 이 사람도 저 사람도 아니고, 사람들 자신도 아니고 몇몇 사람들도 아니고 모든 사람의 총계도 아니다. 그 "누구"는 중성자[불특정 다수]로서 "**그들**[세인]"이다.

앞에서 우리는 어떻게 가장 가까운 주위세계에 그때마다 이미 공공의 "주위세계"가 손안에 있으며 함께 배려되는지를 제시했다. 대중의 교통수단을 사용하면서, 정보매체(신문)를 이용하면서 타인은 모두 같은 타인인 셈이다. 이러한 서로 함께 있음은 자신의 고유한 현존재를 완전히 "타인들의" 존재양식 속으로 해체하며 그래서 타인들의 차별성과 두드러짐이 더욱 더 사라지게 된다. 이러한 눈에 안 띔과 확정할 수 없음 속에서 "그들"은 본래적인 독재를 펼친다. 우리는 남들이 즐기는 것처럼 즐기며 좋아한다. 우리는 남들이 보고 판단하는 것처럼 읽고 보며 문학과 예술에 대해서 판단한다. 우리는 또한 남들이 그렇게 하듯이 "군중"으로부터 물러서기도 한다. 남들이 격분하는 것에는 우리도 "격분"한다. '그들'은 어떤 특정한 사람들이 아니고, 비록 총계로서는 아니더라도 모두인데, 이 '그들'이 일상성의 존재양식을 지정한다.

'그들'은 나름의 고유한 존재함의 방식을 가진다. 우리가 거리감이라고 칭하며 앞에서 언급한 더불어 있음의 경향은, 서로 함께 있음 그 자체가 **평균성**을 배려한다는 것에 근거를 둔다. 이 평균성은 '그들'의 실존론적 성격의 하나이다. '그들'에게는 그 존재에서 본질적으로 이 평균성이 문제가 된다. 그렇기 때문에 '그들'은 현사실적으로, 당연한 것, 사람들이 타당하게 여기는 것과 그렇지 않게 여기는 것, 사람들이 성공을 인정하는 것과 거부하는 것 등과 같은 것의 평균성 속에 머무른다. 감행될 수 있는 것과 감행되어도 좋은 것을 앞서서 윤곽 짓는 이러한 평균성이 중뿔난 모든 예외를 감시한다. 모든 우위는 소리 없이 억압된다. 모든 근원적인 것은 하룻밤 사이에 이미 오래 전에 잘 알고 있는 것으로 다듬어진다. 모든 쟁취품들은 다루기 쉬운 것이 된다. 모든 비밀은 그 위력을 상실한다. 평균성의 염려가 다시금 우리가 모든 존재가능성의 **평준화[균등화]**라고 칭하는, 현존재의 본질적인 경향의 하나를 드러내 보인다.

거리감, 평균성, 평준화 등이 '그들'의 존재방식들로서 우리가 "공공성"으로 알고 있는 그것을 구성한다. 이 공공성은 우선 모든 세계해석과 현존재해석을 규제하며 모든 것에서 권한을 가진다. 그런데 그것이 "사물들"에 대한 어떤 탁월하고 일차적인 존재관계에 근거해서 그런 것이 아니고, 공공공성이 어떤 두드러지게 자기 것으로 만든 현존재의 투명성을 가지기 때문이 아니고, 오히려 "사태에" 관여하지 않는 근거로 그런 것이며, 공공성이 수준과 진실성의 그 모든 차이에 대해서 무감각하기 때문이다. 공공성은 모든 것을 어둡게 만들어버리며 그렇게 가려진 것을 잘 알려진 것으로 모두에게 접근 가능한 것으로 내준다.

'그들'은 어디에나 그 자리에 있기는 하지만 현존재가 결단을 촉구할 때에는 언제나 이미 몰래 그 자리를 빠져나간 뒤이다. 그렇지만 '그들'이 모든 판단함과 결정함을 지시하고 있기 때문에, '그들'은 그때마다의 현존재에게서 책임감을 빼앗는 셈이다. '그들'은 "사람들"이 끊임없이 '그들'을 끌어대도록 만들 수 있는 것이다. '그들'은 아주 쉽게 모든 것을 책임질 수 있는데, 어떤 것을 책임질 필요가 있는 사람이 아무도 없기 때문이다. 언제나 '그들'이었지만 그럼에도 "아무도" 아니었다고 말해질 수 있는 것이다. 현존재의 일상성에서는 대개의 일들이 우리가 '아무도 아니었어'라고 말할 수 있는 것에 의해서 일어난다.

이렇게 '그들'은 그때마다의 현존재의 **부담**을 그의 일상성에서 **면제해준**다. 그것뿐만이 아니다. 현존재 안에 모든 것을 가볍게 보고 가볍게 만들려는 경향이 있는 한, '그들'은 이러한 존재부담 면제로써 현존재를 환대하는 셈이다. 그리고 '그들'이 존재부담 면제로써 그때마다의 현존재를 항시 환대하기 때문에, '그들'은 그들의 검질긴 지배를 유지하며 공고히 할 수 있는 것이다.

모두가 타인이며 어느 누구도 그 자신이 아니다. 일상적인 현존재의 주체는 **누구인가** 하는 물음에 대한 대답인 **그들은 아무도** 아니며, 이 '아무도 아닌 사람'에게 모든 현존재가 서로 섞여 있음 속에서 그때마다 각기 이미 자기를 내맡긴 것이다.

지금까지 끄집어낸 존재성격들, 즉 일상적인 서로 섞여 있음, 거리감, 평균성, 평준화, 공공성, 존재부담 면제, 환대 등에는 현존재의 가장 가까운

"지속성"이 놓여 있다. 이러한 지속성은 어떤 것이 계속해서 눈앞에 있음에 상관되는 것이 아니라 더불어 있음으로서의 현존재의 존재양식과 상관이 있다. 언급된 이러한 양태들 속에서 고유한 현존재의 자기와 타인의 자기는 자기 자신을 아직 발견하지 못했거나 상실했다. 사람들은 비자립성과 비본래성의 방식으로 존재한다. 이러한 존재함의 방식은 현존재의 현사실성의 감소를 의미하는 것이 아니니, '아무도 아닌 사람'으로서의 '그들'이 무(無)가 아닌 것이나 다름없다. 오히려 그 반대로 이러한 존재양식에서 현존재는 일종의 가장 실재적인 존재자이다. "실재"를 현존재적인 존재로서 이해한다면 말이다.

어쨌거나 '그들'은 현존재 자체와 마찬가지로 눈앞에 있는 것이 아니다. '그들'이 공공연하게 행동하면 할수록, '그들'은 더욱더 파악하기 힘들며 더욱더 감춰지지만, 그렇다고 해서 더욱더 무가 되는 것은 아니다. 선입견 없는 존재적-존재론적 "시야"에는 '그들'이 일상성의 "가장 실재적인" 주체로 드러날 것이다. 그리고 '그들'이 눈앞에 있는 돌처럼은 접근될 수 없다고 하더라도, 그것은 조금도 '그들'의 존재양식에 대해서 결정하지 못한다. 사람들은 너무 성급하게, 이러한 '그들'이라는 것이 "본래 아무것도" 아니라고 판단해서도 안 되고, '그들'을 이를테면 다수의 여러 주체들의 함께 그 자리에 있는 것을 나중에 함께 모아놓은 결과라고 "설명하고" 현상이 존재론적으로 해석되었다고 여기는 견해도 따라서는 안 된다. 오히려 그 반대로 존재개념의 정리작업은 이러한 피할 수 없는 현상들로 향하지 않으면 안 된다.

'그들'은 또한 다수의 여러 주체들 위를 떠다니는 어떤 "일반적인 주체"와 같은 것도 아니다. 그러한 견해에는, "주체들"의 존재를 현존재적으로 이해하지 않고 주체들을 현존하는 한 종의 실제로 눈앞에 있는 사례들로 정립할 경우에만, 이르게 될 것이다. 이러한 단초에서는 오직, 경우가 아닌 모든 것을 유와 종의 의미로 이해할 수 있는 가능성만이 존재론적으로 존립한다. '그들'은 그때마다의 현존재의 종이 아니며 이 존재자가 가지는 불변의 속성으로 발견될 수도 없다. 이러한 현상을 직면해서 전통 논리학마저 쓸모가 없다는 사실은, 그 논리학이 그 기초를 더 나아가 조잡하기까지 한 눈앞의 것의 존재론에 둔다는 것을 생각하면 놀랄 만한 일이 아니다. 그렇기 때문에 전통 논리학은 제아무리 개선하고 확대한다고 해도 원칙적으로 더 유연하게 만들 수는 없다. 그러한 "정신과학적으로" 방향 잡은 논리학의 개혁은 그저 존재론적인 혼란만을 가중시킬 뿐이다.

'그들'은 실존범주의 하나이며 근원적인 현상으로서 현존재의 긍정적인 구성틀에 속한다. '그들'은 다시금 자신을 현존재적으로 다양하게 구체화시킬 수 있는 상이한 가능성을 가진다. '그들'의 지배의 철저성과 명백성은 역사적으로 변할 수 있다.

일상적 현존재의 자기는, 우리가 **본래적인 자기**, 다시 말해 고유하게 장악한 자기와 구별하고 있는 **그들-자기**이다. 그들-자기로서 그때마다의 현존재는 '그들' 속에 **흩어져** 있어서 이제 비로소 자기 자신을 발견해야 한다.† 이러한 흩어짐이, 우리가 우선 만나게 되는 세계 속에 배려하면서 몰입함으로 알고 있는 존재양식의 "주체"를 성격규정한다. 만일 현존재가 그들-자신으로서의 자기 자신에게 친숙하다면, 이것은 동시에 '그들'이 세계 및 세계-안에-있음에 대한 우선적인 해석을 앞서 윤곽 짓고 있음을 말하는 것이다. 현존재가 일상적으로 그것 때문에 존재하고 있는 '그들' 자신이 유의미성의 지시연관을 분류파악하고 있다. 현존재의 세계는 만나게 되는 존재자를 '그들'에게 친숙한 사용사태전체성으로 자유롭게 내어주며 '그들'의 평균성과 더불어 고정된 한계 안에서 내어준다. 우선 현사실적인 현존재는 평균적으로 발견된 공동세계 속에 존재한다. 우선 "나"는 고유한 자기의 의미에서 "존재하지" 않고 오히려 '그들'의 방식으로 타인으로 존재한다. 이러한 '그들'에서부터 그리고 이러한 '그들'로서 내가 나 "자신"에게 우선 "주어지게" 된다. 우선 현존재는 '그들'이고 대개 그렇게 머물러 있다. 현존재가 세계를 고유하게 발견하고 자기에게 가까이 가져올 경우, 현존재가 그 자신에게 자기의 본래적인 존재를 열어밝히는 경우, 이때 이러한 "세계"의 발견과 현존재의 열어밝힘은 언제나 은폐와 암흑의 제거로서, 현존재가 그것으로써 자기 자신에 대해서 빗장을 걸어 잠그고 있는 위장의 분쇄로서 수행된다.

'그들' 안에서의 더불어 있음과 자기 자신으로 있음을 해석함으로써 서로 함께 있음에서의 일상성의 주체가 누구인가 하는 물음에는 대답이 되었다. 이 고찰은 동시에 현존재의 근본구성틀에 대한 구체적인 이해의 하나를 가져다주었다. 세계-안에-있음이 그것의 일상성과 평균성에서 드러났다.

일상적인 현존재는 자신의 존재에 대한 존재론 이전의 해석을 '그들'의 우선적인 존재양식에서부터 길어온다. 존재론적인 해석은 우선 이러한 해석의 경향을 따르며, 그래서 그 해석은 현존재를 세계에서부터 이해하고 현존재를 세계내부적인 존재자로 발견한다. 이것만이 아니다. 그 지평 위에서 이러한 존재하는 "주체들"이 이해되고 있는 그 존재의 의미도 현존재의 "가장 가까운" 존재론은 "세계"에서부터 내어주도록 내버려두고 있다. 그러나 이러한 세계에로의 몰입 속에서 세계현상 자체는 건너뛰게 되며, 그 자리에 세계내부적인 눈앞의 것이, 즉 사물들이 들어선다. 함께 거기에 있는 존재자의 존재는 눈앞에 있음으로 개념파악된다. 이렇게 가장 가까운 일상적인 세계-안에-있음이라는 긍정적인 현상을 제시해줌으로써 우리는 이 존재구성틀에 대한 존재론적인 해석이 빗나가게 된 근본적인 이유를 통찰할 수 있게 되었다. 일상적인 존재양식에서의 이 존재구성틀 자체가 우선 스스로를 빗나가게 하고 은폐하는 바로 그것이다.

만일 얼핏 존재론적으로 순수 눈앞에 있음과 가까운 듯한 이 일상적인 서로 함께 있음의 존재가 이미 이러한 눈앞에 있음과 원칙적으로 상이하다면, 본래적인 자기의 존재는 더욱 눈앞에 있음으로서 개념파악될 수 없다. 본래적인 자기 자신의 존재는 '그들'에서부터 분리된, 주체의 예외적 상태에 기인하는 것이 아니라, 오히려 본질적인 실존범주의 하나로서의 '그들'의 실존적인 변양태의 하나이다.

그렇다면 본래적으로 실존하는 자기의 동일함은 체험의 다양성 속에서도 자신을 견지하는 자아의 동일성과는 존재론적으로 하나의 심연에 의해서 갈라져 있는 것이다.

제5장
안에-있음 그 자체

제28절 안에-있음에 대한 주제적 분석이 가지는 과제

현존재에 대한 실존론적인 분석론은 그 예비 단계에서 이 존재자의 근본구성틀, 즉 세계-안에-있음을 주도적인 주제로 삼았다. 이제 그다음의 목표는 현존재의 존재의 단일적인 근원적 구조를 현상적으로 부각시키는 일인데, 이 구조에서부터 현존재의 존재가능성과 "존재하는" 방식들이 존재론적으로 규정된다. 지금까지는 세계-안에-있음에 대한 현상적 성격규정이 세계의 구조계기와, 이 존재자의 일상성에서 그 존재자는 누구인가 하는 물음에 대한 대답으로 향해 있었다. 그렇지만 현존재의 예비적 기초분석의 과제를 처음으로 특징지을 때 이미 안에-있음 그 자체에 대한 방향정립을 먼저 보냈으며[1] 세계인식이라는 구체적인 양태에서 제시했다.[2]

이러한 떠받치고 있는 구조계기를 미리 취한 의도는, 애초부터 개별적 계기들의 분석을 구조전체에 대한 전망을 끝까지 견지하는 앞선 시각 안에 집어넣어 단일적인 현상을 깨거나 분산시키는 것은 어떤 것도 막아보자는 생각에서 발원했다. 이제는 해석을 세계와 누구인가에 대한 구체적인 분석

---

1) 이 책의 제12절 87쪽 이하 참조.
2) 이 책의 제13절 97-101쪽 참조.

에서 획득한 것을 보존하는 가운데 안에-있음의 현상에로 다시 이끌어가는 것이 중요하다. 안에-있음이라는 현상에 대한 더욱 철저한 고찰은 새롭고 더 확실하게 세계-안에-있음의 구조전체성을 현상학적 시야에로 강요해야 할 뿐 아니라 또한 현존재 자신의 근원적인 존재, 즉 염려를 파악하기 위한 길을 놓아주어야 한다.

그런데 세계-안에-있음에서 세계 곁에 있음(배려), 더불어 있음(심려) 그리고 자기 자신으로 있음(누구인가) 등의 본질적 연관들을 넘어서서 또 제시될 수 있는 것으로서 무엇이 있는가? 어쨌든 남아 있는 것은, 배려함 및 그 둘러봄, 심려 및 그 고려(뒤돌봄, Rücksicht)가 변화할 수 있는 성격들을 비교하여 분석의 폭을 넓히고, 모든 가능한 세계내부적인 존재자의 존재를 더욱 철저하게 설명함으로써 현존재를 현존재적이지 않은 존재자와 구별하여 부각시키는 가능성이다. 의문의 여지없이 이러한 방향으로는 아직 처리되지 않은 과제들이 남아 있다. 지금까지 끄집어낸 것은 철학적 인간학의 실존론적 선험을 정리작업하여 마무리 짓는다는 관점에서 보면 여러 가지로 보충이 필요하다. 그러나 지금의 이 탐구는 그것을 목표로 하고 있지 않다. 이 탐구의 의도는 기초 존재론적인 것이다. 따라서 우리가 안에-있음에 대해서 주제적으로 캐묻고 있을 때, 우리는 분명 그 현상의 근원성을 다른 현상으로부터 도출함으로써, 다시 말해 분해라는 의미의 적합하지 못한 분석을 해서 말살시킬 수는 없다. 그러나 근원적인 것을 도출할 수 없음이, 그 근원적인 것을 구성하는 존재성격이 다양성을 가지고 있음도 배제하지 않는다. 그러한 존재성격들이 내보인다면, 그것들은 실존론적으로 똑같이[동일] 근원적이다. 구성적 계기들이 가지는 **동일근원성**†이라는 현상이 존재론에서는 흔히 모든 개개의 것들을 하나의 단순한 "원초근거"에서부터 유래하는 것으로 입증하려는 절제 없는 방법적 경향으로 인해 경시되고 있다.

그렇다면 안에-있음 그 자체를 현상적으로 성격규정하기 위해서는 어떤 방향으로 시야를 돌려야 하는가? 우리는 이에 대한 대답을, 그 현상을 제시할 때 현상학적으로 견지한 시야에 친숙했던 그것을 기억하면 얻게 될 것이다. 그것은 어떤 하나의 눈앞에 있는 것이 다른 어떤 것 "안에" 들어 있는, 눈앞에 있는 내부성(Inwendigkeit)과는 구별되는 안에-있음이고, "세계"의 눈앞에 있음에 의해서 작용받거나 또는 야기되기라도 한, 어떤 한 주체가 가지는 속성이 아닌 안에-있음이며, 오히려 이러한 존재자(주체) 자신의 본질적인 존재양식으로서의 안에-있음이다. 그렇다면 이러한 현상으로서 표현되는 것은 하나의 눈앞에 있는 주체와 하나의 눈앞에 있는 객체 사이에서 눈앞에 전개되는 교류가 아니고 다른 무엇이겠는가? 이 해석은 그것이 "**현존재**는 이러한 '**사이**'의 **존재이다**"라고 말할 때 이미 현상적 사태에 가까워진 셈이다. 그럼에도 불구하고 이 '사이'에 대한 방향정립이 잘못된 채 남아 있다. 그것은 모르는 중에, 이러한 '사이' 그 자체가 무엇 사이에 "있는가"를 이야기하면서 존재론적으로 규정되지 않은 단초를 사용한다. 그 '사이'가 이미 두 개의 눈앞에 있는 것들의 화합의 결과로서 개념파악된다. 그러나 이러한 화합이라는 선행적인 단초는 언제나 이미 현상을 **폭파하며**, 그때마다 폭파된 파편으로부터 이 현상을 다시 결합하는 것은 가망 없는 일이다. "접합제"가 없을 뿐만 아니라, 그것에 따라 조립접합이 실행되어야 할 "도식"도 폭파되었거나 또는 결코 먼저 밝혀지지 못했다. 존재론적으로 결정적인 것은 현상의 폭파를 미리 막는 데에, 다시 말해 그 현상의 긍정적 현상적 사태를 확보하는 데에 있다. 이를 위해 더 폭넓고 상세한 연구가 필요하다고 말하는 것은 단지, 전수된 "인식문제"의 취급양식에서 존재[자]적으로 자명한 어떤 것이 존재론적으로는 여러 가지로 위장되어서 볼 수 없을 정도가 되었음을 표현할 뿐이다.

본질적으로 세계-안에-있음에 의해서 구성되는 존재자는 그 자체가 그때마다 각기 자신의 "거기에"로서 **존재한다**. 친숙한 낱말의 뜻에 따를 것 같으면 "거기에"는 "여기에"와 "저기에"를 의미한다. "나 여기에"의 "여기에"는 언제나 손안에 있는 "저기에"에 대해서 거리 없애며 방향 잡으며 배려하며 존재한다는 의미에서 어떤 그러한 손안에 있는 "저기에"에서부터 이해된다. 이렇게 현존재["거기에-있음"]에게 그의 "자리"를 규정해주는 현존재의 실존론적인 공간성은 그 자체 세계-안에-있음에 근거한다. "저기에"는 어떤 한 세계내부적으로 만나게 되는 것의 규정성이다. "여기에"와 "저기에"는 오직 하나의 "거기에" 안에서만 가능하다. 다시 말해 "거기에"의 존재로서 공간성을 열어밝힌 그런 어떤 존재자가 존재해야만 가능하다. 이 존재자는 그의 가장 고유한 존재에 닫혀 있지 않음이라는 성격을 지닌다. "거기에"라는 표현은 이러한 본질적인 열어밝혀져 있음을 의미한다. 이 열어밝혀져 있음에 의해서 이 존재자[현존재]는 세계의 거기에-있음과 함께 그 자신을 위해서도 "거기에" 존재한다.

인간에게 "자연적 빛"이라는 존재[자]적인 비유적 표현은 이 존재자가 그의 '거기에'를 존재하는 방식으로 **존재하고 있다**는 실존론적-존재론적 구조 외에 다른 어떤 것을 의미하지 않는다. 이 존재자가 "밝게 빛나 있다"는 것은, 그 자체에서 세계-안에-있음**으로서 밝혀져 있음***을 말하니, 어떤 다른 존재자에 의해서가 아니라 그 자체가 곧 밝힘으로 **존재하는**** 식으로 그렇다. 오직 실존론적으로 그렇게 밝혀진 존재자에게만 눈앞의 것이 빛 속에서 접근 가능하거나 어둠 속에 은닉된다. 현존재는 처음부터 [본성상] 자신의 '거기에'를 가지고 있어서, 그것을 결한다는 것이 현사실적으로 가능하지 않을 뿐 아니라 도대체 이러한 본질의 존재자가 아닌 셈이 된다. **현존재는 그의 열어밝혀져 있음으로 존재한다.*****

이러한 존재의 구성이 끄집어내어져야 한다. 그런데 이 존재자의 본질이 실존인 한, "현존재는 그의 열어밝혀져 있음으로 **존재한다**"라는 실존론적 문장은 동시에, 이 존재자에게 그의 존재함에서 문제가 되는 바로 그 존재

---

* 알레테이아(Ἀλήθεια)-열려 있음-밝힘, 빛, 빛남.
** [밝힘을] 생산하는 것이 아니다.
*** 현존재는 오직 실존할 뿐이다. 따라서 실존(Existenz)은 "거기에"의 열려 있음 안으로 나가서—그리고 들어서—있음, 즉 탈-존(Ek-sistenz)을 말한다.

가 그의 "거기에"를 존재함이라는 것을 말한다. 열어밝혀져 있음이라는 존재의 일차적 구성을 성격규정하는 것 외에도 분석의 전개에 맞추어 이 존재자가 **일상적으로** 그의 '거기에'로서 존재하는 존재양식에 대한 해석이 필요하다.

안에-있음 그 자체, 다시 말해서 '거기에'의 존재에 대한 설명을 떠맡아야 하는 이번 장은 두 부분으로 나뉜다. 가. '거기에'의 실존론적인 구성. 나. '거기에'의 일상적 존재와 현존재의 **빠져 있음**.

'거기에'를 존재하는 두 가지의 동일근원적인 구성방식들을 우리는 **처해 있음**과 **이해**에서 본다. 그것들의 분석은 그때마다 뒤에 나오는 문제틀을 위해 중요한 구체적인 양태에 대한 해석에 의해서 필요한 현상적 확증을 얻는다. 처해 있음과 이해는 동일근원적으로 말에 의해서 규정되어 있다.

따라서 가.('거기에'의 실존론적 구성)에서는 처해 있음으로서의 거기에-있음(제29절), 처해 있음의 한 양태로서의 공포(제30절), 이해로서의 거기에-있음(제31절), 이해와 해석(제32절), 해석의 파생양태인 발언(제33절), 거기에-있음과 말 그리고 언어(제34절) 등을 다룬다.

거기에-있음의 존재성격에 대한 분석은 실존론적이다. 이것은 그 성격들이 어떤 눈앞의 것의 속성들이 아니라, 본질적으로 실존론적 존재방식임을 말하는 것이다. 따라서 그 존재성격들의 일상성에서의 존재양식이 끄집어 내어져야 한다.

나.('거기에'의 일상적 존재와 현존재의 빠져 있음)에서는 말이라는 구성적 현상과 이해에 놓여 있는 시야에 상응하게, 이해에 속하는 해석(의미부여)에 맞추어 '거기에'의 일상적 존재의 실존론적인 양태들로서 잡담(제35절), 호기심(제36절), 애매함(제37절) 등을 분석할 것이다. 이러한 현상들에서 우리가 **빠져 있음**이라고 해석하는, '거기에'를 존재하는 한 근본양식이 드러나는데, 이때의 "빠짐"은 움직여져 있음의 한 실존론적 고유한 방식을 보여준다(제38절).

가. '거기에'의 실존론적 구성

제29절 처해 있음으로서의 거기에-있음

우리가 존재론적으로 처해 있음†이라는 명칭으로 게시하는 것은 존재적으로는 가장 잘 알려져 있고 가장 일상적인 것인 기분, 기분 잡혀 있음이다. 그 모든 기분에 대한 심리학—이 심리학은 더구나 아직도 전혀 연구되지 않은 미개척 분야이다—에 앞서 이러한 현상을 기초적인 실존범주로서 보고 그 구조를 윤곽 짓는 것이 중요하다.

일상적 배려에서의 방해받지 않은 침착함뿐 아니라 저지당한 언짢음도, 전자의 후자로의 바뀜이나 그 반대도, 불쾌감 속에 빠져듦도, 존재론적으로 아무것도 아닌 것이 아니다. 비록 이러한 현상들이 현존재에서 이른바 가장 무의미하고 가장 일시적인 것으로 주목받지 못한 채 남아 있기는 하지만 말이다. 기분이 잡혀질 수 있고 뒤바뀔 수 있다는 사실은 단지 현존재가 그때마다 각기 이미 언제나 기분 잡혀 있음을 말할 뿐이다. 흔히 지속되는, 기복이 없는 빛바랜 무(無)기분—이것을 불쾌감과 혼동해서는 안 된다—도 아무것도 아니기는커녕 오히려 바로 그 무기분 속에서 현존재가 그 자신에게 싫증을 느끼는 것이다. 존재가 짐[부담]*으로 드러나게 된 것이다. 왜 그런지를 사람들은 알지 못한다. 그리고 현존재는 그와 같은 것을 알 수는 없는데, 그 까닭은 인식의 열어밝힘의 가능성은 그 미치는 범위가 그 안에서 현존재가 '거기에'로서의 그의 존재로 데려와지는 기분의 근원적인 열어밝힘에 비해서 너무나 짧기 때문이다. 그리고 고조된 기분이 드러난 존재에 대한 부담감을 다시 없앨 수도 있다. 그러나 이 기분의 가능성도—비록 없애버리면서이기는 하지만—현존재의 부담성격을 열어밝히고 있다. 기분은 "사람이 어떤 상태에 있으며 어떤 상태로 되는가"를 드

---

* "짐", 곧 짊어져야 할 것이다. 인간은 현-존재[거기에-있음]에게 내맡겨져, 떠넘겨져 있다. 짊어진다는 것은 존재 자체의 귀속성에서부터 떠맡음을 말한다.

러내준다. 이러한 "사람이 어떤 상태에 있음"에서 기분 잡혀 있음은 존재를 그것의 "거기에"로 데려온다.

기분 잡혀 있음 속에서 현존재는 언제나 이미 기분에 따라 그 존재자에게 현존재가 그의 존재에서 실존하면서 존재해야 하는 그 존재로서 떠맡겨진 존재자로서 열어밝혀져 있다. 열어밝혀져 있음은 그런 것으로서 인식되어 있음을 말하는 것이 아니다. 그리고 바로 가장 무관심스럽고 가장 천진한 일상성 속에서 현존재의 존재가 적나라한 "그가 존재하며 존재해야 한다는 사실"로서 돌출되어 나올 수 있다. 순전한 "현존재가 존재한다는 사실"이 내보여지지만 그가 어디로부터 와서 어디로 가는지는 어둠 속에 남아 있다. 현존재가 또한 똑같이 일상적으로 그와 같은 기분들에 "굴복하지" 않는다는 것, 다시 말해 기분의 열어밝힘에 굴복하지 않고 자신을 열어밝혀진 것 앞에로 데려오지 않게 한다는 것은, '거기에'의 존재가 그것의 있음의 사실에서 기분에 맞추어 열어밝혀져 있다는 현상적 사실 계기를 반대하는 증명이 아니라 오히려 그것에 대한 증거이다. 현존재는 대개 **존재적-실존적**으로 기분에서 열어밝혀진 존재를 피한다. 그러나 이것은 **존재론적-실존론적**으로 다음을 말한다. 즉, 그러한 기분이 그리로 향하고 있지 않는 그 점에서 현존재가 '거기에'에 내맡겨져 있음에서 드러나 있다. 피함 자체에서도 '거기에'는 열어밝혀진 것으로 **존재한다**.

그의 '어디에서'와 '어디에로'는 은폐되어 있지만 그럴수록 더욱더 그것 자체에 있어서는 은폐되어 있지 않고 열어밝혀진 현존재의 존재성격을, 즉 이러한 "현존재가 존재한다는 사실"을 우리는 이 존재자가 그의 '거기에'로 **내던져져 있음**†이라고 칭한다. 이 존재자가 그렇게 내던져져 있기 때문에 그것이 세계-안에-있음으로서 바로 그 '거기에'인 것이다. 내던져져 있음이라는 표현은 **떠맡음의 현사실성**††을 암시해야 한다. 현존재의 처해 있음 속에서 열어밝혀진 "현존재는 존재하고 있으며 존재해야 한다는 사실"은, 존재론적-범주적으로 눈앞에 있음에 귀속되는 사실성을 표현하는 "있음의 사실"이 아니다. 이러한 사실성은 오직 바라보는 확정에서만 접근 가능해진다. 그러나 처해 있음에서 열어밝혀진 '있음의 사실'은 세계-안에-있음의 방식으로 존재하는, 존재자의 실존론적 규정성으로 개념파악되어야 한다. 현사실성은 어떤 한 눈앞에 있는 것의 거부될 수 없는 사실의 사실성이 아니라, 오히려 처음에는 비록 밀쳐지지만 실존 속으로 받아들여진 현존재의 존재성격이다. 현사실성이라는 '있음의 사실'은 직관에서는 결코 발견될 수 없다.

현존재라는 성격의 존재자는 그것이—두드러지든 또는 그렇지 않든—그것의 내던져져 있음 속에 처해 있는 방식으로 그것의 '거기에'로서 존재한다. 처해 있음 속에서 현존재는 언제나 이미 그 자신 앞으로 데려와져 있으며, 그는 언제나 이미 자신을 발견했다. 지각하면서 자신 앞에 발견함으로서가 아니라, 오히려 기분 잡힌 처해 있음으로서 발견했다. 자신의 존재에 내맡겨진 그 존재자로서 현존재는 또한 현존재가 언제나 이미 자신을 발견했어야 하는 일에도 내맡겨진 채 있는데, 이때의 발견은 직접적인 찾음에서라기보다는 오히려 일종의 도망감에서 발원하는 발견에서 발견된다. 기분은 내던져져 있음을 바라보는 방식으로가 아니라 오히려 향하거나 돌아서거나 하는 식으로 열어밝힌다. 기분은 대개 기분 속에서 드러나는 현존재의 부담성격으로 향하지 않는데, 고양된 기분 속에서 고양되어 있음으로서는 전혀 향하지 않는다. 이러한 돌아섬이 돌아섬인 것은 언제나 처해 있음의 방식으로서이다.

사람들이 기분 잡힌 현존재가 "동시에" 알아보고 알고 믿는 그것을 열어밝혀진 것과 함께 놓으려고 한다면, 이 경우 사람들은 기분이 열어밝히는 그 **무엇**과 어떻게 열어밝히는가 하는 그 **방식**을 현상적으로 완전히 잘못 보는 것일 터이다. 현존재가 자신의 "어디에로"를 "확실하게" 믿고 있거나 또는 '어디에서부터'를 합리적인 해명으로 알고 있다고 여긴다고 해도 이 모든 것은, 기분이 현존재를 그의 '거기에'라는 '있음의 사실' 앞에 데려온다는 현상적 사실요소에 대해서는 아무것도 바꿀 수 없다. 현존재는 그러한 '있음의 사실'로서 그 자신을 무정한 수수께끼의 눈으로 응시한다. 실존론적-존재론적으로 볼 때 처해 있음의 "자명성"을, 순전한 눈앞의 것을 이론적으로 인식하는 명증적인 확실성의 척도로 잼으로써 깎아내릴 권리는 조금도 없다. 그러나 그에 못지않게 현상들을 비합리적인 것의 피난처로 떠밀어버리는 현상의 위조도 있어서는 안 된다. 비합리주의는—합리주의의 반대급부로서—합리주의가 맹목적으로 반대하는 그것에 대해서 그저 사팔뜨기의 눈으로 이야기할 뿐이다.

현존재가 현사실적으로 지식과 의지로써 기분을 지배할 수 있고 지배해야 하며 지배하지 않으면 안 된다는 사실이 실존함의 어떤 가능성에서는 의욕이나 인식의 우위를 의미할 수도 있다. 단지 그 점이, 존재론적으로 기분이 그 안에서 현존재가 그 자신에게 그 모든 인식과 의욕에 앞서 그리고 이것들의 열어밝힘의 범위를 **훨씬 넘어** 열어밝혀져 있는 현존재의 근원적인 존재양식임을 부인하는 것으로 오도해서는 안 된다. 그리고 그뿐 아니라 우리는 결코 기분에서 해방되어 기분을 지배하게 될 수는 없고 오히려 그때마다 어떤 반대기분에 의해서 지배당할 뿐이다. 처해 있음의 **첫 번째** 존재론적 본질성격으로서 우리가 얻은 것은 이것이다. 처해 있음은 현존재를 그의 내던져져 있음에서 열어밝히며 우선 대개는 피하는 돌아섬의 방식에서 열어밝힌다.

이미 여기에서도 드러나고 있듯이 처해 있음은 어떤 심적 상태를 발견하는 어떤 것과는 거리가 아주 멀다. 처해 있음은 이제 비로소 몸을 돌리거나 돌아보며 파악하는 성격을 가지는 것이 아니라, 모든 내재적인 반성은 오직, '거기에'가 처해 있음에서 이미 열어밝혀져 있기 때문에만 "체험들을" 발견할 수 있는 것이다. "순전한 기분"이 '거기에'를 더 근원적으로 열어밝히지만, 그것은 또한 그에 상응하여 어떠한 무지각보다도 더 집요하게 '거기에'를 **폐쇄**한다.

이 점을 **불쾌감**이 보여준다. 불쾌감 속에서 현존재는 그 자신에 대해 맹목적으로 되며, 배려되고 있는 주위세계는 베일에 덮이며, 배려의 둘러봄은 잘못 인도된다. 처해 있음은 반성되기는커녕 오히려 무반성적으로 배려된 "세계"에 몸을 내맡기며 내던지면서 현존재를 덮친다. 기분은 덮친다. 기분은 "밖"에서부터 오는 것도, "안"에서부터 오는 것도 아니며, 오히려 세계-안에-있음의 방식으로서 이 세계-안에-있음 자체에서부터 피어오른다. 이로써 우리는 "내면"을 반성하며 파악하는 것에 대해서 처해 있음을 소극적으로 제한규정하는 것을 넘어서 처해 있음이 가지는 열어밝힘의 성격에 대한 긍정적인 통찰에 이른다. 기분은 그때마다 이미 세계-안에-있음을 전체로서 **열어밝혔고** 무엇으로 향함을 처음으로 비로소 가능하게 한다. 기분잡혀 있음은 우선 심적인 것과 연관을 가지는 것이 아니며, 그 자체 내면적 상태도 아니며, 그 내면 상태에서부터 수수께끼 같은 방식으로 밖으로 나와 사물들과 사람들을 물들이는 것이 아니다. 여기에서 처해 있음의 **두 번째** 본질성격이 내보여진다. 처해 있음은 세계, 함께 거기에 있음[공동현존재], 실존 등이 **동일근원적으로 열어밝혀져 있는**[있음의] 실존론적 근본양식의 하나이다. 실존 자체가 본질적으로 세계-안에-있음이기 때문이다.

이렇게 설명된 처해 있음의 두 본질규정—즉 내던져져 있음을 열어밝힘과 그때마다 전체 세계-안에-있음을 열어밝힘—외에도 **세 번째** 본질규정으로 주목해야 할 것은, 무엇보다도 세계의 세계성을 더 철저하게 이해하는 데에 기여한다는 점이다. 우리는 앞에서[3] 이미 열어밝혀진 세계가 세계내부적인 것을 만나게 해준다고 말했다. 이러한 안에-있음에 속하는 선행적인 세계의 열어밝혀져 있음은 처해 있음에 의해서 함께 구성되어 있다. 만나게 해줌은 일차적으로 **둘러보는** 만나게 해줌이지, 그저 단순히 느낌도 아니고 응시함도 아니다. 둘러보며 배려하는 만나게 해줌—이제 우리는 이

---

3) 이 책의 제18절 129쪽 이하 참조.

것을 처해 있음에서부터 한층 더 날카롭게 고찰할 수 있게 되었다—은 적중됨의 성격을 가진다. 그러나 손안의 것의 유용하지 못함, 저항감, 위협감에 의해서 적중되어 있음이 존재론적으로 가능할 수 있는 것은 오직 안에-있음 그 자체가 실존론적으로 선행적으로 그렇게 규정되어 있어서 안에-있음이 이러한 방식으로 세계내부적으로 만나게 되는 것에 의해 **관계될 수 있기** 때문이다. 이러한 관계될 수 있음(Angänglichkeit)은 처해 있음에 근거하며, 그것은 이러한 처해 있음으로서 예를 들어 세계를 위협 가능한 것으로 열어밝혔던 것이다. 오직 두려워함 또는 두려워하지 않음이라는 처해 있음 안에 있는 것만이 주위세계적으로 손안에 있는 것을 위협적인 것으로 발견할 수 있다. 처해 있음의 기분 잡혀 있음이 실존론적으로 현존재의 세계개방성을 구성한다.

그리고 오직 "감관"이 존재론적으로 처해 있는 세계-안에-있음이라는 존재양식을 가지고 있는 존재자에 속하기 때문에만, 그것이 "건드려지고[접촉되고]" "어떤 것에 대한 의미[느낌]를 가지고" 그래서 접촉되는 것이 촉발에서 내보여지는 것이다. 아주 강력한 압박과 저항에서는 촉발 같은 것이 생기지 않을 것이며, 만일 처해 있는 세계-안에-있음이 이미 기분에 의해서 앞서 윤곽 지어진, 세계내부적인 존재자에 의해서 관계될 수 있음에 의존하지 않았다면, 저항은 본질적으로 발견되지 않은 채 남아 있을 것이다. 처해 있음에는 실존론적으로, 거기에서부터 관계되는 것을 만날 수 있는 세계에 **열어밝히면서 의존해 있음**이 놓여 있다. 우리는 실제로 **존재론적으로** 원칙적으로 세계의 일차적인 발견을 "순전한 기분"에 내맡겨야 한다. 순수한 직관은—그것이 눈앞의 것의 존재의 가장 내면적인 혈관 속까지 파고든다고 해도—결코 위협적인 것과 같은 어떤 것을 발견할 수 없다.

일차적으로 열어밝히는 처해 있음에 근거해서 일상적인 둘러봄이 잘못 보거나 흔히 착각에 빠진다는 사실은, 절대적인 "세계" 인식이라는 이념에 비추어보면, 하나의 비존재(메 온[μὴ ὄν])이다. 그러나 착각 가능성이라는 실존론적인 실증성[긍정성]이 그러한 존재론적으로 부당한 평가에 의해서 완전히 오인되고 있다. 변화무쌍하게 기분에 따라 기복이 심하게 "세계"를 보는 바로 거기에서 손안의 것은 어느 날도 똑같지 않은 그것의 특별한 세계성을 내보여준다. 이론적인 바라봄은 언제나 이미 세계를 순수한 눈앞의 것의 획일성으로 어둡게 만드는데, 물론 이러한 획일성 내부에는 순수한 규정 속에서 발견 가능한 것이라는 새로운 풍부함이 포함되어 있다. 그러나 아무리 가장 순수한 이론(테오리아[θεωρία])이라도 그 모든 기분을 떨쳐버리지는 못한다. 바라봄에서도 그저 단지 눈앞에 있는 것이 그것의 순수한 겉모양에서 보일 수 있는 것은, 오직 그 이론적 바라봄이 그것을 **평온한 체류 속에서 편하고 여유 있게**[4] 자기에게 오도록 할 수 있을 때에만 그런 것이다. 사람들은 세계-안에-있음의 처해 있음에서 인식하는 규정함의 실존론적-존재론적인 구성을 제시하는 것을, 학문을 존재적으로 "감정[느낌]"에 내맡겨버리려는 시도와 혼동하려고 하지는 않을 것이다.

  이 탐구의 문제틀 범위 안에서는 처해 있음의 상이한 양태들과 그것들의 기초부여의 연관들이 해석될 수는 없다. 그러한 현상들은 감정이나 느낌이라는 명칭 아래 오래 전부터 존재적으로 잘 알려져 있으며 철학에서 언제나 이미 고찰되어왔다. 감정에 대한 첫 번째의 전수된, 체계적으로 수행된 해석이 "심리학"의 테두리 안에서 다루어지지 않았다는 것은 우연이 아니다. **아리스토텔레스**는 감정(파테[πάθη])을 그의 "수사학" 둘째 권에서 연구 조사한다. 이 수사학은―수사학이라는 개념을 "학과"와 같은 어떤 것으로 보는 전통적인 방향설정에 반대해서―서로 함께 더불어 있음의 일상성에 대한 최초의 체계적인 해석학으로 파악되어야 한다. 공공성은 '그들'의 존재양식으로서(제27절 참조) 도대체 나름의 기분[분위기] 잡혀 있음을 가지고 있을 뿐 아니라 그것은 또한 분위기가 필요하고 그 분위기를 자신을 위해

---

4) Aristoteles, *Metaphysica*(『형이상학』), A 2, 982 b 22 이하 참조.

서 "만든다". 그 분위기 안으로 파고들어 그 분위기를 고조시키며 연사는 말하는 것이다. 연사는 분위기를 올바른 방식으로 깨우고 조종하기 위해서 분위기[기분]의 여러 가능성을 이해해둘 필요가 있다.

감정에 대한 해석이 스토아 학파에서 계승되고 그것이 교부신학과 스콜라 신학에 의해서 근대까지 전승되었다는 것은 잘 알려져 있다. 주목되지 못하고 있는 점은, 감정에 대한 원칙적인 존재론적 해석이 도대체 아리스토텔레스 이래 거론할 만한 가치가 있는 진전을 보일 수 없었다는 사실이다. 오히려 그 반대로, 감정과 느낌은 주제적으로 심리현상 아래에 분류되어, 대개는 표상과 의지 곁에서 심리현상의 세 번째 부류로서 기능하고 있다. 감정과 느낌이 수반현상으로 격하된 것이다.

다시 이러한 현상들에 한층 더 자유로운 시각을 마련해준 것은 현상학적 탐구의 공적이다. 그것뿐이 아니다. 셸러는 특히 아우구스티누스와 파스칼(Blaise Pascal)[5])로부터 자극을 받아서 이 문제틀을 "표상하는" 행위와 "관심을 가지는" 행위 사이의 기초부여의 연관으로 돌려놓았다. 물론 여기에서도 여전히 행위현상의 실존론적-존재론적 기초가 도대체 어둠 속에 남아 있다.

처해 있음은 현존재를 그의 내던져져 있음과, 그의 존재와 더불어 그때마다 이미 열어밝혀진 세계에 의존해 있음에서 열어밝힐 뿐 아니라 처해 있음 자체가 실존론적 존재양식으로서 그 안에서 현존재는 끊임없이 "세계"에 내맡겨지며, 현존재가 자기 자신을 어떤 방식에서는 피하는 식으로

---

5) B. Pascal, *Pensées*, 앞의 같은 곳 참조. "그리고 거기에서부터 다음과 같은 결과가 생겨나온다. 즉, 사람들은 인간 존재에 대해서 이야기하는 경우, 그들을 사랑하기 전에 알아야 한다고 말하며 이것이 격언이 되어버렸다. 그러나 성인들은 반대로 신적인 것을 말할 때, 그들을 알기 전에 사랑해야 한다고 말하며, 사람들은 오직 사랑에 의해서만 진리 안으로 들어갈 수 있다고 말한다. 그들은 이것을 그들의 가장 유용한 격언의 하나로 만들었다." 이에 대해서는 Augustinus, *Opera*(『아우구스티누스 저작집』, Migne 판 라틴 교부학 제8권), *Contra Faustum*(『파우스투스를 반박함』), 제32권, 제18장 참조. "사랑에 의하지 않고서는 진리 안으로 들어가지 못한다."

자신이 그 '세계'에 의해서 관계되도록 버려둔다. 이러한 피함의 실존론적인 구성틀은 빠져 있음의 현상에서 분명해질 것이다.

처해 있음은 그 안에서 현존재가 그의 '거기에'로서 존재하고 있는 실존론적 근본양식의 하나이다. 처해 있음은 존재론적으로 현존재를 성격규정하고 있을 뿐 아니라 그것은 또한 동시에 그것의 열어밝힘 때문에 실존론적 분석론을 위해서 원칙적인 방법적 중요성을 지닌다. 이 실존론적 분석론이, 모든 다른 존재론적 해석 일반과 마찬가지로, 단지 앞서 이미 열어밝혀진 존재자만을 그것의 존재에서 캐물어볼 수 있다. 그리고 실존론적 분석론은 현존재에 대한 탁월하고 가장 넓게 미치는 열어밝힘의 가능성 안에 머무름으로써 거기에서부터 이 존재자에 대한 해명을 받아낼 수 있을 것이다. 현상학적 해석은 현존재 자체에게 근원적인 열어밝힘의 가능성을 주어 현존재가 이를테면 자기 자신을 해석하도록 해야 한다. 현상학적 해석이 이러한 열어밝힘에서 함께하는 것은 단지 열어밝혀진 것의 현상적 내용을 실존론적으로 개념 안에 부각시키는 것뿐이다.

그러한 실존론적-존재론적으로 의미 있는 현존재의 근본적 처해 있음의 하나를, 즉 불안을 나중에 해석하게 될 텐데(제40절 참조) 여기에서는 그 점을 염두에 두고 처해 있음의 현상을 **공포**라는 특정한 양태에서 더욱 구체적으로 제시해야 한다.

제30절 처해 있음의 한 양태로서의 공포[6]

공포의 현상은 세 가지 관점에 따라 고찰될 수 있다. 우리는 공포의 대상, 두려워함, 공포의 이유를 분석하도록 한다. 이들 세 가지의 관점들이 가능하며 함께 속한다는 것은 우연이 아니다. 그 관점들과 더불어 처해 있음 일

---

[6] Aristoteles, *Rhetorik*(『수사학』), B 5, 1382 a 20-1383 b 11 참조.

반의 구조가 전면에 드러난다. 분석은 공포에서 고찰되는 그때마다의 상이한 구조계기들을 적중시키는 그런 공포의 가능한 변양태들을 지적함으로써 완벽해질 것이다.

공포의 대상, 즉 "두려운 것"은 그때마다 손안의 것, 눈앞의 것, 공동현존재의 존재양식을 가진 세계내부적으로 만나게 되는 어떤 것이다. 흔히 "두려운 것"이 될 수 있는 존재자에 대해서 존재적으로 보고하는 것으로 그쳐서는 안 되고 "두려운 것"이 그 두려움에서 현상적으로 규정되어야 한다. 두려워함 속에서 만나게 되는 두려운 것 그 자체에 속하는 것으로 무엇이 있는가? 두려움의 대상은 위협적이라는 성격을 띤다. 여기에는 다음의 몇 가지 점들이 고찰될 수 있다. 1. 만나게 되는 것이 유해함의 사용사태 양식을 띤다. 그것은 일종의 사용사태연관에서 볼 수 있다. 2. 이 유해함은 그것이 적중될 수 있는 특정한 주변영역을 겨냥한다. 그것은 그렇게 규정된 것으로서 그 자체가 하나의 특정한 방면에서부터 온다. 3. 이 방면 자체와 그 방면에서 나오는 것이 그 자체로서 잘 알려진 것인데, 그것이 "섬뜩한" 것이다. 4. 그 유해한 것은 위협해오고 있는 것으로 아직은 제어될 수 있는 가까이에 있지는 않지만 가까워오고 있다. 그러한 가까워옴에서 유해함이 발산되고 있으며 그 안에 위협의 성격을 가지는 것이다. 5. 이러한 가까워옴은 그러한 것으로서 가까이에 있다. 분명 최고도로 유해할 수 있는 것이 멀리에서, 그러나 끊임없이 계속 가까이 오고 있는데, 그것이 그 공포의 정도에서는 은폐되어 있다. 가까이에서 가까워져오는 것으로서 그 유해한 것은 위협적이지만 그것은 적중될 수도 있고 또 적중되지 않는 수도 있다. 이런 가까워옴에서 그러한 "그럴 수도 있겠지만 결국에는 그렇지 않을지도 몰라"라는 심정이 증폭된다. 그래서 우리는 두렵다고 말한다. 6. 바로 거기에 다음의 사실이 놓여 있다. 즉, 가까이에 근접해오는 것으로서의 유해한 것은 그 자체 안에 닥치지 않고 그냥 지나칠 가능성을 간직하는데, 이 점이 두려움을 경감시키거나 없애는 것이 아니라 오히려 증대시킨다.

두려워함 자체는 그렇게 성격규정된 위협적인 것이 자신에게 닥치도록 놔두는 자유롭게 내줌이다. 예를 들어 우선 어떤 장래의 재난이 확인되고 그래서 그다음 두려워하는 것이 아니다. 그러나 두려워함 역시 먼저 가까워오는 것을 확인하는 것이 아니라, 먼저 그것의 무서움을 발견하는 것이다. 그리고 그다음 무서워하면서 공포는 분명하게 바라보면서 자신에게 두려운 것을 "명백히 해놓을" 수 있는 것이다. 둘러봄은 두려운 것을 보게 되는데, 그 까닭은 둘러봄이 두려움의 처해 있음 안에 있기 때문이다. 처해 있는 세계-안에-있음의 졸고 있는 듯한 가능성으로서의 두려워함이, 즉 "공포스러움"이 세계를 이미, 두려운 것과 같은 어떤 것이 세계에서부터 가까워올 수 있음으로 열어밝혔다. 가까워올 수 있음 자체는 세계-안에-있음의 본질적인 실존론적 공간성에 의해서 자유롭게 내어졌다.

그 때문에 공포를 두려워하는 그 이유는 두려워하는 존재자 자체, 즉 현존재이다. 그의 존재에서 바로 이 존재 자체가 문제가 되는 존재자만이 두려워할 수 있다. 두려워함은 이 존재자를 그가 위험에 당면하여 그 자신에게 내맡겨져 있음을 열어밝힌다. 공포는 언제나, 비록 그 명료성이 바뀌기는 해도, 현존재를 그의 '거기에' 있음에서 드러내준다. 우리가 집이나 저택 때문에 두려워할 경우에도 거기에 앞에서 규정한 공포의 이유에 대한 반대증명이 있는 것은 아니다. 왜냐하면 현존재가 세계-안에-있음으로서 그때마다 각기 어떤 것 곁에 배려하며 존재함이기 때문이다. 대개 우선 현존재는 그가 배려하는 **그것에서부터 존재한다**. 현존재가 위험에 당면하고 있다는 것은 어떤 것 곁에 있음이 위협받고 있다는 것이다. 공포는 현존재를 주로 결여적인 방식으로 열어밝힌다. 공포는 혼란스럽게 하며 "뒤죽박죽으로" 만들어놓는다. 공포는 위험에 당면한 안에-있음을 보게 하면서 동시에 그것을 감춰버리기 때문에 현존재는 공포가 비켜갔을 때 비로소 다시금 정상을 되찾을 수 있는 것이다.

어떤 것 앞에서 두려워함으로서의 무엇 때문에 두려워함은 언제나―결여적이건 긍정적이건—위협해오는 세계내부적인 존재자와 위협받고 있는 안에-있음을 똑같이 근원적으로 열어밝힌다. 공포는 처해 있음의 한 양태이다.

그런데 두려워함의 "그 때문에"는 또한 다른 사람들에도 해당될 수 있는데, 이 경우 우리는 그 사람을 위해서 두려워한다고 말한다. 이러한 누구를 위해서 두려워함이 그 다른 사람에게서 공포를 없애지는 못한다. 그것이 가능하지 않은 것은, 우리가 그를 위해서 두려워하고 있는 그 다른 사람은 그 자신으로서는 전혀 두려워할 필요가 없기 때문에도 그런 것이다. 우리는 다른 사람이 두려워하지 않고 겁 없이, 위협하고 있는 것을 향해 돌진하는 바로 그 경우에 그를 **위해서** 가장 두려워하게 된다. 누구를 위해서 두려워함은 타인과 더불어 함께 처해 있음의 한 방식인데, 그렇지만 그것이 반드시 함께 두려워함이거나 또는 더구나 서로서로를 두려워함은 아니다. 사람은 자신은 두려워 떨지 않으면서 누구 때문에 두려워할 수는 있다. 그렇지만 정확하게 고찰할 때 누구 때문에 두려워함은 분명 자신도 두려워함이다. 이때 "두려움의 대상"은 그에게서 빼앗아버릴지도 모를 타인과의 더불어 있음이다. 두려운 것은 직접 함께 두려워하는 자를 겨냥하지 않는다. 누구 때문에 두려워함은 어떤 방식에서는 자신이 적중되지 않는다는 것을 알고 있으며 그럼에도 그 두려워함이 그를 위해서 두려워하는 그 공동현존재가 적중되면서 그도 함께 적중되는 셈이다. 그렇기 때문에 누구 때문에 두려워함은 결코 약해진 형태의 스스로 두려워함은 아니다. 여기에서 문제가 되는 것은 "느낌의 색깔"의 강도가 아니라 실존론적 양태이다. 누구 때문에 두려워함이 "본래는" 그 스스로 두려워하지 않는다고 해도 그렇다고 해서 그 두려워함이 그것의 특별한 진실됨을 상실하는 것은 아니다.

완전한 공포현상을 구성하는 계기들은 다양하게 바뀔 수 있다. 그로써 두려워함의 다양한 존재가능성들이 귀결된다. 위협적인 것을 당면하는 만남의 구조에는 가까이에 근접해옴이 속한다. 위협적인 것이 "아직은 아니지만 어느 순간에라도" 갑작스레 배려하는 세계-안에-있음 안으로 들이닥치게 되면, 공포는 **놀람[경악]**이 된다. 따라서 위협적인 것에서 구별해야 할 것은, 위협하는 것이 가장 가까이 근접함과 그 근접함 자체를 만나게 되는 양식, 즉 돌연성이다. 경악의 대상은 우선은 잘 알려진 친숙한 어떤 것이다. 이에 반해 위협적인 것이 전연 친숙하지 않다는 성격을 띨 경우 이때 공포는 **전율**이 된다. 그런데 이제 위협하는 것이 전율스러움의 성격에서 마주치게 됨과 동시에 또한 경악함의 만남의 성격을, 즉 돌연성을 띠는 경우, 이때 공포는 **아연함[혼비백산]**이 된다. 그 밖의 공포의 변형들로 우리는 겁먹음, 소심함[겁이 많음], 근심함[안절부절못함], 당황함[어리둥절함] 등을 알고 있다. 이 모든 공포의 변양태들은 스스로가 처해 있는 가능성들로서, 현존재가 세계-안에-있음으로서 "두려움의 경향"을 가지고 있음을 암시한다. 이러한 "두려움의 경향"은 어떤 현사실적인 "개별화된" 성향이라는 존재적 의미로 이해되어서는 안 되고 현존재 자체의 본질적인 처해 있음의 실존론적 가능성으로 이해되어야 한다. 물론 이것이 유일한 가능성은 아니다.

제31절 이해로서의 거기에-있음

처해 있음은 "거기에"의 존재가 그 안에 머무르고 있는 실존론적 구조 중 하나이다. 처해 있음과 더불어 똑같이 근원적으로 이해†가 그 존재를 함께 구성한다. 처해 있음은, 비록 그것이 단지 이해를 억누르고 있는 상태로서일지라도, 그때마다 나름의 이해를 가진다. 이해는 언제나 기분[분위기] 잡힌 이해이다. 우리가 이해를 기초적 실존범주††로* 해석할 경우, 그로써 제시되고 있는 것은, 우리가 이 현상을 현존재의 **존재**의 근본양태로 개념 파악해야 된다는 것이다. 이와는 다르게 여러 다른 인식양식 중 가능한 한

---

* 기초존재론적으로, 다시 말해서 존재의 진리의 연관에서부터.

인식양식이라는 의미의 "이해"—예컨대 "설명"과 구별되는—는 설명과 함께, '거기에'의 존재를 함께 구성하고 있는 일차적 이해의 실존론적 파생체로 해석되어야 한다.

그렇다면 지금까지의 탐구도 이미 이러한 근원적인 이해에 부딪쳤을 것이다. 비록 두드러지게 주제로 삼지는 않았지만 말이다. 현존재가 실존하면서 그의 '거기에'로서 존재한다는 말은 일단 세계가 "거기에" 있다는 말이다. 세계의 "거기에-있음"이 곧 안에-있음인 것이다. 그리고 이 안에-있음 역시 "거기에" 있는데 그것도 현존재가 '그 때문에' 존재하는 그것으로서 있다. 이 '그 때문에' 안에서 실존하는 세계-안에-있음이 그 자체로서 열어밝혀져 있으며, 이 열어밝혀져 있음이 이해라고 명명되었다.[7] '그 때문에'의 이해 속에 그 안에 근거하는 유의미성이 함께 열어밝혀져 있다. 이해의 열어밝혀져 있음은 '그 때문에'와 유의미성의 열어밝혀져 있음으로서 똑같이 근원적으로 전체 세계-안에-있음에 관계된다. 유의미성은 세계 그 자체가 그리로 열어밝혀져 있는 그것[지평]이다. '그 때문에'와 유의미성이 현존재 안에서 열어밝혀져 있다는 말은, 현존재란 세계-안에-있음으로서 그에게 바로 이 세계-안에-있음 자체가 문제가 되는 존재자라는 말이다.

우리는 때에 따라 존재적 이야기에서 "어떤 것을 이해한다"라는 표현을 "어떤 일을 주관할 수 있다", "그 일을 처리할 능력이 있다", "어떤 것을 할 수 있다"의 뜻으로 사용한다. 그런데 실존범주로서의 이해에서 할 수 있는 것은 어떤 무엇이 아니라 실존함으로서의 존재함이다. 이해에는 실존론적으로 존재할 수 있음이라는 현존재의 존재양식이 놓여 있다. 현존재는 어떤 것을 할 수 있는 능력을 추가로 소유하는 어떤 눈앞의 것이 아니라, 오히려 일차적으로 가능존재이다. 현존재는 그때마다 각기 현존재가 그것으로 존재할 수 있는 바로 그것이며 그가 그의 가능성으로서 존재하고 있는

---

7) 이 책의 제18절 131쪽 이하를 참조할 것.

그 방식이다. 현존재의 본질적인 가능존재는 [앞에서] 성격규정한 "세계"에 대한 배려의 방식, 타인에 대한 심려의 방식에 관계되며 그 모든 것 안에 언제나 이미 자기 자신에 대한 존재가능에, 즉 자기 자신 '때문에'에 관계된다. 그때마다 현존재가 실존론적으로 바로 그것인 가능존재는 공허한 논리적 가능성뿐 아니라 어떤 눈앞의 것의—이것과 더불어 이러저러한 일이 "일어날" 수 있는—우발성과도 구별된다. 눈앞에 있음의 양태적 범주로서의 가능성은 **아직 현실적이지 않은** 것과 **결코 필연적일 수 없는** 것을 의미한다. 그런 가능성은 단지 **가능적인** 것만을 성격 짓는다. 그것은 존재론적으로 현실성과 필연성보다 하위이다. 이와는 다르게 실존범주로서의 가능성은 현존재의 가장 근원적이고 최종적 적극적 존재론적 규정성이다. 그것은 우선 실존성 자체와 마찬가지로 그저 문제로서 예비될 수 있을 뿐이다. 그런 가능성을 도대체 보게끔 하는 현상적 토대는, 열어밝히는 존재가능인 이해가 제공한다.

실존범주로서의 가능성은 "자의의 무관심[무차별성]"(무관심의 자유)이라는 의미의 허공을 떠다니는 존재가능을 의미하는 것이 아니다. 현존재는 본질적으로 처해 있는 현존재로서 각기 이미 특정한 가능성 안에 휘말려 있으며, 그가 그것으로 존재하는 바로 그 존재가능으로서 그는 그러한 특정한 가능성들을 지나쳐가게 했으며, 그는 끊임없이 그의 존재의 가능성들에게로 가며, 그것들을 장악하거나 놓치거나 한다. 그러나 이것은 현존재가 그 자신에게 떠맡겨진 가능존재이며 철두철미하게 **내던져진** 가능성임을 말하는 것이다. 현존재는 가장 고유한 존재가능에 대해서 자유인 가능성이다. 가능존재는 그 자신에게 여러 상이한 가능한 방식과 정도에 투명하다.

이해는 결코 아직 눈앞에 있지 않은 것이라는 의미로는 존재할 수 없으며 본질적으로 눈앞의 것으로 존재하지 않고 현존재의 존재와 더불어 실존의 의미로 "**존재하는**" 존재가능의 존재이다. 현존재는 이렇게 또는 저렇게 존재하는 것을 그때마다 각기 이해했거나 또는 이해하지 못한 방식으로 존재한다. 그러한 이해로서 현존재는 그가 **어디에** 놓여 있는지를, 다시 말해 그의 존재가능이 어떤 상황에 있는지를 "알고 있다". 이러한 "앎"은 내재적인 자기지각에서 비로소 자라나오는 것이 아니라, 오히려 그것이 본질적으로 이해인 바로 그 '거기에'의 존재에 속한다. 그리고 오직 현존재가 이해하면서 그의 '거기에'로서 존재하기 **때문에**, 그가 잘못 가기도 하고 잘못 알기도 할 수 있는 것이다. 그리고 이해가 처해 있는 이해인 한, 그리고 이이해가 실존론적으로 내던져져 있음에 내맡겨져 있는 것인 한, 현존재는 그때마다 이미 잘못 갔고 잘못 알았다. 그러므로 그는 그의 존재가능에서, 자신을 그의 가능성 안에서 비로소 다시 발견해야 할 가능성에 떠맡겨져 있는 것이다.

 이해는 현존재 자체의 고유한 존재가능이라는 [의미의] 실존론적 존재인데 그것도 이 존재가 현존재 자체 안에서 그 자신이 어디에 처해 있는지를 열어밝히는 식으로 그렇다. 이제 이러한 실존범주의 구조를 좀더 날카롭게 파악하는 것이 중요하다.

 이해는 열어밝힘으로서 언제나 세계-안에-있음의 전체 근본구성틀에 관계된다. 존재가능으로서 안에-있음은 그때마다 세계-안에-있을-가능이다. 이 세계는 세계로서 가능한 유의미성으로 열어밝혀져 있을 뿐만 아니라 세계내부적인 것을 자유롭게 내어주는 것 자체가 곧 이 존재자를 **그것의** 가능성으로 자유롭게 내어주는 것이다. 손안의 것은 그 자체로서 그것의 이용 **가능성**, 사용 **가능성**, 유해 **가능성**에서 발견되어 있다. 사용-사태전체성은 손안의 것의 연관이 가지는 한 **가능성의** 범주적 전체임이 밝혀진다. 그러나 다양한 눈앞의 것의 "단일성", 즉 자연도 오직 그것의 **가능성의** 열어밝혀져 있음의 근거 위에서만 발견될 수 있다. 자연의 **존재**에 대한 물음이 "**그것의 가능조건**"을 겨냥한다는 것이 우연인가? 그런 물음은 어디에 근거하는가? 이 물음 자체에 대해서 이렇게 묻지 않을 수 없다. 현존재적이지 않은 존재자가 그것의 가능조건에서 열어밝혀지게 되면, 그 존재자가 그것의 존재에서 이해된 것이라고 하는 것은 **무슨 까닭일까?** 칸트가 그와 같은 것을 전제한다는 것은 아마 정당할 것이다. 그러나 이러한 전제 자체가 결코 그 정당성에서 증명되지 않은 채 남아 있을 수 있다.

이해가 그 안에서 열어밝혀질 수 있는 것의 그 모든 본질적인 차원을 고려해볼 때 언제나 가능성 안으로 밀치고 들어가는 것은 무슨 까닭일까? 이해가 그 자체 안에 우리가 **기획투사**†라고 이름하는 실존론적인 구조를 가지기 때문이다. 이해는 현존재의 존재를 그의 그때마다의 세계의 세계성인 유의미성에게로와 마찬가지로 근원적으로 그의 '그 때문에'에게로 기획투사한다. 이해의 기획투사성격은 하나의 존재가능의 '거기에'로서 현존재의 '거기에'가 열어밝혀져 있다는 점에서 세계-안에-있음을 구성한다. 기획투사는 현사실적인 존재가능의 여지를 지칭하는 실존론적 존재구성틀이다. 그리고 현존재는 내던져진 현존재로서 기획투사의 존재양식으로 내던져져 있다. 기획투사는, 그것에 맞추어 현존재가 그의 존재를 짜맞춘 그런 고안한 계획과 관계를 맺는 것과는 아무 상관이 없고 오히려 현존재로서 그는 그때마다 이미 기획투사했으며, 그가 존재하는 한 기획투사하면서 존재한다. 현존재는 그가 존재하는 한 언제나 이미, 또는 언제나 여전히 자신을 가능성에서부터 이해한다. 이외에도 이해의 기획투사성격은, 이해가 그리로 기획투사하는 그것을, 즉 가능성들을 그 자신은 주제로서 파악하지 않고 있음을 말한다. 그러한 주제적 파악은 기획투사된 것에서 바로 그것의 가능성의 성격을 빼앗으며 그것을 하나의 주어져 있는 의도된 사실요소로 끌어내리는 데에 반해, 기획투사는 기획투사함에서 자신을 위해서 가능성을 가능성으로 앞에 던지며 가능성으로 **존재하도록** 해준다. 이해는 기획투사함으로서, 그 안에서 현존재가 가능성으로서의 그의 가능성으로 **존재하**는 현존재의 존재양식이다.

기획투사라는 실존범주에 의해서 구성되는 존재양식 때문에 현존재는— 만일 현존재를 눈앞의 것으로서 그의 존재품목에서 기록하려고 하고 또 할 수 있다면—항시 그가 실제로 있는 것 "그 이상"이다. 그러나 현존재는 결코 그가 현사실적으로 존재하는 것 그 이상일 수 없다. 왜냐하면 그의 현사실성에는 존재가능이 본질적으로 속하기 때문이다. 그러나 현존재는 가능존재로서 또한 결코 그 이하일[적게 존재할] 수도 없다. 다시 말해 현존재는 실존론적으로, 그가 그의 존재가능에서 아직 아닌 바로 그것으로 **존재한다**. 그리고 오직 '거기에'의 존재가 이해와 그것의 기획투사성격에 의해서 자신의 구성을 얻기 때문에, 현존재가 그가 되거나 또는 되지 못하는 그것으로 존재하기 때문에, 현존재는 이해하면서 그 자신에게 "네가 무엇인 바로 그것이 되어라!"*라고 말할 수 있는 것이다.

기획투사는 언제나 세계-안에-있음의 온전한 열어밝혀져 있음에 관계된다. 이해는 존재가능으로서 그 자체 그 자신 안에서 본질적으로 열어밝혀질 수 있는 것의 주변 범위를 앞서 윤곽 짓고 있는 가능성들을 가진다. 이해는 자신을 일차적으로 세계의 열어밝혀져 있음 안으로 넣을 수 있다. 다시 말해 현존재는 자신을 우선 대개 그의 세계에서부터 이해할 수 있다. 그러나 그렇지 않을 경우 이해는 자신을 일차적으로 '그 때문에' 안으로 던지는데, 다시 말해 현존재는 그 자신으로서 실존하는 것이다.** 이해는 본래적인 이해, 즉 고유한 자기 자신 그 자체에서부터 발원하는 이해이거나 혹은 비본래적인 이해이다. 이때의 "비-"는 현존재가 자신을 그의 자기존재에서부터 떼어내어 "오직" 세계만을 이해한다는 것을 말하는 것이 아니다. 세계는 세계-안에-있음으로서의 그의 자기존재에 속한다. 본래적 이해뿐 아니라 비본래적 이해도 또한 다시금 진정한 것이거나 그렇지 않은 것일 수 있다. 이해는 존재가능으로서 철두철미하게 가능성에 의해서 일관되어 있다. 이해의 이러한 근본 가능성 중 하나로 자신을 옮겨놓음이 다른 가능성을 벗어던지는 것은 아니다. 오히려 이해가 그때마다 세계-안에-있음으

---

* 그런데 "너"는 누구인가? 내가 너에게서 떼어내 던지는 그 사람이자 네가 될 그 사람이다.
** 그렇지만 주체나 개인으로서, 또는 인격으로서가 아니다.

로서의 현존재의 전체 열어밝혀져 있음에 관계되기 때문에, 이해의 자신을 옮겨놓음은 전체로서의 기획투사의 한 실존론적 변양태이다. 세계를 이해함에는 언제나 안에-있음이 함께 이해되어 있으며, 실존 그 자체의 이해는 언제나 세계에 대한 이해이다.

　현존재는 현사실적 현존재로서 그의 존재가능을 각기 그때마다 이미 이해의 한 가능성 안에로 옮겨놓아왔다.

　이해는 자신의 기획투사성격에서 우리가 현존재의 **시야**라고 이름하는 그것을 실존론적으로 만들어내고 있다. 현존재는 [앞에서] 특징지은 그의 존재의 근본방식에 따르면 똑같이 근원적으로 배려의 둘러봄, 심려의 뒤돌봄으로서, 그것 때문에 현존재가 그때마다 그가 그렇게 존재하듯이 존재하는 바로 존재 그 자체에 대한 시야로서 "거기에"의 열어밝혀져 있음과 더불어 실존론적으로 존재하는 시야인 것이다. 일차적으로 그리고 전체에서 실존에 관계되는 시야를 우리는 **투명성**이라고 이름한다. 우리는 그 용어를 잘 이해된 "자기인식"을 지칭하기 위해서 선택한다. 여기에서 문제가 되는 것은 자기라는 점을 지각하며 냄새 맡거나 관찰하는 것이 아니라, 이해하면서 세계-안에-있음의 전체 열어밝혀져 있음을 그 세계-안에-있음의 본질적인 구성틀의 계기를 **두루 관통해서** 장악하는 것이다. 실존하면서 존재하는 현존재는, 그 자신이 똑같이 근원적으로 그의 실존의 구성 계기들로서의 세계 곁에 있음, 타인과 더불어 있음에서 투명하게 된 한에서만 "자신을" 본다.

　반대로 현존재의 불투명성은 일차적으로 유일하게 "자아중심적인" 자기 착각에만 뿌리를 내리고 있는 것이 아니라 또한 똑같이 세계에 대한 무지에도 뿌리를 박고 있다.

　"시야"라는 표현을 물론 오해로부터 보호해야 한다. 그것은 우리가 '거기에'의 열어밝혀져 있음을 성격규정했던 그 밝혀져 있음에 상응한다. "봄"은 육체적인 눈으로 지각하는 것만을 의미하지도 않고, 또한 어떤 눈앞의 것을 그것의 눈앞에 있음에서 순수하게 비감각적으로 인지함도 의미하지 않는다. 시야의 실존론적인 의미를 위해서 우리는 오직, 봄이 그것에게 접근가능한 것을 그것 자체에서 가려지지 않은 채로 만나게끔 해준다는 바로 이러한 봄의 고유함만을 요구하고 있다. 물론 이 점을 모든 "감관"이 그것의 진정한 발견의 영역 내에서 수행하고 있다. 그러나 철학의 전통은 시작부터 일차적으로 존재자, 그리고 존재에 이르는 접근양식으로서 "봄"에 방향을 잡았다. 이러한 전통과의 연관을 유지하기 위해서 사람들은 봄과 시야를 아주 넓게 형식화하여, 그로써 존재자와 존재에 이르는 모든 접근통로를 통로 일반으로서 성격규정하는 하나의 보편적인 용어를 획득해 내기에 이르렀다.

모든 시야가 어떻게 일차적으로 이해에 근거하는지를 보여줌으로써―배려의 둘러봄은 **값싼 이해[일반 상식]**†로서의 이해이다―순수 직관에서 그것의 우위(이것은 인식행위적으로 눈앞의 것이 가지는 전통적인 존재론적 우위에 상응한다)를 빼앗은 셈이다. "직관"과 "사유"*는 둘 다 이미 이해의 먼 파생체들이다. 현상학적인 "본질직관"도 실존론적인 이해에 근거하고 있다. 이러한 봄의 양식에 대해서는, 존재와 존재구조에 대한 명확한 개념들이 획득되었을 때에 비로소 결정될 수 있다. 그리고 존재와 존재구조가 유일하게 현상학적인 의미에서 현상이 될 수 있다.

이해에서 '거기에'가 열어밝혀지는데, 이러한 열어밝혀져 있음 또한 현존재의 존재가능의 한 방식이다. '그 때문에'에로 그의 존재가 기획투사되어 있음 속에, 그리고 그와 더불어 유의미성(세계)에로 기획투사되어 있음 속에는 존재 일반의 열어밝혀져 있음이 놓여 있다.** 가능성들을 기획투사함에는 이미 존재이해가 취해져 있다. 존재는 기획투사에서 이해되어 있기는

---

* 이것은 '지성(διάνοια)'이지, 이해능력에서의 '이해함'으로 이해되어서는 안 된다.
** 존재 일반의 열어밝혀져 있음이 어떻게 그 안에 '놓여 있으며', 그리고 거기에서 존재 자체(Seyn)는 무엇을 말하는가?

하지만* 존재론적으로 개념파악되어 있지는 않다. 세계-안에-있음의 본질적인 기획투사라는 존재양식의 존재자는 그의 존재의 구성요소로서 존재이해를 가진다. 앞에서[8] 독단적으로 설정되었던 것이 이제 그 안에 현존재가 이해로서 그의 "거기에"로서 존재하고 있는 바로 그 존재의 구성에서부터 [필요한] 증명제시를 얻은 셈이다. 우리의 전체 탐구의 한계에 상응하게 이러한 존재이해의 실존론적인 의미를 만족스럽게 해명하는 일은 존재시적인 (temporal) 존재해석의 근거 위에서야 비로소 도달될 수 있을 것이다.

처해 있음과 이해는 실존범주들로서 세계-안에-있음의 근원적인 열어밝혀져 있음을 성격규정하고 있다. 기분 잡혀 있음의 방식에서 현존재는 그가 거기에서부터 존재하고 있는 그 가능성들을 "본다". 그러한 가능성들을 기획투사하며 열어밝힘에서 현존재는 그때마다 이미 분위기[기분] 잡혀 있다. 가장 고유한 존재가능의 기획투사는 "거기에"에로 내던져져 있음의 현사실에 내맡겨져 있다. 내던져져 있는 기획투사라는 의미로 "거기에"의 존재의 실존론적 구성틀을 설명함으로써 오히려 현존재의 존재가 더욱더 수수께끼가 되어버린 것은 아닌가? 실제로 그렇다. 우리는 우선 이러한 존재의 온전한 수수께끼가 밖으로 끄집어내어질 수 있도록 해야 한다. 비록 그 "해결"에서 진정한 방식으로 실패하고 그래서 내던져진-기획투사하는 세계-안에-있음의 존재에 대해서 새롭게 물음을 제기하기 위해서만이라도 그렇다.

우선은 단지 처해 있는 이해의, "거기에"의 완전한 열어밝혀져 있음의 일상적인 존재양식만이라도 현상적으로 충분하게 시야에 데려오기 위해서도 이 실존범주들에 대한 구체적인 정리작업이 필요하다.

---

8) 이 책의 제4절 30쪽 이하 참조.
* 그러나 이 말은 존재가 기획투사에 힘입어 '존재하게 됨'을 뜻하는 것이 아니다.

제32절 이해와 해석

현존재는 이해로서 자신의 존재를 가능성에게로 기획투사한다. 이러한 이해하는 **가능성에게로 향한 존재**는, 열어밝혀진 가능성인 그 가능성이 현존재에로 되돌려지므로, 그 자체가 하나의 존재가능인 것이다. 이해의 기획투사는 스스로를 형성할 고유한 가능성을 가진다. 이해의 이러한 형성을 우리는 **해석**이라고 이름한다. 해석에서 이해는 자신이 이해한 것을 이해하면서 자기 것으로 만든다. 해석에서 이해는 어떤 다른 것이 되는 것이 아니라 오히려 그것 자체가 된다. 해석은 실존론적으로 이해에 근거하고 있으며 이해가 해석에 의해서 생겨나는 것이 아니다. 해석은 이해된 것을 알게 됨이 아니라 오히려 이해에서 기획투사된 가능성들을 정리작업함이다. 일상적인 현존재에 대한 예비적인 분석의 진행과정에 맞추어, 다음에서 우리는 해석의 현상을 세계에 대한 이해에서, 다시 말해 비본래적이기는 하지만 진정한 양태인 이해에서 추적해보기로 한다.

손안의 것 곁에 배려하며 있음은 스스로에게 세계이해에서 열어밝혀진 유의미성에서부터, 만나게 되는 것을 가지고 어떤 사용사태에 쓸 수 있는지를 이해하도록 한다. 둘러봄이 발견하는데, 이 말은 이미 이해된 '세계'가 해석된다는 뜻이다. 손안의 것이 **두드러지게** 이해하는 시야 속으로 들어온다. 모든 준비함, 정돈함, 정비함, 개선함, 보충함 등은, 둘러보는 손안의 것이 그것의 '무엇을 위하여'에서 풀어헤쳐지고 시야에 들어오게 된 풀어헤쳐져 있음에 맞추어 배려되는 방식으로 수행된다. 둘러보며 그것의 '무엇을 위하여'로 풀어헤쳐진 것 그 자체는, 즉 두드러지게 이해된 것은 **어떤 것을 어떤 것으로서**라는 구조를 가진다. 이 특정한 손안의 것이 무엇인가 하는 둘러보는 물음에 둘러보며 해석하는 대답은 "그것은 ……을 위한 것이다"라고 말한다. '무엇을 위하여'의 제시는 단순히 어떤 것을 명명하는 것이 아니고, 여기에서 명명된 것은 물음이 되는 것을 그 무엇으로서 취해야 할 바로 그것으로 이해된다. 이해에서 열어밝혀진 것, 즉 이해된 것은 언제나 이미, 그것 자체에서 그것의 "그 무엇으로서"가 두드러지게 부각될 수 있는 방식으로 접근 가능하다. "으로서"가 어떤 이해된 것의 명시성을 형성한다. 그것이 해석을 구성한다. 이것을 책상, 문, 승용차, 다리로서 "보는", 주위세계적으로 손안에 있는 것과의 둘러보며-해석하는 왕래는 둘러보며 해석한 것을 반드시 이미 어떤 규정하는 발언에서 풀어헤쳐놓아야 할 필요는 없다. 손안의 것을 소박하게 그대로 보는 서술 이전의 모든 봄은 그 자체에서 이미 이해하며-해석하며 있다. 그러나 이러한 "으로서"의 결여가 어떤 것을 순수하게 지각하는 소박함을 이루고 있는 것이 아닌가? 이러한 시야의 봄도 그때마다 이미 이해하며-해석하며 있다. 그러한 봄은 자체 안에, 거기에서부터 소박하게 만나게 되는 것이 이해되고 있는 사용사태전체성에 속하는 지시연관들('위하여')의 명확성을 간직한다. "어떤 것을 어떤 것으로" 봄을 실마리로 삼아서 존재자에 해석하며 접근하면서 이해된 것을 분류파악함이 그것에 대한 주제적인 발언에 앞서 놓여 있다. 주제적인 발언에서 처음으로 "으로서"가 등장하는 것이 아니라, 단지 이제 비로소 밖으로 말해진 것인데, 그것도 그것이 밖으로 말해질 수 있는 것으로서 앞서 놓여 있기 때문에만 가능하다. 소박한 바라봄에는 발언함의 명확성이 결여될 수 있다는 사실이, 이러한 소박한 봄에서 모든 분류파악하는 해석을, 따라서 '으로서'-구조를 부인하는 것을 정당화하지는 않는다. 어떤 것을 다루면서 가장 가까운 사물들을 소박하게 봄은 자체 안에 근원적으로 해석의 구조를 지니고 있기 때문에, 어떤 것을 '으로서' 없이 파악하는 것이 오히려 일정한 태도전환을 필요로 할 정도이다. 어떤 것을 그저 단지 눈앞에 놓고 있음이, 순수하게 응시함 속에서 더 이상 이해하지 못함으로서 앞에 놓여 있다는 것이다. 이러한 '으로서' 없는 파악은 소박하게 이해하는 봄이 결여된 것으로서 후자보다 더 근원적일 수 없고 오히려 후자로부터 도출된 것이다. 존재적으로 "으로서"를 밖으로 말하지 않았음이 이해의 선험적인 실존론적 구성틀을 간과하도록 오도해서는 안 된다.

그러나 만일 손안에 있는 도구를 지각함이 모두 이미 이해하며-해석하며 있다고 한다면, 둘러보며 어떤 것을 어떤 것으로서 만나게 해준다면, 이 말은 곧, 어떤 순수한 눈앞의 것이 우선 경험되고 그다음에 그것이 문으로서, 집으로서 파악된다는 이야기가 아닌가? 이것은 해석의 특별한 열어밝힘의 기능에 대한 오해일 것이다. 해석은 흡사 벌거벗은 눈앞의 것에 하나의 "의미[뜻]"를 던져주어 그것에 하나의 가치를 붙여주는 것이 아니다. 세계내부적으로 만나게 되는 것 그 자체는 그때마다 이미 세계이해에서 열어밝혀진 사용사태에 쓸모가 있는 것이며, 이 사용사태가 해석에 의해서 밖으로 끄집어내어져야 한다.

손안의 것은 언제나 이미 사용사태전체성에서부터 이해되고 있다. 이 사용사태전체성은 어떤 주제적인 해석에 의해서 명시적으로 파악될 필요는 없다. 비록 그것이 그러한 해석을 두루 거친다고 해도 그것은 다시금 부각되지 않은 이해 안으로 물러설 것이다. 그리고 바로 이러한 양태에서 그 사용사태전체성은 일상적인 둘러보는 해석의 본질적인 기초인 것이다. 이러한 해석은 그때마다 하나의 **앞서 가짐**에 근거한다. 해석은 이해를 자기 것으로 만드는 것으로서 이미 이해된 사용사태전체성에로 이해하며 향해 있음 속에서 움직인다. 이해되어 있으나 아직 가려져[감싸여] 있는 것을 자기 것으로 만들려면 먼저 감추어져 있는 것을 드러내야 하는데, 이것은 언제나 일정한 바라봄의 시각의 안내 아래 성취된다. 이때 그 시각은 이해된 것이 그 관점에서 해석되어야 할 바로 그 점을 고정시킨다. 해석은 그때마다 앞서 가짐에서 취해진 것을 어떤 특정한 해석 가능성으로 "재단하는" **앞서 봄**에 근거한다. 앞서 가짐에서 취해지고 앞서 봄에서 대면된 이해된 것은 해석에 의해서 개념파악 가능해진다. 해석은 해석되어야 할 존재자에 속하는 개념성을 이 존재자 자체에서부터 길어올 수도 있지만, 또한 그 존재자가 그 존재양식에 맞지 않기 때문에 거부하는 그런 개념에 강제로 집어넣을 수도 있다. 어쨌든 해석은 그때마다 이미 나름대로 최종적으로 또는 유보적으로 하나의 특정한 개념성을 결정한 셈이다. 해석은 앞서 **잡음**에 근거한다.

어떤 것을 어떤 것으로 해석함은 본질적으로 앞서 가짐, 앞서 봄, 앞서 잡음에 의해서 기초를 부여받는다. 해석은 결코 앞에 주어져 있는 것을 전제 없이 파악하는 것이 아니다.† 정확한 원전해석이라는 의미로 수행되는 해석의 특별한 구체화의 경우 그것이 즐겨 "거기에 놓여 있는" 것을 끌어들이는데, 이 경우 우선 "거기에 놓여 있는" 것은 다른 것이 아니라 해석자의 자명한 논의되지 않은 앞선 견해일 뿐이다. 그 앞선 견해는 필연적으로 모든 개개의 해석의 단초에 해석 자체와 더불어 이미 "정립된" 그것, 다시 말해 앞서 가짐, 앞서 봄, 앞서 잡음에 앞서 주어져 있는 그것으로 놓여 있다.

이러한 "앞서-"의 성격을 어떻게 개념파악해야 하는가? 그것을 형식적으로 "선험적"이라고 말한다면 그로써 이야기가 다 된 것일까? 왜 이 구조가 우리가 현존재의 기초적 실존범주로서 특징지은 이해에 고유한 구조인가? 해석된 것 그 자체에 고유한 "으로서" 구조는 이 구조와 어떤 관계가 있는가? 이 현상은 분명 "조각으로" 분해해서는 안 될 것이다. 그렇다면 그것은 근원적인 분석론을 배제하는가? 우리는 그러한 현상들을 "최종적인 것"으로 수용해야만 하는가? 이 경우 왜 그런가 하는 물음이 남을 것이다. 아니면 이해의 앞선-구조와 해석의 로서-구조는 그것이 기획투사라는 현상과 가지고 있는 일종의 실존론적-존재론적 연관을 제시하는 것일까? 그리고 이 기획투사라는 현상은 현존재의 근원적인 존재구성틀을 소급지시하는 것일까?

이 물음에 답하기에 앞서서─지금까지의 준비가 결코 충분하지 못하므로─이해의 앞선-구조로서 그리고 해석의 으로서-구조로서 드러난 것이 이미 그 자체 하나의 단일적인 현상을 표현하는 것은 아닌지가 연구조사되어야 한다. 이 단일적인 현상이 철학적인 문제틀 안에서 많이 사용된 것은 사실이지만 그렇게 보편적으로 사용된 것에 존재론적인 설명의 근원성이 상응하지는 못했던 것이다.

이해의 기획투사 안에서 존재자가 그것의 가능성 안에서 열어밝혀져 있다. 가능성의 성격은 그때마다 이해된 존재자의 존재양식에 상응한다. 세계내부적인 존재자 일반은 세계에로 기획투사되어 있다. 다시 말해 유의미성의 지시연관들 안에서 세계-안에-있음으로서의 배려함이 자신을 위해서 애초에 고정시켜놓은 그러한 유의미성의 전체로 기획투사되어 있다. 세계내부적인 존재자가 현존재의 존재와 발견될 때, 다시 말해 이해에 이르게 될 때, 우리는 그것이 의미를 가진다고 말한다. 엄밀히 이야기해서 이해된 것은 의미가 아니라 존재자 또는 존재이다. 의미는 어떤 것의 이해 가능성이 그 안에 머무르고 있는 바로 그것이다. 이해하는 열어밝힘에서 분류파악 가능한 그것을 우리는 의미라고 이름한다. 의미라는 개념은 이해하는 해석이 분류파악하는 바로 그것에 필연적으로 속하는 그것의 형식적인 장치를 포괄한다. 의미는 앞서 가짐, 앞서 봄, 앞서 잡음에 의해서 구조지어진 기획투사의 그리로[의미 지평]이며 거기에서부터 어떤 것이 어떤 것으로서 이해될 수 있게 된다. 이해와 해석이 '거기에'의 존재의 실존론적 구성틀을 이루는 한, 의미는 이해에 속하는 열어밝혀져 있음의 형식적-실존론적 골격으로 개념파악되어야 한다. 의미는 현존재의 실존범주의 하나이지, 존재자에 붙어서 그것 "뒤에" 놓여 있거나 또는 "중간왕국" 어디엔가 떠다니는 속성의 하나가 아니다. 세계-안에-있음의 열어밝혀져 있음이 그 안에서 발견될 수 있는 존재자에 의해서 "채워질" 수 있는 한, 의미는 오직 현존재만이 "가진다". 그렇기 때문에 오직 현존재만이 의미 있거나 무의미할 수 있다. 다시 말해 그 자신의 고유한 존재와 이 존재와 더불어 열어밝혀진 존재자가 이해에서 그의 것으로 되거나 또는 무이해 속에 거부된 채 남아 있을 수 있다.

"의미"라는 개념에 대한 이러한 원칙적인 존재론적-실존론적 해석을 확 152
고하게 견지할 경우 현존재적이지 않은 존재양식의 모든 존재자들이 전혀
의미와 무관한 것[비의미적인 것]으로, 본질적으로 의미가 전혀 없는 것으
로 개념파악되어야 한다. "비의미적"은 여기에서 하등의 가치평가가 아니
라, 일종의 존재론적 규정을 표현할 뿐이다. 그리고 오직 비의미적인 것이
또한 반의미적일 수 있다. 눈앞의 것은 현존재에게서 만나게 되는 것으로서
흡사 현존재의 존재를 거슬러 돌진할 수도—예를 들어 돌발적이고 파괴적
인 자연변이처럼—있다.

그리고 우리가 존재의 의미에 대해서 물을 경우 이때 연구조사가 의미심
원해지거나 존재의 배후에 놓여 있는 어떤 것을 파헤치는 것도 아니다. 그
것은 존재가 현존재의 이해 가능성 안에 들어서 있는 한, 그 존재 자체에
대해서 묻는 것이다. 존재의 의미는 결코 존재자를 떠받치는 "근거"로서 존
재자 또는 존재와 대립될 수 없는데, 그 까닭은 "근거"는 오직 의미로서만
접근될 수 있기—그것 자체가 무의미성의 무근거[심연]라고 하더라도—때
문이다.

이해는 '거기에'의 열어밝혀져 있음으로서 언제나 세계-안에-있음의 전
체에 해당된다. 세계에 대한 모든 이해에 실존이 함께 이해되어 있으며 그
역도 마찬가지이다. 그 외에도 모든 해석은 앞에서 특징지은 앞선-구조 속
에서 움직인다. 이해를 도와주어야 할 모든 해석은 이미 해석해야 할 것을
이해했어야 한다. 사람들은, 비록 단지 이해와 해석에서 파생된 방식의 분
야에서, 즉 문헌학적 해석에서이기는 하지만, 언제나 이미 이러한 사실을
알고 있었다. 문헌학적 해석은 학문적 인식의 범위에 속한다. 그와 같은 인
식은 근거를 제시하는 증명의 엄밀성을 요구한다. 학문적인 증명은, 그것
을 근거제시하는 것이 자신의 과제인 바로 그것을 미리 전제해서는 안 된
다. 그러나 만일 해석이 그때마다 이미 이해된 것 안에서 움직이며 거기에
서부터 자양분을 취해야 한다면, 해석은 어떻게 순환 속에서 움직이지 않

으면서 학문적인 성과를 이룩할 수 있다는 말인가? 더욱이 더 나아가서 그 전제된 이해가 통속적인 인간인식 또는 세계인식 안에서 움직이고 있다면 말이다. 그런데 순환은 논리학의 가장 기초적인 규칙에 따르면 악순환이다. 그러나 이로써 역사학적인 해석이 선험적으로 엄밀한 인식의 영역에서 추방된 채 남아 있다. 사람들이 이해에 있는 이러한 순환의 현사실을 제거하지 못하는 한, 역사학은 덜 엄밀한 인식 가능성으로 만족할 수밖에 없다. 사람들은 이러한 결함을 역사학 "대상"의 "정신적 의미[뜻]"로 어느 정도 보충할 것을 허용한다. 물론 더 이상적인 것은—역사학자 자신들의 견해를 따른다고 해도—순환을 피할 수 있을 경우일 테고, 자연인식이 그렇다고 여겨지듯이 그렇게 관찰자의 입장에 예속되지 않은 역사(학)를 언젠가는 마련한다는 희망이 열려 있는 경우일 것이다.

153   그러나 이러한 순환 속에서 악순환을 보고 그것을 피할 방도를 찾는다는 것, 아니 순환을 단지 피할 수 없는 불완전함으로라도 "느끼는" 것은, 이해를 근본적으로 오해하고 있다는 이야기이다. 여기에서 문제가 되는 것은 이해와 해석을 어떤 한 특정한 인식의 이상에 맞추어 비교하는 것이 아니다. 이 인식의 이상 자체라는 것이 단지 이해의 한 변종에 지나지 않는데, 이 변종은 눈앞의 것을 그것의 본질적인 이해 불가능성 속에서 파악해야 한다는 정당한 과제 속으로 잘못 뛰어든 셈이다. 가능한 해석의 근본조건을 충족시키기 위해서는 오히려 해석을 애초부터 본질적인 수행조건과 관련하여 오인하지 않아야 한다. 결정적인 것은 순환에서부터 빠져나오는 것이 아니라 오히려 올바른 방식으로 순환 안으로 들어서는 것이다. 이해의 이러한 순환은 그 안에서 어떤 임의의 인식양식이 움직이는 그런 하나의 원이 아니다. 그것은 오히려 현존재 자신의 실존론적 **앞선-구조**의 표현일 따름이다. 순환은 결코 악순환이 되어서는 안 되며 관용되는 순환으로 격하되어서도 안 된다. 그 순환 안에는 가장 근원적인 인식의 긍정적인 가능성이 숨어 있다. 이 가능성은 물론 오직 다음과 같은 경우에만 진정한 방식으로 장

악된다. 즉, 해석이 자신의 첫 번째이며 지속적이고 최종적인 과제가, 그때마다 앞서 가짐, 앞서 봄, 앞서 잡음을 즉흥적 착상이나 통속개념에 의해서 제시되도록 버려두지 않고 오히려 사태 자체로부터 그것을 정리작업하여 학문적인 주제로 확실히 하는 데에 있음을 이해한 경우에만 그렇다. 이해가 그 실존론적 의미상 현존재 자신의 존재가능이기 때문에, 역사학적 인식의 존재론적 전제는 원칙적으로 가장 정밀한 과학의 엄밀함의 이념을 넘어선다. 수학이 역사학보다 더 엄밀하지는 않고, 수학에 중요한 실존론적인 기초의 범위를 고려해볼 때 오히려 역사학보다 더 협소한 셈이다.

이해에서의 "순환"은 의미의 구조에 속하며, 그 현상은 현존재의 실존론적 구성틀에, 즉 해석하는 이해에 뿌리를 내리고 있다. 그것에게 세계-안에-있음으로서 그의 존재 자체*가 문제가 되는 바로 그 존재자는 일종의 존재론적 순환구조를 가진다. 그렇지만 사람들이 "순환"이 존재론적으로 눈앞에 있음(존립)의 존재양식을 가진다는 사실에 유의하게 되면, 이 현상을 가지고 존재론적으로 현존재와 같은 것을 성격규정하는 일을 반드시 피해야 할 것이다.

제33절 해석의 파생양태인 발언

모든 해석은 이해에 근거한다. 해석에서 분류된 것 그 자체와 이해 일반에서 분류 가능한 것으로 앞서 윤곽 잡혀 있는 것이 의미이다. 발언†("판단")이 이해에 근거하고 해석의 파생된 이행형태의 하나를 나타내는 한, 발언 또한 하나의 의미를 "띠고 있는[가지고 있는]" 것이다. 그렇지만 이때에 의미가 판단행위 밖 판단 "자체에" 붙어 있는 어떤 것으로 규정되어서는 안 된다. 아래의 맥락 속에서 발언을 명확하게 분석하는 데에는 몇 가지 목적이 있다.

---

* 이러한 '그의 존재 자체'는 그 자체 존재이해에 의해서, 즉 현전성의 밝힘 안에 서 있음에 의해서 규정되는데, 이때 밝힘 그 자체도, 현전성 그 자체도 표상함의 주제가 되지 못한다.

첫째, 어떤 방식으로 이해와 해석을 구성하는 "으로서" 구조가 변양 가능한지가 발언에서 제시될 수 있다. 이로써 이해와 해석이 더욱 분명하게 드러날 것이다. 둘째, 발언의 분석은 기초존재론적 문제틀 안에서 탁월한 위치를 차지하는데, 그 까닭은 고대 존재론의 결정적인 시원에 로고스가 본래적으로 존재하는 것에 이르는 통로를 위해서, 그리고 이 존재자의 존재를 규정하는 데에 유일한 실마리 역할을 하기 때문이다. 마지막으로 발언은 예로부터 **진리**의 일차적이고 본래적인 "자리"로 통해왔다. 진리의 현상은 존재문제와 아주 밀접하게 연결되기 때문에, 우리의 다음의 탐구도 앞으로 나아감에 따라 필연적으로 진리문제에 부딪칠 수밖에 없다. 아니 이미—명시적으로는 아닐지라도—진리문제의 차원 속에 들어와 있다. 발언의 분석은 이러한 문제틀을 함께 준비해야 한다.

다음에서 우리는 **발언**이라는 명칭에 세 가지 뜻을 부여한다. 이 세 가지 뜻은 발언이라고 지칭된 현상에서 길어내온 것으로 서로 밀접하게 연관되며 그 통일성 속에서 비로소 발언의 완전한 구조를 제한규정한다.

1. 발언은 일차적으로 **제시**를 의미한다. 우리는 이로써 아포판시스(ἀπόφανσις)로서의 로고스의 의미를, 즉 "존재자를 그것 자체에서부터 보도록 함"을 견지하는 셈이다. "망치가 너무 무겁다"라는 발언에서 [망치를 바라보는] 시야에 발견되는 것은 결코 어떤 "의미"가 아니라 손안에 있음의 방식으로 있는 한 존재자이다. 비록 이 존재자가 손으로 잡을 수 있는 가까이나 "눈으로 볼 수 있는" 가까이에 없다고 하더라도, 제시는 그 존재자 자체를 의미하는 것이지, 예를 들어 그 존재자의 순전한 표상이나 "순전히 표상된 것"을 의미하는 것이 아니며, 더구나 발언하는 사람의 심리적 상태, 즉 그 존재자에 대한 그의 표상을 의미하는 것이 아니다.

2. 발언은 **서술**과 같은 뜻이다. 하나의 "주어"에 대해서 하나의 "술어"가 "발언된다". 전자가 후자에 의해서 **규정된다**. 이러한 뜻의 발언에서 발언된 것은 예를 들어 술어가 아니라 "망치 자체"이다. 이와는 반대로 발언하는

것, 다시 말해 규정하는 것은 "너무 무겁다"에 있다. 두 번째 뜻의 발언에서 발언된 것은, 즉 규정된 것 그 자체는, 이 명칭의 첫 번째 뜻에서 발언된 것[제시]에 비할 때 내용적으로 축소된 셈이다. 모든 개개의 서술은 오직 제시로서만 그것이 무엇인 바로 그것이다. 발언의 두 번째 뜻은 그 기초를 첫 번째 뜻에 둔다. 서술하는 분류파악의 두 요소, 즉 주어-술어는 제시의 내부에서 나온다. 규정함이 [존재자를] 처음으로 발견하는 것이 아니다. 오히려 규정함은 제시의 양태로서 시야를 우선 다름 아닌 '자신을 내보이는 것'—망치—그 자체에 **한정**시키며, 그래서 이러한 시선의 분명한 **한정**을 통해서 드러나고 있는 것을 그것의 규정성에서 **분명히** 드러나게 해준다. 규정함은 이미 드러나 있는 것—너무 무거운 망치—을 대면하여 한 걸음 물러선다. "주어정립"은 존재자를 "거기에 있는 망치"에로만 축소시키며, 그러한 시야 축소를 통해서 드러나 있는 것을 그것의 규정 가능한 규정성에서 볼 수 있도록 해준다. 주어정립과 술어정립은 여타의 부수정립과 함께 엄밀한 낱말의 의미에서 철두철미하게 "제시적(아포판시스적)"이다.

155

3. 발언은 **함께 나눔**[전달], 밖으로 말함을 의미한다. 발언은 함께 나눔으로서 첫 번째[제시] 및 두 번째[서술] 뜻의 발언과 직접적인 연관을 가진다. 발언은 규정함의 방식으로 제시된 것을 함께 보게 함이다. 함께 보게 함은 그것의 규정성이 제시된 존재자를 다른 사람과 함께 나눈다. [함께] "나누어지는 것"은 공동으로 바라보면서 제시된 것으로 향해 있음이다. 이때 이 제시된 것으로 향해 있음을 우리는 세계-안에-있음으로서 확고하게 붙잡아야 하는데, 다시 말해 거기에서부터 제시된 것을 만나게 되는 그 세계 안에서 확고하게 붙잡아야 한다. 그렇게 실존론적으로 이해된 함께 나눔[전달]에는 밖으로 말해져 있음이 속한다. 함께 나누어진[전달된] 것으로서의 발언된 것을 타인들이 발언하는 사람과 함께 나누어 가질 수 있는데, 이때 타인들 자신은 제시되고 규정된 존재자를 손으로 잡고 눈으로 볼 수 있는 가까이에 두지 않아도 된다. 발언된 것은 "계속 더 널리 말해질" 수 있다.

보면서 서로 함께 나누어 가짐의 범위가 확장된다. 그러나 동시에 이때 계속 더 멀리 말해지면서 제시된 것은 오히려 다시 은폐될 수 있다. 설사 들은 것을 말하는 가운데 불어난 앎과 지식이 여전히 언제나 존재자 자체를 의미하며, 예컨대 여기저기 나도는 "타당한 의미"를 "수긍하는" 것이 아니더라도 그렇다. 들은 것을 말하는 것도 일종의 세계-안에-있음이며 들은 것으로 향해 있음이다.

오늘날 "타당함"이라는 현상에 방향을 잡은 "판단"이론이 우세하지만 여기에서는 더 자세하게 논의하지 않겠다. 로체 이래 즐겨 더 이상 환원될 수 없는 "원초현상"으로 제시되는 이 "타당함"이라는 현상에 대한 몇 가지 의문점을 지적하는 것으로 족할 것이다. 이 현상이 그런 역할을 하는 것은 단지 그것이 존재론적으로 명료하지 않기 때문이다. 이 타당함이라는 언어 우상 주변에 자리잡은 "문제점"도 못지않게 불투명하다. 타당함은 첫째, **현실의 "형식"**을 의미한다. 그 형식은 변하는 "심리적" 판단과정과는 달리 변하지 않는 것으로 존립하는 판단내용에 속한다. 이 책의 서론에서 존재물음 일반의 현황을 성격규정한 바 있지만, "타당함"이 "이상적 존재"로서 특별히 존재론적 명료성에서 특기할 만하다고는 거의 기대할 수 없다. 둘째, 타당함은 동시에 판단에서 의미되는 "객체"에 대해서 가지는 판단의미의 타당함을 말하며, 그래서 **객관적 타당성**과 객관성 일반의 뜻으로 넘어간다. 셋째, 이렇게 존재자에 대해서 "타당하고" 그 자체 "무시간적으로" 타당한 의미는 다시 한번 이성적으로 판단하는 사람 모두에게 타당하다는 의미로 "타당하다". 타당함은 이제 **구속성**, "보편타당성"을 말한다. 더 나아가 "주체"는 "본디" 객체를 향해 "밖으로 나가지 못한다"는 "비판적" 인식이론을 대변하기라도 한다면, 객체에 대한 타당함, 즉 객관성으로서의 타당성은 참된(!) 의미의 타당한 존립에 근거하게 된다. 여기에서 드러난 "타당함"의 세 가지 의미, 즉 이상적인 것의 존재의 방식, 객관성 그리고 구속성은 그 자체가 불투명할 뿐 아니라 그것들끼리도 서로 끊임없이 뒤섞인다. 그와 같은 현란한 개념을 해석의 실마리로 삼지 않을 것을 방법상의 신중함은 요구한다. 의미라는 개념을 우리는 미리부터 "판단내용"의 뜻으로 제한하지 않고, 그 개념을 앞에서 특징지은 실존론적 현상으로 이해한다. 그 현상 안에서 이해에서 열어밝혀질 수 있고 해석에서 분류파악될 수 있는 것의 형식적 장비가 도대체 드러나게 되는 것이다.

지금까지 분석한 "발언"의 세 가지 뜻을 완전한 전체 현상을 염두에 두고 통일적 관점에서 수렴하여 정의하면, **발언은 함께 나누며[전달하며] 규정하는 제시이다.** 그러나 남는 물음은 이것이다. 우리는 도대체 무슨 권리로 발언을 해석의 양태로 파악하는가? 발언이 그런 어떤 것이라면 발언 속에 해석의 본질적인 구조들이 반복되어야 할 것이다. 발언의 제시는 이해에서 이미 열어밝혀진 것 또는 둘러보며 발견된 것에 근거해서 수행된다. 발언은 그 자체가 스스로 일차적으로 존재자 자체를 열어밝힐 수도 있는, 어떤 허공에 떠 있는 행동관계가 아니라, 언제나 이미 세계-안에-있음의 토대 위에 머무르고 있다. 앞에서[9] 세계인식과 관련해 제시된 것이 발언에도 타당하다. 발언은, 발언이 규정함의 방식으로 제시하는 바로 그 열어밝혀진 것에 대한 앞서 가짐을 필요로 한다. 그 외에도 규정하는 정립함에는 이미 발언하려고 하는 것으로 방향 잡은 시선이 놓여 있다. 앞서 주어져 있는 존재자가 어떤 관점으로 대면되는지가 규정의 수행에서 규정하는 기능을 떠맡는다. 발언은 일종의 앞서 봄을 필요로 한다. 그 앞서 봄에서 흡사 돋보여야 하고 서술되어야 하는 술어를 그것의 존재자 자체 안에 불분명하게 갇혀 있음에서부터 풀어놓는다. 규정하는 함께 나눔으로서의 발언에는 그때마다 제시된 것을 뜻에 맞추어 분류파악함이 속하며, 이 분류파악은 다음과 같이 하나의 특정한 개념성 안에서 움직인다. 즉, 망치는 무겁다, 무거움이 망치에 속한다, 망치는 무거움의 속성을 가진다. 발언함 속에 언

---

9) 이 책의 제13절 97쪽 이하 참조.

제나 함께 놓여 있는 앞서 잡음은 대개 눈에 띄지 않은 채 남아 있는데, 그 까닭은 언어가 각기 이미 하나의 형성된 개념성을 자체 안에 간직하고 있기 때문이다. 발언은 필연적으로 해석 일반과 마찬가지로 앞서 가짐, 앞서 봄, 앞서 잡음에 실존론적 기초를 가진다.

그렇다면 어느 정도까지 발언이 해석의 **파생적** 양태가 된다는 말인가? 발언에서 무엇이 변양되었는가? 우리는 그 변양을, 우리가 발언의 극단적인 경우에 머무를 때 제시할 수 있을 것이다. 그 극단적인 경우가 논리학에서는 "가장 단순한" 발언현상의 정상적인 경우와 예로서 기능한다. 논리학이 정언적 발언명제의 주제로 삼는 것, 예를 들어 "망치가 무겁다"를 논리학은 그 모든 분석에 앞서 언제나 이미 "논리적으로" 이해하고 있다. 여기에서는 모르는 중에 그 문장의 "의미"가 이미 전제되고 있는데, 망치라는 물건이 무거움이라는 속성을 가진다는 점이다. 배려하는 둘러봄에는 그와 같은 발언함이란 "우선" 없다. 그렇지만 배려하는 둘러봄은 분명 나름의 특별한 해석의 방식을 가지고 있다. 앞에서 언급한 "이론적 판단"과 연관 지어본다면 이러한 해석방식에서 사람들은 이렇게 말할 것이다. "망치가 너무 무겁다"거나 아니면 차라리 "너무 무겁다", "다른 망치!" 해석의 근원적인 수행은 이론적인 발언명제 속에 놓여 있는 것이 아니라, "군소리 없이" 적합하지 못한 연장을 둘러보며 배려하며 내려놓거나 바꾸는 데에서 일어나고 있다. 말이 없다고 해서 해석이 없다고 결론지어서는 안 된다. 또한 반면에 둘러보며 밖으로 말해진 해석이라고 해서 필연적으로 벌써 정의된 의미의 발언인 것은 아니다. 발언은 어떤 실존론적, 존재론적 변양을 거쳐서 **둘러보는 해석에서부터 발원하고 있는가?***

앞서 가짐에 놓여 있는 존재자, 예를 들어 망치는 우선 도구로서 손안에 있다. 이 존재자가 발언의 "대상"이 된다면, 이때 발언의 정립과 더불어 애

---

* 발언이 어떤 방식으로 해석의 변양을 거쳐 수행될 수 있는가?

초부터 앞서 가짐에 일종의 전환이 일어난다. [도구를 가지고 어디에 사용하며 무엇을 실행할 때의] 사용함과 실행의 손안의 '그것을 가지고'가 제시하는 발언의 "그것에 대해서"로 된다. 앞서 봄은 손안의 것에서 눈앞의 것에 시각을 맞춘다. 바라-봄에 의해서 그리고 이 바라-봄에게 손안의 것은 손안의 것으로서는 가려진다. 이렇게 손안에 있음을 은폐하며 눈앞에 있음을 발견하는 가운데 만나게 되는 눈앞의 것이 그것의 이러저러하게 눈앞에 있음에서 규정된다. 이제야 비로소 **속성**과 같은 어떤 것에 이르는 통로가 열리게 된다. 발언이 눈앞의 것을 그것이라고 규정하는 바로 그것이 눈앞의 것 그 자체에서부터 길어내어진다. 해석의 '으로서-구조'는 변양을 경험하게 된다. 이 "으로서"는 이해한 것을 자기 것으로 만드는 역할을 수행함에서 이제 더 이상 사용사태전체성으로 찾아들어가지 않는다. 이 '으로서'는 주위세계성을 구성하는 유의미성의 지시연관들을 분류파악하는 자신의 가능성과는 단절된다. '으로서'는 그저 눈앞에 있는 것이라는 균등한 평면으로 떠밀려난다. 그것은 눈앞의 것을 규정하며 그저 보게만 함이라는 구조로 내려앉는다. 이렇게 둘러보는 해석의 근원적 "으로서"를 눈앞의 있음을 규정하는 '으로서'로 평준화시켜버림이 발언의 장점이다. 그렇게 해서만 발언은 순전히 바라보기만 하면서 제시할 수 있는 가능성을 가지게 된다.

이리하여 발언은 자신이 존재론적으로 이해하는 해석에서 유래함을 부인할 수 없다. 둘러보며 이해하는 해석(헤르메네이아[ἑρμηνεία])의 근원적인 "으로서"를 우리는 발언의 **서술적** "으로서"와 구별하여 실존론적 **해석학적** "으로서"라고 이름한다.†

배려하는 이해 속에 아직 완전히 잠겨 있는 해석과 눈앞의 것에 대한 이론적인 발언이라는 극단적 반대경우의 사이에는 다양한 중간단계가 있다. 예를 들어 주위세계에서 일어나는 사건들에 대한 발언, 손안의 것에 대한 묘사, "상황보고", "실상"의 수록과 확정, 사태의 기술, 돌발사건의 이야기 등이 그것이다. 이러한 "문장들"은 그 의미가 본질적으로 전도되지 않고서는 이론적인 발언명제로 환원될 수 없다. 그 문장들은 이론적 발언명제와 마찬가지로 자신의 "근원"을 둘러보는 해석에 가진다.

로고스의 구조에 대한 인식이 진전하면서 이러한 서술적 "으로서"의 현상이 어떤 형태로든 시야에 들어오는 일이 일어나지 않을 수 없다. 그 현상이 우선적으로 눈에 띄게 된 양식은 우연이 아니며, 따라서 그 뒤의 논리학의 역사에 영향을 미치지 않을 수 없었다.

159 철학적 고찰에게 로고스 자체가 하나의 존재자이며 고대 존재론의 방향정립에 따라 일종의 눈앞의 것이다. 우선적으로 눈앞에 있는 것은, 다시 말해 사물들처럼 눈앞에 놓여 있는 것은 단어들과 단어들의 배치이며, 로고스는 이 배치에서 밖으로 말해진다. 이렇듯 눈앞에 있는 로고스의 구조에 대한 첫 번째 탐구는 여러 단어들이 **함께 눈앞에 있음**을 발견한다. 무엇이 이러한 함께 있음의 통일성을 설립하는가? **플라톤**이 인식한 바로는, 그 통일성이 로고스가 언제나 "어떤 것에 대한 로고스"(로고스 티노스 [λόγος τινός])라는 데에 있다. 로고스에서 드러나는 존재자를 바라보는 가운데 여러 단어들이 하나의 **낱말전체[문장]**로 결합된다. **아리스토텔레스**는 한층 더 근본적으로 보았다. 모든 로고스는 결합(쥔테시스[σύνθεσις])인 동시에 분리(디아이레시스[διαίρεσις])이지, 그 한쪽이거나—이를테면 "긍정 판단"—다른 한쪽—"부정 판단"—이 아니다. 모든 발언은 오히려—긍정적이든 부정적이든, 참이든 거짓이든—동일근원적으로 결합이자 분리이다. 제시는 결합이고 분리이다. 그렇지만 **아리스토텔레스**는 분석적 물음을 계속 더 밀고 나가서 다음과 같은 문제에까지 이르지는 못했다. 그렇다면 로고스의 구조 안에서 어떤 현상이, 모든 발언을 결합과 분리로 특징짓게 하는 것을 허용하고 요구하는가?

"결합"과 "분리"라는 형식적 구조로써, 더 정확하게 말해 그 구조의 통일성으로써 현상적으로 적중시켜야 했던 것은 바로 "어떤 것으로서의 어떤 것"이라는 현상이다. 이러한 구조에 따라 어떤 것이 어떤 것을 향해, 즉 그것을 함께 수렴하여 이해된다. 그것도 이러한 이해하는 대면이 해석하며 분류파악하면서 함께 수렴된 것을 동시에 따로 분리하는 식으로 한다. "으로서"의 현상이 은폐된 채 남아 있고, 무엇보다도 그것이 해석학적 "으로서"에서 실존론적으로 유래함이 은닉된 채 남아 있다면, 로고스의 분석을 위한 아리스토텔레스의 현상학적 단초는 피상적인 "판단이론"으로 와해되고 만다. 이런 판단이론에 따르면, 판단이란 표상과 개념의 결합 또는 분리이다.

그럴 경우 결합과 분리는 더 나아가 하나의 "관계"로 형식화될 수 있다. 논리학주의에서 판단은 "등식"의 체계로 해소되고, 또 "계산"의 대상으로 되기는 하지만, 존재론적 해석의 주제는 되지 못한다. 결합(쥔테시스)과 분리(디아이레시스)에 대한, 판단 일반에서의 "관계"에 대한 분석적 이해의 가능성과 불가능성은, 근본적인 존재론적 문제틀이 처해 있는 그때마다의 입지와 밀접하게 연결되어 있다.

이러한 존재론적 문제틀이 로고스의 해석에 어느 정도 영향을 미치는지, 역으로 "판단"이라는 개념이 기이한 반격으로 존재론적인 문제틀에 어느 정도 영향을 미치는지를 연계사의 현상이 보여주고 있다. 이 연계사라는 "끈"에서 분명히 드러나는 것은, 우선 종합구조가 자명한 것으로 정립되고 있다는 것, 그리고 그것이 결정적인 해석상의 기능도 보유해왔다는 점이다. 그러나 "관계"와 "결합"이라는 형식적 특징이 현상적으로 로고스의 사실내용적인 구조분석에 아무런 기여를 할 수 없다면, 결국 연계사라는 명칭으로 의미된 현상은 "끈" 또는 결합과는 아무런 연관도 없는 셈이다. "이다[있다]"와 그 해석은,—그것이 언어적으로 두드러지게 표현되든 또는 동사의 어미 속에 게시되어 있든—발언과 존재이해가 현존재 자신의 실존론적 존재가능성이라면, 실존론적 분석론의 문제연관 안에로 들어오게 된다. 그렇기 때문에 존재물음의 정리작업(제1부 제3편 참조)은 로고스 내부의 이 독특한 존재현상과 만나게 될 것이다.

우선 이 시점에서 중요한 것은 단지, 발언이 해석과 이해에서 파생되었음을 증명함으로써, 로고스의 "논리학"이 현존재의 실존론적 분석론에 뿌리를 두고 있음을 분명하게 하는 일뿐이었다. 로고스에 대한 존재론적으로 충분하지 못한 해석을 인식함으로써 동시에 고대 존재론이 성장해온 방법적 토대가 근원적인 것이 아니었다는 데에 대한 통찰도 첨예화된다. 로고스가 눈앞의 것으로서 경험되고, 그러한 것으로서 해석되며, 마찬가지로 로고스가 제시하는 존재자도 눈앞에 있음이라는 의미를 가진다. 이러한 존재의 의미가 다른 존재가능성과 뚜렷하게 구별되지 않고 그 자체로 무차별적이기 때문에, 그 의미와 함께 동시에 형식적인 "어떤 것임"이라는 의미의 존재도 용해되어, 그 양자 사이의 순수 영역적 구별마저도 획득될 수 없었다.*

제34절 현-존재[거기에-있음]와 말. 언어

"거기에"의 존재, 즉 세계-안에-있음의 열어밝혀져 있음을 구성하는 기초적 실존범주는 처해 있음과 이해이다. 이해는 자체 안에 해석의 가능성을 간직하는데, 그것은 이해된 것을 자기 것으로 만드는 가능성이다. 처해 있음이 이해와 똑같이 근원적인 한에서, 처해 있음은 일정한 이해 속에 머무르고 있다. 처해 있음에는 또한 마찬가지로 일정한 해석 가능성이 상응한다. 발언과 더불어 해석의 한 극단적인 파생태가 두드러졌다. 발언의 세 번째 뜻을 함께 나눔(밖으로 말함)으로 설명함으로써 말함과 이야기함이라는 개념으로 오게 되었는데, 이 개념이 지금까지는 주목되지 않은 채 남아 있었지만 그것은 의도적이었다. 이제야 비로소 언어가 주제가 되고 있는 사실로써, 이 현상이 현존재의 열어밝혀져 있음이라는 실존론적 구성틀에 뿌리를 두고 있다는 점이 잘 드러나야겠다. 언어의 **실존론적-존재론적 기초**는 **말**†이다. 우리는 지금까지 처해 있음, 이해, 해석, 그리고 발언 등을 해설하

---

* 후설.

면서 끊임없이 이미 이 현상을 사용해왔지만, 주제적 분석에서는 그것을 은폐해온 셈이다.

말은 처해 있음과 이해와 실존론적으로 똑같이 근원적이다. 이해 가능성은 내 것으로 하는 해석에 앞서 언제나 이미 분류되어 있다. 말은 이해 가능성의 분류파악이다. 그러므로 말은 해석과 발언의 밑바탕에 이미 놓여 있다. 해석에서, 따라서 더 근원적으로 이미 말에서 분류파악 가능한 것을 우리는 의미라고 이름했다. 말하며 분류파악하는 가운데 분류된 것 그 자체를 우리는 **의미부여의 전체**라고 이름한다. 이 의미부여전체가 뜻들로 풀려나갈 수 있다. 뜻들은 분류파악 가능한 것이 분류파악된 것으로서 언제나 의미를 띠고 있다. 말이, 즉 "거기에"의 이해 가능성을 분류파악함이 열어밝혀져 있음의 근원적인 실존범주라면, 그런데 이 열어밝혀져 있음이 일차적으로 세계-안에-있음에 의해서 구성되고 있다면, 말 또한 본질적으로 하나의 특별히 **세계적인** 존재양식을 가져야 할 것이다. 세계-안에-있음의 처해 있는 이해 가능성이 말로서 밖으로 말해진다. 이해 가능성의 의미부여 전체가 **낱말로 오게 된다**. 뜻들이 자라서 낱말들이 된다. 단어라는 물건에 뜻들이 부착되는 것이 아니다.

말이 밖으로 말해져 있음이 곧 언어이다. 이러한 낱말의 전체성─말이 그 안에 고유한 "세계적" 존재를 가지고 있으므로─이 손안의 것처럼 세계내부적인 존재자로서 앞에 놓이게 된다. 언어는 눈앞에 놓이는 단어라는 사물로 분해될 수 있다. 말이 실존론적으로는 언어인데, 그 까닭은 말이 뜻에 맞추어 그것의 열어밝혀져 있음을 분류파악하고 있는 그 존재자가 내던져진, "세계"에 의존하는 세계-안에-있음을 가지기 때문이다.*

현존재의 열어밝혀져 있음의 실존론적 구성틀로서 말은 현존재의 실존을 구성한다. 말하는 이야기함에는 가능성으로서 **들음**과 **침묵함**이 속한다.

---

* 언어에는 내던져져 있음이 본질적이다.

이 현상들에서 말이 실존의 실존성에 대해서 구성적 기능을 하고 있음이 비로소 완전히 분명해질 것이다. 그러나 우선은 말 그 자체의 구조를 끄집어내오는 것이 문제이다.

말함은 세계-안에-있음의 이해 가능성을 "의미부여하면서" 분류하는 것인데, 세계-안에-있음에는 더불어 있음이 속하기 때문에, 세계-안에-있음은 그때마다 각기 배려하는 서로 함께 있음의 한 특정한 방식 속에 머무르고 있다. 이러한 배려하는 서로 함께 있음은 승인하고 거절하고, 촉구하고 경고하는 것으로서, 언표, 상담, 대변으로서, 더 나아가 "공표하는 것" 또는 "강연"의 방식으로 말하는 것으로서, 말하면서 있다. 말함은 "어떤 것에 대한 말함"이다. 말의 "그것에 대해서"는 필연적으로 규정하는 발언의 주제성 격을 가질 필요는 없고, 심지어 대개는 가지고 있지 않다. 명령도 '무엇에 대해서' 내려지며, 소망도 "무엇에 대한" 소망이다. 대변이라고 해서 '무엇에 대해서'가 없지 않다. 말은 필연적으로 이러한 구조계기를 가지는데, 그 까닭은 말이 세계-안에-있음의 열어밝혀져 있음을 함께 구성하며, 말의 고유한 구조에서 현존재의 그러한 근본구성틀에 의해서 앞서 형성되기 때문이다. 말의 관련체는 언제나 특정한 관점과 일정한 한계 안에서 "이야기되고" 있다. 모든 말에는 **말해진 것** 그 자체가 있다. 그것은 그때마다 어떤 것에 대한 소망, 물음, 자기를 털어놓음 등에서 말해진 것 그 자체이다. 이러한 말해진 것 속에서 말은 함께 나누어진다[전달된다].

함께 나눔[전달]의 현상은—이미 발언에 대한 분석에서 보여준 바와 같이—존재론적으로 넓은 의미로 이해되어야 한다. 발언하는 "전달", 예를 들어 보고는 실존론적으로 근본적으로 파악된 함께 나눔의 한 특수한 경우이다. 이 함께 나눔에서 이해하는 서로 함께 있음의 분류파악이 구성된다. 이 분류파악이 더불어 있음의 함께 처해 있음 또는 이해를 "나누는" 것이다. 함께 나눔은 결코, 예컨대 의견이나 소망과 같은 체험을 한 주체의 내면에서 다른 주체의 내면으로 옮겨 놓는 것과 같지 않다. 함께 거기에 있음

[공동현존재]은 본질적으로 이미 함께 처해 있음과 함께 이해함에서 드러나 있다. 더불어 있음이 말에서 "두드러지게" 나누어진다. 다시 말해 더불어 있음은 이미 거기에 있는데, 단지 장악되지 않고 자기 것으로 되지 않은 것으로서 나누어지지 않은 채 있을 뿐이다.

말해진 것 안에서 어떤 것을 함께 나누는 어떤 것에 대한 말은 모두 동시에 자기를 밖으로 말함[자기표명]의 성격을 띤다. 현존재는 말하면서 자기를 밖으로 말한다. 그런데 그것은 현존재가 처음에 외부에 대한 "내면적인 것"으로서 캡슐 속에 들어 있기 때문이 아니라, 도리어 현존재가 세계-안에-있음으로서 이해하며 이미 "밖에" 있기 때문이다. 밖으로 말해진 것은 바로 이 밖에 있음,* 다시 말해 그때마다의 처해 있음의 (기분의) 방식인 것이다. 이 처해 있음이 안에-있음의 완전한 열어밝혀져 있음 전체에 해당된다고 이미 지적한 바 있다. 말에 속하는 처해 있는 안에-있음의 표명을 언어적으로 지시하는 지표는 음성의 억양, 떨림, 말의 속도, "이야기함의 양식"에서 알아볼 수 있다. 처해 있음의 실존론적 가능성을 함께 나누는 것, 다시 말해 실존을 열어밝히는 것이 "시를 짓는" 말의 고유한 목표가 될 수 있다.

말이란 세계-안에-있음의 처해 있는 이해 가능성을 의미부여에 맞추어 분류하는 것이다. 말의 구성적 계기에 속하는 것으로는, 말의 '거기에 대해서(관련체)', 말해진 것 그 자체, 함께 나눔과 표명이 있다. 이것들은 단지 경험적으로 언어에서 주워 모은 속성들이 아니라, 현존재의 존재구성틀에 뿌리 박고 있는 실존론적 성격들이며, 이 성격들이 비로소 언어와 같은 어떤 것을 존재론적으로 가능하게 한다. 어떤 특정한 말의 현실적 언어형태에서 이 계기들의 어떤 것이 없거나 주목되지 않을 수 있다. 이 계기들이 더러 "낱말로" 표현되지 않는다는 사실은, 단지 말의 한 특정한 양식에 대

---

* 즉 '거기에,' 열린 자리로서의 밖에 세워져 있음.

한 지표일 뿐이며 말은, 그것이 있는 한, 그때마다 각기 앞에서 언급한 구조들의 전체성 안에 있지 않을 수 없다.

그런데 "언어의 본질"을 파악하려는 시도들은 아직도 언제나 이러한 계기들의 어느 하나에 방향을 잡아 언어를 "표현", "상징적 형태", "발언"으로서의 함께 나눔, 체험의 "표명" 또는 삶의 "형체화" 등의 이념을 실마리로 개념파악한다. 이러한 상이한 규정의 단편들을 종합하여 절충적으로 함께 끌어 모은다고 해도, 언어에 대한 완전히 충분한 정의를 위해서는 아무런 득이 될 수 없을 것이다. 결정적으로 중요한 것은, 그보다 앞서 현존재의 분석론을 근거로 해서 말의 존재론적-실존론적 구조전체를 끄집어오는 것이다.

말이 이해 및 이해 가능성과 관련되어 있음은 말함 자체에 속하는 실존론적인 가능성인 들음에서부터 분명해진다. 우리는 어떤 것을 "올바로" 듣지 못했을 때 "이해하지" 못했다고 하는데, 이것은 순전히 우연한 일이 아니다. 들음은 말함을 구성한다. 그리고 언어의 음성화가 말에 근거하듯이, 음향의 지각은 들음에 근거한다. 누구에게 귀를 기울임은 더불어 있음으로서의 현존재가 다른 사람들에게 실존론적으로 열려 있다는 것이다. 들음은 더 나아가, 모든 현존재가 자신 안에 지니고 다니는 친구의 목소리[양심의 소리]를 들음을 의미하는 열려 있음, 즉 자신의 가장 고유한 존재가능에 대해서 현존재가 일차적으로 본래적으로 열려 있음을 구성한다. 현존재는, 그가 이해하기에, 듣는다. 다른 사람들과의 이해하는 세계-안에-있음으로서 현존재는 동료 현존재와 자기 자신을 "들으며[따르며]", 이러한 들음[따름] 속에서 함께 속한다. 서로 듣고 따름 속에서 더불어 있음이 형성되는데, 이러한 서로 듣고 따름은 순종하고 동행하는 가능한 방식을 가지고, 또한 불복종, 반항, 항거, 배신 등의 결여적 양태도 가진다.

이러한 실존론적으로 일차적인 들을 수 있음을 근거로 해서 **귀를 기울이다**와 같은 어떤 것이 가능하다. 이 귀를 기울임 자체는, 심리학에서 "우선"

들음이라고 규정하는 것, 즉 음향의 감지나 음성의 지각보다 현상적으로 훨씬 더 근원적이다. 귀를 기울임도 이해하는 들음의 존재양식을 가진다. 우리가 "우선" 듣게 되는 것은 결코 소음이나 잡음이 아니고 삐그덕거리는 마차나 오토바이[의 소리]이다. 사람들은 군대의 행진을, 북풍을, 탁탁 쪼는 딱따구리를, 후드득거리는 불길의 소리를 듣는다.

"순수한 소음"을 "듣기" 위해서는 오히려 매우 인위적이고 복잡한 조정이 필요하다. 그러나 우리가 우선 오토바이와 마차[의 소리]를 듣는다는 사실은, 세계-안에-있음으로서의 현존재가 그때마다 각기 이미 세계내부의 손안의 것 곁에 머물러 있지, 절대 우선 "느낌들" 곁에 머물러 있는 것이 아니라는 데에 대한 현상적 증거이다. [후자의 경우] 느낌들의 혼잡한 뭉치를, 거기에서부터 주체가 출발할 발판을 마련해주기 위해서, 그리고 드디어는 하나의 "세계"에 이르기 위해서 형태로 만들어야 할 것이다. 현존재는 본질적으로 이해하는 현존재로서 우선 이해한 것 곁에 머물러 있다.

다른 사람의 말을 분명하게 들을 때에도 우리는 우선 말해진 것을 이해한다. 더 정확하게 말해, 우리는 애초부터 이미 타인과 함께 말이 그것에 대해서 이야기하는 그 존재자 곁에 있는 것이다. 달리 말해, 우리가 우선 듣는 것은 음성화를 통해서 밖으로 말해진 것이 아니다. 심지어 말함이 불분명하거나 또는 언어 자체가 낯선 경우에도 우리가 우선 듣는 것은 **이해할 수 없는 낱말들이지, 다양한 음향자료가 아니다.**

이야기되는 '그것에 대해서'를 "자연스럽게" 들으면서 동시에 우리는 물론 말해지는 방식, "말의 용법"에도 귀를 기울일 수 있는데, 그것도 오직 이야기된 것을 선행적으로 함께 이해할 때에만 가능하다. 왜냐하면 그렇게 선행적으로 함께 이해하고 있어야만, 말해지는 방식이 말의 주제적인 '그것에 대해서'에 적합한지를 평가할 수 있기 때문이다.

그와 마찬가지로 대답으로서의 대꾸도 우선 더불어 있음에서 "나누어진" 말의 '그것에 대해서'를 이해하고 있음에서 직접 생긴다.

말함과 들음의 실존론적 가능성이 주어진 곳에서만 오직 누군가가 귀를 기울일 수 있다. "들을 수 없어서" "느낄 수밖에 없는" 사람은 아마도 바로 그 때문에 귀를 잘 기울일 수 있을 것이다. 그저 건성으로 들음은 들으며 이해함의 결여태의 하나이다. 말함과 들음은 이해함에 근거한다. 이해함은 많은 것을 말하는 데에서 생기는 것도 아니고 분주하게 듣고 돌아다니는 데에서 생기는 것도 아니다. 이미 이해하고 있는 사람만이 귀를 기울일 수 있다.

말함의 다른 본질적인 가능성의 하나인 **침묵함**도 동일한 실존론적 기초를 가진다. 서로 함께 말하는 가운데 침묵하고 있는 사람이 말을 끝없이 하는 사람보다 더 본래적으로 "이해될" 수 있다. 다시 말해 이해를 형성할 수 있다. 어떤 것에 대해서 말을 많이 한다고 해서 이해가 증진된다는 보증은 조금도 없다. 오히려 그 반대로, 장황하게 말함은 이해된 것을 은폐하고 거짓 명료성 속으로, 다시 말해 진부함의 몰이해로 이끈다. 그렇지만 침묵함이 말 못 하는 자로 있음은 아니다. 말 못 하는 자는 오히려 거꾸로 "말하려는" 경향이 있다. 말 못 하는 자는 그가 침묵할 수 있다는 것을 증명하지도 않을 뿐 아니라, 그에게는 애당초 그런 것을 증명할 가능성조차 없다. 그리고 천성적으로 말수가 적은 사람도, 말 못 하는 자와 마찬가지로, 그가 침묵하고 있고 침묵할 수 있음을 보여주는 것이 아니다. 아무 말도 하지 않는 사람은 주어진 [결정적] 순간에 침묵할 줄도 모른다. 오직 진정한 말함에서만 본래적으로 침묵함도 가능한 것이다. 현존재는 침묵할 수 있기 위해서 무엇인가 말할 것이* 있어야 한다. 다시 말해 자기 자신에 대해서 본래적으로 풍부하게 열어밝힐 처지에 있어야 한다. 그때에 과묵함[침묵하고 있음]은 [자기 자신을] 드러내고 "잡담"을 눌러버린다. 침묵하고 있음은 말함의 양태로서 현존재의 이해 가능성을 근원적으로 분류파악하여, 이 이해

---

* 그리고 말해야 할 것이? (존재 자체[das Seyn]).

가능성에서부터 진정한 들을 수 있음과 투명한 서로 함께 있음이 생기게 한다.

말이 '거기에'의 존재를, 다시 말해 처해 있음과 이해를 구성하고 현존재는 세계-안에-있음을 말하기 때문에, 현존재는 말하는 안에-있음으로서 이미 자신을 밖으로 말했다. 현존재는 언어를 가지고 있다. 그리스인들의 일상적인 실존은 주로 서로 함께 말하는 가운데에서 이루어졌는데, 이들이 동시에 철학 이전의 현존재해석에서나 철학적인 현존재해석에서 인간의 본질을 초온 로곤 에콘(ζῷον λόγον ἔχον, 말할 능력을 갖춘 생명체)이라고 규정한 것은 우연일까?* 인간에 대한 이 정의를 후세에 "이성적 동물(animal rationale)"이라고 해석했는데, 이 해석이 "틀린" 것은 아니지만 현존재에 대한 이 정의가 취해져나온 그 현상적 기반을 은폐한다. 인간은 자신을 말하는 존재자로서 드러낸다. 이것은 인간에게 소리를 발성할 가능성이 고유하게 주어졌다는 뜻이 아니고, 오히려 인간이라는 존재자가 세계와 현존재 자신을 발견하는 방식으로 존재한다는 것을 말한다. 그리스인들은 언어에 해당하는 낱말을 가지지 않았다. 그들은 언어의 현상을 "우선" 말로서 이해했다. 그렇지만 철학적 고찰에서 로고스가 주로 발언으로서 시야에 들어왔기 때문에, 말의 형태와 구성요소들의 근본구조들을 정리작업해내는 데에 이 로고스를 실마리로 삼았던 것이다. 문법은 자신의 기초를 이러한 로고스의 "논리학"에서 찾았다. 그런데 이 논리학은 눈앞의 것의 존재론에 근거하고 있다. 후세의 언어학으로 전승되고 근본적으로는 오늘날에도 여전히 규준이 되는 "의미범주"의 근본요소는 발언으로서의 말에 방향이 잡혀 있다. 이와는 다르게 이 현상을 실존범주라는 원칙적인 근원성과 범위에서 취한다면, 언어학을 존재론적으로 더 근원적인 기초 위에 옮겨놓아야 할 필요성이 귀결된다. 문법을 논리학에서부터 해방시켜야 하는 과제는 실존

---

* 인간은 '수집가'로서 존재 자체에 결집되어 있다, 존재자의 열려 있음 안에 본질적으로 존재하면서(그러나 이 존재자는 배후에 [머물러 있다]).

범주로서의 말 일반의 선험적인 근본구조에 대한 **적극적인** 이해를 **선행적으로** 필요로 하는데, 이러한 과제는 전수된 것을 추후적으로 개선하거나 보완하는 식으로는 수행될 수 없다. 이 점을 고려에 넣고 물어야 할 것은, 단지 이론적 고찰에서 인식되고 문장으로 표현된 세계내부적인 존재자만이 아니라 이해 가능한 것 일반이 가능한 의미에 따라 분류되는 그 근본형태들에 대해서이다. 의미론은 가능한 한 많은, 그리고 먼 곳의 제 언어를 총괄적으로 비교한다고 해서 저절로 생겨나오는 것이 아니다. 마찬가지로 예를 들어 **훔볼트**가 언어를 문제 삼은 철학적 지평을 수용한다고 족한 것도 아니다. 의미론은 현존재의 존재론에 뿌리 박고 있다. 의미론이 성하느냐 망하느냐는 현존재의 존재론의 운명에 달려 있다.[10]

종국에 가서 철학적 탐구는 한번 결단을 내려, 언어에 도대체 어떤 존재양식이 속하는지를 물어보아야 한다. 언어는 일종의 세계내부적으로 손안에 있는 도구인가? 아니면 언어는 현존재의 존재양식을 가지는가? 아니면 이 둘 중에 어느 것도 아닌가? "죽을" 수도 있는 언어의 존재는 어떤 양식인가? 하나의 언어가 자라고 사라지고 한다는 것은 존재론적으로 무엇을 말하는가? 우리는 언어학이라는 학문을 가지고는 있으나, 그것이 주제로 삼는 그 존재자의 존재는 캄캄하다. 심지어 그 주제를 탐구하려는 물음을 위한 지평마저도 가려져 있다. 의미[뜻]는 우선 대개 "세계적" 의미들, 즉 세계의 유의미성에 의해서 앞서 윤곽 잡힌 의미들, 아니 심지어는 흔히 주로 "공간적인" 의미들인데, 이것이 우연인가? 아니면 이러한 "사실"이 실존론적, 존재론적으로 필연적인가? 필연적이라면 왜 그런가? 철학적 탐구는 "사실 자체"를 캐묻기 위해서는 "언어철학"을 포기해야만 하고, 개념적으로 해명된 문제들의 위치로 옮겨가도록 해야 할 것이다.

---

10) 의미론에 대해서는 E. Husserl, *Logische Untersuchungen*(『논리연구』), 제2권 제1연구 및 제4-제6연구 참조. 이외에도 이 문제에 대한 더 근본적인 파악에 대해서는 *Ideen*(『이념들』), 제1권, 앞의 곳, 제123절 이하, 255쪽 이하 참조.

여기에서 제시된 언어에 대한 해석은 단지 현존재의 존재구성틀 내부에서 언어현상이 차지하는 존재론적인 "자리"를 보여주고, 특히 다음의 분석을 준비해야 하는 것이었다. 다음의 분석에서는 말의 기초적 존재양식의 하나를 실마리로 삼아 다른 현상과 연관해서 현존재의 일상성을 존재론적으로 더 근원적으로 시야에 데려오도록 시도한다.

나. '거기에'의 일상적 존재와 현존재의 빠져 있음

세계-안에-있음의 열어밝혀져 있음의 실존론적 구조로 소급해 올라가는 바람에 우리의 해석이 어떤 방식으로는 현존재의 일상성을 눈에서 놓치고 말았다. 우리의 분석은 주제로서 단초로 삼았던 이 현상적 지평을 다시 되찾아야 한다. 이제 다음과 같은 물음이 제기된다. 세계-안에-있음이 일상적 세계-안에-있음으로서 '그들'의 존재양식 안에 머무르는 한에서, 이 세계-안에-있음의 열어밝혀져 있음의 실존론적 성격들로는 어떤 것들이 있는가? '그들'에게는 '그들'에게 고유한 특수한 처해 있음, 특별한 이해, 말함과 해석이 있는가? 현존재가 우선 대개 '그들' 속에 몰입하고 '그들'에 의해서 지배된다는 사실을 상기한다면, 이런 물음에 대한 대답은 더욱더 절실해진다. 현존재는 내던져져 있는 세계-안에-있음으로서 우선은 바로 '그들'의 공공성 속으로 내던져져 있는 것이 아닌가? 그리고 이러한 공공성이라는 것이 '그들'의 특수한 열어밝혀져 있음을 뜻하는 것이 아니고 무엇이겠는가?

이해가 일차적으로 현존재의 존재가능으로 개념파악되어야 한다면, '그들'에게 속한 이해와 해석의 분석에서부터, 현존재가 '그들'로서 자기 존재의 어떤 가능성을 열어밝혀 자기 것으로 만들었는가 하는 것을 끄집어내올 수 있어야 한다. 이때 이러한 가능성 자체는 일상성의 본질적인 존재경향을 드러내 보일 것이다. 그리고 이 일상성은 마침내—존재론적으로 충분히 설명될 경우—현존재의 근원적인 존재양식을 밝혀내고, 그래서 이 근원적 존재양식에서부터 내던져져 있음이라는 탁월한 현상이 실존론적으로 구체화되어 제시될 것이다.

우선 요구되는 것은, '그들'의 열어밝혀져 있음, 다시 말해 말, 시야, 해석 등의 일상적 존재양식을 특정한 현상들에서 보일 수 있도록 하는 것이다. 이들 현상과 관련해서 다음과 같은 것을 지적해두는 것도 쓸데없지는 않을 것이다. 즉, 우리의 해석은 순수하게 존재론적인 의도를 가지며, 일상적 현존재에 대한 도덕적인 비판이나 "문화철학적" 발상과는 거리가 멀다.

제35절 잡담

"잡담"†이라는 표현은 여기에서 깎아내리는 뜻으로 사용되는 것이 아니다. 이 표현은 용어상 일상적 현존재의 해석과 이해의 존재양식을 구성하는 긍정적인 현상을 의미한다. 말은 대개 밖으로 말해지며 이미 언제나 밖으로 말해져왔다. 말은 언어이다. 그런데 이 경우 밖으로 말해진 것 안에는 각기 이미 이해와 해석이 들어 있다. 밖으로 말해져 있음으로서의 언어는 자신 안에 일종의 현존재이해가 해석되어 있음을 간직하고 있다. 이러한 해석되어 있음은, 언어와 마찬가지로, 그저 눈앞에 있는 것이 아니라, 그 존재가 그 자체 현존재적이다. 현존재는 우선 그리고 어느 한계 내에서는 부단히 이 해석되어 있음에 맡겨져 있어서, 이것이 평균적 이해와 거기에 속하는 처해 있음의 가능성을 규제하고 분배한다. 밖으로 말해져 있음은 그것의 분류된 의미부여연관의 전체 안에 열어밝혀진 세계에 대한 이해를 보존하고 있으며 그것과 똑같이 근원적으로 타인의 공동현존재 및 각기 자기 자신의 고유한 안에-있음에 대한 이해도 보존하고 있다. 이렇게 밖으로 말해져 있음 안에 이미 맡겨져 있는 이해에 해당되는 것은, 그때그때 달성되고 전수된 존재자의 발견되어 있음만이 아니라, 또한 존재에 대한 그때그때의 이해와 새롭게 정립하려는 해석과 개념적인 분류파악을 위해서 이용할 수 있는 가능성들과 지평들이다. 이제 우리는 현존재의 이러한 해석되어 있음이라는 현사실을 단순히 지적하는 것을 넘어서, 밖으로 말해진 또는 밖으로 말하는 말의 실존론적 존재양식에 대해서 물음을 던져야 한다. 말이 눈앞의 것으로 개념파악될 수 없는 것이라면, 그것의 존재는 어떤 것이며, 이 존재는 현존재의 일상적인 존재양식에 대해서 원칙적으로 무엇을 말하는가?

밖으로 말해지는 말은 함께 나눔이다. 함께 나눔의 존재경향은, 듣는 사람이 말에서 이야기되고 있는 그것을 향한 열어밝혀진 존재에 함께 참가할 것을 겨냥한다.

평균적 이해 가능성은 [말이] 자기를 밖으로 말할 때 말해진 언어 안에 이미 들어 있는데, 이 평균적 이해 가능성에 따라 함께 나누어진 말이 널리 이해될 수 있다. 이때 듣는 이는 말의 '그것에 대해서'를 근원적으로 이해하려는 존재에 참여하지 않아도 된다. 사람들은 이야기되고 있는 존재자를 그리 잘 이해하지 못한 채, 이미 단지 이야기된 것 그 자체만을 들을 뿐이다. 이야기된 것은 이해되지만 '그것에 대해서'는 그저 대충 피상적으로 이해된다. 어쨌거나 사람들은 **동일한 것**을 의미하는데, 그것은 사람들이 말해진 것을 공통적으로 **동일한** 평균성에서 이해하기 때문이다.

듣고 이해함이 애초부터 이야기된 것 그 자체에 붙잡혀 있다. 함께 나눔은 이야기되고 있는 존재자에 대한 일차적인 존재연관을 "나누지" 않고, 서로 함께 있음이 이야기된 것을 서로 함께 이야기하며 배려되는 가운데에서 움직인다. 여기의 서로 함께 있음에 중요한 것은 이야기되고 있다는 사실이다. 말해진 존재, 말해진 것, 언표가 이제 말과 말의 이해의 진실함과 사태적합성을 보증한다. 그리고 말함이 이야기되고 있는 존재자에 대한 일차적인 존재연관을 잃어버렸거나 획득한 적이 없기 때문에, 말함은 그 존재자를 근원적으로 자기 것으로 만드는 식으로 함께 나누지 못하고 **그저 퍼뜨려 말하고 뒤따라 말하는** 방법으로 나눌 뿐이다. 이야기된 것 그 자체가 범위를 넓혀가며 권위의 성격을 떠맡는다. '사실이 그렇다. 왜냐하면 사람들이 그렇게 말했으니까.' 그러한 뒤따라 말함과 퍼뜨려 말함에 의해서 이미 시초부터 결여되었던 지반이 완전한 무지반으로 치닫는데, 이러한 뒤따라 말함과 퍼뜨려 말함이 잡담을 구성한다. 그런데 이러한 잡담은 음성적인 뒤따라 말함에 그치지 않고 쓰인 것 속에서는 "베낌"으로 확대된다. 뒤따라 말함은 여기에서 단지 들은 것을 말하는 데에만 근거하지 않고, 읽어 댄 것으로도 배를 채운다. 독자의 평균적 이해는, 무엇이 근원적으로 길어내어져 획득된 것이고 무엇이 뒤따라 말해진 것이지를 **결코** 결정할 **수 없**을 것이다. 더더구나 평균적 이해는 그런 구별을 전혀 원하지도 않을 것이고 필요로 하지도 않을 것이다. 왜냐하면 평균적 이해는 모든 것을 다 이해하고 있으니 말이다.

잡담의 무지반성이 잡담이 공공성 안으로 들어가는 것을 가로막기는커녕, 오히려 조장한다. 잡담은 사실을 앞서 먼저 자기 것으로 만들지 않고도 모든 것을 이해할 수 있는 가능성이다. 잡담은 그러한 자기 것으로 만듦이 실패할 위험을 사전에 막아준다. 누구든 긁어모을 수 있는 잡담은, 진정으로 이해해야 하는 과제로부터 면제해줄 뿐 아니라, 무차별한 이해 가능성을 형성해준다. 이러한 무차별의 이해 가능성에게는 더 이상 어떤 것도 감추어져 있지 않다.

말은 현존재의 본질적인 존재구성틀에 속하고 현존재의 열어밝혀져 있음을 함께 이루고 있는데, 이 말은 잡담이 되고, 이러한 잡담으로서 말은 세계-안에-있음을 분류된 이해 안에 열어놓기는커녕 오히려 닫아버리고 세계내부적인 존재자를 은폐할 수 있는 가능성도 있다. 이를 위해서 잡담은 기만할 의도를 가질 필요가 없다. 잡담은 어떤 것을 어떤 것으로 의식적으로 [거짓] 내주는 존재양식을 가지지 않는다. 지반 없이 말해지고 퍼뜨려 말해지는 것으로도 열어밝힘을 닫아버림으로 반전시키기에 충분하다. 왜냐하면 말해진 것은 우선 언제나 "말하는 것"으로서 이해되는데, 이 말하는 것이 곧 발견하는 것이기 때문이다. 이렇게 잡담은, 그것이 이야기되고 있는 것의 지반으로 소급하는 것을 자신의 고유한 방식으로 **못하게** 하기 때문에, 애초부터 일종의 닫아버림이다.

이러한 닫아버림은 다음과 같은 일로 새삼 강화된다. 즉, 이야기되고 있는 것에 대한 이해에 도달했다고 믿는 잡담은, 이 믿음에 근거해서 모든 새로운 물음과 대결을 억제하고 독특한 방식으로 억누르고 지연시킨다.

현존재에는 각기 이미 잡담의 이러한 해석되어 있음이 확고하게 설정되어 있다. 우리는 이런 방식으로 많은 것을 알게 되며, 많은 것이 그 평균적인 이해를 결코 넘어서지 못한다. 현존재는 우선 이러한 일상적 해석되어 있음 속에서 성장하는데, 그는 결코 거기에서부터 벗어날 수 없다. 모든 진정한 이해, 해석, 함께 나눔, 재발견, 새로운 취득은 이러한 일상적 해석되어 있음 안에서 또 거기에서부터 그리고 그것에 대항해서 수행된다. 현존재가 각기 이러한 해석되어 있음에 의해서 전혀 건드려지지 않고 유혹당하지도 않은 채 하나의 "세계" 자체라는 자유로운 나라 앞에 놓여져, 그로서는 그저 그가 만나는 것을 보기만 하면 되는 식이 아니다. 공공적 해석되어 있음의 지배는 심지어 기분에 잡혀 있는 가능성까지를 이미 결정했다. 다시 말해 그 안에서 현존재가 세계에 의해 영향을 받게 되는 그 근본양식까지를 결정했다. '그들'은 처해 있음을 앞서 윤곽 지어, 사람들이 무엇을 보고 어떻게 '볼지'를 규정한다.

특징지은 방식으로 닫아버리고 있는 잡담은 뿌리가 뽑힌 현존재이해의 존재양식이다. 그렇지만 잡담은 눈앞에 있는 상태로서 어떤 눈앞의 것에 나타나는 것이 아니라, 그 자체가 끊임없는 뿌리 뽑음의 방식으로 실존론적으로 뿌리가 뽑혀 있다. 이것은 존재론적으로 다음을 말한다. 즉 잡담 속에 머무르는 현존재는 세계-안에-있음으로서 세계에 대한, 더불어 있음에 대한, 안에-있음 자체에 대한 일차적이고 근원적인 진정한 존재연관으로부터 단절되어 있다. 이 현존재는 공중에 떠 있으며 그러한 방식으로도 분명 언제나 "세계" 곁에, 타인과 더불어 그 자신과 관계하며 있다. 그의 열어밝혀져 있음이 처해 있으며 이해하는 말에 의해서 구성되어 있는 존재자만이, 다시 말해 이러한 존재론적인 구성틀 안에서 자신의 '거기에'이며 "세계-안에" 있는 그런 존재자만이 오직 그렇게 뿌리 뽑힐 수 있는 존재가능성을 가지고 있다. 이 뿌리 뽑힘이 현존재의 비존재를 형성하기는커녕 도리어 그의 가장 일상적이고 가장 끈질긴 "실재성"을 형성한다.

그렇지만 평균적 해석되어 있음의 자명성과 자기 확신 속에 있게 되면, 그것의 보호 아래, 현존재를 증대하는 무지반성으로 몰고 갈 둥둥 떠 있음의 섬뜩함이 그때그때의 현존재 자신에게는 은닉된 채 남아 있다.

제36절 호기심

이해와 '거기에'의 열어밝혀져 있음 일반을 분석할 때 자연의 빛(lumen naturale)을 언급한 바 있고 안에-있음의 열어밝혀져 있음을 현존재의 **밝힘**이라고 명명했다. 이 밝힘 안에서 비로소 '봄[시야]' 같은 것이 가능해진다. 봄은 모든 현존재적인 열어밝힘의 근본양식, 즉 이해를 고려해서 현존재가 자신의 본질적인 존재가능성에 따라 그것과 행동관계를 가질 수 있는 그 존재자를 진정으로 자기 것으로 만든다는 의미로 파악되었다.

봄의 근본구성틀은, "보는 것"에 대해 일상성이 가지고 있는 독특한 존재경향으로부터 드러난다. 우리는 그것을 **호기심**이라는 용어로 지칭하도록 한다. 그런데 호기심이라는 용어는 그 특징상 보는 것에 제한되지 않고 세계를 독특하게 감지하며 만나게 하는 경향을 표현한다. 우리는 이 현상을 원칙적으로 실존론적-존재론적인 의도를 가지고 해석하지, 좁게 인식함에 방향을 잡지 않는다. 인식이 이미 그리스 철학에서 일찍이 "보려는 욕망"에서부터 개념파악된 것은 우연이 아니다. 존재론에 대한 **아리스토텔레스**의 글들을 모은 논문집의 첫 번째 논문은 다음과 같은 문장으로 시작된다. 모든 인간은 본성상 보려는 욕망을 가지고 있다(πάντες ἄνθρωποι τοῦ εἰδέναι ὀρέγονται φύσει).[11] 즉, 인간의 존재에는 본질적으로 보는 것에 대한 염려가 있다. 이 문장으로써 존재자와 그 존재에 대한 학문적 탐구의 근원을 앞에서 언급한 현존재의 존재양식에서 발견하려고 시도하는 연구가 소개되었다. 학문의 실존론적 기원에 대한 이러한 그리스적 해석은 우연이 아니다. 거기에서는 다음과 같은 **파르메니데스**의 문장에 앞서 윤곽 잡혀 있던 그것이 명시적인 이해에 이른 셈이다. 왜냐하면 사유와 존재는 동일하기 때문이다(τὸ γὰρ αὐτὸ νοεῖν ἐστίν τε καὶ εἶναι). 존재는 순수한 직관하는 받아들임에 자신을 내보이는 그것이며, 오직 이러한 봄만이 존재를 발견한다. 근원적이고 진정한 진리는 순수 직관에 놓여 있다. 이 테제는 그뒤부터 서양 철학의 기초가 된다. 그 테제 안에 헤겔의 변증법도 그 동기를 가지고 있으며, 오직 그 근거 위에서만 헤겔의 변증법이 가능하다.

"봄"의 기이한 우위를 누구보다도 **아우구스티누스**가 욕망에 대한 해석과 관련하여 이렇게 언급하고 있다.[12] 본디 눈에 딸린 것이 보는 것이기 때문이다. 그뿐 아니라, 우리가 다른 감관으로 무엇을 알려고 할 때에도 "보다"라는 낱말을 사용한다. 예를 들어 우리는 이렇게 말하지 않는다. '들으라, 얼마나 번쩍이는지.' '맡으라, 얼마나 빛나는지.' '입을 대라, 얼마나 찬란한지.' '만져라, 얼마나 눈부신지.' 그러지 않고 이 모든 것을 **보라**고 말하고 이 모든 것이 보인다고 말한다. 따라서 눈만이 감각할 수 있는 것을 '보라, 얼마나 빛나는지'라고 말할 뿐 아니라 '소리를 들어보라', '냄새를 맡아보라', '맛을 보라', '얼마나 단단한지 만져보라' 하고 말한다. 그래서 우리는 일체의 감각적 경험을 '눈의 탐욕'이라고 말한다. 보는 기능에서 눈이 윗자리를 차지하기 때문에, 나머지 감관들도 무엇을 안다고 할 때면 비슷한 점에서 이를 통용하게 되는 것이다.

---

11) Aristoteles, *Metaphysik*(『형이상학』), A 1, 980 a 21.
12) Augustinus, *Confessiones*(『고백록』), 제10권 제35장.

172　단순한 받아들임[감지]에 대한 이러한 경향은 무엇이라고 할 수 있는가? 호기심의 현상에서 현존재의 어떤 실존론적 구성틀이 이해될 수 있는가?

세계-안에-있음은 우선 신경 쏟는[배려되는] 세계에 몰두해 있다. 배려는, 손안의 것을 발견하고 그것을 그것의 발견되어 있음에서 보존하는 둘러봄에 의해서 이끌린다. 둘러봄은 모든 제시와 실행에서 처치의 노선, 시행의 수단, 올바른 기회, 적합한 순간을 제공한다. 배려는 실행을 중단하고 쉰다거나 또는 일을 마친다는 의미에서 쉬게 될 수 있다. 그러나 이러한 휴식 속에서 배려가 사라지는 것은 아니다. 둘러봄이 자유로워져서 더는 작업세계에 얽매이지 않는다. 쉴 때 염려는 자유롭게 된 둘러봄으로 옮겨간다. 작업세계를 둘러보며 발견함은 거리 없앰이라는 존재성격을 가진다. 자유로워진 둘러봄은 가깝게 배려해야 할 어떤 것도 더는 손안에 가지고 있지 않다. 이 둘러봄은 본질적으로 거리를 없애는 둘러봄으로서 자신에게 거리 없앰의 새로운 가능성을 마련해준다. 이것은 둘러봄이 가까이 손안에 있는 것에서 나와서 멀리 있는 낯선 세계를 지향한다는 것을 말한다. 염려는, 쉬면서 머무르면서 "세계"를 그 겉모양[보임새]에서만 볼 가능성을 배려하는 것으로 바뀐다. 현존재는 멂을 찾아나서는데, 순전히 그것을 그 겉모양에서만 가까이 데려오기 위해서 그렇다. 현존재는 자신을 오로지 세계의 겉모양에만 이끌리도록 내버려두는데, 이것은 현존재가 세계-안에-있음으로서의 자기 자신에서부터 벗어나려고 애쓰는, 즉 가까운 일상의 손안의 것에 있음에서부터 벗어나려고 애쓰는 존재양식이다.

그러나 자유롭게 된 호기심은, 본 것을 이해하기 위해서, 다시 말해 그것에 대한 존재에 이르기 위해서 보려고 애쓰는 것이 아니라 **그저 보기 위해**서 보려고 애쓴다. 호기심이 새로운 것을 찾는 이유는 그 새것에서 다시금 새로운 새것으로 뛰어들기 위해서이다. 이러한 봄의 염려에서 중요한 것은, 파악하여 알면서 진리 속에 존재하는 것이 아니라 자기를 세계에 맡겨버릴 가능성이다. 그러기 때문에 호기심은 특이하게 가까운 것에는 **머무르지 않**

는 특성을 띠고 있다. 그러므로 호기심은 또한 고찰하며 머무는 여가도 추구하지 않으며, 언제나 새것을 찾고, 만나는 것을 계속 바꿈으로써 생기는 동요와 흥분을 찾는다. 호기심은 아무 데에도 머무르지 않음으로써 부단히 **산만함[부산함]**의 가능성을 배려한다. 호기심은 존재자를 경탄하면서 고찰하는 것, 즉 타우마체인(θαυμάζειν)과는 아무 상관이 없다. 호기심의 관심사항은 경이에 의해서 이해하지 못함에 인도되는 것이 아니다. 호기심은 앎을 배려하는데, 순전히 안 것으로 간주하기 위해서이다. 호기심을 구성하는 두 계기, 즉 배려된 주위세계에 **머무르지 않음**과 새로운 가능성을 향한 **산만함[부산함]**은, 이 현상의 세 번째 본질성격의 기초를 부여하는데, 우리는 그것을 **무정주성(無定住性)**이라고 이름한다. 호기심은 도처에 있으면서 어디에도 없다. 세계-안에-있음의 이러한 양태는, 일상적 현존재가 그 안에서 끊임없이 뿌리 뽑히고 있는 새로운 존재양식을 드러낸다.

잡담은 호기심의 방향도 규제한다. 즉, 잡담은 사람들이 읽었어야 하는 것, 보았어야 하는 것을 말해준다. 호기심의 "도처에 있으며 아무 데에도 없음"은 잡담에 맡겨져 있다. 말과 봄의 이러한 두 일상적 존재양태[잡담과 호기심]는 다 같이 뿌리 뽑히는 경향이 있으면서 단순히 나란히 눈앞에 놓이는 것이 아니라, 한 존재방식이 그 자체로 **다른** 존재방식을 부추긴다. 닫혀 있는 것이라고는 아무것도 없는 호기심과, 이해하지 못한 것이라고는 아무것도 남지 않은 잡담은 자신에게, 다시 말해 그렇게 존재하는 현존재에게, 추정상의 진정한 "살아 있는 삶"을 보장한다. 이런 추정과 더불어 일상적 현존재의 열어밝혀져 있음을 성격규정하는 세 번째의 현상이 드러난다.

제37절 애매함

일상적으로 서로 함께 있으면서 누구에게나 접근 가능하고 거기에 대해서 누구든지 무슨 말이라도 할 수 있는 어떤 것을 만나게 되면, 거기에서 무엇이 진정한 이해 속에 열어밝혀진 것이고 무엇이 그렇지 않은 것인지가 더는 금세 결정될 수 없게 된다. 이러한 애매함은 단지 세계에만 퍼져 있는 것이 아니고 마찬가지로 서로 함께 있음 거기에도, 심지어는 현존재의 자기 자신에 대한 존재에까지 퍼져 있다.

모든 것이 진정으로 이해되고 파악되고 말해진 것처럼 보이지만 근본에서는 그렇지 못하고, 아니면 그렇지 않은 것처럼 보이지만 근본에서는 그렇다. 애매함은 단지 사용하고 향유하는 가운데 접근 가능한 것을 처리하고 조정하는 일에만 해당되지 않고, 이미 존재가능으로서의 이해 속에, 즉 현존재의 가능성을 기획투사하고 제시하는 양식 속에 확고하게 자리잡혀 있다. 무슨 일에 당면하고 있고 무엇이 일어나고 있는지를 누구나 다 알고 이야기할 뿐 아니라, 또한 누구나 다 이제 일어나야 할 일이 무엇이고, 아직 당면하고 있지는 않지만 "본래" 했어야만 했던 것은 무엇인지에 대해서 말할 줄을 이미 알고 있다. 누구나 다 처음부터 이미, 다른 사람이 무엇을 예감하고 느끼는지를 예감하고 감지하고 있었다. 이렇게 흔적을 따라다니는 것, 그것도 풍문에 따라 그렇게 하는 것은—진짜로 사실의 "흔적"을 찾은 사람은 거기에 대해서 이야기하지 않는 법이다—애매함이 현존재의 가능성을 제공하는 가장 위험한 방식인데, 그렇게 해서 애매함은 이미 현존재의 가능성을 무력화시키기 때문이다.

가령 **사람들이** 예감하고 느꼈던 것을 어느 날 실제로 실행에 옮겼다고 하자. 실현된 일에 대한 관심이 즉시 사라져버리도록 이 애매함이 이때 바로 이미 손을 썼던 것이다. 그 관심이라는 것은, 구속력 없이 그저 함께 예감하는 가능성으로 주어져 있는 동안에만, 단지 호기심과 잡담의 방식으로 성립할 뿐이다. 사람들이 흔적을 찾고 있는 동안에는 함께 그 자리에 있다가도, 예감된 것의 실행이 시도되면 따르지 않는다. 왜냐하면 예감된 것의 실행과 더불어 현존재는 강제로 각기 자기 자신에게로 되돌려지기 때문이다. 잡담과 호기심은 그 위력을 상실한다. 그리고 잡담과 호기심은 또한 이미 앙갚음을 시작한다. 사람들이 함께 예감한 것을 실행하는 것을 보면 잡담은 그 즉시로 아주 쉽게 이렇게 확정한다. 그것은 누구나 할 수 있었던 거야. 왜냐하면 누구나 다 분명 예감하고 있었던 것이니까. 잡담은 심지어 결국에 가서, 그것이 예감했던 것과 부단히 요구해오던 것이 **실제로** 일어나면, 화를 내게 된다. 그렇게 되어 잡담으로서는 계속해서 예감할 수 있는 기회를 빼앗기게 되기 때문이다.

그런데 실행할 때나 진짜로 실패할 때 말없이 자신을 거는 현존재의 시간은 "훨씬 더 빠르게 살아나가는" 잡담의 시간과는 다른 시간이다. 공공적으로 볼 때 현존재의 시간은 본질적으로 잡담의 시간보다 느리다. 그것은 잡담이 이미 오래 전에 다른 것, 그때마다 가장 새로운 것에 가 있기 때문이다. 전에 예감했던 것과 일단 실행된 것은 최신의 것의 관점에서 볼 때 너무 늦게 온 것이다. 잡담과 호기심은 그것들의 애매함에서, 진짜 새롭게 성취된 것도 그것이 공적으로 출현하는 순간 낡은 것이 되도록 손을 써놓는다. 새롭게 성취된 것은, 은폐하는 잡담이 효력을 잃고 "속된" 관심이 잠잠해졌을 때에야 비로소, 그것의 긍정적인 가능성에서 자유로울 수 있을 것이다.

공공적인 해석되어 있음의 애매함은 앞질러 이야기한 것과 호기심으로 예감한 것을 본래적인 사건인 것처럼 내놓고, 실행과 행위는 추후의 일이며 하찮은 것으로 낙인찍는다. 그렇기 때문에 '그들' 속에 머물러 있는 현존재의 이해는 자신의 기획투사에서 끊임없이 진정한 존재가능성을 **잘못** 보고 있다. 현존재는 언제나 애매하게 "거기에" 존재한다. 다시 말해 서로 함께 있음의 공공의 열어밝혀져 있음 안에, 가장 요란한 잡담과 가장 솜씨 좋은 호기심이 "사업"을 관장하는 곳에, 일상적으로는 모든 것이 일어나고 있지만 근본에서는 아무것도 일어나고 있지 않은 곳인 거기에 존재한다.

이러한 애매함이 호기심에게는 언제나 그것이 찾는 것을 건네주고, 잡담에게는 마치 그 속에서 모든 것이 결정되는 듯한 가상을 마련해준다.

이러한 세계-안에-있음의 열어밝혀져 있음의 존재양식이 서로 함께 있음 그 자체도 철저히 지배한다. 타인은 우선 사람들이 그에 관해서 들은 것, 사람들이 그에 대해서 말하고 알고 있는 그것을 근거로 "거기에" 존재한다. 잡담은 우선 근원적인 서로 함께 있음 사이로 끼어든다. 누구나 먼저 우선 타인의 눈치를 살펴서, 그가 어떻게 행동하는지, 그것에 대해서 그가 무슨 말을 하는지를 본다. '그들' 속에 서로 함께 있음은 절대로 폐쇄되어 무관심하게 옆에 나란히 있는 것이 아니고, 긴장 속에서 애매하게 서로를 살피며, 몰래 서로 엿들으며 있는 것이다. 서로를 위한다는 가면 아래 서로를 적대하는 연출을 진행한다.

이때 주목해야 할 것은, 애매함이 위장과 왜곡을 명시적으로 의도한 데에서 비로소 생기는 것이 절대 아니라는 것, 개별 현존재가 애매함을 비로소 야기시키는 것이 아니라는 점이다. 애매함은 이미 하나의 세계 안에 내**던져져** 있는 서로 함께 있음인 그런 서로 함께 있음 속에 들어 있다. 그런데 이 애매함이 공공적으로는 은폐되어 있으며, **사람들**은 이러한 해석이 '그들[자신들]'의 해석되어 있음의 존재양식에 해당된다는 사실에 대해서 언제나 저항할 것이다. 이러한 현상의 설명을 '그들'의 동의를 얻어 확증하려고 한다면, 그것은 [대단한] 오해일 것이다.

우리는 잡담, 호기심 그리고 애매성이라는 현상들을, 그것들 자체 사이에 이미 일종의 존재연관을 내보인다는 방식으로 끄집어냈다. 이제 이러한 연관의 존재양식을 실존론적-존재론적으로 파악할 차례이다. 일상성의 존재의 근본양식이 지금까지 획득한 현존재의 존재구조의 지평 안에서 이해되어야 한다.

제38절 빠져 있음과 내던져져 있음

잡담, 호기심 그리고 애매함은, 현존재가 일상적으로 자신의 "거기에"를,

즉 세계-안에-있음의 열어밝혀져 있음을 성격규정한다. 이러한 성격들은 실존론적 규정으로서 현존재에 눈앞에 있는 것이 아니다. 그것들은 현존재의 존재를 함께 구성한다. 그 성격들 안에서 그리고 그것들의 존재적인 연관 안에서 일상성의 존재의 근본양식이 드러나는데, 우리는 그것을 현존재의 **빠져 있음**†이라고 이름한다.

이 명칭은 어떤 부정적인 평가를 표현하는 것이 아니라, 현존재가 우선 대개 배려된 "세계" 곁에 존재함을 의미한다. 이러한 '……곁에 몰입해 있음'은 대개 "그들"의 공공성 속에 상실되어 있음이라는 성격을 띤다. 현존재는 우선 언제나 이미 본래적인 자기 존재가능에서부터 떨어져나와 "세계"에 빠져 있다. "세계"에 빠져 있음은, 서로 함께 있음이 잡담, 호기심 그리고 애매함에 의해서 이끌리는 이상, 그 서로 함께 있음에 몰입해 있음을 의미한다. 우리가 앞에서[13] 현존재의 비본래성이라고 이름했던 그것이 이제 빠져 있음에 대한 해석으로 인해서 더욱더 정확한 규정을 얻게 된다. 그런데 '비본래적'은, 마치 현존재가 그러한 존재양태와 더불어 도대체 자신의 존재를 상실하기나 하는 듯이, "본래 ……이 아니다"를 의미하지는 않는다. 마찬가지로 비본래성은 '더는 세계 안에 있지 않음'을 의미하지 않는데, 그것은 비본래성이 바로 탁월한 세계-안에-있음—이 세계-안에-있음은 "세계"와 '그들' 속의 타인의 함께 거기에 있음[공동현존재]에 의해서 완전히 사로잡혀 있다—을 형성하기 때문이다. '자기 자신으로 존재하지 않음'은, 본질적으로 배려하며 하나의 세계에 몰입하는 존재자의 **긍정적인** 가능성으로서 기능한다. 이러한 **존재하지 않음**은, 현존재가 대개 그렇게 머무르는 그런 현존재의 가장 가까운 존재양식으로서 개념파악되어야 한다.

따라서 현존재의 빠져 있음을 어떤 순수하고 고차적인 "원초상태"에서 "타락한" 것으로 파악해서는 안 된다. 그런 것에 관해 우리는 존재적으로

---

13) 이 책의 제9절 72쪽 이하 참조.

경험한 바가 없을 뿐 아니라 존재론적으로도 아무런 해석의 가능성과 실마리를 가지지 못한다.

현존재는 빠져 있는 현존재로서 이미 현사실적인 세계-안에-있음으로서의 **자기 자신**에서부터 떨어져나와 있다. 그리고 현존재는 그가 그의 존재의 진행 속에서 비로소 부딪치기도 하고 부딪치지 않기도 하는 어떤 존재자에 빠져 있는 것이 아니라, 그것 자체가 그의 존재에 속하는 **세계**에 빠져 있다. 빠져 있음은 현존재 자신의 실존론적 규정의 하나로서, 눈앞의 것으로서의 현존재에 대해서, 현존재가 거기에서부터 "유래한" 그 존재자와의 눈앞의 관계에 대해서는, 또는 현존재가 나중에 추가로 그것과 교류하게 되는 그런 존재자와의 눈앞의 관계에 대해서는 아무것도 말해주지 않는다.

빠져 있음의 존재론적-실존론적 구조에다가, 아마도 인류문화의 진보된 단계에서는 제거될 수도 있는 어떤 나쁜 원망할 만한 존재적 속성을 부과하려고 한다면, 그것도 그 구조를 오해하는 것이 될 것이다.

현존재의 근본구성틀로서의 세계-안에-있음에 대해서 처음 언급할 때에도, 마찬가지로 현존재의 구성적 구조계기들을 성격규정할 때에도 존재구**성틀**의 분석에 대해서 이야기하면서도 이 구성틀의 존재양식에 대해서는 현상적으로 주목하지 않고 지나갔다. 물론 안에-있음의 가능한 근본양식들인 배려와 심려는 기술했다. 그러나 이러한 존재방식의 일상적 존재양식에 대한 물음은 논의되지 않고 남아 있었다. 또한 안에-있음이 그저 고찰하기만 하거나 또는 그저 행동하기만 하는 마주 섬, 다시 말해 하나의 주체와 하나의 객체가 함께 눈앞에 있는 것은 결코 아니라는 것을 제시했다. 그럼에도 불구하고 세계-안에-있음이, 그 안에서 현존재가 자신의 세계와 가능한 행동관계를 맺어나가면서도 그 "장치"는 존재적으로 건드리지 않는 경직된 장치로서 기능한다는 느낌은 남아 있을 수밖에 없었을 것이다. 그런데 이러한 추정의 "장치" 자체가 현존재의 존재양식을 함께 만들고 있다. 세계-안에-있음의 한 **실존론적 양태**가 빠져 있음의 현상에서 기록된다.

잡담이 현존재에게 그의 세계에 대해서, 타인에 대해서 그리고 자기 자신에 대해서 이해하는 존재를 열어밝혀주지만, 이때 이 '……에 대한 존재'는 지반 없는 떠다님의 양태를 띤다. 호기심은 모든 것과 개개의 것을 열어밝히지만, 이때 안에-있음은 도처에 있으면서 아무 데에도 없다. 애매함은 현존재이해에 아무것도 숨기지 않지만, 단지 세계-안에-있음이 뿌리 뽑힌 채 도처에 있으면서 아무 데에도 있지 않도록 억누르기 위해서인 것이다.

이러한 현상들 속에서 꿰뚫어보게 되는 일상적인 세계-안에-있음의 존재양식을 존재론적으로 명료하게 함으로써, 우리는 비로소 현존재의 근본구성틀에 대해서 실존론적으로 충분한 규정을 획득하게 된다. 빠져 있음의 "움직여 있음"은 어떤 구조를 보여주는가?

잡담과 그 안에 포함되어 있는 공공의 해석되어 있음은 서로 함께 있음 안에서 구성된다. 잡담은 이 서로 함께 있음에서부터 분리된 생산물로서 세계내부에 그 자체로 눈앞에 있는 것이 아니다. 마찬가지로 잡담은 일종의 "일반자"로서 증발될 수도 없다. 즉, 본질적으로 어느 누구에게도 속하지 않기 때문에, "본래" 아무것도 아니며[무(無)이며] 단지 말하는 개별 현존재에게만 "실재하는" 것으로 등장하는 일반자 말이다. 잡담은 서로 함께 있음 자체의 존재양식이며, 현존재에 대해서 "밖에서부터" 영향을 미치는 어떤 일정한 형편에 의해서 비로소 생겨나는 것이 아니다. 그러나 현존재 자신이 잡담과 공공의 해석되어 있음 속에서, '그들' 속에 자신을 상실하여 지반 없음에 빠지게 되는 가능성을 자기 자신에게 제공한다면, 이것은 현존재가 자기 자신에게 끊임없이 빠져 있음의 유혹을 마련하고 있다는 말이다. 세계-안에-있음은 그 자체로 **유혹적**이다.

이런 방식으로 자기 자신이 이미 유혹되기 때문에, 공공의 해석되어 있음은 현존재를 그의 빠져 있음에 확고하게 붙잡아둔다. 잡담과 애매함, 모든 것을 보았고 모든 것을 이해했음이, 그렇게 마음대로 처리할 수 있고 지배하고 있는 현존재의 열어밝혀져 있음이라면 현존재에게 그의 존재의 모든 가능성의 확실성, 진정함과 풍부함을 보장해주리라는 억측을 만들어낸다. "그들"의 자기확실성과 확고부동함은 본래적인 처해 있는 이해는 불필요하다는 생각을 점점 자라나게 하고 퍼뜨려나간다. 완전하고 진정한 "삶"을 기르고 이끌고 있다는 "그들"의 억측이, 모든 것은 "최상의 상태에" 있고 모든 문은 열려 있다는 **안정**을 현존재 안으로 끌고 온다. 빠져 있는 세계-안에-있음은 자기 자신에게 유혹적이면서 동시에 **안정적**이다.

그렇지만 비본래적인 존재 속에서의 이러한 안정이 정지 상태나 무행위로 유혹해가는 것이 아니라 오히려 억제를 모르는 "사업" 속으로 몰아넣는다. "세계"에 빠져 있음은 이제 휴식을 모르게 된다. 유혹적인 안정이 빠져 있음을 **고조시킨다**. 현존재해석을 특별히 고려하여 이제 다음과 같은 의견이 대두될 수 있다. 즉, 가장 낯선 문화들을 이해하고 그것들을 자신의 고유한 문화와 "종합할" 때 비로소 현존재는 자기 자신에 대한 남김 없는 진정한 해명에 이르게 될 수 있을 것이다. 다방면에 걸친 호기심과 쉴 새 없이 모든 것을 알려고 함이 마치 보편적인 현존재이해인 것처럼 착각하게 한다. 그렇지만 근본적으로, 무엇이 도대체 본래 이해되어야 하는지가 규정되어 있지도 않고 물어지지도 않은 채로 남아 있다. 이해 자체가, 오로지 **가장 고유한** 현존재에서만 자유롭게 되어야 하는 존재가능이라는 것이 이해되지 않은 채 남아 있다. 이렇게 안정을 누리며 모든 것을 "이해하면서" 자기를 모든 것과 비교하는 가운데 현존재는 소외로 떠내려가게 되는데, 이 소외 속에서는 현존재에게 그의 가장 고유한 존재가능이 은폐된다. 빠져 있는 세계-안에-있음은 유혹적-안정적이면서 동시에 **소외적**이다.

그러나 이 소외도 또한 현존재가 자기 자신에서부터 현사실적으로 찢겨져나감을 말하는 것은 아니다. 오히려 그 반대로 소외는 현존재를 과도한 "자기 분해" 속에 빠지는 존재양식으로 내몬다. 이 자기 분해는 모든 가능한 해석의 가능성을 동원하여 시도되기 때문에, 자신이 제시한 "성격학"과 "유형학"마저도 이미 전망할 수 없을 정도이다. 이 소외는 현존재에게 본래성과 가능성—이 가능성이 그저 진정한 실패의 가능성에 불과하더라도—을 **닫아버리지만**, 그렇다고 현존재가 그 자신이 아닌 존재자에게 넘겨지는 것은 아니며, 오히려 자신의 비본래성, 즉 **자기 자신**의 가능한 존재양식의 하나에로 몰리는 것이다. 빠져 있음의 유혹적-안정적 소외는 그것의 고유한 움직여 있음 속에서 현존재가 스스로 자기 자신 속에 **붙잡혀** 있게 만든다.

지금까지 제시한 유혹, 안정, 소외 그리고 붙잡힘(갇힘) 등의 현상들은 빠져 있음의 특수한 존재양식을 성격규정하고 있다. 우리는 현존재 자신의 존재 속에서의 이러한 현존재의 "움직여 있음"을 **추락**이라고 이름한다. 현존재는 자기 자신에서부터 자기 자신 속으로, 즉 비본래적 일상성의 무지반성과 무성(無性)으로 추락한다. 그런데 이러한 추락이 공공의 해석되어 있음에 의해서 현존재에게는 은폐된 채로 있어서, 도리어 추락이 "상승"이나 "구체적 삶"으로 해석된다.

이렇게 "그들" 속에서의 비본래적인 존재의 무지반성으로 추락하며, 그 속에서 추락하는 이 움직임의 양식은 이해를 끊임없이 본래적인 가능성의 기획투사에서부터 떼어내어, [그 이해를] 모든 것을 소유하거나 성취한 것 같은 안정적인 억측 속으로 쓸어넣는다. 이와 같이 본래성으로부터 부단히 이탈하면서도 언제나 본래성인 것처럼 속이는 것은, '그들' 속으로 쓸려들어감과 함께 빠져 있음의 움직여 있음을 **소용돌**이로 성격 짓는다.

빠져 있음은 세계-안에-있음을 실존론적으로 규정하기만 하는 것이 아니다. 소용돌이는 동시에 내던져져 있음의 던짐의 성격과 움직여 있음의 성격을 드러낸다. 이 내던져져 있음은 현존재의 처해 있음 속에서 현존재 자신을 귀찮게 할 수 있다. 내던져져 있음은 "기정 사실"이 아닐 뿐 아니라 또한 완결된 현사실도 아니다. 현존재의 현사실성에는, 현존재가 현존재로서 존재**하는** 한, 던짐 속에 남아 있고 '그들'의 비본래성 속으로 휘말려들어가 있다는 사실이 속한다. 내던져져 있음 속에서 현사실성을 현상적으로 볼 수 있는데, 이 내던져져 있음은 자신의 존재에서 바로 이 존재 자체가

179

문제가 되는 현존재에게 속한다. 현존재는 현사실적으로 실존한다.

그러나 빠져 있음을 이렇게 제시할 경우 그로써 실존의 형식적 이념으로서 지적되었던 규정에 직접적으로 반대되는 현상이 드러난 것은 아닌가? 현존재라는 존재자가 바로 그의 일상성에서 **자기를 상실했고 빠져 있음** 속에서 **자기로부터 떠나** "살고" 있다고 한다면, 과연 그런 현존재를 그의 존재에서 존재가능이 문제가 되는 존재자로 개념파악될 수 있는가? 그러나 현존재가 고립된 자아-주체로서, 즉 현존재가 거기로부터 떠나가는 그런 하나의 자기의 점으로서 정립될 때에만, 세계에 빠져 있음이 현존재의 실존성에 **반대되는** 현상적 "증명"이 될 수 있다. 그럴 경우 세계는 하나의 객체이다. 이 경우 세계에 빠져 있음은 존재론적으로 세계내부적인 존재자의 방식으로 존재하는 눈앞의 존재로 바뀌어 해석되는 셈이다. 그렇지만 우리가 현존재의 존재를 앞에서 제시한 **세계-안에-있음**이라는 존재구성틀에 꼭 붙잡아둔다면, 빠져 있음은 **이 안에-있음의 존재양식**으로서 도리어 현존재의 실존성에 대한 가장 기본적 증명을 나타내고 있음이 드러날 것이다. 빠져 있음에서 문제가 되고 있는 것은, 비록 비본래성의 양태에서이기는 해도, 다름 아닌 바로 그 세계-안에-있을-가능인 것이다. 현존재가 빠질 수 있는 것은 오직, 이해하며 처해 있는 세계-안에-있음이 그에게 문제되기 때문이다. 그 역으로, **본래적인** 실존이라는 것도 빠져 있는 일상성 위를 떠다니는 어떤 것이 결코 아니고, 오히려 실존론적으로 단지 이 일상성의 변양된 장악일 따름이다.

빠져 있음이라는 현상은 또한 예를 들어 현존재의 "어두운 면"과 같은 어떤 것을, 현존재라는 이 존재자의 해가 되지 않는 측면을 보완해주는 데에 도움이 될 어떤 존재적으로 나타나는 속성을 보여주는 것이 아니다. 빠져 있음은 현존재 자신의 **본질적인** 존재론적 구조를 드러내고 있으며, 이 구조는 어두운 면을 규정하기는커녕 도리어 현존재의 매일매일을 전부 그 일상성에서 구성한다.

그러므로 실존론적-존재론적 해석은 "인간 본성의 타락"에 대해서 어떤 존재적 발언을 하는 것이 아니다. 그것도 그에 필요한 증명수단이 없기 때문이 아니라, 그 문제점이 타락 또는 비타락에 대한 그 모든 발언에 앞서 놓여 있기 때문이다. 빠져 있음은 일종의 존재론적 움직임의 개념이다. 과연 인간이 "죄에 빠져서" 타락 상태에 있는지, 완전함의 상태에서 거닐고 있는지, 아니면 중간단계에, 즉 은총의 상태에 처해 있는지 아닌지에 대해서는 존재적으로는 결정될 수 없다. 그러나 믿음과 "세계관"은, 그것들이 이렇다 또는 저렇다 하고 발언하는 한, 그리고 세계-안에-있음으로서의 현존재에 대해서 발언할 때에는, 앞에서 끄집어낸 실존론적 구조들에로 되돌아가지 않을 수 없을 것이다. 그들의 발언이 동시에 **개념적인** 이해를 요구한다는 것을 전제한다면 말이다.

180

이 장의 주도적인 물음은 '거기에'의 존재에 대한 것이었다. 현존재에 본질적으로 속하는 열어밝혀져 있음의 존재론적 구성이 탐구의 주제였다. 이 열어밝혀져 있음의 존재는 처해 있음, 이해 그리고 말에서 구성된다. 열어밝혀져 있음의 일상적 존재양식은 잡담, 호기심 그리고 애매함에 의해서 성격규정되었다. 이 세 가지는 유혹, 안정, 소외 그리고 붙잡힘 등의 본질적인 특징들과 함께 빠져 있음의 움직여 있음을 보여준다.

이제 이러한 분석과 더불어 현존재의 실존론적 구성틀 전체를 그 주요특성에서 밝혀 보였으며 현존재의 존재를 염려로 "종합하여" 해석할 수 있는 현상적 지반을 획득한 셈이다.

제6장
현존재의 존재는 염려

제39절 현존재의 구조전체의 근원적인 전체성에 대한 물음

세계-안에-있음은 하나의 근원적으로 끊임없이 전체적인 구조이다. 앞의 여러 장(제1편 제2-5장)에서 그 구조는 전체로서 그리고 언제나 이 전체를 근거로 해서 그 구성적 계기들에서 현상적으로 명확해졌다. 이 현상 전체에 대해서 시초에[1] 주어졌던 예비시야가 이제 처음의 일반적 예비윤곽이 가졌던 내용 없음을 떨쳐버리게 된 셈이다. 그렇지만 이제는 구조전체의 구성틀과 구조전체의 일상적 존재양식이 현상적으로 다양해져서 전체 그 자체에 대한 통일적인 현상학적 시선이 왜곡되기 쉬워졌다. 그러나 지금 우리가 제시된 구조전체의 전체성이 어떻게 실존론적-존재론적으로 규정되어야 하는가 하는, 현존재 일반에 대한 예비적 기초분석이 추구하는 물음을 제기하고 있는 이상, 그 시선은 한층 더 자유롭게 남아 있어야 하고 한층 더 확실하게 예비되어 있어야 한다.

현존재는 현사실적으로 실존한다. 물음이 되는 것은 실존성과 현사실성의 존재론적 통일성, 또는 현사실성의 실존성에의 본질적인 귀속성에 대해

---

[1] 이 책의 제12절 87쪽 이하 참조.

서이다. 현존재는 그에게 본질적으로 속해 있는 처해 있음에 근거해서, 그가 그 자신 앞으로 데려와지며 그가 그에게 그의 내던져져 있음에서 열어밝혀지게 되는 존재양식을 가진다. 그런데 내던져져 있음은, 그때마다 각기 자신의 가능성 자체로 **존재하며** 그래서 자신을 가능성 안에서 그리고 가능성에서부터 이해하는 (가능성으로 자신을 기획투사하는) 존재자의 존재양식이다. 세계-안에-있음에는 근원적으로 손안의 것 곁에 있음뿐 아니라 타인들과 더불어 있음도 속하는데, 이 세계-안에-있음은 그때마다 각기 자기 자신 때문에 존재한다. 그러나 이 자기 자신은 우선 대개 비본래적이다. 다시 말해서 '그들-자신'이다. 세계-안에-있음은 언제나 이미 빠져 있다. 따라서 현존재의 평균적 일상성은 빠져 있으며 열어밝혀져 있는, 내던져져 있으며 기획투사하는 세계-안에-있음으로서 규정될 수 있으며, 이때 이 세계-안에-있음에게는 "세계" 곁에서의 그의 존재와 타인들과의 더불어 있음에서 바로 그 자신의 가장 고유한 존재가능 자체가 문제가 된다.

  현존재 일상성의 이러한 구조전체를 그 전체성에서 파악하는 것에 성공할 수 있는가? 현존재의 존재에서부터 제시한 구조들의 본질적인 똑같은 근원성이 거기에 귀속되는 실존론적 변양 가능성들과 함께 같이 이해될 수 있게끔 현존재의 존재를 통일적으로 부각시킬 수 있는가? 현존재의 존재를 실존론적 분석론이라는 지금의 단초를 토대로 삼아서 현상적으로 획득할 수 있는 길이 있는가?

  부정적으로 물음에서 제외되는 것은 이것이다. 즉, 구조전체의 전체성에 제 계기들을 모아서 짜맞추는 식으로는 현상적으로 도달할 수 없다. 이러기 위해서도 일종의 설계도가 필요할 것이다. 구조전체 그 자체를 존재론적으로 떠받치는 현존재의 존재는, 이 전체를 **통해서** 하나의 근원적으로 통일적인 현상을 완전히 꿰뚫어볼 때 접근할 수 있다. 이 통일적인 현상은 전체 속에 이미 놓여 있어서 개개의 구조계기를 그 구조적 가능성에서 존재론적으로 받쳐주고 있다. 따라서 "총괄적인" 해석이 지금까지 획득한 것을 긁어모으는 수렴일 수는 없다. 현존재의 실존론적 근본성격에 대한 물음은 어떤 눈앞의 것의 존재에 대한 물음과는 본질적으로 다르다. 존재적-존재론적으로 세계내부적인 존재자에게로 향한 채 있는 일상적인 주위세계적 경험은 현존재를 존재론적인 분석을 위해서 존재적으로 근원적으로 제공할 수 없다. 마찬가지로 체험이라는 내적 지각에도 존재론적으로 충분한 실마리가 결여되어 있다. 다른 한편, 현존재의 존재가 인간에 대한 어떤 이념에서부터 연역되어 나와서는 안 된다. 지금까지의 현존재에 대한 해석에서부터, 현존재가 그 자신에서부터 어떤 존재적-존재론적 통로를 자신에 이르는 유일하게 적합한 통로로서 요구하고 있는지를 알 수 있는가?

현존재의 존재론적인 구조에는 존재이해가 속한다. 현존재에게는 존재하면서 그 자신에게 그의 존재가 열어밝혀져 있다. 처해 있음과 이해가 이러한 열어밝혀져 있음의 존재양식을 구성한다. 현존재가 그 자신에게 탁월한 방식으로 열어밝혀져 있는, 이해하는 처해 있음이 현존재에게 있는가?

현존재의 실존론적 분석론이 자신의 기초존재론적 기능에 대해서 원칙적인 명확성을 유지하고 있어야 한다면, 이 분석론은 자신의 잠정적인 과제를 성취하기 위해서, 즉 현존재의 존재를 산출하기 위해서, 현존재 자신에게 놓인 **가장 폭넓고 가장 근원적인** 열어밝혀져 있음의 가능성을 찾아야 한다. 현존재가 자신을 자기 자신 앞으로 데려오는 열어밝힘의 방식은, 그 안에서 현존재 자신이 어떤 방식에 있어서는 아주 [스스로부터 스스로에게로] **단순화되어** 접근될 수 있는 방식이어야 한다. 그럴 경우 거기에서 열어밝혀져 있는 것과 더불어 찾고 있는 존재의 구조전체성이 기본적으로 밝히 드러날 것임에 틀림없다.

그러한 방법적인 요구를 충족시킬 수 있는 처해 있음으로는 **불안**이라는 현상이 분석의 밑바탕에 놓인다. 이러한 근본적 처해 있음을 정리작업하는 일과 그 안에서 열어밝혀진 것 그 자체를 존재론적으로 성격규정하는 일은 그 출발점을 빠져 있음의 현상에서 취하며 불안을 전에 분석한 유사한 현상인 공포[두려움]와 구별한다. 불안은 현존재의 존재가능성으로서, 그 안에서 열어밝혀진 현존재 자신과 더불어 현존재의 근원적인 존재전체성을 파악하기 위한 현상적 토대를 제공한다. 현존재의 존재는 **염려**로서 밝혀진다. 이 실존론적 근본현상을 존재론적으로 정리작업하는 일은, 그것을 우선 염려와 동일시되기 쉬운 현상들과 제한구별할 것을 요구한다. 비슷한 현상들로는 의지, 소망, 성향, 충동 등이 있다. 염려는 이것들로부터 연역될 수 없다. 왜냐하면 이것들 자체가 염려에 기초하기 때문이다.

현존재를 존재론적으로 염려로서 해석하는 것은, 모든 존재론적 분석이 그렇듯이, 그 해석이 획득하는 것이 무엇이든, 존재자에 대한 존재론 이전의 존재이해 또는 존재적 앎에서 접근 가능해지는 것과는 아주 거리가 멀다. 존재론적으로 인식된 것이, 상식에게만 유일하게 존재적으로 알려져 있는 것을 고려하는 상식에 배치된다는 것은 전혀 놀랄 일이 아니다. 그럼에도 현존재를 존재론적으로 염려로 해석하려는 여기에서의 시도를 위한 존재적 단초 또한 고안되어 이론적으로 생각해낸 것으로 보일지도 모른다. 거기에서 전승, 유지되어 내려온 인간에 대한 정의가 배제되는 것을 보고 사람들은 이를 횡포라고 할지도 모른다. 그렇기 때문에 현존재를 실존론적으로 염려로 해석하기 위해서는 일종의 존재론 이전의 확증이 필요하다. 그러한 확증은 현존재가 일찍이 이미 자기 자신에 대해서 밖으로 말하면서—비록 존재론 이전으로이기는 하지만—**염려**(쿠라[cura])로서 해석했다는 증거 속에 있다.

염려의 현상에까지 밀고 들어온 현존재의 분석론은 기초존재론적인 문제를, 즉 존재 일반의 의미에 대한 물음을 예비해야 한다. 획득한 것에서부터 시야를 분명하게 그리로 돌리기 위해서는, 실존론적-선험적 인간학이라는 특수과제를 넘어서, 주도적인 존재물음과 가장 긴밀한 관계에 서 있는 그런 현상들을 되돌아보면서 한층 더 철저하게 파악해야 한다. 그 현상들이란 우선 지금까지 설명한 존재의 방식들이다. 즉, 현존재적이지 않은 성격을 띤 세계내부적인 존재자를 규정하는 손안에 있음과 눈앞에 있음이다.

이제까지는 존재론적 문제틀이 존재를 일차적으로 눈앞에 있음("실재성", "세계-현실성)의 의미로 이해하면서 현존재의 존재는 존재론적으로 규정하지 않은 채로 두었기 때문에, 염려, 세계성, 손안에 있음, 눈앞에 있음(실재성) 등의 존재론적인 연관에 대한 논의가 필요하다. 이것은 **실재성**이라는 개념을, 그 이념에 방향을 잡은 실재론과 관념론의 인식론적인 물음제기를 토의하는 가운데 더 명확하게 규정하도록 만든다.

존재자는 그것을 열어밝히고 발견하고 규정하는 경험, 지식, 파악과는 무관하게 **존재한다**. 그러나 존재는, 그것의 존재에 존재이해와 같은 어떤 것이 속하는 존재자의 이해*에만 "존재한다". 따라서 존재는 개념파악되지 않을 수는 있지만 결코 전혀 이해되지 않은 채 있을 수는 없다. 존재론적 문제틀 안에서 **존재와 진리**는 예부터 심지어 동일시되기도 했지만 그렇지 않더라도 함께 생각되어왔다. 바로 거기에 존재와 이해**의 필연적인 연관이—비록 근본적인 근거에서는 아마도 감추어져 있지만—증거되는 셈이다. 따라서 존재물음을 충분히 예비하기 위해서는 **진리의 현상**을 존재론적으로 해명하는 것이 필요하다. 이 해명은 우선 우리의 해석이 열어밝혀져 있음과 발견되어 있음, 해석과 발언 등의 현상으로써 획득한 것을 토대로 삼아 수행된다.

그러므로 현존재에 대한 예비 기초분석을 마무리하는 작업은 다음과 같은 주제들을 다룬다. 현존재의 한 탁월한 열어밝혀져 있음인 불안이라는 근본적 처해 있음(제40절), 현존재의 존재는 염려(제41절), 현존재를 염려로 보는 실존론적 해석을 현존재의 존재론 이전의 자기해석에서부터 확증함(제42절), 현존재, 세계성 그리고 실재성(제43절), 현존재, 열어밝혀져 있음 그리고 진리(제44절).

---

* 그러나 이러한 이해는 들음으로서[이다]. 그러나 이 말은 결코 '존재'가 단지 '주관적'이라는 것을 말하는 것이 아니고, 오히려 (존재자의 존재로서의) 존재가 차이로서 (던짐에 의해서) 내던져진 것으로서의 현-존재 '안에' 있음을 말한다.
** 따라서 존재와 현존재.

제40절 현존재의 한 탁월한 열어밝혀져 있음인 불안이라는 근본적 처해 있음

현존재의 한 존재가능성이 존재자로서의 그 자신에 대해서 존재적인 "해명"을 제공하고 있어야 한다. 그런데 그러한 해명은 오직 현존재에 속하는 열어밝혀져 있음 안에서만 가능하다. 그리고 이 열어밝혀져 있음은 처해 있음과 이해에 근거한다. 그렇다면 불안은 어떤 점에서 하나의 탁월한 처해 있음인가? 불안 속에서 어떻게 현존재가 그 자신의 고유한 존재에 의해서 그 자신 앞으로 데려와지며, 그래서 불안 속에서 열어밝혀진 존재자 그 자체가 그 존재에서 현상학적으로 규정되거나 또는 그러한 규정을 충분하게 예비할 수 있다는 말인가?

  구조전체의 전체성의 존재로 밀고 들어가려는 의도로 우리는 앞에서 마지막으로 수행한 빠져 있음에 대한 구체적 분석을 출발점으로 삼는다. '그들' 속에 그리고 배려된 "세계" 곁에 몰입해 있음은 예컨대 현존재가 본래적인 자기 자신으로 있을 수 있음으로서의 그 자신 앞에서 **도피하는** 것과 같은 점을 드러내 보여준다. 그런데 현존재가 **자기 자신**과 자신의 본래성 앞에서 도피하고 있는 이 같은 현상은, 다음의 우리의 탐구를 위한 현상적 토대로서 기여하는 데에는 가장 적합하지 않은 것처럼 보인다. 이러한 도피 속에서 현존재는 자신을 분명코 자기 자신 앞으로 데려오지 **않기** 때문이다. 이런 돌아섬은 빠져 있음의 가장 고유한 특성에 맞게 현존재**로부터 떨어져나가게** 한다. 그렇지만 그와 같은 현상들에서 탐구가 조심해야 할 것은, 존재적-실존적 성격부여를 존재론적-실존론적 해석과 혼동해서는 안 된다는 것, 또는 전자 속에 놓인 후자를 위한 긍정적인 현상적 근본토대를 간과해서는 안 된다는 점이다.

  빠져 있음에서는 분명 실존적으로 자기존재의 본래성이 닫히고 내몰리지만, 이러한 닫힘은 단지 일종의 열어밝혀져 있음의 **결여태**일 뿐이다. 즉 그 안에서는 현존재의 도피가 자기 자신 앞에서의 도피라는 것이 현상적으로 드러난다. 현존재가 '그것 앞에서' 도피하는 바로 그것 안에서 현존재는 바로 자기 자신의 "뒤"를 좇아오는 것이다. 현존재가 존재론적으로 본질적으로 그에게 속하는 열어밝혀져 있음에 의해서 도대체 그 자신 앞으로 데려와지는 한에서만, 현존재는 자기 앞에서 도망할 수 있는 것이다. 이러한 빠져 있는 돌아섬에서는 물론 도피의 '그것 앞에서'가 파악되지 않는다. 아니, 그리로 향한다고 해도 경험되지 않는다. 그렇지만 그것("그것 앞에서")은 그것으로부터 돌아섬에서 분명 열어밝혀져 "거기에" 있다. 실존적, 존재적인 돌아섬이 그것의 열어밝혀져 있음의 특성에 근거해서 도피의 "그것 앞에서" 그 자체를 실존론적-존재론적으로 파악할 가능성을 현상적으로 제공한다. 돌아섬에 놓여 있는 존재적인 "……으로부터 떠나" 내부에서, 도피의 '그것 앞에서'가 현상학적으로 해석되어야 하는 "돌아옴"으로 이해될 수 있고 개념에로 데려와질 수 있다.

따라서 분석의 방향을 빠져 있음의 현상에 잡을 경우, 그 안에서 열어밝혀진 현존재에 대해서는 아무것도 존재론적으로 경험할 가망이 없다는 판단을 원칙적으로 내리지는 못한다. 오히려 그 반대로, 해석은 바로 여기에서 현존재의 인위적인 자기해석에 전혀 빠지지 않게 된다. 해석은 단지 현존재 자신이 존재적으로 열어밝히고 있는 것만을 설명하게 된다. 처해 있는 이해 내부에서 해석하면서 함께 가며 뒤따라가보는 가운데 현존재의 존재로 밀고 들어갈 수 있는 가능성은, 방법적으로 열어밝히는 처해 있음으로 기능하고 있는 그 현상이 근원적이면 근원적일수록 한층 더 높아진다. 불안이 그와 같은 것을 수행한다는 것은 우선은 하나의 주장일 뿐이다.

불안의 분석을 위해서 우리가 준비를 전혀 하지 않은 것은 아니다. 사실 불안이 존재론적으로 공포[두려움]와 어떤 연관이 있는지가 아직도 어둠에 싸여 있다. 분명 그 둘 사이에는 현상적인 유사성이 성립하고 있다. 그에 대한 징표는, 그 두 현상이 대개는 구별되지 않은 채로 남아 있으면서, 공포인 것이 불안이라고 지칭되고, 불안의 특징을 가진 것이 공포라고 명명된다는 사실에 있다. 이제 차근차근 불안이라는 현상에 접근하기로 하자.

"그들"과 배려된 "세계"에 현존재가 빠져 있는 것을 우리는 그 자신 앞에서 "도피하는" 것이라고 이름했다. 그러나 모든 '……앞에서 되돌아섬', 모든 '……앞에서 돌아섬'이 다 필연적으로 도피는 아니다. 공포 속에 바탕하는, 공포가 열어밝히고 있는 그것 앞에서 물러남은, 즉 위협적인 것 앞에서 물러남은 도피의 성격을 띤다. 공포를 처해 있음으로 해석할 때, 공포의 '그것 앞에서'가 각기 그때마다 특정한 방면에서 가까이 접근하는—오지 않을 수도 있는—위험한 세계내부적인 존재자라는 사실이 제시된다. 빠져 있음 속에서 현존재는 그 자신 앞에서 돌아선다. 이러한 되돌아섬의 '그것 앞에서'는 도대체 위협하는 특징을 띠고 있음에 틀림없다. 그렇지만 그것은 되돌아서는 존재자의 존재양식을 가진 존재자이며 그것은 현존재 자신이다. '그것 앞에서' [현존재가] 되돌아서는 그것은 "공포스러운[두려운] 것"으로 파악될 수 없는데, 그 까닭은 그런 것은 언제나 세계내부적인 존재자로서 만나게 되기 때문이다. 유일하게 "무서울" 수 있고 공포 속에서 발견되는 그러한 위협은 언제나 세계내부적인 존재자로부터 온다.

그렇기 때문에 빠져 있음의 돌아섬은 또한, 세계내부적인 존재자 앞에서의 공포에 바탕을 둔 도피가 아니다. 공포에 바탕을 둔 도피의 성격은, 돌아섬이 세계내부적인 존재자 속에 몰입하면서 그것으로 **돌아옴**인 이상, 더더욱 돌아섬에 해당되지 않는 셈이다. 빠져 있음의 돌아섬은 오히려 불안에 근거하며, 이 불안이 그편에서 공포를 비로소 가능하게 한다.

현존재가 자기 자신 앞에서 빠져 있으면서 도피한다는 말을 이해하기 위해서 우리는 이 현존재라는 존재자의 근본구성틀로서의 세계-안에-있음을 상기해야 한다. 불안의 '그것 앞에서'는 세계-안에-있음 그 자체이다. 그렇다면 불안이 '그것 앞에서' 불안해하는 그것과 공포가 '그것 앞에서' 두려워하는 그것은 어떻게 현상적으로 구별되는가? 불안의 '그것 앞에서'는 세계내부적인 존재자가 아니다. 따라서 그것은 세계내부적인 존재자와 아무런 유사성을 가질 수 없다. 위협은 위협받고 있는 것이 특정한 관점에서 하나의 특별한 현사실적 존재가능을 적중시키는 특정의 위해(危害) 가능성의 성격을 띠지 않는다. 불안의 '그것 앞에서'는 전적으로 규정되어 있지 않다. 이 무규정성은, 어떤 세계내부적인 존재자가 위협하고 있는지에 대해서 현사실적으로 결정하지 않을 뿐 아니라, 또한 도대체 세계내부적인 존재자가 "중요하지" 않다는 것을 말한다. 세계내부에 손안에 있거나 눈앞에 있는 것의 어떤 것도 불안이 그 앞에서 불안해하는 그것으로서 기능하지 않는다. 손안의 것이나 눈앞의 것의 세계내부적으로 발견된 사용사태전체성은 그 자체로 도대체 아무런 의미가 없다. 그것은 그 자체로 무너져 내린다. 세계는 전적인 무의미의 특징을 띠게 된다. 불안 속에서 우리는 위험한 것으로 사용될 수도 있을 이런 또는 저런 어떤 것을 만나지 않는다.

그렇기 때문에 불안은 또한 거기에서 위험한 것이 가까이 다가오는 특정한 "여기"나 "저기"를 "보지" 못한다. 위협하고 있는 것이 **아무 데에도 없다**는 것이 불안의 "그것 앞에서"를 특징짓는다. 불안은 그것 앞에서 자기가 불안해하는 그것이 무엇인지를 "알지 못한다". 그러나 여기에서의 "아무 데에도 없다"는 말이 전적으로 아무것도 아닌 것을 의미하는 것이 아니라, 바로 거기에 본질적으로 공간적인 안에-있음에 대해서 방면 일반이, 즉 세계 일반의 열어밝혀져 있음이 놓여 있다. 그렇기 때문에 위협하고 있는 것은 또한 가까움 내에서 한 특정한 방향에서 접근할 수 없다. 그것은 이미 "거기에" 와 있다. 그런데도 또한 아무 데에도 없다. 그것은 사람의 숨을 조이며 압박할 지경으로 가까이 있으나 그럼에도 아무 데에도 없다.

불안의 "그것 앞에서"에서 "아무것도 아니고 아무 데에도 없다"는 것이 드러나게 된다. 세계내부적으로는 '아무것도 아니고 아무 데에도 없다'는 이 적대성은 현상적으로, 불안의 '그것 앞에서'가 세계 그 자체임을 말한다. 이 "아무것도 아님과 아무 데에도 없음" 속에서 고시되는 전적인 무의미성은 세계부재를 의미하지 않고, 세계내부적인 존재자가 그 자체에서 아무런 의미가 없다는 것, 세계내부적인 것의 이러한 **무의미성** 때문에 세계가 그 세계성에서 유일하게 부각된다는 것을 말한다.

  압박해오는 것은 이것 또는 저것이 아니며, 또한 모든 눈앞의 것을 합한 총합도 아니다. 그것은 손안의 것 일반의 **가능성**, 다시 말해 세계 자체이다. 불안이 진정되었을 때 일상적으로 사람들은 흔히 이렇게 말한다. "본래 아무것도 아니었어." 이 말은 실제로 그것이 **무엇이었는지**를 존재적으로 적중시킨다. 일상적인 말은 손안의 것에 대한 배려와 이야기에 몰두해 있다. 불안이 그것 앞에서 불안해하는 그것은 세계내부적인 손안의 것 중의 어느 것도 아니다. 다만 일상적인 둘러보는 말이 유일하게 이해하는 그런 손안의 것 중의 어느 것도 아님이라는 이 무(無)가 전적인 무는 아니다. 손안에 있음 중의 어느 것도 아님은 가장 근원적인 "어떤 것"*에, 즉 세계에 근거한다. 그렇지만 이 세계는 존재론적으로 본질적으로 세계-안에-있음으로서의 현존재의 존재에 속한다. 따라서 불안의 '그것 앞에서'로서 무가, 다시 말해 세계 그 자체가 산출될 경우, 이것은 **불안이 '그것 앞에서' 불안해하는 그것은 세계-안에-있음 자체임****을 말하는 것이다.

  불안해함은 근원적으로 그리고 직접 세계로서의 세계를 열어밝힌다. 예를 들어 우선 숙고를 통해서 세계내부적인 존재자들을 배제하고 나서 순전히 세계만을 생각하고 그다음에 세계에 대한 불안이 발생하는 것이 아니라, 불안이 처해 있음의 양태로서 비로소 처음으로 **세계로서의 세계를 열어밝히는** 것이다. 그렇지만 이 말은, 불안 속에서 세계의 세계성이 개념파악된다는 의미는 아니다.

  불안은 '……앞에서의' 불안일 뿐 아니라 또한 동시에 처해 있음으로서

---

* 따라서 여기에서는 '허무주의'와 아무런 연관이 없다.
** 존재 그 자체에 의해서 규정[조율]되는 것으로서, 전혀 예기하지 않은 것 그리고 결코 견뎌낼 수 없는 것—낯선 것.

'……때문의' 불안이기도 하다. 불안이 그 때문에 불안해하는 이유는 현존재의 한 **특정한** 존재양식과 가능성이 아니다. 위협은 그 자체 규정되어 있지 않다고 했다. 그러니 그것은 이런 또는 저런 현사실적인 구체적 존재가능에 대해서 위협적으로 끼어들 수는 없다. 불안이 그 때문에 불안해하는 이유는 세계-안에-있음 자체이다. 불안 속에서 주위세계적인 손안의 것이, 세계내부적인 존재자 전체가 가라앉는다. "세계"는 더 이상 아무것도 제공할 수 없으며 마찬가지로 타인들의 더불어 있음도 그렇다. 불안은 이렇게 현존재에게서, 빠져 있으면서 자신을 "세계"에서부터 그리고 공공의 해석되어 있음에서부터 이해할 수 있는 가능성을 빼앗는다. 불안은 현존재를 그가 그 때문에 불안해하는 그것으로, 즉 본래적인 세계-안에-있을-가능으로 되던져준다. 불안은 현존재를, 이해하면서 본질적으로 자신을 가능성으로 기획투사하는 그의 가장 고유한 세계-안에-있음에로 개별화시킨다. 그러므로 불안해함의 '그 때문에'와 더불어 불안은 현존재를 **가능존재**로서, 그것도 오로지 그 자신에서부터 개별화된 현존재로서 개별화 속에 존재할 수 있는 가능존재로서 열어밝힌다.

불안은 현존재 안에서 가장 고유한 존재가능**으로 향한 존재**를 드러내준다. 다시 말해 자기 자신을 선택하고 장악하는 자유에 대해서 **자유로운 존재**를 드러낸다. 불안은 현존재를, 그가 언제나 이미 그것인 가능성으로서의 그의 존재의 본래성 '……에 대해서' 자유로운 존재 앞으로 데려온다. 그러나 이 존재는 동시에 현존재가 세계-안에-있음으로서 거기에 내맡겨져 있는 바로 그 존재이다.

불안이 그 때문에 불안해하는 그 이유가, 불안이 **그것 앞에서** 불안해하는 그것임이 밝혀진다. 그것은 세계-안에-있음이다. 불안의 '그것 앞에서'와 불안의 '그 때문에'의 동일함은 심지어 불안해함 자체에까지 뻗친다. 왜냐하면 이 불안해함은 처해 있음으로서 세계-안에-있음의 한 근본양식이기 때문이다. 열어밝힘이 열어밝혀진 것과 실존론적으로 동일하다는 것, 그래서 이 열어밝혀진 것 안에서 세계가 세계로서, 안에-있음이 개별화된, 순수한, 내던져진 존재가능으로서 열어밝혀져 있다는 사실이, 불안의 현상과 더불어 하나의 탁월한 처해 있음이 해석의 주제가 되었다는 것을 분명히 해 준다. 불안은 현존재를 개별화시키며 그래서 그를 이렇게 "유일한 자기"로서 열어밝힌다. 그러나 이러한 실존론적인 "유아론(唯我論)"은 하나의 고립된 주체사물을 무세계적인 사건 발생의 해(害)가 없는 공허 속으로 옮겨놓는 것이 아니고, 도리어 그것은 현존재를 바로 극단적인 의미에서 세계로서의 그의 세계 앞으로 데려오며 그래서 현존재 자신을 세계-안에-있음으로서의 그 자신 앞으로 데려오는 것이다.

불안이 근본적 처해 있음으로서 그런 방식으로 열어밝히고 있다는 사실에 대한 가장 선입견 없는 증거로 다시금 일상적인 현존재해석과 말을 들 수 있다. 앞에서 말한 바 있듯이, 처해 있음은 "사람이 어떤지"를 드러내 보여준다. 불안 속에서는 사람이 "섬뜩해진다". 거기에서는 우선 현존재가 불안 속에 처해 있는 그곳의 독특한 무규정성이, 즉 아무것도 아님과 아무 데에도 없음이 표현되고 있다. 그러나 섬뜩함은 거기에서 동시에 "마음이 편하지 않음"을 의미한다. 현존재의 근본구성들을 처음으로 현상적으로 제시하고 안에-있음의 실존론적인 의미를 "내부성"이라는 범주적인 의미와 구별하여 설명하면서 안에-있음을 '……에 거주함', '……와 친숙함'으로 규정했다.[2] 그 다음에 안에-있음의 이러한 특징들을 '그들'의 일상적인 공공성을 통해서 더 구체적으로 드러냈다. "그들"은 안정된 자기 확실성, 자명한 "편안함"을 현존재의 평균적인 일상성 안에 가져온다.[3] 이에 반해 불안은 현존재를 그의 "세계"에 빠져 있으면서 몰입해 있음에서 되찾아온다. 일상적 친숙함은 무너져 내린다. 현존재는 개별화되지만 어디까지나 세계-안에-있음으로서 그렇다. 안에-있음은 "편하지 않음"이라는 실존론적 "양태"로 오게 된다. "섬뜩함"에

---

2) 이 책의 제12절 87쪽 이하 참조.
3) 이 책의 제27절 192쪽 이하 참조.

대한 이야기가 의미하는 것도 다른 것이 아닌 이것이다.

이제는 빠져 있음이 도피로서 그 앞에서 도망하고 있는 그것이 현상적으로 드러나게 되었다. 세계내부적인 존재자 앞에서 도망가는 것이 아니라, 도리어 바로 존재자로서의 그것에게로 도망가는 것이다. 이때 배려함은 '그들' 속에 빠져 안정된 친숙함 속에 머무를 수 있다. 빠져 있으면서 공공성의 편안함 속으로 도피하는 것은 '편하지 않음' 앞에서의 도피, 다시 말해 내던져진, 그의 존재에서 그 자신에게 내맡겨진 세계-안에-있음으로서의 현존재에 놓여 있는 섬뜩함 앞에서의 도피인 것이다. 이 섬뜩함은 현존재를 끊임없이 따라다니며—비록 두드러지게는 아니지만—그의 일상적인 '그들' 속으로의 자기상실을 위협한다. 이러한 위협은 현사실적으로 일상적인 배려의 완전한 확실성, 충족성과 같이 병행할 수 있다. 불안은 아무렇지도 않은 상황에서도 피어오를 수 있다. 보통 사람이 쉽게 섬뜩함을 느끼는 어둠이 필요하지도 않다. 어둠 속에서는 강조된 방식으로 "아무것도" 볼 수 없지만, 세계는 바로 "거기에" 여전히 그리고 더 절실하게 있는 것이다.

우리가 현존재의 섬뜩함을 실존론적-존재론적으로, 현존재 자신을 그 자신에서부터 적중시키는 위협으로 해석한다면, 이 경우 그로써 우리가 주장하고 있는 것은, 섬뜩함이 현사실적 불안 속에서 언제나 이미 그런 의미로 이해된다는 것이 아니다. 현존재가 섬뜩함을 이해하는 일상적인 양식은 빠져 있는, '편하지 않음'을 "덮어버리는" 돌아섬에서이다. 그렇지만 이러한 도피의 일상성은 현상적으로 다음과 같은 것을 보여준다. 즉 실존론적으로 결코 눈 앞에 있는 것이 아니고 그 자체 언제나 현사실적 현존재의 양태 안에서, 다시 말해 처해 있음 안에서 **존재하는** 세계-안에-있음의 본질적인 현존재구성틀에는 불안이 근본적 처해 있음으로서 속해 있다. 안정된 친숙한 세계-안에-있음은 현존재의 섬뜩함의 한 양태이지, 그 역이 아니다. **편하지-않음***은

---

* (탈존재사건[Enteignis]).

실존론적-존재론적으로 더 근원적인 현상으로 개념파악되어야 한다.

그리고 불안이 언제나 이미 세계-안에-있음을 잠재적으로 규정하고 있기 때문에만, 이 세계-안에-있음이 "세계" 곁에 배려하며 처해 있는 존재로서 두려워할 수 있는 것이다. 두려움은 "세계"에 빠져 있는 비본래적인 불안이며, 그것 자신에게 그 자체가 숨겨져 있는 불안이다.

그렇기 때문에 현사실적으로 섬뜩함의 기분은 대개 실존적으로 이해되지 않은 채 남아 있다. 거기에다가 "본래적" 불안은 빠져 있음과 공공성의 지배 아래에서는 아주 드물다. 흔히 불안은 "생리학적인" 조건에 좌우된다. 이러한 사실은 그것의 현사실성에서 하나의 **존재론적인** 문제인데, 단지 그것의 존재적인 원인과 진행형태에 관련되어서만 그런 것이 아니다. 불안을 생리학적으로 불러일으킬 수 있는 것도, 오직 현존재가 그의 존재의 근거에서 불안해하기 때문이다.

본래적인 불안이라는 실존적 현사실보다, 이 현상을 그것의 원칙적인 실존론적-존재론적 구성과 기능에서 해석하려는 노력이 더 드물다. 이에 대한 이유는 부분적으로는 현존재 일반에 대한 실존론적 분석론을 소홀히 한 데에 있지만 특별히 처해 있음의 현상을 오인한 데에 있다.[4] 그렇지만 불

---

[4] 불안과 공포라는 두 현상이 보통 구분되지 않은 채 존재적으로, 그리고 또한 매우 제한된 한계 내에서이기는 하지만 존재론적으로도, 그리스도교 신학의 시야에 들어온 것은 우연이 아니다. 그것은 신을 향한 인간의 존재라는 인간학적인 문제가 우위를 점하고 믿음, 죄악, 사랑, 회개 등의 현상들이 물음 제기를 주도하게 되면 언제나 일어났다. 아우구스티누스의 성서주석학적 저술과 서한들에서 다양하게 논의되는 경건한 두려움과 노예적 두려움(timor castus et servilis)에 대한 그의 이론을 참조. 두려움 일반에 관해서는 Augustinus, *De diversis quaestionibus octoginta tribus*(『83개의 다양한 물음에 대하여』), qu. 33 : de metu(제33물음 : 두려움에 대하여), qu. 34 : utrum non aliud amandum sit, quam metu carere(제34물음 : 두려움을 품지 않는 것이 아닌 다르게 사랑받을 수 있는가), qu. 35 : quid amandum sit(제35물음 : 무엇이 사랑받는 것인가), Migne P. L. 판, 교부전집 제7권, 23쪽 이하 참조.

루터는 두려움의 문제를 참회와 회개에 관한 해석의 전승적 연관 이외에 그의 『창세기 주석』에서도 다루었다. 물론 여기에서는 개념적인 것하고는 거리가 멀지만, 교화적으로는 그만큼 더 감동적이다. M. Luther, *Enarrationes in genesin*(『창세기 주석』) cap. 3, WW. Erlangae 판, *Exegetica opera latina*(『라틴어 성서주석집』), 제1권, 177쪽 이하 참조.

안 현상이 현사실적으로 드물다고 해서 그것이 불안 현상으로부터 실존론적 분석론을 위해서 원칙적인 방법적 기능을 떠맡을 자격을 빼앗아버리는 이유는 될 수 없다. 오히려 그 반대로, 현상의 드묾은, 현존재 자신이 대개는 "그들"의 공공적인 해석되어 있음에 의해서 자신의 본래성에서 은폐된 채 남아 있기 때문에, 현존재가 그런 근본적 처해 있음[불안]에서 근원적인 의미로 열어밝혀질 수 있게 된다는 데에 대한 지표인 셈이다.

분명 각각의 처해 있음의 본질에는, 각기 그때마다 전체의 완전한 세계-안에-있음을 그 모든 자신의 구성적 계기들(세계, 안에-있음, 자기 자신)에 따라 열어밝혀준다는 것이 속한다. 그러나 오직 불안에만 있는 하나의 탁월한 열어밝힘의 가능성이 있는데, 그것은 불안이 개별화시키기 때문이다. 이러한 개별화는 현존재를 그의 빠져 있음에서 끌어내와 그에게 본래성과 비본래성을 그의 존재의 가능성으로 드러낸다. 그때마다 각기 나의* 현존재인 이 현존재의 이러한 두 근본 가능성은, 불안 속에서 현존재가 우선 대개 매달려 있는 세계내부적인 존재자에 의해서 왜곡됨이 없이, 가능성 그대로 드러난다.

불안에 대한 이러한 실존론적 해석으로써, 현존재의 구조전체를 이루는 전체성의 존재에 대한 주도적 물음에 대답하기 위한 현상적 토대가 어느 정도 획득되었는가?

제41절 현존재의 존재는 염려

구조전체의 전체성을 존재론적으로 파악하려는 의도에서 우리는 우선 이렇

키르케고르(Søren Aabye Kierkegaard)는 불안현상의 분석을 가장 깊게 파고든 사람이지만 그 역시 다시금 원죄 문제를 "심리학적으로" 개진하는 신학적인 연관 안에서 다룬다. S. Kierkegaard, Der Begriff der Angst(『불안이라는 개념』), 1844, Diederichs 판 선집, 제5권 참조.
* 이기주의적이 아니라, 떠맡아야 할 것으로 내던져져 있음[을 말한다].

게 물음을 던져야 한다. 불안의 현상과 불안에서 열어밝혀진 것이 과연 현존재의 전체를 현상적으로 똑같이 근원적으로 제공하기 때문에, 전체성을 추구하는 시선이 그러한 주어져 있음에서 충족될 수 있는가? 불안 속에 놓여 있는 것의 전체요소들을 형식적으로 열거하여 기록하면 다음과 같다. 불안해함은 처해 있음으로서 세계-안에-있음의 한 방식이다. 불안의 '그것 앞에서[대상]'는 내던져진 세계-안에-있음이다. 불안의 '그 때문에[이유]'는 세계-안에-있을-가능이다. 따라서 불안의 전체 완전한 현상은 현존재를 현사실적으로 실존하고 있는 세계-안에-있음으로서 내보여준다. 이러한 존재자의 기초적 존재론적 성격은 실존성, 현사실성 그리고 빠져 있음이다. 이러한 실존론적 규정들은 하나의 복합적 합성체에 속하는 부분요소들로서 때로는 하나가 결여될 수 있는 그런 것이 아니다. 오히려 그것들 안에는 추구되는 구조전체의 전체성을 이루는 하나의 근원적인 연관이 살아 움직인다. 언급한 현존재의 존재규정들의 단일성 안에서 현존재의 존재 그 자체가 존재론적으로 파악될 수 있을 것이다. 이 단일성 자체는 어떻게 특징지을 수 있는가?

현존재는 그의 존재에서 바로 이 존재 자체가 문제가 되는 존재자이다. "……이 문제가 된다"는 이것은, 가장 고유한 존재가능으로 자신을 기획투사하며 존재하는 이해의 존재구성틀 안에서 분명해졌다. 이 가장 고유한 존재가능이, 그 때문에 현존재가 각기 그때마다 그가 존재하듯이 그렇게 존재하는 바로 그 이유이다. 현존재는 그의 존재에서 각기 그때마다 이미 자신을 자기 자신의 한 가능성과 결부시켰다. 가장 고유한 존재가능에 대해서 자유로운 존재 그리고 그로써 본래성과 비본래성에 대해서 자유로운 존재라는 것이 불안 속에서의 한 근원적이고 기본적인 구체화 속에서 드러난다. 그런데 가장 고유한 존재가능을 향한 존재란 존재론적으로, 현존재가 그의 존재에서 그때마다 이미 자기 자신을 앞질러 있음을 말한다. 현존재는 언제나 이미 "자기 자신을 넘어서" 있다. 현존재가 아닌 다른 존재자에 대한 관계 맺음으로서 그런 것이 아니고, 현존재 자신인 그 존재가능에 대한 존재로서 그런 것이다. 이러한 본질적인 '······이 문제가 되고 있다'는 존재구조를 우리는 현존재의 **자기를-앞질러-있음**이라 파악한다.

그러나 이 구조는 현존재구성틀 전체에 해당된다. 자기를-앞질러-있음은 어떤 무세계적 "주체" 속에 있는 일종의 고립된 경향과 같은 어떤 것을 의미하지 않는다. 오히려 그것은 세계-안에-있음을 성격규정한다. 그런데 이 세계-안에-있음에는, 그 세계-안에-있음이 그 자신에게 내맡겨져 있으며 각기 그때마다 이미 하나의 세계 안에 내던져져 있다는 것이 속한다. 현존재의 이러한 그 자신에게 내맡겨져 있음은 불안에서 근원적으로 구체적으로 드러난다. 자기를-앞질러-있음은 좀더 완전하게 파악하면, **자기를-앞질러-이미-하나의-세계-안에-있음**을 말한다. 이러한 본질적으로 단일적인 구조가 현상적으로 고찰되는 즉시, 앞에서 세계성을 분석할 때 끄집어낸 것이 또한 분명해진다. 거기에서 얻은 것은 이것이었다. 세계성을 구성하는 것으로서의 유의미성의 지시전체는 하나의 '그 때문에'에 "고정되어 있다". 지시전체, 즉 다양한 "위하여"의 연관들이, 현존재에게 문제가 되는 '그 때문에'와 얽혀 있음은, 하나의 주체를 눈앞에 있는 대상들의 "세계"에다 용접하는 것을 의미하지 않는다. 오히려 그것은, 현존재의 전체성이 이제 명시적으로 자기를-앞질러-이미-하나의-세계-안에-있음으로서 부각된, 그런 현존재의 근원적인 전체 구성틀을 기술하는 현상적 표현이다. 다르게 말해, 실존함은 언제나 현사실적으로 실존함이다. 실존성은 본질적으로 현사실성에 의해서 규정되어 있다.

그리고 다시금 현존재의 현사실적인 실존함은 일반적이고 무차별적으로 내던져진 세계-안에-있을-가능이 아니라, 언제나 이미 배려된 세계 속에 몰입해 있다. 이러한 '······곁에' 빠져 존재함에서, 분명하게든 아니든, 이해되었든 아니든, 섬뜩함 앞에서의 도피가 신고되고 있다. 이때의 섬뜩함은 대개 잠재적인 불안과 함께 은폐된 채 남아 있는데, 그 까닭은 '그들'의 공공성이 모든 친숙하지 않음을 억제하기 때문이다. 자기를-앞질러-이미-하나의-세계-안에-있음 안에는 본질적으로 배려된 세계내부적인 손안의 것 **곁에 빠져 존재함**이 함께 포함되어 있다.

따라서 현존재의 존재론적 구조전체의 형식적 실존론적 전체성은 다음과 같은 구조로 파악되어야 한다. 현존재의 존재는, (세계내부적으로 만나게 되는 존재자) 곁에-있음으로서의 자기를-앞질러-이미-(세계)-안에-있음을 말한다. 이러한 존재는 **염려**라는 명칭의 의미를 충족시킨다. 이 명칭은 이때 순수하게 존재론적-실존론적으로 사용되므로, 걱정이나 걱정 없음 등과 같은 존재적인 의미의 존재경향은 그 의미에서 배제된다.

세계-안에-있음이 본질적으로 염려이기 때문에, 앞의 분석에서 손안의 것 곁에 있음을 **배려**로, 세계내부적으로 만나게 되는 타인들의 공동현존재와 더불어 있음을 **심려**로 파악할 수 있었던 것이다. '……곁에-있음'은 배려인데, 그 까닭은 그것이 안에-있음의 방식으로서 그 안에-있음의 근본구조, 즉 염려에 의해서 규정되기 때문에 그렇다. 염려는 예컨대 현사실성과 빠져 있음으로부터 떼어내, 실존성만을 성격규정하는 것이 아니라, 그러한 존재규정들의 단일성을 포괄한다. 따라서 염려는 또한 일차적으로 그리고 전적으로 자아의 자기 자신에 대한 고립된 행동관계를 의미하는 것이 아니다. 배려와 심려에 유비적으로 "자기염려"라는 표현을 쓴다면, 그것은 동어반복이 될 것이다. 염려는 자기 자신에 대한 어떤 특별한 관계를 의미할 수 없는데, 그 까닭은 이 자기 자신이 존재론적으로 이미 자기를-앞질러-있음에 의해서 성격규정지어지기 때문이다. 그러나 이 규정에는 또한 염려의 다른 두 구조적 계기들, 즉 이미-……안에-있음과 ……곁에-있음이 **함께 정립되어** 있다.

가장 고유한 존재가능을 향한 존재로서의 자기를-앞질러-있음 안에는 본래적 실존적 가능성에 대해서 **자유로운 존재**를 가능하게 하는 실존론적-존재론적 가능조건이 놓여 있다. 존재가능이란, 현존재가 그 때문에 각기 그때마다 그가 현사실적으로 있듯이 존재하는 그 이유이다. 그러나 이러한 존재가능을 향한 존재 자체가 자유에 의해서 규정되는 한에서, 현존재는 자신의 가능성에 대해서 **비자발적으로** 관계할 수 있으며, 비본래적으로 존재할 수 있으며, 현사실적으로 우선 대개 그러한 방식으로 존재한다. 본래적인 '그 때문에'가 장악되지 않은 채로 있으며, 자기 자신의 존재가능의 기획투사가 '그들'의 처분에 맡겨져 있다. 따라서 자기를-앞질러-있음에서의 "자기"는 그때마다 '그들-자신'의 의미에서의 자기를 말한다. 비본래성에서도 현존재는 본질적으로 자기를-앞지른 채로 있으며, 마찬가지로 현존재가 빠져 있으면서 자기 자신 앞에서 도망하는 것도 여전히, 이 현존재라는 존재자에게는 **그의 존재가 문제가 된다는** 바로 그 존재구성틀을 드러낸다.

염려는 근원적인 구조전체성으로서 실존론적-선험적으로 현존재의 그 모든 "관계"와 "처지"에 "앞서", 다시 말해 언제나 이미 현사실적인 "관계"와 "처지" 안에 놓여 있다. 따라서 이 현상은 결코 이론적 관계에 대한 "실천적" 관계의 우위를 표현하는 것이 아니다. 눈앞의 것을 직관하며 규정함이 "정치적 활동"이나 휴식 속의 태평스러움보다 염려의 성격을 덜 가지는 것이 아니다. "이론"과 "실천"은, 그의 존재가 염려로 규정되어야 하는 존재자의 존재가능들이다.

그러므로 그 본질상 분할될 수 없는 전체성인 염려라는 현상을 의욕이나 소망, 또는 충동이나 성향 따위의 특수한 행위 또는 본능으로 환원하거나 그런 것들로 조립하려는 시도는 실패하기 마련이다.

의욕과 소망은 존재론적으로 필연적으로 염려로서의 현존재에 뿌리를 박고 있으며, 단순히 존재론적으로 무차별적인, 그 존재의미상 전적으로 무규정적인 어떤 "흐름" 속에 출현하는 체험들이 아니다. 이것은 성향과 충동에도 마찬가지로 통용된다. 그것들이 현존재 안에서 도대체 순수하게 제시될 수 있는 한, 그것들도 염려에 근거한다. 그렇다고 해서 성향과 충동이 존재론적으로 그저 "살아 있기"만 하는 존재자도 구성한다는 사실을 배제하지는 않는다. 그렇지만 "살아 있음"이라는 존재론적 근본구성틀은 별도의 문제이며 오직 환원적인 결여의 방법으로만 현존재의 존재론에서 전개시켜나갈 수 있다.

염려는 존재론적으로 언급한 현상들보다 "앞서는데," 이 현상들은 물론 언제나 일정한 한계 안에서 적합하게 "기술될" 수 있다. 이때 전체의 온전한 지평이 드러나거나 대체로 그저 알려져라도 있어야 할 필요는 없다. 우리의 기초존재론적 탐구는 현존재에 대한 주제적으로 완전한 존재론을 추구하는 것도 더욱이 구체적인 인간학을 추구하는 것도 아니기 때문에, 우리의 이러한 탐구를 위해서는, 어떻게 이러한 현상들이 실존론적으로 염려에 근거하는지를 지적하는 것으로 충분할 것이다.

현존재가 '그 때문에' 존재하는 그 존재가능 자체가 또한 세계-안에-있음의 존재양식을 가진다. 따라서 그 존재가능에는 존재론적으로 세계내부적인 존재자에 대한 관련도 놓여 있다. 염려는 언제나, 비록 단지 결여적이기는 해도, 배려이며 심려이다. 의욕에서 어떤 이해된 존재자가, 다시 말해서 그의 가능성으로 기획투사된 존재자가 배려해야 할 존재자 또는 심려에 의해서 그의 존재로 데려와야 할 존재자로서 장악된다. 그러기 때문에 의욕에는 각기 그때마다 어떤 '그 때문에'에서부터 이미 규정된 어떤 의욕된 것이 속한다. 의욕의 존재론적 가능성을 위해서는 다음과 같은 것이 구성적으로 필요하다. 즉 '그 때문에' 일반이 선행적으로 열어밝혀져 있음(자기를-앞질러-있음), 배려될 것이 열어밝혀져 있음(이미-그 안에-있음으로서의 세계) 그리고 "의욕된" 존재자의 가능성을 향한 존재가능으로 현존재가 이해하며 자신을 기획투사함이 그것이다. 의욕의 현상에서는 이와 같이 그 밑바탕에 놓인 염려의 전체성이 일관되게 보인다.

현존재의 이해하며 자기를 기획투사함은 현사실적인 기획투사로서로서 각기 그때마다 이미 하나의 발견된 세계 곁에 있다. 현존재는 이 세계에서부터—그리고 우선은 '그들'의 해석되어 있음에 따라서—자신의 가능성들을 취한다. 이러한 '그들'의 해석은 애초부터 자유로운 선택의 가능성을 제한해서, 알고 있는 것, 성취할 수 있는 것, 감당할 수 있는 것의 범위, 즉 자기에게 어울리는 적당한 것의 범위로 한정한다. 이렇게 현존재의 가능성을 일상적으로 우선 손에 넣을 수 있는 것으로 평준화시키는 것은 동시에 가능적인 것 그 자체를 보지 못하게 만든다. 배려의 평균적인 일상성은 가능성을 보지 못하고 그저 "현실적인 것"에만 안주한다. 이러한 안주가 배려의 분망한 부산스러움을 배제하는 것이 아니라, 오히려 부채질한다. 그럴 경우 적극적으로 새로운 가능성들을 원하는 것이 아니라, 손에 넣을 수 있는 것이 "전략적으로", 어떤 것이 일어나는 듯한 착각을 불러일으키는 방식으로 바뀌게 된다.

그러나 '그들'의 지도 아래에서의 이러한 안정된 "의욕"이 존재가능을 향한 존재를 해소시키는 것을 의미하는 것이 아니라, 단지 하나의 변양을 의미한다. 이럴 경우 가능성을 향한 존재는 대개 한갓 **소망**으로 나타난다. 소망 속에서 현존재는 자신의 존재를 가능성으로 기획투사하는데, 이때 이 가능성이라는 것이 배려 속에서 장악되지 않은 채로 남아 있을 뿐 아니라 그 성취는 한번도 고려되거나 기대되지 않는다. 그 반대로, 한갓 소망의 양태에서의 자기를-앞질러-있음이 우세하면, 당연히 현사실적 가능성을 이해 못하게 된다. 세계-안에-있음의 세계가 일차적으로 소망의 세계로 기획투사되면 그 세계-안에-있음은 자신을 여지없이 손안에 넣을 수 있는 것에 잃어버리고 말지만, 그럼에도 유일하게 손안에 있는 것으로서의 그 손안에 넣을 수 있는 것이 소망된 것의 빛 속에서는 결코 충분하지 못하다. 소망은 이해하며 자기를 기획투사함의 실존론적 변양인데, 그런 변양의 기획투사는 내던져져 있음에 빠져 있으면서 순전히 가능성에만 **골몰**한다. 그러한 골몰함은 가능성을 **폐쇄**한다. 소망하는 골몰함 속에서 "거기에" 있는 그것이 "현실적인 세계"가 된다. 소망은 존재론적으로 염려를 전제한다.

골몰함 속에서는 '⋯⋯곁에'-이미-있음이 우위를 점한다. 거기에 상응해서 자기를-앞질러-이미-⋯⋯안에-있음도 변양된다. 빠져 있는 골몰함은, 현존재가 각기 그때마다 그 안에 있는 그 세계에 의해서 "살게" 되기를 바라는 현존재의 **성향**을 드러낸다. 성향은 '⋯⋯에 나가 있음'의 성격을 보인다. 자기를-앞질러-있음은 "그저-언제나-이미-⋯⋯곁에-있음"에 자기를 잃어버렸다. 성향의 "⋯⋯으로 쏠림"은, 성향이 골몰해 있는 그것에 의해서 자신이 끌리도록 버려둠이다. 현존재가 말하자면 하나의 성향 속에 가라앉아 있을 때, 단순히 하나의 성향이 눈앞에 있는 것이 아니라, 염려의 온전한 전체 구조가 변양되는 것이다. 맹목적이게 되어 현존재는 모든 가능성을 성향을 위해서 써버린다.

이에 반해 "살려는" **충동**은 "⋯⋯으로 쏠림"이며, 이것은 그 자체로부터 추진력을 함께 가져온다. 그것은 "기어이 ⋯⋯으로 쏠림"이다. 충동은 다른 가능성들은 억압하려고 한다. 여기에서도 자기를-앞질러-있음은, 충동에 사로잡혀 있음이 충동하는 것 자체에서부터 온다고 해도, 비본래적이다. 충동은 그때마다의 처해 있음과 이해를 뛰어넘을 수 있다. 그러나 이때 현존재는 결코 "한갓 충동", 즉 거기에 때때로 자제함과 이끎과 같은 다른 태도들이 부여되기도 하는 "한갓 충동"이 아니다. 그것은 오히려 온전한 세계-안에-있음의 변양으로서 언제나 이미 염려이다.

비록 염려가 현존재의 충동에 사로잡혀 있음을 그 자신에서부터 비로소 존재론적으로 가능하게 만들고는 있다고 해도, 염려는 순수한 충동 속에서는 아직 자유로워지지 못했다. 반대로 성향 안에서는 염려는 언제나 이미 구속되어 있다. 성향과 충동은 현존재의 내던져져 있음에 뿌리를 내리고 있는 가능성들이다. "살려는" 충동은 없앨 수 없으며, 세계에 의해서 "살게" 되기를 바라는 성향은 근절시킬 수 없다. 그러나 그 둘은—그것들이 존재론적으로 염려에 근거하기 때문에, 그리고 오직 그 때문에만—본래적인 염려로서의 이 염려를 존재적 실존적으로 변양시킬 수 있는 것이다.

"염려"라는 표현은 하나의 실존론적-존재론적 근본현상을 의미하지만,

이 현상은 그 구조에서 단순하지가 않다. 염려 구조의 존재론적으로 기본적인 전체성은 어떤 하나의 존재적인 "원초요소"에로 환원될 수 없으며, 마찬가지로 존재가 존재자에서부터 "설명될" 수는 없다. 종국에 가서는 존재 일반의 이념이 현존재의 존재만큼이나 "단순하지" 않다는 것이 드러나게 될 것이다. 염려를 '……곁에'-있음으로서의 자기를-앞질러-이미-……안에-있음이라고 규정한 것은, 이 현상도 그 자체 또한 구조적으로 **분류되어 있음**을 분명하게 드러내기 위해서이다. 그러나 그것은 염려의 구조다양성의 단일성과 전체성을 존재론적으로 떠받치고 있는 **한층 더 근원적인 현상**을 산출할 때까지 존재론적인 물음을 계속 더 앞으로 밀고 나가야 할 필요성에 대한 현상적 표식이 아닌가? 우리의 탐구가 이 물음을 뒤좇아가기에 앞서, 존재 일반의 의미에 대한 기초존재론적인 물음을 염두에 두고, 지금까지 해석된 것을 되돌아보면서 명확하게 우리 것으로 만드는 일이 필요하다. 그러나 그에 앞서 제시해야 할 것은, 존재론적으로 "새로운" 이 해석도 존재적으로는 매우 오래된 것이라는 점이다. 현존재의 존재를 염려로서 설명하는 것은 이 존재를 어떤 고안한 이념 아래로 강제로 쑤셔넣는 것이 아니라, 존재적-실존적으로 이미 열어밝혀져 있는 것을 실존론적으로 개념으로 우리에게 끌고 오는 것이다.

제42절 현존재를 염려로 보는 실존론적 해석을 현존재의 존재론 이전의 자기해석에서부터 확증함

드디어는 염려를 현존재의 존재로서 산출하기까지 이르도록 한 우리의 앞에서의 해석들에서 관건이 되었던 것은, 우리 자신이 각기 그것이며 우리가 "인간"이라고 칭하는 존재자를 위한 적합한 **존재론적인 기초**를 획득하는 것이었다. 그러기 위해서 분석은 처음부터 전수된, 그러나 존재론적으로는 설명되지 않은, 원칙적으로는 매우 의심스러운 그런 단초로 향한 방향에서부터 빠져나오지 않으면 안 되었다. 바로 이 단초에 인간에 대한 전통적인 정의가 앞서 주어져 있는 것이다. 이 정의에 비춰보면, 실존론적-존재론적 해석은 생소할 수밖에 없는데, 특히나 "염려"가 순전히 존재적으로 "걱정"과 "근심"으로 이해되는 데에야 말할 것도 없다. 그러기 때문에 이제, 그 증명력이 비록 "역사적인 것에 불과하지만", 존재론 이전의 증거 하나를 끌어들이지 않을 수 없다.

그렇지만 우리는 이 점을 유념하자. 바로 이 증거 속에서 현존재는 자기 자신에 대해서 "근원적으로" 말하고 있지, 이론적 해석에 의해서 규정되어 말하지도, 그런 것을 의도하지도 않는다는 점이다. 그 밖에도 우리는 다음에 유의하자. 즉, 현존재의 존재는 역사성에 의해서 성격규정지어지지만, 이것은 이제 비로소 존재론적으로 증명되어야 한다는 점이다. 만일 현존재가 그의 존재의 근거에서 "역사적"이라면, 그의 역사에서 나와 그 속으로 되돌아가며 더 나아가 모든 학문에 앞서 놓인 어떤 발언은 특별한 중요성—물론 결코 순수 존재론적인 중요성은 아니지만—을 띨 것이다. 현존재 자신 안에 놓여 있는 존재이해가 존재론 이전의 방식으로 자신을 밖으로 말하는 것이다. 다음에 인용되는 증거가 분명하게 만들어야 할 것은, 실존론적 해석이 고안한 것이 아니라 존재론적 "구성"으로서 나름의 지반을 가지며, 또한 이 지반과 더불어 나름의 기본적인 밑그림을 가진다는 점이다.

현존재가 자신을 "염려"로서 해석하고 있는 다음과 같은 이야기가 옛 우화 속에 기록되어 있다.[5]

---

5) 지은이는 부르다흐(Konrad Burdach)의 논문 「파우스트와 염려」를 읽으면서, 현존재를 염려로 실존론적-존재론적으로 해석하기 위한 존재론 이전의 증거에 부딪혔다. K. Burdach, "Faust und die Sorge"(「파우스트와 염려」), *Deutsche Vierteljahrsschrift für Literaturwissenschaft und Geistesgeschichte*(「문학과 정신사를 위한 독일 계간지」), 제1권(1923년), 1쪽 이하. 부르다흐는, 히기누스(Gaius Julius Hyginus)의 우화 220번으로 전해져 오는 쿠라 우화를 괴테가 헤르더(Johann Gottfried Herder)로부터 전수받아서 『파우스트』 제2부를 위해 개작했음을 보여준다. 특히 40쪽 이하 참조. 본문은 뷔헬러(Franz Bücheler)의 『라인 박물관』, 제41권(1886년), 5쪽과 부르다흐의 번역본(앞의 책) 41쪽 이하를 다시 인용한 것이다.

"염려"가 강을 건너갈 때, 그녀는 점토를 발견했다. 생각에 잠긴 그녀는 한 덩어리를 떼어내어 빚기 시작했다. 빚어낸 것을 바라보며 곰곰이 생각하고 있는데, 유피테르가 다가왔다. "염려"는 빚어낸 점토 덩어리에 혼을 불어 넣어달라고 유피테르에게 간청했다. 유피테르는 쾌히 승낙했다. "염려"가 자신이 빚은 형상에 자기 이름을 붙이려고 하자, 유피테르가 이를 금하며 자신의 이름을 주어야 한다고 요구하고 나섰다. 이름을 가지고 "염려"와 유피테르가 다투고 있을 때, 텔루스(대지)도 나서서, 그 형상에는 자기 몸 일부가 제공되었으니, 자기 이름을 붙일 것을 요구했다. 이들 다투던 이들은 사투르누스(시간)를 판관으로 모셨다. 사투르누스는 다음과 같이 얼핏 보기에 정당한 결정을 내려주었다. "그대, 유피테르는 혼을 주었으니 그가 죽을 때 혼을 받고, 그대, 대지는 육체를 선물했으니 육체를 받아 가라. 하지만 '염려'는 이 존재를 처음으로 만들었으니, 이것이 살아 있는 동안, '염려'는 그것을 그대의 것으로 삼을지니라. 그러나 이름 때문에 싸움이 생긴바 그것이 후무스(흙)로 만들어졌으니, '호모(인간)'라고 부를지니라."

이 존재론 이전의 증거가 하나의 특별한 의미를 얻게 되는 것은, 이 증거가 무릇 "염려"를 인간 현존재에 "평생토록" 딸린 것으로 볼 뿐 아니라, 이 "염려"의 우위가 육체(대지)와 정신[영혼]의 합성체라는 잘 알려진 견해와의 연관 속에서 튀어나오고 있다는 점이다. "쿠라가 처음으로 이것을 만들었다." 이 존재자는 그의 존재의 "근원"을 염려에 가지고 있다. "그것이 살아 있는 동안 쿠라가 그것을 소유할지니라." 이 존재자는 그 근원에서부터 방면(放免)되지 않고 오히려 꼭 붙잡혀 있어, 그것이 "세계 안에 있는" 동안은 근원에 의해서 철저히 지배된다. "세계-안에-있음"은 "염려"라는 그 존재에 맞갖은 각인을 가진다. 이 존재자가 인간[호모]이라는 이름을 얻게 되는 것은 그의 존재를 고려해서가 아니라, 오히려 그것이 무엇으로 만들어졌는가(후무스[humus, 흙])와 연관되어서이다. 이 형상의 "근원적인" 존재를 어디에서 보아야 하는가에 대해서 결정권을 쥐는 것은 사투르누스, 즉 "시간"6)이다. 이렇게 우화에서 표현되고 있는 인간에 대한 존재론 이전의 본질규정은 애초부터 이 세계에서의 인간의 시간적인 변화를 철저히 지배하고 있는 그 존재양식을 염두에 두었다.

"쿠라"라는 존재적 개념의 의미의 역사는 더 나아가 현존재의 다른 근본구조들도 통찰하게 만든다. 부르다흐는7) "쿠라"라는 용어의 이중의 의미에 유의하게 만든다. 그에 따르면 이 용어는 "겁먹은 노력"을 뜻할 뿐 아니라 "조심", "헌신"도 의미한다. 그래서 세네카(Lucius Annaeus Seneca)는 그의 마지막 편지(『서한』 124)에서 이렇게 쓰고 있다. "네 가지 실재하는 본질(나무, 동물, 인간, 신) 중에 나중의 둘에게만 이성이 부여되어 있는데, 이 양자는 신은 불사적이고 인간은 죽는다는 점에서 구별된다. 양자 중 일자, 즉 신의 선은 신의 본성을 완성하고, 다른 일자 즉 인간에게서는 **염려(쿠라)**가 그의 본성을 완성한다."

인간의 완성, 즉 인간이 그의 가장 고유한 가능성에 대해서 자유로운 존재에서 (기획투사에서) 존재할 수 있는 그것이 되는 것은 "염려"의 "할 일"이다. 그러나 염려는 똑같이 근원적으로, 이 존재자가 배려된 세계에 내맡겨져 있는 근본양식(내던져져 있음)을 규정한다. "쿠라"의 "이중 의미"는 그 본질상 내던져져 있는 기획투사라는 이중 구조를 가진 **하나의 근본구성틀**을 뜻한다.

실존론적-존재론적 해석은 존재적 해석과 비교할 때 단지 하나의 이론적-존재적 보편화에 불과한 것이 아니다. 그렇다면 이것은 단순히 다음을

---

6) 헤르더의 시 "염려의 아들(Das Kind der Sorge)"(Suphan 판 헤르더 전집 제29권, 75) 참조.
7) 부르다흐, 앞의 책, 49쪽. 스토아 학파에서 이미 메림나(μέριμνα)는 확고한 학술용어였으며 『신약 성서』에 다시 나타나는데, 라틴어 번역본에서는 솔리키투도(sollicitudo)로 등장한다. 지은이가 여기의 현존재에 대한 실존론적 분석론에서 좇고 있는 "염려"에 대한 시선방향은, 아리스토텔레스의 존재론에서 달성된 원칙적인 기초들을 고려해서 아우구스티누스적—다시 말해 그리스적-그리스도교적—인간학을 해석하려는 시도와 연관해서 얻은 것이다.

말할 뿐이다. 즉, 인간의 모든 태도는 존재적으로 "근심으로 가득 차" 있고 어떤 것에 대한 "헌신"에 의해서 이끌려진다. "보편화"는 일종의 **선험적-존재론적** 보편화이다. 그것은 부단히 나타나는 존재적 속성을 의미하는 것이 아니고, 각기 그때그때 이미 밑바탕에 놓여 있는 존재구성틀을 의미한다. 이 존재구성틀이, 이 존재자가 존재적으로 쿠라로서 일컬어지는 것을 비로소 존재론적으로 가능하게 한다. "삶의 근심"과 "헌신"을 가능하게 하는 실존론적 가능조건은 근원적인 의미, 다시 말해 염려라는 존재론적인 의미에서 개념파악되어야 한다.

다른 한편, 염려의 현상과 모든 기초적 실존범주가 지니는 초월론적 "보편성"은, **개개의 모든 존재적-세계관적 현존재해석이**—이 해석이 현존재를 "삶의 근심"이나 고난 또는 그 반대로 이해하든 그렇지 않든 간에—그 위에서 움직이는, 앞서 제공한 넓이를 가진다.

존재적으로 부각되는 실존론적인 구조의 "공허함"과 "보편성"은 나름대로의 **고유한** 존재론적인 규정성과 충일함을 가진다. 그러므로 현존재구성틀의 전체는 그 단일성에서 단순하지 않고, 염려라는 실존론적 개념 속에서 표현되는 구조적 분류형태를 내보인다.

현존재의 존재론적 해석은 이 존재자를 "염려"로 보는 존재론 이전의 자기해석을 염려라는 **실존론적 개념**으로 데려왔다. 그렇지만 현존재의 분석론의 목표는 인간학의 존재론적 정초가 아니라, 기초존재론이다. 이 목표가 사실 지금까지의 고찰의 진행, 현상들의 선택 그리고 분석추진의 한계 등을 암암리에 규정했다. 그러나 존재의 의미에 대한 주도적 물음과 그 정리작업을 고려하여 이제 우리의 탐구는 지금까지 획득한 것을 **분명하게** 확실히 해야 한다. 그러나 이것은 논의된 것을 외적으로 종합한다고 해서 달성될 수 없다. 그보다는 오히려 실존론적 분석론의 시작에 그저 대충 제시할 수밖에 없었던 그것을, 이제까지 얻은 것의 도움을 받아 더 철저한 문제 이해로 첨예화시켜야 한다.

제43절 현존재, 세계성, 실재성

존재의 의미에 대한 물음은 도대체 존재이해와 같은 어떤 것이 있을 때에만 가능하게 된다. 우리가 현존재라고 이름하는 그 존재자의 존재양식에는 존재이해가 속한다. 이 존재자에 대한 설명이 더 적합하고 더 근원적으로 성공하면 할수록 그만큼 더 확실하게 기초존재론적 문제를 정리작업하는 앞으로의 진행이 목표에 이르게 될 것이다.

현존재에 대한 예비적 실존론적 분석론의 과제를 추구하는 가운데 이해, 의미, 해석에 대한 [존재론적] 해석이 생겨나왔다. 그 외에도 현존재의 열어밝혀져 있음에 대한 분석이 보여준 것은, 이 열어밝혀져 있음과 더불어 현존재가 세계-안에-있음이라는 그의 근본구성틀에 따라 똑같이 근원적으로 세계, 안에-있음 그리고 자기 자신과 관련해서도 밝혀져 있다는 점이다. 그 밖에도 세계의 현사실적인 열어밝혀져 있음 안에서 세계내부적인 존재자가 함께 발견되어 있다. 바로 여기에 다음과 같은 사실이 놓여 있는 것이다. 즉, [현존재라는] 이 존재자의 존재는, 비록 존재론적으로 적합하게 개념파악되지는 않지만, 일정한 방식으로 언제나 이미 이해되고 있다. 존재론 이전의 존재이해가 분명 현존재 안에서 본질적으로 열어밝혀져 있는 모든 존재자를 포괄하기는 하지만, 그러나 존재이해 자체는 아직 다양한 존재양태들에 상응해서 분류파악되지는 않았다.

이해에 대한 해석이 또한 동시에 보여준 것은, 이해가 우선 대개 이미 빠져 있음의 존재양식에 따라 "세계"의 이해 속으로 잘못 놓여 있다는 점이다. 존재적 경험만이 아니라 존재론적 이해가 문제가 되는 곳에서도 존재해석은 우선 자신의 방향을 세계내부적인 존재자의 존재에서* 취한다. 이때 가장 가까운 손안의 것 일반의 존재를 건너뛰게 되고 존재자가 우선

---

* 여기에서 다음의 구별에 유의해야 한다. φύσις, ἰδέα, οὐσία, 실체, 사물, 객관성, 눈앞에 있음.

눈앞의 사물연관(사물, res)으로 개념파악되게 된다. 존재는 **실재성**(Realität)의 의미를 얻게 된다.[8] 존재의 근본규정성이 실체성이 된다. 이렇게 존재이해가 잘못 놓임에 따라 현존재에 대한 존재론적 이해도 이러한 존재개념의 지평 안으로 들어서게 된다. 현존재도 다른 존재자처럼 실제로 눈앞에 있다. 이렇게 존재 일반이 **실재성***의 의미를 얻게 된다. 따라서 실재성이라는 개념은 존재론적 문제틀 안에서 독특한 우위를 점한다. 이 우위가 현존재에 대한 진정한 실존론적 분석론에 이르는 길을 가로막으며, 심지어는 세계내부적으로 가까운 손안의 것의 존재로 향한 시선까지도 이미 가로막는다. 그 우위는 마침내 존재문제틀 자체를 잘못된 방향으로 밀어붙인다. 다른 여타의 존재양태들은 실재성을 염두에 두고 부정적으로 결여적으로 규정되고 만다.

그렇기 때문에 현존재의 분석론뿐만 아니라 존재 일반의 의미에 대한 물음의 정리작업도 실재성이라는 의미의 존재에 잡은 예전의 방향설정에서부터 벗어나야 한다. 이를 위해서는 다음과 같은 것이 증명될 필요가 있다. 즉 실재성은 여러 다른 존재양식 중의 하나일 뿐 아니라, 그것은 또한 존재론적으로 현존재, 세계 그리고 손안에 있음과 어떤 특정한 기초 지음의 연관 속에 서 있다. 이러한 증명은 **실재성의 문제** 및 그 조건과 한계에 대한 원칙적인 논의를 요구한다.

"실재성의 문제"라는 명칭 아래에는 상이한 물음들이 뒤섞여 있다. 1. 이른바 "의식초월적" 존재자라는 것이 과연 **존재하는가**? 2. 이러한 "외부세계"의 실재성이 충분히 **증명될** 수 있는가? 3. 이러한 존재자가 실재한다면, 어느 정도까지 그 존재자가 그것의 자체-존재에서 인식될 수 있는가? 4. 이 존재자의 의미, 즉 실재성이란 도대체 무엇을 의미하는가? 실재성의 문제에

---

8) 이 책의 138쪽 이하와 153쪽 참조.
* '현실성'으로서의 '실재성'과 '사태성'으로서의 사물성(realitas), 칸트의 '객관적 실재성'은 그 중간이다.

대한 다음의 논의에서는 기초존재론적 물음을 염두에 두고 다음과 같은 세 가지를 다룬다. ㄱ) "외부세계"의 존재 및 그것의 증명 가능성의 문제로서의 실재성, ㄴ) 존재론적 문제로서의 실재성, ㄷ) 실재성과 염려가 그것이다.

ㄱ) "외부세계"의 존재 및 그것의 증명 가능성의 문제로서의 실재성

실재성에 대해 열거된 물음들의 서열로 볼 때, 실재성이 도대체 무엇을 의미하는가 하는 존재론적 물음이 첫째이다. 그렇지만 순수 존재론적인 문제틀과 방법론이 결여되어 있는 한, 이 물음이 도대체 명시적으로 제기되었을 경우, 이 물음은 "외부세계문제"에 대한 논의와 얽히지 않을 수 없었을 것이다. 왜냐하면 실재성에 대한 분석은 오직 실재적인 것에 이르는 적합한 통로를 근거로 해서만 가능하기 때문이다. 그런데 실재적인 것의 파악양식으로서는 예로부터 직관하는 인식이 통용되어왔다. 이 직관하는 인식은 영혼, 즉 의식의 행동관계로서 "존재한다". 실재성에 '자체-존재'와 독립성이라는 성격이 속하는 한, 실재성의 의미에 대한 물음에는, 과연 실재적인 것이 "의식으로부터" 독립할 수 있는가, 또는 의식이 과연 실재적인 것의 "영역"으로 초월할 수 있는가 하는 물음이 연결되어 있다. 실재성에 대해서 충분히 존재론적으로 분석할 수 있는 가능성은 **그것으로부터** [의식이] 독립해야 하는 그것, 또는 초월되어야 할 **그것**[즉 실재적인 것] 자체가 그것의 **존재**와 관련하여 어느 정도 해명되는가 하는 데에 달려 있다. 그래야만 또한 초월함의 존재양식도 존재론적으로 파악될 수 있을 것이다. 그리고 마지막으로 실재적인 것에 이르는 일차적인 접근양식이, 과연 도대체 인식이 이 기능을 떠맡을 수 있는가 하는 물음을 결정한다는 의미로 확보해야 한다.

실재성에 대한 가능한 존재론적인 물음에 앞서 놓여 있는 이러한 탐구들은 앞의 실존론적 분석론에서 수행되었다. 그것에 따르면 인식이란 실재적인 것에 이르는 통로의 한 기초 지어진 양태이다. 이 실재적인 것은 본질상 오직 세계내부적인 존재자로서만 접근이 가능할 뿐이다. 그러한 존재자에 이르는 모든 통로는 존재론적으로 현존재의 근본구성틀, 즉 세계-안에-있음에 기초를 둔다. 이 세계-안에-있음은 염려라는 더 근원적인 존재구성틀을 (즉 자기를-앞질러, 세계내부적인 존재자 곁에 있음으로서, 이미 하나의 세계 안에 있음을) 가지고 있다.

과연 도대체 세계라는 것이 있으며 그것의 존재가 증명될 수 있는가 하는 물음은, 현존재가 세계-안에-있음으로서 제기한 물음—달리 누가 이 물음을 제기할 수 있는가?—으로서는 아무 의미가 없다. 게다가 이 물음은 이중 의미에 붙잡혀 있다. 안에-있음의 '그 안'으로서의 세계와 세계내부적인 존재자로서의 "세계", 즉 배려하며 몰입함의 '그 곁에'가 함께 뒤섞여 있거나 전혀 구별되지 않고 있다. 그러나 세계는 현존재의 **존재**와 더불어 본질적으로 열어밝혀져 있다. "세계"는 세계의 열어밝혀져 있음과 더불어 각기 그때그때 이미 또한 발견되어 있다. 물론 실재적인 것, 그저 눈앞에 있는 것이라는 의미의 세계내부적인 존재자는 은폐된 채로 남아 있을 수 있다. 그렇지만 실재적인 것도 오직 이미 열어밝혀진 세계를 근거로 해서만 발견될 수 있을 뿐이다. 그리고 오직 그것을 근거로 해서만 실재적인 것이 또한 **은폐**된 채로 남아 있을 수 있는 것이다. 사람들은 **세계현상** 그 자체를 앞서 해명하지도 않고 "외부세계"의 "실재성"에 대한 물음을 제기한다. "외부세계문제"는 현사실적으로 부단히 세계내부적인 존재자에 (사물들과 객체들에) 방향을 잡고 있다. 이렇듯 이 논의는 존재론적으로 거의 풀어낼 길 없는 문제틀 속으로 휩쓸려간다.

이런 식의 물음의 뒤엉켜 있음이, 즉 증명을 요구하는 것을 증명된 것과, 그리고 증명수행의 수단과 혼동하고 있음이 **칸트**의 "관념론 논박"에서 일어나고 있다.[9] **칸트**는 "우리 밖에 있는 사물의 현존재"에 대한 설득력 있는

---

9) I. Kant, *Kritik der reinen Vernunft*(『순수이성비판』), 제2판(B판), 274쪽 이하. 그 외에도 제2판의 머리말에 있는 개정 보완된 부분, XXXIX의 각주. 또한 "순수이성의 오류추론", 같은 책, 399쪽 이하, 특히 412쪽 참조.

모든 회의를 불식시킬 증명이 아직도 없다는 사실을 "철학 및 일반 인간이성의 스캔들"10)이라고 명명한다. **칸트** 자신 그런 증명의 하나를, 그것도 다음과 같은 "정리"의 근거제시로서 내놓고 있다. "자기 자신의 현존[재]에 관한 단순하지만 경험적으로 규정된 의식이, 나의 밖의 공간 안에 있는 대상들의 현존[재]을 증명한다."11)

우선 분명히 유의해야 할 것은, **칸트**가 "현존[재]"이라는 용어를, 우리의 여기 연구에서는 "눈앞에 있음"이라 불리는 그 존재양식을 지칭하는 데에 사용하고 있다는 점이다. "나의 현존재에 대한 의식"이란 **칸트**에게는, **데카르트**의 의미에서 '나의 눈앞의 있음에 대한 의식'을 말한다. "현존[재]"이라는 용어는 의식의 눈앞에 있음뿐 아니라 사물들의 눈앞에 있음까지도 의미한다. "나의 밖에 있는 사물의 현존재"에 대한 증명은, 시간의 본질에는 똑같이 근원적으로 변화와 지속이 속한다는 사실에 의존한다. 나의 눈앞에 있음, 다시 말해 내감(內感)에 주어져 있는 표상들의 다양한 눈앞에 있음은 눈앞에 있는 변화이다. 그러나 시간의 규정성은 지속적으로 눈앞에 있는 어떤 것을 전제한다. 그런데 이 지속적으로 눈앞에 있는 것이 "우리 안에" 있을 수 없는데, "그 까닭은 시간 안에 있는 나의 현존[재]까지도 이 지속적인 것에 의해서 비로소 처음으로 규정될 수 있기 때문이다."12) 따라서 "나의 안에" 있는 경험적으로 정립된 눈앞의 변화와 더불어 "나의 밖에" 있는 눈앞에 있는 지속적인 것이 함께 정립된다. 이 지속적인 것이 "나의 안에" 있는 변화의 눈앞에 있음을 가능하게 하는 조건이다. 표상들의 시간-안에-있음에 대한 경험이 "나의 안에서" 근원적으로 변하고 있는 것과 "나의 밖에" 지속하고 있는 것을 똑같이 근원적으로 정립한다.

물론 이 증명은 인과적 추론이 아니며, 따라서 그 추론의 견지 불가능성

---

10) 같은 책, 머리말의 각주.
11) 같은 책, 275쪽.
12) 같은 책, 274-275쪽.

에 얽매이지는 않는다. 칸트는 말하자면 시간적인 존재자의 이념에서부터 일종의 "존재론적 증명"을 제시하는 셈이다. 우선은 칸트가 고립되어 있는 한 주체라는 데카르트의 단초를 포기한 것처럼 보인다. 그러나 그것은 그렇게 보일 뿐이다. 칸트가 도대체 "나의 밖에 있는 사물들의 현존재"에 대한 증명을 요구하고 있다는 사실이 이미, 그가 문제틀의 발판을 주관에, 즉 "나의 안에" 두고 있음을 보여주는 것이다. 그래서 증명 자체도 "나의 안에" 경험적으로 주어진 변화에서 출발해서 수행된다. 왜냐하면 증명을 지탱하는 "시간"이 오직 "나의 안에서"만 경험되기 때문이다. 이 시간이 증명하며 "나의 밖"으로 뛰어나가기 위한 바탕을 제공한다. 그뿐 아니라 칸트는 이렇게 강조한다. "문제의 [관념론은]……우리의 밖에 있는 현존재를 직접적 경험을 통해서는 증명할 수 없는 무능력만을 제시하기 때문에, 그것은 이성적이고 근본적인 철학적인 사유양식에도 합당하다. 다시 말해서 충분한 증명이 발견되기 전에는 어떤 결정적인 판단도 허용하지 않는 사유양식 말이다."[13]

그러나 고립된 주체 및 내적 경험의 우위가 포기되었다고 해도, 존재론적으로는 여전히 데카르트의 입장이 견지되고 있을 것이다. 칸트가 증명하고 있는 것은―증명 및 그 토대 일반의 적법성을 일단 인정한다고 치고―변화하는 존재자와 지속하는 존재자가 필연적으로 함께 눈앞에 있어야 한다는 점이다. 그러나 이렇게 두 눈앞에 있는 것이 같은 질서 안에 있다고 해도 그것이 곧 주체와 객체가 함께 눈앞에 있음을 말하는 것은 아니다. 그리고 그것이 증명되었다고 해도, 여전히 존재론적으로 결정적인 것, 즉 "주체", 다시 말해 현존재의 근본구성틀이 세계-안에-있음이라는 것은 은폐된 채로 남을 것이다. 물리적인 것과 심리적인 것이 함께 눈앞에 있다는 것은 존재적으로 그리고 존재론적으로 세계-안에-있음이라는 현상과는 전적으로 다르다.

---

13) 같은 책, 275쪽.

칸트는 "나의 안에"와 "나의 밖에"의 구별과 **연관**을—현사실적으로 볼 때는 정당하게도, 그러나 그의 증명경향의 의미 안에서 볼 때는 부당하게도—전제한다. 변화하는 것과 지속하는 것이 함께 눈앞에 있다는 것을 시간을 실마리로 삼아 끌어냈다고 해도, 그것이 "나의 안에"와 "나의 밖에"의 연관에도 적용된다는 것은 입증되지 않는다. 그러나 이 증명에서 전제되어 있는 "내부"와 "외부"의 구별과 연관의 전체를 보았다면, 이 전제와 함께 전제되어 있는 것도 존재론적으로 개념파악했을 것이고, 그렇다면 "나의 밖에 있는 사물들의 현존[재]"에 대한 증명이 여전히 제시되지 못해 필요하다고 여길 수 있는 가능성도 무너질 것이다.

"철학의 스캔들"은 이러한 증명이 아직까지 제시되지 못하고 있다는 데에 성립하는 것이 아니라, 오히려 **그러한 증명이 거듭거듭 기대되고 시도된다**는 그 사실에 성립한다. 이런 기대, 의도 및 요구는, 그것에서 독립해서 또 그것 "밖에" 하나의 "세계"가 눈앞에 있는 것으로 증명되어야 하는 **그것**[즉, 현존재]을 존재론적으로 불충분하게 정립하는 데에서 생긴다. 증명이 불충분한 것이 아니라, 오히려 증명하고 있으며 증명을 요구하고 있는 존재자의 존재양식이 **덜** 규정되어 있다. 그러므로 두 눈앞의 것이 필연적으로 함께 눈앞에 있음을 증명하면 세계-안에-있음으로서의 현존재에 대해서도 어떤 것이 증명되거나 또는 적어도 증명 가능하다는 착각이 생길 수 있는 것이다. 올바로 이해된 현존재는 그러한 증명에 반대하는데, 그 까닭은 그의 존재에서 현존재가 각기 그때마다, 뒤따라오는 증명이 새삼 현존재에게 증명해줄 필요가 있다고 여기는 그것으로 이미 **존재**하기 때문이다.

만일 사람들이 우리의 밖에 있는 사물들의 눈앞에 있음을 증명할 수 없다고, 그러니까 그런 눈앞에 있음은 "순전히 **믿음**에 근거해서 받아들일 수밖에 없다"[14]고 추론하려고 한다면, 문제의 전도는 극복되지 않을 것이다.

---

14) 같은 책, 머리말의 각주.

근본적으로 그리고 이상적으로는 증명이 제시될 수 있어야 할 것이라는 선입견은 여전히 남아 있을 것이다. "외부세계의 실재성에 대한 믿음"에 국한시킨다고 하더라도, 이 믿음에 분명히 그것의 고유한 "권리"를 되돌려준다면, 그 문제의 부적합한 단초가 시인되는 셈이다. 증명의 요구를 엄격한 길이 아닌 다른 방법으로 충족시키려고 하더라도, 사람들은 원칙적으로 증명의 요구를 함께하고 있는 것이다.[15]

주체는 "외부세계"가 눈앞에 있다는 것을 전제해야 하고 또 무의식적으로 언제나 이미 전제하고 있다는 것을 사람들이 끌어들인다고 해도, 어떤 한 고립된 주체를 구성적으로 정립하는 것이 여전히 일어나고 있다. 그로써 세계-안에-있음이라는 현상이 적중되지 않는다는 것은, 물리적인 것과 심리적인 것이 함께 눈앞에 있음을 증명할 때와 마찬가지이다. 현존재는 그런 식의 전제를 가지고는 언제나 이미 "너무 늦게" 도착하는 셈인데, 그 이유는 현존재가 존재자로서 이 전제를 수행하는 한—그리고 그렇지 않으면 불가능하다—현존재는 **존재자로서** 각기 그때마다 이미 하나의 세계에 존재하기 때문이다. 염려라는 존재양식 안에 있는 존재구성틀의 "선험"은 어떤 현존재적 전제나 행동관계보다 "앞서" 있다.

옳든 그르든 "외부세계"의 실재성을 믿는 것, 충분하든 불충분하든 이 실재성을 **증명하는 것**, 명시적이든 아니든 실재성을 **전제하는 것** 등의 시도들은, 자신의 고유한 지반을 완전히 제대로 꿰뚫어보지도 않고, 우선은 **무세계적인 주체** 또는 자기의 세계를 확신하지 못하는 주체를 전제하는데, 이때의 주체야말로 근본에서 먼저 세계를 확실히 하지 않으면 안 된다. 여기

---

[15] W. Dilthey, "Beiträge zur Lösung der Frage vom Ursprung unseres Glaubens an die Realität der Außenwelt und seinem Recht"(「외부세계의 실재성에 대한 우리의 믿음의 근원과 그 권리에 대한 물음의 해결을 위한 논고」, 1890년), 전집 제5권의 90쪽 이하 참조. 딜타이는 이 논문의 첫머리에서 오해의 여지 없이 이렇게 말한다. "그렇다면 인간을 위해서 어떤 보편타당한 진리가 주어져 있어야 하고, 그래서 데카르트가 처음으로 제시한 방법에 따라서, 사유는 의식의 사실에서 출발하여 외적 현실성에 이르는 길을 놓지 않으면 안 된다." 같은 책, 90쪽.

에서 세계-안에-있음은 처음부터 파악한다, 생각한다, 확신한다, 믿는다 등으로 정립되고 있는데, 그 행동들은 그 자신 언제나 이미 세계-안에-있음의 한 기초 지어진 양상에 불과하다.

과연 외부세계가 [눈앞에] 존재하는가 그리고 그것은 증명될 수 있는가 하는 물음의 의미에서의 "실재성 문제"는 불가능한 문제임이 입증되었다. 그 문제가 그 귀결상 견지될 수 없는 아포리아에 빠지기 때문에 그런 것이 아니라, 이 문제에서 주제가 되고 있는 그 존재자 자체가 말하자면 그러한 물음제기를 거부하기 때문에 그런 것이다. 증명되어야 할 것은, "외부세계"가 과연 [눈앞에] 존재하는지 어떻게 [눈앞에] 존재하는지가 아니다. 왜 세계-안에-있음으로서의 현존재가 "외부세계"를 처음에 "인식이론적으로" 무성(無性) 속에 파묻고, 그런 뒤 새삼 그것을 증명하려는 경향을 가지고 있는지가 제시되어야 한다. 그에 대한 근거[이유]는 현존재의 빠져 있음에 있으며, 그 빠져 있음으로부터 동기를 받아 일차적인 존재이해를 눈앞에 있음으로서의 존재로 잘못 옮겨 놓은 데에 있다. 이와 같이 존재론적으로 방향을 잡은 문제제기가 "비판적"이게 되면, 그 문제제기는 우선 유일하게 확실히 눈앞에 있는 것으로서 어떤 순전한 "내면적인 것"을 발견한다. 세계-안에-있음이라는 근원적인 현상이 부서지고 난 뒤에는 잔존하는 나머지, 즉 고립된 주체를 근거로 삼아 하나의 "세계"를 꿰맞추려는 시도가 관철되는 것이다.

"실재성 문제"의 해결 시도는 실재론과 관념론의 여러 변종(變種)들과 그것들의 매개에 의해서 다양하게 형성되었는데, 우리는 그것들을 우리의 연구에서 상세하게 논의할 수는 없다. 그 모든 시도 속에서 진정한 물음의 핵심을 확실히 발견할 수는 있을 것이나, 견지할 수 있는 문제의 해결을 그때마다 올바른 것을 계산하는 식으로 얻으려고 한다면, 전후가 뒤바뀌는 일일 것이다. 그보다도 필요한 것은, 상이한 인식이론적인 방향이 인식이론적 방향으로서 실패한 것이 아니라, 현존재 일반에 대한 실존론적 분석론을 소홀히 했기 때문에, 현상적으로 확보된 문제틀을 위한 지반조차도 전혀 얻지 못했다는 데에 대한 원칙적인 통찰이다. 이 **지반**은 또한 나중에 추가로 주체개념과 의식개념을 현상학적으로 개선한다고 해서 획득될 수 있는 것도 아니다.* 그렇게 해서는 부적합한 **물음제기**가 이제는 남아 있지 않다는 보증을 얻지 못한다.

세계-안에-있음으로서의 현존재와 더불어 세계내부적인 존재자가 각기 그때마다 이미 열어밝혀져 있다. 이 실존론적-존재론적 발언은, 외부세계는 실재로 [눈앞에] 존재한다는 **실재론**의 논제와 일치하는 듯이 보인다. 실존론적 발언에서 세계내부적인 존재자의 눈앞의 존재가 부정되지 않는 한, 그 발언은 결과에서—말하자면 학설기술상으로는—실재론의 논제와 일치한다. 그러나 실존론적 발언이 어떤 실재론의 논제와도 원칙적으로 구별되는 점은, 실재론이 "세계"의 실재성을 증명이 필요한 것으로, 동시에 또한 증명 가능한 것으로 여긴다는 그 사실이다. 그런데 이 두 가지를 모두 실존론적 발언에서는 부정한다. 그러나 실존론적 발언을 실재론과 완전히 갈라놓는 것은 실재론의 존재론적 몰이해이다. 실재론은 실재적인 것 사이의 실재적인 작용연관을 통해서 실재성을 존재적으로 설명하려고 시도한다.

실재론에 비해 **관념론**은—결과에서는 더 대립적이며** 견지될 수 없지만—자신을 "심리학적" 관념론이라고 오해하지 않는다면, 일종의 원칙적인 우위를 점하는 셈이다. 존재와 실재성은 오직 "의식 안에"만 있을 뿐이라고 관념론이 강조할 때, 거기에서는 존재는 존재자에 의해서는 설명될 수 없다는 데에 대한 이해가 표현되고 있는 것이다. 그러나 이제 여기에서 존재이해가 일어나고 있다는 **사실**†과, 이 존재이해 자체가 존재론적으로 무엇을 말하고 있는지, 그것이 어떻게 가능한지, 그리고 그것이 현존재의 존

---

* 현-존재 안으로 뛰어듦.
** 다시 말해서 실존론적-존재론적 경험과는.

구성틀에 속한다*는 사실 등이 설명되지 않는 한, 관념론은 실재성의 해석을 허공에 세우는 셈이다. 존재가 존재자에 의해 설명될 수 없고, 실재성은 오직 존재이해에서만 가능하다고 해서, 의식의 존재, 즉 사유하는 사물(res cogitans) 자체의 존재에 대해서 묻는 것까지 면제되지는 않는다. 관념론 논제의 귀결 속에는 의식 자체에 대한 존재론적 분석이 회피될 수 없는 선행 과제로서 윤곽 잡혀서 놓여 있다. 오직 존재가 "의식 안에" 있기 때문에만, 다시 말해 현존재 안에서 이해 가능하기 때문에만, 현존재가 또한 독립성, "자체-존재"와 같은 존재성격들을, 도대체 실재성을 이해하고 개념으로 데려올 수 있는 것이다. 오직 그 때문에 "독립적" 존재자가 세계내부적으로 만나게 되는 것으로서 둘러보며 접근 가능해지는 것이다.

관념론이라는 명칭이, 존재는 결코 존재자에 의해서 설명될 수 없고** 개개의 모든 존재자에 대해서 각기 그때마다 이미 "초월론적인 것"이라는 사실에 대한 이해 정도를 말하는 것이라면, 관념론 안에 철학적 문제틀의 유일하게 올바른 가능성이 놓여 있는 셈이다. 그럴 경우 **아리스토텔레스** 역시 **칸트** 못지않는 관념론자이다. 관념론이 모든 존재자를 한 주체 또는 의식으로 환원하는 것을 의미하며, 이때 주체나 의식은 단지 그 존재에서 **규정되지 않은** 채로 있으며 기껏해야 부정적으로 "비사물적인 것"이라 성격 규정되는 것으로만 특징지어진다면, 이 경우 이러한 관념론이란 방법적으로 조잡한 실재론 못지않게 유치하다.

또한 다음과 같은 가능성도 남아 있다. 즉, 개개의 모든 주체는 오직 객체에 대해서만 주체이고, 또 그 역이기도 하다는 논제를 가지고 실재성의 문제틀을 개개의 모든 "입장에 따른" 방향정립 **앞**에 놓는 것이다. 그러나 이러한 형식적 단초에서는, [주체와 객체라는] 상관관계의 개개의 항이 이 상관관계 자체와 마찬가지로 존재론적으로 규정되지 않은 채 남아 있다.

---

* 그렇지만 현존재는 존재 그 자체의 본질에 속한다.
** 존재론적 차이.

그렇지만 근본에서 그 상관관계 전체는 분명 필연적으로 "어쨌든" 존재하는 것으로, 따라서 어떤 특정한 존재의 이념과 관련되어 사유된 것이다. 물론 먼저 세계-안에-있음의 증명과 더불어 실존론적-존재론적 지반이 확보되어 있다면, 언급된 상관관계는 추후에 형식화된, 존재론적으로 무차별적인 관계로 인식될 수 있을 것이다.

실재성의 문제를 단지 "인식이론적으로"만 해결하려는 시도들이 암암리에 전제하는 것들을 검토해본 결과, 그 문제는 존재론적 문제로서 현존재의 실존론적 분석론으로 소급되어야 함이 드러났다.16)

ㄴ) 존재론적 문제로서의 실재성

실재성*이라는 명칭이 세계내부적으로 눈앞에 있는 존재자(사물, res)의 존재를 의미한다면—그리고 그 명칭 아래 이해되고 있는 것은 다른 어떤 것이 아니다—이 경우 그것은 이 존재자의 존재양태의 분석을 위해서 다음을 의미한다. 즉 세계내부적인 존재자는, 세계내부성의 현상이 설명될 때에만 존재론적으로 개념파악될 수 있다. 그런데 이 세계내부성은 세계라는 현상 안에 근거하고, 세계는 또한 그 나름 세계-안에-있음의 본질적인 구조계기로서 현존재의 근본구성틀에 속한다. 그리고 다시금 세계-안에-있음

---

16) 최근 니콜라이 하르트만(Nicolai Hartmann)은 셀러의 선례를 따라 인식은 "존재관계"라는 테제를 자신의 존재론적으로 방향 잡은 인식이론의 밑바탕에 놓았다. N. Hartmann, *Grundzüge einer Metaphysik der Erkenntnis*(『인식의 형이상학의 근본특징』), 증보 제2판, 1925년 참조. 그러나 하르트만과 마찬가지로 셀러도 그들의 현상학적 출발토대의 상이함에도 불구하고 같은 방식으로 다음과 같은 점을 잘못 알고 있다. 즉 "존재론"은 전수된 방향정립으로는 현존재에 대해서 쓸모가 없으며, 인식함 속에 들어 있는 바로 그 "존재관계"(같은 책, 59쪽 이하 참조)가 존재론의 비판적 수정뿐 아니라 원칙적인 검토를 강요한다는 사실 말이다. 존재론적으로 설명되지 않은 존재관계의 정립이 암암리에 미치는 영향의 폭을 과소평가했기 때문에 하르트만은 "비판적 실재론"으로 밀려갔지만, 이 비판적 실재론은 근본에서 그가 개진한 문제들의 수준에는 전혀 낯선 것이다. 존재론에 대한 하르트만의 견해에 대해서는 N. Hartmann, "Wie ist kritische Ontologie überhaupt möglich?"(「비판적 존재론은 도대체 어떻게 가능한가?」), 파울 나토르프(Paul Natorp)의 기념논문집, 1924년, 124쪽 이하 참조.

* 사태성으로서의 실재성이 아님.

은 존재론적으로 현존재의 존재라는 구조전체 속에 묶여 있는데, 염려가 바로 그 구조전체로 성격규정되었다. 이로써 기초와 지평이 특징지어진 셈인데, 그것들에 대한 설명이 비로소 실재성의 분석을 가능하게 할 것이다. 이러한 연관 안에서 또한 비로소 자체-존재의 성격도 존재론적으로 이해될 수 있다. 이러한 문제연관에 방향을 잡고 앞의 분석에서 세계내부적인 존재자의 존재를 해석했던 것이다.[17]

분명 일정한 한계 내에서는 벌써 분명한 실존론적-존재론적 지반 없이도 실재적인 것의 실재성에 대한 현상학적인 성격부여를 할 수 있다. 이것을 딜타이가 앞에서 언급한 논문에서 시도했다. 실재적인 것은 충동과 의지에서 경험된다. 실재성이란 **저항**, 더 정확히 말해서 저항성이다. 저항의 현상을 분석적으로 끄집어낸 것이 언급한 논문의 긍정적인 성과이며 "기술하고 분해하는 심리학"의 이념을 가장 잘 구체적으로 확증했다. 그러나 저항현상에 대한 분석의 올바른 성과는 인식이론적 실재성의 문제로 인해 억제되었다. "현상성의 명제"는 딜타이로 하여금 의식의 존재를 존재론적으로 해석하지 못하도록 한다. "의지와 그 저지는 동일한 의식존재 내부에 등장한다."[18] "등장"의 존재양식, "내부에"의 존재의미, 실재적인 것 자체에 대한 의식존재의 존재연관, 이 모든 것에는 존재론적 규정이 필요하다. 존재론적 규정이 결여된 이유는 결국, 딜타이가 "삶"―이것의 "배후"에로는 물론 소급해 올라갈 수 없다―을 존재론적 무차별 속에 서 있도록 둔 데에 있다. 그렇지만 현존재에 대한 존재론적 해석이 어떤 다른 존재자에게로 존재적으로 소급하는 것을 의미하지는 않는다. 딜타이가 인식이론적으로 반박되었다고 해도, 이러한 반박에서 바로 이해되지 않고 남아 있는 그의

---

17) 특히 이 책의 제16절 115쪽 이하, "세계내부적인 존재자에서 알려지는 주위세계의 세계적합성", 제18절 129쪽 이하, "사용사태와 유의미성. 세계의 세계성", 제29절 203쪽 이하, "처해 있음으로서의 거기에-있음" 참조. 세계내부적인 존재자의 자체-존재에 대하여는 118쪽 이하 참조.
18) Dilthey, 앞의 논문, 134쪽.

분석의 긍정적인 면이 결실을 맺는 것을 막지는 못할 것이다.

과연 최근에 셸러가 딜타이의 실재성의 해석을 이런 식으로 수용했다.[19] 그는 일종의 "주지주의적 현존재이론"을 대변한다. 이때 현존재는 칸트의 의미로 눈앞의 존재로 이해되고 있다. "대상의 존재는 오직 충동 또는 의지와 연관해서만 직접적으로 주어질 뿐이다." 셸러는 딜타이와 마찬가지로, 실재성은 일차적으로 결코 사유와 파악에 주어지지 않음을 강조할 뿐 아니라, 또한 무엇보다도, 인식 자체가 다시금 판단이 아니며, 일종의 앎은 "존재관계"임을 지적한다.

이 이론에도, 딜타이에게서 기초들이 존재론적으로 규정되지 않았다고 이미 지적된 바 있는 그 점이 원칙적으로 또한 적용된다. "삶"에 대한 존재론적 기초분석 역시 나중에 추가로 토대[하부구조]로 끼워넣어질 수는 없다. 그 기초분석은 실재성의 분석, 저항성과 그 현상적 전제들의 완전한 설명을 지탱하며 제약하고 있다. 저항은 일종의 뚫고-나가지-못함에서, 뚫고-나가려는-의욕의 방해로서 만나게 되는 것이다. 그러나 이러한 의욕과 더불어 충동과 의지가 그것으로 나가 있는 그 어떤 것이 이미 열어밝혀져 있다. 그러나 이 '그것으로'가 존재적으로 규정되어 있지 않다고 해서, 그것을 존재론적으로 간과하거나 또는 심지어 무(無)라고 파악해서는 안 된다. 저항에 부딪히는, 유일하게 저항에 "부딪힐" 수 있는 '……으로 나가 있음' 자체는 이미 하나의 사용사태전체성 곁에 있다. 그런데 이 사용사태전체성의 발견되어 있음은 유의미성이라는 지시전체의 열어밝혀져 있음 안에 근거하고 있다. 저항의 경험은, 다시 말해 추구하는 가운데에서의 저항적인 것의 발견

---

[19] M. Scheler, "Die Formen des Wissens und die Bildung"("지식의 형태와 교양교육"), 1925년의 강연, 각주 24와 25. 각주는 교정 때의 것이다. 셸러는 근자에 출간된 그의 논문집 *Die Wissensformen und die Gesellschaft*(『지식의 형태와 사회』, 1926년)를 통해서, 오래 전부터 예고해온 "인식과 노동"(앞의 책, 233쪽 이하)에 대한 연구를 발표했다. 제6편에서(455쪽 이하)는 "주지주의적 현존재이론"을 딜타이에 대한 평가와 비판과 연관 지어서 상세하게 기술한다.

은 존재론적으로 오직 세계의 열어밝혀져 있음에 근거해서만 가능할 뿐이다. 저항성은 세계내부적인 존재자의 존재를 성격규정하고 있다. 저항경험은 현사실적으로 세계내부적으로 만나게 되는 존재자를 발견하는 범위와 방향만을 규정할 뿐이다. 저항경험을 총합해서 비로소 세계의 열어밝힘이 야기되는 것이 아니라, 오히려 이 세계의 열어밝힘을 전제하고 있다. "대항해서"와 "거슬러서"는 그 존재론적인 가능성에서 열어밝혀져 있는 세계-안에-있음에 의해서 지탱되고 있다.

저항은 또한 그 자체로만 "출현하는" 충동이나 의지에서는 경험되지 않는다. 충동과 의지는 염려의 변양들이다. 염려라는 존재양식의 존재자만이 세계내부적인 것으로서의 저항물에 부딪칠 수 있다. 그렇기 때문에 만일 실재성이 저항성에 의해서 규정된다면, 이 경우 유의해야 할 것으로 두 가지가 남는다. 첫째, 그것으로써는 여러 성격 중 단지 하나의 실재성의 성격만이 적중될 뿐이며, 둘째, 저항성에는 필연적으로 이미 열어밝혀져 있는 세계가 전제되어 있다는 것이 그것이다. 저항은 세계내부적인 존재자라는 의미로 "외부세계"를 성격규정할 따름이지, 결코 세계의 의미에서가 아니다. "실재성의 의식"도 그 자체 세계-안에-있음의 한 방식이다. 모든 "외부세계의 문제틀"은 필연적으로 이 실존론적 근본현상으로 되돌아오게 마련이다.

"코기토 숨(cogito sum, 나는 생각한다, 나는 존재한다)"이 현존재에 대한 실존론적 분석론의 출발점으로서 기능해야 한다면, 그 순서가 뒤바뀔 필요가 있을 뿐 아니라 그 내용도 새롭게 존재론적-현상학적으로 확증될 필요가 있다. 그럴 경우 첫째 발언은 "숨(sum, 나는 존재한다)"이며 그것도 '나는 하나의 세계 안에 존재한다'이다. 그런 존재자로서 "나는" 세계내부적인 존재자 곁에 있는 방식으로서의 여러 상이한 행동(사유행위)에 대한 존재가능성 안에 "존재한다". 이와는 반대로 데카르트는 이렇게 말한다. 사유행위는 눈앞에 존재하며, 그 안에 하나의 자아도 무세계적인 사유하는 사물로서 함께 눈앞에 존재한다.

ㄷ) 실재성과 염려

실재성은 존재론적 명칭으로서 세계내부적인 존재자에 연관되어 있다. 이 명칭이 세계내부적인 존재자의 존재양식 일반을 지칭하기 위해서 사용된다면, 손안에 있음과 눈앞에 있음은 실재성의 양태들로서 기능하는 것이다. 그러나 이 낱말에 전수된* 의미를 허용한다면, 그것은 순수한 사물의 눈앞에 있음의 의미에서의 존재를 뜻한다. 그러나 모든 눈앞에 있음이 사물의 눈앞에 있음은 아니다. 우리를 "에워싸고 있는" "자연"이 분명 세계내부적인 존재자이기는 하지만, 그것은 손안의 것의 존재양식도, "자연사물성"의 방식으로 눈앞의 것의 존재양식도 보여주지 않는다. "자연"의 존재가 어떻게 해석되든, 세계내부적인 존재자의 **모든** 존재양태들은 존재론적으로 세계의 세계성 안에, 그리고 그로써 세계-안에-있음의 현상 안에 기초를 두고 있다. 여기에서부터 다음과 같은 통찰이 생긴다. 즉 실재성은 세계내부적인 존재양태들 내부에서도 우위를 점하고 있지 못하며, 더 나아가 이 존재양식은 세계와 현존재와 같은 것도 존재론적으로 적합하게 성격규정지을 수 없다.

실재성은 존재론적 기초부여의 연관의 순서로는, 그리고 가능한 범주적 또는 실존론적 증명제시의 순서로는 **염려의 현상을 소급지시한다**. 실재성이 존재론적으로 현존재의 존재 안에 근거를 둔다는 것이, 실재적인 것은 오직 현존재가 실존할 경우와 실존하는 한에서만 그것이 그 자체로 무엇인 그것일 수 있다는 것을 의미하지 않는다.

어쨌거나 오직 현존재가 **존재하는** 한에서만, 다시 말해 존재이해라는 존재적 가능성이 있는 한에서만, 존재가 "있다". 현존재가 실존하지 않는다면, "독립성"도 "존재하지" 않고 또한 "자체-존재"도 "존재하지" 않는다. 그럴 경우 그와 같은 것은 이해되고 말고 할 것이 없다. 그럴 경우 또한 세계

---

* 오늘날의.

내부적인 존재자 역시 발견될 수도 없으며 은폐성 속에 놓여 있을 수도 없다. 그럴 경우 존재자가 있다고도, 존재자가 없다고도 말할 수 없다. 존재이해가 있고 그로써 눈앞에 있음에 대한 이해가 있는 한, **그럴 경우 존재자가 계속 여전히 있게 될 것이라고 이제** 분명 말할 수 있을 것이다.

이렇게 특징지은 존재—존재자가 아니다!—의 존재이해로의 의존성, 다시 말해 실재성—실재적인 것이 아니다!—의 염려로의 의존성은, 현존재에 대한 앞으로의 분석론을, 실재성을 실마리로 삼아 거듭 밀고 들어오는 무비판적 현존재해석으로부터 안전하게 지켜준다. 존재론적으로 **긍정적으로** 해석된 실존성에 방향을 잡아야 비로소, "의식" 또는 "삶"의 분석을 실제로 진행해가는 데에—비록 무차별적이기는 하더라도—어떤 형태의 실재성의 의미도 밑바탕에 놓이지 않게 되는 보증을 준다.

현존재라는 존재양식을 가진 존재자는 실재성과 실체성에서부터 개념파악될 수 없다는 것을 우리는 다음과 같은 테제로 표현했다. 인간의 **실체는 실존이다**. 실존성을 염려로 해석하고 이 염려를 실재성과 제한구별한 것으로 실존론적 분석론이 끝났음을 의미하는 것이 아니라, 단지 존재와 그 가능한 양태들에 대한 물음, 그리고 그러한 변양들의 의미에 대한 물음 속에 놓인 문제의 뒤엉켜 있음만을 더욱 날카롭게 부각시켰을 뿐이다. 즉 오직 존재이해가 있을 때에만, 존재자로서의 존재자가 접근 가능하다. 오직 현존재라는 존재양식의 존재자가 있을 때에만, 존재이해라는 존재자가 가능하다.

제44절 현존재, 열어밝혀져 있음, 진리

철학은 예로부터 진리와 존재를 함께 놓아왔다.* 파르메니데스가 존재자의 존재를 맨 먼저 발견했는데, 그는 존재를 그것을 인지하는[받아들이는] 이

---

* 은닉하기를 좋아하기 때문에, 피지스(φύσις, 자연)는 그 자체가 이미 알레테이아(ἀλήθεια, 비은폐성)이다.

해와 "동일시했다." 즉, "사유와 존재는 동일하다(τὸ γὰρ αὐτὸ νοεῖν ἐστίν τε καὶ εἶναι)."[20] 아리스토텔레스는 아르카이(ἀρχαί, 원리들)의 발견의 역사를 개관하면서[21] 자기 이전의 철학자들이 "사태 자체"에 이끌려 계속 물음을 던지도록 강요당했음을 강조한다. "사태 자체가 그들에게 길을 열고 그들에게 탐구를 강요했다(αὐτὸ τὸ πρᾶγμα ὡδοποίησεν αὐτοῖς καὶ συνηνάγκασε ζητεῖν)."[22] 동일한 사실을 그는 다음과 같은 말로도 특징지었다. "그[파르메니데스]는 그 자체에서 스스로를 내보이고 있는 것을 따르도록 강요되었다(ἀναγκαζόμενος δ᾽ ἀκολουθεῖν τοῖς φαινομένοις)."[23] 다른 곳에서는 이렇게 말하고 있다. "그들은 '진리' 자체에 강요되어 탐구했다(ὑπ᾽ αὐτῆς τῆς ἀληθείας ἀναγκαζόμενοι)."[24] 아리스토텔레스는 이러한 탐구를 "진리"에 대해서 "철학함(φιλοσοφεῖν περὶ τῆς ἀληθείας)"[25]이라고, 또는 "진리"를 고려하고 그 범위 안에서 제시하며 보이게 해줌(ἀποφαίνεσθαι περὶ τῆς ἀληθείας)[26]이라고 지칭한다. 철학 자체가 "진리"에 관한 학문(ἐπιστήμη τις τῆς ἀληθείας)[27]이라고 규정된다, 동시에 철학은 존재자를 존재자로서 고찰하는 학문(ἐπιστήμη, ἣ θεωρεῖ τό ὄν ᾗ ὄν)[28] 다시 말해서 존재자를 그것의 존재의 관점에서 고찰하는 학문이라고 성격규정지었다.

여기에서 "'진리'에 대해서 탐구한다"는 것, 즉 "진리"에 관한 학문이란 무엇을 의미하는가? 이러한 탐구에서 "진리"가 인식이론이나 판단이론의 의미로 주제가 된다는 말인가? 분명 아니다. 왜냐하면 "진리"가 "사태", "자기를 내보이는 것"과 동일한 것을 의미하기 때문이다. "진리"라는 표현

---

20) *Diels*, Fragmente 3.
21) Aristoteles, *Metaphysica*(『형이상학』), A.
22) 같은 책, 984a 18 이하.
23) 같은 책, 986b 31.
24) 같은 책, 984b 10.
25) 같은 책, 983b 2. 또한 988a 20 참조.
26) 같은 책, α 1, 993b 17.
27) 같은 책, 993b 20.
28) 같은 책, Γ 1, 1003a 21.

이 용어상 "존재자"나 "존재"로서 사용될 수 있다고 한다면, 이 경우 그 표현은 무엇을 의미하는가?

그러나 진리가 정당하게 존재와 어떤 근원적인 연관 안에 서 있다고 한다면, 진리현상은 기초존재론적 문제틀의 범위* 안으로 들어오는 것이다. 그러나 그렇다면 우리는 이 현상을 예비 기초분석 안에서, 즉 현존재의 분석론에서 만났어야 하지 않는가? "진리"는 현존재와, 그리고 우리가 존재이해라고 이름하는 현존재의 존재적 규정성과 어떤 존재적-존재론적 연관 안에 서 있는가? 이 존재이해에서부터, 왜 존재가 진리와, 그리고 진리는 왜 존재와 필연적으로 같이 가는지, 그 이유가 제시될 수 있는가?

이런 물음들은 피할 수가 없다. 존재가 실제로 진리와 "동행하기" 때문에, 진리 현상―비록 명시적으로 그런 명칭 아래에서는 아니더라도―은 이미 앞의 분석에서 주제가 되었다. 이제는 존재문제의 첨예화를 고려해서 진리 현상을 분명하게 제한규정하고 그 안에 포함되어 있는 문제들을 고정하는 것이 중요하다. 이때 앞에서 풀어헤쳐 제시되었던 것이 단순히 총괄되기만 해서는 안 된다. 우리의 탐구는 하나의 새로운 단초**를 취한다.

우리의 분석은 **전통적인 진리개념**에서부터 출발하여 그 개념의 존재론적 기초를 밝히려고 시도한다(ㄱ). 이 기초에서부터 진리의 **근원적인** 현상이 드러나게 될 것이다. 이 근원적 현상에서부터 전통적인 진리개념의 **파생성**이 제시될 수 있을 것이다(ㄴ). 우리의 탐구는 진리의 "본질"에 대한 물음에는 필연적으로 진리의 **존재양식**에 대한 물음이 함께 속함을 분명하게 할 것이다. 그와 함께 "진리가 [주어져] 있다"라는 말이 가지는 존재론적 의미를 해명할 것이며, 진리가 [주어져] 있다(그것이 진리를 "준다")는 것을 "우리가 전제하지 않으면 안 되는" 필연성의 양식을 해명할 것이다(ㄷ).

---

* 범위뿐만이 아니라 그 한가운데 안으로.
** 여기에서는 현-존재(거기에-있음) 안으로 들어서는 뛰어듦의 본래적인 장소.

ㄱ) 전통적 진리개념과 그 존재론적 기초

다음의 세 가지 테제가 진리의 본질에 대한 전통적인 견해와 진리의 최초의 정의에 대한 의견을 특징짓고 있다. 1. 진리의 "자리"는 발언(판단)이다. 2. 진리의 본질은 판단과 그 대상의 "일치"에 있다. 3. 논리학의 아버지인 아리스토텔레스는 진리를 그 근원적인 자리인 판단에 지정했을 뿐 아니라 "일치"로서의 진리의 정의도 궤도에 올려놓았다.

여기에서는 오직 존재론의 역사를 바탕으로 해서만 기술될 수 있을 진리개념의 역사를 의도하고 있지는 않다. 잘 알려진 사실에 대한 몇몇 특징적인 지적이 분석적인 논의를 이끌어가기만 하면 된다.

아리스토텔레스는 영혼의 "체험", 즉 노에마타(νοήματα, "표상")는 사물에의 동화[일치](παθήματα τῆς ψυχῆς τῶν πραγμάτων ὁμοιώματα)[29]라고 말한다. 이 발언이 결코 진리에 대한 명시적인 본질 정의로서 제시된 것이 아닌데도 그후에 진리의 본질을 "지성과 사물의 일치(adaequatio intellectus et rei)"라고 정식화하여 표현하는 계기가 되었다. 토마스 아퀴나스[30]는—이 정의의 출처를 이븐 시나(Ibn Sīnā)에게로 돌리는데, 이븐 시나 자신은 그 정의를 이삭 이스라엘리(Isaac Israeli)의 『정의의 책』(10세기)에서 수용한 것이다—아데쿠아티오(adaequatio, 동화, 일치) 대신에 코레스폰덴티아(correspondentia, 상응, 대응) 혹은 콘베니엔티아(convenientia, 합치)라는 용어를 사용한다.

19세기의 신칸트 학파의 인식론은 이 진리의 정의를 때때로 방법적으로 뒤떨어진 소박한 실재론의 표현이라고 지칭하고, 그것이 칸트의 "코페르니쿠스적 전회"를 거쳐 지나온 문제제기와는 합치할 수 없다고 선언했다. 그러나 이때 사람들은 브렌타노(Franz Brentano)가 이미 주목을 요한 바를 간

---

[29] Aristiteles, *De interpretatione*(『해석에 대하여』), 1, 16a 6.
[30] Thomas von Aquin, *Quaestiones disputatae de veritate*(『진리에 대해서 토론된 물음들』), 제1문 제1항 참조.

과하는 셈이다. 즉 칸트 자신도 이 진리개념을 확고히 견지하고 있었으며 그래서 그 개념을 처음부터 논의로도 삼지 않았다는 것이다. 칸트는 다음과 같이 말한다. "사람들이 논리학자들을 궁지에 몰아넣는다고 생각된 오래된 유명한 물음은 '진리란 무엇인가' 하는 이것이다. 여기에서 진리는 곧 '인식과 그 대상과의 일치'라고 하는 진리에 대한 명칭 설명이 주어지고 또 전제되어 있다.……"31)

"진리가 '인식과 그 대상과의 일치'에 성립한다면, 그로 인해 이 대상은 다른 대상과는 구별되지 않으면 안 된다. 왜냐하면 만일 인식이 그것이 연관되어 있는 그 대상과 일치하지 않을 경우, 그 인식은―그것이 비록 다른 대상에 대해서는 타당할 수도 있는 어떤 것을 지니고 있다고 하더라도―거짓이기 때문이다."32) 그리고 초월론적 변증론의 도입부에서 칸트는 이렇게 말한다. "진리 또는 가상은 직관되는 한에서의 대상 속에 있지 않고, 사유되는 한에서의 대상에 대한 판단 안에 있다."33)

진리를 "일치", 아데쿠아티오(adaequatio), 호모이오시스(ὁμοίωσις, 동화)로서 성격규정하는 것은 분명 너무 일반적이고 공허하다. 그러나 이런 성격규정이, 그런 두드러진 술어를 지니고 있는 인식에 대한 그 많은 다양한 해석에 구애되지 않고, 계속 견지되어왔다면, 그것은 분명 나름대로의 정당성을 가질 것이다. 우리는 이제 이러한 "연관"의 기초에 대해서 묻는다. 이 연관 전체―지성과 사물의 일치―안에 암암리에 함께 정립되어 있는 것은 무엇인가? 그 함께 정립되어 있는 것은 어떤 존재론적 성격을 가지고 있는가?

"일치"라는 용어는 도대체 무엇을 의미하는가? "어떤 것과 어떤 것의 일치"는 "어떤 것과 어떤 것의 연관"이라는 형식적 성격을 가진다. 개개의 모든 일치는, 그리고 그로써 "진리"도 일종의 연관이다. 그러나 개개의 모든

---

31) I. Kant, *Kritik der reinen Vernunft*(『순수이성비판』), 제2판, 82쪽.
32) 같은 책, 83쪽.
33) 같은 책, 350쪽.

연관이 일치인 것은 아니다. 하나의 기호는 [그 기호에 의해서] 가리켜지고 있는 것을 지시한다. 가리킴은 일종의 연관이지만, 기호와 [그것에 의해서] 가리켜지고 있는 것의 일치는 아니다. 그렇지만 모든 일치가 또한 진리의 정의 속에서 확정된 콘베니엔티아(convenientia, 합치)와 같은 것을 의미하지 않는 것은 분명하다. 6이라는 수는 16 - 10과 일치한다. 그 두 수는 일치한다. 두 수는 "얼마나 많은가"라는 관점에서 같다. 같음은 일치의 한 방식이다. 이 일치에는 그 구조상 "……라는 관점에서"와 같은 어떤 것이 속한다. 일치 속에서 연관되어 있는 것이 '그것의 관점에서' 일치하는 그것은 무엇인가? "진리의 연관"을 해명할 때 연관항의 고유함이 함께 고려되어야 한다. 어떤 관점에서 지성과 사물은 일치하는가? 지성과 사물은 자신들의 존재양식과 본질내용에 따라 어떤 것을 주고 있어서, 그것들이 그러한 관점에서 일치할 수 있는 것인가? 지성과 사물 사이에 같음의 양식[동종성(同種性)]이 결여되어 있어서 같음이 불가능할 경우, 그 둘은 비슷한 것일까? 그러나 인식은 분명 사태를, 그것이 있는 **그대로 그렇게** "주어야 한다". "일치"는 "그대로-그렇게"라는 연관의 성격을 가진다. 이러한 연관이 지성과 사물 사이의 연관으로서 어떻게 가능한가? 이 물음에서 분명해지는 것은 다음과 같은 점이다. 즉 진리의 구조를 해명하는 데에는 이러한 연관 전체를 단순히 전제하는 것으로는 부족하고, 이 전체를 그 자체로서 지탱하는 존재의 연관으로 소급해야 한다.

그렇지만 이를 위해서는 주-객-연관과 관련지어 "인식이론적" 문제틀의 해결이 필요한 것은 아닌가? 아니면 분석이 "내재적 진리의식"의 해석에 국한되어야 하며 따라서 주체의 "영역 내부에" 남아 있어야 하는가? 일반적인 견해에 따르면 참된 것은 인식이다. 그런데 인식은 판단이다. 판단에서는 다음의 두 가지가 구별되어야 한다. 실제의 심리적 경과로서의 판단함과 **관념적** 내용으로서의 판단된 것이 그것이다. 후자[관념적 내용으로서의 판단된 것]에 대해서 우리는 그것이 "참"이라고 말한다. 이에 반해 심리적 경과는 눈앞에 있든가 없든가이다. 그렇기 때문에 관념적 판단내용은 일치의 관계 안에 서 있는 것이다. 따라서 이 일치관계는 관념적 판단내용과, 그것에 대해서 판단되고 있는 것으로서의 실제의 사물 사이의 연관에 해당하는 것이다. 일치는 그 존재양식상 실제적인가, 관념적인가, 아니면 그중 어느 것도 아닌가? 관념적 존재자와 실제적으로 눈앞에 있는 것 사이의 관련이 존재론적으로 어떻게 파악되어야 하는가? 그런 관련은 성립되고 있으며 그것도 현사실적인 판단행위에서 판단내용과 실재의 객체 사이에만 성립하는 것이 아니라, 동시에 관념적 내용과 실재의 판단수행 사이에도 성립한다. 오히려 여기에서는 [관념적 내용과 실재의 판단수행 사이에] "더 밀접하게" 성립하고 있는 것 아닌가?

아니면 실제적인 것과 관념적인 것 사이의 관련(μέθεξις, 분유, 참여)의 존재론적 의미에 대해서는 물음을 제기해서는 안 되는가? 그 관련은 분명 **성립되어야** 한다. 성립이란 존재론적으로 무엇을 말하는가?

이 물음의 적법성을 무엇이 거부할 수 있다는 말인가? 이 문제가 2,000년 이상이나 진척되지 않은 것은 우연인가? 물음의 뒤바뀜이 이미 단초에, 즉 실제적인 것과 관념적인 것을 존재론적 설명 없이 분리한 데에 있는 것은 아닌가?

그리고 판단된 것에 대한 "현실적인" 판단행위를 고려할 때, 실제의 수행과 관념적 내용을 분리하는 것은 도대체 부당하지 않은가? 인식함과 판단함의 현실성이 두 가지 존재방식과 "층"으로[즉, 실제의 수행과 관념적 내용으로] 잘려나가는가? 그리고 인식함이라는 존재양식은 결코 그 둘의 접합을 적중시키지 못하는가? 심리학주의가 이러한 분리를 거부한다는 점에서 옳지 않은가? 비록 심리학주의 자체도 사유된 것의 사유함의 존재양식을 존재론적으로 해명하지도 못하고 그것을 문제로서도 알아보지 못하기는 했지만 말이다.

일치의 존재양식에 대한 물음에서 판단수행과 판단내용의 구별로 소급한다고 해서 논의가 진척되는 것이 아니라, 단지 인식함 자체의 존재양식에 대한 해명이 불가피하다는 점만을 분명히 해줄 뿐이다. 이를 위해서 필요한 분석은, 동시에 인식을 성격규정하고 있는 진리의 현상도 시야로 데려오려고 시도해야 한다. 인식함 자체에서 진리가 언제 현상적으로 분명해지는가? 인식함이 스스로를 **참된 것으로** 입증될 때이다. 이러한 자기입증이 인식에게 인식의 진리를 보증해준다. 따라서 입증이라는 현상적 연관 안에서 일치의 관련이 보여야 한다.

누군가가 벽에 등을 돌린 채 "벽의 그림이 삐딱하게 걸려 있다"고 참된 발언을 한다고 하자. 이 발언은 발언한 사람이 돌아서서 벽에 비스듬히 걸려 있는 그림을 지각하는 방식으로 스스로를 입증한다. 이 입증에서 무엇이 입증되고 있는가? 발언이 확증된다는 것은 무엇을 의미하는가? 이를테면 "인식" 또는 "인식된 것"과 벽의 그림 사이의 일치가 확인되는가? 이에 대한 대답은 "인식된 것"이라는 표현이 무엇을 말하는지를 현상적으로 적합하게 해석하는가에 따라 그렇기도 하고 그렇지 않기도 하다. 발언하는 사람이—그림을 지각하지는 않고 "단지 표상하면서"—판단할 때, 그는 무엇에 관련되고 있는가? 이를테면 "표상에"? 만일 표상이 여기에서 심리적 과정으로서의 표상함을 의미해야 한다면, 그것은 분명 아니다. 그는 또한 표상된 것의 의미에서도 표상에 관련되는 것이 아니다. 이때 표상된 것이 벽에 있는 실제의 사물에 대한 "그림[의식 속의 그림]"을 의미하는 한에서 말이다. 오히려 "단지 표상하며" 하는 발언도 그 가장 고유한 의미상 벽에 걸려 있는 실제의 그림에 관련되어 있다. 바로 그 그림이 의미되고 있는 것이지, 그 외 어떤 다른 것도 아니다. 여기에서 어떤 다른 것을 끼워넣고, 단지 표상하며 하는 발언에서 그것이 의미되어야 한다고 해석하면, 그 해석은 거기에 대해서 발언되고 있는 바로 그것의 현상적 실상을 거짓되게 하는 것이다. 발언함은 존재하는 사물 자체로 향해 존재함이다. 그리고 지각을 통해서 입증되는 것은 무엇인가? 발언에서 의미된 것은 존재자 자체라는 사실 외에 어떤 다른 것도 아니다. 확증되고 있는 것은, 발언된 것으로 발언하며 존재함은 존재자를 제시함이라는 것, 발언하며 존재함은 그것이 향해 있는 존재자를 **발견한다는** 것이라는 점이다. 입증되는 것은 발언의 발견하면서-있음이다. 이때 인식함은 입증을 수행함에서 오로지 존재자 자체에만 관련된 채 있다. 바로 이 존재자 자체에서, 말하자면 확증이 행해지고 있는 것이다. 의미된 존재자 자체가 그것이 그 자체에서 있는 **그대로 그렇게** 자신을 내보이는 것이다. 다시 말해 **그것이** 발언에서 존재하며 제시되고 발견되는 그대로 그렇게 **그것이** 동일하게 있음을 보여주는 것이다. 표상들이 표상들끼리 비교되는 것도 아니며 실제의 사물과의 **관련에서** 비교되는 것도 아니다. 입증되어야 하는 것은 인식함과 대상의 일치도 아니고 심리적인 것과 물리적인 것의 일치도 더욱이 아니며 또한 "의식내용" 상호간의 일치도 아니다. 입증되어야 하는 것은 오로지 존재자 자체의 발견되어-있음, 존재자의 발견되어 있음의 방식[어떻게]에서의 **존재자 자체**이다. 그러한 발견되어 있음은, 발언된 것—이것은 존재자 자체이다—이 스스로를 동일한 것으로 내보이는 데에서 확증된다. **확증은 존재자가 동일성 속에서 스스로를 내보임을 의미한다**.[34] 확증은 존재자가 스스로를 내보임에 근거해서 수행된다. 그것은 오직 발언하며 스스로 입증하는 인식함이 그 존재론적 의미상, 실제의 존재자 자체에 대해서 **발견하면서 존재함**이기 때문에 가능하다.

---

[34] "동일화"로서의 입증의 이념에 대해서는 Husserl, *Logische Untersuchungen*(『논리연구』), 제2권, 제2부, 제6연구 참조. "명증과 진리"에 대해서는 같은 책 제36–39절, 115쪽 이하 참조. 현상학적 진리이론에 대한 다른 서술들은, 비판적 서설(제1권)에서 이야기된 것에 국한되며 볼차노(Bernhard Bolzano)의 명제이론과의 연관을 언급한다. 반대로 볼차노의 이론과는 근본적으로 다른 긍정적 현상학적 해석들은 건드리지 않는다. 현상학적 탐구의 밖에서, 앞에서 언급한 연구를 적극적으로 수용한 유일한 사람은 라스크(Emil Lask)뿐이었다. 라스크의 『철학의 논리(*Logik der Philosophie*)』(1911년)는 후설의 『논리연구』, 제6연구("감성적 직관과 범주적 직관에 대해서")에 의해서 강하게 규정받고 있으며, 그의 『판단론(*Lehre vom Urteil*)』(1912년)은 명증과 진리에 대한, 앞에서 말한 여러 절에 의해서 규정받고 있다.

발언이 **참이다** 하는 것은, 발언이 존재자를 그 자체에서 발견하고 있음을 의미한다. 발언은 존재자를 그것의 발견되어 있음에서 밖으로 말하며, 제시하고, "보게 해준다(아포판시스[ἀπόφανσις])". 발언의 **참임(진리)**은 발견하면서-있음으로 이해되어야 한다. 따라서 진리는, 한 존재자(주체)가 다른 한 존재자(객체)에 동화된다는 의미에서 인식함과 대상 사이의 일치의 구조를 결코 가지고 있지 않다.

발견하면서-있음으로서의 참임은 다시금 존재론적으로 오직 세계-안에-있음을 근거로 해서만 가능하다. 거기에서 우리가 현존재의 근본구성틀을 인식한 바 있는 이 [세계-안에-있음이라는] 현상이 진리라는 근원적인 현상의 **기초**인 것이다. 이제 이 기초를 좀더 철저하게 추적해보기로 하자.

ㄴ) 진리라는 근원적 현상과 전통적 진리개념의 파생성

참임(진리)은 발견하면서-있음을 말한다. 그러나 그것은 진리에 대한 최고도의 자의적인 정의가 아닌가? 그런 폭력적 개념규정으로써 일치의 이념을 진리개념에서부터 떼어내는 데에 성공할지는 모르겠다. 그러나 그런 의심스러운 소득 때문에 오래된 "좋은" 전통이 무효화되는 대가를 치러야만 하는가? 그러나 얼핏 **자의적으로** 보이는 이 정의는, 고대 철학의 가장 오래된 전통이 예감했고 또한 현상학 이전의 방식으로 이해했던 바로 그것에 대한 **필연적인** 해석을 간직하고 있다. 아포판시스로서의 로고스의 참임은 아포파이네스타이(ἀπόφαινεσθαι)의 방식에서의 알레테우에인(ἀληθεύειν)이다. 즉, 존재자를—은폐성에서부터 끄집어내와—그것의 비은폐성(발견되어 있음)에서 보도록 해줌이다. 아리스토텔레스가 앞에서 인용한 구절에서 프라그마(πρᾶγμα), 파이노메나(φαινόμενα)와 동일시한 알레테이아(ἀλήθεια)는 "사태 자체"를, 즉 스스로를 내보이는 그것을, 존재자의 발견되어 있음의 방식[어떻게]에서의 존재자를 의미한다. 그리고 헤라클레이토스(Heracleitos)의 한 단편에서,[35] 즉 **명시적으로** 로고스에 대해서 다루는 **가장 오래된** 철학적 학설에서, 앞에서 끄집어낸 것처럼 진리의 현상을 발견되어 있음(비은폐성)의 의미로 통찰한 것은 우연인가? 로고스와, 로고스를 말하고 이해하는 사람에 대해서, 이해 못 하는 사람을 대립시키고 있다. 로고스는 존재자들이 어떻게 관계하는지(φράζων ὅκως ἔχει)를 말한다. 이에 반해, 이해 못 하는(λανθάνει) 사람들에게는 그들이 행하는 것이 은폐된 채로 있으며, 그들은 망각한다(ἐπιλανθάνονται). 다시 말해 그들에게는 그들이 행한 것이 다시 은폐 속으로 가라앉고 만다. 따라서 로고스에는 비은폐성이, 즉 알-레테이아(ἀ-λήθεια)가 속한다. 이 [알-레테이아라는] 표현을 "진리"라는 낱말로 번역하고 더 나아가 이론적으로 개념규정하게 되면, 그리스인들이 알레테이아라는 용어를 사용할 때에 철학 이전의 이해로서 "자명하게" 밑바탕에 깔고 있었던 바로 그것의 의미가 은폐되고 만다.

이러한 전거를 끌어들일 때 우리는 제멋대로의 낱말신비주의에 빠지지 않도록 조심해야 한다. 그럼에도 결국에 가서 철학이 할 일은, 그 안에서 현존재가 자기를 밖으로 말한 **가장 기본적인 낱말들의 힘**이 상식에 의해서 몰이해로 평준화되고 이 몰이해가 그다음 사이비 문제의 원천으로서 기능하는 것을 막는 데에 있다.

우리가 앞에서[36] 로고스와 알레테이아에 대해서 흡사 독단적 해석으로 기술한 것이 이제 그 현상적 증명을 획득한 셈이다. 제시된 진리의 "정의"는 전통을 **털어버림**이 아니라 오히려 근원적으로 **내 것으로 만듦**이다. 그것은 이론이 근원적 진리현상을 근거로 해서 일치의 이념에 올 수밖에 없었다는 사실과 방식에 대한 증명이 성공하면 할수록 더욱더 그렇다.

그리고 진리를 발견되어 있음과 발견하면서-있음으로 규정하는 "정의"도 단순한 낱말의 설명이 아니라, 우리가 흔히 "참된" 행동관계라고 부르는 그

---

35) Diels, *Fragmente der Vorsokratiker*(『소크라테스 이전 사상가들의 단편집』), 헤라클레이토스 단편 1 참조.
36) 이 책의 58쪽 이하 참조.

러한 현존재의 행동관계에 대한 분석에서부터 자라나온 것이다.

발견하면서-있음으로서의 참임[진리존재]은 현존재의 한 존재방식이다. 이러한 발견함 자체를 가능하게 만드는 그것은 필연적으로 한층 더 근원적인 의미로 "참"이라고 칭해져야 할 것이다. **발견함 자체의 실존론적-존재론적 기초가 비로소 진리의 가장 근원적인 현상을 보여준다.**

발견함은 세계-안에-있음의 한 존재방식이다. 둘러보는 배려나 또는 머무르면서 바라보기만 하는 배려도 세계내부적인 존재자를 발견한다. 이 세계내부적인 존재자는 발견된 것이다. 그것은 이차적 의미에서 "참"이다. 일차적으로 "참"인 것, 다시 말해 발견하면서 있는 것은 현존재이다. 이차적 의미에서의 진리는 발견하는-존재(발견함)를 말하는 것이 아니고 발견된 존재(발견되어 있음)를 말한다.

앞에서 세계의 세계성과 세계내부적인 존재자를 분석할 때, 세계내부적인 존재자의 발견되어 있음은 세계의 열어밝혀져 있음 안에 근거함이 제시되었다. 그런데 열어밝혀져 있음은 현존재의 근본양식으로서, 그것에 따라 현존재[거기에-있음]가 자신의 "거기에" 존재하고 있는 것이다. 열어밝혀져 있음은 처해 있음, 이해 그리고 말에 의해서 구성되며 똑같이 근원적으로 세계, 안에-있음 그리고 자기 자신에 해당된다. **자기를 앞질러 세계내부적인 존재자 곁에 있음으로서 이미 하나의 세계 안에 있음인 염려의 구조는 자체 안에 현존재의 열어밝혀져 있음을 간직하고 있다. 이 열어밝혀져 있음과 함께 그리고 그것에 의해서 발견되어 있음이 있게 된다. 따라서 현존재[거기에-있음]의 열어밝혀져 있음과 더불어 비로소 진리의 가장 근원적인 현상**에 이르게 된다. 앞에서 "거기에"의 실존론적 구성과 관련하여[37] 그리고 "거기에"의 일상적 존재와 연관 지어[38] 제시되었던 것은 다른 것이 아닌 바로 진리의 가장 근원적인 현상에 해당된다. 현존재가 본질적으로 자

---

37) 이 책의 202쪽 이하 참조.
38) 이 책의 248쪽 이하 참조.

신의 열어밝혀져 있음으로 **존재**하고, 열어밝혀진 것[현존재]으로서 열어밝히고 발견하고 있는 한, 현존재는 본질적으로 "참[진리]"이다. **현존재는 "진리 안에"** 있다. 이 발언은 존재론적 의미를 가진다. 그것은 현존재가 존재적으로 언제나 또는 단지 각기 그때마다 "그 모든 진리 안에" 안내되어 있음을 의미하는 것이 아니라, 현존재의 실존론적 구성틀에 그의 가장 고유한 존재의 열어밝혀져 있음이 속한다는 것을 의미한다.

앞에서 얻은 것을 수용하여 "현존재는 진리 안에 있다"라는 명제의 온전한 실존론적 의미를 다음과 같은 규정을 통해서 다시 제시할 수 있다.

1. 현존재의 존재구성틀에는 본질적으로 **열어밝혀져 있음** 일반이 속한다. 이 열어밝혀져 있음 일반은, 염려라는 현상에 의해서 명백해진 존재구조의 전체를 포괄한다. 염려에는 세계-안에-있음뿐 아니라 또한 세계내부적인 존재자 곁에 있음도 속한다. 현존재의 존재와 그의 열어밝혀져 있음과 더불어 똑같이 근원적으로 세계내부적인 존재자의 발견되어 있음도 있다.

2. 현존재의 존재구성틀에는 그의 열어밝혀져 있음의 구성요소로서 **내던져져 있음**이 속한다. 이 내던져져 있음에서 현존재가 각기 그때마다 이미 나의 [지금의] 이 현존재로서 하나의 특정한 세계 안에 그리고 특정한 세계내부적인 존재자의 특정한 범위 안에 있다는 것이 드러난다. 열어밝혀져 있음은 본질적으로 현사실적 열어밝혀져 있음이다.

3. 현존재의 존재구성틀에는 **기획투사**가, 즉 자기의 존재가능에 대해서 열어밝히면선 존재함이 속한다. 현존재는 이해하는 현존재로서 **자신을** "세계"와 타인들에서부터 이해하거나 또는 자신의 가장 고유한 존재가능에서부터 이해할 수 있다. 마지막으로 언급한 가능성은, 현존재가 자기를 가장 고유한 존재가능에서 가장 고유한 존재가능으로서 자기 자신에게 열어밝히고 있음을 말한다. 이러한 **본래적인** 열어밝혀져 있음은 가장 근원적인 진리의 현상을 본래성의 양태에서 보여준다. 현존재가 그 안에서 존재가능으로서 존재할 수 있는 가장 근원적이고 더욱이 가장 본래적인 열어밝혀

있음은 **실존의 진리**이다. 이 실존의 진리는 현존재의 본래성의 분석[제60절]과 연관해서 비로소 그 실존론적-존재론적 규정을 얻게 될 것이다.

4. 현존재의 존재구성틀에는 **빠져 있음**이 속한다. 우선 대개 현존재는 그의 "세계"에 자기를 상실하고 있다. 가능성들로의 기획투사인 이해는 그리로["세계" 속으로] 옮겨져 있다. "그들" 속에 몰입함은 공공의 해석되어 있음이 지배함을 의미한다. 발견되고 열어밝혀진 것은 잡담, 호기심 그리고 애매함에 의해서 위장되고 은폐된 양태 속에 놓여 있다. 존재자에게로 향한 존재가 소멸되지는 않았지만 뿌리가 뽑혀 있다. 존재자는 완전히 은폐되어 있지는 않지만, 발견되자마자 동시에 위장된다. 존재자는 자신을 내보이지만, 가상의 양태에서이다. 마찬가지로 이전에 발견된 것이 다시 위장과 은폐 속으로 되가라앉고 만다. 현존재는 본질적으로 **빠져 있**기 때문에, 그의 존재구성틀상 "비진리" 안에 있다. 이 명칭["비진리"]은 여기에서 "빠져 있음"이라는 표현처럼 존재론적으로 사용되고 있다. 그 명칭을 실존론적-존재론적으로 사용할 때는 모든 존재적으로 부정적인 "가치평가"를 멀리해야 한다. 현존재의 **현사실성**에는 닫혀 있음과 가려져 있음이 속한다. "현존재는 진리 안에 있다"라는 명제의 온전한 실존론적-존재론적 의미는 똑같이 근원적으로 "현존재는 비진리 안에 있다"를 같이 말하고 있다. 그러나 오직 현존재가 열어밝혀져 있는 한에서만, 현존재는 또한 닫혀 있는 것이다. 현존재와 더불어 각기 그때마다 이미 세계내부적인 존재자가 발견되어 있는 한, 그 같은 존재자가 세계내부적으로 만나게 될 수 있는 것으로서 가려져(은폐되어) 있거나 위장되어 있는 것이다.

그러므로 현존재는 본질적으로 이미 발견된 것도 가상과 위장을 거슬러서 분명히 자기 것으로 하여 발견되어 있음을 자기를 위해서 언제나 거듭 확보해야 한다. 모든 새로운 발견도 전적인 비은폐성의 지반 위에서 이제 처음으로 실행되는 것이 아니라 가상의 양태에서의 발견되어 있음을 출발점으로 해서 실행되는 것이다. 존재자는 마치 ……인 것처럼 보인다. 다시 말해 존재자는 어떤 방식에서는 이미 발견되어 있으나 그럼에도 위장되어 있는 것이다.

진리(발견되어 있음)는 언제나 먼저 존재자에서부터 쟁취되어야 한다. 존재자가 비은폐성을 찢고 나오게 된다. 그때마다의 현사실적 발견되어 있음은 흡사 언제나 일종의 **탈취**이다. 그리스인들이 진리의 본질에 대해서 **결여적 표현**(알-레테이아)으로 말하는 것은 우연인가? 현존재의 이러한 자기를 밖으로 말함에서 자기 자신에 대한 근원적인 존재이해가 표명되고 있는 것은 아닌가? 비록 그것이 단지 비진리-안에-있음이 세계-안에-있음의 본질적인 규정을 이루고 있다는 사실에 대한 존재론 이전의 이해에 불과하더라도 말이다.

파르메니데스를 인도한 진리의 여신이 그를 두 갈래 길, 즉 발견의 길과 은폐의 길 앞에 세웠다는 것의 의미는, 현존재는 각기 그때마다 이미 진리와 비진리 안에 있다는 것에 다름 아닌 것이다. 발견의 길은 오직 크리네인 로고(κρίνειν λόγῳ)에서, 즉 그 두 길을 이해하며 구별하여 그중 하나를 결정하는 데에서만 획득된다.[39]

세계-안에-있음이 "진리"와 "비진리"에 의해서 규정되어 있다는 데에 대한 실존론적-존재론적 조건은, 우리가 **내던져진 기획투사**라고 특징지은 현존재의* 존재구성틀 안에 있다. 이 존재구성틀은 염려의 구조를 이루는 구성요소의 하나이다.

진리의 현상에 대한 실존론적, 존재론적 해석에서 얻은 성과는 다음과 같다. 1. 가장 근원적인 의미에서의 진리는 현존재의 열어밝혀져 있음이

---

[39] K. Reinhardt, *Parmenides und die Geschichte der griechischen Philosophie*(『파르메니데스와 그리스 철학사』, 1916년) 참조. 라인하르트(Karl Reinhardt)는 알레테이아(ἀλήθεια, 진리)와 독사(δόξα, 억견)의 연관과 그 필연성을 위한 존재론적 기초를 분명하게 제시하지는 못했지만, 그래도 그는 처음으로 파르메니데스의 교훈시의 두 부분[제1부 진리의 길, 제2부 억견의 길]의 연관이라는, 많이 다루어지는 문제를 처음으로 개념파악하여 해결했다.

* 현-존재의 그리고 그렇기 때문에 들어서 있음의.

며, 이 열어밝혀져 있음에 세계내부적인 존재자의 발견되어 있음도 속한다. 2. 현존재는 똑같이 근원적으로 진리와 비진리 안에 있다.

이 명제들은 진리현상에 대한 전통적 해석의 지평 내에서 다음의 것들이 제시될 때에 비로소 완전히 통찰될 수 있을 것이다.* 1. 일치로서 이해된 진리는 그 유래를 열어밝혀져 있음에 두는데, 그것이 일정한 변양을 거치는 길 위에서 그렇다. 2. 열어밝혀져 있음의 존재양식 자체가, 우선 열어밝혀져 있음의 파생적 변양이 시야에 들어오게 하여[그 변양으로 하여금] 진리구조에 대한 이론적 설명을 주도하게 만든다.

발언과 그 구조, 즉 서술적 '으로서'는 해석과 그 구조, 즉 해석학적 "으로서"에, 그리고 더 나아가 이해에, 현존재의 열어밝혀져 있음에 기초를 둔다. 그런데 진리가 이런 파생적 발언의 탁월한 규정으로 통하고 있다. 따라서 발언진리의 뿌리는 이해의 열어밝혀져 있음에까지 소급한다.[40] 발언진리의 유래에 대한 이와 같은 지적을 넘어서 이제 **일치의 현상을 분명하게** 그 파생성에서 제시해야 한다.

세계내부적인 존재자 곁에 있음, 즉 배려함은 발견하면서 있다. 그런데 현존재의 열어밝혀져 있음에는 본질적으로 말이 속한다.[41] 현존재는 자기를 밖으로 말한다. 즉 존재자에 대해서 발견하면서 존재함으로서의 **자기를 밖으로 말한다**. 그리고 현존재는 그런 존재로서의 자기를 발견된 존재자에 대한 발언에서 밖으로 말한다. 발언은 존재자를 그것의 발견되어 있음의 방식[어떻게]에서 함께 나눈다. 함께 나눔을 받아들이는 현존재는 받아들이면서 자기 자신을 논의되고 있는 존재자에 대해서 발견하면서 있음으로 데려온다. 밖으로 말해진 발언은 그것의 '그것에 대해서[관련사항]' 안에 존재자의 발견되어 있음을 지니고 있다. 이 발견되어 있음이 밖으로 말해진 것

---

40) 이 책의 제33절 231쪽 이하, "해석의 파생양태인 발언" 참조.
41) 이 책의 제34절 240쪽 이하 참조.
* 결코 그렇게는 될 수 없을 것이다.

안에 보존된다. 밖으로 말해진 것은 흡사 수용되고 계속 이야기될 수 있는 일종의 세계내부적인 손안의 것으로 된다. 발견되어 있음을 보존하기 때문에 손안에 있는 밖으로 말해진 것이 그 자체 안에, 밖으로 말해진 것이 그 때마다 '그것에 대한' 발언인 바로 그 존재자와 어떤 연관을 가지는 것이다. 발견되어 있음은 각기 그때마다 ……의 발견되어 있음이다. 뒤따라 말함에서도 뒤따라 말하는 현존재는 이야기되고 있는 존재자 자체에 대한 존재 안으로 온다. 그러나 이때 현존재는 발견함을 근원적으로 뒤따라 수행하는 일에서는 면제되어 있고 또 면제된 것으로 여긴다.

현존재는 자기 자신을 '원본적인' 경험 속에서 존재자 자체 앞으로 데려올 필요가 없으며 그에 상응하게 이 존재자에 대한 존재 안에 머물러 있다. 발견되어 있음은 대부분 각기 그때마다의 고유한 발견함에 의해서 자기 것으로 만들어지지 않고 말해진 것을 듣고 말함으로써 자기 것으로 만들어진다. 말해진 것에 몰입함은 '그들'의 존재양식에 속한다. 밖으로 말해진 것 그 자체가 발언에서 발견된 존재자에게로 향해 있음을 떠맡는다. 그러나 이 발언 속에서 발견된 존재자가 그것의 발견되어 있음과 관련지어 분명하게 자기 것으로 되어야 한다면, 이는 발언이 발견하는 발언으로 입증되어야 함을 말한다. 그런데 밖으로 말해진 발언은 일종의 손안의 것인데, 이 손안의 것이 발견되어 있음을 보존하면서, 자체 안에 발견된 존재자와 일종의 연관을 가진다. 발언의 발견하면서-있음의 입증은 이제 발견되어 있음을 보존하는 발언의 존재자에 대한 연관을 입증함을 말한다. 발언은 일종의 손안의 것이다. 발언이 그것에 대해서 발견하는 연관을 가지고 있는 그 존재자는 세계내부적인 손안의 것 또는 눈앞의 것이다. 연관 자체가 자신을 눈앞의 연관으로 제공한다. 그러나 연관은, 발언에서 보존되고 있는 발견되어 있음이 각기 그때마다 ……의 발견되어 있음이라는 사실에 놓여 있는 것이다. 판단은 "대상들에 대해서 타당한 어떤 것을 지니고 있다"(칸트). 그런데 연관은 눈앞의 것들 사이의 한 연관으로 자신을 바꿈으로써 이

제 그 자신 눈앞에 있음의 성격을 얻게 된다. ……의 발견되어 있음은 어떤 한 눈앞의 것의, 즉 밖으로 말해진 발언의 눈앞의 것에 대한, 즉 이야기되고 있는 존재자에 대한 눈앞의 적합성으로 된다. 그리고 이 적합성이 또한 그저 눈앞의 것들 사이의 연관으로만 여겨지면, 다시 말해 연관의 관계항들이 무차별하게 그저 눈앞의 것으로 이해된다면, 이 경우 그 연관은 두 눈앞의 것의 눈앞의 일치로서 드러나게 된다.

225 존재자의 발견되어 있음은 발언의 밖으로 말해져 있음과 더불어[발언에서 밖으로 말해짐으로써] 세계내부적인 손안의 것의 존재양식 안으로 미끄러지게 된다. 그런데 이제 ……**의 발견되어 있음으로서의** 그 발견되어 있음 안에 눈앞의 것에 대한 연관이 계속 견지되는 한, 발견되어 있음(진리)은 그나름 또한 눈앞의 것들(지성과 사물) 사이의 눈앞의 연관이 된다.

현존재의 열어밝혀져 있음 안에 기초를 두는 발견되어 있음이라는 실존론적 현상은, 연관성격을 자체 안에 간직하는 눈앞의 속성으로 되고 그리고 그런 속성으로서 일종의 눈앞의 연관으로 잘려나오게 된다. 열어밝혀져 있음 및 발견된 존재자에 대해서 발견하며 존재함으로서의 진리는, 세계내부적으로 눈앞에 있는 것들 사이의 일치로서의 진리로 된다. 이로써 전통적 진리개념의 존재론적 파생성이 제시된 셈이다.

그렇지만 실존론적-존재론적 기초부여 연관의 순서로 볼 때 최후의 것이 존재적-현사실적으로는 첫째이며 가장 가까운 것으로 통한다. 그러나 이 현사실은 그 필연성을 고려해볼 때 다시금 현존재 자신의 존재양식에 근거한다. 현존재는 배려하며 몰입하면서 자신을 세계내부적으로 만나게 되는 것에서부터 이해한다. 발견함에 귀속되는 발견되어 있음이 우선 세계내부적으로 **밖으로** 말해진 것 안에서 발견된다. 그러나 진리만 눈앞의 것으로 만나게 되는 것이 아니다. 존재이해 일반이 우선 모든 존재자를 눈앞의 것으로서 이해한다. 우선 존재적으로 만나게 되는 "진리"에 대해서 우선적으로 존재론적으로 성찰하는 숙고는 로고스(발언)를 로고스 티노스(λογος τινός, ……에 대한 발언, ……의 발견되어 있음)로서 이해하지만, 그 현상을 눈앞의 것으로서 그것의 가능한 눈앞에 있음의 관점에서 해석한다. 그리고 이 눈앞에 있음이 존재 일반의 의미와 동일시되기 때문에, 과연 진리라는 이 존재양식과 그것의 우선 만나게 되는 구조가 근원적인지 아닌지 하는 물음은 도대체 활기를 띨 수 없다. 처음에 지배적이고 오늘날도 여전히 **원칙적으로** 또 **명시적으로** 극복되지 못한 현존재의 존재이해 자체가 진리의 근원적 현상을 감추고 있다.

그러나 이와 동시에 간과해서는 안 될 것은, 이러한 가장 가까운 존재이해가 처음으로 학문적으로 형성되고 지배적이 된 그리스인들에게는 동시에 비록 존재론 이전이기는 하지만 진리에 대한 근원적인 이해가 생생했었으며, 심지어 그들의 존재론 속에 놓여 있는 은폐경향을 거슬러―적어도 아리스토텔레스의 경우는―자기 주장을 했었다는 사실이다.[42]

아리스토텔레스는 "진리의 근원적인 '자리'는 판단이다"라는 테제를 결코 옹호한 적이 없다. 그는 오히려, 로고스는 발견하면서 **또는** 은닉하면서 존재할 수 있는 현존재의 존재방식이라고 말한다. 이 이중의 **가능성**이 로고스의 참임[진리존재]의 특징이다. 로고스는 은닉할 수도 있는 행동관계이다. 그리고 아리스토텔레스가 언급한 테제를 주장한 적이 없기에, 그는 또한 로고스의 진리개념을 순수한 노에인(νοεῖν, 사유함)으로 "확대하려는" 입장에도 이른 적이 없다. 아이스테시스(αἴθησις, 감각적 지각)의 "진리" 또는 "이데아"를 봄의 "진리"는 근원적인 발견함이다. 그리고 노에시스(νόησις, 사유)가 일차적으로 발견하기 때문에, 디아노에인(διανοεῖν, 추론적 사고)으로서의 로고스도 발견의 기능을 가질 수 있는 것이다.

진리의 진정한 "자리"는 판단이라는 테제는 부당하게 아리스토텔레스를 끌어들이고 있을 뿐 아니라, 그 내용상으로도 진리구조를 잘못 알고 있다.

---

42) Aristoteles, *Ethica Nicomacaea*(『니코마쿠스 윤리학』), Ζ 또한 *Metaphysica*(『형이상학』), Θ 10 참조.

발언이 진리의 일차적인 "자리"가 아니라, 오히려 그 역으로, 발언은 발견되어 있음을 자기 것으로 만드는 양태로서 그리고 세계-안에-있음의 방식으로서 현존재의 발견함 또는 **열어밝혀져 있음**에 근거한다. 가장 근원적인 "진리"가 발언의 "자리"이며, 발언이 참 또는 거짓(발견하면서 또는 은닉하면서)일 수 있는 존재론적 가능조건이다.

가장 근원적인 의미로 이해된 진리는 현존재의 근본구성틀에 속한다. 그 명칭은 하나의 실존범주를 의미한다. 그리고 그로써 이미 진리의 존재양식에 대한 물음과, "진리가 [주어져] 있다"라는 전제의 필연성의 의미에 대한 물음에 대답할 윤곽이 앞서 그려진 셈이다.

ㄷ) 진리의 존재양식과 진리의 전제

현존재는 열어밝혀져 있음에 의해서 구성되어 있음으로 본질적으로 진리 안에 있다. 열어밝혀져 있음은 현존재의 한 본질적 존재양식이다. 진리는 오직 현존재가 있는 한에서만 그리고 있는 동안에만 "[주어져] 있다." 존재자는 도대체 현존재가 있는 그때에만 발견되어 있고 그동안에만 열어밝혀져 있다. 뉴턴(Isaac Newton)의 법칙, 모순율, 진리 일반은 현존재가 있는 동안에만 참이다. 현존재가 도대체 있지 않았던 그전과, 현존재가 도대체 더는 있지 않을 그 이후에는, 진리란 없었고 없게 될 것이다. 왜냐하면 그때에는 열어밝혀져 있음, 발견, 발견되어 있음으로서의 진리가 있을 수 없기 때문이다. 뉴턴의 법칙이 발견되기 이전에, 그 법칙들은 "참"이 아니었다. 그러나 여기에서부터 그 법칙들이 거짓이었다라거나, 더욱이, "존재적으로 어떠한 발견되어 있음도 더는 가능하지 않게 되면, 그것들이 거짓일 것이다"라는 것은 귀결되지 않는다. 마찬가지로 진리를 이렇게 "제한한다"고 해서 "진리"의 진리존재[참임]를 깎아내리는 것도 아니다.

뉴턴의 법칙이 뉴턴 이전에는 참도 거짓도 아니었다고 함은, 그 법칙이 발견하면서 제시한 존재자가 그전에는 없었다는 것을 의미하지 않는다. 그 법칙은 뉴턴에 의해서 참이 되었고, 그 법칙과 더불어 존재자가 그 자체에서 현존재에게 접근 가능해진 것이다. 존재자의 발견되어 있음과 더불어 이 존재자는 바로 이전에 이미 있었던 그 존재자로서 자기를 내보인다. 그렇게 발견하는 것이 "진리"의 존재양식이다.

"영원한 진리"가 있다는 것은, 현존재가 영원부터 있었고 영원히 있게 되리라는 데에 대한 증명이 성공했을 때, 비로소 충분하게 입증될 것이다. 그 증명이 시행되지 않는 한, 그 명제는 하나의 환상적인 주장으로 남을 뿐이다. 그 주장이 철학자들에 의해서 통상 "믿어졌다"고 해서 그 주장이 정당성을 얻는 것은 아니다.

모든 진리는 그것이 지니고 있는 본질적인 현존재적 존재양식에 따라 현존재의 존재와 상관적이다. 이 상관성은 가령, 모든 진리는 "주관적이다"를 뜻하는가? "주관적이다"를 "주관의 임의에 맡겨짐"으로 해석한다면, 확실히 그렇지 않다. 왜냐하면 발견함은 그 가장 고유한 의미상 발언함을 "주관적인" 임의에서 뺏어내 발견하는 현존재를 존재자 자체 앞으로 데려오는 것이기 때문이다. 그리고 오직 "진리"가 발견함으로서 현존재의 존재양식이기 때문에, 진리가 현존재의 임의에서 빼앗아질 수 있는 것이다. 진리의 "보편타당성"도 전적으로, 현존재가 존재자를 그 자체에서 발견하고 자유롭게 내줄 수 있다는 데에 뿌리를 둔다. 오직 그렇게 해서만 이 존재자는 자기 자신에 관한 모든 가능한 발언을, 다시 말해 제시를 자기 자신에 붙잡아맬 수 있는 것이다. 진리가 존재적으로 오직 "주체"에만 가능하고 주체의 존재와 존망을 같이한다고 해서 올바로 이해된 진리가 조금이라도 훼손되는가?

실존론적으로 개념파악된 진리의 존재양식에서 이제 진리의 전제[진리가 있음을 전제함]의 의미도 이해될 수 있게 된다. 왜 우리는 진리가 [주어져] 있다고 전제하지 않으면 안 되는가? "전제하다"는 무엇을 말하는가? "하지 않으면 안 된다"와 "우리"는 무엇을 의미하는가? "진리가 [주어져] 있다"는 무엇을 말하는가? "우리"는 진리를 전제하고 있는데, 그 까닭은 "우리"가 현존재의 존재양식으로 존재하면서 "진리 안에" 있기 때문이다. 우리는 진리를, 그것과 우리가 다른 여러 "가치들"처럼 관계도 맺는, 우리 "밖"이나 우리 "위"에 있는 어떤 것으로 전제하지 않는다. 우리가 "진리"를 전제하는 것이 아니라, 오히려* 진리가 도대체, 우리로 하여금 어떤 것을 "전제하며" 존재할 수 있도록 존재론적으로 가능하게 만들고 있는 것이다. 진리가 비로소 전제와 같은 어떤 것을 가능하게 한다.

"전제하다"는 무엇을 말하는가? 어떤 것을 다른 어떤 존재자의 존재의 근거로 이해함을 말한다. 존재자를 그렇게 그것의 존재연관에서 이해함은 오직 열어밝혀져 있음, 다시 말해 현존재의 발견하면서 존재함을 근거로 해서만 가능하다. 이 경우 "진리"를 전제함은, 진리를 '그 때문에' 인간이 존재하는 어떤 것으로 이해함을 의미한다. 그러나 현존재—그는 염려로서의 존재구성틀 안에 놓여 있다—는 각기 그때마다 이미 자기를 앞질러 있다. 현존재는 그에게 그 존재에서 가장 고유한 존재가능이 문제가 되고 있는 존재자이다. 세계-안에-있음으로서의 현존재의 존재와 존재가능에는 본질적으로 열어밝혀져 있음과 발견함이 속한다. 현존재에게는 그의 세계-안에-있을-가능이 그리고 그 안에서 세계내부적인 존재자를 둘러보며 발견하면서 배려함이 문제가 된다. 염려로서의 현존재의 존재구성틀에, 즉 자기를 앞질러 있음에 가장 근원적인 "전제"가 놓여 있다. 현존재의 존재에 이러한 자기를 전제함[자기를 앞서 정립함]이 속하므로, "우리"는 또한 "우리 자신을", 열어밝혀져 있음에 의해서 규정된 것으로서 전제하지 않으면[앞서 정립하지 않으면] 안 된다. 현존재의 존재 안에 놓여 있는 이러한 "전제함"은 현존재 이외에 주어져 있는 현존재적이 아닌 존재자와는 관계하지 않으며 오직 유일하게 자기 자신과 관계한다. 전제된 진리, 또는 그 진리를

---

* 오히려 진리의 본질이 우리를 말해진 것의 '앞서' 속에 놓는다!

규정하고 있어야 할 그 "[주어져] 있음"은 현존재 자신의 존재양식 또는 존재의미를 가지고 있다. 우리는 진리의 전제를 "만들지" 않으면 안 되는데, 그 이유는 그 진리의 전제가 "우리"의 존재와 더불어 이미 "만들어져" 있기 때문이다.

우리는 진리를 전제하지 않으면 안 된다. 현존재 자신이 각기 나의 지금의 이 현존재로서 존재하지 않으면 안 되듯이, 진리는 현존재의 열어밝혀져 있음으로 존재하지 않으면 안 된다. 그것은 현존재가 본질적으로 세계 안에 내던져져 있음에 속한다. 현존재는 그가 "현존재" 안으로 오고자 하는가, 하지 않는가에 대해서 그 자신으로서 일찍이 자유로이 결단했는가, 또 각기 그에 대해서 결정할 수 있게 되겠는가? 왜 존재자가 발견되어 있어야 하며, 왜 진리와 현존재가 존재해야 하는지가 "그 자체로는" 통찰될 수 없다. "진리"의 존재 또는 인식 가능성을 부인하는 회의론에 대한 통상적인 반박은 중도에 선 채 있는 셈이다. 그 반박이 형식적 논증에서 보여주고 있는 것은 단지, 판단이 내려진다면 진리는 전제되어 있다는 것뿐이다. 그것은 발언에는 "진리"가 속한다는 것, 제시는 그 의미상 일종의 발견함이라는 것에 대한 지적이다. 이때, 왜 그래야 하는가, 발언과 진리의 이와 같은 필연적인 존재연관에 대한 존재론적 근거는 어디에 있는가 하는 것은 **설명되지 않은 채로** 남아 있다. 마찬가지로 진리의 존재양식과 전제함의 의미, 현존재 자신 안에 놓여 있는 그 존재론적인 기초의 의미 등이 완전히 어둠에 싸여 있다. 더 너아가 **판단하는 사람이 아무도 없을 때라도**, 도대체 현존재가 있는 한은, 진리가 이미 전제되고 있다는 것이 잘못 인식되고 있다.

진리의 존재가 "증명될" 수 없듯이 회의론자도 반박될 수 없다. 회의론자가 진리를 부정하는 방식으로 현사실적으로 **존재하는** 이상, 그는 또한 반박될 **필요가 없다**. 회의론자가 **존재하면서** 자신을 이 존재 속에서 그렇게 이해한 이상, 그는 자살의 절망 속에서 현존재를 그리고 그로써 진리를 지워버렸을 것이다. 진리는 그 필연성에서 증명될 수 없는데, 그 이유는 현존재가 그 자신을 위해서 새삼스럽게 증명대 위에 설 수 없기 때문이다. "영원한 진리"가 [주어져] 있다는 것이 입증되지 않은 것과 마찬가지로, 일찍이 "진정한" 회의론자가 "있었다"는 것도 입증되지 않았다. 회의론의 반박은 그 시도에도 불구하고 근본에서는 이것을 믿었을 뿐이다. "회의론"에 대해서 형식적-변증법적으로 기습하는 시도가 가진 악의 없음이 인정하고 싶어하는 것보다 더 자주 있었을 것이다.

이렇게 도대체 진리의 존재와 진리를 전제하는 필연성에 대해서 물을 때에는, 인식의 본질에 대해서 물을 때와 마찬가지로 어떤 한 "관념적 주체"를 단초로 삼게 된다. 그렇게 하는 명시적 또는 비명시적 동기는, 철학은 "선험"을 주제로 삼지, "경험적 사실" 그 자체를 주제로 삼지 않는다는, 정당하기는 하지만 존재론적으로 이제 비로소 근거제시되어야 하는 요구에 있다. 그러나 "관념적 주체"를 단초로 삼는 것이 이 요구를 만족시키는가? 그것은 **환상적으로 관념화된** 주체가 아닌가? 그런 주체개념으로써 바로 그저 "사실적"이기만 한 그 주체, 즉 현존재의 선험은 놓치고 마는 것은 아닌가? 현사실적인 주체의 선험에는, 다시 말해서 현존재의 현사실성에는, 현존재가 똑같이 근원적으로 진리와 비진리 안에 있다는 규정성이 속하지 않는가?

"순수 자아"나 "의식 일반"이라는 이념은 "현실적" 주체성의 선험도 가지지 않을 뿐 아니라, 현존재의 현사실성과 존재구성틀과 같은 존재론적 성격들을 건너뛰거나 또는 도대체 보지 못한다. "의식 일반"을 거부하는 것이 선험을 부정하는 것은 아니며, 마찬가지로 관념화된 주체를 단초로 삼음이 곧 현존재의 사태에 근거한 선험성을 보증하는 것은 아니다.

"영원한 진리"를 주장하는 것은, 현상적으로 근거 지어진 현존재의 "관념성"을 관념화된 절대 주체와 혼동하는 것과 다를 바 없이, 철학의 문제틀 내부에 [숨겨져] 있는 오랫동안 철저하게 내몰지 못한 그리스도교 신학의 잔재에 속한다.

진리의 존재는 현존재와 근원적인 연관 안에 놓여 있다. 그리고 오직 현존재가 열어밝혀져 있음, 즉 이해에 의해서 구성된 것으로 존재하기 때문에, 도대체 존재와 같은 것이 이해될 수 있고 존재이해가 가능하다.

존재―존재자가 아니다―는 오직, 진리가 있는 한에서만 "[주어져] 있다." 그리고 진리는 오직, 현존재가 있는 한에서만 그리고 있는 동안에만 있다. 존재와 진리는 똑같이 근원적으로 "있다". 존재가 "있다"―존재는 일체의 존재자와는 구별되어야 한다*면서도―고 함은 무엇을 의미하는가 하는 물음은, 존재의 의미와 존재이해 일반의 사정범위가 해명될 때 비로소 구체적으로 제기될 수 있다. 그때에야 비로소 **존재 그 자체에 대한**, 그 가능성과 변화에 대한 학문이라는 개념에 무엇이 속하는지 또한 근원적으로 해석될 수 있을 것이다. 그리고 이러한 탐구와 그 진리를 제한구별할 때, **존재자에 대한** 발견으로서의 탐구와 그 진리도 존재론적으로 규정될 수 있게 될 것이다.

존재[일반]의 의미에 대한 물음의 대답은 여전히 주어져 있지 않다. 지금까지 수행된 현존재에 대한 기초분석은 언급된 그 물음의 정리작업을 위해서 무엇을 마련해주었는가? 염려의 현상을 밝혀냄으로써 해명된 것은, 그의 존재에 존재이해와 같은 어떤 것이 속하는 그 존재자의 존재구성틀이다. 그로써 현존재의 존재가 동시에 현존재적이지 않은 존재자를 성격규정하는 존재양태들(손안에 있음, 눈앞에 있음, 실재성)과 제한구별되기도 했다. 분명해진 것은, 존재해석을 이해하며 해석하는 절차의 방법적 투명성을 보장한 바로 그 이해 자체이다.

염려와 더불어 현존재의 근원적인 존재구성틀이 획득되었어야 한다면, 이 경우 그것을 근거로 해서 염려 안에 놓여 있는 존재이해도 개념에로 데

---

* 존재론적 차이.

려왔어야 한다. 다시 말해 존재의 의미가 한정될 수 있어야 한다. 그런데 과연 염려라는 현상과 더불어 현존재의 가장 근원적인 실존론적-존재론적 구성틀이 열어밝혀져 있는가? 염려의 현상 속에 놓여 있는 구조의 다양성이 현사실적 현존재의 존재의 가장 근원적 전체성을 제공하는가? 이제까지의 연구가 도대체 현존재를 **전체로서** 시야에 담았는가?

제2편
현존재와 시간성

제45절 현존재에 대한 예비 기초분석의 성과와 이 존재자에 대한 근원적인 실존론적 해석의 과제

현존재에 대한 예비분석을 통해서 획득한 것은 무엇이며, 추구된 것은 무엇인가? 우리가 찾아낸 것은 주제가 된 존재자의 근본구성틀, 즉 세계-안에-있음인데, 이 존재의 본질적인 구조는 열어밝혀져 있음 안에 집결되고 있다. 이 구조전체의 전체성은 염려로서 밝혀졌다. 이 염려 안에 현존재의 존재가 포함된다. 이 존재에 대한 분석은, 현존재의 본질로서 앞서 잡으며 규정한 그것, 즉 실존을 실마리로 삼았다.[1] 이 칭호는 형식적 표시로서, 현존재가 그의 존재에서 바로 이 존재 자체가 문제가 되고 있는 그런 이해하는 존재가능으로서 **존재함**을 말한다. 이 존재자는 그렇게 존재하면서 각기 그때마다 나 자신이다. 염려라는 현상을 끄집어내면서 실존의 구체적인 구성틀을, 다시 말해 실존이 현존재의 현사실성 및 빠져 있음과 똑같은 근원적인 연관 안에 있음을 통찰하게 되었다.

우리가 **추구한 것**은 존재 일반의 의미에 대한 물음의 대답이며, 이에 앞서 모든 존재론의 근본문제*를 근본적으로 정리작업할 수 있는 가능성이다. 그러나 그 안에서 존재 일반과 같은 어떤 것이 이해될 수 있는 지평을 밝히

---

[1] 이 책의 제9절 72쪽 이하 참조.
* 그러나 동시에 '존재-론'에 의해 변형되기도 했다(『칸트와 형이상학의 문제』, 제4편 참조).

드러내 보이는 일은 존재이해 일반의 가능성을 해명하는 일과 같다. 이 존재이해 자체는 우리가 현존재라고 이름한 존재자의 구성틀에 속한다.[2] 그렇지만 자기의 존재에 존재이해가 속하는 그 존재자가 그의 존재와 관련되어 그 자체에서 **근원적으로** 해석되어 있을 때에만, 오직 존재이해가 현존재의 본질적 존재계기로서 **근본적으로** 해명될 수 있을 것이다.

우리는 현존재를 염려라고 존재론적으로 성격규정한 것을 이 존재자에 대한 **근원적인** 해석이라고 요구주장해도 좋은가? 현존재에 대한 실존론적 분석론은 무엇을 규준으로 해서 자신의 근원성 또는 비근원성을 평가받아야 하는가? 이때 존재론적 해석의 **근원성**이란 도대체 무엇을 말하는가?

존재론적 연구란 이해를 정리작업하여 자기 것으로 만드는 것이라고 특징지어진, 해석의 한 가능한 양식이다.[3] 개개의 모든 해석은 나름의 앞서 가짐, 앞서 봄 그리고 앞서 잡음을 가지고 있다. 해석이 [학문적] 해석으로서 탐구의 명시적인 과제가 될 경우, 우리가 **해석학적 상황**이라고 이름한 이 "전제들"의 전체[앞서 가짐, 앞서 봄, 앞서 잡음]는, 열어밝혀야 할 "대상"에 대한 근본경험에 의거해서 그리고 거기에서 선행적으로 해명되고 확보될 필요가 있다. 존재자를 그것에 고유한 존재구성틀과 관련해서 밝히 드러내어야 할 존재론적 해석은, 주제가 되고 있는 존재자를 일차적인 현상적 성격부여를 통해서 앞서 가짐 안으로 데려오도록 해야 한다. 그리고 그 뒤의 분석의 단계들은 이 앞서 가짐에 자기를 맞추어나간다. 그와 동시에 이 분석의 단계들은 해당 존재자의 존재양식에 대한 가능한 앞서 봄에 의해서 이끌려질 필요가 있다. 이때 앞서 가짐과 앞서 봄은 동시에 모든 존재구조를 부각시켜야 하는 개념성(앞서 잡음)을 윤곽 짓는다.

그러나 **근원적인** 존재론적 해석은 도대체 현상적으로 적합하게 확보된 해석학적 상황을 요구할 뿐 아니라, 그것은 또한 과연 그것이 주제가 되는

---

2) 이 책의 제6절 42쪽 이하, 제21절 146쪽 이하, 제43절 295쪽 참조.
3) 이 책의 제32절 224쪽 이하 참조.

존재자의 **전체**를 앞서 가짐으로 데려왔는지, 아닌지를 명시적으로 확실히 해야 한다. 마찬가지로 이 존재자의 존재에 대한 현상적으로 근거한 최초의 윤곽으로 충분하지도 않다. 존재에 대한 앞서 봄은 오히려 그것에 속하는 가능한 존재계기들의 **단일성**의 관점에서 이 존재를 적중시켜야 한다. 그래야 비로소 [온전한] 전체존재자의 존재전체성의 단일성의 의미에 대한 물음이 현상적 확실성을 띠며 제기되고 대답될 수 있다.

이제까지 수행된 현존재에 대한 실존론적 분석은 그것이 기초존재론적으로 요구된 근원성을 보증하는 해석학적 상황에서 자라나왔는가? 획득한 성과─현존재의 존재는 염려이다─에서 이 구조전체의 근원적인 단일성에 대한 물음으로 전진할 수 있는가?

지금까지 존재론적 진행을 주도해온 앞서 봄은 어떠한가? 우리는 실존의 이념을, 그에게 그의 존재 자체가 문제가 되는, 그런 이해하는 존재가능이라고 규정했다. 그런데 이 존재가능은 각기 **나의 존재가능**으로서 본래성 또는 비본래성 또는 이 양자의 양태적 무차별에 대해서 자유롭다.[4] 여태까지의 해석은, 평균적인 일상성에 단초를 두고, 무차별한 또는 비본래적인 실존함의 분석에만 국한되었다. 물론 이미 이 길 위에서도 실존의 실존성의 구체적 규정에 이를 수 있었고 이르지 않을 수 없었다. 그럼에도 실존구성틀에 대한 존재론적 성격부여는 본질적인 결함을 지닌다. 실존은 존재가능을 말한다. 거기에는 본래적인 존재가능도 포함되어 있다. 본래적인 존재가능의 실존론적 구조가 실존의 이념 속으로 받아들여지지 않는 한, **실존론적 해석을 이끄는 앞서 봄에는 근원성이 결여되어 있는 셈이다.**

지금까지의 해석학적 상황의 앞서 가짐은 어떤 상태인가? 실존론적 분석은, 그것이 일상성을 단초로 삼아 **전체** 현존재를, 즉 이 존재자를 그의 "시작"에서부터 그의 "끝"에 이르기까지 주제로 삼는 현상학적 시야에 넣었

---

[4] 이 책의 제9절 72쪽 이하 참조.

다는 것을, 언제 그리고 어떻게 확신했는가? 물론 염려가 현존재구성틀의 구조전체의 전체성이라고 주장된 바 있다.5) 그러나 해석의 단초 속에 이미, 현존재를 전체로서 시야로 데려오는 가능성에 대한 포기가 깔려 있는 것은 아닌가? 일상성은 분명 탄생과 죽음 "사이"의 존재이다. 그리고 실존이 현존재의 존재를 규정하고 실존의 본질이 존재가능에 의해서 함께 구성된다*면, 현존재는 그가 실존하는 한, 존재가능적으로 각기 그때마다 아직 있지 않은 어떤 것이어야 한다. 실존이 그의 본질을 구성하는 그런 존재자는 자기를 온전한 전체존재자로서 파악할 가능성을 본질적으로 거부한다. 해석학적 상황은 지금까지 온전한 전체존재자를 "가짐"조차 확실히 하지 못했을 뿐 아니라, 심지어 과연 그러한 "가짐"이 도대체 달성 가능한가, 현존재에 대한 근원적인 존재론적 해석이—주제가 되고 있는 존재자 자체의 존재양식에 부딪쳐서—실패할 수밖에 없는 것은 아닌가 하는 것마저 의심스러워진다.

한 가지는 오인의 여지가 없어졌다. 현존재에 대한 지금까지의 분석은 근원성에 대한 요구주장을 제기할 수 없다. 앞서 가짐에는 언제나 단지 현존재의 **비본래적인** 존재, 그리고 **전체적이 아닌 것**으로서의 현존재가 들어서 있었다. 현존재의 존재에 대한 해석이 존재론적 근본물음의 정리작업을 위한 기초로서 근원적이어야 한다면, 그것은 현존재의 존재를 앞서 그 가능한 **본래성**과 **전체성**에서 실존론적으로 밝혀놓아야 한다.

이렇게 해서 이제 현존재를 전체로서 앞서 가짐 안으로 세워놓아야 하는 과제가 생긴다. 그렇지만 이것이 의미하는 것은, 먼저 한번 이 존재자의 전체존재가능에 대한 물음을 펼쳐 보이자는 것이다. 현존재에게는, 그가 존재하는 한, 그때마다 각기 그가 그것일 수 있고 그가 그것이 될 어떤 것이 아직 남아 있다. 그런데 이러한 유예[유보] 상태에는 "종말[끝]"이 속한다.

---

5) 이 책의 제41절 282쪽 이하 참조.
* 동시에 이미-존재[이미-존재해옴].

세계-안에-있음의 "종말"은 죽음이다. 존재가능, 다시 말해 실존에 속하는 이 종말은 각기 그때마다 가능한 현존재의 전체성을 제한하며 규정한다. 그러나 죽음에서의 현존재의 종말에-와-있음*은, 그리고 그로써 이 존재자의 전체존재는, 오직 죽음에 대한 존재론적으로 충분한 개념, 다시 말해 **실존론적인** 개념이 획득되어 있을 때에만, 현상적으로 적합하게 가능한 전체존재에 대한 논의 속으로 끌어들일 수 있다. 그러나 죽음은 현존재적으로** 오직 실존적인 **죽음을 향한 존재*** 안에만 있다. 이 존재의 실존론적 구조는 현존재의 전체존재가능의 존재론적 구성틀임이 입증된다. 따라서 실존하는 전체 현존재를 실존론적인 앞서 가짐 안으로 데려올 수 있다. 그러나 현존재는 또한 **본래적으로도** 전체로 실존할 수 있는가? 실존의 본래성이 도대체 어떻게 본래적인 실존함이 아닌 다른 관점에서 규정될 수 있는가? 그것을 위한 [본래적 실존] 기준을 우리는 어디에서 취해야 하는가? 본래적 실존이 현존재에게 존재적으로 강요되는 것도 아니고 존재론적으로 고안된 것도 아니라면, 현존재 자신이 자기의 존재 안에서 그의 본래적인 실존의 가능성과 방식을 앞서 제시해야 한다. 그런데 양심이 본래적 존재가능의 증거를 제시하고 있다. 죽음과 마찬가지로 현존재의 이 현상[양심]도 진정한 실존론적 해석을 요구한다. 이 해석은 현존재의 본래적인 존재가능은 **양심을-가지기를-원함** 안에 있다는 것을 통찰하도록 할 것이다. 그러나 이러한 실존적 가능성은 그 존재의미상 죽음을 향한 존재에 의해서 실존론적으로 규정되려는 경향을 띤다.

현존재의 **본래적 전체존재가능**이 제시됨으로써 실존론적 분석론은 **근원적인** 존재의 구성틀을 확보하게 되지만, 본래적 전체존재가능이 동시에 염려의 양태임도 드러난다. 그로써 또한 현존재의 존재의미를 근원적으로 해

---

*   종말을-향한-'존재'.
** 현존재의 본질에 맞추어 사유할 때.
*** 무(無)존재의 존재.

석하기 위한 현상적으로 충분한 지반도 확보된 셈이다.

그런데 현존재의 실존성의 근원적인 존재론적 근거는 **시간성**이다. 현존재의 존재의 분류된 구조전체성이 염려인데, 이것은 시간성에서부터 비로소 실존론적으로 이해되게 될 것이다. 현존재의 존재의미에 대한 해석은 이 증명에 머물러 있을 수는 없다. 현존재라는 이 존재자에 대한 실존론적-시간적 분석은 구체적인 확증을 필요로 한다. 앞에서 획득한 현존재의 존재론적 구조들은 그것들의 시간적 의미로 소급되어 밝혀져야 한다. 일상성은 시간성의 양태임이 밝혀진다. 그러나 현존재에 대한 예비 기초분석을 이와 같이 반복함으로써 동시에 시간성의 현상 자체가 더 투명해진다. 그런 다음 이 시간성에서부터, 왜 현존재가 그의 존재의 근거에서 역사적이며, 역사적일 수 있으며, 또 **역사적 현존재**로서 역사학을 형성할 수 있는가 하는 것이 이해될 것이다.

시간성이 현존재의 근원적인 존재의미를 형성하고, 이 존재자에게 그의 존재에서 **바로 이 존재 자체**가 문제가 된다면, 염려는 "시간"이 필요하고 그래서 "시간"을 계산에 넣지 않을 수 없다. 현존재의 시간성이 "시간계산"을 형성해낸다. 시간계산 속에 경험된 시간이 시간성의 가장 가까운 현상적 측면이다. 그런 시간에서부터 일상적-통속적 시간이해가 자라나온다. 그리고 이 시간이해는 전통적 시간개념으로 전개되어 나간다.

"그 안에서" 세계내부적인 존재자를 만나게 되는 그 "시간", 즉 시간내재성으로서의 시간의 근원을 해명하면, 시간성의 본질적인 시간화의 가능성이 드러날 것이다. 그로써 시간성의 한층 더 근원적인 시간화를 위한 이해가 준비되는 셈이다. 바로 여기에 [근원적 시간화에] 현존재의 존재를 구성하는 존재이해가 근거한다. 존재 일반의 의미의 기획투사는 시간의 지평 안에서 수행될 수 있다.*

---

* 현-전성(도래와 존재사건).

따라서 이 제2편에서 진행되는 연구는 다음과 같은 단계들을 거친다. 현존재의 가능한 전체존재와 죽음을 향한 존재(제1장), 본래적 존재가능의 현존재적인 증거와 결단성(제2장), 현존재의 본래적인 전체존재가능과 염려의 존재론적 의미로서의 시간성(제3장), 시간성과 일상성(제4장), 시간성과 역사성(제5장), 시간성과 통속적 시간개념의 근원으로서의 시간내재성(제6장).[6]

---

6) 19세기에 키르케고르는 실존문제를 실존적 문제로서 분명하게 포착하여 철저하게 사유했다. 그러나 실존론적* 문제틀이 그에게는 매우 생소해서, 그는 존재론적인 관점에서는 전적으로 헤겔 및 헤겔의 눈에 비친 고대 철학의 지배 아래에 있었다. 그래서 불안의 개념에 대한 논문을 제외하면, 그의 이론적 저술보다 오히려 그의 "교화적" 저술에서 철학적으로 더 많은 것을 배울 수 있다.
* 그리고 그것도 기초존재론적[문제틀], 다시 말해서 도대체 존재물음 그 자체를 목표로 삼는 [문제틀].

제1장
현존재의 가능한 전체존재와 죽음을 향한 존재

제46절 현존재적인 전체존재를 존재론적으로 파악하고 규정하는 것이 불가능해 보임

현존재에 대한 분석을 발생시킨 해석학적 상황의 불충분한 점이 극복되어야 한다. 반드시 획득해야 할 전체 현존재에 대한 앞서 가짐을 염두에 두고, 과연 실존하는 자로서의 이 존재자가 도대체 그의 전체존재에서 접근될 수 있는가 하고 물음을 던져야 한다. 현존재 자신의 존재구성틀 안에 놓인 중요한 여러 근거들이 여기에서 요구되는 과제의 불가능성을 대변하는 듯이 보인다.

현존재의 구조전체의 전체성을 형성하는 염려는 그 존재론적 의미상 분명 이 존재자의 가능한 전체존재와는 모순된다. 염려의 일차적 계기인 "자기를 앞질러"는, 현존재가 그때마다 자기 자신 때문에 실존한다는 것을 말한다. "현존재는 존재하는 한", 자기의 종말에 이를 때까지 자신의 존재가능과 관계를 맺는다. 현존재가 "자기 앞에" 더 이상 아무것도 가지지 않고 "자신의 계산을 끝마쳤을" 때라도 그가 아직 실존한다면, 그의 존재는 여전히 "자기를 앞질러"에 의해서 규정되어 있다. 예를 들어 절망도 현존재를 그의 가능성들로부터 떼어내는 것이 아니라, 단지 이 가능성들을 **향한** 하나의 고유한 존재의 양태일 뿐이다. 이에 못지않게 냉정한 현실적인 "모든 것에 대해서 각오가 되어 있음"도 자체 안에 "자기를 앞질러"를 간직한다. 염려의 이러한 구조계기는 분명하게, 현존재에게는 언제나 자기 자신의 존재가능으로서 아직 "현실적"이지 않은 어떤 것이 남아 있음을 말한다. 따라서 현존재의 근본구성틀의 본질에는 일종의 부단한 미완결성이 놓여 있다. 비전체성은 존재가능에 놓여 있는 유예[유보, 미결, 미완] 상태를 말한다.

그렇지만 현존재에게 단적으로 더 이상 남아 있는 것이 없는 식으로 현존재가 "실존하게" 된다면, 그는 그와 동시에 이미 더 이상-거기에-있지-않은 것이 되고 만다. 존재의 미완[유보] 상태를 제거함은 곧 그의 존재를 없애버림을 말한다. 현존재는 존재자로서 있는 한, 자신의 "전체"에 결코 이르지 못한다. 현존재가 그 전체를 획득하게 될 때, 그 획득은 단적으로 세계-안에-있음의 상실이 될 것이다. 그때에 현존재는 결코 더는 존재자로서 경험될 수 없을 것이다.

현존재를 존재하는 전체로서 존재적으로 경험할 수 없고 따라서 그의 전체존재에서 존재론적으로 규정할 수 없는 불가능성의 이유는 인식능력의 불완전성에 있는 것이 아니다. 장애는 이 존재자의 존재 쪽에 있다. 경험이 현존재를 파악하는 척하는 그대로 그렇게는 결코 있을 수 없는 그것은 원칙적으로 경험의 가능성을 벗어나 있다. 그러나 그렇다면 현존재에게서 존재론적 존재전체성을 읽어낸다는 것은 희망이 없는 기도(企圖)에 불과한 것이 되고 마는가?

"자기를 앞질러"는 염려의 본질적인 구조계기로서 지워버릴 수 없는 것이다. 그러나 우리가 그로부터 끄집어낸 것도 근거가 확실한가? 단지 형식적 논증만으로 전체 현존재에 대한 파악이 불가능하다고 결론 내린 것은 아닌가? 아니면 근본적으로 의도하지 않고 현존재를 하나의 눈앞의 것으로 정립하고, 그에게 부단히 어떤 아직 눈앞에 있지 않은 것을 앞질러 끼워넣은 것은 아닌가? 이 논증은 아직-아님과 "앞질러"를 진정한 실존론적 의미로 파악했는가? "종말"과 "전체성"은 현존재에 현상적으로 부합하는 말인가? "죽음"이라는 표현은 생물학적 의미를 가졌는가, 아니면 실존론적-존재론적 의미를 가졌는가, 아니 도대체 충분하게 확실히 제한구별된 의미를 가지기나 했는가? 그리고 실지로 현존재를 그 전체에서 접근 가능하게 만드는 모든 가능성을 길어냈는가?

현존재의 전체성의 문제를 전혀 쓸모없는 것이라고 삭제하기 전에, 이 물음들에 대한 대답이 요구된다. 현존재의 전체성에 대한 물음은, 가능한 전체존재가능에 대한 실존적 물음뿐 아니라 "종말"과 "전체성"의 존재구성틀에 대한 실존론적 물음도 자체 안에 지금까지 유보되었던 실존현상을 적극적으로 분석해야 한다는 과제를 간직하고 있다. 이러한 고찰의 중심에는 현존재적 종말에 와 있음을 존재론적으로 성격부여하는 일과 죽음에 대한 실존론적 개념을 획득하는 일이 놓여 있다. 이런 것과 연관된 우리의 연구는 다음과 같은 방식으로 분류된다. 타인의 죽음의 경험 가능성과 전체 현존재의 파악 가능성(제47절), 미완, 종말, 전체성(제48절), 죽음의 실존론적 분석과 이 현상에 대한 가능한 다른 해석과의 제한구별(제49절), 죽음의 실존론적-존재론적 구조를 앞서 그려봄(제50절), 죽음을 향한 존재와 현존재의 일상성(제51절), 일상적인 죽음을 향한 존재와 죽음의 완전한 실존론적 개념(제52절), 죽음을 향한 본래적인 존재의 실존론적 기획투사(제53절).

제47절 타인의 죽음의 경험 가능성과 전체 현존재의 파악 가능성

죽음에서 현존재의 전체에 도달하는 것은 동시에 거기에 존재함[현존재]을 상실하는 것이다. 더 이상 거기에 존재하지 않음[현존재가 아님]으로 넘어가게 되면, 그것은 곧 현존재가 이 넘어감을 경험하고 경험된 것으로 이해할 가능성으로부터 배제됨을 의미한다. 그런 가능성은 어쨌거나 자기 자신과 관련해서는 그때마다의 현존재에게는 거부된다. 그럴수록 더 절실하게 타인의 죽음이 눈에 띈다. 따라서 현존재의 끝맺음이 "객관적으로" 접근 가능해지는 것이다. 현존재는 그것도 본질적으로 타인과 더불어 있음이기 때문에 죽음에 대한 경험을 획득할 수 있다. 그리고 죽음의 이러한 "객관적인" 주어져 있음이 또한 현존재전체성을 존재론적으로 한정하는 것을 가능하게 해야 할 것이다.

종말에 이른 타인의 현존재를 현존재전체성의 분석을 위한 대리주제로 238
선택하는, 서로 함께 있음으로서의 현존재의 존재양식에서부터 길어낸 이러한 명백한 정보가 과연 의도하는 목표로 이끌 것인가?

타인의 현존재도 죽음에서 도달된 그의 전체와 더불어 더 이상-세계-안에-있음이 아님이라는 의미에서 더 이상 거기에 있지 않음[더 이상 현존재가 아님]이다. 사망함은 세상을-떠남, 즉 세계-안에-있음의 상실을 말하는 것이 아닌가? 사망한 사람의 더 이상-세계-안에-있지-않음은 어쨌거나―극단적으로 이해하면―물체사물로서 만나게 되는 그저-눈앞에-있음이라는 의미에서 여전히 일종의 존재이다. 타인의 사망에서 우리는 한 존재자가 현존재(또는 생명)라는 존재양식으로부터 더 이상 거기에 있지 않음[더 이상 현존재가 아님]으로 전환되는 것으로 규정될 수 있는 기이한 존재현상을 경험할 수 있다. 현존재로서의 이 존재자의 **종말**은 눈앞의 것으로서의 이 존재자의 **시작**인 셈이다.

그런데 현존재에서부터 그저-눈앞에-있음으로의 전환에 대한 이러한 해석은, 여전히 남아 있는 존재자가 순수한 물체사물로 나타나지 않는 이상, 현상적 구성요소를 결하고 있다. 눈앞에 있는 시체조차도, 이론적으로 보자면, 여전히 병리학적 해부학의 대상인데, 이때 이 해부학의 이해의 경향은 생명의 이념에 방향 잡혀 있다. 그저 눈앞에 있는 그것도 **생명이 없는** 물질적 사물 그 "이상"이다. 우리가 시체에서 만나게 되는 것은 생명을 상실한 **살아 있지 않은** 자이다.

그러나 여전히 남아 있는 것에 대한 이런 식의 성격부여도 완전한 현존재적-현상적 실태를 다 길어낸 것은 아니다.

[유족이 없는] 망자의 경우와는 다르게 [유족이 있는] "고인"은 "유족들"을 떠나는 것이므로 장례, 매장, 묘제의 방식으로 "배려"의 대상이다. 그리고 다시금 그 까닭은 그가 그의 존재양식에서 그저 배려되어야 할 주위세계적 손안의 도구 그 "이상"이기 때문이다. 애도하며 회상하며 그에게 머물러 있으면서 유족들(뒤에 남은 사람들)은 경의를 표하는 심려의 양태 속에 **그와 더불어 있는** 것이다. 그렇기 때문에 죽은 자와의 존재관계는 손안의 것 곁에 배려하며 있음으로 파악되어서는 안 된다.

죽은 자와의 그러한 더불어 있음에서 고인 **자신**은 더 이상 현사실적으로 "거기에" 있지 않다. 그렇지만 더불어 있음은 언제나 동일한 세계 안에 서로 함께 있음을 의미한다. 고인은 우리의 "세계"를 떠나 "세계"를 뒤에 남겨놓았다. 뒤에 남은 사람들은 이 "세계"로부터 아직 **그와 더불어 있을 수** 있다.

고인의 더 이상 거기에 있지 않음이 현상적으로 더 적합하게 파악되면 될수록, 그러한 식의 죽은 자와의 더불어 있음이 바로 그 고인의 본래적인 종말에 이르렀음을 경험하지는 **못한다**는 점이 그만큼 더 분명하게 드러난다. 죽음은 분명 상실로서 드러나지만, 그 상실은 남아 있는 자들이 경험하는 상실 그 이상이다. 어쨌거나 상실의 감수 속에서도 죽은 자가 "감수하는" 존재의 상실 그 자체에는 접근할 수 없다. 우리는 진정한 의미에서 타인의 죽음을 경험하는 것이 아니고, 기껏해야 "그 자리에" 있을 뿐이다.

그리고 그 자리에 있으면서 타인의 죽음을 "심리학적으로" 설명하는 것이 가능하다고 하더라도 그로써[타인의 죽음으로써] 의미되는 존재함의 방식, 즉 종말에 이름은 결코 파악될 수 없을 것이다. 물음이 되고 있는 것은 죽은 자 자신의 존재의 한 존재가능성으로서의 그의 죽음의 존재론적 의미이지, 고인이 남아 있는 자와 나누는 더불어 있음과 여전히 거기에 있음의 방식이 아니다. 타인에게서 경험되는 죽음을 현존재의 종말과 전체성의 분석을 위한 주제로 삼으라는 지침은 그것이 줄 수 있는 것으로 추정되는 그것을 존재적으로도, 존재론적으로도 줄 수 없다.

그러나 현존재의 완결성과 전체성에 대해서 존재론적으로 분석하기 위해서 타인의 죽음을 대리주제로 삼으라는 지시는 무엇보다도 하나의 전제에 터하고 있는데, 이 전제가 현존재의 존재양식을 전적으로 오인한 것임이 입증된다. 이 전제는, 현존재는 임의로 다른 현존재에 의해서 대치될 수 있고, 그래서 자신의 현존재에서 경험할 수 없는 것을 타인의 현존재에서는 접근할 수 있다는 견해에 터한다. 그런데 이 전제가 실제로 그렇게 근거 없는 것인가?

세계 안에 서로 함께 있음의 존재가능성에는 논란의 여지없이 한 현존재가 다른 현존재에 의해서 **대리될 수 있음**도 속한다. 배려의 일상성 속에서는 이런 대리 가능성이 다양하게 부단히 행사되고 있다. 모든 '……에로 감', 모든 '……을 가져옴'은 가까이 배려되고 있는 "주위세계"의 범위 안에서는 대리 가능하다. 세계-안에-있음의 대리 가능한 방식의 폭넓은 다양성은 공공의 서로 함께 있음의 관행화된 양태에로 확대될 뿐 아니라, 또한 마찬가지로 특정한 범위에 국한된, 즉 직업, 신분, 나이에 맞추어 재단된 배려의 가능성에도 해당된다. 그러나 그러한 대리는 그 의미상 언제나 어떤 것 "안에서"나 어떤 것 "곁에서"의 대리, 다시 말해서 어떤 것을 배려하는 대리이다. 그런데 일상적 현존재는 우선 대개, 그가 흔히 배려하고 있는 **그것**에서부터 자신을 이해하고 있다. "사람"은 그가 종사하고 있는 그것이다. 이 존재, 즉 배려되고 있는 "세계"에 일상적으로 서로 함께 몰두해 있음과 관련해서 도대체 대리 가능성이 가능할 뿐 아니라, 이것은 심지어 그 구성요소로서 서로 함께 있음에 속하는 것이기도 하다. 여기에서 심지어 한 현존재는 일정한 한계 안에서는 다른 현존재로 "**존재할**" 수 있고 존재해야 한다.

그런데 현존재의 종말에 이름을 구성하고 그에게 그 자체로서 그의 전체를 주는 존재가능의 대리가 문제가 될 경우에는, 이러한 대리 가능성은 완전히 부서지고 만다. 어느 누구도 타인에게서 그의 죽음을 빼앗을 수는 없다. 물론 누군가가 "타인을 위해서 죽을" 수는 있다. 그렇지만 이것은 언제나 "어느 특정한 일에서" 타인을 위해 자기를 희생함을 말한다. 그러나 누구를 위한 그러한 죽음은 결코, 그로써 타인에게서 그의 죽음을 조금이라도 덜어주었음을 의미하지 않는다. 모든 현존재는 각기 죽음을 그때마다 스스로 자기 위에 받아들이지 않으면 안 된다. 죽음은, 그것이 "있는" 한, 본질적으로 각기 그때마다 나의 죽음이다. 그리고 죽음은 거기에서 단적으로 각기 자신의 고유한 현존재의 존재가 문제가 되는 독특한 존재가능성을 의미한다. 사망함에서 드러나는 것은, 죽음*이 존재론적으로 각자성과 실존에 의해서 구성된다는 점이다.[1] 사망은 사건이 아니라 실존론적으로 이해되어야 할 현상이며 좀더 자세하게 한정되어야 할 탁월한 의미에서의 현상이다.

그러나 사망으로서의 "끝남"이 현존재의 전체성을 구성한다면, 전체의 존재 자체는 각기 자신의 고유한 현존재의 실존론적 현상으로서 개념파악되어야 한다. "끝남"과 그에 의해서 구성된 현존재의 전체존재에는 본질적으로 대리란 없다. 앞에서 제안된 해결책은 그것이 타인의 사망을 전체성의 분석을 위한 대리주제로 앞에 끼워넣을 때, 이와 같은 실존론적 사실요소를 오인하고 있는 것이다.

이렇게 현존재의 전체존재를 현상적으로 적합하게 접근할 수 있는 것으로 만들어 보려는 시도는 새삼 실패하고 만다. 그러나 숙고의 결과가 부정적이지는 않다. 그 숙고는 대충이기는 하지만 현상에 방향을 잡고 수행된 것이다. 죽음이 실존론적 현상으로서 제시되었다. 이 현상은 우리의 연구를 각기 자신의 고유한 현존재에 순수하게 실존론적으로 방향 잡도록 몰아붙인다. 이제 사망으로서의 죽음에 대한 분석을 위해서 남아 있는 가능성

---

[1] 이 책의 제9절 72쪽 이하 참조.
* 죽음과의 현존재적인 연관, 죽음 자체 = 그의 도래—등장, 사망함.

은, 이 현상을 순수 **실존론적인** 개념에로 데려오든가 아니면 그 현상에 대한 존재론적인 이해를 포기하든가 하는 것뿐이다.

그 외에도 현존재에서 더 이상 세계-안에-있음이 아님으로서의 더 이상 현존재가 아님으로 넘어감을 성격규정할 때, 사망의 의미에서 **현존재**가 세계에서 사라짐을 그저 살아 있는 것[단순한 생명체]의 세계에서 사라짐과는 구별해야 한다는 점이 드러났다. 한 생명체의 끝남을 우리는 용어상 끝나버림이라고 파악한다. 이 구별은 현존재적인 끝남을 생명의 종말과 제한구별할 때에만 분명해질 수 있다.[2] 물론 사망을 생리학적-생물학적으로 파악할 수도 있다. 그러나 의학적인 "사망"의 개념이 끝나버림의 개념과 일치하지는 않는다.

죽음의 존재론적 파악 가능성에 대한 지금까지의 논의에서 동시에 명확해지는 것은 이것이다. 즉 눈치채지 못하게 다른 존재양식(눈앞에 있음이나 생명)의 존재자로 대치하도록 몰아붙이는 바람에 [죽음이라는] 현상에 대한 해석이, 아니 이미 그 현상의 적합한 최초의 앞서 가짐마저도 혼란에 빠질 위험에 처한다는 점이다. 앞으로의 분석을 위해서, 종말과 전체성 등과 같은 구성적인 현상들에 대한 충분한 존재론적 규정성이 모색될 수 있는 방향으로만 우리는 죽음의 현상을 만나야 한다.

제48절 미완, 종말, 전체성

종말과 전체성에 대한 존재론적인 성격부여는 이 연구의 테두리 안에서는 그저 잠정적일 따름이다. 그 일을 충분하게 마무리 짓기 위해서는 종말 일반과 전체성 일반의 **형식적 구조**를 끄집어내는 일만이 요구되는 것이 아니다. 그것은 동시에 양자의 영역적 변형들, 다시 말해 탈형식화된, 그때마다

---

[2] 이 책의 제10절 77쪽 이하 참조.

각기 특정한 "사태내용적인" 존재자와 연관된, 그리고 이 존재자의 존재에 서부터 규정되는 구조적 변형들도 풀어헤치는 것을 필요로 한다. 이러한 과제는 다시금, 존재자 일체의 영역적 구별을 요구하는 그런 존재양식들에 대한 충분하고 명백한 적극적인 해석을 전제한다. 그러나 이러한 존재방식들에 대한 이해는 존재 일반에 대한 명료한 이념을 요구한다. 종말과 전체성에 대한 존재론적 분석을 적합하게 마무리 짓는 일은 주제의 광범성 때문에 실패할 뿐 아니라, 또한 다음과 같은 원칙적인 어려움 때문에 실패한다. 즉 그 과제를 성취하기 위해서는 이 연구에서 추구하는 것(존재 일반의 의미)이 이미 발견되고 잘 알고 있는 것으로서 전제되지 않으면 안 된다는 어려움이다.

다음의 고찰의 주요 관심사는 종말과 전체성의 "변형들"에 향해 있는데, 그것들은 현존재의 존재론적 규정성으로서 이 존재자에 대한 근원적인 해석을 이끌어가야 한다. 이미 산출한 현존재의 실존론적 구성틀을 끊임없이 염두에 두고 우리가 결정하려고 시도해야 하는 것은 이것이다. 즉 우선 당장 밀어닥치고 있는 종말과 전체성이라는 개념이—그것들이 범주적으로 아직 규정되지 않은 채 남아 있다고 하더라도—과연 얼마만큼 현존재에게 부적합한가 하는 것이다. 그러한 개념들의 퇴치는 그것들의 특수한 영역에 대한 적극적인 **지시**로 형성되어야 한다. 그로써 실존범주로 변화된 죽음과 전체성에 대한 이해가 확고해질 것이며, 이것은 죽음에 대한 존재론적 해석의 가능성을 보장할 것이다.

그러나 현존재의 종말과 전체성에 대한 분석이 그토록 폭넓은 방향 설정을 취한다고 해서, 그것이 곧, 종말과 전체성에 대한 실존론적 개념이 연역의 방법으로 획득되어야 함을 말하는 것은 아니다. 오히려 그 반대로, 현존재가 종말에 이름이라는 실존론적 의미를 이 현존재 자신에서부터 취해, 어떻게 그러한 "끝남"이 **실존**하고 있는 존재자의 **전체존재**를 구성할 수 있는지를 보여주는 것이 중요하다.

지금까지 죽음에 대해서 논의된 것을 다음과 같은 세 가지 테제로 정식화할 수 있다. 1. 현존재에게는, 그가 존재하는 한, 그가 [앞으로] 존재하게 될 어떤 '아직 아님'이, 즉 부단한 미완이 속한다. 2. 각기 그때마다 '아직 종말에 이르지 않은 자'의 '종말에 이름(미완을 존재에 맞추어 제거함)'은 더 이상 현존재가 아님[더 이상 거기에 있지 않음]이라는 성격을 가진다. 3. 종말에 이름은 그때마다의 현존재를 단적으로 대리할 수 없는 어떤 존재양태를 자체 안에 포함한다.

죽음과 함께 종말을 고하는 부단한 "비전체성"은 현존재에게서 삭제할 수 없다. 그러나 현존재가 존재하는 한, 그에게는 이러한 '아직 아님'이 "속해 있다"는 현상적 실상을 **미완**이라고 해석해도 되는가? 우리는 어떤 존재자와 연관 지어 미완을 이야기하고 있는 것인가? 그 표현은, 어떤 존재자에게 분명 "속하기는" 하지만 아직은 결여되어 있는 바로 그것을 의미한다. 결여로서의 미완은 귀속성에 근거한다. 예를 들어 아직 받지 못한 빚 정산의 잔금이 미완[미불]으로 있는 것이다. 미완[미불]인 것은 아직 마음대로 할 수 없다. 미완[미불]의 제거로서의 "빚"의 상환은 잔금이 계속 회수되는 "들어옴[입금]"을 의미한다. 그렇게 되어 "아직 아님"이 흡사 전부 채워져 마침내 빚진 총액이 "다 모아지게" 되는 것이다. 그렇기 때문에 미완은 함께 속해 있는 것이 아직 다 모여 있지 않음을 의미한다. 존재론적으로 거기에 모아들여야 할 부분들의 손안에 있지 않음이 놓여 있다. 이때 이 부분들은 이미 손안에 들어와 있는 그것들과 같은 존재양식인데, 그것들은 잔금의 입금에 의해서 그 존재양식이 변하지는 않는다. 존립하는 "다 함께 있지 않음"이 모여드는 부분들의 결합으로 탕감된다. 아직 어떤 것이 미완으로 있는 존재자는 손안의 것의 존재양식을 가지고 있다. "전부 함께" 또는 그 안에 기초하고 있는 "다 함께 있지 않음"을 우리는 **총합**이라고 특징짓는다.

그러나 '전부 함께'라는 양태에 속하는 이 '다 함께 있지 않음', 즉 미완으로서의 결여는, 가능한 죽음으로서 현존재에게 속하는 "아직-아님"을 결코 존재론적으로 규정할 수 없다. 현존재라는 이 존재자는 도대체 세계내부적인 손안의 것의 존재양식을 가지고 있지 않다. 현존재가 "자신의 생애"를 완료할 때까지 "자신의 과정" 속에 그것으로 [계속] 있는 이 존재자의 '전부 함께'는 존재자─이것은 그 자체 이미 어떻게든 어디에든 손안에 있다─를 "계속해서" 부분부분 접목해서 구성되는 것이 아니다. 현존재는 그의 '아직-아님'이 채워지면 비로소 전부 함께 있게 되는 것이 아니다. 오히려 바로 그때에 그는 더 이상 존재하지 않는다. 현존재는 각기 그때마다 이미 언제나 그에게 그의 '아직-아님'이 속해 있는 식으로 실존한다. 현존재의 존재양식을 가져야 할 필요가 없으면서도 그것에게 '아직-아님'이 속할 수 있는 존재자─그래서 그것이 존재하는 그대로인 존재자─는 없는가?

예를 들어 사람들은 이렇게 말할 수 있다. 만월이 되기까지 달에는 아직 마지막 4분의 1이 [채워지지 않은 채] 남아 있다. 이 '아직-아님'은 달을 가리는 그림자가 사라짐에 따라 줄어든다. 이때에도 물론 달은 언제나 이미 전체로서 눈앞에 있다. 만월로서도 달을 결코 **전체적으로** 파악할 수 없다는 사실은 차치하더라도, 여기에서 '아직-아님'은 결코 달에 속하는 부분들이 아직 다 함께 있지 않음을 뜻하는 것이 아니다. 그것은 오로지 지각하는 **파악**에만 해당되는 것이다. 그러나 현존재에 속하는 '아직-아님'은 일시적으로 자신의 경험이나 타인의 경험에 접근 불가능할 뿐 아니라, 그것은 도대체 아직 "현실적이지" 않다. 문제는 현존재적인 '아직-아님'의 **파악**에 관한 것이 아니라, 그것의 가능한 **존재** 또는 **비존재**에 관한 것이다. 현존재는 그가 아직 아닌 그 자기 자신이 **되어야**, 다시 말해 그 자기 자신으로 **존재해야** 하는 것이다. 따라서 현존재적인 '아직-아님'의 **존재**를 비교하면서 규정할 수 있기 위해서는 그것의 존재양식에 생성[되어감]이 속하는 존재자를 고려에 넣어야 한다.

예를 들어 설익은 열매가 무르익어 간다. 이때 이 성숙함[익어감]에, 아직 그것이 아닌 바로 그것이 '아직-눈앞에 있지 않은 것'으로서 부분부분

접합되는 것이 아니다. 과일 자체가 성숙해가는[익어가는] 것이며, 그러한 스스로 성숙해감이 과일의 존재를 과일로서 성격규정한다. 과일이라는 이 존재자가 그 스스로 익어가지 않는다면, 생각할 수 있는 것을 다 동원한다고 해도 그 과일의 설익음을 제거할 수는 없을 것이다. 설익은 아직-아님은 과일과 무관하게 과일에 붙어서 과일과 함께 [눈앞에] 있을 수 있는, 어떤 외부의 다른 것을 의미하지 않는다. 그것은 과일 자체를 그 특수한 존재양식에서 의미한다. 아직 채워지지 않은 총합은 손안의 것으로서 비는[아직 없는] 손안에 없는 나머지에 대해서 "무관하다". 엄밀히 말해 이 총합은 나머지에 대해서 무관한 것도, 무관하지 않은 것도 아니다. 그렇지만 익어가는 과일은 자기 자신의 타자로서의 미숙에 대해서 무관하지 않을 뿐 아니라, 그것은 익어가면서 설익음으로 있는 것이다. 아직-아님은 이미 과일의 고유한 존재와 연관되어 있으며 그것도 임의 규정으로서가 아니라 구성요소로서 연관되어 있다. 이에 상응하게 현존재도, 그가 존재하는 한, 각기 그때마다 이미 그의 아직 아님으로 있는 것이다.[3]

현존재에서 "비전체성"을 이루는 것, 즉 끊임없는 '자기를 앞질러'는 어떤 총합적인 '전부 함께'의 미완도 아니고 더더욱이 아직 접근 가능하게 되어 있지 않음도 아니며, 각기 그때마다 한 현존재가 그가 그것인 존재자로서 존재해야 하는 어떤 '아직-아님'이다. 그럼에도 이것을 과일의 미숙과 비교해보면 어떤 일정한 일치에도 분명 본질적인 구별이 드러난다. 이 구별에 유의한다는 것은, 종말과 끝냄에 대한 지금까지의 이야기가 [여전히] 규정되지 않았음을 인식하는 것이다.

비록 익어감[성숙함]이, 즉 과일의 특수한 존재가 아직-아님[설익음]의 존

---

[3] 전체와 총합, 홀론(ὅλον)과 판(πᾶν), 토툼(totum)과 콤포시툼(compositum)의 구별은 플라톤과 아리스토텔레스 이래로 잘 알려져 있다. 물론 그로써 이 구별 속에 이미 포함된 범주적 변형의 체계성이 인식되고 개념으로 끌어올려진 것은 아니다. 문제가 되는 구조의 상세한 분석의 단초로는 E. Husserl, *Logische Untersuchungen*(『논리연구』), 제2권, 제3연구, "전체와 부분에 관한 학설" 참조.

재양식으로서 형식적으로 현존재와 일치한다고 하더라도, 다시 말해 과일과 같이 현존재도 좀더 한정해야 할 의미로 각기 그때마다 이미 자신의 아직-아님으로 있다는 점에서 일치한다고 하더라도, 그것은 "종말"로서의 성숙과 "종말"로서의 죽음이 존재론적인 종말구조의 관점에서도 합치한다는 것을 의미할 수는 없다. 성숙과 함께 과일은 자기를 **완성한다**. 그러나 현존재가 도달하는 죽음도 과연 이러한 의미로 완성인가? 현존재는 물론 죽음과 함께 자신의 "생애를 완료했다". 그러나 그가 그로써 필연적으로 자신의 특별한 가능성을 다 소진했는가? 오히려 그에게서 그 가능성들을 박탈한 것은 아닌가? "미완성"의 현존재도 끝난다. 다른 한편 현존재는 그의 죽음과 함께 비로소 성숙에 도달할 필요가 없는데, 그것은 현존재가 종말에 이르기 전에 성숙을 넘어설 수도 있기 때문이다. 대개 현존재는 미완성으로 끝나거나 아니면 미완성에서 무너지거나 탈진되고 만다.

끝남이 필연적으로 자기를 완성함을 말하는 것은 아니다. 이제 어떤 의미에서 도대체 죽음이 현존재의 끝남으로 개념파악되어야 하는가 하는 물음이 더 절실해진다.

끝남은 우선 **중단함**을 의미하는데, 이것도 다시금 존재론적으로 상이한 의미를 띤다. 비가 그쳤다[중단되었다]. 비가 더 이상 눈앞에 내리지 않는다. 길이 끝났다[중단되었다]. 이 끝남은 길을 사라지게 하는 것이 아니라, 오히려 그러한 중단함이 길을 이 길로서 눈앞에 있는 것으로 규정한다. 따라서 중단함으로서의 끝남은, 눈앞에 있지 않음으로 넘어감이나 또는 끝남과 함께 비로소 눈앞에 존재함을 의미한다. 마지막에 언급된 이 끝남은 다시금 **마무리되지 않은 채** 눈앞에 있는 것을 규정하든가—건설 중에 있는 길이 끊겨 있는 경우—아니면 어떤 눈앞의 것의 "마무리"를 구성하든가—마지막 붓질로 그림이 마무리되는 경우—할 수 있다.

그러나 마무리됨으로서의 끝남이 완성을 자기 안에 포함하는 것은 아니다. 실은 그 반대로 완성되기를 바라는 것이 자신의 가능한 마무리에 도달해야 하는 것이다. 완성은 "마무리"의 한 기초 지어진 양태이다. 그리고 이 마무리 자체는 오직 어떤 눈앞의 것이나 손안의 것의 규정으로서만 가능하다.

사라져버림의 의미에서의 끝남도 존재자의 존재양식에 상응해서 변양될 수 있다. 비 내리는 것이 그쳤다는 것은 비가 사라졌음을 의미한다. 빵이 다 떨어졌다[끝났다]는 것은 다시 말해 다 소모해버려서 손안의 것으로 더 이상 가지고 있지 않음을 말한다.

이러한 끝남의 양태 중 어느 것으로도 현존재의 종말로서의 죽음을 적합하게 성격규정할 수는 없다. 만일 사망함이 이야기된 양식의 끝남의 의미로 끝에-와-있음으로 이해된다면, 그로써 현존재는 눈앞의 것 또는 손안의 것으로 정립될 것이다. 죽음에서 현존재는 완성되는 것도 아니고 단순히 사라지는 것도 아니고, 더욱이 마무리되거나 손안의 것으로서 처리 가능한 것이 되는 것도 아니다.

현존재는 그가 존재하고 있는 한 이미 자신의 아직-아님으로 **존재하듯**이, 그는 또한 언제나 이미 그의 종말로 **존재한다**. 죽음으로 의미되는 끝남은 현존재의 끝에-와-있음이 아니라 오히려* 현존재라는 이 존재자의 종**말을 향한 존재**인 것이다. 죽음은, 현존재가 존재하는 동안, 현존재를 떠맡는 존재함의 한 방식이다. "인간은 태어나자마자 이미 죽기에는 충분히 늙어 있다."[4)]

종말을 향한 존재로서의 끝남은 현존재의 존재양식에서부터 존재론적으로 해명될 것을 요구한다. 그리고 아마도 또한 끝남에 대한 실존론적 규정에서부터 비로소, "종말" "이전에" 놓여 있는 아직-아님으로 실존하는 존재의 가능성도 이해될 수 있을 것이다. 종말을 향한 존재에 대한 실존론적 해

---

4) *Der Ackermann aus Böhmen*(『보헤미아 출신의 농부』), A. Bernt, K. Burdach 발행. (중세에서 종교개혁까지. 독일 교육사 연구, K. Burdach 편집, 제3권, 제2부) 1917년, 제20장, 46쪽.

* 사망함으로서의 죽음은.

명이 또한 비로소, 현존재의 전체성—이 전체성이 "종말"로서의 죽음에 의해서 구성되어 있어야 한다면—에 대한 이야기의 가능한 의미를 한정할 충분한 기반도 마련해줄 것이다.

아직-아님을 밝히는 데에서 출발하여 끝남에 대한 성격규정을 거쳐 현존재적인 전체성의 이해에 도달하려는 우리의 시도는 목표에 이르지 못했다. 이 시도는 단지 **부정적으로**, 각기 그때마다 현존재가 **존재하고 있는** 그 아직-아님이 미완으로서 해석되는 것을 거부한다는 것을 보여주었다. 현존재가 실존하면서 그것을 향해 있는 그 종말은 끝에-와-있음에 의해서는 적합하게 규정되지 않은 채로 남는다. 그러나 동시에 이 고찰은 고찰의 방향이 거꾸로 되어야 함을 분명히 해야 했다. 문제의 현상들(아직-아닌-존재, 끝남, 전체성)을 긍정적으로 성격부여하는 일은 현존재의 존재구성틀에 명료하게 방향 잡을 때에만 성공한다. 그러나 이 명료성은 소극적으로는, 존재론적으로 현존재에 반대되는 종말구조와 전체성구조가 속한 영역을 통찰함으로써 잘못된 길로 가지 않도록 해준다.

이제 우리는 죽음과 그 종말의 성격에 대한 적극적인 실존론적 분석적 해석을 지금까지 얻은 현존재의 존재구성틀을 실마리로 삼아서, 즉 염려의 현상을 가지고 수행해야 한다.

제49절 죽음의 실존론적 분석과 이 현상에 대한 가능한 다른 해석과의 제한구별

죽음에 대한 존재론적 해석*의 명료성이 먼저 확보되어야 한다. 그런데 그러기 위해서는, 이 해석이 물을 수 없는 것은 무엇이며, 무엇에 대한 정보와 지침을 이 해석에서 기대해도 소용없는지를 분명하게 의식해야 한다.

---

* 다시 말해서 기초존재론적으로.

가장 넓은 의미로 죽음은 삶의 한 현상이다. 삶*은 세계-안에-있음이 거기에 속하는 존재양식으로 이해되어야 한다. 이 존재양식은 오직 현존재에 결여적으로 방향 잡아서만 존재론적으로 확정될 수 있다. 현존재 역시 순수한 삶[생명]으로서 고찰될 수 있다. 생물학적-생리학적 물음제기에서 현존재는, 우리가 동물계와 식물계로 알고 있는 존재구역에 속한다. 이 분야에서는 존재적 확정에 의해서 식물, 동물 및 인간의 수명에 관한 자료와 통계를 획득할 수 있다. 수명, 생식 및 성장 사이의 연관들이 인식될 수 있다. 죽음의 "양식들", 원인들, 죽음이 출현하는 "장치"와 방식들이 탐구될 수 있다.5)

죽음에 대한 이러한 생물학적, 존재적 탐구의 밑바탕에는 존재론적 문제틀이 깔려 있다. 물어져야 할 것은, 어떻게 죽음의 본질이 삶[생명]의 존재론적 본질에서부터 규정되는가 하는 것이다. 죽음에 대한 존재적 연구는 어떤 방식으로든 이 점에 대해서 언제나 이미 결정을 내렸다. 그 연구에서는 삶과 죽음에 대해서 다소 해명된 개념들이 작용하고 있다. 이 개념들은 현존재의 존재론에 의해서 앞서 윤곽 잡힐 필요가 있다. 현존재의 존재론은 순서상 삶의 존재론 앞에 놓이지만, 이 현존재의 존재론 내부에서 다시금 죽음에 대한 실존론적 분석론은 순서상 현존재의 근본구성틀에 대한 성격규정 뒤에 놓인다. 생명체의 끝남을 우리는 **끝나버림**이라고 명명했다. 현존재도 자신의 생리학적 생명체적 죽음을 "가지고 있지만" 존재적으로 고립되지 않고 그의 근원적인 존재양식에 의해서 함께 규정되는 한, 그러나 현존재가 본래적으로 사망하지 않으면서도 끝날 수 있는 한, 그러면서도 다른 한편 현존재로서 단순히 끝나버리지는 않는 한, 우리는 이러한 중간 현상을 **삶을 다함**이라고 지칭한다. 그러나 **사망**은 현존재가 그 안에서 자기의 죽음을 향해 존재하는 그런 **존재방식**에 대한 명칭으로서 통용된다고 했

---

5) 이에 대해서는 E. Korschelt, *Lebensdauer, Altern und Tod*(『수명, 노화 그리고 죽음』), 제3판, 1924년의 포괄적 서술을 참조, 특히 414쪽 이하의 풍부한 문헌 목록도 참조.
* 인간의 삶을 의미하는 경우에만 그렇지, 그 외에는 아니다—'세계'.

다. 따라서 현존재는 결코 끝나버리는 것이 아니라고 말해야 할 것이다. 그러나 현존재는 오직 그가 사망하는 동안에만은 삶을 다할 수 있다. 삶을 다함에 대한 의학적-생물학적 연구가 존재론적으로도 중요성을 가질 수 있는 성과를 획득할 수 있는데, 죽음의 실존론적 해석을 위한 근본방향정립이 확보되어 있을 때 그렇다. 아니면 병과 죽음 일반까지도—의학적으로도—일차적으로 실존론적 현상으로서 개념파악되어야 하는 것은 아닌가?

죽음에 대한 실존론적 해석은 그 모든 생물학과 생명의 존재론에 앞서 놓여 있다. 그 해석이 비로소 죽음에 대한 그 모든 전기적-역사학적 연구 및 인종학적-심리학적 연구에 기초를 준다. "사망"의 "유형학"은, 삶을 다함이 "체험되는" 그 상태와 방식들에 대한 성격부여로서 이미 죽음의 개념을 전제한다. 그뿐 아니라 "사망"의 심리학은 사망 자체에 대해서보다 오히려 "사망하는 자"의 "삶"에 대해서 해명한다. 이것은 현존재가 현사실적 삶을 다함에서 비로소 사망하거나 심지어 본래적으로 사망하는 것이 아님을 반영하는 것에 불과하다. 마찬가지로 죽음에 대한 원시인들의 견해, 주술과 제사에서 보이는 그들의 태도 등도 일차적으로 **현존재**의 이해를 밝히는데, 이 현존재이해의 해석은 이미 일종의 실존론적 분석론 및 그에 상응하는 죽음에 대한 개념을 필요로 한다.

다른 한편 종말을 향한 존재에 대한 존재론적 분석이 죽음에 대한 어떤 실존적인 입장표명을 앞서 잡는 것은 아니다. 죽음이 현존재의, 다시 말해 세계-안에-있음의 "종말"로서 규정될 때, 그로써 "죽은 뒤에" 다른 좀더 높거나 또는 낮은 존재가 가능한지, 현존재가 "계속 살아가는지" 아니면 "장수하여" "불사하는지" 등에 대해서는 아무런 존재적 결정을 내리고 있지 않다. 죽음에 대한 태도의 규범과 규율이 "교화"를 위해서 제시되어야 하듯이, "피안"과 그 가능성은 "차안"에 대해서와 마찬가지로 존재적으로 결정되지 않는다. 그러나 죽음의 분석은 그것이 그 현상을 오로지, 그것이 그때그때의 현존재의 존재가능성으로서 어떻게 이 **현존재 안으로 들어서는**

가 하는 관점에서만 해석하는 한에서, 순수 "차안적으로" 남아 있는 셈이다. 죽은 뒤에 무엇이 있는가 하는 **물음**은 죽음이 그 완전한 존재론적 본질에서 개념파악된 뒤에야 비로소 의미와 권한을 갖추고 또 방법적으로도 확실하게 제기될 수 있을 것이다. 그러한 물음이 도대체 가능한 이론적인 물음을 나타내는가, 아닌가 하는 것은 여기에서는 결정되지 않은 채로 남는다. 죽음의 차안적 존재론적 해석이 모든 존재적-피안적 사변에 앞서 놓여 있다.

마지막으로 "죽음의 형이상학"이라는 명칭 아래 논의됨 직한 것도 죽음에 대한 실존론적 분석의 구역 밖에 있다. 어떻게 그리고 언제 죽음이 "이 세상에 찾아왔는가", 죽음이 해악과 고통으로서 일체의 존재자 속에서 어떤 "의미"를 가질 수 있고 가져야 하는가 하는 물음들은 필연적으로 죽음의 존재성격에 대한 이해를 전제할 뿐 아니라, 전체적으로는 일체의 존재자에 대한 존재론을, 특수하게는 해악과 부정성 일반에 대한 존재론적 해명을 전제한다.

죽음에 대한 실존론적 분석론은 생물학, 심리학, 변신론(辯神論) 및 신학 등에서의 죽음에 대한 물음보다 방법적으로 순서상 앞에 놓인다. 존재적으로 보면, 실존론적 분석론의 성과들은 모든 존재론적 성격부여가 가진 독특한 **형식성**과 공허함을 내보인다. 그렇지만 이 점이 [죽음이라는] 현상의 풍부하고 뒤엉킨 구조에 대해서 맹목적이도록 만들어서는 안 된다. 현존재의 존재양식에 고유한 방식으로 가능존재가 속하기 때문에, 이미 현존재가 도대체 눈앞의 것으로서는 결코 접근될 수 없다면, 죽음이 현존재의 한 탁월한 가능성일진대, 그만큼 더 죽음의 존재론적 구조를 간단하게 읽어낼 수 있으리라고 기대해서는 안 될 것이다.

다른 한편 이 분석은 어떤 우연한 임의로 생각해낸 죽음에 대한 이념에 머물러 있을 수는 없다. "종말"이 현존재의 평균적인 일상성 안으로 들어서는 그 존재양식에 대한 앞선 존재론적 특징부여에 의해서만 그러한 자의가 통제될 것이다. 이를 위해서는 앞에서 산출해낸 일상성의 구조들을 전부 완전하게 떠올릴 필요가 있다. 죽음에 대한 실존론적 분석에 죽음을 향한 존재라는 실존적 가능성이 함께 울려나오고 있다는 사실은 모든 존재론적 연구의 본질에 속한다. 그런 만큼 더욱더 분명하게 실존적 비구속성은 실존론적 개념규정과 함께 가야 하는데, 이것은 현존재의 가능성의 성격을 가장 극명하게 드러나게 하는 죽음과 관련해서는 특히 그렇다. 실존론적 문제틀은 오로지 현존재의 종말을 향한 존재의 존재론적 구조를 끄집어내는 것을 목표로 한다.6)

제50절 죽음의 실존론적-존재론적 구조를 앞서 그려봄

미완, 종말 및 전체성에 대한 고찰은, 종말을 향한 존재로서의 죽음의 현상

---

6) 그리스도교 신학에서 정리작업된 인간학은 언제나 이미—바울부터 칼뱅(Jean Calvin)의 내세(來世)에 대한 명상에 이르기까지—"삶"의 해석에서 죽음을 함께 보았다. 딜타이의 본래의 철학 경향은 "삶"의 존재론을 목표로 했는데, 그는 삶의 죽음과의 연관을 잘못 볼 수 없었다. "그리고 마지막으로 우리 현존재의 감정을 가장 깊고 가장 보편적으로 규정하는 관계는 곧 죽음에 대한 삶의 관계이다. 왜냐하면 죽음에 의한 우리 실존의 제한이 언제나 삶에 대한 우리의 이해와 평가에 결정적이기 때문이다." W. Dilthey, *Das Erlebnis und die Dichtung*(『체험과 시』), 제5판, 230쪽. 최근에 지멜(Georg Simmel)도 죽음의 현상을 분명하게 "삶"의 규정에 끌어들인다. 그러나 물론 생물학적-존재적 문제점과 존재론적-실존론적 문제들을 명확하게 구별하지는 않았다. G. Simmel, *Lebensanschauung. Vier metaphysische Kapitel*(『인생관. 형이상학적 4장』), 1918년, 99–153쪽 참조. 여기의 이 연구를 위해서는 특히 다음을 참조할 것. K. Jaspers, *Psychologie der Weltanschauungen*(『세계관의 심리학』), 제3판, 1925년, 229쪽 이하, 특히 259–270쪽. 야스퍼스(Karl Jaspers)는 죽음을 그가 끄집어낸 "한계상황"이라는 현상을 실마리로 삼아서 파악하는데, 이 현상의 기본적 의미는 "태도"나 "세계상"의 그 모든 유형학을 넘어선다.

딜타이의 관심사를 루돌프 웅거(Rudolf Unger)는 그의 저서에 수용하고 있다. R. Unger, *Herder, Novalis und Kleist. Studien über die Entwicklung des Todesproblems im Denken und Dichten von Sturm und Drang zur Romantik*(『헤르더, 노발리스, 클라이스트. 질풍노도 시대에서 낭만파에 이르는 사유와 시에의 죽음의 문제의 전개에 대한 연구』), 1922. 웅거는 그의 물음제기에 대한 원리적인 숙고를 "문제사로서의 문학사. 정신사적 종합이라는 물음에 대하여. 특히 딜타이와 연관 지어"(쾨니히스베르크 학회 저술집. 정신과학 제1부문 1, 1924년)에서 주고 있다. 웅거는 "생의 문제"를 더 근본적으로 기초 짓기 위해서 현상학적 탐구의 의미를 명확하게 본다. 앞의 책, 17쪽 이하.

을 현존재의 근본구성틀에서부터 해석해야 할 필연성을 귀결시켰다. 그렇게 해서만이 어느 정도 현존재 자신에서 그의 존재구조상 종말을 향한 존재에 의해서 구성된 전체존재가 가능한지가 분명해질 수 있다. 현존재의 근본구성틀로서 염려가 밝혀졌다. 염려라는 표현의 존재론적 뜻은 다음과 같은 "정의" 안에 표현되고 있다. "(세계내부적으로) 만나게 되는 존재자 곁에 있음으로서 자기를 앞질러 이미 (세계) 안에 있음."7) 그로써 현존재의 존재의 기초적인 성격들이 표현된 셈이다. 즉 '자기를-앞질러'에서는 실존이, '이미……안에-있음'에서는 현사실성이, '……곁에-있음'에서는 빠져 있음이 표현되고 있다. 죽음이 탁월한 의미에서 현존재의 존재에 속한다면, 죽음(또는 종말을 향한 존재)은 이 성격들에서부터 규정되어야 한다.

우선 해야 할 것은, 죽음의 현상에서 어떻게 실존, 현사실성 및 빠져 있음이 밝혀지고 있는지를 앞서 그려 보이며 명확하게 하는 일이다.

아직-아님 그리고 그로써 또한 극단적인 아직-아님인 현존재의 종말을 미완의 의미로 해석하는 것을 부적합한 것으로 퇴치했다. 왜냐하면 그 해석은 현존재를 존재론적으로 일종의 눈앞의 것으로 뒤바꾸는 것을 자체 안에 포함하기 때문이다. 종말에-와-있음은 실존론적으로 종말을 향한 존재를 말한다. 극단적인 아직-아님은 현존재가 **그것과 관계를 맺는** 어떤 것의 성격을 지닌다. 종말은 현존재의 앞에 닥쳐 있다. 죽음은 아직 눈앞에 있지 않은 어떤 것이 아니며, 최소한으로 줄어든 최후의 미완도 아니요, 차라리 일종의 "앞에 닥침"이다.

그렇지만 세계-안에-있음으로서의 현존재에게는 많은 것이 앞에 닥쳐 있다. "앞에 닥침"의 성격은 그 자체로 죽음을 특징짓지 못한다. 오히려 그 반대이다. 이 해석도 죽음은 앞에 닥쳐오는, 주위세계적으로 만나게 되는 사건의 의미로 이해되어야 한다는 추정을 당연하다고 여길 수 있다. 예를

---

7) 이 책의 제41절 283쪽 참조.

들어 번개, 집의 개조, 친구의 도착 등이 앞에 닥쳐올 수 있는 것들이며, 따라서 눈앞에 있거나 손안에 있거나 또한 함께 거기에 있는 존재자들이다. 그런데 앞에 닥쳐오는 죽음은 이런 양식의 존재를 가지지 않는다.

현존재에게는 또한 예를 들어 여행, 타인과의 대결, 현존재 자신이 될 수 있는 그것, 즉 자신의 고유한 존재가능성—이 가능성은 타자와의 더불어 있음 속에 근거한다—의 포기 등이 앞에 닥쳐올 수 있다.

죽음은 현존재 자신이 각기 그때마다 떠맡아야 할 존재가능성이다. 죽음과 더불어 현존재 자신이 그의 **가장 고유한** 존재가능에서 자기 앞에 닥쳐 [서] 있는 것이다. 이러한 가능성에서 현존재에게 문제가 되는 것은 단적으로 그의 세계-안에-있음이다. 그의 죽음은 곧 더 이상-거기에-존재하지-않는다[더 이상 현존재일 수 없다]는 가능성이다. 현존재가 자기 자신의 이러한 가능성으로서 자기 앞에 닥쳐 [서] 있다면, 그는 **전적으로** 그의 가장 고유한 존재가능으로 지시되어 있는 셈이다. 그렇게 자기 앞에 닥쳐 [서] 있을 때 현존재에서는 다른 현존재에 대한 모든 연관들이 끊어진다. 이러한 가장 고유한, 무연관적 가능성은 동시에 극단적인 가능성이다. 현존재는 존재가능으로서 죽음의 가능성을 건너뛸 수는 없다. 죽음은 단적인 현존재의 불가능성의 가능성인 것이다. 이렇듯 죽음은 **가장 고유한, 무연관적, 건너뛸 수 없는 가능성**으로 밝혀진다. 그러한 가능성으로서 죽음은 일종의 **탁월한** 앞에 닥침이다. 앞에 닥침의 실존론적 가능성은 현존재가 그 자신에게 본질적으로 열어밝혀져 있으며 그것도 자기를-앞질러의 방식으로 열어밝혀져 있다는 데에 근거한다. 염려의 이러한 구조계기가 종말을 향한 존재에서 그 가장 근원적인 구체화를 보게 되는 것이다. 종말을 향한 존재는 이렇게 성격규정한 탁월한 현존재의 가능성에 대한 존재로서 현상적으로 더 분명하게 된다.

그러나 가장 고유한, 무연관적, 건너뛸 수 없는 가능성을 현존재가 자신의 존재의 진행 가운데 추후로 그리고 때때로 마련하는 것이 아니다. 오히려 현존재는 실존할 때, 이미 이 가능성 안으로 **내던져져** 있는 것이다. 현존재가 그의 죽음에 내맡겨져 있고 이 죽음이 이로써 세계-안-있음에 속한다는 사실에 대해서 현존재는 우선 대개 아무런 명시적인 지식—이론적인 지식은 말할 것도 없고—을 가지지 않는다. 죽음에 내던져져 있음이 현존재에게 더 근원적이고 더 절실하게 드러나는 것은, 불안이라는 처해 있음에서이다.[8] 죽음 앞에서의 불안은 가장 고유한, 무연관적, 건너뛸 수 없는 존재가능 "앞에서"의 불안이다. 이러한 불안의 "그것 앞에서"는 세계-안에-있음 자체이다. 그리고 이 불안의 "그것 때문에"는 단적으로 현존재의 존재가능이다. 삶이 끝장이다[다 살았다]라는 공포와 죽음 앞에서의 불안을 혼동해서는 안 된다. 이 불안은 개인의 자의적이고 우연한 "나약한" 기분이 아니라, 현존재의 근본적 처해 있음이며, 현존재가 내던져져 있는 존재로서 그의 종말을 **향해** 실존하고 있다는 사실의 열어밝혀져 있음이다. 이로써 사망의 실존론적 개념이 가장 고유한, 무연관적, 건너뛸 수 없는 존재가능을 향한 내던져져 있는 존재라는 것이 분명해진다. 죽음이 순수한 사라져버림과도, 또 단순한 끝장남과도, 끝으로 삶이 다했음에 대한 "체험"과도 구별된다는 것이 명확해진다.

종말을 향한 존재는 이따금 피어오르는 기분[태도]에 의해서 또 그런 기분으로서 비로소 생기는 것이 아니라, 본질적으로 현존재의 내던져져 있음에 속하며, 이 내던져져 있음이 (기분의) 처해 있음 안에서 이렇게 또는 저렇게 드러나는 것이다. 각기 그때마다 현존재 안에서 지배하고 있는, 종말을 향한 가장 고유한 존재에 대한 현사실적인 "지식"이나 "무지"는 단지, 상이한 방식으로 이 존재 안에 머무를 수 있는 실존적 가능성의 표현일 따름이다. 현사실적으로 많은 사람이 우선 대개 죽음에 대해서 알지 못하고 있다는 이 사실을, 죽음을 향한 존재가 "보편적으로" 현존재에 속하지 않는

---

[8] 이 책의 제40절 273쪽 이하 참조.

다는 것을 증명하는 근거로 제시되어서는 안 되며, 그것은 오히려 현존재가 우선 대개 죽음을 향한 가장 고유한 존재를—이 죽음 앞에서 도망가는 식으로—은폐한다는 사실에 대한 증거일 뿐이다. 현존재는 실존하고 있는 동안 현사실적으로 죽고 있는데, 우선 대개 빠져 있음의 방식으로 그렇다. 왜냐하면 현사실적으로 실존함은 일반적으로 또 무차별하게 내던져져 있는 세계-안에-있을-가능이 아니라, 언제나 또한 이미 배려되고 있는 "세계" 곁에 몰입해 있음이기 때문이다. 이러한 빠져 있으며 '……곁에' 있음 속에서 섬뜩함에서부터의 도피, 다시 말해 이제는 죽음을 향한 가장 고유한 존재 앞에서의 도피가 고시된다. 실존, 현사실성, 빠져 있음이 종말을 향한 존재를 성격규정하고 있으며 따라서 죽음의 실존론적 개념을 구성한다. 죽음[사망]은 그 존재론적 가능성의 관점에서는 염려에 근거한다.*

그러나 죽음을 향한 존재가 근원적으로 본질적으로 현존재의 존재에 속한다면, 그것은 또한—비록 우선은 비본래적이지만—일상성에서도 제시될 수 있어야 한다. 그리고 더욱이 종말을 향한 존재가 현존재의 실존적 전체존재를 위한 실존론적 가능성을 제공해야 한다면, 거기에 '염려는 현존재의 구조전체의 전체성에 대한 존재론적 명칭이다'라는 테제를 뒷받침하는 현상적 확증이 놓여 있을 것이다. 그렇지만 이 명제를 현상적으로 변론하기[정당화하기] 위해서는 죽음을 향한 존재와 염려와의 연관을 앞서 그려 보이는 것만으로는 충분하지 못하다. 이 연관은 무엇보다도 현존재의 가장 가까운 **구체화**, 즉 그의 일상성에서 보일 수 있어야 한다.

제51절 죽음을 향한 존재와 현존재의 일상성

죽음을 향한 일상적 평균적 존재의 산출은 앞서 획득한 일상성의 구조에

---

* 그러나 염려는 존재 자체의 진리에서부터 현상한다.

방향을 맞춘다. 죽음을 향한 존재에서 현존재는 하나의 탁월한 존재가능으로서의 **자기 자신**과 관계를 맺는다. 그러나 일상성의 자기 자신은 '그들'인데,[9] '그들'은 잡담에서 밖으로 말해지는 공공의 해석되어 있음에서 구성된다. 그러므로 이 잡담이, 일상적 현존재가 어떤 방식으로 자신의 죽음을 향한 존재를 자신을 위해서 해석하고 있는지를 분명하게 해야 한다. 해석의 기초는 각기 그때마다 하나의 이해가 형성하는데, 이 이해는 언제나 또한 처해 있는 이해, 다시 말해 기분 잡힌[분위기 잡힌] 이해이다. 따라서 이렇게 물어야 한다. '그들'의 잡담 속에 빠진, 처해 있는 이해는 죽음을 향한 존재를 어떻게 열어밝히고 있는가? '그들'은 이해하며 현존재의 가장 고유한, 무연관적, 건너뛸 수 없는 가능성에 대해서 어떻게 관계하고 있는가? 어떤 처해 있음이 현존재에게 죽음에 내맡겨짐을 열어밝히며 어떤 방식으로 열어밝히는가?

일상적인 '서로 함께'라는 공공성은 죽음을 부단히 일어나는 사건으로서, 즉 "사망사건"으로서 "알고 있다". 가깝거나 먼 이 사람 또는 저 사람이 "죽는다". 모르는 사람들이 매일 매시간 "죽는다". "죽음"은 세계내부적으로 일어나는 주지의 사건으로 만나고 있다. 죽음은 그러한 사건으로서 일상적으로 만나는 것의 성격인 눈에 안 띔 속에 남아 있다.[10] '그들'은 또한 이런 사건을 위해서 이미 하나의 해석을 확보해놓고 있다. 이 사건에 대해서 밖으로 말하거나 대개는 조심스럽게 "재빨리" 하는 이야기는, '사람은 결국 다 한 번은 죽는다, 그러나 우선은 이것이 나 자신에게는 해당되지 않는다[남의 일일 뿐이다]'라고 말하려고 한다.

"사람은 죽는다"에 대한 분석은 일상적인 죽음을 향한 존재의 존재양식을 의심의 여지없이 드러낸다. 그 말 속에서 죽음은 규정되지 않은 어떤 것, 즉 이제 비로소 어디에서인가 찾아들 것임에는 틀림없지만, 당장 우선

---

9) 이 책의 제27절 190쪽 이하 참조.
10) 이 책의 제16절 115쪽 이하 참조.

나 자신에게는 아직 눈앞에 있지 않기 때문에 위협적이지는 않은 어떤 것으로 이해된다. "사람은 죽는다"는 말은, 죽음이 [내가 아니라] '그들'을 적중시킨다는 의견을 퍼뜨린다. 공공의 현존재해석은 "사람은 죽는다"고 말한다. 왜냐하면 그렇게 말함으로써 모두 다른 사람에게 그리고 자기 자신에게 이렇게 꾸며댈 수 있기 때문이다. "모두 다이기는 하지만 나는 아니야." 왜냐하면 여기에서의 '그들'이란 아무도 아니기 때문이다. "죽음"은 하나의 [다반사적] 사건으로 평준화된다. 분명 현존재에게 해당은 되지만 고유하게는 아무에게도 속하지 않는 사건으로 평준화된다. 잡담에 각기 언제나 애매함이 고유하게 속해 있다면, 그것은 죽음에 관한 이와 같은 이야기에도 고유하게 속한다. 본질적으로 대리될 수 없이 나의 죽음인 그 죽음이 '그들'이나 만나게 되는 공공적으로 일어나는 사건으로 뒤바뀐다. 그 특징적인 이야기는 죽음을 부단히 일어나는 "경우"라고 말한다. 그런 이야기는 죽음을 언제나 이미 "현실적인 것"인 것처럼 내주며, 가능성의 성격 그리고 그로써 거기에 속하는 무연관성과 건너뛸 수 없음의 계기들을 덮어버린다. 이러한 애매함과 함께 현존재는 가장 고유한 자기 자신에게 속하는 탁월한 존재가능의 관점에서 볼 때 자기 자신을 '그들' 속에 잃어버리는 상태에 자신을 놓게 된다. '그들'은 죽음을 향한 가장 고유한 존재를 은폐하는 것을 정당화하고 그런 은폐의 유혹을 상승시킨다.[11]

죽음을 은폐하며 회피하는 태도가 워낙 질기게 일상성을 지배하고 있어서, 서로 함께 있으면서 "가장 가까운 사람들"이 "죽어가고 있는 사람"에게 종종 이렇게 꾸며댄다. "당신은 이제 금세 괜찮아져서[죽음을 모면해서] 다시 당신의 잘 배려된 세계의 안정된 일상에로 되돌아갈 것이다." 그런 식의 "심려"는 심지어 그렇게 말함으로 "죽어가는 사람"을 "위로한다"고 생각한다. 이 심려는 그가 자신의 가장 고유한, 무연관적 존재가능을 완전히 덮어

---

11) 이 책의 제38절 263쪽 이하 참조.

버리도록 도와주어, 그를 현존재 속으로 다시 데려오려고 한다. '그들'은 이런 식으로 죽음에 대한 부단한 안정감을 배려한다. 그러나 이 안정감은 근본적으로는 "죽어가는 사람"에게만 해당되는 것이 아니라, 똑같이 마찬가지로 "위로하는 사람"에게도 해당된다. 그리고 생명을 다하는 경우에도 공공성은 그 사건으로 인해 자신의 잘 배려된 만사태평[무걱정]이 방해되어 동요되어서는 안 된다. 사람들이 타인의 죽음에서 속수무책까지는 아니더라도 일종의 사회적 언짢음을 보게 되는 것이 드물지 않은데, 공공성은 이것에서부터 보호되어야 하는 것이다.[12)]

'그들'은 동시에 현존재를 그의 죽음에서 몰아내는 이러한 안정감으로써, 또 **사람들이** 일반적으로 죽음에 대해서 처신해야 하는 방식을 암암리에 통제함으로써 자신의 권한과 명망을 높인다. "죽음에 대한 생각"도 이미 공공적으로는 비겁한 두려움, 현존재의 불확식성, 음울한 세계도피로서 통한다. "그들"은 죽음 앞에서의 불안에 대한 용기가 피어오르지 못하도록 한다. '그들'의 공공의 해석되어 있음의 지배는 또한 이미 그 안에서 죽음에 대한 태도가 규정되는 처해 있음에 대해서도 결정했다. 죽음 앞에서의 불안 속에서 현존재는, 건너뛸 수 없는 가능성에 내맡겨진 자로서의 자기 자신 앞으로 데려와져 있다. '그들'은 이러한 불안을 다가오는 사건에 대한 공포로 바꿔놓으려고 배려한다. 더 나아가서 이렇게 공포로 애매해진 불안을, 자신 있는 현존재는 가져서는 안 되는 나약함인 것처럼 제시한다. '그들'의 소리 없는 명령에 따라 "순종하는" 것은, "사람은 죽는다"라는 "사실"에 대해서 무관심한 평온을 가질 때이다. 그런 "태연한" 무관심의 형성은 현존재를 그의 가장 고유한 무연관적 존재가능에서부터 **소외시킨다**.

그런데 유혹, 안정 및 소외는 **빠져 있음**의 존재양식을 특징짓는 것들이다. 일상적인 죽음을 향한 존재는 빠져 있는 존재로서 일종의 부단한 **죽음**

---

12) 톨스토이(Lev Nikolaevich Tolstoi)는 그의 소설 『이반 일리치의 죽음』에서 이러한 "사람은 죽는다"가 야기하는 동요와 붕괴의 현상을 묘사하고 있다.

앞에서의 도피이다. 종말을 향한 존재는 바꾸어 해석하며, 비본래적으로 이해하며 덮어 감추는 종말 앞에서의 회피라는 양태를 가지고 있다. 각기 자신의 고유한 현존재는 현사실적으로 언제나 이미 죽고 있다는, 다시 말해 그의 종말을 향한 존재 안에 있다는 이 현사실을, 현존재는 죽음을 일상적으로 남들에게나 일어나는 사망의 경우로 바꿈으로써 자기 자신에게 은폐한다. 그리하여 이 사망의 경우는 기껏해야 "그 자신은" 아직 여전히 "살아" 있다는 것을 더욱 분명하게 확인시켜준다. 그러나 죽음 앞에서의 빠져 있는 도피로써 현존재의 일상성이 증명하는 것은, '그들'이 명시적으로 "죽음을 생각하지" 않고 있을 때에도, '그들' 자신은 각기 그때마다 이미 죽음을 향한 존재로서 규정되어 있다는 사실이다. 현존재에게는 평균적인 일상성에서도 이러한 가장 고유한, 무연관적, 건너뛸 수 없는 존재가능이 문제가 된다. 비록 오직 그의 실존의 극단적인 가능성을 **거슬러서** 방해받지 않은 무관심의 배려라는 양태에서이기는 하지만 말이다.

그러나 일상적인 죽음을 향한 존재의 산출은 동시에, 죽음 앞에서의 회피로서의 빠져 있는 죽음을 향한 존재에 대한 더 철저한 해석을 통해서 종말을 향한 존재에 대한 완전한 실존론적 개념을 확보하기 위한 지침을 제공한다. 도피의 '그것 앞에서'를 현상적으로 충분하게 드러내 보였으니, 이제 거기에서 회피하는 현존재 자신이 어떻게 자신의 죽음을 이해하는가 하는 것이 현상학적으로 기획투사되지 않으면 안 된다.13)

제52절 일상적인 죽음을 향한 존재와 죽음의 완전한 실존론적 개념

종말을 향한 존재가 실존론적인 앞선 윤곽에서 가장 고유한, 무연관적, 건너뛸 수 없는 존재가능을 향한 존재라고 규정되었다. 이 가능성을 향해 실

---

13) 이러한 방법적인 가능성과 관련해 불안의 분석에서 말한 것을 참조할 것. 제40절 273쪽 이하 참조.

존하는 존재는 자신을 단적인 실존의 불가능성 앞으로 데려온다. 죽음을 향한 존재에 대한 이러한 겉보기에 내용이 텅 빈 성격부여를 넘어서 이 존재의 구체화가 일상성의 양태에서 드러났다. 이 일상성에 본질적으로 속하는 빠져 있음의 경향에 따라 죽음을 향한 존재는 죽음 앞에서의 은폐하는 회피인 것으로 입증되었다. 앞에서 탐구는 죽음의 존재론적 구조를 형식적으로 앞서 윤곽을 잡는 데에서 일상적인 종말을 향한 존재에 대한 구체적인 분석으로 넘어갔는데, 이제는 방향이 거꾸로 되어 일상적인 종말을 향한 존재에 대한 보충적인 해석을 통해서 죽음에 대한 온전한 실존론적 개념을 얻어야 한다.

일상적인 죽음을 향한 존재에 대한 해명은, "사람이 한 번은 죽지만, 그러나 당장은 아직 아니다"라는 "그들"의 잡담 속에 머물렀다. 지금까지는 단지 "사람은 죽는다" 그 자체만을 해석했다. "한 번은, 그러나 당장은 아직 아니다"에서 일상성은 죽음의 **확실성**과 같은 어떤 것을 시인하고 있다. 어느 누구도 사람이 죽는다는 사실을 의심하지 않는다. 단지 이 "의심하지 않는다"가 벌써 그 속에, 죽음이 앞에서 성격규정한 탁월한 가능성의 의미에서 그것으로 현존재 안으로 들어서고 있는 그것에 상응하는 확실함[확실존재]을 숨겨야 할 필요는 없다. 일상성은 죽음의 "확실성"을 애매하게 시인하는 데에 머물러 있다. 그것은 사망을 더욱더 은폐하면서 확실성을 완화하여 죽음에 내던져져 있음을 가볍게 하기 위해서이다.

죽음 앞에서의 은폐하는 회피는 그 의미상 죽음에 대해서 **본래적으로** "확실할" 수는 없으나 그래도 확신하고는 있다. "죽음의 확실성"이란 어떤 문제인가?

'하나의 존재자를 [확실한 것으로] 확신한다'고 함은 그것을 참된 것으로서 참이라고 **여김**을 말한다. 그런데 진리는 존재자의 발견되어 있음을 의미한다. 그리고 모든 발견되어 있음은 존재론적으로 가장 근원적인 진리, 즉 현존재의 열어밝혀져 있음에 근거한다.[14) 현존재는 열어밝혀져 있으며-

열어밝히는, 발견하는 존재자로서 본질적으로 "진리 안에" 있다. 그러나 확실성은 진리 안에 근거하거나 또는 진리에 똑같이 근원적으로 속한다. "확실성"이라는 표현은 "진리"라는 용어처럼 이중의 의미를 지닌다. 근원적으로 진리는 현존재의 행동관계로서 열어밝히면서 존재함 정도를 말한다. 여기에서부터 파생된 뜻이 존재자의 발견되어 있음을 의미하는 것이다. 이에 상응하게 확실성도 근원적으로는 현존재의 존재양식으로서 확실함[확실존재] 정도를 뜻한다. 그렇지만 파생된 뜻에서 또한 현존재가 확실한 것으로 확신하는 그 존재자도 "확실한" 존재자로 칭해질 수 있는 것이다.

확실성의 한 양태가 **확신**이다. 이 확신 속에서 현존재는 오직 발견된 (참된) 사태 자체의 증거를 통해 자신을 이 사태에 대해서 이해하며 존재함으로 규정되도록 한다. 참인-것으로-여김이 진리-안에-머무름으로서 충분할 수 있는 것은, 그것이 발견된 존재자 자체에 근거하고 이렇게 발견된 존재자에 대한 존재로서 이 존재자에 대한 그것의 적합성에서 투명해졌을 때이다. 그와 같은 것이 멋대로의 가상이나 존재자에 대한 단순한 "견해"에는 결여되어 있다.

참인 것으로 여김의 충족성은 그것이 속해 있는 진리요구에 따라 측정된다. 진리요구는 열어밝혀야 할 존재자의 존재양식과 열어밝힘의 방향에서부터 자신의 권리를 받는다. 존재자의 상이함과 더불어 그리고 열어밝힘의 주도적 경향과 범위에 따라 진리의 양식이 변하고 그로써 확실성도 변한다. 여기에서의 고찰은 죽음에 대한 확실함[확실존재]의 분석에 국한되는데, 그것은 결국 하나의 탁월한 **현존재 확실성**을 나타낸다.

일상적 현존재는 대개 자기 존재의 가장 고유한, 무연관적, 건너뛸 수 없는 가능성을 은폐한다. 이러한 현사실적 은폐의 경향이 "현존재는 현사실적 현존재로서 '비진리 안에' 있다"는 테제를[15] 입증하고 있다. 그러므로

---

14) 이 책의 제44절 311쪽 이하, 특히 320쪽 이하 참조.
15) 이 책의 제44절 ㄴ) 324쪽 참조.

죽음을 향한 존재의 그런 은폐에 속하는 확실성은 일종의 부적합한 참인 것으로 여김이지, 이를테면 의심한다는 의미의 불확실성은 아님에 틀림없다. 부적합한 확실성은 그것이 확신하고 있는 것을 은폐 속에 간직하고 있다. "사람들이" 죽음을 주위세계적으로 만나게 되는 사건으로 이해한다면, 그것과 연관된 확실성은 종말을 향한 존재를 적중시키지 못한다.

사람들은 이렇게 말한다. "죽음 '자체'가 다가온다는 것은 확실하다." 사람들은 그렇게 말하면서도, 죽음을 확신할 수 있기 위해서는 각기 그때마다 자신의 고유한 현존재 자신이 자신의 가장 고유한 무연관적 존재가능을 확신하고 있어야 한다는 사실은 간과한다. 죽음은 확실하다고 사람들은 말하며, 그리고 그런 말로써 마치 현존재 **자신**이 자신의 죽음을 확신하는 듯한 가상을 현존재 안에 심어놓는다. 그러면 이런 일상적 확실함[확실존재]의 근거는 어디에 있는가? 서로서로의 단순한 설득에 있지 않음은 분명하다. 사람들은 분명 매일같이 타인의 "사망"을 경험한다. 죽음은 일종의 부인할 수 없는 "경험의 사실"이다.

일상적인 죽음을 향한 존재가 어떤 방식으로 그렇게 근거 지어진 확실성을 이해하는가 하는 것은, 그것이 심지어 비판적으로 조심스럽게, 다시 말해 죽음에 대해서 적합하게 "생각하려고" 시도할 때 폭로된다. 사람들이 알고 있는 한, 모든 사람은 "죽는다". 죽음은 개개의 모든 사람에게 최고도로 개연적이기는 하지만 그럼에도 "무조건적으로" 확실한 것은 아니다. 엄밀히 말해 죽음에 대해서는 분명 "그저" **경험적인** 확실성만을 서술해야 할 뿐이다. 그런데 경험적 확실성은 필연적으로 최고의 확실성, 즉 우리가 이론적 인식의 어떤 영역에서는 도달하는 명증적인 확실성에는 미치지 못한다.

죽음의 확실성과 그것의 앞에 닥침에 대한 이런 식의 "비판적" 규정에서 우선 다시금, 현존재의 존재양식과 그에 속하는 죽음을 향한 존재를 오인하는 일상성의 특징이 드러난다. 일어나는 사건으로서의 삶을 다함이 "단지" 경험적으로 확실하다면, 그것은 죽음의 확실성에 대해서 결정하지 못한다. 사망의 경우들이 현존재가 우선 도대체 죽음에 대해서 유의하게 되는 현사실적 계기일 수는 있을 것이다. 그러나 앞에서 특징지은 경험적 확실성에 머물러 있고서는, 현존재는 결코 죽음을 그것이 "있는" 그대로 확신할 수는 없다. 비록 현존재가 '그들'의 공공성 속에서 겉보기에는 그저 죽음의 이러한 "경험적" 확실성에 대해서 "말하지만", 그는 근본에서는 분명히 전적으로 그리고 일차적으로 일어나고 있는 죽음의 경우들에 매달려 있지는 않다. 일상적인 죽음을 향한 존재도 자신의 죽음을 회피하면서, 그 자신이 순수 이론적인 숙고에서 인정하고 싶어하는 것과는 다르게 확신하고 있다. 일상성은 대개 이 "다르게"를 감추고 있다. 일상성은 그 점에서 감히 투명해지려고 모험하지 않는다. 이렇게 특징지어진 일상적인 처해 있음으로써, 다시 말해 죽음의 확실한 "사실"에 대해서 "불안스럽게" 배려하면서도 겉보기에는 전혀 불안하지 않은 듯한 태연함을 가장하면서 일상성은 [죽음에 대해서] 단지 경험적 확실성보다 "더 높은" 확실성을 인정하는 셈이다. 사람들은 확실한 죽음에 대해서 알고 있으면서도 본래적으로 확신하지는 못하고 "있다". 현존재의 빠져 있는 일상성은 죽음의 확실성을 알고 있으면서도 그 확실함[확실존재]을 피해 간다. 그러나 이 회피가, 그것이 그것 앞에서 회피하는 바로 그것에서부터, 죽음이 가장 고유한, 무연관적, 건너뛸 수 없는, **확실한** 가능성으로 개념파악되어야 함을 현상적으로 증거하고 있다.

사람들은 이렇게 말한다. "죽음은 확실히 온다. 하지만 아직 당장은 아니다." "하지만"이라는 이 말로써 '그들'은 죽음에서 확실성을 부인한다. "당장은 아직 아니다"는 단순한 부정적 발언이 아니라, 오히려 일종의 '그들'의 자기해석이다. '그들'은 이 자기해석으로써 자신에게 우선 현존재에게 접근 가능하고 배려 가능한 것으로 남아 있는 그것을 지시해준다. 일상성은 배려의 긴급성에 쫓겨 나른한, "행위 없는 죽음에 대한 상념"의 사슬로부터 도망친다. 죽음은 "언젠가 나중에"로 미루어지는데 그것도 이른바 "일반적 추측"을 끌어들이면서 그렇다. 이렇게 '그들'은, **죽음이 어느 순간에건**

가능하다는 이 죽음의 확실성의 고유함을 은폐한다. 죽음의 확실성과 죽음의 [들이닥침의] '언제'의 **무규정성**은 같이 간다. 일상적 죽음을 향한 존재는 이 무규정성에 규정성을 부여함으로써 그 무규정성을 피해간다. 그러나 그런 규정이, 삶을 다하게 되는 순간을 계산한다는 것을 의미할 수는 없다. 현존재는 도리어 그런 규정성 앞에서 도망한다. 일상적 배려는 확실한 죽음의 무규정성 앞에 가까운 일상의 내다볼 수 있는 긴급함과 가능성을 끼워넣는 식으로 그 무규정성을 자신을 위해서 규정한다.

그러나 무규정성의 은폐는 확실성도 함께 은폐한다. 이렇게 죽음의 가장 고유한 가능성의 성격이, 즉 죽음은 확실하기는 하지만 규정되어 있지 않다는 것, 다시 말해 어느 순간에건 가능하다는 성격이 감추어진다.

죽음과 그 죽음이 현존재 안으로 들어서는 방식에 대한 '그들'의 일상적인 이야기에 대한 온전한 해석은 우리를 확실성과 무규정성의 성격으로 이끌고 왔다. 이제 죽음에 대한 온전한 실존론적-존재론적 개념을 다음과 같은 규정으로 한정할 수 있다. 현존재의 종말로서의 죽음은 현존재의 가장 고유하고 무연관적이고 확실하며 그리고 그 자체로서 무규정적이고 건너뛸 수 없는 가능성이다. 죽음은 현존재의 종말로서 종말을 향한 이 존재자의 존재 속에 있다.

종말을 향한 존재의 실존론적 구조의 제한규정은, 그 안에서 현존재가 **현존재로서 전체적으로** 존재할 수 있는 그런 현존재의 존재양식을 정리작업해내기 위한 것이다. 일상적 현존재도 각기 그때마다 이미 자신의 종말을 향해 존재하고 있다는 사실, 다시 말해 자신의 죽음과 끊임없이—비록 "도피적"일망정—대결하고 있다는 사실은, 전체존재를 완결하며 규정하는 종말이, 현존재가 비로소 그의 삶을 마치는 순간 도래하는 그런 것은 아님을 보여준다. 자신의 죽음을 향해 존재하는 자로서의 현존재 안에는 그 자신의 극단적인 아직-아님이 언제나 이미 연관되어 있는데, 이 아직-아님은 다른 모든 아직-아님의 전방에 배치되어 있다. 그렇기 때문에 존재론적으로도 부적합하게 미완이라고 해석된 현존재의 아직-아님에서부터 그의 비전체성을 끄집어내는 형식적 추론은 올바르게 성립되어 있는 것이 아니다. '자기를-앞질러'에서 취한 아직-아님의 현상은, 염려구조 일반과 마찬가지로, 가능한 실존하는 전체존재를 반대하는 증거가 아니라, 오히려 이 자기를-앞질러가 그러한 종말을 향한 존재를 이제 처음으로 가능하게 만든다. 우리들 자신이 각기 그것인 이런 존재자의 가능한 전체존재의 문제는, 현존재의 근본구성틀로서의 염려가 이 존재자의 극단적인 가능성으로서의 죽음과 "연관될" 때, 올바르게 성립되는 것이다.

그런데 과연 이미 이 문제가 충분하게 정리작업되었는가 하는 것은 여전히 의문거리로 남아 있다. 죽음을 향한 존재는 염려에 근거한다. 내던져진 세계-안에-있음으로서 현존재는 각기 그때마다 이미 자신의 존재에 내맡겨져 있다. 자신의 죽음을 향해 존재하면서 현존재는, 그가 그의 생명을 마치는 순간에 도달하지 않은 한, 현사실적으로 죽고 있으며 그것도 끊임없이 죽고 있다. '현존재는 현사실적으로 죽고 있다'는 동시에, 현존재가 그의 죽음을 향한 존재에서 언제나 이미 이렇게 또는 저렇게 결정을 내렸다는 뜻이다. 죽음 앞에서의 일상적인 빠져 있는 도피는 일종의 **비본래적인 죽음을 향한 존재**이다. 비본래성은 그 밑바탕에 가능한 본래성을 가지고 있다.[16] 비본래성은 그 안으로 현존재가 자기를 잘못 옮겨놓을 수 있으며 대개는 또한 언제나 잘못 옮겨놓은—그러나 필연적으로 부단히 옮겨놓아야 하는 것은 아닌—어떤 존재양식을 특징짓고 있다. 현존재는 실존하기 때문에, 자신을 그가 존재하는 그대로의 그런 존재자로서, 각기 그때마다 그가 그 자신이며 그것으로 이해하는 가능성에서부터 규정한다.

현존재는 자신의 가장 고유하고 무연관적이고 건너뛸 수 없고 확실하며 그리고 그 자체로서 무규정적인 가능성을 또한 **본래적으로** 이해할 수 있는

---

[16] 현존재의 비본래성에 대해서는 제9절 72쪽 이하, 제27절 196쪽 이하, 특히 제38절 260쪽 이하에서 다루었다.

가? 다시 말해 종말을 향한 본래적인 존재에 머무를 수 있는가? 이러한 본래적인 죽음을 향한 존재가 끄집어내어져 존재론적으로 규정되지 않는 한, 종말을 향한 존재의 실존론적 해석에는 본질적인 결함이 붙어 있는 셈이다.

죽음을 향한 본래적 존재는 현존재의 실존적 가능성을 뜻한다. 이 존재적 존재가능이 또한 그 나름대로 존재론적으로 가능해야 한다. 이 가능성의 실존론적 근거는 어떤 것인가? 그 가능성 자체에는 어떻게 접근해야 하는가?

제53절 죽음을 향한 본래적인 존재의 실존론적 기획투사

현사실적으로 현존재는 우선 대개 비본래적인 죽음을 향한 존재 안에 머무르고 있다. 현존재가 결국 자신의 종말에 대해서 결코 본래적으로 관계 맺지 못하거나 또는 이 본래적 존재가 그 의미상 타인에게는 은폐된 채로 남을 수밖에 없다면, 죽음을 향한 **본래적** 존재의 존재론적 가능성이 어떻게 "객관적으로" 성격규정되어야 하는가? 그렇게 의문스러운 실존적 존재가능의 실존론적 가능성을 기획투사하는 일은 일종의 환상적인 시도가 아닌가? 그런 기획투사가 한낱 허구적이고 자의적인 구성을 벗어나기 위해서는 무엇이 필요한가? 현존재 자신이 이러한 기획투사에 대한 지침을 얻게 하는가? 현존재 자신에서부터 그런 기획투사의 현상적 정당성의 근거들을 취해 올 수 있는가? 현존재에 대한 지금까지의 분석에서부터 이제 제기된 존재론적 과제가, 그 의도를 확실한 궤도 안에 올려놓을 그런 앞선 윤곽을 제시할 수 있는가?

죽음의 실존론적 개념이 확정되었고 그로써 종말을 향한 본래적 존재가 그것과 관계해야 하는 그것이 확정되었다. 그 밖에도 죽음을 향한 비본래적 존재가 성격규정되었으며 그래서 죽음을 향한 본래적 존재가 그것일 수는 **없는** 그 방식이 금지적으로 윤곽 잡혔다. 이러한 긍정적이며 금지적인 지침을 가지고 이제 죽음을 향한 본래적인 존재의 실존론적 구성이 기획투사될 수 있어야 한다.

현존재는 열어밝혀져 있음에 의해서, 즉 처해 있는 이해에 의해서 구성된다. 죽음을 향한 **본래적인** 존재는 가장 고유하고 무연관적인 가능성 앞에서 **회피할 수 없으며** 또 이러한 도피 속에서 그 가능성을 **은폐할 수도 없**고 '그들'의 이해를 위해서 **바꾸어 해석할 수도 없다.** 그러므로 죽음을 향한 본래적인 존재의 실존론적 기획투사는 그런 존재의 계기들을, 즉 존재를 앞에서 특징지은 가능성을 향한 도피하지 않고 은폐하지 않는 존재라는 의미에서 죽음을 이해함으로서 구성하고 있는 계기들을 끄집어내와야 한다.

우선 해야 할 것은, 죽음을 향한 존재를 하나의 **가능성을 향한 존재**로서, 그것도 현존재 자신의 한 탁월한 가능성을 향한 존재로서 특징짓는 것이다. 하나의 가능성을 향한 존재, 다시 말해 하나의 가능적인 것을 향한 존재는, 그것의 실현의 배려로서 어떤 가능적인 것으로 나가-있음을 의미할 수 있다. 손안의 것과 눈앞의 것의 영역에서는 끊임없이 그러한 가능성들을 만나게 된다. 즉 성취 가능한 것, 지배 가능한 것, 유통 가능한 것 등이 그것이다. 어떤 가능적인 것으로 배려하며 나가-있음은, 가능적인 것을 처리 가능한 것으로 만들어 그 **가능성을 없애려는** 경향을 가지고 있다. 손안에 있는 도구를 배려하는 실현(제작하다, 마련하다, 바꿔놓는다 등으로서)은, 실현된 것이 또한 여전히 그리고 바로 사용사태의 존재성격을 가지고 있는 한, 언제나 상대적일 뿐이다. 실현된 것은, 실현되었다고 해도, 현실적인 것으로 '……을 위하여' 가능적인 것으로 남아 있으므로, '위하여'에 의해서 성격규정된 채로 있다. 우리의 다음의 분석은 단지 어떻게 배려하며 나가-있음이 가능적인 것과 관계를 맺는가 하는 것을 분명하게 해야 할 뿐이다. 가능적인 것으로서의 가능적인 것에 대한, 더욱이 그 가능성 자체의 관점에서 주제적-이론적 고찰에서가 아니라, 단지 **둘러보며** 가능적인 것을 간과하고 무엇을 위해서 가능한지를 보는 식으로 말이다.

문제가 되는 죽음을 향한 존재는 분명 그 실현으로 배려하며 나가-있음의 성격을 가질 수 없을 것이다. 첫째, 죽음은 가능의 것으로서 가능한 손안의 것이나 눈앞의 것이 아니라 현존재의 존재가능성이다. 둘째, 그러나 이러한 가능적인 것의 실현의 배려가 삶을 다함의 초래를 의미해야 할 것이다. 그러나 그로써 현존재는 실존하며 죽음을 향해 존재하기 위한 바로 그 지반을 자신에게서 박탈하는 셈이 될 것이다.

따라서 죽음을 향한 존재로써 죽음의 "실현"을 의미하는 것이 아니라면, 그것은 종말의 가능성에서 종말에 머물러 있음을 말할 수는 없다. 그러한 행동관계란 "죽음에 대한 생각"에나 가능할 것이다. 그러한 행동관계는 [죽음의] 가능성이 언제 그리고 어떻게 실현될 것인가를 생각하려고 애쓴다. 이렇게 죽음에 대해서 골똘히 생각하는 것이 죽음으로부터 그 가능성의 성격을 완전히 빼앗지는 않아서, 죽음이 여전히 도래하는 것으로 캐내어지기는 하지만, 죽음을 계산하며 처리 가능한 것으로 만들려고 함으로써 죽음의 가능성을 약화시킨다. 죽음은 가능적이기는 해도 가능한 한 적게 그 가능성을 내보여야 한다. 이에 비해 죽음을 향한 존재에서는, 이 존재가 앞에서 성격규정한 가능성 **그 자체를** 이해하며 열어밝혀야 한다면, 그 가능성은 약화되지 않고 **가능성으로서** 이해되어야 하고, **가능성으로서** 형성되어야 하고, 그 가능성과의 행동관계에서 **가능성으로서 견뎌내져야** 한다.

그런데 현존재는 **기대함** 속에서 가능적인 것과 그 가능성에서 행동관계를 맺는다. 기대로 긴장된 가운데 가능적인 것은 그것의 "그렇게 될까 아니면 그렇지 않을까 아니면 결국에는 역시 그렇게 될까" 속에서 방해받거나 경감되지 않고 만날 수 있다. 그러나 우리의 분석은 기대의 현상과 더불어, 이미 어떤 것에 배려하며 나가-있음에서 특징지은 적이 있는 똑같은 가능적인 것을 향한 존재양식과 마주치지 않는가? 모든 기대는 기대하고 있는 가능적인 것이 과연 언제 그리고 어떻게 실제로 눈앞의 것이 될지를 염두에 두고 그 가능적인 것을 이해하고 "가지고" 있는 것이다. 기대는 때때로 가능적인 것을 간과하고 그 가능적인 실현을 보는 것이 아니라, 본질적으로 이 실현을 기다리는 것이다. 기대함에도 가능적인 것에서 뛰어내려 기대되는 것이 그것 때문에 기대되는 바로 그 현실적인 것에 발을 붙이고 있음이 놓여 있는 것이다. 현실적인 것에서부터 그리고 그 현실적인 것을 향해 가능적인 것이 기대에 맞추어 그 현실적인 것 안으로 관련되어 들어가는 것이다.

그러나 죽음을 향한 존재로서의 가능성을 향한 존재는, 죽음이 이 존재 안에서 그리고 이 존재에 대해서 **가능성으로서** 드러나도록 죽음에 대해서 관계해야 한다. 그러한 가능성을 향한 존재를 우리는 용어상 **가능성으로 미리 달려가봄**이라고 파악한다. 그런데 이러한 행동관계는 자체 안에 가능적인 것으로 가까이 감을 간직하고 있지 않은가, 그래서 가능적인 것이 가까워짐에 따라 그 실현이 나타나는 것 아닌가? 그렇지만 이러한 가까이 감은 현실적인 것을 배려하며 마음대로 처리하려고 하지 않고, 오히려 이해하는 가까이 감에서 가능적인 것의 가능성이 "더욱 커질" 뿐이다. 가능성으로서의 죽음을 향한 존재의 가장 가까운 가까움은 현실적인 것과는 가능한 한 먼 것이다. 이러한 가능성이 은폐되지 않고 이해되면 될수록, 이해는 더욱더 순수하게 **실존 일반의 불가능성의 가능성으로서의 가능성** 안으로 닥쳐오게 된다. 가능성으로서의 죽음은 현존재에게 아무런 "실현되어야 할 것"도, 현존재가 현실적인 것으로서 그 자신 그것으로 존재할 수도 있을 아무런 것도 내주지 않는다. 죽음은 모든 형태의 ……와의 행동관계, 모든 실존함의 불가능성의 가능성인 것이다. 이런 가능성으로 미리 달려가볼 때 그 가능성은 "더욱더 커진다". 다시 말해 그 가능성은 도대체 아무런 척도도, 아무런 많고 적음도 모르며, 그저 실존의 무한정의 불가능성을 의미하는 그런 가능성으로 드러난다. 그 본질상 이 가능성은, 어떤 것을 기대하여 긴장하고, 가능한 현실적인 것을 "그려내어", 그로 인해 가능성을 잊을 수 있는 어떤 받침대도 제공하지 않는다. 가능성으로 미리 달려가봄으로서의 죽음을 향한 존재는 처음으로 이 가능성을 **가능하게 하고** 이 가능성 그 자체를 자유롭게 만든다.

죽음을 향한 존재는, 그의 존재양식이 미리 달려가봄 자체인 **바로 그 존재자의 존재가능으로 달려가봄**이다. 이러한 존재가능을 미리 달려가보며 밝히면서 현존재는 자기 자신에게 자신의 극단적인 가능성의 관점을 열어밝힌다. 그런데 가장 고유한 존재가능으로 자기 자신을 기획투사함이란, 그렇게 밝혀진 존재자의 존재 안에서 자기 자신을 이해할 수 있음을, 즉 실존함을 말한다. 미리 달려가봄은 **가장 고유한** 극단적인 존재가능을 이해할 수 있는 가능성, 다시 말해 **본래적 실존**의 가능성임이 입증된다. 이 본래적 실존의 존재론적 구성틀이, 죽음으로 미리 달려가봄의 구체적인 구조를 산출해내면서 보일 수 있어야 한다. 이 구조를 어떻게 현상적으로 제한규정할 수 있는가? 그것은 분명 우리가 미리 달려가보는 열어밝힘의 성격들을 규정하는 식으로 된다. 그런데 이때 이 미리 달려가보는 열어밝힘이 가장 고유하고 무연관적이고 건너뛸 수 없고 확실하며 그 자체로서 규정되어 있지 않은 가능성을 순수하게 이해하는 것이 될 수 있기 위해서는, 그 성격들이 이 열어밝힘에 속해 있지 않으면 안 된다. 이때 유의해야 할 것은 이해함이 일차적으로 어떤 의미를 멍하니 받아들임을 말하는 것이 아니라, 기획투사에서 드러나는 존재가능 안에서 자기 자신을 이해함을 말한다는 것이다.[17]

죽음은 현존재의 가장 **고유한** 가능성이다. 이 가능성을 향한 존재는 현존재에게 그의 **가장 고유한** 존재가능을, 즉 거기에서 단적으로 현존재의 존재가 문제가 되고 있음을 열어밝혀준다. 이 가장 고유한 존재가능에서 현존재에게 드러날 수 있는 것은, 현존재가 그 자신의 탁월한 가능성에서는 '그들'로부터 분리된 채로 남아 있다는 것, 다시 말해 미리 달려가보며 각기 그때마다 이미 '그들'로부터 분리될 수 있다는 것이다. 그러나 이러한

---

17) 이 책의 제31절 215쪽 이하 참조.

"할 수 있음"의 이해가 비로소 [현존재가] '그들'-자신의 일상성 속에 현사실적으로 상실되어 있음을 밝혀준다.

가장 고유한 가능성은 **무연관적** 가능성이다. 미리 달려가봄은 현존재로 하여금 그 안에서 단적으로 그의 가장 고유한 존재가 문제가 되고 있는 바로 그 존재가능을 오직 그 자신으로서 떠맡지 않으면 안 된다는 것을 이해하게 한다. 죽음은 그저 고유한 현존재에게 무차별하게 "속해" 있는 것이 아니라, 이 현존재로 하여금 **개별 현존재일 것**을 요구한다. 미리 달려가봄에서 이해된 죽음의 무연관성은 현존재를 그 자신에게로 개별화시킨다. 이러한 개별화는 실존을 위해서 "거기에"를 열어밝히는 한 방식이다. 이 개별화는, 가장 고유한 존재가능이 문제가 되면, 모든 배려되고 있는 것 곁에 있음과 모든 타인과의 더불어 있음이 소용없다는 것을 분명히 해준다. 현존재는 오직 그 자신이 스스로 그리고 가능하게 만들 때에만 **본래적으로 그 자신으로 존재**할 수 있을 뿐이다. 그렇지만 배려와 심려가 소용없다고 해서, 그것이 곧 이러한 현존재의 존재방식[배려와 심려]을 본래적인 자기존재에서부터 떼어놓음을 의미하지는 않는다. 그 방식들은 현존재구성틀의 본질적인 구조들로서 실존 일반의 가능조건에 속한다. 현존재는, 그가 자신을 ……곁에 배려하며 있음으로서, ……와 심려하며 더불어 있음으로서 일차적으로 그의 가장 고유한 존재가능—'그들'-자신의 가능성이 아니고—으로 기획투사하는 한에서만 자기 자신인 것이다. 무연관적 가능성으로 미리 달려가봄은 미리 달려가보는 존재자에게, 자신의 가장 고유한 존재를 그 자신 스스로 떠맡는 가능성을 강요한다.

가장 고유하고 무연관적인 가능성은 **건너뛸 수 없다**. 이 가능성을 향한 존재는 현존재로 하여금, 실존의 극단적 가능성으로서 자기 자신을 포기하는 것이 그에게 닥쳐오고 있음을 이해하게 한다. 그러나 미리 달려가봄은 죽음을 향한 비본래적인 존재처럼 이 건너뛸 수 없음을 회피하지 않고, 오히려 **그것에 대해서** 자신을 **자유롭게** 내준다. 자신의 고유한 죽음에 대해서 미리 달려가보며 자유롭게 됨은 우연하게 밀어닥치는 가능성 속으로의 상실로부터 해방시켜주어, 현존재로 하여금 건너뛸 수 없는 가능성의 앞에 놓여 있는 현사실적 가능성들을 처음으로 비로소 본래적으로 이해하고 선택하게 한다. 미리 달려가봄은 실존에게 극단적인 가능성으로서 자기포기를 열어밝히며 그래서 각기 그때마다 도달한 실존에 경직되는 것을 부숴버린다. 현존재는 미리 달려가보면서 자기 자신과 이해된 존재가능 뒤로 되떨어져 "승리하기에 너무 늙지"(니체[Friedrich Wilhelm Nietzsche]) 않도록 자신을 보호한다. 가장 고유하고, **종말**에서부터 규정된, 다시 말해 **유한한** 것으로 이해된 가능성에 대해서 자유롭게 되어 현존재는, 자신의 가능한 실존이해에서부터 이 실존이해를 건너뛰는 타인의 실존 가능성을 오인하거나 또는 이 실존 가능성을 잘못 해석해서 자신의 고유한 실존 가능성으로 강제로 되돌려놓는—그렇게 해서 가장 고유한 현사실적 실존을 포기하게 되는—위험을 추방한다. 그러나 무연관적 가능성으로서 죽음은 단지, 건너뛸 수 없는 가능성으로서의 [죽음이] 더불어 있음으로서의 현존재로 하여금 타인의 존재가능에 대해서 이해하도록 만들기 위해서만 개별화시킨다. 건너뛸 수 없는 가능성으로 미리 달려가봄이 모든 그 가능성 앞에 놓여 있는 가능성들을 함께 열어밝히기 때문에, 그 미리 달려가봄 안에는 **전체적 현존재**를 실존적으로 앞서 취할 수 있는 가능성이, 다시 말해 **전체적 존재가능**으로 실존할 수 있는 가능성이 놓여 있다.

   가장 고유하고 무연관적이고 건너뛸 수 없는 가능성은 **확실하다**. 그 가능성을 확신할 수 있는 방식은 그 가능성에 상응하는 진리(열어밝혀져 있음)에서부터 규정된다. 그러나 죽음의 확실한 가능성을 현존재는 단지, 그가 그 가능성을 향해 미리 달려가보면서 이 가능성을 가장 고유한 존재가능으로 자기 자신을 위해서 **가능하게 하는** 식으로만 열어밝힌다. 가능성의 열어밝혀져 있음은 미리 달려가보는 가능하게 함에 근거하고 있다. 이러한 진리 안에 머무르고 있음, 다시 말해 열어밝혀져 있는 것의 확실함[확실존재]이 이제 비로소 미리 달려가봄을 요구한다. 죽음의 확실성은 만나게 되는 죽음의 경우들을 확정하는 것에서부터는 산정해낼 수 없다. 그 확실성은 도대체 눈앞의 것의 진리 안에는 머무르지 않는다. 이런 눈앞의 것은 그 발견되어 있음의 관점에서 볼 때 그저 바라보며 존재자를 그 자체에서 만나게 하는 데에서만 가장 순수하게 만나게 된다. 현존재는 순수 사태성, 다시 말해 필증적인 명증의 무차별성을 획득하기 위해서는, 무엇보다도 먼저 자기를 사태내용에 잃어버렸어야 한다. 이것은 염려의 고유한 과제이자 가능성일 수 있다. 죽음과 관련지어 확실함[확실존재]이 이런 성격[필증적 명증]을 띠지 않는다고 해서, 그 확실함이 이것[필증적 명증]보다 정도가 낮음을 말하는 것은 아니다. 오히려 그 확실함은 도대체 눈앞의 것에 대한 명증의 등급서열에는 속하지 않는다.

죽음을 참인 것으로 여김—죽음은 각기 그때마다 오직 각자의 고유한 죽음이다—은 세계내부적으로 만나게 되는 존재자나 형식적 대상들과 연관된 그 모든 확실성과는 다른 양식을 보여주며 또한 그 확실성보다 더 근원적이다. 왜냐하면 그것은 세계-안에-있음을 확신하고 있기 때문이다. 이러한 죽음을 참인 것으로 여김은 단지 현존재의 한 특정한 행동관계를 요구하고 있는 것이 아니라, 현존재를 그의 실존의 온전한 본래성에서 요구하고 있다.[18] 미리 달려가봄에서 현존재는 비로소 자신의 가장 고유한 존재를 그것의 건너뛸 수 없는 전체성에서 확신할 수 있다. 그러므로 체험, 자아, 의식의 직접적인 주어져 있음의 명증은 필연적으로, 미리 달려가봄 안에 포함되는 확실성에 뒤지지 않을 수 없다. 그리고 그것도 거기에 딸린 파악의 양식이 엄밀하지 않기 때문이 아니라, 그 파악양식이 근본에서 참인 것으로 "거기에-가지고" 싶어하는 그것, 즉 나 자신이 그것이고 존재가능으로서 본래적으로 비로소 미리 달려가보면서 존재할 수 있는 그런 현존재를 원칙적으로 **참인 것**

---

[18] 이 책의 제62절 441쪽 이하 참조.

으로(열어밝혀진 것으로) 여길 수 없기 때문이다.

가장 고유하고 무연관적이고 건너뛸 수 없으며 확실한 가능성은 그 확실성의 관점에서는 규정되어 있지 않다. 미리 달려가봄은 현존재의 탁월한 가능성의 이러한 성격을 어떻게 열어밝히고 있는가? 미리 달려가보는 이해는 어떻게 자신을 부단히 가능한 확실한 존재가능으로 기획투사하기에, 실존의 단적인 불가능성이 가능하게 되는 그 '언제'가 끊임없이 규정되지 않은 채로 남아 있는가? 규정되지 않은 확실한 죽음으로 미리 달려가보면서 현존재는 자신의 '거기에' 자체에서부터 발생하는 끊임없는 위협에 자기를 열어놓는다. 죽음을 향한 존재는 그 위협 속에 머물러 있지 않으면 안 되며 그래서 그것을 가릴 수는 없고 도리어 확실성의 규정되어 있지 않음을 형성하지 않으면 안 된다. 이러한 끊임없는 위협을 진정으로 열어밝히는 것이 실존론적으로 어떻게 가능한가? 모든 이해는 처해 있는 이해이다. 기분은 현존재를 그의 "그가 거기에 있다는 사실"의 내던져져 있음 앞으로 데려온다.[19] 그러나 현존재의 가장 고유한 개별화된 존재에서부터 솟아오르는, 현존재 자신에 대한 부단한 단적인 위협을 열린 채 견지할 수 있는 처해 있음은 불안이다.[20] 이 불안 속에서 현존재는 자신의 실존의 가능한 불가능성의 무 앞에 처해 있다. 불안은 그렇게 규정된 존재자의 존재가능 때문에 불안해하며 그래서 극단적인 가능성을 열어밝힌다. 미리 달려가봄이 현존재를 단적으로 개별화시키며 현존재가 자기 자신의 이러한 개별화 속에서 자신의 존재가능의 전체성을 확신하게 될 수 있기 때문에, 현존재의 이러한 자기이해에는 그 근본상 불안이라는 근본적 처해 있음이 속한다. 죽음을 향한 존재는 본질적으로 불안이다.* 이에 대한 비록 "단지" 간접적이기

---

19) 이 책의 제29절 203쪽 이하 참조.
20) 이 책의 제40절 273쪽 이하 참조.
* 그렇지만 오직 불안뿐이라는 말은 아니며 더욱 순전한 감정으로서의 불안이라는 말은 아니다.

는 하지만 틀릴 수 없는 증거는 앞에서 특징지은 죽음을 향한 존재가 내준다. 즉 죽음을 향한 존재는 불안을 겁먹은 두려움으로 바꿔놓고 그것을 극복하는데, 바로 여기에서 불안에 대한 겁이 알려지고 있는 것이다.

실존론적으로 기획투사된 본래적인 죽음을 향한 존재에 대한 성격규정을 다음과 같이 종합할 수 있다. 미리 달려가봄은 현존재에게 '그들'-자신에 상실되어 있음을 드러내 보이며 현존재를, 배려하는 심려에 일차적으로 의존하지 않은 채, 그 자신이 될 수 있는 가능성 앞으로 데려온다. 이때의 자기 자신이란, '그들'의 환상에서부터 해방된 정열적이고 현사실적인, 자기 자신을 확신하고 불안해하는 **죽음을 향한 자유** 속에 있는 자신이다.

이렇게 특징지은 현존재의 극단적인 가능성의 완전한 내용과 관련되는, 죽음을 향한 존재에 속하는 그 모든 연관들은, 그것에 의해서 구성된 미리 달려가봄을 그 가능성을 가능하게 하는 것으로 밝혀내고 전개시키고 확정하는 데에 집중되어 있다. 미리 달려가봄을 실존론적으로 기획투사하며 제한규정하여 죽음을 향한 실존적 본래적 존재의 **존재론적** 가능성을 드러내 보여주었다. 그로써 현존재의 본래적 전체존재가능의 가능성이 나타난다. 그러나 그야말로 일종의 존재론적 가능성으로서일 뿐이다. 분명 미리 달려가봄의 실존론적 기획투사는 앞에서 획득한 현존재구조들에 머물러 현존재로 하여금 말하자면 이 가능성에로 자기 자신을 기획투사하도록 한 셈이며, 이때 현존재에게 아무런 "내용적" 실존이상을 앞에 걸어 주지도 않았고 "밖에서" 강요하지도 않았다. 그럼에도 불구하고 이러한 실존론적으로 "가능한" 죽음을 향한 존재는 실존적으로 일종의 환상적인 추측으로 남을 뿐이다. 현존재의 본래적 전체존재가능이 가능할 수 있다는 존재론적 가능성은, 그에 상응하는 존재적 존재가능이 현존재 자신에서부터 입증되지 않는 이상, 아무것도 의미하는 바가 없다. 현존재는 각기 그때마다 현사실적으로 자신을 그러한 죽음을 향한 존재로 던지는가? 현존재는 그의 가장 고유한 존재의 근거에서부터, 미리 달려가봄에 의해서 규정되어 있는 그런 본래적인 존재가능을 요구하고 있기라도 하는가?

　이런 물음의 대답에 앞서 탐구조사해야 할 것은 이것이다. 도대체 얼마만큼 그리고 어떤 방식으로 현존재가 자신의 가장 고유한 존재가능에서부터, 그의 실존의 가능한 본래성에 관한 증거를 내주고 있는가? 그래서 현존재가 이 본래성을 실존적으로 가능한 것으로 표명할 뿐 아니라 그 자신에게도 요구하고 있는가?

　현존재의 본래적인 전체존재와 그 전체존재의 실존론적 구성틀에 대한 허공을 떠도는 물음은, 그것이 현존재 자신에 의해서 증거된, 그의 존재의 가능한 본래성 안에 머무를 수 있을 때에야 비로소, 시험에 합격한 현상적 지반 위로 올려지게 될 것이다. 그러한 입증과 거기에서 입증된 것을 현상학적으로 발견해내는 일이 성공한다면, 새롭게 이런 물음이 제기될 것이다. 과연 지금까지 그저 그 **존재론적인** 가능성에서만 기획투사된 죽음으로 달려가봄이 **입증된** 본래적인 존재가능과 본질적인 연관 안에 서게 되는가?

제2장
본래적 존재가능의 현존재적인 증명과 결단성

제54절 본래적 실존적 가능성을 입증하는 문제

탐구조사되고 있는 것은, 현존재 자신이 그의 실존적 가능성에서 증명해 보여야 하는 그런 현존재의 본래적 존재가능이다. 먼저 이러한 증명 자체가 발견될 수 있어야 한다.* 그런 증명은, 만일 그것이 현존재로 하여금 그의 가능한 본래적인 실존에서 그 자신을 "이해하도록 내주어야" 한다면, 현존재의 존재 안에 그 뿌리를 가지고 있을 것이다. 그러므로 그러한 증명의 현상학적인 제시는 자체 안에 현존재의 존재구성틀에서부터 자신의 근원을 입증하는 일도 포함하고 있다.

증명은 어떤 본래적인 **자기존재가능**을 이해할 수 있도록 해주어야 한다. "자기 자신"이라는 표현으로써 우리는 현존재의 **누구**에 대한 대답을 했다.[1] 현존재의 자기성을 형식적으로 **실존함**의 한 방식으로, 다시 말해 눈앞에 있는 존재자가 아닌 것으로 규정했다. 현존재의 '누구'는 대개 나 자신이 아니고 '그들'-자신이다. 본래적인 자기존재는 '그들'의 한 실존적 변양으로 규

---
1) 이 책의 제25절 174쪽 이하 참조.
* i) 증명하고 있는 것 그 자체.
  ii) 그 안에서 증명된 것.

정되는데, 이 변양이 실존론적으로 제한규정되어야 한다.2) 이러한 변양에 무엇이 놓여 있는가? 그리고 이 변양의 존재론적 가능조건으로는 어떤 것들이 있는가?

'그들' 속에 상실되어버림으로 해서 현존재의 가장 가까운 현사실적인 존재가능―배려하며 심려하는 세계-안에-있음의 과제, 규율, 규준, 긴급성 및 범위 등이―이 각기 그때마다 이미 결정되었다. '그들'은 이러한 존재가능성의 장악을 현존재로부터 언제나 이미 박탈했다. '그들'은 심지어 [현존재에게서] 이러한 가능성을 분명하게 **선택해야** 할 짐을 암암리에 면제해주면서도 그것을 은닉한다. 누가 "본디" 선택하고 있는지가 규정안 된 채 남아 있다. 이렇게 선택 없이 아무도 아닌 자에 의해서 끌려다니게 됨으로 해서 현존재는 자신을 비본래성 속으로 빠뜨리는데, 그것은 오직 현존재가 자기 자신을 고유하게 '그들' 속에 상실되어 있음에서부터 그 자신에게로 되찾아오는 식으로만 되돌려 세워질 수 있다. 그렇지만 이러한 되찾아옴은, **그것을 소홀히 함으로써** 현존재가 자신을 비본래성 속으로 상실해버린 **바로 그** 존재양식을 가져야 한다. '그들'에서부터 자신을 되찾아옴은, 다시 말해 '그들'-자신을 **본래적인** 자기-존재로 실존적으로 변양시키는 일은 **선택의 만회**로서 수행되지 않으면 안 된다. 선택의 만회란 이 **선택을 선택함**, 자신의 고유한 자기에서부터 하나의 존재가능을 결정함을 의미한다. 선택을 선택함에서 현존재는 처음으로 자신에게 본래적 존재가능을 **가능하게 해주는** 것이다.*

그러나 현존재가 자기 자신을 '그들' 속에 **상실했으니**, 우선 자기 자신을 **발견해야** 한다. 도대체 **자기 자신**을 발견하기 위해서는 현존재가 그 자신에게 그의 가능한 본래성에서 "내보여져야" 된다. 현존재는 그가 **가능성상** 각기 그때마다 이미 그것으로 **존재하는** 그런 하나의 자기존재가능의 증거가 필요하다.

---

2) 이 책의 제27절 190쪽 이하, 특히 196쪽 참조.
* 존재의 생기―철학, 자유.

다음의 해석에서 그러한 증거로서 요구주장되고 있는 그것은, 현존재의 일상적 자기해석에게는 **양심의 소리**로 잘 알려져 있는 것이다.3) 양심의 "사실"은 논란이 되고 있고, 현존재의 실존에 대한 양심의 심판기능이 상이하게 평가되고 있고, "양심이 무엇을 말하고 있는지"가 다양하게 해석되고 있다는 등의 사실이 이 현상을 포기하게끔 만들 수도 있을 것이다. 그러나 그것은 다만 이러한 현사실 또는 그 해석에 대한 "의심"이 여기에 현존재의 한 **근원적인** 현상이 놓여 있다는 것을 **증명하지** 못할 때 그럴 것이다. 아래의 분석은 기초적-존재론적 의도 아래에 양심을 순수 실존론적 탐구*의 주제적 앞서 가짐 안에 세워놓는다.

우선 양심이 그 실존론적 기초와 구조에서 소급추적되어 지금까지 획득된 현존재라는 이 존재자의 존재구성틀을 확고하게 견지하면서 현존재의 현상**으로서** 드러내 보여야 한다. 이렇게 단초 잡힌 양심의 존재론적 분석은 양심체험에 대한 심리학적 기술 및 그 분류에 앞서 놓여 있으며, 또한 생물학적 "설명", 다시 말해 양심현상의 해소 외부에 놓여 있다. 그러나 이에 못지않게 우리의 분석은 양심의 신학적 해석과도, 더욱이 신존재증명이나 또는 신에 대한 "직접적인" 의식을 위해서 이 현상을 끌어들이는 것과도 거리가 멀다.

그렇지만 또한 양심을 이렇게 제한해서 탐구하는 경우에도 그 성과가 과대평가되어서도 안 되지만 또한 잘못된 요구 아래 놓이거나 과소평가되어서도 안 된다. 양심은 현존재의 현상으로서, [객관적으로] 눈앞에 발견되는 사실이나 때때로 눈앞에 있는 사실이 아니다. 양심은 오직 현존재의 존재양식 안에만 **있으며** 각기 그때마다 오직 현사실적 실존과 함께 그리고 이 실존 안에서 현사실로서 알려진다. 양심의 "사실성"과 그 "소리"의 정당성

---

3) 여기에 나오는 전후의 고찰들은 시간개념에 대한 마르부르크의 공개강연(1924년 7월)에서 테제의 형식으로 발표한 것들이다.

* 이것은 이제 철학함의 본질에서부터 더욱 근본적으로 [탐구된다].

을 위해서 "귀납적 경험적 증명"을 요구하는 것은 이 현상을 존재론적으로 뒤바꾸어놓은 데에 기인한다. 그러나 양심을 그저 때에 따라 나타나기는 하지만 "일반적으로 확인되고 확인 가능한 사실"은 아니라고 태연하게 하는 비판도 모두 이러한 뒤바꿈을 공유하는 것이다. 양심의 현사실은 도대체 그러한 증명과 반증 아래에 세워놓을 수 없다. 이것은 결코 결함이 아니라, 주위세계적으로 눈앞에 있는 것에 비해 존재론적으로 다른 양식의 표식일 뿐이다.

양심은 "어떤 것"을 이해하게 해준다. 즉 양심은 **열어밝힌다**. 이러한 형식적인 성격부여에서부터, 양심이라는 현상을 현존재의 열어밝혀져 있음 안으로 되돌려 놓아야 한다는 지침이 생겨나온다. 우리 자신이 각기 그때마다 그것인 이 존재자의 근본구성들은 처해 있음, 이해, 빠져 있음, 말에 의해서 구성되고 있다. 양심에 대한 더 철저한 분석은 양심을 **부름**으로서 밝혀준다. 부름은 말의 한 양태이다. 양심의 부름은 현존재를 그의 가장 고유한 자기존재가능에로 **불러내는** 성격을 가지며, 그것도 가장 고유한 탓이 있음으로 **불러세움**의 방식으로 그렇다.

이러한 실존론적 해석은 일상적 존재적 이해와는 필연적으로 거리가 멀다. 비록 이 해석이, 통속적 양심해석이 일정한 한계 안에서 언제나 이해했고 양심에 대한 "이론"으로서 개념으로 끌고 온 바로 그것의 존재론적 기초를 산출해낸다고 해도 그렇다. 그러므로 실존론적 해석은 통속적인 양심해석에 대한 비판을 통해서 확증될 필요가 있다. 끄집어낸 현상에서부터, 그 현상이 얼마만큼 현존재의 본래적 존재가능을 증거하는지가 부각될 수 있다. 양심의 부름에 가능한 들음이 대응한다. 양심의 불러냄을 이해함은 **양심을 가지기를 원함**으로 밝혀진다. 그러나 이러한 현상 안에는 우리가 찾고 있는, 자기존재의 선택을 실존적으로 선택함이 놓여 있으며 우리는 이것을 그 실존론적인 구조에 상응하게, **결단성**이라고 이름한다. 이로써 이 장의 분석이 다음과 같은 구분으로 나뉜다. 양심의 실존론적-존재론적 기초들(제55절), 양심의 부름의 성격(제56절), 양심은 곧 염려의 부름(제57절), 불러냄의 이해와 탓(제58절), 실존론적 양심해석과 통속적 양심해석(제59절), 양심에서 증거된 본래적인 존재가능의 실존론적 구조(제60절).

제55절 양심의 실존론적-존재론적 기초들*

양심의 분석**은 그 출발점을 그 현상 안에 있는 무차별한 실상에서 취한다. 즉 양심은 어떤 방식으로든 누구에게 어떤 것을 이해하게 해준다. 양심은 [현존재를] 열어밝히며, 그렇기 때문에 열어밝혀져 있음으로서의 "거기에"의 존재를 구성하고 있는 실존론적 현상들의 범위에 속한다.4) 우리는 처해 있음, 이해, 말, 빠져 있음 등의 가장 일반적인 구조들을 풀어 설명했다. 우리가 양심을 이러한 현상적 맥락 속으로 끌고 올 때, 여기에서 문제되는 것은 거기에서 획득한 구조들을 현존재의 열어밝힘의 한 특별한 "경우"에 도식적으로 적용해보는 것이 아니다. 오히려 양심의 해석은 "거기에"의 열어밝혀져 있음에 대한 앞에서의 분석을 계속 이어갈 뿐 아니라 현존재의 본래적 존재라는 관점에서 그 열어밝혀져 있음을 더 근원적으로 파악하는 것이다.

열어밝혀져 있음에 의해서 우리가 현존재라 칭하는 그 존재자는 자신의 '거기에'를 존재할 수 있는 가능성 안에 있는 것이다. 자신의 세계와 더불어 현존재는 그 자신에 대해서 '거기에' 있는데, 그것도 우선 대개는 현존

---

4) 이 책의 제28절 이하 198쪽 이하 참조.
* 지평.
** 여기에서는 필연적으로 여러 가지가 뒤엉켜 있다.
  i) 우리가 양심이라고 부르는 그것의 부름.
  ii) 불러내어져 있음.
  iii) 이러한 존재의 경험.
  iv) 통상적인 전수된 해석.
  v) 그것을 처리하는 방식.

재가 자신에게 배려되고 있는 "세계"에서부터 존재가능을 열어밝힌 식으로 그렇다. 현존재는 존재가능으로서 실존하는데, 이 존재가능은 각기 그때마다 이미 자신을 특정한 가능성에 떠맡겼다. 그리고 그것은 현존재가 내던져져 있는 존재자이기 때문이며, 이 내던져져 있음은 분위기[기분] 잡혀 있음에 의해서 다소간 분명하고 철저하게 열어밝혀진다. 처해 있음(기분)에는 똑같이 근원적으로 이해가 속한다. 이 이해에 의해서 현존재는, 그가 자신을 자기 자신의 가능성에로 기획투사했거나 '그들' 속에 몰입하면서 자신에게 '그들'의 공공의 해석되어 있음에 의한 가능성들을 앞서 주도록 내버려 둔 이상, 자기 자신이 어디에 놓여 있는지를 "알고"* 있다. 그런데 이런 앞선 제공은, 현존재가 이해하는 더불어 있음으로서 타인의 말을 들을** 수 있음으로써 실존론적으로 가능해지는 것이다. '그들'의 공공성과 잡담 속에 자신을 상실하여 현존재는 '그들'-자신의 말을 듣는 가운데 자신의 고유한 자기는 들어 **넘긴다**. 만일 현존재가 자기를 들어 넘김이라는 이런 상실되어 있음에서부터 되돌려져야 한다면—그것도 현존재 자신에 의해서—이때 현존재는 먼저 자신을 발견할 수 있어야 할 것이다. 즉 자기의 말을 들어 넘겨서 '그들'의 말에 **귀를 기울임**으로써 들어 넘기는 이 자기 자신 말이다. 이러한 귀 기울임이 단절되어야 한다. 다시 말해 그 귀 기울임을 중단시키는 어떤 들음의 가능성이 현존재 자신에 의해서 현존재에게 주어져야 한다. 그런 단절의 가능성은 매개되지 않은 불러냄을 받음에 있다. 부름이, 그 부름의 성격에 상응하게, ['그들'의 잡담에 빠진] 상실된 들음과 비교할 때 모든 점에서 반대되는 특징을 지닌 그런 어떤 들음을 일깨울 때, 그 부름은 현존재가 '그들'의 말에 귀 기울여 자기를 들어 넘기는 일을 단절시킬 것이다. 상실된 들음이 일상적으로 "새로운" 잡담의 다양한 애매함의

---

* 그는 그와 같은 것을 안다고 생각한다.
** 이러한 들음과 들을 수 있음은 어디에서 [유래하는가]? 감각적 들음은 받아-들임의 내던져진 방식의 하나인 귀를 통해서 [이루어진다].

"소동"에 정신을 빼앗기고 있다면, 부름은 소동 없이 애매하지 않게 호기심에 매이지 않고 불러야 한다. 이런 식으로 부르면서 이해하게 해주는 것이 곧 양심이다.

부름을 우리는 말의 양태로서 파악한다. 말은 이해 가능성을 분류한다. 부름으로서의 양심의 성격부여는, 예를 들어 칸트가 양심을 법정으로 표상한 것과 같이, 단지 하나의 "그림"이 결코 아니다. 우리가 간과해서는 안 될 것은, 말에 그리고 이로써 또한 부름에 음성적 발성은 본질적이 아니라는 점이다. 모든 밖으로 말함과 "소리내어 부름"은 이미 말을 전제하고 있다.5) 일상의 해석이 양심의 "소리"라는 것을 알고 있지만, 이때에도 그것은 현사실적으로 결코 발견될 수 없는* 그런 어떤 발성이 생각되고 있는 것이 아니다. "소리"는 오히려 이해하게-해-줌이라 파악된다. 부름의 열어밝힘의 경향에는 충격의 계기, 즉 따로 떼어내어 흔들어 세움**의 계기가 있다. 부름은 먼데서 와서 먼데로 간다. 되돌려지기를 바라는 사람이 부름에 의해서 적중된다.***

그러나 양심에 대한 이런 특징부여와 함께 이제 비로소 겨우 양심의 실존론적 구조의 분석을 위한 현상적 지평이 윤곽 잡혔을 뿐이다. 양심의 현상이 부름과 비교되지 않고 현존재를 구성하는 열어밝혀져 있음에서부터 말로서 이해되었다. 우리의 고찰은 처음부터 양심의 해석을 위해서 우선적으로 제공되는 그런 길은 피한다. 즉 사람들은 양심을 영혼의 능력의 하나로, 즉 지성, 의지 또는 감정에로 환원시키거나 그것들의 혼합물이라고 설명한다. 양심과 같은 종류의 현상****에 직면할 때, 그런 식으로 분류된 영혼

---

5) 이 책의 제34절 240쪽 이하 참조.
* 우리가 감각적으로 "들을" 수 없는.
** 또한 끈질긴 [흔들어 세움도].
*** 자신의 고유한 자기에서부터 멀어진 사람이.
**** 다시 말해서 자기 자신으로 있음에서의 자신의 근-원[원초-도약]에. 그렇지만 이것은 지금까지는 단지 주장일 뿐 아닌가?

의 능력 또는 인격적 행위 식의 허공을 떠다니는 틀은 존재론적-인간학적으로 불충분하다는 것이 즉시 눈에 띈다.[6]

제56절 양심의 부름의 성격

말에는 이야기되고 있는 '그것에 대해서(관련체)'가 속한다. 말은 어떤 것에 대해서 일정한 관점에서 해명을 한다. 그렇게 이야기되고 있는 것에서부터 말은 그것이 각기 그때마다 이 말로서 말하고 있는 바로 그것, 즉 이야기된 것 그 자체를 길어낸다. 함께 나눔[전달]으로서의 말에서 이야기된 것은 타인들의 공동현존재에게 접근 가능해지는데, 대개는 언어의 발성이라는 길을 통해서이다.

양심의 부름에서는 무엇이 이야기되고 있는 것, 다시 말해 불러내어지는 것인가? 분명 현존재 자신이다. 이 대답은 논란의 여지가 없지만 마찬가지로 규정되어 있지도 않다. 부름이 그런 막연한 목표를 가지고 있다면, 그것은 현존재에게 기껏해야 자기 자신에게 주의를 환기해주는 계기에 불과할

---

[6] 양심에 대한 칸트, 헤겔, 쇼펜하우어(Arthur Schopenhauer), 니체의 해석 외에 주목할 만한 것으로는 다음과 같은 것들이 있다. M. Kähler, *Das Gewissen, erster geschichtlicher Teil*(『양심. 제1부 역사부분』), 1878년. 『개신교 신학 및 교회를 위한 실용백과사전』에 실린, 같은 저자의 "양심"에 대한 항목. 그 외에도 A. Ritschl, "Über das Gewissen"(『양심에 대하여』), 1876년(전집에 재수록. 신판, 1896년, 177쪽 이하). 그리고 마지막으로, 최근에 발간된 H. G. Stoker, *Das Gewissen*(『양심』, 철학과 사회학 저술 총서, Max Scheler 편집, 제2권), 1925년. 폭넓게 구상된 이 연구는 양심현상의 풍부한 다양함을 밝혀내고, 이 현상에 대한 상이한 가능한 취급양식을 비판적으로 특징짓고 상세한 참고 문헌 목록을 수록하고 있으나, 양심개념의 역사에 관해서는 완전하지 못하다. 우리의 실존론적 해석과 비교할 때 **슈토커**(Hendrik Gerhardus Stoker)의 책은 이미 단초에서 구별되며, 따라서 많은 일치점이 있음에도 불구하고 그 결과에서도 다르다. 슈토커는 애초부터 "객관적으로" 실제로 존립하는 양심의 "기술"을 위한 해석학적 조건들을 과소평가하고 있다(3쪽). 이것은 현상학과 신학 사이 경계의 말소─양쪽 모두에 해로운─와 연관되어 있다. 셸러의 인격주의를 수용하는 이 연구의 인간학적 기초와 연관 지어서는 이 책 「존재와 시간」 제10절, 79쪽 이하를 참조할 것. 그럼에도 슈토커의 책은 지금까지의 양심해석에 비할 때 주목할 만한 진보를 의미한다. 그러나 그것은 양심현상의 존재론적 뿌리를 제시했기 때문이라기보다는 양심현상과 그 지류현상을 포괄적으로 다루었기 때문이다.

것이다. 그러나 현존재에게는 본질적으로, 현존재가 그의 세계의 열어밝혀져 있음과 더불어 그 자신에게 열어밝혀져 있다는 것, 그래서 그가 그 **자신을 언제나 이미 이해하고 있다**는 것이 속한다. 부름은 바로 이렇게 일상적-평균적으로 배려하면서 자기를-언제나-이미-이해하는 그런 현존재를 적중시킨다. 타인들과 배려하는 더불어 있음의 '그들'-자신이 부름에 의해서 적중된다.

273 그렇다면 현존재는 어디에로 불러내어지는가? **자신의 고유한 자기에게**로이다. 현존재가 공공의 서로 함께 있음에서 중요한 것, 중요할 수 있는 것, 배려되는 것에로가 아니며, 더더구나 현존재가 장악한 것, 그가 투신하고 있는 것, 그가 그것에 의해서 정신이 빠져버린 그것으로도 아니다. 세계적으로 이해되어 타인과 자기 자신을 위해서 존재하는 그런 현존재도 이 불러냄에서는 **간과된다**. 자기를 향한 부름은 이런 것들을 조금도 아는 체 하지 않는다. '그들'-자신에게서 오직 **자기**만이 부름을 받고 들음에로 이끌려오기 때문에, **그들**은 그 자체로 무너져 내린다. 부름이 '그들'과 공공의 해석되어 있음을 간과한다는 것은 결코, 부름이 그것들을 **함께 적중시키지** 않는다는 것을 뜻하지 않는다. 바로 이렇게 **간과하면서** 부름은 공공의 명예에만 집착하는 '그들'을 무의미 속으로 밀어버리는 것이다. 그러나 자기는 부름에서 그러한 피난처와 은신처를 빼앗기고, 부름에 의해서 그 자신에게로 돌아오게 되는 것이다.

'그들'-자신이 자기 자신에게로 부름을 받는다. 그렇지만 이 자기 자신은 평가의 "대상"이 될 수 있는 자기도 아니며, 자신의 "내면생활"을 흥분하고 호기심에 차 근거 없이 분해하는 그런 자기도 아니고, 심적 상태와 그 배후를 "분석적으로" 멍하니 바라보는 그런 자기도 아니다. '그들'-자신에게서 자기를 불러냄은, 자기 자신을 내면으로 몰아넣어 이 자기 자신이 "외부세계" 앞에서 자기를 닫지 않을 수 없도록 하는 것이 아니다. 부름은 오로지 자기만을 불러내기 위해서 이 모든 것을 간과하고 헤쳐버린다. 이때의 자기는 물론 다른 방식이 아닌 세계-안에-있음의 방식으로 존재한다.

그러나 이러한 말에서 **이야기된** 것을 어떻게 규정해야 하는가? 양심은 부름을 받은 자에게 **무엇을** 불러 말하는가? 엄밀히 말해 아무것도 아니다. 부름은 아무것도 밖으로 말하지 않으며, 세계의 사건에 대해서 아무런 정보도 주지 않으며, 이야기할 아무것도 가지고 있지 않다. 부름은 또한 부름받은 자기 안에서 일종의 "자기대화"를 열려고 노력하지도 않는다. 부름받은 자기에게 "아무것도" 건네 말해지지 않고, 그 자기가 그 자신에게로, 다시 말해 자신의 가장 고유한 존재가능에로 **불러세워지는** 것이다. 부름은, 그 부름의 경향에 상응하게, 부름받은 자기를 "토의"에 붙이는 것이 아니다. 오히려 부름은 가장 고유한 자기존재가능에로 불러세우는 것으로서 현존재를 그의 가장 고유한 가능성에로 나오라고 앞으로("앞" 쪽으로) 불러내는 것이다.

부름은 어떠한 발성도 필요하지 않다. 부름은 결코 낱말이 되지 않는다. 그럼에도 어둡거나 무규정적이지 않다. **양심은 한결같이 오로지 침묵의 양태로만 말한다.** 그렇다고 해서 양심이 인지됨에서 잃어버리는 것은 아무것도 없다. 오히려 부름받고 불러세워진 현존재로 하여금 그 자신에 대해서 침묵하고 있도록 강요한다. 부름에서 불리고 있는 것이 낱말로 형성되지 않는다고 해서 양심현상이 어떤 비밀스러운 소리의 무규정성 속으로 삽입되는 것은 아니다. 오히려 "불리고 있는 것"의 이해가 전달 등과 같은 것의 기대에 매달려서는 안 된다는 것을 보여줄 뿐이다.

부름이 열어밝히고 있는 것은 부름이 비록 그 이해 가능성에 따라 상이하게 해석된다고 하더라도 명료하다. 부름의 내용이 겉보기에 무규정적이라고 해서 그것이 부름의 **확실한 내리침의 방향을** 간과하게 할 수는 없다. 부름은 불러내야 할 자를 더듬어 찾아야 할 필요도 없고, 과연 그 자가 의도하고 있는 그 자인지 아닌지를 알아볼 표식도 필요하지 않다. 양심에서 "착각"은 부름이 잘못 보았기(잘못 부르기) 때문에 생기는 것이 아니라, 부름을 어떻게 듣는가 하는 그 방식에서 비로소 생겨난다. 즉 부름이 본래적으로 이해되는 대신에, '그들'-자신에 의해서 일종의 타협하는 자기대화로 끌려들어가서 그 열어밝힘의 경향이 뒤바꾸기 때문에 생겨난다.

확고하게 견지해야 할 것은 이것이다. 즉 우리는 양심을 부름이라고 특징지었는데, 이 부름은 '그들'-자신을 자기 자신에게로 불러내는 것이다. 이러한 불러냄으로서 부름은 자기를 그의 자기존재가능으로 불러세우고 그로써 현존재를 그의 가능성으로 나오도록 앞으로 부르는 것이다.

그러나 양심에 대한 존재론적으로 충분한 해석을 우리는 다음과 같은 것이 분명해질 때 비로소 얻게 될 것이다. 즉 부름에 의해서 부름을 받은 자는 누구인가 하는 것뿐 아니라, 또한 **부르는 자** 자신은 누구이며, 부름받은 자가 부르는 자와 어떻게 관계하며, 이 "관계"가 존재연관으로서 어떻게 존재론적으로 파악되어야 하는가 하는 것도 분명해져야 한다.

제57절 양심은 곧 염려의 부름

양심은 현존재의 자기를 '그들' 속에 상실되어 있음에서부터 불러세운다. 부름받은 자기는 그의 무엇임에서는 규정되지 않은 채 텅 비어 있다. 현존재는 우선 대개 배려되고 있는 것에서부터 해석될 때에는 자기를 **무엇**으로서 이해하는데, 이것이 부름에서는 간과된다. 그렇지만 자기 자신은 분명하게 뒤바꿈 없이 적중된다. 부름받은 자가 "그의 인격의 명망에 관계없이" 부름에 의해서 지목될 뿐 아니라, 부르는 자도 눈에 띄는 무규정성 속에 머무르고 있다. 이름, 신분, 출신, 외관에 대한 물음에 부르는 자는 대답을 하지 않을 뿐 아니라, 비록 그가 부르는 데에 결코 틀리지 않음에도 불구하고, 자기를 "세계적으로" 방향 잡은 현존재이해와 친숙하게 만들 수 있는 어떠한 가능성도 내주지 않는다. 부름을 부르는 자는—이것이 그의 현상적 성격에 속하는 것인데—단적으로 알려지는 것을 한사코 멀리한다. 자신을 고찰이나 이야기 속에 끌어들이는 것은 그의 존재의 양식에 반하는 것이다. 부르는 자가 독특하게 규정되지 않고 규정될 수 없다는 것은 아무것도 아닌 것이 아니라 일종의 **긍정적인** 특징이다. 이 특징은, 부르는 자가 오로지 '……으로 불러세움'에만 몰입해 있으며, 그는 **오직 부르는 자로서만** 듣게 되기를 바라고 나아가 재잘거려지기를 바라지 않는다는 것을 알려준다. 그렇다면 부르는 자가 누구인가 하는 부르는 자에 대한 물음을 제기하지 않는 것이 현상에 적합하지 않은가? 현사실적 양심의 부름에 실존적으로 귀 기울이기 위해서는 분명 그런 물음이 필요하지만, 부름의 현사실성 및 들음의 실존성을 실존론적으로 분석하기 위해서는 필요하지 않다.

그러나 누가 부르는가 하는 물음을 명시적으로 여전히 제기해야 할 필연성이 도대체 성립하고 있는가? 이 물음은 부름에서 부름받은 자가 누구인가를 묻는 물음과 같이 현존재에게는 분명하게 대답되는 물음이 아니지 않는가? 현존재가 양심 속에서 자기 자신을 부른다. 부르는 자에 대한 이러한 이해는 부름을 현사실적으로 들음에서 다소간 깨어 있을 수 있다. 그렇지만 현존재가 부르는 자이며 **동시에** 부름받은 자이다 하는 대답은 존재론적으로 결코 충분하지 못하다. 그렇다면 부름받은 자로서의 현존재는 부르는 자로서의 현존재와는 다르게 "거기에" 존재하는가? 이를테면 가장 고유한 자기존재가능이 부르는 자로서 기능하고 있는가?

부름은 물론 절대로 **우리 자신에 의해서** 계획되지도, 준비되지도, 의도적으로 수행되지도 않는다. 기대에 반해, 심지어 의지에 반해 "그것"이 부른다. 다른 한편, 부름은 의심의 여지없이 나와 세계 안에 함께 있는 어떤 타인에게서 오는 것이 아니다. 부름은 나에게서 와서 나의 **위로** 덮쳐온다.

이러한 현상적 실상을 해석에서 간과해서는 안 된다. 그것은 또한 양심의 소리를 현존재 안으로 밀고 들어오는 낯선 힘이라고 해석하는 단초로 취해지기도 했다. 이런 해석의 방향으로 계속 나아가면서 사람들은 그 확정한 힘의 밑바탕에 어떤 소유자를 상정하기도 하고 그 힘 자체를 자신을 알려오는 인격(신)으로 간주하기도 한다. 이와는 반대로 사람들은 부르는 자를 낯선 힘의 표명으로 보는 해석을 배격하며 동시에 양심을 "생물학적으로" 설명하려고 시도하기도 한다. 이 두 해석들은 다 너무 성급하게 현상적 실상을 건너뛴다. 이 절차는 암암리에 주도하고 있는 존재론적으로 독단적인 다음과 같은 테제에 의해서 용이해지고 있는 것이다. 즉 존재하는 것, 다시 말해 부름과 같이 그렇게 사실적인 것은, 눈앞에 있지 않으면 안 된다. 눈앞에 있는 것으로 객관적으로 증명될 수 없는 것은, 도대체 존재하지 않는다.

이와 같은 방법적인 성급함에 반해서 중요한 것은 이것이다. 즉, 부름은 나에게서 와서 나의 위로 덮쳐와서 나에게로 향해 있다는 이 현상적 실상 일반을 확고하게 견지해야 할 뿐 아니라, 또한 그 안에 놓여 있는, **현존재**의 현상으로서의 그 현상을 존재론적으로 앞서 윤곽 잡아야 한다. 이 존재자의 실존론적 구성틀이 부르고 있는 "그것"의 존재양식을 해석하기 위한 유일한 실마리를 제공한다.

지금까지의 현존재의 존재구성틀에 대한 분석은, 부르는 자의 존재양식과 그로써 또한 부름의 존재양식도 존재론적으로 이해하도록 만들 길을 제시하고 있는가? 부름이 명시적으로 나에 의해서 수행되지 않고 도리어 "그것"이 부른다는 사실은 아직 부르는 자를 현존재적인 아닌 존재자에서 찾을 것을 정당화하지는 않는다. 그렇지만 현존재는 각기 그때마다 언제나 현사실적으로 실존한다. 현존재는 허공에 떠다니는 자기를 기획투사함이 아니라, 내던져져 있음에 의해서 그가 존재하고 있는 그 존재자의 현사실로 규정되어 있기 때문에, 현존재는 각기 그때마다 이미 실존에 내맡겨져 있고 부단히 내맡겨진 채로 있다. 그러나 현존재의 현사실성은 본질적으로 눈앞에 있는 것의 사실성과는 구별된다. 실존하는 현존재는 자기 자신을 어떤 세계내부적으로 눈앞에 있는 것으로 만나지 않는다. 그러나 내던져져 있음이 현존재에게 접근 불가능한, 그의 실존에 중요하지 않은 성격으로 붙어 있는 것이 아니다. 현존재는 내던져져 있는 현존재로서 **실존 안으로** 내던져져 있는 것이다. 현존재는, 그가 존재하고 존재할 수 있는 바와 같이, 존재해야 하는 그런 존재자로서 실존한다.

현존재가 현사실적으로 존재하고 있다는 **사실**이 그 "왜"라는 관점에서는 은폐되어 있을 수 있지만 그 **"있음의 사실"** 자체는 현존재에게 열어밝혀져 있다. 이 존재자의 내던져져 있음은 "거기에"의 열어밝혀져 있음에 속하며 끊임없이 그때마다의 처해 있음 속에서 밝혀진다. 이 처해 있음은 다소 분명하게 그리고 본래적으로 현존재를 그의 "그는 존재하고 있으며 그가 그것인 그 존재자로서 존재가능적으로 존재하지 않으면 안 된다는 사실" 앞으로 데려온다. 그런데 대개 기분이 이 내던져져 있음을 닫아버린다. 현존재는 이 내던져져 있음 앞에서 '그들'-자기의 추정적인 자유 속으로 도피한다. 이 도피를 우리는, 개별화된 세계-안에-있음을 근본에서 규정하고 있는 그러한 섬뜩함 앞에서의 도피라고 특징지었다. 섬뜩함은 불안이라는 근본적 처해 있음 안에서 본래적으로 드러난다. 섬뜩함은 내던져져 있는 현존재의 가장 기본적인 열어밝혀져 있음으로서 현존재의 세계-안에-있음을 세계의 무(無) 앞에 세운다. 이 무 앞에서 현존재는 가장 고유한 존재가능 때문에 불안 속에서 불안에 떤다. 현존재의 섬뜩함의 밑바탕[근거]에 처해 있는 현존재가 양심의 부름에서 부르는 자라면 어떤가?

이것을 반대하는 것은 아무것도 없는 반면, 지금까지 부르는 자와 그의 부름을 성격규정하며 산출한 그 모든 현상들이 이것을 대변한다.

부르는 자가 누구인가 하는 것은 "세계적으로"는 **무엇으로도** 규정될 수 없다. 부르는 자는 섬뜩함 속에 있는 현존재이며, 안절부절못하는 근원적인 내던져져 있는 세계-안에-있음이며, 세계의 무 속에 있는 적나라한 "있음의 사실"이다. 부르는 자는 일상적 '그들'-자신에게는—이를테면 **낯선** 목소리와 같이—친숙하지 않다. 배려되고 있는 잡다한 "세계"에 빠져 있는 '그들'에게, 섬뜩함 속에서 자기 자신에게로 개별화된, 무 속으로 내던져진 자기보다 더 낯선 것이 무엇이겠는가? "그것"이 부르지만, 배려하며 호기심에 찬 귀에게는 퍼트려 말하고 공공적으로 이야기될 만한 것이라고는 아무것도 들리지 않는다. 그러나 현존재가 그의 내던져진 존재의 섬뜩함에서부터 전해주어야 할 것은 또 무엇이라는 말인가? 그에게 불안 속에서 드러난 그 자신의 존재가능 이외에 달리 무엇이 남아 있겠는가? 현존재에게 유일하게 문제되고 있는 이 존재가능으로 불러세우는 것 이외에 달리 어떻게 불러야 한다는 말인가?

부름은 사건에 대해서 보고하는 것이 아니며, 또한 아무런 발성 없이 부른다. 부름은 **침묵**이라는 섬뜩한 양태에서 말한다. 그리고 그것도 오직 부름이 부름받은 자를 '그들'의 공공의 잡담으로 불러들이는 것이 아니라 도리어 이 잡담에서부터 실존하는 존재가능의 침묵하고 있음으로 되불러들이는 것이기 때문이다. 그런데 부르는 자가 부름받은 자를 적중시키고 있는 그 섬뜩하지만 자명하지 않은 차가운 확신은 어디에 근거하는가? 자신의 섬뜩함 속에서 자기 자신으로 개별화된 현존재가 그 자신에게 단적으로 뒤바뀔 수 없다는 그 사실에가 아니겠는가? 무엇이 현존재로부터 그토록 철저하게, 다른 어디에서부터 오해하고 오인할 수 있는 가능성을 박탈하는가? 자기 자신에게로 떠넘겨져 있는 가운데 철저히 혼자 남아 있다는 것이 아니겠는가?

섬뜩함은 비록 일상적으로는 은폐되어 있지만 세계-안에-있음의 근본양식이다. 현존재 자신이 양심으로서 이 존재의 근본에서부터 부른다. "무엇인가 나를 부른다"는 현존재의 한 탁월한 말이다. 불안에 의해서 기분 잡힌 부름이 현존재로 하여금 이제 처음으로 자기 자신을 그의 가장 고유한 존재가능으로 기획투사하게끔 만든다. 실존론적으로 이해된 양심의 부름이 비로소 알려 오고 있는 것은 앞에서[7] 그냥 주장되기만 했던 다음과 같은

---

[7] 이 책의 제40절 279쪽 참조.

것이다. 즉 섬뜩함이 현존재의 뒤에 바짝 따라붙어 그의 자기를 망각한 상실성을 위협한다는 것이다.

"현존재는 부르는 자이며 동시에 부름받는 자이다"라는 명제는 이제 그 형식적 공허함과 자명성을 상실했다. **양심은 스스로를 염려의 부름으로서 드러낸다.** 부르는 자는 내던져져 있음(이미-……안에-있음) 속에서 자신의 존재가능 때문에 불안에 떨고 있는 현존재이다. 부름받은 자는 자신의 가장 고유한 존재가능(자기를-앞질러……)에로 불러세워진 바로 그 현존재이다. 그리고 현존재는 불러냄에 의해서 "그들" 속에 빠져 있음(배려되고 있는 세계 곁에-이미-있음)에서부터 불러세워진다. 양심의 부름, 다시 말해 양심 자체는, 현존재가 그의 존재의 근본에서 염려라는 사실에 그 존재론적 가능성을 가진다.

이렇듯 현존재이지 않은 힘으로 도피할 필요가 없으며, 동시에 그런 힘으로의 소급은 부름의 섬뜩함을 해명하기는커녕 도리어 그것을 없애고 만다. 양심에 대한 "설명"이 이렇게 옆길로 빠지는 이유는 결국, 사람들이 이미 양심의 부름이라는 현상적 실상을 확정하기 위해서 시야를 **너무 짧게** 잡고 암암리에 현존재를 우연한 존재론적인 규정성 또는 무규정성 속에서 전제한 데에 있는 것은 아닌가? 왜 사람들은 낯선 힘에서 정보를 구하는가? 분석의 단초에서 현존재의 존재가 **너무 낮게** 평가되지는 않았는지, 다시 말해 인격적 의식을 갖춘, 어떤 방식으로건 출현하고 있는 해로울 것 없는 주체로서 정립되지는 않았는지를 확인하기도 전에 말이다.

그렇지만 부르는 자—세계적으로 볼 때 "아무도 아닌 자"이지만—를 일종의 힘으로 해석하는 데에는 "객관적으로" 눈앞에 발견되고 있는 것의 편견 없는 인정이 깔려 있는 듯이 보인다. 그러나 제대로 살펴보면, 이런 해석은 단지 양심 앞에서의 도피일 뿐이며, 현존재가 흡사 "그들"을 그의 존재의 섬뜩함과 분리하고 있는 얇은 벽으로부터 몰래 달아나는 그런 현존재의 도피일 뿐이다. 양심에 대한 앞의 해석은, 양심의 부름을 "순전히 주관적으로" 말하는 것이 아닌, "보편적으로" 구속력이 있는 소리라는 의미에서 인정하는 척한다. 한 걸음 더 나아가, 이러한 "보편적" 양심은 "세계양심"으로 고양되지만, 이 세계양심도 그 현상적 성격상 일종의 "그것"이거나 "아무도 아닌 자"이며, 따라서 거기 개별 "주체" 안에서 이러한 무규정자로서 말하는 그런 것이다.

그러나 이러한 "공공의 양심"—그것은 "그들"의 소리가 아니고 다른 무엇이겠는가? 현존재가 "세계양심"이라는 의심스러운 것을 고안해내기에 이르게 되는 까닭은, 양심이 근본에서 또 본질에서 **각기 나의 것이기 때문**이다. 그리고 이것도 단지 각기 그때마다 가장 고유한 존재가능이 불러내어진다는 의미에서만이 아니라, 부름이 각기 그때마다 나 자신인 바로 그 존재자에서부터 오기 때문이다.

부르는 자에 대한 여기에서의 해석은 순수하게 부름의 현상적 성격을 좇기 때문에 양심의 "힘"을 평가절하하여 "순전히 주관적인 것"으로 만들지 않는다. 오히려 그 반대로, 양심의 부름의 준엄함과 명료함이 그렇게 해서 비로소 자유롭게 되는 것이다. 불러냄의 "객관성"은 우리의 해석이 이 불러냄에게 그 "주관성"—이것은 물론 '그들'-자신의 지배를 거부한다—을 그대로 놔둠으로써 비로소 그 권리를 얻게 된다.

그럼에도 불구하고 사람들은 양심을 염려의 부름이라고 해석한 것에 대해서 다음과 같은 반대물음을 제기할 수 있다. "자연스러운 경험"과는 그렇게 동떨어진 양심의 해석이 검사를 견뎌낼 수 있는가? 양심이 분명 우선 대개 그저 **질책하고 경고하기만** 하거늘, 어떻게 그런 양심이 가장 고유한 존재가능에로 **불러세우는** 자의 역할을 할 수 있다는 말인가? 양심은 가장 고유한 존재가능에 대해서 그렇게 무규정적으로 공허하게 말하는가? 오히려 양심은 불의나 고의로 생긴 과오와 불이행과 연관 지어 규정적이고 구체적으로 말하지 않는가? 여기에서 주장하는 양심의 불러냄은 "나쁜[가책받는]" 양심에서 유래하는가, 아니면 "착한[떳떳한]" 양심에서 유래하는가?

양심은 도대체 긍정적인 어떤 것을 내주는가, 양심은 차라리 그저 비판적으로 기능할 뿐 아닌가?

이런 의구심들은 논란의 여지없이 당연하다. 양심에 대한 한 해석에서 요구할 수 있는 것은, "사람들"이 그 해석에서 문제되는 현상을 일상적으로 경험하고 있듯이 다시 알아보는 것이다. 이런 요구를 충족시킨다는 것이 그러나 다시금, 통속적인 존재적 양심이해를 존재론적 해석을 위한 일차적 기준으로 인정한다는 것을 의미하지는 않는다. 그러나 다른 한편 앞에서 말한 의구심은, 그것이 지목하고 있는 양심의 분석이 아직 목표에 도달하지 않은 이상, 너무 이른 셈이다. 지금까지는 단지, 양심을 **현존재의 현상으로서** 이 존재자의 존재론적 구성틀로 소급하려고 시도했을 뿐이다. 그리고 이것은 양심을 현존재 자신 안에 놓여 있는 **그의 가장 고유한 존재가능의 입증으로서** 이해할 수 있게 만드는 과제를 준비하는 데에 도움이 되었다.

그러나 양심이 무엇을 입증하고 있는가 하는 것은, 부름에 진정으로 상응하게 **듣는다**는 것이 어떤 성격을 가져야 하는지가 충분하게 분명히 한정될 때, 비로소 그 완전한 규정성에 이르게 될 것이다. 부름을 "따르는" **본래적** 이해는 단지 양심의 현상에 잇닿아 있는 부가물이 아니다. 즉 생기기도 하고 또 생기지 않을 수도 있는 과정이 아니다. 양심의 불러냄의 이해에서**부터** 그리고 동시에 그 이해와 **함께** 비로소 **온전한** 양심의 체험을 파악할 수 있다. 부르는 자와 부름받은 자가 각기 그때마다 **동시에** 고유한 현존재 **자신**이라고 한다면, 모든 부름의 넘겨들음에는, 모든 **자기**를 잘못 들음에는 현존재의 **특정한** 존재양식이 놓여 있다. "아무런 성과도 없는" 허공에 떠다니는 부름이란, 실존론적으로 볼 때, 불가능한 허구이다. "아무런 성과도 없다는 사실"은 현존재적으로 어떤 **적극적인** 것을 의미한다.

이렇게 해서 이제 불러냄의 이해의 분석이 비로소, **부름이 무엇을** 이해하게 해주는가에 대한 명시적인 논의에로 이끌 수 있다. 그러나 앞에서 행한 양심에 대한 보편적인 존재론적 성격부여와 더불어 비로소, 양심 속에서 불려 말해지고 있는 "탓이 있음"을 실존론적으로 파악할 수 있는 가능성이 주어진다. 모든 양심경험 및 해석은, 양심의 "소리"가 어떤 방식으로든 "탓"에 대해서 이야기하고 있다는 점에서는 일치한다.

제58절 불러냄의 이해와 탓

[양심의] 불러냄의 이해에서 들은 것을 현상적으로 파악하기 위해서는 새삼 불러냄에로 되돌아갈 필요가 있다. 그들-자신을 불러냄은 가장 고유한 자기 자신을 그의 존재가능으로 불러세운다는 것을 의미하며 그것도 현존재로서, 다시 말해 배려하는 세계-안에-있음과 남들과의 더불어 있음으로서의 현존재를 불러세운다는 말이다. 그러므로 부름이 그리로 불러세우는 그것에 대한 실존론적 해석은, 이 해석이 자신의 방법적 가능성과 과제를 제대로 이해하고 있는 한, 아무런 구체적인 개별적 실존 가능성을 한정하려고 하지는 않을 것이다. 그때마다의 현존재에서 이 부름을 받은 자가 각기 그때마다 실존적으로 고정될 수 있으며 [그래서] 그를 고정시키려는 것이 아니고, 오히려 각기 그때마다 현사실적-실존적으로 존재할 수 있음의 **실존론적 가능조건에 속하는 바로 그것을 고정시키려는 것이다.**

현존재가 **자신이** 부름받고 있음을 무연관적으로 듣고 이해하면 할수록, "그들[세인]"이 말하는 그것이, 즉 당연하다고 여겨지며 통용되는 그것이 부름의 의미를 뒤바꿔놓는 일이 적으면 적을수록, 부름을 실존적으로 들으며 이해함은 그만큼 더 본래적이게 된다. 그렇다면 불러냄의 이해의 본래성에는 본질적으로 무엇이 놓여 있는가? 비록 언제나 현사실적으로 이해되고 있지는 않더라도 그때마다 부름 속에서 본질적으로 이해되어야 할 것으로 주어지고 있는 것은 무엇인가?

이 물음에 대해서 우리는 이미 다음과 같은 논제로써 대답한 바 있다. 즉, 부름은 이야기되어야 할 만한 것은 **아무것도** "말하지" 않으며 일어난 일에 대해서는 아무런 정보도 주지 않는다. 부름은 현존재 **앞에** 그의 존재가능을 제시하는데, 섬뜩함**에서부터** 부르는 식으로 그렇게 한다. 부르는 자가 [누구인지] 분명히 규정되어 있지는 않지만, 그가 거기에서부터 부르고 있는 그 부름의 유래('거기에서부터')가 부름 자체에 무차별한 것으로 남아 있지는 않는다. 이 부름의 '거기에서부터'—즉 내던져진 개별화의 섬뜩함—가 부름 속에서 함께 불러내어지고 있는 것이다. 다시 말해 함께 열어밝혀지고 있는 것이다. 어디에로 앞에 불러냄에서 부름의 '거기에서부터'는 곧 되불러들임의 '거기에로'이다. 부름은 아무런 이상적 보편적 존재가능을 이해할 것으로 주고 있지 않다. 부름은 존재가능을 그때마다의 현존재의 그때마다 개별화된 존재가능으로 열어밝힌다. 부름의 열어밝힘의 성격은, 우리가 그것을 앞에 불러내는 불러들임으로 이해할 때 비로소 온전히 규정될 것이다. 그런 식으로 파악된 부름에 방향을 잡고서 비로소 우리는 그 부름이 **무엇을** 이해하도록 내주고 있는지 물어야 한다.

   그렇지만 부름이 무엇을 말하고 있는지에 대한 물음은, 모든 양심경험에서 통상 듣게 되거나 또는 못 듣고 지나치거나 하는 그것, 즉 부름은 현존재가 "탓이 있다"고 말해주거나 또는 경고하는 양심에서처럼 "탓이 있게" 될 수 있음을 지적해주거나 또는 "좋은[떳떳한]" 양심이기 때문에 "아무런 탓도 의식하지 않거나" 하는 사실을 "단적으로" 지적함으로써 훨씬 더 쉽고 확실하게 대답될 수 있지 않는가? 단지 이렇게 "똑같이" 경험되는 "탓이 있음"이 양심의 경험과 해석에서 그렇게 상이하게 규정되지만 않는다면 얼마나 좋겠는가! 또 설사 이러한 "탓이 있음"의 의미가 이의 없이 파악될 수 있다고 해도, 이러한 탓이 있음이라는 **실존론적** 개념은 어둠에 싸여 있다. 그렇지만 만일 현존재가 자기 자신에게 "탓이 있다"고 말을 건넨다면, 이 탓이라는 이념을 현존재의 존재에 대한 해석이 아닌 어떤 다른 곳에서 길어올 수 있다는 말인가? 그럼에도 새삼 다음과 같은 물음이 대두된다. 어떻게 우리가 탓이 있다는 것이며 탓은 무엇을 의미하는지를 누가 말하고 있는가? 탓이라는 이념을 멋대로 고안해내어 현존재에게 강요할 수는 없다. 그러나 만일 도대체 탓의 본질에 대한 이해가 가능하다면, 이 가능성은 현존재 안에 앞서 윤곽 잡혀 있어야 할 것이다. 그 현상을 밝혀내는 데에로 이끌어줄 수 있는 흔적을 우리는 어떻게 발견할 수 있을까? 탓, 양심, 죽음 등과 같은 현상들에 대한 존재론적 탐구들은 모두 일상적 현존재해석이 그것들에 대해서 "말하는" 바로 거기에 단초를 두어야 한다. 현존재의 빠져 있는 존재양식에는 동시에 그의 해석이 대개는 **비본래적으로** "방향 잡혀" 있으며, 그에게는 근원적으로 적합한 존재론적 물음제기가 낯선 것으로 남아 있기 때문에, "본질"을 적중시키지 못한다는 점이 놓여 있다. 그렇지만 모든 잘못 봄에는 현상의 근원적인 "이념"에 대한 지침이 함께 드러나 있는 것이다. 그러나 "탓이 있음"의 근원적인 실존론적 의미에 대한 기준을 우리는 어디에서부터 취해오는가? 이 "탓이 있음"이 "나는 ……이다"의 서술어로서 등장하고 있다는 그 사실에서부터 취한다. 이를테면 비본래적 해석에서 "탓"으로 이해되고 있는 그것은 현존재의 존재 그 자체 안에 놓여 있는 것은 아닌가? 그래서 현존재는, 그가 각기 그때마다 현사실적으로 실존하고 있는 한, 또한 탓이 있는 것은 아닌가?

따라서 누구나 들은 바 있는 "탓이 있음"을 끌어들여서는 아직 부름에서 불리고 있는 그것의 실존론적 의미에 대한 물음의 대답이 될 수는 없다. 먼저 불리고 있는 그것이 개념에 도달해야 하고, 그래서 불린 "탓이 있음"이 무엇을 의미하는지, 그것이 왜 그리고 어떻게 일상적인 해석에 의해서 그 의미가 뒤바뀌고 있는지가 이해될 수 있어야 한다.

일상적인 값싼 이해는 "탓이 있음"을 우선 "빚을 지고 있다", "누구에게 어떤 것을 빚지고 있다"는 의미로 받아들인다. 사람들은 타인에게 그가 요구하고 있는 어떤 것을 되돌려주어야 한다. 이러한 "**빚을 지고 있다**"로서의 "탓이 있음"은 공급함, 조달함 등과 같은 배려함의 영역에서의 남들과 더불어 있는 방식의 하나이다. 그러한 배려함의 양태들로는 또한 빼앗다, 빌리다, 억류하다, 취하다, 약탈하다 등이 있다. 다시 말해 타인의 소유권을 어떤 방식으로건 충족시키지 못하는 양태도 있다. 이러한 종류의 탓이 있음은 배려 가능한 것과 연관된다.

다음으로 탓이 있음은 "……에 책임이 있음", 즉 어떤 것의 원인임, 장본인임 또는 어떤 것에 대한 "동기임"이라는 다른 의미도 가진다. 사람들은 이렇게 어떤 것에 대해서 "책임을 짐"이라는 의미로, 타인에게 아무것도 "빚을 지지" 않고 있거나 아무 "탓"이 없으면서도 "탓이 있을" 수 있다. 또는 반대로 사람들은 그 자신은 아무 탓이 없는데도 남에게 어떤 것을 빚질 수 있다. 남이 "나를 위해서" 다른 사람에게 "빚을 질" 수도 있다.

탓이 있음의 이러한 통속적인 두 의미, 즉 "누구에게 빚을 지고 있음"과 "……에 책임이 있음"은 합쳐서 우리가 "죄를 지음"이라고 칭하는 행동양태를 규정한다. 그것은 빚을 지고 있음에 대해서 책임이 있음으로 인해 법을 위반해서 처벌받게 되는 행동이다. 사람들이 충족시키지 못하고 있는 그 요구가 반드시 소유와 연관되어야 할 필요는 없지만, 그것이 공적인 서로 더불어 있음 일반을 규제할 수 있다. 그런데 법 위반에서 그렇게 규정된 "죄를 지음"은 동시에 "남에게 죄를 지음"이라는 성격을 띨 수 있다. 그것은 법위반 그 자체로써 일어나는 것이 아니고 오히려 내가 남이 그의 실존을 위험하게 하는 데에, 오도하는 데에 또는 파멸하게 하는 데에 책임이 있음으로 일어나게 된다. 이러한 남에게 죄를 지음은 "공적인" 법률 위반 없이도 가능하다. 남에게 죄를 지었음이라는 의미의 탓이 있음이라는 형식적 개념은 따라서 다음과 같이 규정할 수 있다. 타인의 현존재에서의 결핍에 대해서 원인[근거]이 되며, 그래서 이러한 원인[근거]이 됨 자체가 그것이 그 점에서 그것인 그 관점에서 볼 때 "결핍적인" 것으로 규정된다. 이 결핍성은 타인과 함께 실존하는 더불어 있음에 해당되는 요구를 충족시키지 못하는 것이다.

그러한 요구가 어떻게 발생되어 나오는지, 그리고 이러한 발생 근원에 근거해서 그 요구의 성격과 법률의 성격이 어떠한 방식으로 개념파악되어야 하는지 하는 문제는 대답되지 않은 채 놓아둔다. 어쨌거나 마지막에 언급한 의미의 탓이 있음은 "도덕적 요구"의 침해로서 일종의 **현존재 존재양식**이다. 이것은 물론 또한 "죄를 지음", 그리고 "빚을 지고 있음"으로서의 탓이 있음에도 통용되고 모든 "……에 책임이 있음"에도 해당된다. 그것들도 현존재의 행동관계들이다. "도덕적 책임이 부과되어 있음"을 현존재의 "특징"의 하나로 파악한다면 그것은 너무 적게 말하는 것이다. 오히려 그 반대로, 그로 인해 이러한 종류의 현존재의 "존재규정성"을 앞서의 행동관계와 존재론적으로 구별제한 짓기 위해서는 그러한 성격부여가 충분하지 못하다는 것만이 드러나게 된다. 도덕적 책임이라는 개념은 존재론적으로도 거의 설명되어 있지 않아서 이 현상에 대한 해석으로 다음과 같은 해석들이 지배적이게 될 것이고 지배적으로 남아 있을 것이다. 즉 그 현상의 개념 속에 처벌해야 마땅함의 이념까지도, 아니 심지어는 누구에게 빚을 지고 있음의 이념까지도 끌어들이거나 또는 그 현상까지도 이러한 이념들에서부터 규정하는 그런 해석들 말이다. 그러나 그로써 "탓이 있음"은 다시금 요구들을 조정하여 정산한다는 의미의 배려함의 구획 속으로 밀려나게 된다.

"빚을 지고 있음" 또는 법률 위반과 반드시 연관되어 있지는 않은 탓 현상의 해명은, 그보다 먼저 원칙적으로 현존재의 탓이 있음에 대해서 물어져야만, 다시 말해서 "탓이 있음"의 이념이 현존재의 존재양식에서부터 개념파악되어야만 성공할 수 있을 것이다.

이 목적을 위해서는 "탓이 있음"의 이념이 아주 넓게 **형식화되어**, 타인들과 배려하며 더불어 있음과 연관된 통속적인 탓의 현상들이 **떨어져나가야** 된다. 탓의 이념은 정산하는 배려함의 권역을 넘어서 높여져야 할 뿐 아니라, 그것을 어기게 되면 누군가 스스로 탓을 떠맡게 되는 당위와 법률의 연관으로부터도 풀려나야 한다. 왜냐하면 여기에서도 탓은 필연적으로 **결핍**으로서, 즉 있어야 하고 있을 수 있는 어떤 것의 결여로서 규정되기 때문이다. 그런데 결여는 눈앞에 있지 않음을 말한다. 있어야 할 것이 눈앞에 있지 않음으로서의 결핍은 일종의 눈앞의 것에 대한 존재규정이다. 실존에서는 이러한 의미로 결핍되어 있는 것이란 본질적으로 없다. 실존이 완전해서가 아니라, 실존의 존재성격이 그 모든 눈앞에 있음과 구별된 채로 있기 때문이다.

그럼에도 "탓이 있음"의 이념에는 아님의 성격이 놓여 있다. "탓이 있음"이 실존을 규정할 수 있어야 한다면, 이와 함께 이 아님의 아님-성격을 실존론적으로 해명해야 하는 존재론적 문제가 자라나온다. 그 외에도 "탓이 있음"의 이념에는, "⋯⋯에 책임이 있음"으로서의 탓 개념 안에 무차별하게 표현된 그것, 즉 '⋯⋯에 대한 근거가 됨'도 속한다. 따라서 우리는 "탓이 있음"이라는 형식적 실존론적인 이념을 '어떤 아님에 의해서 규정된 존재에 대한 근거가 됨', 다시 말해 **아님의 근거가 됨**[근거존재]이라고 규정한다. 만일 탓이라는 실존론적으로 이해된 개념 안에 놓여 있는 아님의 이념이 어떤 가능적인 또는 요구되고 있는 눈앞의 것과의 연관성을 배제한다면, 그리고 따라서 현존재가 도대체 어떤 눈앞의 것이나 타당한 것, 즉 그 자신이 아니거나 또는 그의 방식으로 존재하지 않는, 다시 말해 **실존하지 않는** 그런 것에 맞추어 측정되지 않아야 한다면, 그로써 어떤 결핍에 대한 근거가 된다는 생각에서 그렇게 근거가 되는 것 자체도 "결핍적인" 것으로 간주하는 가능성도 떨어져나가고 만다. 그것은 단적으로 어떤 현존재적으로 "야기된" 결핍, 즉 어떤 요구를 충족시키지 못함으로부터 "원인"의 결핍성까지로 소급계산될 수 없다. '⋯⋯에 대한 근거가 됨'은 그것 안에 근거하고 있으며 그것에서부터 발생하고 있는 결여태와 동일한 아님의 성격을 가질 필요가 없다. 근거는 자신의 아님을 그것이 근거 지은 것에서부터 다시 획득할 필요가 없다. 그렇다면 거기에 다음의 사실이 놓여 있다. 탓이 있음은 빚을 짐에서부터 귀결되어 나온 것이 아니라 오히려 그 역이다. 빚을 짐은 근원적인 탓이 있음에 "근거해서" 비로소 가능해진다. 그렇다면 그런 것이 과연 현존재의 존재에서 제시될 수 있는가? 그리고 그것이 실존론적으로 도대체 어떻게 가능한가?

현존재의 존재는 염려이다. 염려는 자체 안에 현사실성(내던져져 있음), 실존(기획투사) 그리고 빠져 있음을 포함하고 있다. 현존재는 내던져진 현존재로서 존재하고 있으니, 그 자신에 의해서 그의 "거기에"로 데려와진 것이 아니다. 현존재는 존재하는 한, 자기 자신에게는 속하지만 그 자신이 자기 것으로 만들도록 내준 것은 아닌 그런 존개 가능으로 규정되어 있다. 현존재는 실존하는 한, 결코 자신의 내던져져 있음의 배후로는 되돌아갈 수 없으며, 그래서 그는 이러한 "그가 존재하고 있으며 존재해야 한다"는 사실을 각기 그때마다 고유하게 처음으로 **자신의 자기 자신의 존재**에서부터 튀어나오도록 하여 '거기에'로 데려올 수는 없는 것이다. 그러나 내던져져 있음은 어떤 실제로 일어났다가 현존재로부터 다시 떨어져나간, 현존재와 더불어 일어난 사건으로서 현존재의 배후에 놓여 있는 것이 아니다. **현존재는 끊임없이—그가 존재하는 한—염려로서 그의 "존재한다는 사실"로 존재한다.** 이러한 **존재자로서**, 즉 유일하게 존재하는 존재자로서 그것을 떠맡으며 실존할 수 있는 그런 존재자로서 현존재는 **실존하면서** 자신의 존재가능의 근거로 **존재하고** 있는 것이다. 비록 현존재 **자신이** 그 근거를 놓지 **않았다**고 하더라도, 그는 나름의 무게에 눌리고 있으며 이것을 기분이 부담으로서 드러내고 있는 것이다.

그렇다면 현존재는 이 내던져진 근거를 어떻게 **존재하고 있는가**? 오직 유일하게 현존재가 그가 내던져져 있는 그 가능성으로 자신을 기획투사한다는 방식으로서이다. 자기 자신으로서 자기 자신의 근거를 놓아야 하는 이 자기 자신은 **결코** 그 근거에 대해서 권한이 없지만 그럼에도 실존하면서 근거가 됨[근거존재]을 떠맡지 않으면 안 된다. 자신의 내던져진 근거가 되는 것이 곧 염려에서 문제가 되고 있는 존재가능인 것이다.

근거가 되면서, 다시 말해 내던져진 것으로 실존하면서 현존재는 끊임없이 자신의 가능성 뒤에 남아 있다. 현존재는 결코 자신의 근거에 앞서 실존할 수 없고 단지 각기 그때마다 오직 그 근거에서부터 그리고 그 근거로서 실존할 뿐이다. 그러므로 근거가 됨[근거존재]은 자신의 가장 고유한 존재를 근본적으로 **결코** 마음대로 지배하지 못함을 말한다. 이 "**아님[못함]**"은 내던져져 있음의 실존론적 의미에 속한다. 현존재는 근거가 되면서 그 자신 자기 자신의 '아님'으로 **존재하는** 것이다. 무성(無性)은 결코 눈앞에 있지 않음이나 존립하지 않음을 의미하지 않는다. 오히려 현존재의 **존재를**, 즉 그의 내던져져 있음을 구성하는 어떤 '아님'을 의미한다. 이러한 아님의 '아님 성격'은 실존론적으로 이렇게 규정된다. 즉 **자기 자신으로 존재하는 한** 현존재는 자기 자신으로서 내던져져 있는 존재자이다. 현존재는 **자기 자신의 힘으로** 자기 자신으로서 존재하는 것이 **아니라** 근거에서부터 그 자신**으로 놓아져** 이 근거로서 존재하는 것이다. 현존재는 그의 존재의 근거가 그 자신의 고유한 기획투사에 의해서 처음으로 발원하기 때문에 그의 존재의 근거인 것은 아니다. 그렇지만 현존재가 자기 자신의 존재로서 근거의 **존재인** 것은 분명하다. 이 근거는 언제나 단지 그 존재자의 존재가 근거가 됨[근거존재]을 떠맡아야 하는 그런 존재자의 근거일 뿐이다.

현존재가 실존하면서 자신의 근거로 존재하고 있다는 것은 곧 현존재가 자신을 가능성에서부터 이해하며 그런 식으로 자신을 이해하며 내던져져 있는 존재자로 있다는 것이다. 그런데 거기에는 다음과 같은 사실이 놓여 있다. 즉 현존재는 존재가능인 한, 각기 그때마다 이 가능성 또는 저 가능성 안에 서 있다. 현존재는 끊임없이 어떤 다른 가능성은 아니니 그는 실존적 기획투사에서 이 가능성을 단념했기 때문이다. 기획투사는 각기 그때마다 내던져진 기획투사로서 근거가 됨[근거존재]의 무성에 의해서 규정되어 있을 뿐 아니라 또한 **기획투사로서 그 자체가** 본질적으로 **무력하다**. 이 규정은 다시금 결코 "헛되다"거나 "가치가 없다"는 식의 존재적 특성을 말하는 것이 아니라, 기획투사의 존재구조를 이루고 있는 실존론적 구성계기를 의미한다. 의미되고 있는 무성은, 현존재가 자신의 실존적 가능성에 대해서 자유롭다는 사실에 속한다. 그런데 자유는 오직 하나를 선택하는 데에 있다. 다시 말해 다른 것은 선택하지 않았음, 다른 것도 또 선택할 수는 없음을 견뎌내는 데에 있는 것이다.

내던져져 있음의 구조뿐 아니라 기획투사의 구조에도 본질적으로 일종의 무성이 놓여 있다. 그리고 이 무성이 곧 현존재가 각기 그때마다 이미 언제나 현사실적으로 존재하는 빠져 있음에서 비본래적일 수 있는 무성의 가능성의 근거인 셈이다. **염려 자체가 그 본질에서 철두철미하게 무성에 의해서 침투되어 있다.** 그리하여 염려—현존재의 존재—는 내던져져 있는 기획투사를 말한다. 즉 무성의 (무력한) 근거가 됨을 말한다. 그리고 이것은, 탓을 무성의 근거존재로서 형식적 실존론적으로 규정한 것이 올바르다면, "현존재는 그 자체로서 탓이 있다"를 의미한다.

실존론적 무성은 결코 어떤 밖에 내건, 현존재에서 도달될 수 없는 이상에 비춰볼 때 결여나 결핍의 성격을 가지지 않는다. 오히려 이 존재자의 존재는 현존재가 기획투사할 수 있고 대개는 도달한 그 모든 것 앞에서 **기획투사로서 이미 무력하다.** 따라서 그 무성은 현존재에게서 때때로 등장하여 그에게 어두운 성질로 붙어 있는 것, 그래서 현존재가 충분히 진보하면 없앨 수도 있는 그런 것이 아니다.

그럼에도 불구하고 이러한 실존론적 무성이 지니고 있는 **아님의 존재론적 의미**는 여전히 어둠에 싸여 있다. 그러나 그것은 '아니' 일반의 존재론적 본질에도 통용된다. 분명 존재론과 논리학이 '아니'에 대해서 추정한 것도 많고 그래서 여기저기 더러는 그 가능성을 드러내기도 했지만 아님 자체를 존재론적으로 밝히지는 못했다. 존재론은 '아니'를 발견하게 되었고 그것을 사용해왔다. 그런데 과연 모든 '아니'가 결핍이라는 의미에서 부정태를 의미한다는 것이 그렇게도 자명하다는 말인가? 그것의 적극성은, 그것이 "넘어감"을 구성하고 있다는 거기에서 소진되는가? 왜 모든 변증법은 부정을 자신의 도피처로 삼으면서 부정 자체는 변증법적으로 근거제시하지 않으며, 아니 문제로서마저도 확정하지 못하는가? 사람들은 도대체 아님의 존재론적 근원을 문제로 삼은 적이 있는가? 아니면 그에 앞서 그 근거 위에서 '아니'와 그 아님, 그리고 그 가능성의 문제가 제기될 수 있는 그 조건만이라도 찾으려고 했는가? 그리고 그런 것들이 존재 일반의 의미에 대한 주제적인 해명 이외의 어느 곳에서 발견될 수 있다는 말인가?

그 외에도, 비록 결여와 결핍이라는 개념이 충분히 형식적으로 파악될 경우 폭넓은 사용이 가능하기는 하더라도, 그 개념들이 투명하지 못해 탓의 현상을 존재론적으로 해석하는 데에도 충분하지 못하다. 가장 불가능한 것은 선의 결여로서의 악이라는 악에 대한 이념에 방향을 잡고 탓이라는 실존론적 현상에 가까이 가보려는 시도이다. 그럴 경우 선과 결여가 어떻게 눈앞의 것의 존재론에서부터 동일한 존재론적 유래를 가지게 된다는 말인가. 그리고 이 존재론은 거기에서 "끄집어낸" "가치"에도 해당될 것이다.

그 존재자의 존재가 염려인 그런 존재자는 스스로에게 현사실적인 탓을 부과할 수 있을 뿐 아니라 또한 그의 존재의 근거에서 탓이 있다. 그리고 이 탓이 있음이 비로소 현존재가 현사실적으로 실존하면서 탓이 있을 수 있는 존재론적인 조건을 내주고 있는 것이다. 이러한 본질적인 탓이 있음이 똑같이 근원적으로 "도덕적인" 선과 악, 다시 말해서 도덕성 일반 및 이 도덕성의 현사실적인 가능한 형성을 위한 실존론적 가능조건인 것이다. 근원적인 탓이 있음이 도덕성에 의해서 규정될 수 없는데, 그 까닭은 도덕성이 그 자신을 위해서 이미 탓이 있음을 전제하기 때문이다.

그렇지만 어떤 경험이 현존재의 이러한 근원적인 탓이 있음을 증거해주고 있는가? 그러나 여기에서 사람들은 다음과 같은 반대질문을 잊어서는 안 될 것이다. 즉 죄의식[즉, 탓에 대한 의식]이 깨어나야만 탓이 "거기에" "있게" 되는 것 아닌가? 아니면 탓이 "자고 있을" 수 있다는 그 사실에서 바로 근원적인 탓이 있음이 고지되고 있는 것 아닌가? 이 근원적인 탓이 있음이 우선 대개 열어밝혀져 있지 않고 현존재의 빠져 있는 존재에 의해서 닫혀 있는 채 견지된다는 사실이 오히려 바로 앞에서 말한 무성을 드러내고 있는 것이다. 따라서 모든 앎보다 더 근원적인 것은 탓이 있음이다. 그리고 오직 현존재가 그의 존재의 근거에서 탓이 있고 내던져져 있으며 빠져 있는 존재자로서 그 자신이 그 자신에게 닫혀 있기 때문에 양심이 가능한 것이다. 만일 부름이 이러한 탓이 있음을 근거에 있는 이해할 어떤 것으로 내주고 있다면 말이다.

부름은 염려의 부름이다. 탓이 있음이 우리가 염려라고 부르는 그 존재를 구성한다. 현존재는 섬뜩함 속에 근원적으로 자기 자신과 함께 서 있다. 이 섬뜩함이 이 존재자를 그의 가장 고유한 존재가능의 가능성에 속하는 그러한 그의 엇놓이지 않은 무성 앞으로 데려온다. 현존재에게—염려로서—그의 존재가 문제가 되는 한, 그의 존재가 섬뜩함에서 현사실적으로 빠져 있는 "그들"로 있는 그 자신을 그의 존재가능에서 부른다. 불러냄은 앞에 불러세우는 되부름으로서, 그 자신이 그것인 바로 그 내던져져 있는 존재자를 실존하면서 떠맡을 수 있는 가능성 앞으로 불러내며, 내던져져 있음을 실존에로 받아들여야 하는 무성적인 근거로 이해하기 위해서 내던져져 있음에로 되불러낸다. 양심의 앞에 불러세우는 되부름은 현존재에게 다음과 같은 것을 이해할 것으로 내준다. 즉 현존재를—그의 무성적인 기획투사의 무성적인 근거로서 그의 존재의 가능성 안에 서 있으면서—'그들' 속에 상실해 있음에서부터 그 자신에게로 되찾아와야 한다는 것을, 다시 말해 탓이 있다는 것을.

현존재가 그런 식으로 스스로에게 이해할 것으로 주고 있는 그것은 그렇다면 분명 일종의 자기 자신에 대한 지식일 것이다. 그리고 그러한 부름에 응답하는 들음은 "탓이 있음"이라는 현사실의 인지일 것이다. 그러나 만일 부름이 불러세움의 특징을 가져야 한다면, 그러한 양심의 해석은 양심의 기능을 완전히 뒤바꿔놓는 것이 아닌가? 탓이 있음에로 불러세운다는 것은 악을 부추김을 말하는 것 아닌가?

아무리 무리한 해석도 그러한 부름의 의미를 양심에 씌우려고 하지는 않을 것이다. 그렇다면 "탓이 있음에로 불러세움"은 무엇을 말하는가?

부름의 의미는, 그것에 대한 이해가 행위의 이행 또는 불이행으로 인해서 "발생한" 과실을 범함이라는 의미의 탓의 도출된 개념을 밑바탕에 놓지 않고 그 대신 탓이 있음이라는 실존론적인 의미에 머무를 때, 분명해질 것이다. 양심의 부름이 현존재 자신에서부터 나와 오직 이 존재자에게만 향하고 있다면, 그러한 것을 요구하는 것은 멋대로의 자의가 아니다. 그러나 이 경우 탓이 있음에로 불러세움은, 내가 현존재로서 각기 그때마다 그것인 바로 그 존재가능에로 불러내는 것이다. 이러한 존재자는 새삼스레 자신에게 과실을 범함이나 행위의 불이행을 가지고 "탓[죄]"을 씌워줄 필요가 없다. 그 존재자는 그저—그가 바로 그것인 그것으로서—그 "탓이 있음"을 **본래적으로 존재하기만** 하면 된다.

그렇다면 불러냄을 올바로 듣는다는 것은 곧 자신의 가장 고유한 존재가능에서 자신을 이해한다는 것, 다시 말해 **가장 고유한** 본래적인 탓이 있게 될 수 있음에로 자신을 기획투사한다는 것과 같을 것이다. 이해하며 자신을 이러한 가능성으로 불러내도록 놓아둠은 그 자체 안에 '부름에 대해서 현존재가 **자유롭게 됨**'을, 즉 '불러내질 수 있음에 대한 준비태세'를 포함하고 있다. 현존재는 부름을 이해하며 **자신의 가장 고유한 실존 가능성에 귀를 기울이는** 것이다. 그는 자기 자신을 선택한 것이다.

이러한 선택과 함께 현존재는 자신에게, '그들'-자신에게는 닫힌 채 남아 있는, 자신의 가장 고유한 탓이 있음을 가능하게 한다. '그들'의 값싼 이해는 그저 다루기 쉬운 규율과 공적인 규범이라는 관점에서 충분함과 불충분함만을 알고 있을 뿐이다. 그것들을 위반했을 경우 셈을 따져 균형을 잡으려고 한다. '그들'은 가장 고유한 탓이 있음에서부터는 몰래 빠져나갔으며, 그럴수록 더욱더 크게 잘못에 대해서 이야기한다. 그런데 불러냄에서 '그들'-자신이 자기 자신의 가장 고유한 탓이 있음에로 불러내어진다. 부름을 이해함은 선택함이다. 물론 양심의 선택이 아니다. 양심은 그 자체로 선택될 수 없다. 선택되는 것은 가장 고유한 탓이 있음에 대해서 자유로움인 양심을 가짐이다. 부름을 이해한다는 것은 곧 **"양심을 가지기를 원함"**을 말한다.

이로써 "좋은[떳떳한] 양심"을 가지기 원함을 의미하고 있는 것이 아니며 부름을 의지적으로[인위적으로] 육성함을 의미하는 것도 아니고, 오로지 불러내어질 준비태세가 되어 있음을 의미한다. 양심을 가지기를 원함은 현사실적으로 죄를 범함을 찾아내는 것 또는 본질적인 "탓이 있음"의 의미에서의 탓으로부터 해방되려는 경향과도 거리가 멀다.

오히려 양심을 가지기를 원함은 현사실적인 탓이 있음이 가능하기 위한 가장 근원적인 실존적 전제이다. 현존재는 부름을 이해하면서 가장 고유한 자기 자신이 자신의 선택된 존재가능에서부터 **자신 안에서 행위하도록** 한다. 현존재는 오직 그렇게 해서만 책임을 질 수 있게 된다. 그런데 모든 행위는 현사실적으로 필연적으로 "양심이 없다". 그 까닭은, 어떤 행위도 현사실적인 도덕적 범죄를 피할 수 없기 때문일 뿐 아니라, 모든 행위는 그것의 무성적인 기획투사의 무성적인 근거 위에서 각기 그때마다 이미 타인과 더불어 있음에서 타인들에게 탓이 있게 되어버렸기 때문이다. 이렇게 양심을 가지기를 원함은 본질적인 '양심이 없음'을 인수하는 것이 된다. 이 '양심이 없음' 안에서만 오로지 "선하게" **존재할** 수 있는 실존적 가능성이 성립하게 된다.

부름이 비록 아무런 정보도 주지는 않지만 그럼에도 부름은 비판적일 뿐 아니라 **긍정적이다**. 부름은 현존재의 가장 근원적인 존재가능을 탓이 있음으로 열어밝힌다. 따라서 양심이 현존재의 존재에 속하는 **증언**임이 드러난다. 이 증거 속에서 양심은 현존재를 그의 가장 고유한 존재가능 앞으로 부른다. 이렇게 증거된 본래적인 존재가능이 실존론적으로 좀더 구체적으로 규정될 수 있는가? 그보다 앞서 다음과 같은 물음이 제기된다. 즉 현존재 자체 안에서 증거된 존재가능을 산출해냈다고 하더라도, 여기에서 양심이 통속적인 양심해석에 잘 알려져 있는 모든 발견들을 너무 성급하게 건너뛰고 일면적으로 현존재의 구성틀에로 소급해석되고 있다는 이질감이 사라지지 않는 한, 그것이 충분한 명증이라고 주장될 수 있는가? 그렇지 않다면 여기에서의 해석에서 양심의 현상이 과연 그것이 "실제로" 그러하듯이 그렇게 재인식될 수 있는가? 거기에서는 너무나 확실한 대담함을 가지고 현존재의 존재구성틀에서부터 양심이라는 이념을 도출한 것은 아닌가?

양심해석의 마지막 걸음에, 즉 양심에서 증거되고 있는 본래적인 존재가능을 실존론적으로 제한규정짓는 마지막 걸음에 통속적인 양심이해를 위해서도 통로를 확보해주기 위해서는, 존재론적 분석의 결과와 일상적 양심경험의 연관이 분명하게 입증되어야 할 필요가 있다.

제59절 실존론적 양심해석과 통속적 양심해석†

양심은 세계-안에-있음의 섬뜩함에서부터의 염려의 부름이며, 이 부름은 현존재를 가장 고유한 탓이 있을 수 있음에로 불러세운다. 불러냄에 상응하는 이해로서 양심을 가지기를 원함이 산출되었다. 그런데 이 두 규정이 아무 문제 없이 통속적인 양심해석과 일치하는 것은 아니다. 그것들은 도리어 통속적인 양심해석과 직접적으로 모순되는 듯하다. 이 양심해석을 우리가 통속적이라고 부르는 까닭은, 그것이 양심현상을 성격 짓고 그 "기능"을 특징지을 때, **사람들['그들']**이 양심이라고 알고 있는 그것과, 사람들이 어떻게 양심에 따르거나 따르지 않는 그 방식에 머무르기 때문이다.

그러나 존재론적 해석이 반드시 통속적인 해석과 일치해야만 하는가? 통속적 해석에는 원칙적으로 존재론적 의혹이 얹혀 있는 것은 아닌가? 만일 현존재가 스스로를 배려하고 있는 것에서부터 이해하고 자신의 행동관계를 전부 배려함으로 해석한다면, 현존재는 이 경우 그가 "그들"의 배려의 걱정 속에 상실되어 있음에서부터 불러내어 되찾아오기를 바라는 바로 그 자신의 존재방식을 빠져 있으며 은폐하면서 해석하게 되는 것 아닌가? 일상성은 현존재를 배려되고 있는, 다시 말해 관리되고 계산되고 있는 일종의 손안의 것으로 여긴다. "삶"은, 그 비용을 받아내든 받아내지 못하든 일종의 "사업"이다.

이래서 현존재 자신의 통속적인 존재양식과 관련해서는, 거기에서 발생하는 양심해석과 이 해석에 방향 잡은 양심이론들이 자신들의 해석을 위해서 적합한 존재론적 지평을 획득했는지에 대한 아무런 보장이 없다. 그럼에도 불구하고 통속적인 양심의 경험 역시 현상을 어떻게든—존재론 이전의 방식으로—적중시킴에 틀림없다. 여기에서부터 두 가지가 따라 나온다. 한편으로 일상적인 양심해석은 존재론적인 분석의 "객관성"을 평가하는 최후의 평가기준이 될 수 없다. 다른 한편으로 이 존재론적 해석이 일상적인 양심이해를 고려하지 않고 그 이해에 근거한 인간학적, 심리학적, 신학적 양심이론들을 무시할 권리는 가지고 있지 않다. 만일 실존론적 분석이 양심현상을 그것의 존재론적 뿌리까지 파헤쳐 보였다면, 바로 이 실존론적 분석에서부터 통속적인 해석도 이해될 수 있어야 한다. 특히 통속적인 해석이 어디에서 현상을 놓치고 있으며, 왜 그것이 현상을 은폐하고 있는지가 이해될 수 있어야 한다. 그렇지만 양심의 분석이 이 책의 문제맥락에서는 단지 존재론적 기초물음에 봉사하기 위한 것이므로, 실존론적 양심해석과 통속적 양심해석의 연관에 대한 성격부여는 본질적인 문제를 지적하는 것으로 만족할 수밖에 없다.

통속적인 양심해석이 탓이 있음에로 부르는 양심의 불러세움이라고 제시한 우리의 양심해석을 반대하여 제기할 수 있는 것은 다음의 네 가지이다. 1. 양심은 본질적으로 비판적인 기능을 가진다. 2. 양심은 각기 그때마다 어떤 특정한 실행되었거나 또는 하고자 한 행위와 관련해서 말한다.

3. [양심의] "소리"는 경험에 비춰볼 때 결코 현존재의 존재와 그렇게 뿌리 깊게 연관되어 있지 않다. 4. 여기의 [양심]해석은 현상의 근본형태, 즉 "나쁜" 또는 "착한" 양심, "질책하는" 또는 "경고하는" 양심을 고려하지 않고 있다.

마지막에 거론된 이의부터 시작해 논의를 전개해보자. 모든 양심의 해석에서 "사악한", "나쁜" 양심이 우위를 점하고 있다. 양심은 일차적으로 "사악하다". 거기에서 모든 양심경험이 일종의 "탓이 있는" 것과 같은 어떤 것을 처음으로 경험한다는 것이 고지된다. 그렇지만 나쁜 양심이라는 이념에서 고지된 사악함은 어떻게 이해되고 있는가? "양심의 체험"은 실행된 행위 또는 불이행 뒤에 나타난다. [양심의] 소리는 잘못을 저질은 뒤에 따라 나와서, 그것으로 인해 현존재가 자신에게 탓을 부과하는 그 앞서 일어난 사건을 소급지시한다. 양심이 "탓이 있음"을 고지할 때, 양심은 그것을 '……으로 불러세움'으로가 아니라 저지른 탓을 회상하며 지적함으로 수행한다.

그렇지만 양심의 소리가 나중에 따라온다는 그 "사실"이, 부름이 근본적으로는 일종의 앞에 불러냄이라는 점을 배제하는가? 양심의 소리가 뒤따라오는 양심의 발동이라고 파악된다고 해도 그것으로는 아직 양심현상의 근원적인 이해를 입증하지는 못한다. 만일 현사실적인 죄를 지음이 단지 양심의 현사실적인 부름에 대한 계기일 뿐이라면? 만일 특징지은 "사악한" 양심의 해석이 중도에 머물러 있는 것이라면? 사실이 그렇다는 것은 [양심의] 현상을 언급한 방식으로 해석하고 있는 바로 그 존재론적인 앞서 가짐에서 밝히 드러난다. [양심의] 소리는 등장해서 눈앞에 있는 체험들의 순서에 따라 자기의 자리를 차지하며 행위의 체험에 뒤따라오는 어떤 것이다. 그렇지만 부름도, 일어난 행위도, 부과된 탓도 경과되어 지나가는, 눈앞의 것의 성격을 띤 사건들이 아니다. 부름은 염려의 존재양식을 가진다. 현존재는 부름 안에서 자기 자신을 앞질러 "있으며" 그것도 동시에 자신의 내던져져 있음으로 되향하는 식으로 그렇다. 현존재를 체험들이 잇달아 이어지는 연속의 연관으로 보는 가장 가까운(흔해빠진) 단초만이 양심의 소리를 나중에 따라오는 어떤 것, 나중의 어떤 것, 그래서 필연적으로 소급지시하는 어떤 것으로 간주하도록 만들 뿐이다. 양심의 소리가 분명 되부르기는 하지만, 일어난 행위를 넘어서 어떠한 형태의 죄지음보다 "더 이른" 그런 내던져져 있는 탓이 있음에로 되부르고 있는 것이다. 그러나 되부름은 동시에 자신의 고유한 실존에서 장악해야 할 것으로서의 탓이 있음에로 불러내오며, 그래서 본래적인 실존적 탓이 있음이 비로소 바로 부름을 "뒤따라 오도록" 만드는 것이지, 그 반대가 아니다. 나쁜 양심은 근본적으로 그저 질책하며 소급지시하지 않을 뿐 아니라 도리어 내던져져 있음에로 앞서 지시하며 되부른다. 진행되어가는 체험의 질서는 실존함의 현상적 구조를 내주지 못한다.

"나쁜" 양심에 대한 성격부여가 근원적인 현상에 이르지 못한다면, "좋은" 양심에 대한 성격부여는 더 말할 것이 없다. "좋은" 양심을 하나의 독자적인 양심의 형태로 간주하든지 또는 "나쁜" 양심에 본질적으로 근거를 두는 것으로 간주하든지 마찬가지이다. "나쁜" 양심이 "사악함"을 고지해야 했던 것처럼 "좋은" 양심도 현존재의 "착함"을 고지해야 할 것이다. 이로써 앞에서는 "신적 권능의 발로"였던 양심이 이제는 위선[바리새주의]의 노예가 되는 것을 쉽게 알아볼 수 있다. "좋은" 양심은 사람들에게 자신에 대해서 "나는 착하다"라고 말할 수 있게 해야 한다. 누가 그것을 말할 수 있는가? 누가 자신을 착한 사람이 아니라고 증명하려고 들겠는가? 그러나 좋은 양심이라는 이념이 함축하는 이러한 불가능한 귀결에서 나타나는 것은 양심은 탓이 있음을 부르고 있다는 점뿐이다.

여기에서 언급된 귀결을 피하기 위해서 사람들은 "좋은" 양심을 "나쁜" 양심의 결여로 해석하여 "나쁜 양심의 결핍을 체험함"이라고 규정한다.[8]

---

8) M. Scheler, *Der Formalismus in der Ethik und die materiale Wertethik*(『윤리학에서 형식주의와 물질적 가치윤리학』), 제2부. 『철학 및 현상학 탐구 연보』, 제2집(1916년), 192쪽 참조.

그러므로 그것은 부름이 등장하지 않음을 경험하는 것이며, 그것은 다시 말해 나는 나 자신에 대해서 아무것도 비난할 것이 없음을 경험하는 것이다. 그러나 이 "결핍"이라는 것이 어떻게 "체험되고 있는가?" 이 추정적인 체험은 도대체가 어떤 부름의 경험이 아니고, 오히려 현존재가 행한 것으로 이야기된 행위가 그에 의해서 행사된 것이 아니며 그런 까닭에 그는 탓이 없다는 사실을 스스로 확실히 하는 것이다. 행하지 않았음이 확실해짐은 **도대체** 양심현상의 성격을 지니고 있지 **않다**. 오히려 그 반대로, 이러한 확실해짐은 도리어 양심을 망각함을 의미한다. 다시 말해 불러내어질 수 있는 가능성에서부터 뛰쳐나옴을 의미한다. 여기에서 언급되는 "확실성"은 자체 안에 '양심을 가지기를 원함', 다시 말해 가장 고유한 부단한 탓이 있음을 진정시키며 억제함을 은닉하고 있다. "좋은" 양심은 독자적인 양심형태도, 기초 지어진 양심형태도 아니다. 다시 말해 그것은 도대체가 양심현상이 아니다.

"좋은" 양심에 대한 이야기가 일상적인 현존재의 양심경험에서 발원하고 있는 한, 그로써 그 현존재가 폭로하는 것은, 현존재가 "나쁜" 양심에 대해서 이야기할 때조차도 근본적으로는 현상을 적중시키지 못한다는 사실이다. 왜냐하면 "나쁜" 양심이라는 이념은 현사실적으로 "좋은" 양심의 이념에 방향을 잡고 있기 때문이다. 일상적인 해석은 "탓"과 "무탓"을 배려하면서 계산하고 균형잡는 차원에 머물러 있다. 이럴 때 이 지평 안에서 양심의 소리가 "체험되는" 것이다.

"나쁜" 또는 "착한" 양심이라는 이념의 근원성을 성격부여함으로써 또한 이미 앞질러 지시하며 경고하는 양심과 돌이켜 지시하며 질책하는 양심의 구별에 대한 것도 결정이 내려졌다. 비록 경고하는 양심이 '……으로 불러세움'이라는 현상과 아주 가까운 듯이 보이기는 한다. 그 양심은 이 현상과 앞질러 지시함이라는 성격을 공유한다. 그러나 그 일치는 단지 가상일 뿐이다. 경고하는 양심의 경험도 양심의 소리를 다시금 오직, 그 소리가 방지하려고 하는 그 의욕된 행위에 방향을 잡고 볼 뿐이다. 그러나 의욕된 것을 저지함인 경고는 오직, "경고하는" 부름이 현존재의 존재가능을, 즉 탓이 있음에서 자기 자신을 이해함을 겨냥하고 있기 때문에만 가능한 것이다. 그런데 이 탓이 있음에서 비로소 "의욕된 것"이 부서진다. 경고하는 양심은 죄를 지음에서 벗어나도록 순간적으로 규제하는 기능을 가진다. "경고하는" 양심의 경험은 단지 재삼 양심의 부름의 경향을 아주 넓게 고찰해 "그들"의 값싼 이해가 접근 가능한 채 있도록 할 뿐이다.

세 번째로 제기한 이의는, 일상적 양심의 경험이 탓이 있음으로 불러세워짐 같은 것을 **알지 못한다**는 사실을 끌어들인다. 이 점은 인정되어야 한다. 그러나 그로써 벌써 일상적 양심경험에서 양심의 소리가 가지는 온전한 가능한 부름의 내용을 다 들었다는 것을 그 경험이 보장하는가? 그리고 거기에서부터 통속적인 양심경험에 근거하는 양심이론들이 현상의 분석을 위해서 적합한 존재론적 지평을 확실하게 만들었다는 것이 귀결되어나오는가? 오히려 현존재의 본질적인 존재양식인 빠져 있음이, 이 존재자가 우선 대개 존재적으로 배려함의 지평에서부터 자신을 이해하며, 존재론적으로는 존재를 눈앞에 있음의 의미로 규정한다는 것을 보여주고 있지 않는가? 그런데 거기에서부터 다음과 같은 두 가지의 현상의 은폐가 자라나온다. 즉 이론은 그 존재양식이 대개는 심지어 전혀 규정되지 않은 체험들 또는 "심리적 과정들"의 연속을 본다. 그리고 경험은 양심을, 현존재가 계산하며 거래하는 재판관이나 경고자로서 만난다.

칸트가 자신의 양심해석의 밑바탕에 "재판정의 표상"을 주도적 이념으로 놓은 것은 우연이 아니라, 도덕**법칙**이라는 이념에 의하면 당연한 것이다. 비록 그의 도덕개념이 공리주의의 도덕이나 행복주의와는 멀리 떨어져 있기는 하지만 말이다. 가치이론도—그 단초가 형식적으로 놓이건 실질적으로 놓이건—일종의 "도덕 형이상학"을, 다시 말해 현존재 또는 실존의 존재론을 무언의 존재론적 전제로 가진다. 현존재는 배려되어야 할 존재자로 통하며, 여기에서 배려란 "가치실현" 또는 규범실행의 의미를 가진다.

일상적 양심경험이 양심해석의 유일한 척도로 알고 있는 그런 것의 범위를 끌어들이는 것은, 그것이 그에 앞서 그 양심경험에서는 양심이 도대체 본래적으로 접근될 수 있는가 하는 점을 생각했을 경우 비로소 정당화될 수 있을 것이다.

이로써 다른 이의도 그 효력을 상실하고 만다. 즉 실존론적인 해석은 양심의 부름이 각기 그때마다 하나의 특정한 "실현되었거나" 의욕된 행위와 연관되어 있다는 사실을 간과하고 있다는 이의 말이다. 부름이 자주 그런 부름의 경향에서 경험된다는 사실은 다시금 부인될 수 없다. 물음으로 남는 것은 단지, 이러한 부름의 경험이 과연 부름으로 하여금 자신을 온전히 "불러내도록" 하는가이다. 상식적 해석은 "사실"에 머무르고 있다고 이야기할지 몰라도 그럼에도 결국에는 이미 자신의 값싼 이해로써 부름의 열어밝힘의 범위를 제한한 셈이다. "착한" 양심이 "위선[바리새주의]"의 도구가 될 수 없듯이 "나쁜" 양심의 기능도 저질러진 범죄행위의 제시나 또는 가능한 범죄행위의 억제로 격하되어서는 안 된다. 마치 현존재가 무슨 "살림살이"라도 되는 듯이 말이다. 그래서 살림살이의 부채는 그저 깨끗이 정산하기만 하면 되고, 그래서 자기 자신은 무관한 방관자로서 이러한 체험의 경과 "옆에" 서 있을 수 있는 것처럼 말이다.

그러나 만일 부름에게 현사실적인 "눈앞의" 탓이나 현사실적으로 의욕된 탓이 될 수 있는 행위와의 연관성이 일차적이지 않고 따라서 "질책하는" 또는 "경고하는" 양심이 근원적인 부름의 기능을 표현하고 있지 못하다면, 그로써 또한 처음에 언급한 이의, 즉 실존론적 해석은 양심의 "본질적인" **비판적** 기능을 오인하고 있다는 이의도 지반을 상실하게 될 것이다. 이 이의도 어느 점에서는 현상에 대한 진정한 시야에서 발원한다. 왜냐하면 실제로 부름의 내용에서는 양심의 소리가 "적극적으로" 무엇을 권장하고 명령하는지가 조금도 제시될 수 없기 때문이다. 그렇지만 양심기능의 이러한 간과된 적극성이 어떻게 이해되고 있는가? 이 간과된 적극성에서부터 양심의 "부정적" 성격이 귀결되는가?

그때마다 [양심이] "행위"에 필요한 처리 가능하고 계산 가능한 확실한 가능성을 제시해주기를 기대하기 때문에 부름받은 것 안에서 "적극적인" 내용을 발견하지 못해 아쉬워하는 것이다. 이러한 기대는, 현존재의 실존을 규제 가능한 업무전개라는 이념 아래 강제로 집어넣는 상식적 배려의 지평 안에 근거하고 있다. 부분적으로는 "단지" 형식적이기만 한 가치윤리학에 비해 **실질적인** 가치윤리학의 요청의 밑바탕에도 은연중 놓여 있는 이러한 기대는 어쨌거나 양심에 의해서 실망하게 된다. 그러한 "실천적인" 지침을 양심의 부름은 주지 않고 있는데, 그 까닭은 **오로지** 그 부름이 현존재를 실존에로, 즉 가장 고유한 자기 자신으로 존재할 수 있는 가능성에로 불러세우기 때문이다. 명확하게 계산할 수 있는 준칙을 기대했다면, 양심은 다름 아닌 바로 **행위할 수 있는 가능성**으로서는 실존에서 실패했을 것이다. 그러나 양심이 분명 이러한 방식으로 "긍정적일" 수 없기 때문에, 그것이 또한 똑같은 방식으로 "단지 부정적으로만" 기능하는 것은 아니다. 부름은 **배려 가능한 것**으로 긍정적이거나 부정적일 수 있을 것은 어떤 것도 열어밝히지 않는데, 그 까닭은 그것이 존재론적으로 전혀 다른 존재를, 즉 **실존**을 의미하기 때문이다. 그와는 반대로 올바로 이해된 부름은 실존론적인 의미에서는 "가장 긍정적인 것"을 준다. 다시 말해 그때마다의 현사실적인 자기 자신으로 존재할 수 있는 가능성에로 앞질러 불러내는 되부름으로서, 현존재가 자신에게 줄 수 있는 가장 고유한 가능성을 준다. 그런 부름을 본래적으로 듣는다는 것은 자기 자신을 현사실적인 행위로 데려온다는 것을 의미한다. 그러나 부름에서 부름받고 있는 것을 온전하게 충분히 해석하려면, **본래적으로 들으면서 불러냄을 이해함** 그 자체에 놓여 있는 실존론적인 구조가 산출되어야 비로소 가능할 것이다.

먼저 제시해 보여야 했던 것은, 오로지 통속적인 양심해석에게만 친숙한 그런 현상들이 어떻게—존재론적으로 적합하게 이해하면—양심의 부름의 근원적인 의미를 소급지시하고 있는가이다. 그러고 나서 통속적인 해석이 현존재의 빠져 있는 자기해석의 제한되어 있음에서부터 발생되고—빠져 있음이 염려 자체에 속하기 때문에—그 모든 자명성에도 불구하고 결코 우연한 것이 아니라는 점을 제시하여 보여주었다.

통속적인 양심해석에 대한 존재론적인 비판은 다음과 같은 오해를 받을 수도 있을 것이다. 일상적 양심경험이 근원적이지 않음을 **실존론적으로** 증명함으로써 마치 그런 양심경험 속에 머무르고 있는 현존재의 **실존적 "도덕적 성격"**에 대해서 어떤 판단을 내리고 있다는 오해 말이다. 실존이 조금도 존재론적으로 충분하지 못한 양심의 이해로 인해 필연적으로 그리고 직접 침해받지 않듯이, 양심에 대한 실존론적으로 적합한 해석이 부름에 대한 실존적 이해를 조금도 보장하지 않는다. 더 근원적인 양심의 이해에도 진지하지 않음이 있을 수 있듯이 통속적인 양심경험 안에도 진지함은 가능하다. 그럼에도 실존론적으로 더 근원적인 해석은, 존재론적 개념파악이 존재적인 경험에서부터 벗어날 수 없는 한, 더 근원적인 실존적 이해의 가능성도 열어밝힌다.

제60절 양심에서 증거된 본래적인 존재가능의 실존론적 구조

양심에 대한 실존론적 해석은 현존재 자신 안에 **존재하고 있는** 그 자신의 가장 고유한 존재가능의 증거를 끄집어내야 한다. 양심이 증거하는 그 방식은 무차별한 고시가 아니라 탓이 있음에로 앞질러 불러내는 불러세움이다. 그렇게 증거된 것은 부름을 부름 자체가 의도하는 의미로 엇갈리지 않게 이해하는 들음에서 "파악된다". 현존재의 **존재양태로서의** 불러냄의 이해가 비로소 양심의 부름에서 증거된 것의 현상적 실상을 제공한다. 본래적인 부름의 이해를 우리는 양심을 가지기를 원함이라고 성격규정했다. 가장 고유한 자기 자신으로 하여금 그의 탓이 있음 안에서 그 자신으로서 그 자신 안에서 행위하도록 한다는 것은 현상적으로 현존재 자신 안에서 증거된 본래적인 존재가능을 표현하고 있다. 이제부터는 바로 이 본래적인 존재가능의 실존론적 구조가 파헤쳐져야 한다. 그렇게 해서만 우리는 현존재 자신 안에서 열어밝혀지고 있는 그의 실존의 **본래성**의 근본구성틀로 밀고 들어가게 된다.

양심을 가지기를 원함은 가장 고유한 존재가능에서 자기 자신을 이해함으로서 현존재의 **열어밝혀져 있음**의 한 방식이다. 이 열어밝혀져 있음은 이해 외에도 처해 있음과 말에 의해서 구성되고 있다. 실존적 이해란 자기 자신을 세계-안에-있을-가능의 그때마다의 각기 가장 고유한 현사실적 가능성에로 기획투사함을 말한다. 그런데 존재-가능은 오직 그러한 가능성에서 실존함 속에서만 이해되고 있다.

어떤 기분이 그러한 이해에 상응하는가? 부름의 이해는 현존재의 개별화의 섬뜩함 속에서 고유한 현존재를 열어밝힌다. 이해에서 함께 밝혀지고 있는 섬뜩함은 이해에 속하는 불안이라는 처해 있음에 의해서 진짜로 열어밝혀지게 된다. **양심의 불안**이라는 현사실은, 현존재가 부름의 이해에서 그 자신의 섬뜩함 앞으로 이끌려와 있다는 사실에 대한 현상적 확증이다. 양심을 가지기를 원함은 불안에 대한 태세이다.

열어밝혀져 있음의 세 번째 본질계기는 말이다. 현존재의 근원적인 말로서의 부름에 어떤 대꾸가 상응하는 것은 아니다. 이를테면 양심이 말하고 있는 그것을 흥정하며 이야기한다는 의미에서 말이다. 부름을 이해하며 들음이 대꾸를 허용하지 않는 것은, 그것이 그것을 짓누르는 어떤 "어두운 힘"에 의해서 기습을 당하고 있기 때문이 아니라, 오히려 그것이 부름의 내용을 은폐하지 않고 그대로 자기 것으로 만들기 때문이다. 부름은 부단한 탓이 있음 앞에 세워놓으며 그래서 자기 자신을 '그들'의 값싼 이해의 순전한 대꾸에서부터 되찾아온다. 그러므로 양심을 가지기를 원함에 속하는 분류파악하는 말의 양태는 **침묵하고 있음**이다. 침묵을 우리는 말의 본질적인 가능성으로 성격규정했다.[9] 침묵하면서 무엇인가 이해할 것을 주기를 바라는 자는 "무엇인가 말할 것이" 있어야 한다. 현존재는 불러냄에서 자기 자신에게 자신의 가장 고유한 존재가능을 이해할 것으로 준다. 그렇기 때문에 이런 부름은 일종의 침묵인 것이다. 양심의 말은 결코 발성되지 않는다. 양심은 오직 침묵하면서 부를 뿐이다. 다시 말해 부름은 섬뜩함의 소리 없음에서 나와, 불러세워진 현존재를 고요 속에 있어야 할 자로서 그 자신의 고요 속으로 되부른다. 그러므로 양심을 가지기를 원함은 이러한 침묵하는 말을 오직 침묵하고 있음에서만 적합하게 이해할 뿐이다. 침묵하고 있음은 '그들'의 값싼 이해의 잡담으로부터 낱말을 빼앗아버린다.

양심의 침묵하는 말함은 "엄격히 사실에만 머무르는" 값싼 이해의 양심해석을, 양심을 도대체 확정할 수 없으며 눈앞의 것이 아닌 것으로 내주게 되는 계기로 만든다. 사람들이 그저 시끄러운 잡담만을 듣고 이해하기에 아무런 부름도 "확증할" 수 없다는 점을, 양심은 "말 못 하는 자"이고 분명 눈앞에 있지 않다는 핑계를 대며 양심에 떠넘기게 된다. "그들"은 이러한 해석으로써 단지 '그들'만의 독특한, 부름을 넘겨들음을 은폐하고 자신의 "들음"의 축소된 범위를 은폐할 뿐이다.

따라서 양심을 가지기를 원함에 놓여 있는 현존재의 열어밝혀져 있음은 불안의 처해 있음에 의해서, 가장 고유한 탓이 있음에로 자기 자신을 기획투사함인 이해에 의해서 그리고 침묵하고 있음으로서의 말에 의해서 구성되고 있다. 이러한 현존재 자신 안에서 그의 양심에 의해서 증거되고 있는, 탁월한 본래적인 열어밝혀져 있음을, 즉 **침묵하고 있으면서 불안의 태세 속에 가장 고유한 탓이 있음에로 자기 자신을 기획투사함**을 우리는 결단성이라고 이름한다.

---

9) 이 책의 제34절 245쪽 참조.

결단성은 현존재가 열어밝혀져 있는 탁월한 양태의 하나이다. 그런데 열어밝혀져 있음을 우리는 앞에서[10] 실존론적으로 **근원적인 진리**로 해석했다. 이 근원적인 진리는 일차적으로 "판단"의 특질도, 더구나 어떤 한 특정한 행동관계의 성격도 아니고 세계-안에-있음 그 자체를 구성하는 본질적인 구성계기의 하나이다. 진리는 기초적 실존범주로서 개념파악되어야 한다. "현존재는 진리 안에 있다"라는 문장의 존재론적 해명은 이 존재자를 **실존의 진리**로서 근원적으로 열어밝히고 있으며 그 진리의 제한규정을 위해서 현존재의 본래성에 대한 분석을 지시하고 있다.[11]

이제 우리는 결단성으로써—이것이 현존재의 **본래적** 진리이기 때문에—가장 근원적인 진리를 획득한 셈이다. '거기에'의 열어밝혀져 있음은 똑같이 근원적으로 각기 그때마다 전체 세계-안에-있음을, 다시 말해 세계, 안에-있음 그리고 이 존재자[현존재]의 "나는 존재한다"로서 있는 자기 자신을 열어밝히고 있다. 세계의 열어밝혀져 있음과 더불어 각기 그때마다 이미 세계 내부적인 존재자도 발견되어 있다. 손안의 것과 눈앞의 것의 발견되어 있음은 세계의 열어밝혀져 있음에 근거한다.[12] 왜냐하면 손안의 것의 그때마다의 사용사태전체성을 자유롭게 내주기 위해서는 유의미성에 대한 앞선 이해가 필요하기 때문이다. 유의미성을 이해하면서 배려하는 현존재는 둘러보면서 자기 자신을 만나게 되는 손안의 것으로 이끈다. 그때마다의 세계의 열어밝혀져 있음으로서의 유의미성을 이해함은 다시금 모든 사용사태전체성의 발견이 그리로 소급해 올라가는 바로 그 '그 때문에'의 이해에 근거한다. 거주, 생계, 출세 등의 '그 때문에'는 현존재의 가장 가깝고 부단한 가능성들이다. 그 존재가 문제가 되는 이 존재자는 자기 자신을 각기 그때마다 이미 이러한 가능성에로 기획투사했다. 자신의 "거기에"로 내던져져 있기 때문에

---

10) 이 책의 제44절 311쪽 이하 참조.
11) 이 책의 제44절 322쪽 참조.
12) 이 책의 제18절 129쪽 이하 참조.

현존재는 현사실적으로 각기 그때마다 하나의 특정한—즉 그의—"세계"에 의존한다. 그와 더불어 '그들' 속에 배려하며 **상실되어 있음**이 가장 가까운 현사실적인 기획투사를 주도했다. 이 상실되어 있음이 각기 그때마다 고유한 현존재에 의해서 불러내어질 수 있으며, 이 불러냄이 결단성의 방식으로 이해될 수 있는 것이다. 그런데 이러한 **본래적인** 열어밝혀져 있음은 이 경우 똑같이 근원적으로 그것 안에 기초를 두고 있는 "세계"의 발견되어 있음 및 남들과의 공동현존재[함께 거기에 있음]의 열어밝혀져 있음을 변양시킨다. 그렇다고 손안의 "세계"가 "내용적으로" 다른 세계가 되는 것도 아니고, 타인의 범위가 교체되는 것도 아니지만, 손안의 것을 향한 이해하며 배려하는 존재 및 타인과 함께 심려하며 더불어 있음이 이제는 타인의 가장 고유한 자기존재가능에서부터 규정되고 있다.

결단성은 **본래적인 자기존재**로서 현존재를 그의 세계로부터 분리시키는 것이 아니며 현존재를 공중에 떠도는 자아에로 따로 떼어놓는 것도 아니다. 어떻게 결단성이 그것을 할 수 있다는 말인가. 결단성은 본래적인 열어밝혀져 있음으로서 **본래적으로 세계-안에-있음** 외에 다른 것이 아니다. 결단성은 자기 자신을 바로 그때마다의 배려하며 손안의 것 곁에 있음에로 데려오며 자기 자신을 타인과 함께 심려하며 더불어 있음에 부딪히게 한다.

결단을 내린 현존재는 자기 자신이 선택한 존재가능의 '그 때문에'에서부터 자기 자신을 자기의 세계로 자유롭게 내준다. 자기 자신에게로의 결단성이 현존재를, 비로소 함께 존재하는 타인들을 그들의 가장 고유한 존재가능에서 "존재하도록" 하며, 이 가장 고유한 존재가능을 앞서 뛰어들며 자유롭게 하는 심려 속에서 함께 열어밝힐 수 있는 가능성에로 데려온다. 결단한 현존재는 타인의 "양심"이 될 수 있다. 결단성의 본래적인 자기존재에서부터 비로소 처음으로 본래적인 '서로 함께'가 발원되어 나오는 것이지, '그들[세인]' 속에서의 애매하고 질투심 섞인 약속들과 수다스러운 친교 그리고 사람들이 도모하려고 드는 일에서부터 생겨나오는 것이 아니다.

결단성은 그 존재론적인 본질상 각기 그때마다의 한 현사실적인 현존재의 결단성이다. 이러한 존재자의 본질은 곧 그의 실존이다. 결단성은 오직 이해하며 자기 자신을 기획투사하는 결의로서만 "실존한다". 그러나 현존재는 결단성에서 자기 자신을 어디로 결의하는가? 무엇 때문에 그는 결단해야 하는가? 대답은 오직 결의 자체가 줄 수 있을 뿐이다. 결단성의 현상을 단지 앞에 제시되고 추천된 가능성들을 수용하며 거머잡는 것이라고 의미하려고 든다면, 그것은 그 현상을 전적으로 오해하는 것일 것이다. 결의는 바로 그때마다의 현사실적인 가능성을 처음으로 열어밝히는 기획투사이며 규정함이다. 결단성에는 필연적으로 모든 현사실적으로 내던져져 있는, 현존재의 모든 존재가능을 성격규정하는 **무규정성**이 속한다. 결단성은 오직 결의로서만 이러한 무규정성 자체를 확신한다. 그러나 결단성의 그때마다 비로소 결단에서 규정되는 **실존적 무규정성**은 그럼에도 나름의 **실존론적 규정성**을 가진다.

결단성의 '무엇을 위하여'는 존재론적으로 현존재 일반의 실존성 안에 배려하는 심려의 방식에서의 존재가능으로 앞서 윤곽 잡혀 있다. 그런데 염려로서 현존재는 현사실성과 빠져 있음에 의해서 결정되어 있다. 자신의 "거기에"가 열어밝혀져 있으면서 현존재는 똑같이 근원적으로 진리와 비진리 속에 머무른다.[13] 이것은 "본래" 바로 본래적인 진리로서의 결단성에도 통용되는 것이다. 결단성은 비진리를 본래적으로 자기 것으로 만든다. 현존재는 각기 그때마다 이미 그리고 아마 곧바로 다시 비결단성 속에 있다. 이러한 명칭은 단지 '그들'의 지배적인 해석되어 있음에 내맡겨져 있음이라고 해석된 바 있는 그 현상을 표현하기 위한 것이다. 현존재는 '그들'-자신으로서 공공성의 값싼 이해의 애매함을 먹고 "살고 있는데", 그 안에서는 아무도 결단을 내리지 않지만 그럼에도 언제나 이미 결정을 내린 것이다.

---

13) 이 책의 제44절 ㄴ) 324쪽 참조.

결단성은 '그들' 속에 상실되어 있음에서부터 자기 자신이 불러세워지도록 함을 의미한다. '그들'의 비결단성이 그럼에도 불구하고 지배하고 있지만, 단지 그것이 결단을 내린 실존은 공격하지 못한다. 비결단성은 실존론적으로 이해된 결단성에 대한 반대개념으로서 억제에 의해서 짓눌려 있다는 의미의 존재적 심리적 상태를 의미하는 것이 아니다. 결의 역시 '그들'과 '그들'의 세계에 의존한 채 남아 있다. 이것을 이해하는 것은 결의가 열어밝히는 그것에 함께 속한다. 단지 결단성이 비로소 현존재에게 본래적인 투명성을 주는 한에서 말이다. 결단성에서 현존재에게 문제가 되고 있는 것은, 내던져져 있는 존재가능으로서 단지 특정한 현사실적 가능성에로만 자기 자신을 기획투사할 수 있는 그의 가장 고유한 존재가능이다. 결의는 "현실성"으로부터 벗어나는 것이 아니라 오히려 처음으로 현사실적으로 가능한 것을 발견하며 그래서 결의가 그것을 그것이 '그들' 속에서의 가장 고유한 존재가능으로서 가능한 그대로 장악하게 된다. 각기 가능한 결단을 내린 현존재의 실존론적 규정성은 지금까지는 건너뛴 실존론적 현상, 즉 우리가 **상황**이라고 이름하는 그 현상의 구성적 계기들을 포괄한다.

상황(처지—"처지에 놓여 있다")이라는 용어에는 일종의 공간적인 뜻이 함께 맴돈다. 우리는 이 공간적인 뜻을 제거하려고 시도하지는 않을 것이다. 왜냐하면 그것은 현존재의 "거기에"에도 놓여 있기 때문이다. 세계-안에-있음에는 거리 없앰과 방향 잡음이라는 현상들로 성격규정한 고유한 공간성이 속한다. 현존재는 그가 현사실적으로 실존하는 한 "공간을 마련한다".[14] 그러나 현존재적인 공간성—이것에 근거해서 실존이 각기 나름대로 자신에게 자신의 "자리"를 규정해준다—은 세계-안에-있음이라는 구성틀에 근거한다. 이 구성틀의 일차적인 구성계기는 열어밝혀져 있음이다. '거기에'의 공간성이 열어밝혀져 있음에 근거하듯이, 상황은 그것의 기초를 결단성에 둔

---

14) 이 책의 제23절과 제24절 160쪽 이하 참조.

다. 상황은 각기 그때마다 결단성에서 열어밝혀진 '거기에'이다. 이 '거기에'로서 실존하는 존재자가 거기에 존재하는 것이다. 상황은 현존재가 등장하거나 또는 현존재가 자기 자신을 스스로 끌어들인, 어떤 눈앞에 있는 테두리가 아니다. 상황은, 마주치게 되는 형편과 우발적 사건의 눈앞에 있는 혼합과는 아주 거리가 멀며, 오직 결단성에 의해서만 그리고 결단성 안에서만 존재한다. 자기 자신이 그것으로 실존하며 존재해야 하는 바로 그 '거기에'로 결단할 때 비로소 그에게 형편의 그때마다의 현사실적인 사용사태성격이 열어밝혀지는 것이다. 오직 결단성에게만 공동세계와 주위세계로부터 우리가 우발적 사건이라고 이름하는 그것이 **떨어져올** 수 있는 것이다.

그에 반해 '그들'에게는 상황이 본질적으로 닫혀 있다. '그들'은 그저 "일반적인 처지"만을 알 뿐이며, 가장 가까운 "기회"에 자신을 빼앗기고 "우발적인 사건"을 계산하며 현존재를 건다. '그들'은 이 우발적인 사건들을 오인하여 자신의 업적으로 간주하고 자랑한다.

결단성은 '거기에'의 존재를 그의 상황의 실존에로 데려온다. 그러나 결단성은 양심에서 증거된 본래적인 존재가능, 즉 양심을 가지기를 원함의 실존론적인 구조를 제한[규정]한다. 그 안[본래적인 존재가능 = 양심을 가지기를 원함]에서 우리는 불러냄을 적합하게 이해함을 인식했다. 거기에서부터 아주 분명해지는 것은, 양심의 부름이 존재가능에로 불러세울 때 그것은 속이 텅 빈 어떤 실존이상을 앞에 내세우고 있는 것이 아니라 **상황에로 앞질러 불러세우고 있다는** 점이다. 올바로 이해된 양심의 부름이 가지는 이러한 실존론적 긍정성이 동시에 통찰할 수 있게 하는 것은, 부름의 경향을 일어났거나 의도된 범죄행위로 제한하는 것이 얼마나 양심의 열어밝힘의 성격을 잘못 보는 것인지, 그리고 그것이 얼마나 우리에게 그 소리의 구체적인 이해를 단지 피상적으로만 전해주고 있는지 하는 것이다. 불러냄을 결단성이라고 실존론적으로 해석함은 양심을 현존재의 근거 안에 포함된 존재양식으로서 드러낸다. 그리고 현존재는 이 존재양식 안에서 자기 자신을—가장 고유한 존재가능을 증거하면서—자신의 현사실적인 실존에로 가능하게 해주고 있다.

결단성이라는 명칭 아래 산출해낸 현상을 속이 텅 빈 "습관"이나 규정되지 않은 "우유부단함"과 함께 뒤섞어놓을 수는 없을 것이다. 결단성은 이제 비로소 인지하면서 어떤 상황을 자신 앞에 세우는 것이 아니라 이미 상황 속에 자신을 세워놓은 것이다. 현존재는 결단을 내리면서 이미 **행위하고 있**는 것이다. 우리는 "행위"라는 용어를 의도적으로 피한다. 왜냐하면 첫째, 그 용어가 다시 아주 넓게 파악되어 능동성이 반항의 수동성까지도 포괄해야 하기 때문이다. 둘째, 그 용어는 마치 결단성이 이론적인 능력에 대비되는 실천적인 능력의 한 특별한 행동관계인 것 같은 현존재 존재론적인 오해를 불러일으키기 쉽기 때문이다. 그러나 배려하는 심려로서의 염려는 현존재의 존재를 아주 근원적으로 그리고 전체적으로 포괄하기 때문에, 염려는 이론적 행동관계와 실천적 행동관계의 구별에서도 각기 그때마다 이미 전체로서 전제되어야 하지, 이 후자의 능력들에서부터 필연적으로 무근거적인 —실존론적으로 근거제시되지 않았기 때문에—변증법의 도움을 받아 이제 비로소 합성할 수 있는 것이 아니다. 그러나 결단성은 단지 염려에서 염려되고 있는, 그리고 염려로서 가능한, 이 염려 자체의 (가능한) 본래성일 뿐이다. 301

현사실적인 실존적 가능성을 그 주된 특징과 연관에서 서술하는 것, 그리고 그 실존론적인 구조에서 해석하는 것은 주제적인 실존론적 인간학의 과제범위에 속한다.[15] 여기에서의 탐구가 지니는 기초존재론적 의도를 위해서는 양심에서 현존재 자신에서부터 그 자신을 위해서 증거된 본래적인

---

15) 이러한 문제틀의 방향으로 야스퍼스가 처음으로 명시적으로 세계관이론의 과제를 파악했고 관철했다. 그의 『세계관의 심리학』, 제3판, 1925년 참조. 여기에서는 "인간이란 무엇인가" 하는 것이 물어지고 인간이 본질적으로 그것일 수 있는 바로 그점에서부터 규정된다(제1판의 머리말 참조). 거기에서부터 "한계상황"이라는 원칙적인 실존론적-존재론적 의미가 밝혀진다. 만일 『세계관의 심리학』을 단순히 "세계관의 유형"을 찾기 위한 참고서로만 "사용한다면", 그 저서가 지니는 철학적 경향이 철저히 오인되는 것이다.

존재가능을 실존론적으로 제한규정하는 것으로 충분하다.

결단성을 침묵하며 불안의 태세 속에 가장 고유한 탓이 있음에로 자기 자신을 기획투사함으로 정리작업해냄으로써 우리의 탐구는 이제 추구되어 온 현존재의 **본래적인** 전체존재가능을 제한규정할 수 있는 상태에 이르렀다. 현존재의 본래성이란 이제 속이 텅 빈 명칭도, 고안된 이념도 아니다. 그렇지만 본래적인 전체존재가능으로서 실존론적으로 연역된 죽음을 향한 본래적인 존재는 여전히, 현존재적인 증거가 결여된 순수 실존론적인 기획투사로 남아 있다. 그러한 증거가 발견되어 있을 때 비로소 탐구가 그 문제틀에서 요구되는 실존론적으로 보존되고 해명된 현존재의 본래적인 전체존재가능의 제시를 충족시키게 된다. 왜냐하면 오직 이 존재자가 그의 본래성과 전체성에서 현상적으로 접근 가능해져 있을 때에만, 그의 실존에 존재이해 일반이 속하는 이 존재자의 존재의 의미에 대한 물음이 시험을 견뎌낸 지반에 이르기 때문이다.

제3장
현존재의 본래적인 전체존재가능과 염려의 존재론적 의미로서의 시간성

제61절 현존재의 본래적인 전체존재를 제한규정함에서부터 시간성을 현상적으로 밝혀내는 데에로 나아가는 방법적인 단계를 앞서 윤곽 지음

현존재의 본래적인 전체존재가능이 실존론적으로 기획투사되었다. 그 현상을 풀어헤쳐 보이면서 본래적인 '죽음을 향한 존재'가 앞질러 달려가봄으로서 밝혀졌다.[1] 현존재의 본래적인 존재가능이 그 실존적인 증거에서 결단성으로서 제시되었으며 동시에 실존론적으로 해석되었다. 이 두 현상이 어떻게 연결되어야 하는가? 본래적인 전체존재가능의 존재론적인 기획투사가 결단성의 현상과는 아주 멀리 떨어져 있는 그런 현존재의 차원에로 이끌어온 것은 아닌가? 죽음이 행위의 "구체적 상황"과 무엇을 공통으로 가지고 있어야 한다는 말인가? 결단성을 앞질러 달려가봄과 억지로 결합시키려는 시도는, 현상적으로 근거를 지닌 존재론적인 기획투사의 성격을 띠었다는 것마저도 주장할 수 없는, 견뎌내기 힘든, 전적으로 비현상학적인 구성에로 우리를 잘못 이끌어가고 있지는 않는가?

---

1) 이 책의 제53절 377쪽 이하 참조.

이 두 현상을 외적으로 함께 묶는 것은 그것들 자체가 금지하고 있다. 그렇지만 방법적으로 유일하게 가능한 길이 남아 있으니, 곧 그 실존적 가능성이 증거된 결단성의 현상에서부터 출발하여 다음과 같은 물음을 던지는 방법이다. 결단성은 그것의 가장 고유한 실존적인 존재경향 자체에서 그것의 가장 고유한 본래적인 가능성으로서 앞질러 달려가보는 결단성을 지시하고 있는가? 만일 결단성이 그 고유한 의미상, 그것이 임의의 그리고 각기 그때마다 단지 우선적인 가능성에로 자기 자신을 기획투사하지 않고, 현존재의 모든 현사실적인 존재가능에 앞서 놓여 있으며 가능성으로서 현존재의 모든 현사실적으로 장악된 존재가능 안에 다소간 위장되지 않은 채 들어서 있는 그런 극단적인 가능성에로 자기 자신을 기획투사하자마자, 비로소 그것의 본래성으로 데려와질 것이라면 어떤가? 만일 결단성이 현존재의 **본래적인 진리로서 죽음에로 앞질러 달려가봄에서야 비로소 그것에 속해 있는 본래적인 확실성에 이르게 되는 것이라면?** 만일 죽음에로 **앞질러 달려가봄에서야 비로소 결단함의 그 모든 현사실적인 "앞질러 가봄"이 본래적으로 이해된다면, 다시 말해 실존적으로 만회된다면?**

실존론적인 해석이, 그 해석에 앞서 주어져 있는 주제적인 존재자가 현존재의 존재양식을 가지고 있으며 [그래서] 눈앞에 있는 조각들을 모아 하나의 눈앞의 것으로 봉합될 수는 없다는 사실을 망각하지 않는 한, 그 해석의 발걸음은 전부 **실존**의 이념에 의해서 이끌려지지 않으면 안 된다. 이것이 앞질러 달려가봄과 결단성 사이의 가능한 연관에 대한 물음에 대해서 가지는 의미는, 이러한 실존론적인 현상들을 그것들에 앞서 윤곽 잡혀 있는 실존적 가능성들에로 기획투사하고 이 가능성들을 실존론적으로 "끝까지 사유하라"는 요구에 다름 아니다. 그로써 앞질러 달려가보는 결단성을 하나의 실존적으로 가능한 본래적인 전체존재가능으로 정리작업해내는 일이 자의적인 구성의 성격을 벗게 된다. 그 작업은 이제 현존재를 그의 극단적인 실존의 가능성에로 해석하며 해방시키는 일이 된다.

이러한 발걸음과 함께 실존론적 해석은 동시에 그것의 가장 고유한 방법적인 성격을 알려준다. 지금까지는—가끔 제시한 어쩔 수 없었던 주석을 제외한다면—명시적으로 방법적인 논의를 유보했다. 일단 현상에로 "접근하는" 것이 중요했다. 자신의 현상적 근본실상을 드러내 보이는 존재자의 존재의미를 파헤쳐 보이기에 앞서 탐구의 진행은 잠깐의 체류가 필요한데, 그것은 "휴식하기" 위한 목적에서가 아니라 오히려 탐구에 날카로운 추진력을 마련해주기 위해서이다.

진정한 방법은 열어밝혀야 하는 "대상" 또는 대상 분야의 근본구성틀에 대한 적합한 앞선 시야에 근거를 둔다. 그렇기 때문에 진정한 방법적인 숙고—이것은 속이 텅 빈 기술에 대한 논의와는 분명 구별되어야 한다—는 동시에 주제가 되는 존재자의 존재양식에 대한 해명도 제공한다.* 실존론적 분석론 일반의 방법적인 가능성, 요구 그리고 한계를 밝힐 때, 이 분석론의 근거를 놓는 발걸음에, 즉 염려의 존재의미를 밝히는 작업에 비로소 필요한 투명성이 확보된다. 그런데 염려의 존재론적인 의미에 대한 해석은 이제까지 끄집어낸 현존재의 실존론적인 구성틀을 온전하고 부단하게 현상학적으로 현재화하는 것을 근거로 해서 수행되어야 한다.

현존재는 존재론적으로 원칙상 모든 눈앞의 것과 실재적인 것과는 다르다. 현존재의 "존립"은 어떤 실체의 실체성에 근거를 두는 것이 아니라, 그것의 존재가 염려로 개념파악된 실존하는 자기 자신의 "자립성"에 근거를 둔다. 염려에 함께 포함되어 있는 **자기**라는 현상은 비본래적인 '그들'-자신에 대한 예비적인 제시와는 대비되는 근원적이고 본래적인 실존론적 제한규정을 필요로 한다. 이 작업에는, 그 자기가 실체도 주체도 아닐진대, 어쨌거나 도대체 그 "자기"에 방향 잡아야 하는 가능한 존재론적인 물음을 확정하는 일도 병행된다.

---

* 학문적인 절차와 사유의 전개는 구별해야 한다.

그런 다음 우리는 그렇게 해서야 비로소 충분하게 해명되는 염려의 현상을 그 존재론적인 의미에서 탐문해들어간다. 이 의미의 규정이 시간성의 구명이 될 것이다. 이러한 제시가 현존재의 따로 떨어져 있는 분리된 분야로 이끄는 것이 아니라, 그것은 단지 현존재의 실존론적 근본구성틀의 현상적인 전체실상을 그것의 고유한 존재론적인 이해 가능성의 마지막 기초에서 개념파악하는 것이다. 시간성은 현상적으로 근원적으로 현존재의 본래적인 전체존재에서, 즉 앞질러 달려가보는 결단성에서 경험된다. 만일 시간성이 여기에서 근원적으로 자기를 알려오고 있다면, 앞질러 달려가보는 결단성의 시간성은 아마도 그 결단성 자체의 한 탁월한 양태일 것이다. 시간성은 여러 상이한 가능성에서 그리고 여러 상이한 방식으로 자신을 **시간화**할 수 있다. 실존의 근본 가능성, 즉 현존재의 본래성과 비본래성은 존재론적으로 시간성의 가능한 시간화에 근거를 둔다.

현존재의 고유한 존재의 존재론적 성격이 빠져 있는 존재이해(눈앞에 있음으로서의 존재)의 지배 아래에서는 현존재에게 멀리 놓여 있다고 한다면, 이 존재의 근원적인 기초는 더할 것이다. 그러므로 시간성이 첫눈에는 통속적인 이해에 "시간"으로 접근 가능한 그것에 상응하지 않는다고 놀랄 필요는 없다. 그렇기 때문에 통속적인 시간경험의 시간개념과 거기에서 자라나온 문제틀이 검토되지도 않은 채 시간해석의 적합성에 대한 척도로서 기능할 수는 없다. 오히려 탐구는 **그에 앞서** 시간성이라는 근원적인 현상과 친숙해져, **그 현상에서부터** 비로소 통속적인 시간이해의 필연성 및 그 근원의 양식 그리고 그것의 지배의 근거까지 밝혀내야 한다.

시간성이라는 근원적인 현상을 확보하는 일은 다음의 사실을 증명함으로써 수행될 것이다. 즉, 이제까지 산출된 현존재의 모든 기초 구조들을 그것들의 가능한 전체성, 통일성 그리고 전개와 관련해서 볼 때, 그것들이 근본적으로 "시간적"이고 시간성의 시간화의 양태들로서 개념파악될 수 있다는 점을 증명해야 한다. 이렇게 시간성의 구명에서 출발한 실존론적 분석론에서부터 수행한 현존재 분석을, 본질적인 구조를 그것의 시간성에서 해석한다는 의미로 **반복해야** 하는 과제가 자라나온다. 그와 함께 요구되는 분석들의 근본방향이 시간성 자체를 앞서 윤곽 짓는다. 따라서 이 장은 다음과 같이 구분된다. 현존재의 실존적 본래적 전체존재가능은 앞질러 달려가보는 결단성(제62절), 염려의 존재의미를 해석하기 위해서 획득한 해석학적 상황과 실존론적 분석론 일반의 방법적 성격(제63절), 염려와 자기성(제64절), 염려의 존재론적 의미로서의 시간성(제65절), 현존재의 시간성과 거기에서 발원하는 실존론적 분석을 근원적으로 반복해야 하는 과제(제66절).

제62절 현존재의 실존적 본래적 전체존재가능은 앞질러 달려가보는 결단성

결단성을 그것의 가장 고유한 존재경향에 상응하게 "끝까지 사유한다"면, 그것은 어느 만큼 죽음을 향한 본래적인 존재로 이끄는가? 양심을 가지기를 원함과 실존론적으로 기획투사된 현존재의 본래적인 전체존재가능 사이의 연관이 어떻게 개념파악될 수 있는가? 그 두 현상을 함께 모아 붙이면 새로운 현상이 귀결되어 나오는가? 아니면 그것의 실존적 가능성에서 입증된 결단성에 남아 있어, 그 두 현상이 죽음을 향한 존재에 의해서 **실존적인 양태화**를 경험할 수 있게 되는가? 그렇다면 결단성의 현상을 실존론적으로 "끝까지 사유한다"는 것은 무엇을 말하는가?

결단성은 자신에게 불안을 강요하며 침묵하고 있으면서 자기 자신을 가장 고유한 탓이 있음에로 기획투사함이라고 성격규정되었다. 이러한 탓이 있음은 현존재의 존재에 속하며, '무성의 무성적인 근거가 됨'을 의미한다. 현존재의 존재에 속하는 "탓이 있음"은 증가도, 감소도 허용하지 않는다. 그것은 모든 양화—이것이 도대체 의미를 가진다면—에 앞서 놓여 있는 것이다. 현존재는 때때로 본질적으로 탓이 있다가 그다음에는 다시 탓이 없게 되는 것이 아니다. 양심을 가지기를 원함은 이러한 탓이 있음에로 결단을 내린다. 결단성의 고유한 의미에는, **현존재가 존재하는 한**, 그가 그것으로 존재하고 있는, 자신을 이러한 탓이 있음에로 기획투사함이 놓여 있다. 따라서 결단성에서 이러한 "탓"을 실존적으로 떠맡는 일은, 오직 결단성이 현존재의 열어밝힘에서 그 자체로 투명해져서 **그래서 그것이 탓이 있음을 끊임없는 것으로** 이해할 때에만, 본래적으로 성취된다. 그러나 이러한 이해함은 오직, 현존재가 자신에게 존재가능을 "그 끝까지" 열어밝히는 식으로만 가능해진다. 그런데 현존재의 끝에-와-있음은 실존론적으로 종말을 향한 존재를 말한다. 결단성은 **이해하는 종말을 향한 존재로서**, 다시 말해 죽음에로 앞질러 달려가봄으로서 본래 그것이 그것일 수 있는 바로 그것이 된다. 결단성은 순전히 앞질러 달려가봄과 자기 자신의 어떤 다른 것으로서 연관을 "가지고" 있는 것이 아니다. 결단성은 자체 안에 본래적인 죽음을 향한 존재를 자신의 고유한 본래성의 가능한 실존적 양태성으로서 간직하고 있다. 이제 이 "연관"을 현상적으로 분명히 하는 것이 중요하다.

결단성은 가장 고유한 탓이 있음으로 자기 자신이 앞에 불러세워지도록 함을 말한다. 탓이 있음은 우리가 일차적으로 존재가능으로 규정한 현존재 자신의 존재에 속한다. 현존재가 부단히 탓이 "있다"는 말은 단지, 현존재가 이러한 **존재**에서 각기 그때마다 본래적인 또는 비본래적인 실존함으로서 머무르고 있음을 이야기할 뿐이다. 탓이 있음은 어떤 부단히 눈앞에 있는 것이 가지고 있는 그저 영속적인 성질이 아니고, 본래적으로 또는 비본래적으로 탓이 있을 수 있는 그 **실존적 가능성**이다. 탓이 있음은 각기 그때마다 단지 그때마다의 현사실적인 존재가능에서만 있는 것이다. 그러므로 탓이 있음은—그것이 현존재의 존재에 속해 있는 것이기 때문에—탓이 있을 수 있음으로 개념파악되어야 한다. 결단성은 자기 자신을 이러한 존재가능에로 기획투사한다. 다시 말해 그 안에서 자기 자신을 이해한다. 따라서 이러한 이해는 현존재의 근원적인 가능성의 하나에 머무르고 있는 것이다. 현존재는, 결단성이 그것으로 존재하려는 경향이 있는 그것을 근원적으로 존재할 때 **본래적으로** 그러한 근원적인 가능성 안에 머무르는 것이다. 그런데 현존재의 그의 존재가능을 향한 근원적인 존재를 우리는 죽음을 향한 존재로, 다시 말해 성격규정한 현존재의 탁월한 가능성을 향한 존재로 밝혀 보였다. 앞질러 달려가봄이 이러한 가능성을 가능성으로서 열어밝힌다. 그렇기 때문에 결단성은 **앞질러 달려가보는 결단성**으로서야 비로소 현존재의 가장 고유한 존재가능을 향한 근원적인 존재가 된다. 탓이 있을 수 있음의 이 "가능성"을 결단성은, 그것이 스스로를 죽음을 향한 존재로 "특징화시킬" 때에야 비로소 이해하게 된다.

현존재는 결단을 내려 자신의 실존에서, 그가 자신의 무성의 무성적인 근거가 **됨**을 본래적으로 떠맡는다. 우리는 죽음을 실존론적으로 성격규정 짓기를, 실존의 불가능성의 가능성으로, 다시 말해 현존재의 단적인 무성으로 개념파악했다. 죽음은 현존재에게 그의 "종말"에 잇대어지는 것이 아니다. 현존재는 염려로서 그의 죽음의 내던져진 (다시 말해 무성적인) 근거인 것이다. 현존재의 존재를 근원적으로 두루 관통하는 무성은 현존재 자신에게는 죽음을 향한 본래적인 존재에서 밝히 드러난다. 앞질러 달려가봄은 탓이 있음을 현존재의 **전체존재**의 근거에서부터 비로소 드러내 보인다. 염려는 자신 안에 죽음과 탓을 똑같이 근원적으로 간직하고 있다. 앞질러 달려가보는 결단성이 비로소 탓이 있을 수 있음을 **본래적으로 그리고 전체적으로**, 다시 말해 **근원적으로** 이해한다.[2]

---

[2] 근원적으로 현존재의 존재구성틀에 속하는 탓이 있음은 신학적으로 이해된 타락 상태와는 분명히 구별되어야 한다. 신학은 실존론적으로 규정된 탓이 있음에서 그것의 현사실적인 가능성의 존재론적 조건을 발견할 수 있다. 이러한 타락 상태의 이념에 포함되는 탓은 전적으로 독특한 양식의 현사실적인 죄지음이다. 이러한 죄지음은 자신의 고유한 증거를 가지는데, 그 증거는 모든 철학적 경험에는 원칙적으로 닫힌 채 남아 있다. 탓이 있음에 대한 실존론적인 분석은 죄의 가능성을 찬성해서도 반대해서도 아무것도 증명하지 않는다. 엄밀히 말해 현존재의 존재론은 그것이 철학적 물음으로서 죄에 대해서는 원칙적으로 아무것도 "알지" 못하는 한, 그 **자체** 이러한 가능성 일반을 열린 채 놔둔다고조차 말할 수 없다.

307 　양심의 부름을 이해함은 '그들' 속에 상실되어 있음을 드러내 보여준다. 결단성은 현존재를 그의 가장 고유한 자기존재가능에로 되돌려준다. 고유한 존재가능은 **가장 고유한** 가능성으로서의 이해하는 죽음을 향한 존재에서 본래적으로 그리고 전체적으로 투명하게 된다.

　양심의 부름은 불러냄에서 현존재의 그 모든 "세속적인" 명성과 능력은 무시한다. 그 부름은 현존재를 가차 없이 그의 탓이 있을 수 있음에로 개별화시켜 현존재로 하여금 본래적으로 존재하도록 강요한다. 가장 고유한 존재가능에로의 본질적인 개별화가 지니고 있는 고집스러운 냉혹함은 **무연관적인** 가능성으로서의 죽음에로 앞질러 달려가봄을 열어밝힌다. 앞질러 달려가보는 결단성은 탓이 있을 수 있음이 가장 고유한 무연관적인 것으로서 전체적으로 양심 속으로 덮쳐오게 한다.

　양심을 가지기를 원함은, 각기 그때마다 이미 현사실적 현존재를 그 모든 현사실적인 죄지음에 **앞서** 그리고 그것의 속죄 **이후**에도 규정한 가장 고유한 탓이 있음에로 부름받을 태세가 되어 있음을 의미한다. 이러한 선행적이고 부단한 탓이 있음은, 이 선행성이 현존재가 단적으로 **건너뛸 수 없는** 가능성 속으로 끼워놓이게 될 때 비로소 위장됨이 없이 그것의 선행성에서 드러나게 된다. 결단성이 앞질러 달려가보면서 죽음의 가능성을 자신의 존재가능에로 **끌어들일** 때, 현존재의 본래적인 실존은 더 이상 어느 것에 의해서도 **건너뛰어질** 수 없게 된다.

　결단성의 현상과 더불어 우리는 실존의 근원적인 **진리** 앞으로 이끌어졌다. 결단에 의해서 현존재는 그 자신에게 자신의 그때마다의 현사실적인 존재가능에서 밝혀져 있으며, 그것도 현존재 자신이 이러한 밝힘과 밝혀져 있음으로 **존재하는** 식으로 그렇다. 진리에는 각기 그것에 상응하는 참인 것으로 여김이 속한다. 열어밝혀진 것 또는 발견된 것을 명시적으로 자기 것으로 만듦이 **확실함[확실존재]**이다. 실존의 근원적인 진리는, 결단성이 열어밝힌 그것에 머물러 있음으로서의 어떤 동일 근원적인 확실함[확실존재]를 필요로 한다. 실존의 근원적인 진리는 자신을 그때마다의 현사실적 상황에로 내주고 자신을 그 상황 안으로 데려온다. 상황은 파악되기를 기대하는 눈앞의 것처럼 앞서 계산해내거나 앞서 제시할 수 없다. 상황은 오직 자유로운, 미리 규정되지 않은, 그러나 규정 가능성에는 열려 있는 결단함 속에서 열어밝혀지게 된다. 그렇다면 이 경우 그러한 결단성에 속해 있는 **확실성은 무엇을 의미하는가**? 이 확실성은 결의에 의해서 열어밝혀진 것 안에 머무르고 있어야 한다. 그러나 이것이 말하는 것은 다음과 같다. 확실성은 바로 상황에 **붙잡혀** 있을 수는 없고 오히려 결의가 그 고유한 열어밝힘의 의미상 자유로워서 그때마다의 현사실적 가능성에 대해 **열린 채 견지되어야** 함을 이해하지 않으면 안 된다. 결의의 확실성은 '자신의 가능한 그리고 각기 그때마다 현사실적으로 필연적인 **철회에 대해서 자신을 열어놓음**'을 의미한다. 그렇지만 (실존의 진리로서의) 결단성의 그러한 참인 것으로 여김은 결코 비결단성으로 되떨어질 수는 없다. 오히려 그 반대로, 결단을 내려 철회에 대해서 자신을 열어놓음으로서의 이러한 참인 것으로 여김이 **자기 자신을 반복하기**[되찾아오기] 위한 본래적 **결단성**이다. 그러나 이로써 바로 비결단성에 상실되어 있음이 실존적으로 묻히고 만다. 결단성에 속하는 참인 것으로 여김은 그 의미상, 자신을 **끊임없이 열어놓으려는** 경향을, 다시 말해 현존재의 **전체존재가능**에 대해서 열어놓으려는 경향을 지닌다. 이러한 끊임없는 확실성은 오직 그것이 단적으로 확신하고 **있을 수 있는** 그런 가능성과 관계 맺음으로써만 결단성에 보장된다. 현존재는 그의 죽음에서 자신을 단적으로 "철회해야" 한다. 자기의 죽음을 부단히 확신하면서, 다시 말해 **앞질러 달려가보면서** 결단성은 자신의 본래적이고 전체적인 확실성을 획득한다.

그러나 현존재는 똑같이 근원적으로 비진리 안에 있다. 앞질러 달려가보는 결단성은 현존재에게 동시에 자신의 닫혀 있음에 대한 근원적인 확실성도 준다. 현존재는 미리 달려가보며 결단을 내려 부단하고 자신의 고유한 존재의 근거에서부터 가능한, "그들"의 비결단성에 상실되어 있음에 대해서 자신을 **열어둔다**. 비결단성은 현존재의 부단한 가능성으로서 **함께 확실**하다. 자기 자신에 대해서 투명한 결단성은, 존재가능의 **무규정성**이 각기 그때마다 오직 그때마다의 상황에 대한 결의에서만 규정된다는 것을 이해하고 있다. 그 결단성은, 실존하는 어떤 한 존재자를 두루 지배하고 있는 무규정성을 알고 있다. 그러나 이러한 앎은, 만일 그것이 본래적인 결단성에 상응하기를 바란다면, 그 자체가 본래적인 열어밝힘에서부터 발원해야 한다. 그런데 고유하고 결의에서 각기 그때마다 확실해진 존재가능의 **무규정성**은 죽음을 향한 존재에서 비로소 **전체적으로** 드러난다. 앞질러 달려가봄은 현존재를 하나의 가능성 앞으로 데려오는데, 이 가능성은 부단히 확실하지만 그 가능성이 언제 불가능성이 되는가 하는 그 시점에서는 매 순간 규정되지 않은 채 남아 있다. 이 가능성은 이 존재자가 그의 "한계상황"의 무규정성 속에 내던져져 있다는 것을 드러내 보여준다. 그리고 현존재는 이 한계상황에로 결단을 내림으로써 자신의 본래적인 전체존재가능을 획득한다. 죽음의 무규정성은 근원적으로 불안에서 열어밝혀진다. 그러나 이러한 근원적인 불안이 결단성을 강요하고 있다. 그것은 현존재가 그 자신에게 내맡겨져 있음을 가리는 모든 은폐를 제거한다. 불안이 그 앞으로 데려오는 그 무(無)가, 현존재를 그의 **근거**에서 규정하고 있는 무성을 드러낸다. 이 근거 자체는 죽음에 내던져져 있음으로 존재한다.

309 지금까지의 분석은 가장 고유하고, 무연관적이고, 건너뛸 수 없고, 확실하지만 규정되어 있지 않은 가능성으로서의 본래적인 죽음을 향한 존재에서부터 자라나오고 있는 **양태화의 계기들**을 차례로 밝혀 보였다. 결단성은 그 자체 이 계기들을 지향한다. 결단성은 오직 **앞질러 달려가보는 결단성**으로서만 본래적으로 그리고 전체적으로, 그것이 그것일 수 있는 바로 그것이다.

그렇지만 반대로 결단성과 앞질러 달려가봄의 "연관"에 대한 해석이 비로소 앞질러 달려가봄 자체에 대한 완전한 실존론적인 이해에 도달했다. 지금까지 이 이해는 단지 존재론적인 기획투사로서만 통용될 수 있었을 뿐이다. 이제는 다음의 사실이 제시되었다. 즉 앞질러 달려가봄은 고안되었거나 현존재에게 강제로 들씌워진 가능성이 아니라 현존재에서 증거된 한 실존적인 존재가능의 양태이다. 그리고 만일 현존재가 자신을 결단을 내린 자로서 본래적으로 이해한다면, 그는 이 양태를 자신에게 강요한다. 앞질러 달려가봄은 공중을 떠다니는 행동관계로서 "존재하는" 것이 아니며, 그것은 실존적으로 증거된 결단성에 은폐되어 있고 따라서 그것과 같이 증거된 결단성의 본래성의 가능성으로서 개념파악되어야 한다. 본래적으로 "죽음에 대해서 생각함"은 곧 실존적으로 그 자신에게 투명해진 양심을 가지기를 원함이다.

만일 결단성이 본래적인 결단성으로서 앞질러 달려가봄에 의해서 제한 규정된 양태를 지향하며, 앞질러 달려가봄은 현존재의 본래적인 전체존재가능을 이루고 있다면, 이 경우 실존론적으로 증거된 결단성에서 현존재의 본래적인 전체존재가능도 같이 증거되고 있는 셈이다. 전체존재가능에 대한 물음은 일종의 현사실적-실존적 물음이다. 현존재는 그 물음에 결단을 내린 자로서 대답한다. 현존재의 전체존재가능에 대한 물음은 이제 앞에서[3] 제시되었던 성격, 즉 그 물음은 단지 전체 현존재의 완벽한 "주어져 있음"을 획득하기 위한 노력에서 발생된, 현존재 분석론의 한 이론적이고 방법적인 물음일 따름이라는 성격을 완전히 벗게 되었다. 시초에 그저 존재론적-방법적으로 논의된 현존재전체성에 대한 물음은 나름의 정당성을 가졌던 셈이다. 단지 그 정당성의 근거가 현존재의 존재적 가능성으로 소급해 올라갔을 뿐이다.

앞질러 달려가봄과 결단성의 "연관"을 전자에 의한 후자의 가능한 양태

---

[3] 이 책의 제45절 337쪽 이하 참조.

화의 의미로서 해명했고, 이 해명은 현존재의 본래적인 전체존재가능을 현상적으로 제시하게끔 했다. 만일 이 현상과 더불어 현존재가 자신을 자기 자신에게로 그리고 자기 자신 앞으로 데려오는 그런 그의 존재방식의 하나가 적중되었다면, 이 경우 이것은 "그들"의 일상적이고 값싼 이해의 현존재 해석에는 존재적으로 그리고 존재론적으로 이해 불가능한 것으로 남아 있어야 할 것이다. 이러한 실존적 가능성을 "증명되지 않은" 것으로 물리치거나 아니면 이론적으로 "증명하려고" 든다면 그것은 오해일 것이다. 그럼에도 이 현상은 아주 조잡한 왜곡으로부터는 보호될 필요가 있다.

앞질러 달려가보는 결단성은 결코 죽음을 "극복하기" 위하여 고안된 탈출구가 아니라, 죽음에게 현존재의 **실존을 지배하게** 해서 모든 도피적인 자기 은폐를 근본적으로 청소할 가능성을 자유롭게 내어주는, 양심의 부름을 따르는 이해이다. 죽음을 향한 존재로 규정된 양심을 가지기를 원함 역시 세계 도피적 은둔을 의미하는 것이 아니라 오히려 망상의 여지없이 "행위"의 결단성에로 데려온다. 앞질러 달려가보는 결단성 역시 실존과 그 가능성 위를 날아다니는 "관념론적" 추정에서 유래되는 것이 아니라 오히려 현존재의 현사실적 근본 가능성을 냉정하게 이해함에서 발원하는 것이다. 개별화된 존재가능 앞에로 데려오는 냉정한 불안과 더불어 이 가능성에 마련되어 있는 즐거움이 따라온다. 이 즐거움 속에서 현존재는, 분망한 호기심을 일차적으로 세상사로부터 조달하는 향락의 "우발성"으로부터 자유롭게 된다. 그렇지만 이러한 근본기분에 대한 분석은, 기초존재론적 목표가 여기의 해석에 그어놓은 한계를 넘어서는 것이 된다.

그러나 수행한 현존재의 실존에 대한 존재론적인 해석의 밑바탕에는 본래적인 실존에 대한 어떤 한 특정한 존재적 견해가, 즉 현존재에 대한 어떤 한 현사실적인 이상이 놓여 있는 것은 아닌가? 사실 그러하다. 이러한 현사실을 부정해서도 마지못해 인정해서도 안 되고, 그 현사실이 탐구의 주제적인 대상에서부터 그것의 **긍정적인 필연성**에서 개념파악되어야 한다.

철학은 결코 자신의 "전제"를 부인하려고 들지도 않겠지만 그렇다고 그냥 인정해서도 안 된다. 철학은 전제들을 개념파악하며 그 전제들과 함께 그것들이 그것에 대해서 전제인 바로 그것을 철저하게 파고들어 펼쳐 보인다. 이 역할을 이제 여기에서 요구되고 있는 방법적인 숙고가 할 것이다.

제63절 염려의 존재의미를 해석하기 위해서 획득한 해석학적 상황과 실존론적 분석론 일반의 방법적 성격

앞질러 달려가보는 결단성과 더불어 현존재가 그의 가능한 본래성과 전체성과 관련되어 현상적으로 드러내 보여졌다. 전에 염려의 존재의미의 해석을 위해서는 불충분하던 해석학적 상황[4]이 이제 요구되고 있는 근원성을 획득하게 되었다. 현존재가 근원적으로, 다시 말해 그의 본래적인 전체존재가능과 연관되어 앞서 가짐에로 데려와졌다. 주도적인 앞서 봄, 즉 실존의 이념은 가장 고유한 존재가능의 해명으로써 자신의 규정성을 획득했다. 구체적으로 정리작업해낸 현존재의 존재구조와 함께 모든 눈앞의 것과는 대비되는 그의 존재론적인 독특함이 분명하게 되어, 현존재의 실존성에 대한 앞서 잡음이 실존범주를 개념적으로 작업해내는 일을 확실하게 수행하는 데에 충분한 분류파악을 가지게 되었다.

지금까지 달려온 현존재 분석론의 길은 초두에 그냥 던져놓은 논제,[5] 즉 "우리가 각기 그 자신인 그 존재자는 존재론적으로 가장 먼 것이다"를 구체적으로 제시하는 것이었다. 그것에 대한 근거는 염려 자체 안에 놓여 있다. "세계"의 우선적으로 배려되고 있는 것 곁에 빠져 있는 존재는 일상적인 현존재해석을 이끌고 있으며 존재적으로 본래적인 존재를 은폐하며, 그로써 이 존재자에게 향해 있는 존재론에 적합한 지반을 제공할 수 없게

---

4) 이 책의 제45절 338쪽 참조.
5) 이 책의 제5절 36쪽 참조.

된다.* 그렇기 때문에 비록 존재론이 우선 일상적인 현존재해석의 특징을 따르기는 한다고 해도, 이 존재자를 근원적으로 현상적으로 앞에 제시하는 일은 결코 자명하지 않다. 현존재의 근원적인 존재의 구명을 우리는 오히려 빠져 있는 존재적-존재론적 해석의 경향과는 **반대방향으로** 현존재에서부터 **탈취**하지 않으면 안 된다.

세계-안에-있음의 가장 기초적인 구조들의 제시, 세계개념의 제한규정, 이 존재자[현존재]의 우선적이고 평균적인 '누구', 즉 '그들'-자신의 해명, "거기에"의 해석뿐 아니라 또한 무엇보다도 염려, 죽음, 양심과 탓의 분석이, 얼마나 존재가능과 그것의 열어밝힘, 다시 말해 닫아버림의 배려하는 값싼 이해가 현존재 자신 안에서 지배하고 있는지를 보여준다.

그러므로 현존재의 **존재양식**이, 현상적 제시의 근원성을 목표로 정한 존재론적 해석에게 요구하는 것은, 그 해석이 이 존재자의 존재를 그 존재자 자신의 고유한 은폐의 경향을 거슬러 장악하는 일이다. 따라서 실존론적 분석은 일상적인 해석의 요구 또는 만족감과 편안한 자명성에 대해서는 부단히 일종의 **폭력성**의 성격을 가지는 것이다. 이런 성격이 과연 특히 현존재의 존재론을 돋보이게 하고는 있지만, 그런 성격은 모든 해석이 다 띠고 있다. 왜냐하면 그 해석에서 형성되고 있는 이해가 기획투사의 구조를 가지기 때문이다. 그러나 그를 위해서 각기 그때마다 일종의 독특한 **지도**와 **규제**가 있는 것 아닌가? 그렇지만 존재론적 기획투사가 자신의 "발견물"이 현상적으로 적합하다는 명증을 어디에서부터 취해야 하는가? 존재론적인 해석은 앞에 주어져 있는 존재자를 그것에 고유한 존재로 기획투사하여 그 존재자를 그것의 구조와 관련해서 개념으로 이끌려고 한다. 그런데 기획투사의 방향이 도대체 존재를 적중시키기 위해서 필요한 길 표지판은 어디에

---

* 틀리다! 마치 진정한 존재학(Ontik)에서부터 존재론(Ontologie)을 읽어낼 수 있는 것 같다. 그렇다면 진정한 존재학은 무엇인가? 존재론-이전의 기획투사에서부터 [유래하기 때문에] 진정한 것이 아닌가―전체가 이미 이러한 구별 속에 머물러 있어야 한다면 말이다.

있는가? 그리고 더더군다나 실존론적 분석론의 주제가 되고 있는 그 존재자가 그의 존재함의 방식에서 그것에 고유한 존재를 은폐하고 있다면 어쩌겠는가? 이 물음들에 대한 대답은 우선 거기에서 요구되고 있는 현존재의 분석론의 해명에 국한해야겠다.

현존재의 존재에는 자기해석이 속한다. "세계"를 둘러보며 배려하며 발견할 때 배려함도 함께 보이고 있다. 현존재는 현사실적으로 자신을 언제나 이미 특정한 실존적 가능성에서 이해한다. 기획투사가 그저 '그들'의 값싼 이해에서부터 유래하든 아니든 말이다. 실존은―명확하든 그렇지 않든, 적합하든 그렇지 않든―어떤 방식으로든 함께 이해되고 있다. 모든 존재적 이해는―비록 단지 존재론 이전의, 다시 말해 이론적-주제적으로 개념파악되지는 않았다고 해도―나름의 "함의내용"을 가지고 있다. 현존재의 존재에 대한 모든 개개의 존재론적으로 명확한 물음은 현존재의 존재양식에 의해서 이미 예비되어 있다.

그러나 그럼에도 불구하고, 무엇이 현존재의 "본래적인" 실존을 형성하고 있는지를 어디에서 취해와야 한다는 말인가? 실존적인 이해 없이는 실존성에 대한 그 모든 분석들은 결국 지반 없는 것으로 남아 있을 뿐이다. 수행한 현존재의 본래성과 전체성에 대한 해석의 밑바탕에는, 가능하기는 하지만 그렇다고 누구에게나 구속력을 가질 필요는 없는, 어떤 실존에 대한 존재적 견해가 깔려 있는 것은 아닌가? 실존론적 해석은 결코 실존적 가능성과 구속성에 대한 권한행사를 떠맡으려고 하지는 않을 것이다. 그러나 실존론적 해석은 그것이 그것을 가지고 존재론적인 해석에 존재적 지반을 제공하는 **바로** 그 실존적 가능성과 관련해서는 자신을 변론해야 하지 않는가? 만일 현존재의 존재가 본질적으로 존재가능이고 그의 가장 고유한 가능성에 대한 자유존재이고, 그리고 현존재가 각기 그때마다 오직 이 가능성에 대한 자유 또는 그것을 거스른 비자유 속에서 실존한다면, 이 경우 존재론적 해석은 **존재적 가능성**(존재가능의 방식들)과는 다르게 근거를 놓을 수 있고 이 존재적 가능성을 그것의 존재론적 가능성으로 기획투사할 수 있는 것 아닌가? 그리고 만일 현존재가 대개 자신을 "세계"의 배려에 상실되어 있음에서부터 해석한다면, 이 경우 그것의 반대방향에서 획득한 존재적-실존적 가능성들의 규정과 거기에 근거를 두는 실존론적 분석은 그러한 존재자에 적합한 열어밝힘의 방식이 아니겠는가? 그렇다면 기획투사의 폭력성은 현존재의 현상적 실상을 엇갈리지 않고 있는 그대로 자유롭게 내어주는 것이 되지 않는가?

방법적으로 실존의 가능성을 "폭력적으로" 앞서 제시해야 함이 요구된다고 하더라도, 그 제시가 과연 자유로운 임의성을 벗어날 수 있는가? 만일 분석론이 실존적으로 본래적인 존재가능으로서 앞질러 달려가보는 결단성을 근거로 놓는다면—현존재가 자신을 바로 이 가능성으로 불러세우며 그것도 심지어 그의 실존의 근거에서부터 그렇게 하고 있다—이 경우 이러한 가능성이 일종의 임의의* 가능성인가? 현존재의 존재가능이 그것에 맞추어 자신의 탁월한 가능성, 즉 죽음과 관계 맺고 있는 그 존재방식은 일종의 우발적으로 걸머잡게 된 가능성인가? 세계-안에-있음이 그의 죽음보다 더 높은 존재가능의 기준을 가지고 있는 것 아닌가?

본래적인 전체존재가능으로의 현존재의 존재적-존재론적 기획투사가 임의적이지 않을 수 있지만, 그렇다고 해서 그로써 이미 이 현상을 토대로 이행된 실존론적 해석이 변론된 것인가? 그 해석은 도대체 "전제된" 실존의 이념에서가 아니라면 어디에서부터 실마리를 취하고 있는가? 비본래적인 일상성에 대한 분석의 단계들은—단초로 설정된 실존개념에 의해서가 아니라면—무엇에 의해서 규제되는가? 그리고 우리가 "현존재는 '빠져 있고' 그렇기 때문에 존재가능의 본래성을 이러한 존재경향을 거슬러 그에게서부터 탈취해내야 한다"고 말할 때, 우리의 시야는 어디를 향해 있으면서 그것

---

* 그것은 분명히 아니다. 그러나 '임의가 아님'이 곧 필연적이고 구속력 있음을 뜻하지는 않는다.

을 말하고 있는가? 이 모든 것은—비록 희미하기는 하지만—"전제된"실존이념의 빛에 의해서 밝혀지고 있는 것 아닌가? 그렇지만 이 이념은 어디에서부터 자신의 권한을 받고 있는가? 그 이념을 게시하는 첫 번째 기획투사가 방향지침이 없었던 것은 아닌가? 결코 그렇지 않다.

실존이념의 형식적 게시는 현존재 자신 안에 놓여 있는 존재이해에 의해서 주도되었다. 이 존재이해는 아무런 존재론적 투명성 없이 다음을 밝혀 보였다. 즉 우리가 현존재라고 이름하는 그 존재자는 각기 나 자신이고 그것도 그 존재자에게 이 존재자로 존재하는 것이 문제가 되고 있는 바로 그 존재가능으로서 그렇다. 현존재는, 비록 충분한 존재론적 규정성이 없이이기는 하지만, 자신을 세계-안에-있음으로서 이해하고 있다. 그렇게 존재하면서 현존재는 손안의 것 및 눈앞의 것의 존재양식을 가진 존재자를 만나게 된다. 실존과 실재성의 구별이 존재론적 개념과는 아주 멀리 떨어져 있다고 해도, 그리고 심지어 현존재가 우선은 실존을 실재성으로 이해한다고 해도, 그래도 현존재는 그저 눈앞에 있는 것이 아니라, 각기 그때마다 이미 **자기 자신을**—그 어떤 신화적이고 마술적인 해석에서건 언제나—이해했다. 그렇지 않다면 현존재는 신화 속에 "살지" 않았을 것이고 의례와 제식에서 마술을 배려하지도 않았을 것이기 때문이다. 단초로 설정된 실존이념은 현존재이해 일반의 형식적 구조를 실존적으로 구속력 없이 앞서 윤곽 잡고 있다.

이 이념의 인도 아래 가장 가까운 일상성에 대한 예비분석이 수행되었고 염려에 대한 최초의 개념적 제한규정에까지 이르게 되었다. 이 현상[염려]은 실존과 그에 속하는 현사실성과 빠져 있음과의 연관을 선명하게 파악하게 해주었다. 염려구조의 제한규정은 실존과 실재성에 대한 최초의 존재론적 구별을 위한 토대를 제공했다.[6] 그리고 이것은 "인간의 실체는 실존이

---

6) 이 책의 제43절 295쪽 이하 참조.

다"라는 테제로 이끌었다.7)

그러나 이러한 형식적인, 실존적으로 구속력이 없는 실존이념 자체도 이미 하나의 특정한, 두드러지지는 않았을망정 존재론적인 "내용"을 자신 안에 간직하고 있다. 그리고 이 내용은 실존이념과 경계 지어진 실재성의 이념과 마찬가지로 존재 일반의 이념을 "전제하고 있다". 오직 그 이념의 지평 안에서만 실존과 실재성의 구별이 수행될 수 있다. 그 둘은 분명 **존재**를 의미하고 있다.

그러나 존재론적으로 해명된 존재 일반의 이념은 현존재에 속하는 존재이해를 정리작업해냄으로써만 비로소 획득될 수 있는 것 아닌가? 그렇지만 이 존재이해는 오직 실존이념을 실마리로 삼아 현존재를 근원적으로 해석하는 근거 위에서만 근원적으로 파악될 수 있는 것 아닌가? 이렇게 해서 드디어 지금까지 펼쳐온 기초존재론적 문제가 "순환" 속을 움직이고 있었다는 것이 아주 분명하게 드러나지 않는가?

우리는 이미 이해의 구조를 분석하면서, "순환"이라는 적합하지 못한 표현으로 비난받고 있는 바로 그것이 이해 자체의 본질과 특성에 속한다는 것을 제시했다.8) 그럼에도 불구하고 우리의 탐구는 이제 기초존재론적 문제들의 해석학적 상황에 대한 해명을 고려하면서 분명하게 "순환논증"으로 돌아오지 않으면 안 된다. 실존론적 해석에 반대해서 제기된 "순환의 이의"는 이것을 말하려는 것이다. 즉 실존 및 존재 일반의 이념은 "전제되고", 거기에서부터 존재의 이념을 획득하기 위해서 "그다음에" 현존재가 해석되고 있다. 그러나 "전제한다"는 무엇을 의미하는가? 실존의 이념과 함께 한 문장이 정립되었으며, 그 문장에서부터 우리는 추론의 형식적 규칙에 따라 현존재의 존재에 대한 다른 여러 문장들을 연역해내오고 있는가? 아니면 이러한 앞질러-정립함[전제]이 이해하는 기획투사의 성격을 띠고 있으며,

---

7) 이 책의 310쪽과 177쪽 참조.
8) 이 책의 제32절 229쪽 이하 참조.

그래서 그러한 이해를 형성하고 있는 해석은 해석해야 할 것으로 하여금 바로 그 자체가 처음으로 낱말로 오게 하여, 그로써 그것이 그 자체에서부터, 과연 그것이 이 존재자로서 존재구성틀을 내주고 있는가, 그것은 기획투사에서 형식적으로 게시하면서 어디에로 열어밝혀져 있는가 등을 결정하고 있는 것은 아닌가? 도대체 존재자가 그의 존재와 관련지어 다르게 낱말로 올 수 있는가? 실존론적 분석론에서 증명에서의 "순환"은 결코 "회피될" 수 없는데, 그 까닭은 그 분석론이 도대체 "추론의 논리학"의 규칙에 따라 증명하고 있지 않기 때문이다. 값싼 이해가 학문적 탐구의 엄밀함을 충족시킬 요량으로 "순환"의 회피로써 제거하기를 바라는 것은 다른 것이 아닌 바로 염려의 근본구조이다. 현존재는 근원적으로 그 구조에 의해서 구성되어 있어서 각기 그때마다 이미 '자기 자신을 앞질러' 있다. 현존재는 존재하면서 각기 그때마다 이미 자신을 자기 실존의 특정한 가능성에로 기획투사했으며 그러한 실존적 기획투사에서 존재론 이전으로 실존과 존재와 같은 것이 함께 기획투사되었다. 그러나 현존재에게 본질적인 이러한 기획투사를, 모든 다른 탐구와 마찬가지로 그 자체도 열어밝히는 현존재의 한 존재방식인, 실존에 속해 있는 존재이해를 형성해내어 개념으로 데려오려고 하는 그런 탐구는 해낼 수 없을 것 아닌가?

그러나 "순환의 이의" 자체 또한 현존재의 존재양식에서부터 오는 것이다. '그들' 속에 배려하며 몰입하는 값싼 이해에게는 기획투사와 같은 것은, 더구나 존재론적인 기획투사는 필연적으로 낯선 것으로 남아 있을 수밖에 없는데, 그 까닭은 그 이해가 "원칙적으로" 자신을 거기에 가지 못하게 막기 때문이다. 값싼 이해는—"이론적"이든 "실천적"이든—오직 둘러보며 개괄할 수 있는 존재자만을 배려한다. 값싼 이해의 뛰어남은, 그것이 오직 "사실적" 존재자만을 경험하며 그렇게 해서 존재에 대한 이해를 벗어던질 수 있다고 여기는 거기에 있다. 그 이해는, 존재가 이미 이해되어 있을 때에만—비록 개념파악되어 있지는 않다고 해도—존재자가 "사실적으로" 경험될 수 있다는 것을 오인하고 있다. 값싼 이해는 이해를 오해하고 있다. 그리고 그렇기 때문에 그것은 또한 자신의 이해의 범위를 넘어서 있는 것 또는 그리로 넘어가는 것을 필연적으로 "폭력적"이라고 지적하지 않을 수 없다.

이해의 "순환"에 대한 이야기는 이중의 오인에 대한 표현이다. 1. 이해 자체가 현존재자의 존재를 형성하고 있음을 오인하고 있다. 2. 이 존재가 염려로서 구성되어 있다는 것을 오인하고 있다. 순환을 거부하는 것, 그것을 숨기거나 심지어는 극복하려고 하는 것은 곧 이러한 오인을 완전히 고착시켜버림을 말한다. 오히려 우리의 노력은, 근원적으로 그리고 온전히 이 "원" 속으로 뛰어들어, 현존재 분석의 단초에서 현존재의 순환적인 존재에 대한 온전한 시야를 확보하는 것을 목표로 삼아야 한다. 사람들이 무세계적인 자아에서부터 "출발하여" 이 자아에게 객체 및 존재론적으로 근거 없는 이 객체와의 연관을 마련해줄 경우, 현존재의 존재론을 위해서 너무 많이 "전제한" 것이 아니라 오히려 너무 적게 "전제한" 것이다. "삶"을 문제 삼고 그러고 나서 또한 가끔 죽음을 고려한다면, 그 시야는 너무 근시안적이다. "우선" "이론적인 주체"에 국한하고 그다음 "실천적인 측면에 대해서"는 부록으로 첨부된 "윤리학"에서 보충하려고 한다면, 이 경우 그 주제적 대상은 인위적으로 독단적으로 재단되고 있는 것이다.

현존재의 근원적인 분석론의 해석학적 상황이 띠고 있는 실존론적 의미의 해명을 위해서는 이것으로 충분할 것이다. 앞질러 달려가보는 결단성을 산출해냄으로써 우리는 현존재를 그의 본래적인 전체성과 관련해서 앞서 가짐에로 데려왔다. 자기존재가능의 본래성은 근원적인 실존성에 대한 앞서 봄을 보장한다. 그리고 이 근원적 실존성은 적합한 실존론적 개념성의 각인을 확보한다.

앞질러 달려가보는 결단성의 분석은 동시에 근원적이고 본래적인 진리의 현상에로 이끌었다. 우리는 앞에서 어떻게 우선 대개 지배하고 있는 존재이해가 존재를 눈앞에 있음의 의미로 개념파악하고 그래서 진리의 근원적인 현상을 은폐하고 있는지를 보여주었다.[9] 그러나 오직 진리가 "있는" 한에서만, 존재가 [주어져] 있다면, 그리고 존재이해가 각기 그때마다 진리의 양식에 따라 변형된다면, 근원적이고 본래적인 진리가 현존재의 존재 및 존재 일반의 이해를 보장해야 할 것이다. 실존론적 분석의 존재론적 "진리"는 근원적인 실존적 진리의 근거 위에서 형성된다. 그렇다고 해서 후자[실존적 진리]가 반드시 전자[존재론적 진리]를 필요로 하는 것은 아니다. 기초존재론적 문제틀이―존재물음 일반을 예비하면서―추구하는 가장 근원적인, 근거를 제공하는 실존론적인 진리는 **염려의 존재의미의 열어밝혀져 있음**이다. 이 존재의미의 구명을 위해서는 염려의 전체 구조요소를 축소시킴 없이 마련하는 것이 필요하다.

제64절 염려와 자기성

염려의 구성 계기들, 즉 실존성,* 현사실성 그리고 빠져 있음의 통일성이 현존재의 구조전체의 전체성을 존재론적으로 제한규정하는 것을 처음으로 가능하게 했다. 염려구조가 실존론적으로 다음과 같이 정식화되었다. "(세계내부적으로 만나게 되는 존재자) 곁에 있음으로서 자기를 앞질러 이미 (하나의 세계) 안에 있음." 염려구조의 전체성은, 비록 그것이 **분류되어 있기는** 하지만,[10] [계기들을] 연결해놓음으로써 생겨나오는 것은 아니다. 이러한 존재론적인 성과를 우리는, 그것이 얼마만큼 현존재에 대한 **근원적인 해석**의 요구를 충족시키고 있는가 하는 관점에서 평가하지 않으면 안 될 것이다.[11] 숙고에 의해서 얻은 결과는, **전체** 현존재도 그리고 그의 **본래적인** 존재가능도 주제가 되지 못했다는 것이다. 그렇지만 전체 현존재를 현상적으

---

9) 이 책의 제44절 ㄴ) 320쪽 이하 참조.
10) 이 책의 제41절 282쪽 이하 참조.
11) 이 책의 제45절 337쪽 이하 참조.
* 실존: 1. 현존재의 존재의 전체[를 지칭]. 2. 단지 '이해'만[을 지칭].

로 파악하려는 시도는 바로 염려의 구조에서 좌초하는 것처럼 보였다. '자기를-앞질러'는 '아직-아님'으로 제시되었다. 미완의 의미로 성격규정된 '자기를-앞질러'는 진정한-실존론적 고찰에게는 모든 현존재가 그의 존재의 근거에서 그것인 종말을 향한 존재로서 밝혀졌다. 마찬가지로 우리는 염려가 양심의 부름에서 현존재를 그의 가장 고유한 존재가능에로 불러세운다는 것을 명확히 했다. 불러냄을 이해함은—근원적으로 이해될 때—앞질러 달려가보는 결단성으로서 드러났다. 이 앞질러 달려가보는 결단성은 자체 안에 현존재의 본래적인 전체존재가능을 포함하고 있다. 염려구조는 가능한 전체존재를 반대하는 것이 아니라 오히려 그러한 실존적 존재가능의 가능조건이다. 염려의 현상 안에 죽음, 양심 그리고 탓이라는 실존론적 현상들이 닻을 내리고 있다는 점이 이러한 분석의 과정에서 분명해진다. 구조전체의 전체성의 분류는 더욱더 풍부해졌으며 따라서 이 전체성의 통일성에 대한 실존론적 물음은 한층 더 절박해졌다.

    우리는 어떻게 이 통일성을 개념파악해야 하는가? 말한 바와 같이 그의 존재의 방식과 가능성에서 현존재가 어떻게 통일적으로 실존할 수 있는가? 분명 오직, 현존재 자신이 그의 본질적인 가능성 안에서 이 존재로 존재한다는 식으로만, 각기* 그때마다 내가 이 존재자인 식으로만 그럴 것이다. 이 "나"가 구조전체의 전체성을 "한데 모아서 붙들고 있는" 듯이 보인다. "나"와 "자기"는 예로부터 이 존재자의 "존재론"에서는 떠받치고 있는 근거(실체 또는 주체)로서 개념파악되었다. 여기의 이 분석론도 이미 일상성을 예비적으로 성격규정하는 가운데 현존재의 '누구'에 대한 물음에 부딪쳤다. 현존재가 우선 대개는 그 자신이 아니고 '그들'-자신에 자기 자신을 상실하고 있다**는 것이 제시되었다. 이 '그들'-자신은 본래적인 자기의 실존적 변양이다. 자기성의 존재론적인 구성틀에 대한 물음은 대답이 되지 않은

---

* 현존재 자신이 곧 이러한 존재자이다.
** '나'는 어떤 의미에서는 '가장 가까운', 피상적인, 그래서 겉보기의 '자기'이다.

채 남아 있었다. 사실 이 문제의 실마리는 원칙적으로 이미 확정되어 있었다.¹²⁾ 즉 만일 자기가 현존재의 본질적인 규정에 속하고 이 현존재의 "본질"이 실존에 놓여 있다면, 그렇다면 나임과 자기임은 **실존론적인 것으로** 개념파악되어야 한다. 부정적으로 제시되었던 것으로는 또한, '그들'에 대한 존재론적인 성격부여가 눈앞에 있음(실체)의 범주의 사용을 금한다는 점이다. 원칙적으로 이 점이 명확해졌다. 즉 염려는 존재론적으로 실재성에서부터 도출될 수 없으며 실재성의 범주를 가지고 조립될 수 없다.¹³⁾ 타인에 대한 염려로서의 심려에 대응되는 "자기염려"라는 표현이 **동어반복**이라는¹⁴⁾ 테제가 올바르다면, 염려는 자체 안에 이미 자기라는 현상을 간직하고 있다. 이 경우 현존재의 자기성을 존재론적으로 규정해야 하는 문제는 염려와 자기성 사이의 실존론적 "연관"에 대한 물음으로 첨예화된다.

자기의 실존성에 대한 해명은 그것의 "자연스러운" 출발점을 현존재의 일상적인 자기이해에서 취한다. 일상적인 현존재는 "자기 자신"에 대해서 "나라고-말한다"에서 자신을 밖으로 이야기하고 있다. 그때 발성이 반드시 필요한 것은 아니다. "나"로써 이 존재자는 자기 자신을 의미한다.* 이러한 표현의 내용은 단적으로 단순한 것으로 통한다. 그것은 각기 그때마다 오직 나를 의미할 뿐 그 밖의 어떤 것도 아니다. 이러한 단순한 것으로서 그 "나"는 또한 다른 사물의 규정이 아니고 그 **자체** 술어가 아니라 절대적인 "주체(주어)"일 뿐이다. "나라고-말한다"에서 밖으로 말해지고 말 건네지는 것은 언제나 자기 자신을 견지하는 동일한 것으로서 적중되고 있다. 칸트가 그의 "순수이성의 오류추리에 대하여"¹⁵⁾라는 이론에 대한 예로서 근거

---

12) 이 책의 제25절 176쪽 이하 참조.
13) 이 책의 제43절 ㄷ) 310쪽 이하 참조.
14) 이 책의 제41절 286쪽 이하 참조.
15) I. Kant, *Kritik der reinen Vernunft*(『순수이성비판』, 제2판), 399쪽. 특히 제1판에서의 정리(348쪽)를 참조.
* '나라고-말한다'와 '자기 자신으로 있음'을 더 날카롭게 구별하여 설명해야 한다.

를 대고 있는 "단순성", "실체성" 그리고 "인격성" 등의 성격들은 진정 현상학 이전의 경험에서부터 생긴 것들이다. 그러나 물음으로 남는 것은, 과연 존재적으로 그렇게 경험된 것이 존재론적으로 언급된 "범주들"을 가지고 해석되어도 되는가 하는 점이다.

분명 칸트는 '나라고-말한다'에서 주어진 현상적 실상을 엄밀히 따르면서, 언급된 성격들에서부터 열어밝혀진, 영혼의 실체에 대한 존재적 테제들이 부당하다는 것을 보여준다. 그러나 그것을 통해서 단지 '나'에 대한 **존재적 잘못된 설명이*** 퇴치되고 있을 뿐이다. 그렇지만 그로써 결코 자기성에 대한 **존재론적** 해석이 획득되는 것도 아니고 확보되거나 긍정적으로 준비되는 것도 아니다. 비록 칸트가 그의 선행자들보다는 더 엄밀하게 "나라고-말한다"의 현상적 내용을 확고하게 붙잡으려고 노력하기는 했지만, 그 역시 다시금 **동일한** 부적합한 실체 존재론에 떨어지고 만다. 그는 이 실체 존재론의 존재적 기초를 이론적으로 '나'에 있다고 보지 않았다. 이 점이 좀더 정확하게 제시되어야 한다. 그렇게 함으로써 자기성의 분석의 단초가 지니는 존재론적인 의미를 '나라고-말한다'에서 확정할 수 있을 것이다. 이제 "나는 사유한다"에 대한 **칸트**의 분석을 예화로서 끌어들일 생각인데, 오직 그것이 언급한 문제의 해명을 위해서 필요한 한에서이다.[16]

"나"는 모든 개념들을 수반하는 단순한 의식이다. 이 '나'로써 "사유의 초월론적 주체 외에 어떤 다른 것도 표상되고 있지 않다." "의식 자체는 표상이 아니고······표상 일반의 형식이다."[17] "나는 사유한다"는 "모든 경험에 붙어 있고 그것을 선행하는 통각의 형식"이다.[18]

칸트는 "나"의 현상적 내용을 옳게도 "나는 사유한다"라는 표현으로 파악

---

16) 초월론적 통각의 분석에 대해서는 이제 M. Heidegger, *Kant und das Problem der Metaphysik*(『칸트와 형이상학의 문제』, 미개정 제2판), 1951년, 제3부를 참조.
17) 『순수이성비판』, 제2판, 404쪽.
18) 같은 책, 354쪽.
* 그리고 존재적-초감각적 명제들을 염두에 두는 의도(특수 형이상학)가.

하거나, "실천적 인격"이 "지성[예지]"에 연관되고 있음을 함께 고려해서 "나는 행위한다"로 파악한다. '나는 말한다'는 칸트의 의미로는 '나는 사유한다고 말한다'로 파악되어야 한다. 칸트는 '나'의 현상적 내용을 '사유하는 사물(res cogitans)'로서 파악하려고 한다. 그는 이때 이 '나'를 "논리적 주체"라고 명명하는데, 이것은 '내'가 논리적 방법으로 획득된 순전한 개념에 불과함을 말하는 것이 아니다. '나'는 오히려 논리적 행동관계의, 즉 결합함의 주체이다. "나는 사유한다"는 "나는 결합한다"를 말한다. 모든 결합함은 "나는 결합한다"이다. 모든 한데 모음과 연관 지음에는 언제나 이미 '내'가 밑바탕에 놓여 있다. 나는 곧 휘포케이메논(ὑποκείμενον, 기체, 실체)이다. 그러므로 주체는 "의식 자체"이고 표상이 아니며* 오히려 표상의 "형식"이다. 이것이 말하려는 것은 다음과 같다. '나는 사유한다'는 표상된 것이 아니라, 그것으로써 표상된 것과 같은 것이 비로소 가능하게 되는 표상함 그 자체의 형식적 구조이다. 표상의 형식은 어떤 테두리나 또는 어떤 보편적인 개념을 의미하는 것이 아니라, 에이도스(εἶδος, 형상)로서 모든 표상된 것과 표상함을 그것이 무엇인바 그것으로 만드는 바로 그것이다. '나'는, 표상의 형식으로 이해될 때, "나는 '논리적 주체'이다"라는 것과 동일한 것을 말한다.

칸트의 분석에서 긍정적인 것은 두 가지이다. 첫째, 그는 '나'를 존재적으로 실체로 환원시키는 것이 불가능함을 보았으며, 둘째, '나'를 "나는 사유한다"로서 확고하게 견지한다. 그럼에도 불구하고 그는 이 '나'를 주체로 파악하며 그로써 존재론적으로 부적합한 의미로 파악한다. 왜냐하면 주체의 존재론적 개념은 자기로서의 '나'의 자기성을 성격규정하고 있는 것이 아니라 오히려 언제나 이미 눈앞에 있는 것의 동일함과 지속성을 성격규정

---

* 표상된[앞에-세워진] 것이 아니라, 오히려 표상하는[앞에-세워진] 것은 표상함[앞에 세움]에서 자기-앞에-세우는 것이며—오직 그것만을 말할 뿐이다. 그리고 '나'는 오직 이러한 자기-앞에로서, 오직 이러한 자기적인 것으로서 '존재한다'.

하고 있기 때문이다. '나'를 존재론적으로 주체로 규정함은, '나'를 일종의 언제나 이미 눈앞에 있는 것으로 단초지음을 말하는 것이다. '나'의 존재는 '사유하는 사물'의 실재성*으로 이해된다.[19]

그러나 칸트가 진정한 현상적 단초를 "나는 사유한다"에서 존재론적으로 제대로 평가하지 못하고 "주체"에로, 다시 말해 실체적인 것에로 되떨어질 수밖에 없었던 이유는 어디에 있는가? '나'는 "나는 사유한다"일 뿐 아니라

---

[19] 칸트가 인격의 "자기"의 존재론적 성격을 근본적으로 세계내부적으로 눈앞에 있는 것의 부적합한 존재론의 지평 내부에서 "실체적인 것"으로 파악했다는 것은, 하임죄트(Heinz Heimsoeth)가 논문 「칸트 철학에의 인격성 의식과 물자체」에서 작업해낸 자료를 보면 명확해진다(칸트 탄생 200주년 기념논문집, 『이마누엘 칸트』, 1924년 참조). 이 논문은 단순한 역사학적 보고를 넘어 인격성의 "범주적" 문제를 겨냥한다. 하임죄트는 이렇게 말한다. "이론이성과 실천이성의 긴밀한 상호작용이, 어떻게 칸트가 그것을 실천하고 계획했는지가 아직도 여전히 주목받지 못하고 있다. 사람들은 여기에서 심지어 어떻게 범주들이 ("원칙들"에서 그것들이 자연주의적으로 충족되는 것과는 반대로) 두드러지게 타당성을 견지하고 실천이성의 우위 아래 하나의 새로운, 자연주의적 합리주의에서 해방된 적용을 발견해야 하는지(실체는 예컨대 '인격'과 인격의 불멸의 지속에서, 인과성은 "자유에서의 인과성"으로서, 상호작용은 "이성적 존재의 공동체"에서 등)에 대해서도 너무 적게 유의한다. 이 범주들은 사유의 확정수단으로서의 무제약자에 이르는 새로운 통로로서 기여하려는 것이지, 그렇다고 해서 합리화하는 대상인식을 제공하려는 것은 아니다."(31쪽 이하)—그러나 여기에서 본래적 존재론적 문제가 건너뛰어지고 있다. 즉, 과연 이러한 "범주들이" 근원적인 타당성을 견지할 수 있으며 그저 다르게만 적용되기만 하면 되는지, 아니면 그것들이 근본적으로 현존재의 존재론적 문제틀을 전도시키는 것은 아닌지 하는 물음은 회피될 수 없다. 이론이성을 실천이성 속으로 끼워넣는다고 해도, "자기"의 실존론적-존재론적 문제는 해결되지 않은 채 남을 뿐 아니라, 제기되지도 않는다. 그렇다면 이론이성과 실천이성의 긴밀한 "상호작용"이 어떤 존재론적 지반 위에서 이행되어야 하는가? 이론적인 행동관계가 인격의 존재양식을 규정하는가, 아니면 실천적 이성인가, 아니면 그 둘 중 어느 것도 아닌가? 그렇다면 어떤 것인가? 오류추리론은 그것의 기초적인 의미에도 불구하고 데카르트의 "사유하는 사물"로부터 헤겔의 정신개념에 이르기까지 "자기"의 문제가 존재론적으로 지반이 없음을 드러내지 못하고 있는가? 사람들은 "자연주의적으로"나 "합리주의적으로" 사유할 필요가 없다. 그럼에도—겉보기에 자명하기에—한층 더 숙명적인 "실체적인 것"의 존재론의 지배 아래 놓일 수 있다. 앞에서 언급한 논문의 본질적 보충으로서 H. Heimsoeth, "Metaphysische Motive in der Ausbildung des kritischen Idealismus"(「비판적 관념론의 형성에 있어서 형이상학적 동기」), *Kantstudien*(『칸트연구』), 제29권(1924년), 121쪽 이하 참조. 칸트의 자아-개념에 대한 비판으로는 다음의 글도 참조. Max Scheler, *Der Formalismus in der Ethik und die materiale Wertethik*(『윤리학에서 형식주의와 물질적 가치윤리학』), 제2부. 『철학 및 현상학 탐구 연보』, 제2권, 246쪽 이하. 인격과 초월론적 통각의 '자아'에 대하여.

* '현전성', 지속적인 '동반'.

또한 "나는 어떤 것을 사유한다"이다. 그러나 칸트 자신은 언제나 거듭, '나'는 나의 표상과 연관된 채 남아 있고 표상 없이는 아무것도 아니라고 강조하지 않는가?

그런데 이 표상들이 그에게는 "나"에 의해서 "수반되는" "경험적인 것", 즉 '내'가 거기에 "붙들려" 있는 현상들이다. 그러나 칸트는 어느 곳에서도 이러한 "붙들림"과 "수반함"의 존재양식을 제시해 보이고 있지 않다. 그렇지만 그것들은 근본에서 '내'가 나의 표상들과 함께 지속적으로 함께 눈앞에 있음으로 이해되고 있다. 칸트는 분명히 '나'를 사유에서부터 끄집어내는 일은 피했다. 그렇지만 "나는 사유한다" 자체를 그 완전한 본질구성에서 "나는 어떤 것을 사유한다"로서 단초 짓지 못했고, 무엇보다도 "나는 어떤 것을 사유한다"의 존재론적 "전제"가 '자기'의 근본규정성임을 보지 못했다.* 왜냐하면 "나는 어떤 것을 사유한다"라는 단초도 존재론적으로 규정되어 있지 않기 때문이다. 그 까닭은 여기에서 "어떤 것"이 규정되지 않은 채로 남아 있기 때문이다. 그것을 일종의 **세계내부적인** 것으로 이해한다면, 그 경우 거기에는 말없이 **세계**가 전제되고 있는 셈이다. 그리고 만일 실제로 '내'가 "나는 어떤 것을 사유한다"와 같은 어떤 것이 될 수 있어야 한다면, 바로 이 현상이 '나'의 존재구성틀을 함께 규정하고 있는 것이다. '나라고-말함'은 각기 그때마다 "나는 하나의 세계 안에 있다"로서의 '나'인 존재자를 의미한다. 칸트는 세계라는 현상을 보지 못했고, "표상"을 "나는 사유한다"의 선험적 내용과 떼어놓을 정도로 충분히 결론적이지 못했다. 그러나 그로써 '나'가 다시 존재론적으로 전혀 규정되지 않은 방식으로 표상들을 수반하는 **고립된 주체**로 도로 갇히고 만다.[20]

'나라고-말함'에서 현존재는 자신을 세계-안에-있음으로서 밖으로 말한다. 그렇다면 일상적인 '나라고-말한다'도 자신을 세계-안에-있는 것으로

---

20) 칸트의 "관념론 논박"에 대한 현상학적 비판. 이 책의 제43절 가) 297쪽 이하 참조.
* 다시 말해서 시간성.

의미하는가? 여기에서는 구별이 필요하다. 사실 현존재는 '나라고-말하면서' 각기 그때마다 그 자신인 그런 존재자를 의미한다. 그러나 일상적인 자기해석은 자기 자신을 배려되고 있는 "세계"에서부터 이해하려는 경향을 띤다. 존재적인 자기를 의미함에서 현존재는 그 자신인 그 존재자의 존재양식과 관련해서 자신을 **잘못 본다**. 그리고 이것은 주로 현존재의 근본구성틀인 세계-안에-있음에 통용된다.[21]

이러한 "도피적인" '나라고-말함'은 무엇에 의해서 동기부여받고 있는가? 현존재가 자기 자신 앞에서 '그들' 속으로 **도망하는** 바로 그 현존재의 빠져 있음에 의해서 그렇다. "자연스러운" '나라는 이야기'는 '그들'-자신이 행하고 있는 것이다. '나' 안에서 내가 우선 대개 본래적이 아닌 바로 그 '자기'가 자신을 밖으로 말한다. 일상적인 잡다함과 배려거리를 사냥함에 몰입해 있으면서 자기를 망각한 '나는 배려한다'의 '자기'는 자신을 지속적으로 동일한, 그러나 규정되어 있지 않아 속이 텅 빈 단순한 것으로서 드러낸다. 사람은 그가 배려하고 있는 **그것으로 존재하는** 것이다. "자연스러운" 존재적 '나라는 이야기'가 '나'에서 의미되고 있는 현존재의 현상적 내용을 간과하고 있다고 해서 그것이 '나'에 대한 존재론적인 해석에게, **이러한 간과함을 따라할** 것과 '자기'의 문제틀에 부적합한 "범주적" 지평을 강요할 권한을 주지는 않는다.

물론 '나'에 대한 존재론적 해석이, 그것이 일상적인 '나라는 이야기'를 추종하지 않는다고 해서 벌써 문제의 **해결**을 얻는 것은 아니지만, 계속 더 물어나가야 할 방향의 앞선 윤곽은 얻는 셈이다. '나'는 사람들이 "세계-안에-있으면서" 있는 바로 그 존재자를 의미한다. 그러나 세계내부적으로 손안에 있는 것 곁에 있음으로서 이미 하나의 세계 안에 있음은 똑같이 근원적으로 '자기를 앞질러'를 말한다. "나"는 그것에게 그것이 무엇인 그 존재

---

21) 이 책의 제12절과 제13절 87쪽 이하 참조.

자의 존재가 문제가 되고 있는 바로 그 존재자를 의미한다. "나"로써 염려는 자신을 밖으로 말하고 있는데, 우선 대개는 배려함의 "도피적인" '나의 이야기'에서이다. '그들'-자신이 가장 큰소리로 그리고 가장 자주 '나-나'를 말하고 있다. 그 까닭은 '그들'-자신이 근본에서 **본래적으로** 그 자신이 아니며 본래적인 존재가능을 회피하기 때문이다. '자기'의 존재론적 구성틀이 '자아실체'로도 "주체"로도 환원될 수 없다면, 오히려 역으로 일상적-도피적인 '나-나라고 말함'이 **본래적인** 존재가능에서부터 이해되어야 한다면, 그래도 여기에서부터는 아직 다음과 같은 명제가 귀결되지 않는다. 즉 "자기는 염려의 지속적인 눈앞에 있는 근거이다." 자기임은 실존론적으로 오직 본래적인 자기존재가능에서만, 다시 말해 **염려로서의 현존재의 존재의 본래성**에서만 읽어낼 수 있다. 본래성에서부터 주체의 추정상의 영속성으로서의 **자기의 지속성**이 해명을 얻게 된다. 그런데 본래적인 존재가능의 현상은 또한 입지를 확보했다는 의미의 **자기의 지속성**에 대한 시야도 열어준다. 부단한 입지의 견고성이라는 이중의 의미의 **자기의 지속성**은 결단을 내리지 않은 빠져 있음의 비자립성[비자기-지속성]에 대한 **본래적 반대 가능성**이다. **자기-지속성[= 자립성]**은 실존론적으로 다른 것이 아니라 바로 앞질러 달려가보는 결단성을 의미한다. 이 결단성의 존재론적 구조가 자기의 자기성의 실존성을 드러내준다.

현존재는 침묵하고 있으며 불안*을 각오한 결단성이라는 근원적인 개별화 속에서 **본래적으로 자기 자신으로 존재한다**. 본래적인 자기-존재는 **침묵하는 존재**로서 곧바로 "나-나"라고 말하지 않으며 오히려 침묵하면서 그것이 본래적으로 그것일 수 있는 바로 그 내던져진 존재자로서 "**존재한다**". 결단한 실존의 침묵하고 있음이 드러내고 있는 자기가 '나'의 존재에 대한 물음을 위한 근원적인 현상적 지반이다. 본래적인 자기존재가능의 존재의

---

* 다시 말해서 존재로서의 존재의 밝힘.

미에로 현상적으로 방향을 잡으면서 비로소, 무슨 존재론적인 권리로 실체성, 단순성 그리고 인격성에 자기성의 성격들을 부여할 수 있는가 하는 물음을 논의할 수 있는 처지가 된다. 자기의 존재에 대한 존재론적인 물음은, 지배적인 '나라고-말함'에 의해서 지속적으로 제시되는 앞서 가짐, 즉 영속적으로 눈앞에 있는 자기라는 사물의 앞서 가짐에서부터 방향을 틀어야 되는 것이다.

염려는 자기에 기초를 두어야 할 필요가 없으며 오히려 염려의 구성계기로서의 실존성이 현존재의 자기-지속성[자립성]의 존재론적 구성틀을 제공하고 있는 것이다. 이 구성틀에는 염려의 온전한 구조내용에 상응하게 비자기-지속성[비자립성]으로의 현사실적인 빠져 있음이 속한다. 온전하게 개념 파악된 염려구조는 자기성의 현상을 포함한다. 그리고 이 현상의 해명은 현존재의 존재전체성이 그것이라고 규정된 바 있는 염려의 의미에 대한 해석으로서 수행된다.

제65절 염려의 존재론적 의미로서의 시간성

염려와 자기성의 "연관"을 특징지음은 자기성이라는 특수문제의 해명을 목표로 삼았을 뿐 아니라, 그것은 또한 현존재의 구조전체의 전체성을 현상적으로 파악하기 위한 마지막 준비로서도 기능해야 했다. 현존재의 존재양식이 마지막에 와서 실존론적인 시각에 눈앞에 있음이라는 전혀 무차별한 양태로 전도되지 않아야 한다면, 실존론적 물음제기의 끊이지 않은 규율이 필요하다. 현존재는 자신을 앞질러 달려가보는 결단성으로 구성하는 본래적인 실존에서 "본질적이게" 된다. 염려의 본래성의 이러한 양태는 현존재의 근원적인 자기-지속성[자립성]과 전체성을 포함하고 있다. 이 자기-지속성(자립성)과 전체성을 흐트러지지 않고 실존론적으로 이해하며 고찰하면서 현존재의 존재의 존재론적 의미에 대한 구명이 이행되어야 한다.

염려의 의미로써 존재론적으로 무엇이 추구되고 있는가? 의미는 무엇을 뜻하는가? 우리의 탐구는 이해와 해석을 분석하는 맥락에서 이 현상을 만난 바 있다.[22] 거기에 따르면 의미란 어떤 것에 대한 이해 가능성이, 그것 자체는 두드러지게 주제적으로 시야에 들어오지 않으면서, 그 안에 머무르고 있는 바로 그것이다. 의미는 거기에서부터 어떤 것이 그것이 무엇인 그것으로서 그것의 가능성에서 개념파악될 수 있는 그런 일차적인 기획투사의 지평('그리로')이다. 기획투사는 가능성들을, 다시 말해 가능하게 하는 그런 것을 열어밝힌다.

하나의 기획투사의 '그리로'를 밝혀 보임은, 기획투사된 것을 가능하게 하고 있는 그것을 열어밝히는 것을 말한다. 이러한 밝혀 보임은 방법적으로 하나의 해석의 밑바탕에 놓여 있는, 대개는 두드러지지 않는 기획투사를 뒤좇아서, 기획투사에서 기획투사된 것을 그것의 '그리로'와 관련지어 열어밝히고 파악 가능하게 만들 것을 요구한다. 염려의 의미를 끄집어낸다는 것은 이 경우 다음을 말한다. 즉 현존재의 근원적인 실존론적 해석의 밑바탕에 놓여 있으면서 그 해석을 주도하는 기획투사를 추적하여 그것의 기획투사된 것 안에서 이것의 '그리로'를 드러내놓는 것이다. 기획투사된 것은 현존재의 존재이며 그것도 그 존재가 본래적인 전체존재가능으로서 구성하고 있는 그것 안에서 열어밝혀진 현존재의 존재이다. 이렇게 기획투사된 것, 즉 열어밝혀져 그렇게 구성된 존재의 '그리로'는, 염려로서의 존재의 이러한 구성 자체를 가능하게 하는 바로 그것이다. 염려의 의미에 대한 물음과 함께 물어지고 있는 것은 이것이다. 염려의 분류된 구조전체의 전체성을 그 펼쳐 보인 분류의 통일성에서 가능하게 하는 것은 무엇인가?

엄밀히 말해 의미는 존재에 대한 이해의 일차적 기획투사의 '그리로'를 뜻한다. 자기 자신을 열어밝힌 세계-안에-있음은 그 자신이 그것인 그 존

---

[22] 이 책의 제32절 224쪽 이하. 특히 227쪽 이하 참조.

재자의 존재와 더불어 똑같이 근원적으로 세계내부적으로 발견된 존재자의 존재도—비록 비주제적이고 심지어 자신의 실존과 실재성의 일차적인 양태에서 무차별적이기는 하지만—이해한다. 존재자에 대한 모든 존재적 경험, 즉 손안의 것을 둘러보며 계산함뿐 아니라 눈앞의 것을 적극적으로 과학적으로 인식함도, 그때마다 상응하는 존재자의 존재를 다소 투명하게 기획투사함에 근거를 두고 있다. 그런데 이러한 기획투사는 자체 안에, 거기에서부터 흡사 존재의 이해가 양육되는 '그리로'를 간직하고 있다.

존재자가 "의미를 지닌다"고 우리가 말할 때, 이것은 그 존재자가 **그것의 존재**에서 접근 가능하게 되었다는 것을 뜻한다. 이때 이 존재자의 존재가 그것의 '그리로' 기획투사되어 비로소 처음으로 "본래적으로" "의미를 지니는" 것이다. 존재자는, 그것이 애초부터 존재로서 열어밝혀져, 존재의 기획투사에서, 다시 말해 존재의 '그리로'에서부터 이해 가능하게 되기 때문에만 의미를 "가질" 뿐이다. 존재에 대한 이해의 일차적 기획투사가 의미를 "제공한다". 존재자의 존재의 의미에 대한 물음은 그 모든 존재자의 **존재**의 밑바탕에 놓여 있는 존재이해의 '그리로'를 주제로 삼고 있는 것이다.

현존재는 그의 실존과 관련지어 그 자신에게 본래적으로 또는 비본래적으로 열어밝혀져 있다. 현존재는 실존하면서 자신을 이해하는데, 이 이해가 단순한 파악을 가리키는 것이 아니라 현사실적 존재가능의 실존적 존재를 이루고 있는 식으로 그렇다. 열어밝혀진 존재는 그 존재자에게 바로 이 존재가 문제가 되고 있는 그러한 존재자의 존재이다. 이러한 존재, 즉 염려의 의미—이 의미가 염려를 그 구성에서 가능하게 하고 있다—는 근원적으로 존재가능의 존재를 형성한다. 현존재의 존재의미는 공중을 떠도는 타자이거나 그 자신의 "외부에 있는 것"이 아니라 자신을 이해하는 현존재 자체이다. 무엇이 현존재의 존재를 가능하게 하며 그로써 그의 현사실적 실존도 가능하게 하는가?

실존의 근원적인 실존론적 기획투사에서 기획투사된 것은 앞질러 달려가보는 결단성임이 밝혀졌다.* 무엇이 현존재의 이러한 본래적인 전체존재를 그의 분류된 구조전체의 통일성과 관련지어 가능하게 하고 있는가? 이제 계속해서 전체 구조내용을 명명하지 않고 형식적 실존론적으로 파악할 때, 앞질러 달려가보는 결단성은 가장 고유한 탁월한 존재가능을 향한 **존재**이다. 그러한 것이 가능한 것은 오직, 현존재가 **도대체** 그의 가장 고유한 가능성에서 자기 자신에게로 다가올 수 있고 이러한 자기 자신을 자신에게로 다가오도록 함에서 가능성을 가능성으로서 견지하기 때문에, 다시 말해 실존하기 때문이다. 탁월한 가능성을 견지하면서 그 안에서 자기 자신을 자신에게로 **다가오도록** 함은 **도래[미래]**의 근원적인 현상이다. 현존재의 존재에 본래적 또는 비본래적인 **죽음을 향한 존재**가 속한다면, 이 경우 이것은 오직 지금 제시한 좀더 상세하게 규정해야 할 의미에서 **도래적인 존재**로서만 가능한 것이다. "도래"는 여기에서 아직 "현실적이지" 않은, 이제야 비로소 **존재하게 될** 그런 지금을 의미하는 것이 아니라, 현존재가 그의 가장 고유한 존재가능에서 자기 자신에게로 다가오는 그런 옴이다. 앞질러 달려가봄이 현존재를 **본래적으로** 도래적으로 만드는데, 앞질러 달려가봄 자체가, 현존재가 **존재하면서** 도대체 언제나 이미 자기 자신에게로 다가오는 한에서만, 다시 말해 그의 존재에서 도대체 도래적인 한에서만, 가능하게 되는 식으로 그렇다.

현존재는 앞질러 달려가보는 결단성을 그의 본질적인 탓이 있음에서 이해한다. 이러한 이해는 탓이 있음을 실존하면서 떠맡음을, 무성의 내던져진 근거로서 **존재함**을 말한다. 그러나 내던져져 있음을 떠맡음은, 현존재가 그가 각기 그때마다 이미 어떻게 그것이었던 그 방식 안에서 본래적으로 존재함을 뜻한다. 그러나 내던져져 있음을 떠맡음이 가능한 것은 오직, 도래적인 현존재가 그의 가장 고유한 "그가 어떻게 각기 그때마다 그것이었던

---

* 다의적이다. 즉, 실존적 기획투사 그리고 그 안으로 실존론적으로 기획투사하며 자신을 옮겨놓음이 여기에서는 함께 간다.

326 그 방식"으로, 다시 말해 그의 "존재해왔음"으로 존재할 수 있기 때문이다. 오직 현존재가 도대체 '나는 존재해-왔다'로서 존재하는 한에서만, 그는 도래적으로 자기 자신에게로 다가올 수 있으며 그래서 돌아오는 것이다. 현존재는 본래적으로 도래적이면서 본래적으로 존재해왔음으로 존재한다. 가장 극단적이고 가장 고유한 가능성으로 앞질러 달려가봄은 가장 고유한 기재[旣在, 존재해옴]에로 이해하며 돌아감이다. 현존재가 때때로 존재해왔음으로 존재할 수 있는 것은, 오직 그가 도래적인 한에서이다. 기재[존재해옴]는 어떤 방식에서는 도래에서 발원하고 있는 것이다.

앞질러 달려가보는 결단성은 '거기에'의 그때마다의 상황을 열어밝혀주어서, 실존이 행위하면서 현사실적으로 주위세계적으로 손안에 있는 것을 둘러보며 배려한다. 상황의 손안의 것 곁에 결단을 내려 존재함은, 다시 말해 주위세계적으로 현전하는 것을 행위하면서 만나게 함은 오직 이 존재자를 현재화함에서 가능하다. 오직 현재화함의 의미에서의 현재로서만 결단성은 그것이 무엇인 그것, 즉 그것이 행위하면서 장악하고 있는 그것을 엇갈리지 않고 있는 그대로 만나게 할 수 있다.

도래적으로 자기 자신에게로 돌아오면서 결단성은 자신을 현재화하면서 상황으로 데려온다. 기재는 도래에서 발원하며, 그래서 존재해온 (더 적합하게는, 존재해오고 있는) 도래가 현재를 자기 자신에서부터 내보낸다. 이런 식으로 존재해오며-현재화하는 도래로서 통일적인 현상을 우리는 시간성이라고 이름한다. 오직 현존재가 시간성으로서 규정되는 한에서만, 현존재가 자기 자신에게 앞질러 달려가보는 결단성이라는 특징지은 본래적 전체존재가능을 가능하게 한다. 시간성이 본래적인 염려의 의미로서 밝혀진다.

앞질러 달려가보는 결단성의 존재구성틀에서부터 길어낸, 이러한 의미의 현상적 내용은 시간성이라는 용어의 뜻을 충족시키고 있다. 이 표현을 용어로 사용하면서 우리는 우선 통속적인 시간개념에서 밀어닥치는, "미래", "과거", "현재"라는 그 모든 의미들을 멀리해야 한다. 이것은 또한 "주관적인" 또는 "객관적인", 또는 "내재적인" 또는 "초월적인" "시간"이라는 개념들에도 해당된다. 현존재 자신이 자기 자신을 우선 대개 비본래적으로 이해하는 한, 통속적인 시간이해의 "시간"이 비록 진짜 현상을 내보이고는 있지만 일종의 파생적인 현상을 내보여주고 있다는 것을 추정해도 될 것이다. 이 현상은 비본래적인 시간성에서 발원하고, 이것 자체는 또한 나름의 근원을 가지고 있다. "미래", "과거", "현재"라는 개념들은 우선 비본래적인 시간이해에서부터 자라나온 것이다. 거기에 상응하는 근원적이고 본래적인 현상들을 용어적으로 제한규정하는 일은, 모든 존재론적 용어에 붙어 있는 동일한 어려움과 싸워야 한다. 폭력성은 이러한 탐구의 분야에서는 자의가 아니라 오히려 사태에 근거한 필연성이다. 그렇지만 비본래적인 시간성의 근원을 근원적이고 본래적인 시간성에서부터 흠 없이 제시할 수 있기 위해서는 먼저 처음에 대충 특징지었던 근원적인 현상을 구체적으로 정리작업하는 일이 필요하다.

만일 결단성이 본래적인 염려의 양태를 형성하고 있지만 그것 자체 또한 오직 시간성에 의해서만 가능하다면, 이 경우 결단성을 주목하여 획득한 현상 자체는 단지 도대체 염려 그 자체를 가능하게 하는 바로 그 시간성의 한 양태성을 표현해야 할 것이다. 염려로서의 현존재의 존재전체성은 '(세계내부적으로 만나게 되는 존재자) 곁에 있음으로서의 자기를 앞질러 이미 (하나의 세계) 안에 있음'을 말한다. 이러한 분류된 구조를 처음으로 확정하면서 우리는, 존재론적 물음이 이러한 분류를 고려하고 더욱더 계속 파고 들어가 구조다양성의 전체성의 통일성을 밝혀내는 데까지 나아가야 한다고 언급했다.[23] **염려구조의 근원적인 통일성은 시간성 안에 놓여 있다.**

'자기를 앞질러'는 도래에 근거한다. '……안에 이미 있다'는 기재를 알려준다. '……곁에 있음'은 현재화에서 가능해진다. 이때 말해진 바에 따르

---

23) 이 책의 제41절 289쪽 참조.

면 "앞질러"의 "앞에"와 "이미"를 통속적인 시간이해에서 파악하는 것을 금한다는 것이 자명하다. "앞에"는 "지금은 아직 아니지만 그러나 나중에"라는 의미에서의 "그전에"를 의미하지 않는다. 마찬가지로 "이미"도 "이제 더이상은 아니지만 그러나 전에는"을 의미하지 않는다. "앞에"와 "이미"라는 표현들이 이러한 시간함축적인 뜻을 가졌다면—가질 수도 있다—이 경우 염려의 시간성으로써 이야기되는 것은 다음과 같다. 시간성은 동시에 "그전에"와 "나중에", "아직 아니"와 "더 이상 아니"인 어떤 것이다. 그럴 경우 염려는 "시간 안에서" 발견되고 흘러가는 그런 존재자로서 개념파악되는 것일 것이다. 현존재의 성격을 지닌 존재자의 존재가 일종의 **눈앞에 있는 것**이 되고 마는 것일 것이다. 만일 그러한 일이 불가능하다면, 앞에서 언급한 표현의 시간함축적인 의미는 어떤 다른 의미이어야 할 것이다. "앞에"와 "앞질러"는 도래를 가리키며, 그러한 것으로서 도래는, 현존재가 그에게 바로 그의 존재가능이 문제가 될 수 있는 식으로 존재할 수 있는 것을 비로소 가능하게 한다. 도래에 근거하고 있는 자기 자신을 "자기 자신 때문에"로 기획투사함은 **실존성의 본질성격의** 하나이다. **실존성의 일차적 의미는 도래이다.**

328   마찬가지로 "이미"도 그것이 **존재하는** 한, 각기 그때마다 이미 내던져져 있는 것인 그런 존재자의 실존론적 시간적인 존재의미를 뜻한다. 염려가 오직 기재에 근거하고 있기 때문에만, 현존재는 그가 무엇인 내던져져 있는 존재자로서 실존할 수 있다. 현존재가 현사실적으로 실존하는 "한에 있어서", 그는 결코 지나가는 것이 아니라 "나는 존재해왔다"는 의미로 언제나 이미 **기재해온** 것이다. 그리고 현존재는 오직, 그가 존재하고 있는 한, 기재해올 수 있는 것이다. 이와 반대로 우리는 더 이상 눈앞에 있지 않은 그런 존재자를 지나가버린 [과거의] 것이라고 이름한다. 그러므로 현존재는 실존하면서 자신을 결코 "시간과 더불어" 생성되어 소멸하며 부분적으로는 이미 지나가버린 그런 눈앞의 사실로서 확정할 수 없다. 현존재는 "자신을"

언제나 내던져진 현사실로서 "발견한다". 처해 있음에서 현존재는 그 자신에 의해서, 그것이 아직 존재하면서도 이미 존재했던, 다시 말해 기재하면서[존재해오면서] 지속적으로 **존재하는** 존재자로서 기습받고 있다. 현사실성의 일차적인 실존론적 의미는 기재성[존재해왔음]에 놓여 있다. 염려구조의 정식화표현은 "앞에"와 "이미"라는 표현으로써 실존성과 현사실성의 시간적 의미를 지시하고 있다.

이에 반해 염려의 세 번째 구성계기, 즉 '빠져 있으면서 ⋯⋯곁에 있음'에는 그런 지시가 없다. 이것은 빠져 있음이 그러니까 시간성에 근거하고 있지 않음을 의미하는 것이 아니라, 배려되고 있는 손안의 것과 눈앞의 것에 **빠져 있음**이 **일차적으로** 그 안에 근거하고 있는 **현재화**는 시간성의 근원적인 양태에서 도래와 기재에 **포함된** 채 남아 있음을 암시할 뿐이다. 결단함으로써 현존재는 자신을 바로 빠져 있음에서부터 되찾아왔으며, 그만큼 더 본래적으로 열어밝혀진 상황을 향한 "순간 **눈빛**" 속에서 "거기에" 존재한다.

시간성은 실존, 현사실성 그리고 빠져 있음의 통일성을 가능하게 하며 그렇게 염려구조의 전체성을 근원적으로 구성하고 있다. 염려의 계기들은 부분들을 긁어모아 한데 접합시키는 것이 아니며, 시간성 역시 도래, 기재, 현재에서부터 비로소 "시간과 함께" 합성되는 것이 아니다. 시간성은 도대체 **존재자**가 아니다. 그것은 존재하는 것이 아니고 자신을 **시간화한다**. 그럼에도 우리가 "시간성은 염려의 의미'이다'", "시간성은 이러저러하게 규정되어 '있다'"라고 말하지 않을 수 없는 이유는, 존재와 "있음(임)" 일반의 이념을 해명할 때 비로소 이해될 수 있을 것이다. 시간성은 시간화하는데, 그것도 자기 자신의 가능한 방식들을 시간화한다. 이 가능한 방식들이 현존재의 존재양태의 다양성을, 무엇보다도 본래적 또는 비본래적 실존의 근본 가능성을 가능하게 한다.

도래, 기재, 현재는 "자기를 향해", "⋯⋯으로 돌아와", "⋯⋯을 만나게 함"이라는 현상적 성격들을 보여준다. '⋯⋯을 향해, ⋯⋯으로, ⋯⋯을'의

329 현상들은 시간성을 단적으로 엑스타티콘(ἐκστατικόν, 탈자, 자기 밖에 나가 있음)으로서 드러낸다. 시간성은 그 자체에서 그 자체에 대해 근원적인 "자기 밖에"이다. 그러므로 우리는 성격 지은 도래, 기재, 현재라는 현상들을 시간성의 **탈자태**라고 이름한다. 시간성은 먼저 하나의 존재자이고 그다음 자기에서부터 튀어나오는 것이 아니라, 그 본질이 탈자태의 통일성에서의 시간화인 것이다. 통속적 이해가 알고 있는 "시간"의 독특함은, 순수한 시작도 끝도 없는 지금의 연속으로서의 "시간" 안에서 근원적인 시간성의 탈자적 성격이 평준화된다는 바로 거기에 있다. 그러나 이러한 평준화 자체가 그 실존론적 의미상 특정한 가능한 시간화에 근거하고 있으며, 이 시간화에 따라 시간성이 비본래적 시간성으로서 앞에서 언급한 "시간"을 시간화하는 것이다. 그러므로 만일 현존재의 값싼 이해가 알고 있는 "시간"이 근원적인 것이 아니고 오히려 본래적인 시간성에서부터 발원하고 있는 것으로 입증된다면, 그럴 경우 "명칭은 더 강한 것으로부터 나온다(a potiori fit denominatio)"는 원칙에 따라 여기에서 밝혀 보인 **시간성이 근원적인 시간**임이 정당화되는 셈이다.

탈자태를 열거하면서 우리는 언제나 도래를 가장 먼저 언급했다. 이것은 도래가 근원적이고 본래적인 시간성의 탈자적 통일성에서 일종의 우위를 점하고 있음을 암시한다. 비록 시간성이 탈자태를 모아 이어놓는다고 비로소 생겨나오는 것은 아니고 각기 그때마다 탈자태의 동일근원성에서 시간화된다고 하더라도 말이다. 그러나 이러한 동일근원성 내에서도 시간화의 양태들은 서로 다르다. 그리고 이 상이함은, 시간화가 상이한 탈자태에서부터 규정될 수 있다는 데에 있다. 근원적이고 본래적인 시간성은 본래적인 도래에서부터 시간화되며, 그래서 그것이 도래적으로 비로소 처음으로 현재를 깨워놓는 것이다. 근원적이고 본래적인 시간성의 일차적 현상은 도래이다. 도래의 우위는 비본래적인 시간성의 변양된 시간화에 상응해서 변형되지만 여전히 파생된 "시간"에서도 나타나고 있다.

염려는 죽음을 향한 존재이다. 앞질러 달려가보는 결단성을 우리는 성격 지은 현존재의 단적인 불가능성의 가능성을 향한 본래적인 존재로 규정했다. 그러한 그의 종말을 향한 존재에서 현존재는 "죽음에 내던져진 채" 존재할 수 있는 존재자로서 본래적으로 전체적으로 실존한다. 현존재는 그가 거기에서 끝나는 종말을 가지는 것이 아니라 **유한하게 실존한다**. 앞질러 달려가보는 결단성의 의미를 형성하고 있는 **바로 그** 시간성이 일차적으로 시간화하는 본래적인 도래는 이로써 그 자체가 **유한한** 도래임이 밝혀진다. 그러나 나 자신이 더 이상 거기에 존재하지 않는다고 해도 "시간은 계속 흘러가고 있지 않는가?" 그리고 많은 것이 여전히 무제한적으로 "미래에" 놓여 있을 수 있으며 미래에서 올 수 있지 않는가?

이 물음들에는 긍정적으로 답할 수밖에 없다. 그럼에도 그 물음들은 근원적인 시간성의 유한성에 대해서 어떠한 반대도 함축하고 있지 않다. 왜냐하면 그 물음들이 도대체 근원적인 시간성에 대해서 다루지 않기 때문이다. 물음이 되는 것은, "계속 흘러가는 시간 안에서" 여전히 무엇이 일어날 수 있으며 "이러한 시간에서부터" 어떤 자기 자신에게로 다가옴을 만날 수 있는가가 아니라, 오히려 이 자기 자신에게로 다가옴 **자체가 그 자체** 어떻게 근원적으로 규정되고 있는가이다. 그것의 유한성이 말하는 것은 일차적으로 끝나버림이 아니고 시간화 자체의 성격이다. 근원적이고 본래적인 도래는 무성의 건너뛸 수 없는 가능성으로서 실존하면서 **자기에게로**, 즉 '자기를 향해'[다가옴]이다. 근원적인 도래의 탈자적 성격은, 그것이 존재가능을 닫아버린다는 바로 거기에, 다시 말해 그 자체가 닫혀져 있고 그 자체로서 무성에 대한 결단을 내린 실존적 이해를 가능하게 한다는 바로 거기에 있다. 근원적이고 본래적인 자기 자신에게로 다가옴은 가장 고유한 무성에서 실존함이 지니고 있는 의미이다. 시간성의 근원적인 유한성에 대한 논제로써 "시간이 계속 흘러간다"는 것을 논박하는 것이 아니라, 오직 현존재 자신의 근원적인 실존론적 기획투사의 기획투사된 것 안에서 보이고 있는 그러한 근원적인 시간성의 현상적 성격을 확정하기만 하면 된다.

근원적이고 본래적인 도래의 유한성, 그리고 그로써 시간성의 유한성을 간과하거나, 또는 그것이 "선험적으로" 불가능하다고 여기려는 유혹은 통속적인 시간이해가 끊임없이 밀쳐 들어옴으로 해서 발생한다. 이 통속적인 시간이해가 옳게도 무한한 시간을 그리고 오직 이 시간만을 알고 있다고 해도, 그로써 그 시간이해가 이러한 시간과 그 시간의 "무한성"도 이미 이해하고 있다는 것이 증명된 것은 아니다. 시간이 "계속 흘러가고" "계속 지나간다"는 것은 무엇을 말하는가? "시간 안에서"는 도대체 무엇을 의미하며 특히 "미래에"와 "미래에서부터"는 무엇을 의미하는가? 어떤 의미에서 "시간"이 끝이 없는가? 이러한 것들은 근원적인 시간의 유한성에 대한 통속적인 반대가 지반 없는 것으로 남아 있지 않기를 바란다면 해명을 요구한다. 그러나 이러한 해명은 유한성과 무한성과 관련하여 적합한 물음제기가 획득되어 있을 때에만 성취될 수 있을 뿐이다. 그렇지만 이러한 물음제기는 시간의 근원적인 현상을 이해하며 고찰하는 데에서 발원한다. 따라서 문제는, 어떻게 눈앞의 것이 그 안에서 생성하고 소멸하는 **"파생된"** 무한한 시간이 **근원적인 유한한 시간으로 되는**가가 아니라, 어떻게 유한한 본래적인 시간성에서부터 비본래적인 시간성이 발생하는가, 그리고 어떻게 이 비본래적인 시간성이 **유한한** 것에서부터 발생한 비본래적인 것으로서 **무-한한** 시간을 시간화하는가이다. 오직 근원적인 시간이 **유한하기** 때문에만, "파생된" 시간이 **무-한한** 것으로서 시간화될 수 있는 것이다. 이해하는 파악의 순서에서 시간의 유한성은, "끝이 없는 시간"이 산출되어 유한성과 대립되어 놓이게 되면 비로소 완전히 드러나게 될 것이다.

지금까지의 근원적인 시간성에 대한 분석을 우리는 다음과 같은 테제 안에 종합요약할 수 있다. 시간은 시간성의 시간화로서 근원적이며, 시간은 이 시간화로서 염려구조의 구성을 가능하게 한다. 시간성은 본질적으로 탈자적이다. 시간성은 근원적으로 도래에서부터 시간화한다. 근원적인 시간은 유한하다.

  염려를 시간성으로 해석해내는 작업이 현존재의 근원적인 본래적 전체존재와 관련해서 첫걸음을 떼었다고 해도, 그 해석이 지금까지 획득한 좁은 토대에 국한되어 남아 있을 수는 없다. '현존재의 의미는 시간성이다'라는 테제는 산출해낸 이 존재자의 근본구성틀의 구체적인 구성계기들에서 확증되어야 한다.

제66절 현존재의 시간성과 거기에서 발원하는 실존론적 분석을 근원적으로 반복해야 하는 과제

지금까지 밝혀낸 시간성의 현상은 그 구성적 위력을 더 광범위하게 확증할 것을 요구할 뿐 아니라, 그렇게 함으로써 현상 자체가 비로소 시간성의 근본 가능성과 연관하여 시야에 들어오게 된다. 시간성의 근거 위에서 현존재의 존재구성틀의 가능성을 증명하는 일을 우리는 잠정적이기는 하지만 간략하게 "시간적" 해석이라고 부른다.

  그다음의 과제는, 현존재의 본래적인 전체존재가능의 시간적인 분석 및 염려의 시간성의 일반적인 성격부여를 넘어서, 현존재의 **비본래성**을 그 특수한 시간성에서 드러내 보여주는 것이다. 시간성은 앞질러 달려가보는 결단성에서 처음으로 자신을 내보였다. 시간성은 대개 "그들"의 빠져 있는 자기해석의 비본래성에 머무르는 결단성의 본래적 양태이다. 열어밝혀져 있음 일반의 시간성에 대한 성격부여는 우선적인 배려하는 세계-안에-있음, 그리고 그로써 현존재의 평균적인 무차별성에 대한 시간적 이해로 이끄는데, 이 평균적인 무차별성에 실존론적 분석론이 처음에 단초를 잡았던 것이다.[24] 우리는 현존재가 우선 대개 그 안에서 머무르고 있는 그런 현존재

---

24) 이 책의 제9절 74쪽 참조.

의 평균적인 존재양식을 일상성이라고 이름했다. 이전의 분석을 반복함으로써 **일상성이** 그 **시간적인** 의미에서 밝혀져야 하며, 그래서 시간성에 포함된 문제틀이 밝게 드러나고 예비분석이 지닌 겉보기의 "자명성"도 완전히 사라져야 한다. 시간성은 분명 현존재 근본구성틀의 모든 본질적인 구조들에서 확증될 수 있어야 한다. 그러나 그렇다고 수행된 분석을 그 제시된 순서에 따라 외적인 도식에서 똑같이 반복해야 하는 것은 아니다. 다르게 방향 잡힌 시간분석의 진행은 이전의 고찰의 연관을 더욱 명확하게 만들고 우연성과 외견상의 임의를 제거해야 한다. 그렇지만 이러한 방법적인 필연성을 넘어서 현상 자체 속에 놓여 있는 동기들이 타당성을 얻어, 반복하는 분석의 분류를 다르게 하도록 강요한다.

각기 그때마다 나 **자신**이 그것인 그 존재자의 존재론적 구조는 실존의 자립성[= 자기-지속성]에 집중되었다. '자기'가 실체로서도 주체로서도 개념파악될 수 없고 실존에 근거하고 있기 때문에, 비본래적인 자기, 즉 '그들'의 자기에 대한 분석은 현존재의 예비분석의 진행에 내맡겨졌다.[25] 이제 자기성이 **명확하게** 염려의 구조 속에 그리고 그로써 시간성의 구조 속에 도로 취해졌으니, 자기-지속성과 비자기-지속성에 대한 시간적 해석은 나름의 중요성을 획득하게 된다. 이 해석은 따로 떼어서 주제적으로 다룰 필요가 있다. 그러나 그 시간적 해석은 비로소 오류추리론과 '자아' 일반의 존재에 대한 존재론적으로 부적합한 물음에 빠지지 않도록 올바르게 지켜줄 뿐 아니라 또한 동시에 그것의 중심적인 역할에 상응하게 시간성의 **시간화 구조**에 대한 한층 더 근원적인 통찰을 마련해준다. 이 구조는 현존재의 **역사성**으로서 밝혀진다. '현존재는 역사적이다'라는 명제는 실존론적-존재론적 기초발언으로서 확증된다. 역사성은 현존재가 "세계사"에 등장한다는 사실에 대한 단순한 존재적 확정과는 거리가 멀다. 그러나 현존재의 역

---

25) 이 책의 제25절 이하, 173쪽 이하 참조.

사성은 가능한 역사학적 이해의 근거인데, 이 이해는 그 나름 다시금 독특하게 장악해서 형성한 학문으로서의 역사학의 가능성을 자기 안에 지니고 있다.

일상성과 역사성에 대한 시간적 해석은 시야를 충분히 넓게 근원적인 시간으로 고정시켜, 이것[근원적 시간] 자체를 일상적 시간경험의 필연성의 가능조건으로서 발견한다. 현존재는 **자신을**, 그에게 그의 존재가 문제가 되고 있는 그런 존재자로서, 일차적으로—명시적으로거나 또는 그렇지 않게—**자기 자신을 위해서 사용한다**. 염려는 우선 대개 둘러보는 배려이다. 자기 자신 때문에 자신을 사용하면서 현존재는 자신을 "소모한다". 자신을 소모하면서 현존재는 자기 자신이, 다시 말해 그의 시간이 필요하다. 시간을 필요로 하면서 현존재는 시간을 가지고 계산한다. 둘러보며-계산하는 배려가 우선 시간을 발견하며 시간계산의 형성에까지 이르게 된다. 시간을 가지고 계산함은 세계-안에-있음에게 구성적이다. 둘러봄의 배려하는 발견은, 자신의 시간을 계산하면서, 발견된 손안의 것과 눈앞의 것을 시간 안에서 만나게끔 한다. 이렇게 세계내부적인 존재자도 "시간 안에 있는" 것으로 접근 가능하게 된다. 우리는 세계내부적인 존재자의 시간규정성을 **시간내재성**이라고 이름한다. 이 시간내재성에서 우선 존재적으로 발견된 "시간"이 통속적이고 전통적인 시간개념의 형성의 토대가 된다. 그러나 시간내재성으로서의 시간은 근원적인 시간성의 본질적인 시간화의 방식에서부터 발원하고 있다. 이러한 근원은, "그 안에서" 눈앞의 것이 생성하고 소멸하는 시간도 진짜 시간현상이며, **베르그송**의 존재론적으로 전혀 규정되지 않고 불충분한 시간해석이 믿도록 하려는 바와 같이, 어떤 "질적 시간"이 공간으로 외화되는 것이 아니라는 점을 말해준다.

현존재의 시간성을 일상성, 역사성 그리고 시간내재성으로 정리작업해 내고 나면, 그것이 비로소 현존재의 근원적인 존재론이 **뒤엉켜 있음**을 가차 없이 통찰하게끔 할 것이다. 세계-안에-있음으로서 현존재는 현사실적으로 세계내부적으로 만나게 되는 존재자와 함께 그 존재자 곁에서 실존한다. 그러므로 현존재의 존재는 그의 포괄적인 존재론적 투명성을 현존재가 아닌 존재자의 존재를, 다시 말해 손안에 있지도 눈앞에 있지도 않고 그저 "존립하기만" 하는 그런 존재자의 존재도 해명한 지평에서야 비로소 얻게 된다. 그러나 그것에 대해서 우리가 **존재한다고** 말하는 그 모든 것의 존재의 변형에 대한 해석은 그에 앞서 충분히 해명된 존재 일반의 이념을 필요로 한다. 이 이념이 획득되지 못하는 한, 현존재에 대한 **반복하는** 시간적인 분석도 불완전한 채 그리고 불명확성—사태적인 어려움은 말할 것도 없이—에 붙잡힌 채 남아 있는 것이다. 현존재의 실존론적-시간적 분석은 그 나름으로 존재개념에 대한 원칙적인 논의의 테두리 내에서 새롭게 반복될 필요가 있다.

제4장
시간성과 일상성

제67절 현존재의 실존론적 구성틀의 근본구성계기와 그 구성틀에 대한 시간적 해석을 앞서 윤곽 지음

예비분석[1]은 염려의 기초를 놓는 구조전체성에 온통 집중하고 있을 때에도 현상학적 시야로부터 사라져서는 안 되는 그런 현상들의 다양성을 접근가능하게 만들어주었다. 현존재구성틀의 근원적인 전체성은 **분류된** 것으로서 그러한 다양성을 배제하지 않으며 오히려 그러한 것을 요구한다. 존재구성틀의 근원성은 궁극적 구성요소의 단순성과 유일성과 일치하지 않는다. 현존재의 존재의 존재론적 근원은, 그에게서 발원하는 것보다 "미약하지" 않고 오히려 위력에서 그것을 선행적으로 능가하니, 존재론적 분야에서 모든 "발원함"은 퇴화이다. 존재론적으로 "근원"에로 파고듦은 "상식적 이성"의 존재적 자명성에 이르지 않으며, 오히려 그 상식적 이성에게 바로 그 모든 자명한 것이 의심의 여지가 있음을 보여준다.

예비분석에서 얻은 현상들을 현상학적 시야로 되돌려놓기 위해서는 통과해온 단계들을 지적하는 것으로도 충분할 것이다. 염려의 제한규정은 "거기

---

[1] 이 책의 제1편 71-336쪽 참조.

에"의 존재를 구성하는 열어밝혀져 있음의 분석에서부터 귀결되었다. 이 현상의 해명은 현존재의 근본구성틀, 즉 세계-안에-있음에 대한 잠정적인 해석을 의미했다. 이 세계-안에-있음을 특징지음으로써 우리의 탐구는 시작되었으며, 시작부터 현존재에 대한 부적합하고 대개는 두드러지지 않은 존재론적인 앞선 규정들에 반해 충분한 현상적인 지평을 확보하려고 했다. 세계-안에-있음은 우선 세계의 현상과 연관해서 성격규정되었다. 그리고 우리의 설명은 주위세계 "안"에 있는 손안의 것과 눈앞의 것에 대한 존재적-존재론적 특징부여부터 시작하여 세계내부성의 부각까지 나아갔는데, 이 세계내부성에서 세계성 일반의 현상을 드러내 보이기 위해서였다. 그러나 세계성의 구조, 즉 유의미성이 본질적으로 열어밝혀져 있음에 속하는 이해가 그리로 자기 자신을 기획투사하는 그것[지평], 즉 현존재가 "그 때문에" 실존하고 있는 바로 그 현존재의 존재가능과 얽혀 있음이 입증되었다.

일상적 현존재에 대한 시간적 해석은 열어밝혀져 있음을 구성하고 있는 구조들에서 시작되어야 한다. 그것들은 곧 이해, 처해 있음, 빠져 있음 그리고 말 등이다. 이러한 현상들을 주목하면서 파헤쳐보여야 할 시간성의 시간화의 양태들이 세계-안에-있음의 시간성을 규정하기 위한 지반을 제공한다. 이것은 다시금 새롭게 세계의 현상에로 인도하며 세계성이 지니는 특수한 시간적인 문제틀을 제한규정하도록 한다. 이 제한규정은 우선적인 일상적인 세계-안에-있음, 즉 빠져 있으면서 둘러보는 배려를 성격규정하면서 확증되어야 한다. 이러한 배려의 시간성은 둘러봄이 바라보는 인지함 및 그 안에 근거하고 있는 이론적인 인식함으로 변양되는 것을 가능하게 한다. 그런 식으로 밖으로 드러나고 있는 세계-안에-있음의 시간성이 곧 동시에 현존재의 특수한 공간성의 기초임이 입증된다. 거리 없앰과 방향잡음의 시간적인 구성이 보여야 할 것이다. 이러한 분석 전체는 그 안에 현존재의 비본래성이 존재론적으로 근거하고 있는 시간성의 시간화의 가능성을 밝혀주며, 그리고 어떻게 일상성의 시간적 성격이, 즉 지금까지 끊임없이 계속 사용해온 "우선 대개"의 시간적 의미가 이해되어야 하는가 하는 물음에로 이끈다. 이러한 문제의 확정은 지금까지 도달한 현상의 해명이 충분하지 못하다는 것과 어느 만큼 충분하지 못한지를 명확하게 해준다.

따라서 이 장은 다음과 같이 분류된다. 열어밝혀져 있음 일반의 시간성(제68절), 세계-안에-있음의 시간성과 초월의 문제(제69절), 현존재적 공간성의 시간성(제70절), 현존재 일상성의 시간적 의미(제71절).

제68절 열어밝혀져 있음 일반의 시간성

그 시간적 의미와 관련지어 성격규정된 결단성은 현존재의 본래적인 열어밝혀져 있음을 대변한다. 이 열어밝혀져 있음은 존재자가 실존하면서 자신의 "거기에"를 그 자신이 존재할 수 있도록 그 존재자를 구성하고 있다. 염려가 그 시간적인 의미를 고려해서는 단지 근본특성에서 특징지어졌을 뿐이다. 염려의 구체적인 시간적 구성을 제시해 보인다는 것은, 상세하게 그 구조계기들을, 다시 말해 이해, 처해 있음, 빠져 있음, 말을 시간적으로 해석함을 말한다. 모든 이해는 나름의 기분을 가진다. 모든 처해 있음은 이해하면서 있다. 처해 있는 이해는 빠져 있음의 성격을 지닌다. 빠져 있으며 기분 잡힌 이해는 그 이해성과 관련해서는 말에서 분류파악된다. 언급한 현상들의 그때마다의 시간적인 구성이 각기 그때마다 **하나의 시간성**에로 소급되는데, 이 시간성 때문에 그 구성은 이해, 처해 있음, 빠져 있음 그리고 말의 가능한 구조의 통일성을 보장하는 것이다.

ㄱ) 이해의 시간성[2]

이해라는 용어로써 우리는 하나의 기초 실존범주를 의미한다. 그것은 어떤

---

[2] 이 책의 제31절 215쪽 이하 참조.

특정한 인식함의 양식—예컨대 설명함과 개념파악함과는 구별되는—도 아니고 더욱이 주제적 파악이라는 의미의 인식도 아니다. 그러나 이해는, 한 현존재가 이해함을 근거로 해서 시야, 둘러봄, 그저 바라봄 등의 다양한 가능성들을 실존하면서 형성할 수 있게끔 하는 식으로, '거기에'의 존재를 구성하고 있다. 모든 설명은 이해될 수 없는 것을 이해하면서 발견하는 것으로서 현존재의 일차적 이해에 뿌리를 박고 있다.

  근원적으로 실존론적으로 파악하면, 이해는 "현존재가 각기 그때마다 그 때문에 실존하고 있는 그 존재가능에로 기획투사하면서 존재함"을 말한다. 이해는 고유한 존재가능을 열어밝혀주어, 그래서 현존재가 이해하면서 각기 그때마다 그 자신과 무엇이 문제인지를 어떻게든 알고 있게 한다. 그러나 이러한 "앎"은 어떤 사실을 발견했음이 아니라 어떤 실존적인 가능성 안에 머무름이다. 그에 상응하게 알지 못함도 이해의 중단에 성립되는 것이 아니라, 존재가능이 기획투사되어 있음의 결여적 양태로서 통용되어야 한다. 실존은 의심의 여지가 있을 수 있다. "의문이 되는 것"이 가능하기 위해서는 열어밝혀져 있음이 필요하다. 실존적 가능성에서 기획투사하면서 자기를 이해함의 밑바탕에는, 현존재가 각기 그것으로서 실존하고 있는 그 때마다의 가능성에서부터 자기 자신에게로 다가옴으로서의 도래가 놓여 있다. 도래는 존재론적으로 한 존재자로 하여금 그것이 이해하면서 자신의 존재가능에서 실존하는 식으로 그렇게 존재하는 것을 가능하게 한다. 근본에서 도래적인 기획투사는 일차적으로, 기획투사된 가능성을 의미함 속에서 주제적으로 파악하지 않고, 오히려 자기 자신을 가능성으로서의 그 기획투사된 가능성 안으로 던진다. 이해하면서 현존재는 각기 그때마다 그가 존재할 수 있듯이 **존재한다**. 근원적이고 본래적인 실존함으로서는 결단성이 귀결되었다. 물론 우선 대개 현존재는 결단을 내리지 않은 채 남아 있으니, 다시 말해 현존재가 각기 그때마다 오직 개별화에서만 자신을 그리로 데려오는 그의 가장 고유한 존재가능에서는 닫힌 채로 있다. 바로 거기에 시간성이 끊임없이 본래적인 도래에서부터 시간화되고 있지 않음이 놓여 있는 것이다. 그렇지만 이러한 비지속성은, 시간성이 때때로 도래를 결여할 수도 있음을 말하는 것이 아니라, 오히려 이러한 도래의 시간화가 변화 가능하다는 것을 말한다.

본래적인 도래를 용어로 특징짓기 위해서 우리는 **앞질러 달려가봄**이라는 표현을 확고하게 견지한다. 이 표현은 현존재가 본래적으로 실존하면서 가장 고유한 존재가능으로서의 자신을 자기 자신에게로 다가오도록 함을, 그리고 도래란 그 자체가 비로소 획득되어야 한다―현재에서가 아니라 비본래적인 도래에서부터―는 것을 가리킨다. 도래를 형식적으로 무차별적으로 지칭하는 용어는 염려의 첫 번째 구조계기를 칭하는 **자기를 앞질러**에서 찾아볼 수 있다. 현존재는 현사실적으로 끊임없이 자기를 앞질러 있지만, 실존적 가능성을 따라 보면 끊임없이 앞질러 달려가보면서 있지는 않다.

이에 대비적으로 비본래적인 도래는 어떻게 구별되어야 하는가? 이 탈자적 양태는, 본래적 도래가 결단성에서 그러하듯이 상응하게, 오직 일상적으로 배려하고 있는 비본래적인 이해에서부터 그것의 실존론적-시간적 의미로 존재론적으로 소급해갈 때 밝혀질 수 있다. 염려로서 현존재는 본질적으로 자기를 앞질러 있다. 우선 대개 배려하는 세계-안에-있음은 자기 자신을 그가 배려하고 있는 그것에서부터 이해한다. 비본래적인 이해는 자기 자신을 일상의 종사에서 업무상 배려 가능한 것, 할 수 있는 것, 긴급한 것, 불가피한 것으로 기획투사한다. 그러나 배려된 것은 염려하는 존재가능 때문에 그것이 있듯이 그렇게 있다. 이 존재가능이 현존재를 배려되고 있는 것 곁에 배려하면서 있음에서 자기 자신에게로 다가오게끔 한다. 현존재는 일차적으로 그의 가장 고유한 무연관적인 존재가능에서 자기 자신에게로 다가오는 것이 아니라, 오히려 그는 배려하면서 **배려되고 있는** 것을 내주거나 거절하는 그것에서부터 자기 자신을 기대하고 있다. 현존재는 배려되고 있는 것에서부터 자기 자신에게로 다가온다. 비본래적인 도래는 기대함의 성격을 가진다. "그들"-자신은 사람들이 쫓아다니는 그것에서부터 배려하면서 자신을 이해하는데, 이 이해는 도래의 이러한 탈자적인 양태에 그것의 가능성의 "근거"를 가진다. 그리고 오직 현사실적 현존재가 그의 존재가능을 그런 식으로 배려되고 있는 것에서부터 기대하고 있기 **때문에**, 현존재는 **예기하며** ……을 기다릴 수 있는 것이다. 기대함은 이미 각기 그때마다 거기에서부터 어떤 것이 예기될 수 있는 그 지평과 범위를 열어밝혔어야 한다. 예기함은 기대함에 기초하는 도래의 한 양태이며, 도래는 본래적으로 미리 달려가봄으로서 시간화된다. 그러므로 앞질러 달려가봄에는 배려되고 있는 자기 자신의 예기에서 더욱더 근원적인 죽음을 향한 존재가 놓여 있다.

이해는 실존함으로서 어떻게 기획투사된 존재가능에서든 **일차적으로** 도래적이다. 그러나 이해는 만일 그것이 시간적, 다시 말해 기재와 현재에 의해서 똑같이 근원적으로 규정되어 있지 않다면, 시간화되지 못할 것이다. 나중에 언급된 탈자태가 비본래적인 이해를 함께 구성하는 방식은 이미 대강은 분명해졌다. 일상적인 배려는 자기 자신을 가능한 성공과 실패에서부터 각기 그때마다 배려되고 있는 것을 고려하여 그에게 마주 다가오는 존재가능에서부터 이해한다. 비본래적인 도래에는, 즉 기대함에는 나름의 고유한, 배려된 것 **곁에** 있음이 상응한다. 이러한 마주-대함(Gegen-wart, 현재)의 탈자적 양태는, 우리가 이 탈자태를 본래적인 시간성의 양태에서 비교하기 위해서 끌어들인다면 밝혀질 것이다. 결단성의 앞질러 달려가봄에는 하나의 현재가 속하며, 그 현재에 따라 결의가 상황을 열어밝힌다. 결단성에서는 현재가 가까이 배려되고 있는 것으로 흐트러져 있음에서부터 되찾아져올 뿐 아니라 또한 도래와 기재 안에 견지되기도 한다. 본래적인 시간성에서 건지되고 있는, 따라서 **본래적인 현재**를 우리는 순간이라고 이름한다. 이 용어는 능동적인 의미에서 탈자태로 이해되어야 한다. 그 용어는 결단을 내린, 그러나 결단성에서 **견지된**, 상황 속에서 배려 가능한 가능성들, 형편들에서 만나게 되는 것에로 현존재의 빠져나감을 의미한다. 순간의 현상은 **원칙적으로 지금**에서부터 해명될 수 **없다**. 지금은 시간내재성으로서의 시간에 속하는 시간적 현상이다. 즉 "그 안에서" 어떤 것이 생성하고 소멸하거나 눈앞에 있는 그 지금 말이다. "순간에서는" 아무것도 나타나지 않으며, 본래적인 마주-대함[현재]으로서 순간은 손안의 것이나 눈앞의 것이 "시간 안에서" 그것일 수 있는 바로 그것을 **비로소 만나게** 해준다.[3]

본래적인 현재로서의 순간과 구별하여 비본래적인 현재를 우리는 **현재화**라고 이름한다. 형식적으로 이해할 때, 모든 현재는 현재화하는 것이지만, 모든 현재가 "순간적인" 것은 아니다. 우리가 현재화라는 표현을 덧붙이는 말 없이 사용할 때에는, 그것은 언제나 비본래적인, 몰순간적-비결단적인 현재화를 의미한다. 현재화는 배려되고 있는 "세계"에 빠져 있음에 대한 시간적 해석에서 비로소 명확해질 것이다. 이 빠져 있음은 현재화에 그 실존론적 의미를 가지고 있으니 말이다. 그러나 비본래적인 이해가 존재가능을 배려 가능한 것에서부터 기획투사하는 한, 이것이 말하는 것은 이 이해가 현재화에서부터 시간화된다는 점이다. 이에 반해 순간은 역으로 본래적인 도래에서부터 시간화된다.

비본래적인 이해는 현재화하는 기대함으로서 시간화되는데, 이러한 기대함의 탈자적 통일성에는 거기에 상응한 **기재**가 속해 있음에 틀림없다. 앞질러 달려가보는 결단성의 본래적인 자기 자신에게로 다가옴은 동시에 자

---

[3] 키르케고르는 순간의 실존적 현상을 가장 철저하게 고찰했다. 그러나 이것이 곧 그가 그에 상응하게 실존론적 해석에서도 성공했음을 의미하지는 않는다. 그는 통속적인 시간개념에 붙잡혀 있으며 순간을 지금과 영원의 도움으로 규정한다. 키르케고르가 "시간성"에 대해서 말할 때, 그는 인간의 "시간-안에-있음"을 의미한다. 시간내재성으로서의 시간은 오직 지금만을 알 뿐 결코 순간은 알지 못한다. 그러나 이 순간이 실존적으로 경험될 때, 이 경우 더 근원적인 시간성이 ─비록 실존론적으로 명시적으로는 아니더라도─ 전제되고 있는 것이다. "순간"과 관련해서는 K. Jaspers, *Psychologie der Weltanschauung*(『세계관의 심리학』), 미개정 제3판, 1925년, 108쪽 이하 그리고 "키르케고르의 보고", 같은 책, 419-432쪽 참조.

신의 개별화 속으로 내던져진, 가장 고유한 자기에게로 되돌아옴이다. 이러한 탈자태는 현존재로 하여금 결단을 내려 그가 이미 그것인 그 존재자를 떠맡을 수 있는 것을 가능하게 한다. 앞질러 달려가봄에서 현존재는 자신을 다시 가장 고유한 존재가능에로 앞서 데려온다. 본래적인 존재해와-있음을 우리는 반복[다시 잡음]이라고 이름한다. 그런데 비본래적으로, 배려되고 있는 것을 현재화하면서 그것에서부터 길어내어진 가능성에로 자기 자신을 기획투사함이 가능한 것은, 현존재가 그의 가장 고유한 내던져진 존재가능을 망각했기 때문이다. 이러한 망각은 무(無)나 또는 기억의 결여가 아니라 도리어 기재의 고유한, "적극적" 탈자적 양태이다. 망각의 탈자태(빠져나감)는 자기 자신을 닫아버리고 가장 고유한 기재 앞에서 도망한다는 성격을 가지며, 그래서 이러한 '……앞에서 도망함'은 탈자적으로 '그 앞에서'를 닫아버리며 그로써 자기 자신도 닫아버린다. 이리하여 망각은 비본래적인 기재로서 내던져진 고유한 존재와 자신을 연관시키지 않는다. 그것은 내가 우선 대개 거기에 맞추어 존재해온, 존재하고 있는 그런 존재양식의 시간적 의미이다. 그리고 오직 이러한 망각의 근거 위에서만 배려하는, 기대하며 현재화함이 간직할 수 있고 그것도 현존재적이 아닌 주위세계적으로 만나게 되는 존재자를 간직할 수 있다. 이러한 간직함에 간직하지 않음이 상응하는데, 이것은 파생된 의미에서의 "망각"을 나타낸다.

  예기가 기대함에 근거하여 비로소 가능하듯이, 기억도 망각에 근거하여 가능한 것이지, 그 역이 아니다. 왜냐하면 망각의 양태에서 기재는 일차적으로 지평을 "열어밝혀서", 배려되고 있는 것의 "외면성"에 빠져 자기를 상실한 현존재가 이 지평 안으로 자기 자신을 기억해들어갈 수 있기 때문이다. 망각하며-현재화하는 기대함은, 비본래적인 이해과 그것에 맞추어 그의 시간성의 관점에서 자신을 시간화하는 그러한 고유한 탈자적 통일성이다. 이러한 탈자태의 통일성은 본래적인 존재가능을 닫아버리며 그래서 비결단성의 실존론적 가능조건이다. 비록 비본래적인 배려하는 이해가 배려되고 있는 것의 현재화에서부터 규정된다고 해도, 그럼에도 이해의 시간화는 일차적으로 도래에서 이행된다.

ㄴ) 처해 있음의 시간성[4]

이해는 결코 허공을 떠다니는 것이 아니라 언제나 처해 있는 이해이다. '거기에'가 각기 그때마다 똑같이 근원적으로 기분에 의해서 열어밝혀지거나 닫힌다. 기분 잡혀 있음이 현존재를 그의 내던져져 있음 **앞으로** 데려오는데, 바로 이 내던져져 있음은 그 자체로서 인식되지 않지만, "누구에게 어떠한지"가 훨씬 더 근원적으로 열어밝혀져 있다. 내던져져 **있음**은 실존론적으로 '이러저러하게 처해 있음'을 말한다. 그러므로 처해 있음은 내던져져 있음에 근거한다. 기분은 그 안에서 내가 각기 그때마다 일차적으로 내던져진 존재자로 존재하는 그 방식을 제시한다. 기분 잡혀 있음의 시간적 구성을 어떻게 드러내 보일 수 있는가? 어떻게 그때마다의 시간성의 탈자적 통일성에서부터 처해 있음과 이해의 실존론적 연관이 통찰 가능해지는가?

기분은 고유한 현존재에로 향해 섬 또는 거기에서부터 돌아섬의 방식으로 열어밝힌다. 고유한 내던져져 있음의 사실 **앞으로 데려옴**─본래적으로 밝히면서이든 비본래적으로 은폐하면서이든─이 실존론적으로 가능하게 되는 것은, 현존재의 존재가 그 의미상 끊임없이 존재해와 **있을** 때만이다. 사람들 자신이 그것인 바로 그 내던져진 존재자 앞에로 데려옴이 기재를 처음으로 마련해주는 것이 아니라, 오히려 이 기재의 탈자태가 비로소 처해 있음의 방식에서 자신을 발견하는 것을 가능하게 한다. 이해는 일차적으로 도래에 근거하고 있지만, 그에 반해 **처해 있음**은 **일차적으로** 기재에서 시간화된다. 기분은 시간화된다. 다시 말해 기분의 특수한 탈자태는 도래와 현재에 속하지만, 어쨌거나 기재가 동일근원적인 탈자태를 변양시킨다.

---

[4] 이 책의 제29절 203쪽 이하 참조.

우리는 앞에서 기분이 비록 존재적으로는 잘 알려져 있지만 그 근원적인 실존론적 기능에서는 인식되어 있지 않다는 것을 강조했다. 기분은 "심적 상태" 전체를 "물들이고 있는" 덧없는 체험으로 통한다. 덧없이 나타났다가 사라지는 성격을 가진 고찰도 실존의 근원적인 지속성에 속한다. 그러나 그렇다고 해도 기분이 "시간"과 무엇을 공통으로 가질 수 있다는 말인가? "체험들"이 오고 가고, "시간 속에서" 흘러가고 있다는 사실은 진부한 확인일 뿐이다. 그렇다. 그것은 존재적-심리학적 확인일 뿐이다. 그렇지만 과제는 기분 잡혀 있음의 존재론적 구조를 그 실존론적-시간적 구성에서 제시해보이는 것이다. 그것도 우선 문제가 되는 것은, 기분 일반의 시간성을 일단 드러내보여주는 것이다. "처해 있음은 일차적으로 기재에 근거한다"라는 테제가 말하는 것은, 기분의 실존론적 근본성격은 ······으로 도로-데려옴이라는 것이다. 이 도로 데려옴이 기재를 비로소 산출해내는 것이 아니라, 처해 있음이 실존론적 분석에게 각기 그때마다 기재의 한 양태를 드러내는 것이다. 그러므로 처해 있음의 시간적 해석은, 기분을 시간성에서부터 연역해내어 시간화라는 순수한 현상 속으로 해소시키려는 의도를 가질 수 없다. 중요한 것은 단지, 기분이 실존적으로 무엇을 "의미하고" 어떻게 "의미하는" 것이 가능한 것은 오직 시간성을 근거로해서임을 증명하는 것이다. 시간적 해석은 이미 예비분석된 공포와 불안의 현상에 국한된다.

우리는 분석을 **공포**[5)]의 시간성을 제시하는 것으로 시작한다. 공포는 비본래적인 처해 있음으로 성격규정되었다. 얼마만큼의 공포를 가능하게 하는 실존론적 의미가 기재인가? 이 탈자태의 어떤 양태가 공포의 특수한 시간성을 특징짓는가? 공포는 위협적인 것 앞에서 두려워함이다. 여기에서 위협적인 것은 현존재의 현사실적 존재가능에 해가 되며, 배려되고 있는 손안의 것과 눈앞의 것의 주변에서 앞에서 기술한 방식으로 접근해온다. 두려워함

---

5) 이 책의 제30절 211쪽 이하 참조.

은 위협하고 있는 것을 일상적인 둘러봄의 방식에서 열어밝힌다. 그저 관찰하기만 하는 주체는 그러한 것을 결코 발견할 수 없다. 그러나 이렇게 '……앞에서 두려워함'을 열어밝히는 것이 곧 자기 자신에게로 다가오게 함은 아니지 않는가? 사람들이 공포를 다가오는 화(미래의 화)을 예기함이라고 규정한 것은 옳지 않은가? 공포의 일차적인 시간적 의미는 미래이지, 결코 기재가 아니지 않는가? 논란의 여지가 없이 분명 두려워함은 "시간 안에서" 다가오는 것이라는 "뜻에서" "도래적인 것"과 연관될 뿐 아니라, 이러한 연관됨 자체가 근원적인 시간적 의미에서 도래적이다. 기대함은 분명 공포의 실존론적-시간적 구성에 **함께** 속한다. 그러나 이것이 말하는 것은 단지, 공포의 시간성이 **비본래적인** 시간성이라는 것뿐이다. '……앞에서 두려워함'은 단지 어떤 다가오는 위협적인 것을 예기함일 뿐인가? 어떤 다가오는 위협적인 것을 예기함이 벌써 공포일 필요는 없으며, 공포이기는커녕 거기에는 바로 공포의 특수한 기분의 성격이 결여되어 있다. 이 기분의 성격은 공포의 기대함이 위협적인 것을 현사실적으로 배려하는 존재가능으로 **되돌아오게** 하는 데에 있다. 오직 내가 그것인 그 존재자에게로 **돌아와서** 위협적인 것이 기대될 수 있고, 그래서 돌아옴의 '거기에로'가 도대체 이미 탈자적으로 열려 있을 때, 현존재가 위협당할 수 있다. 두려워하는 기대함이 "자신을" 두려워한다는 사실, 다시 말해 '……앞에서 두려워함'은 각기 그때마다 '……때문에 두려워함'이라는 사실은 공포의 기분성격과 **감정**성격에 놓여 있다는 것이다. 공포의 실존론적-시간적 의미는 자기를 망각함에 의해서 구성된다. 즉 고유한 현사실적 존재가능 앞에서 당황하여 도망감에 의해서 구성되며, 그렇게 위협당한 세계-안에-있음은 손안의 것을 배려한다. 아리스토텔레스는 옳게도 공포를 뤼페 티스 에 타라케(λύπη τις ἢ ταραχή), 즉 일종의 억압되어 있음 또는 당황함이라고 규정한다.[6] 억압되어 있음은 현존재를 그의 내던져져 있

---

6) Aristoteles, *Rhetorik*(『수사학』), B 5, 1382 a 21 참조.

음으로 돌아갈 것을 강요하는데, 그렇게 해서 바로 이 내던져져 있음이 닫혀 버리게 한다. 당황함은 망각함에 근거한다. 현사실적인, 결단한 존재가능 앞에서 망각하며 도망함은 구출과 도피의 가능성에 머무르고 있으며, 이 가능성은 앞서 이미 둘러보며 발견되어 있다. 자신을 두려워하는 배려는, 자기를 망각하고 있으므로 아무런 **특정한** 가능성도 **장악하지** 않으면서, 이 가까운 가능성에서 저 가까운 가능성으로 뛰어다닌다. 모든 "가능한", 다시 말해 불가능한 가능성까지 제공된다. 두려워하는 자는 어떤 가능성에도 머무르지 않으며, "주위세계"가 사라지지는 않지만 더는 그 **주위세계**를 잘 알지 못하는 가운데 만난다. 공포 속에 자기를 망각함에는 이렇게 **당황** 속에 가까이 있는 최선의 것을 **기대함**이 속한다. 예컨대 불이 난 집의 주인이 흔히 아주 하찮은 것, 가까이 손에 잡히는 것을 "구해서" 나온다는 것은 잘 알려진 사실이다. 공중에 떠다니는 뒤죽박죽의 가능성들의 자기를 망각하고 기대함이 당황함을 가능하게 하고, 이런 식으로 당황함이 공포의 기분성격을 형성한다. 당황함의 망각은 또한 기대함도 변양시켜서 억압되어 있는 또는 당황스러운 기대함으로 성격 짓는데, 이런 기대함은 순수한 예기함과는 구별된다.

두려워함을 실존론적으로 가능하게 하는 특수한 탈자적 통일성은 일차적으로 성격 지은 망각함에서 보인다. 이 망각함은 귀속해 있는 현재와 도래를 기재의 양태로서 그 시간화에서 변양시킨다. 공포의 시간성은 기대하며-현재화하는 망각이다. 공포의 이해하는 해석은 우선, 세계내부적으로 만나게 되는 것에 방향을 잡아, 공포의 '그것 앞에서[대상]'를 "다가오는 재앙"으로 그리고 그에 상응하게 그 재앙과의 연관을 예기로 규정하려고 든다. 그 외에도 이 현상에 속하는 것이 "쾌 또는 불쾌의 감정"으로 남아 있다.

공포의 시간성에 대해서 **불안**의 그것은 어떻게 관계하고 있는가? 우리는 불안의 현상을 근본적 처해 있음의 하나라고 이름했다.[7] 이 근본적 처

---

7) 이 책의 제40절 273쪽 이하 참조.

해 있음은 현존재를 그의 가장 고유한 내던져져 있음에로 데려오며 일상적으로 친숙해진 세계-안에-있음의 섬뜩함을 밝혀준다. 공포와 마찬가지로 불안도 불안해함의 **그것 앞에서**[대상]와 **그것 때문에**[이유]에 의해서 형식적으로 규정되어 있다. 그렇지만 그 분석은 이 두 현상이 합쳐짐을 보여주었다. 그러나 이것이 말하는 것은, 마치 불안이 ……앞에서도 ……때문에도 불안해하지 않는 식으로, '그것 앞에서'와 '그것 때문에'라는 구조적 성격이 융합되어 있다는 말이 아니다. '그것 앞에서'와 '그것 때문에'가 합쳐진다는 것은, 그것들을 충족시키는 존재자가 동일한 존재자, 즉 현존재라는 것을 말한다. 특히 불안의 '그것 앞에서'는 어떤 특정한 배려 가능한 것으로 만나게 되지 않고, 위협은 손안의 것과 눈앞의 것에서부터 오지 않고, 오히려 바로 모든 손안의 것과 눈앞의 것이 어느 누구에게 단적으로 더 이상 아무것도 "말하는" 것이 없다는 그 사실에서부터 온다. 그것은 더 이상 세계내부적인 존재자와 아무런 사용사태도 가지지 않는다. 내가 그 안에서 실존하고 있는 세계가 무의미성으로 가라앉고 그렇게 열어밝혀진 세계는 그저 존재자를 비사용사태의 성격에서 자유롭게 내줄 수 있을 뿐이다. 불안이 그 앞에서 불안해하는 세계의 무(無)는, 불안에서는 가령 세계내부적인 손안의 것의 부재를 경험하게 된다는 것을 말하는 것이 아니다. 오히려 이 세계내부적인 손안의 것을 만나, 그것과 **심지어 아무런** 사용사태를 가지지 않아서 그것이 공허한 냉혹성 속에서 보일 수 있을 정도이다. 그렇지만 바로 거기에, 배려하는 기대함이 거기에서부터 자신을 이해할 수 있을 아무것도 발견하지 못해 세계의 무를 움켜쥐게 된다는 사실이 놓여 있는 것이다. 세계에 부딪히지만 이해는 불안에 의해서 세계-안에-있음 그 자체로 데려와지는데, 불안의 이러한 '그것 앞에서'는 동시에 그것의 '그것 때문에'이다. '그것 앞에서' 불안해함은 예기의 성격도 그리고 도대체 기대의 성격도 가지고 있지 않다. 불안의 '그것 앞에서'는 분명 이미 "거기에" 있으니, 곧 현존재 자신이다. 그렇다면 불안은 도래에 의해서 구성되고 있다는 말인가? 그렇다. 그렇지만 기대함의 비본래적인 도래에 의해서는 아니다.

불안에서 열어밝혀진 세계의 무의미성은 배려 가능한 것의 무성을 드러내 보여주니, 다시 말해 일차적으로 배려되고 있는 것에 기초하는 실존의 존재가능으로 자기 자신을 기획투사함이 불가능함을 드러내 보여준다. 그러나 이러한 불가능성을 밝혀줌은 본래적인 존재가능의 가능성이 빛나도록 함을 의미한다. 이러한 드러내 보임은 어떤 시간적인 의미를 가지는가? 불안은 섬뜩함 속으로 내던져진 현존재로서의 적나라한 현존재 때문에 불안해한다. 불안은 가장 고유한, 개별화된 내던져져 있음의 순수한 사실 앞으로 도로 데려온다. 이러한 도로 데려옴은 도피하는 망각의 성격을 가지지 않고 기억의 성격도 가지지 않는다. 그러나 마찬가지로 불안에는 이미 결의 속에 실존을 반복하며[다시 찾으며] 떠맡는 일도 없다. 이에 반해 불안은 **가능한 반복 가능한 것으로서의 내던져져 있음 앞으로 도로 데려온다**. 그리고 그런 식으로 불안은 도래적인 것으로서 반복함에서 내던져진 '거기에'에로 돌아와야 하는, 본래적인 존재가능의 가능성도 **함께** 드러내 보여준다. **반복 가능성 앞으로 데려옴이 불안의 처해 있음을 구성하는 기재의 특수한 탈자적 양태이다**.

공포를 구성하는 망각은 현존재를 당황하게 하여 장악되지 않는 "세상의" 가능성들 사이에서 이리저리 헤매도록 한다. 이러한 안절부절못하는 현재화에 비해 불안의 현재는 가장 고유한 내던져져 있음에로 자기 자신을 도로 데려옴 속에 **머물러** 있다. 불안은 그 실존론적인 의미상 자신을 배려 가능한 것 안에서 상실할 수 없다. 만일 그러한 일이 불안과 비슷한 처해 있음에서 일어난다면, 그것은 일상의 지성이 불안과 혼동하고 있는 공포이다. 비록 불안의 현재가 **붙잡혀** 있다고 하지만, 그렇다고 그것이 벌써 결의 속에서 시간화되는 순간의 성격을 가지는 것은 아니다. 불안은 단지 **가능한** 결의의 기분으로 데려올 뿐이다. 불안의 현재는, 순간으로서 불안의 현재 자체이며 오직 순간으로서만 그것이 가능한 이 순간을 [결단의] 도약 위에서 붙잡는다. 그리고 이 순간은 오직 **도약 위**에서만 가능하며 그 자체이다.

불안의 독특한 시간성은 불안이 근원적으로 기재에 근거하고 있고 이 기재에서부터 비로소 도래와 현재가 시간화되고 있다는 것이다. 이러한 불안의 독특한 시간성에서, 불안의 기분을 두드러지게 만들어주는 그 위력의 가능성이 입증된다. 불안에서 현존재는 전적으로 그의 적나라한 섬뜩함에로 되돌려지고 그 섬뜩함에 사로잡힌다. 그러나 이러한 사로잡혀 있음이 현존재를 "세상의" 가능성에서부터 도로 **빼앗아올** 뿐 아니라 또한 그에게 동시에 **본래적인** 존재가능의 가능성도 **준다**.

그렇지만 공포와 불안이라는 이 두 기분은 결코 "체험의 흐름" 안에서 따로 떼어져 "나타나지" 않고, 각기 그때마다 이해를 기분 잡아주거나[=규정하거나] 또는 이해에 의해서 조율되거나 한다. 공포는 주위세계적으로 배려되고 있는 존재자 안에서 공포의 계기를 가진다. 이에 반해 불안은 현존재 자신에서부터 생겨나온다. 공포는 세계내부적인 것에서부터 덮쳐온다. 불안은 내던져져 있는 죽음을 향한 존재로서의 세계-안에-있음에서부터 일어난다. 불안이 이렇게 현존재에서부터 "피어오르는 것"은 시간적으로 이해할 때, 불안의 도래와 현재는 반복 가능성으로 도로 데려옴이라는 의미에서의 근원적인 기재에서부터 시간화됨을 말한다. 그러나 불안은 본래적으로 오직 결단한 현존재 안에서만 피어오를 뿐이다. 결단한 자는 공포를 모른다. 그러나 그는 바로 불안이 그를 방해하고 당황하게 하지 않는 그런 기분일 수 있다는 것을 이해한다. 불안은 현존재를 "무성적인" 가능성에 **서부터** 해방시켜 본래적인 가능성을 향해 자유롭게 되도록 한다.

처해 있음의 두 양태인 공포와 불안이 다 일차적으로 **기재**에 근거한다고 하더라도, 염려의 전체에서의 그것들 각기의 고유한 시간성에 관련해볼 때 그 근원은 상이하다. 불안은 결단성의 **도래**에서부터 발원하고, 공포는 상실된 현재에서부터 발원한다. 공포는 이 상실된 현재를 더욱 겁먹고 두려워하여 그래서 더욱더 그 현재에 빠져버리게 된다.

그러나 기분의 시간성에 대한 테제는 아마도 단지 그런 분석을 위해서 골라낸 현상들에만 타당한 것은 아닌가? "회색의 일상"을 두루 지배하는 빛바랜 무기분에서 어떻게 시간적인 의미를 발견할 수 있다는 말인가? 그리고 희망, 기쁨, 감격, 쾌활 등과 같은 기분과 감정의 시간성은 어떠한가? 공포와 불안만이 아니라 다른 기분들도 기재에 실존론적으로 기초하고 있다는 것은 권태, 비애, 우울, 절망 등과 같은 현상을 열거하기만 해도 분명해진다. 어쨌거나 그 현상들에 대한 해석은 현존재의 정리작업된 실존론적 분석론의 좀더 넓은 토대 위에 세워져야 한다. 그러나 전적으로 미래에 기초하는 것처럼 보이는 희망과 같은 현상도 상응한 방식으로 공포와 같이 분석되어야 한다. 사람들은 희망을, 미래의 재앙과 연관되는 공포와는 구별지어 미래의 행복(bonum futurum)에 대한 예기로 성격규정했다. 그러나 희망 현상의 구조에 결정적인 것은 희망이 **그것과** 연관되고 있는 그것의 "도래적인" 성격이 아니라, 오히려 **희망함 자체**의 실존론적 의미이다. 기분의 성격이 여기에서도 일차적으로는 **자기를 위해서 갈망함**으로서의 희망함에 놓여 있다. 희망하는 자는 흡사 자기 자신을 **함께** 희망 속으로 집어넣어 자신을 갈망되고 있는 것으로 마주 데려간다. 그러나 그것은 자기 자신을 획득했음을 전제한다. 마음을 무겁게 내리누르는 근심걱정에 비할 때 희망이 마음을 **가볍게 해주는** 것은, 단지 이러한 처해 있음도 존재해와-있음의 양태에서 부담과 연관된 채 남아 있음을 말하고 있을 뿐이다. 고양된 기분, 좀더 정확하게는 고양하는 기분은 존재론적으로 오직 현존재가 자기 자신의 내던져져 있는 근거와 맺는 탈자적-시간적인 연관 안에서만 가능하다.

무관심의 빛바랜 무기분은, 아무것에도 매달리지 않고 아무것도 재촉하지 않고 그날그날이 제공하는 것에 자기를 내맡기지만, 그러면서도 어떤 방식에서는 모든 것을 함께 사셔가는 그런 무기분이야말로 가까운 배려의 일상적 기분에서 망각의 위력을 **가장 박력** 있게 증명하는 셈이다. 만사를 있는 그대로 "내버려두는" 빈둥대는 삶은 내던져져 있음에 망각하며 자기를 맡겨버림에 근거하고 있다. 그것은 비본래적인 기재의 탈자적 의미를 가지고 있다. 몰아대는 분망함과 양립할 수 있는 무관심은 침착함과는 엄격하게 구별되어야 한다. 이 기분, 즉 침착함은 죽음으로 앞질러 달려감에서 열어밝혀진 전체존재가능의 가능한 상황을 순간적인 눈빛으로 **보는** 결단성에서부터 발원한다.

그 존재의미상 처해 있는 존재자만이, 다시 말해 실존하면서 각기 그때마다 이미 존재해오고 기재의 끊임없는 양태 속에 실존하는 존재자만이 감정이 촉발될 수 있다. 감정[유발]은 현재화를 전제하며, 그것도 이 현재화에서 현존재가 존재해온 자로서의 자기에게로 도로 데려와질 수 있는 식으로 그렇게 전제한다. 감각의 **자극**과 **감동**이 그저 살아가기만 하는 사람에게서는 존재론적으로 어떻게 제한규정될 수 있는가, 예를 들어 동물의 존재는 도대체 어떻게 그리고 어디에서 "시간"에 의해서 구성되고 있는가 하는 것은 별개의 문제로 남는다.

ㄷ) 빠져 있음의 시간성[8]

이해와 처해 있음에 대한 시간적 해석은 각기 해당하는 현상의 **일차적 탈자태**에 부딪쳤을 뿐 아니라 또한 언제나 동시에 **전체** 시간성에도 부딪쳤다. 도래가 일차적으로 이해를, 기재가 기분을 가능하게 하듯이, 염려의 세 번째 구성적 구조계기인 **빠져 있음**은 그 실존론적 의미를 **현재**에 가지고 있다. 빠져 있음에 대한 예비분석은 잡담, 호기심, 애매함의 해석으로 시작되었다.[9] 빠져 있음의 시간적 분석도 동일한 과정을 취해야 할 것이다. 그렇지만 우리는 우리의 탐구를 호기심의 고찰에만 국한시키려고 하는데, 그 까닭은 호기심에서 빠져 있음의 특수한 시간성이 가장 쉽게 보일 수 있기 때문이다. 이에 반해 잡담과 애매함의 분석은 이미 말과 의미함(해석)의 시

---

8) 이 책의 제38절 260쪽 이하 참조.
9) 이 책의 제35절 이하, 250쪽 이하 참조.

간적 구성에 대한 해명을 전제한다.

호기심은 현존재의 한 탁월한 존재경향이다. 현존재는 이 경향에 따라 볼 수 있음을 배려한다.[10] "봄"은 시각이라는 개념과 같이 "신체적 눈"으로 받아들이는 것[인지함]에 국한되지 않는다. 좀더 넓은 의미의 받아들임[인지함]은 손안의 것과 눈앞의 것을 그것 자체에 있어 그것의 겉모양과 관련해서 "생생하게[신체적으로]" 만나게끔 해준다. 이러한 만나게 해줌은 현재에 근거한다. 현재가 도대체 그것 내부에서 존재자가 생생하게 **현전하며** 존재할 수 있는 그러한 탈자적인 지평을 제공한다. 그러나 호기심은 눈앞의 것을 그것 곁에 머무르면서 그것을 이해하기 위해서 기대하지 않고 오히려 **그저** 보기 위해서 그리고 본 것으로 만들기 위해서 보려고 든다. 이렇게 그것 자체 속에 잡혀 있는 현재화로서 호기심은 거기에 상응하는 도래 및 기재와 하나의 탈자적 통일성을 이룬다. 새로운 것에 대한 욕망은 아직 보지 못한 것으로 파고듦이지만, 이 현재화는 기대함에서부터 벗어나려고 든다. 호기심은 철두철미하게 비본래적으로 도래적이기는 하지만 이것은 다시금, 호기심이 하나의 **가능성**을 기대하는 식이 아니라, 이 가능성을 이미 그저 현실적인 것으로 자신의 욕망 속에서 욕구하는 식으로 그렇다. 호기심은 붙잡히지 않은 현재화에 의해서 구성되고 있는데, 이 현재화는 오직 현재화하기만 하면서, 그로써 끊임없이 그것이 그 안에 붙잡혀 있지 않으며, "붙잡혀 있는" 그 기대함에서부터 도망가려고 든다. 현재는 도망간다는 강조된 의미에서 귀속해 있는 기대함에서 "발원한다". 그러나 호기심의 "발원하는" 현재화는 "사태"에 열중하기는커녕, 시각이 획득한 것에서 이미 다음의 것으로 눈을 돌린다. 어떤 특정한 장악한 가능성을 기대함에서 끊임없이 "발원하는" 현재화는 호기심을 특징짓는 **머무르지 않음**을 존재론적으로 가능하게 한다. 현재화는 기대함에서 "발원하지만", 존재적으로 이해

---

10) 이 책의 제36절 254쪽 이하 참조.

되어 현재화가 기대함에서 떨어져나와 그 스스로가 떠맡는 식은 아니다. "발원함"은 기대함의 탈자적 변양인데, 그것도 기대함이 현재화에서부터 뒤**따라 나온다**는 식으로 그렇다. 기대함은 흡사 자기 자신을 포기하며, 더 이상 배려함의 비본래적인 가능성도 배려되고 있는 것에서부터 자기에게로 다가올 수 없게 한다. 다가오게 한다면 오직 붙잡히지 않은 현재화를 위한 그런 가능성들뿐이다. 발원하는 현재화를 뒤따라 나오는 현재화로 탈자적으로 변양시키는 것이 **흐트러짐**의 실존론적-시간적 가능조건이다.

뒤따라 나오는 기대함에 의해서 현재화는 더욱더 그 자신에게만 내맡겨진다. 그것은 현재를 위해서 현재화한다. 이렇게 자기 자신에 사로잡혀 흐트러진 머무르지 않음은 **무체류성**이 된다. 현재의 이러한 양태는 순간의 극단적인 반대현상이다. 저 현재의 무체류성에서 현-존재는 도처에 있으면서 어디에도 없지만, 이 순간은 실존을 상황에로 데려오며 본래적인 "거기에"를 열어밝힌다.

현재가 비본래적일수록, 다시 말해 현재화가 더욱더 그것 "자체"에 올수록, 더욱더 현재화는 닫아버리면서 특정한 존재가능 앞에서 도피하며, 그러면 도래는 더욱더 내던져진 존재자에게로 되돌아갈 수 없게 된다. 현재에서 "발원함" 안에는 동시에 증가하는 망각이 놓여 있다. 호기심이 언제나 이미 다음 것에 머무르고 이전 것은 망각했다는 사실은, 호기심에서 비로소 귀결되어 나오는 결과가 아니라, 오히려 호기심 자체의 존재론적 조건이다.

빠져 있음의 제시된 성격들인 유혹, 안정, 소외, 사로잡힘 등은 시간적인 의미의 관점에서는, "발원하는" 현재화가 그 탈자적인 경향상 그것 자체에서부터 시간화되기를 구한다는 것을 말한다. 현존재가 사로잡혀 있다는 이 규정은 하나의 탈자적인 의미를 가진다. 현재화에서의 실존의 빠져나감이 의미하는 것은 현존재가 그의 자아와 자기에서부터 떨어져나간다는 뜻이 아니다. 극단적인 현재화에서도 현존재는 시간적으로, 다시 말해 기대하면서 망각하면서 남아 있다. 현재화하면서도 현존재는 여전히 자기 자신을 이해하고 있다. 비록 일차적으로 본래적인 도래와 기재에 근거하고 있는 그의 가장 고유한 존재가능으로부터 소외되어 있더라도 말이다. 그러나 현재화가 항시 "새것"을 제공하는 한, 그것은 현존재로 하여금 자기 자신에게로 돌아오지 못하게 하며 끊임없이 새롭게 안정시켜준다. 그러나 이러한 안정은 다시금 발원의 경향을 강화시킨다. 호기심을 "유발시키는" 것은, 아직 보지 못한 것이 무한히 그 끝을 알 수 없게 널려 있음이 아니라 발원하는 현재의 빠져 있는 시간화 양식이다. 사람들이 모든 것을 다 본 뒤에라도, 호기심은 여전히 새것을 **고안할** 것이다.

현재의 "발원함"의 시간화의 양태는 **유한한** 시간성의 본질에 근거한다. 죽음을 향한 존재로 내던져져 있으면서 현존재는 우선 대개 이 다소 명확하게 드러난 내던져져 있음 앞에서 도망한다. 현재는 그것의 본래적인 도래와 기재에서부터 발원하는데, 그래서 현존재로 하여금 자기 자신이라는 우회를 거쳐 비로소 본래적인 실존에 오도록 되어 있다. 현재의 "발원함"의 근원은, 다시 말해 상실되어 있음에 빠져 있음의 근원은 내던져진 죽음을 향한 존재를 가능하게 하는 근원적인, 본래적인 시간성 자체이다.

현존재가 그 안에서 본래적으로 자기를 이해하기 위해서 **그 앞으로 본래적으로 데려와질 수 있는 그 기재는** 그럼에도 현존재에게는 그것의 존재적 '어디에서부터'와 '어떻게'가 닫힌 채 남아 있다. 그러나 이러한 닫혀 있음은 결코 단지 사실적으로 존립하고 있는 무지가 아니라 현존재의 현사실성을 구성하고 있는 것이다. 이 닫혀 있음은, 실존이 자기 자신의 무성적인 근거에 내맡겨져 있다는 **탈자적** 성격을 함께 규정한다.

세계에로 내던져져 있음의 던짐이 우선은 현존재에 의해서 본래적으로 잡히지 않는다. 그 던짐 안에 놓여 있는 "움직여짐"이 벌써, 현존재가 이제 "거기에 있다"는 사실로 인해 "서게" 되지는 않는다. 현존재는 내던져져 있음 안에서 함께 찢기게 된다. 다시 말해 세계에 내던져져 있는 자로서 현존재는 배려해야 하는 것에 현사실적으로 의존하고 있음으로 자신을 "세계"에 상실한다. 이렇게 함께 당함의 실존론적 의미를 형성하는 현재는 그것 자체에서부터는 결코 탈자적인 지평을 획득하지 못한다. 현재가 결의 속에서 그것의 상실되어 있음에서부터 되찾아져, 붙잡은 순간으로서 그때마다의 상황을 열어밝히고 그와 함께 죽음을 향한 존재라는 근원적인 "한계상황"을 열어밝힌다면 몰라도 말이다.

ㄹ) 말의 시간성[11]

이해, 처해 있음 그리고 빠져 있음에 의해서 완전하게 구성된 온전한 '거기에'의 열어밝혀져 있음은 말에 의해서 분류파악을 얻게 된다. 그러므로 말은 일차적으로 어떤 특정의 탈자태에서 시간화되는 것이 아니다. 그렇지만 말이 현사실적으로 대개 언어에서 밖으로 말해지고 우선 "주위세계"에 대해서 배려하며-이야기하며 담론하는 방식에서 말하기 때문에, 어쨌거나 **현재화**는 일종의 **우대받는 구성적 기능**을 가진다.

언어의 시제뿐 아니라 다른 시간적 현상들, 즉 "행위양식"과 "시간단계"는, 말이 "또한" "시간적인", 다시 말해 "시간 속에서" 만나게 되는 경과에 대해서도 말한다는 사실에서부터 발원하는 것이 아니다. 그리고 그것들은 또한 그 근거를, 말함이 "일종의 심리적 시간 속에서" 흘러간다는 데에 두고 있지도 않다. '……에 대해서', '……에 관해서', '……을 향해' 하는 모든 말함이 시간성의 탈자적인 통일성에 근거하는 한, 말은 **그 자체로** 시간적이다. **행위의 양식들**[능동형 또는 수동형]은 배려함의 근원적인 시간성에 뿌리를 박고 있다. 이 배려함이 시간내재적인 것과 관계를 가지느냐 아니냐는 상관이 없다. 언어학이 필요에 못 이겨 붙잡고 있는 통속적이고 전통적인 시간개념의 도움을 받아서는 행위양식의 실존론적-시간적 구조의 문

---

11) 이 책의 제34절 240쪽 이하 참조.

제가 제기될 수조차 없다.[12] 그러나 말이 각기 그때마다 존재자에 대한 말함이기 때문에—일차적으로 그리고 주로 이론적인 발언의 의미는 아니더라도—말의 시간적 구성에 대한 분석과 언어형태의 시간적 성격에 대한 해설은, 존재와 진리의 원칙적인 연관의 문제가 시간성의 문제틀에서 펼쳐졌을 때 비로소 착수될 수 있다. 그때에 또한 표면적인 명제론과 판단론이 "계사(繫辭)"로 일그러트린 "있다[이다]"의 존재론적인 의미도 제한규정될 수 있을 것이다. 말의, 다시 말해 현존재 일반의 시간성에서부터 비로소 "뜻"의 "생성"이 해명되고 개념형성의 가능성이 존재론적으로 이해 가능하게 될 것이다.

350 　이해는 일차적으로 도래(앞질러 달려가봄 또는 기대함)에 근거한다. 처해 있음은 일차적으로 기재(반복 또는 망각)에서 시간화된다. 빠져 있음은 시간적으로 일차적으로 현재(현재화 또는 순간)에 뿌리를 박고 있다. 그럼에도 이해는 각기 그때마다 "기재하는" 현재이다. 그럼에도 처해 있음은 "현재화하는" 도래로서 시간화된다. 그럼에도 현재는 기재하는 도래에서부터 "발원하거나" 붙잡혀 있다. 여기에서 드러나는 것은 이것이다. 시간성은 개개의 모든 탈자태에서 전체적으로 시간화된다. 다시 말해 시간성의 그때마다의 온전한 시간화의 탈자적인 통일성 안에 실존, 현사실성 그리고 빠져 있음의 구조전체—이것은 염려구조의 단일성이다—의 전체성이 근거하고 있다.

　시간화는 탈자태의 "서로 잇달아"를 의미하지 않는다. 도래는 기재보다 더 나중에 있는 것이 아니고 기재는 현재보다 더 먼저 있는 것이 아니다. 시간화는 기재하는-현재화하는 도래로서 시간화된다.

　'거기에'의 열어밝혀져 있음과 현존재의 실존적 근본 가능성, 즉 본래성과 비본래성은 시간성 안에 기초한다. 그러나 열어밝혀져 있음은 언제나

---

12) J. Wackernagel, *Vorlesungen über Syntax*(『구문론 강의』), 제1권(1920년), 15쪽. 특히 149-210쪽. 그 외에도 G. Herbig, *Aktionsart und Zeitstufe*(『동사태와 시제』), 인도게르만어 연구 제6권(1896년), 167쪽 이하 참조.

똑같이 근원적으로 온전한 세계-안에-있음에, 즉 안에-있음뿐 아니라 세계에도 해당된다. 그러므로 열어밝혀져 있음의 시간적인 구성에 방향을 잡고서 또한 세계-안에-있음으로서 실존하는 존재자가 존재할 수 있는 존재론적 가능조건도 제시될 수 있어야 한다.

제69절 세계-안에-있음의 시간성과 초월의 문제

시간성의 탈자적 통일성은, 다시 말해 도래, 기재 그리고 현재의 빠져나감에서 보이는 "자기 밖에"의 통일성은, 그의 "거기에"로서 실존하는 그런 존재자가 존재할 수 있는 가능조건이다. 현-존재[거기에-있음]라는 명칭을 지니는 존재자는 "밝혀져 있다".[13] 현존재의 이러한 밝혀져 있음을 구성하고 있는 빛은, 이 존재자에게 가끔 나타나서 밝음을 방사하는 어떤 존재적으로 눈앞에 있는 힘이나 광원이 아니다. 이러한 존재자를 본질적으로 밝히고 있는 그것, 다시 말해 이 존재자를 그 자신에 대해서 "열려" 있게 할 뿐 아니라 또한 "밝게" 만들기도 하는 그것은, 이 모든 "시간적" 해석에 앞서 염려라고 규정했다. 이 염려에 '거기에'의 완전한 열어밝혀져 있음이 근거한다. 이러한 밝혀져 있음이 비로소 그 모든 계몽과 해명, 모든 인지, 어떤 것을 "보고" 취함 등을 가능하게 한다. 이러한 밝혀져 있음의 빛을 우리는 오직, 우리가 우리 안에 심겨진 현전하는 힘을 찾지 않고 현존재의 전체존재구성틀, 즉 염려를 그 실존론적 가능성의 통일적인 근거에서 물을 때, 이해할 것이다. 탈자적인 시간성이 '거기에'를 근원적으로 밝히고 있다. 그 시간성이 현존재의 그 모든 본질적인 실존론적 구조들의 가능한 통일성을 일차적으로 규제하는 것이다.

현존재가 시간성에 뿌리를 박고 있다는 데에서부터 비로소 우리가 현존

---

13) 이 책의 제28절 201쪽 참조.

재 분석론의 시작에 근본구성틀로 알린 바 있는 현상, 즉 세계-안에-있음의 실존론적 **가능성**이 통찰된다. 처음에는 이 현상의 찢길 수 없는 구조적 통일성을 확보하는 것이 중요했다. 이러한 **분류된 구조의 가능한 통일성의** 근거에 대한 물음은 배후에 남아 있었다. 그 현상을 자명한 그리고 그래서 숙명적인 분해의 경향으로부터 지키기 위한 의도에서 세계-안에-있음의 우선적인 일상적 양태가, 즉 세계내부적인 손안의 것 곁에 **배려하며 있음**이 상세하게 해석되었다. 이제 **염려** 자체가 존재론적으로 제한규정되고 그 실존론적인 근거인 시간성으로 소급된 이상, 배려가 그 나름대로 염려 또는 시간성에서부터 **명확하게** 개념파악되어야 한다.

배려의 시간성에 대한 분석은 우선 손안의 것을 둘러보며 다룸이라는 양태에 머무른다. 그다음 분석은 둘러보는 배려가 학문적 탐구의 일정한 가능성이라는 의미에서 세계내부적인 존재자를 "단지" 바라만 보며 발견함으로 변양되는 과정의 실존론적-시간적 가능성을 추적한다. **세계내부적인 손안의 것과 눈앞의 것 곁에 둘러보며 있음의, 그리고 이론적으로 배려하며 있음의 시간성에 대한 해석은 동시에, 이 동일한 시간성이 어떻게 애초부터 그 안에 세계내부적인 존재자 곁에 있음이 근거하는 그런 세계-안에-있음의 가능조건인지를 보여준다.** 세계-안에-있음의 시간적 구성에 대한 주제적인 분석은 다음과 같은 물음들로 이끈다. 세계와 같은 것이 도대체 어떤 방식으로 가능한가, 세계는 어떤 의미로 **있는가**, 세계는 무엇을 어떻게 초월하는가, "비의존적인" 세계내부적인 존재자가 어떻게 초월하는 세계와 "함께" 연관되어 있는가? 이러한 물음들에 대한 **존재론적 개진**이 곧 그에 대한 대답은 아니다. 이와는 반대로 존재론적 개진은, 그것 때문에 초월문제가 제기되고 있는 바로 그 구조들에 대해서 선행적으로 필요한 해명을 수행한다. 세계-안에-있음에 대한 실존론적-시간적 해석은 다음과 같은 세 가지를 고찰한다. ㄱ) 둘러보는 배려의 시간성, ㄴ) 둘러보는 배려가 세계내부적인 눈앞의 것의 이론적인 인식으로 변양됨의 시간적 의미, ㄷ) 세계의 초월의 시간적 문제.

ㄱ) 둘러보는 배려의 시간성

어떻게 우리는 배려의 시간성을 분석하기 위한 고찰방향을 획득하는가? "세계" 곁에 배려하며 있음을 우리는 주위세계에서 주위세계와의 왕래라고 이름했다.[14] '……곁에 있음'의 범례적인 현상으로 우리는 손안의 것을 사용함, 다룸, 제작함과 그것의 결여적 또는 무차별한 양태들, 다시 말해서 일상적인 필요에 속하는 그것 곁에 있음을 선택했다.[15] 현존재의 본래적인 실존도 그러한 배려함 안에 머무르고 있다. 이 배려가 그러한 실존에 "무관심한" 채 남아 있더라도 그렇다. 배려되고 있는 손안의 것이 배려함을 유발시키고, 그래서 이 배려가 비로소 세계내부적인 존재자의 영향에 근거해서 발생되는 것이 아니다. 손안의 것 곁에 있음은 이 손안의 것에서부터 존재적으로 설명될 수도 없거니와 또한 역으로 후자가 전자에서부터 도출될 수 있지도 않다. 그러나 현존재의 존재양식으로서의 배려함과 세계내부적인 손안의 것으로서의 배려되고 있는 것은 단순히 **함께 눈앞에 있는** 것도 아니다. 그럼에도 그것들 사이에는 어떤 "연관"이 성립되고 있다. 올바로 이해된, 왕래의 '그것을 가지고'에서부터, 배려하는 왕래 자체에 한 줄기 빛이 내려온다. 역으로 왕래의 '그것을 가지고'라는 현상적 구조가 결여되면 왕래의 실존론적 구성틀을 잘못 알게 되는 결과를 초래한다. 가까이 만나게 되는 존재자의 분석을 위해서, 이 존재자의 특수한 도구성격을 건너뛰지 않는다면, 그것으로도 이미 본질적인 것을 획득한 것이다. 그러나 그것을 넘어서 배려하는 왕래가 결코 하나의 개별 도구에 머물러 있지 않는다는 점을 이해하는 것이 중요하다. 하나의 특정한 도구를 사용하고 다룸은 그 자체로서 하나의 도구연관에 방향 잡힌 채 남아 있다. 예를 들어 우리가 "딴 곳에 놓은" 도구를 찾을 때, 이때 단지 또 일차적으로 어떤 고립된 "행위"에서 의미되고 있는 것이 아니라, 오히려 도구전체의 범위가 이미 발견

---

14) 이 책의 제15절 107쪽 이하 참조.
15) 이 책의 제12절 91-94쪽 참조.

되어 있는 것이다. 모든 "작업을 시작함"과 거머쥠은 무(無)에서부터 나와 어떤 고립되어 앞에 주어져 있는 도구에 부딪치는 것이 아니라, 거머쥘 때 각기 그때마다 이미 열어밝혀져 있는 작업세계에서부터 하나의 도구로 돌아오는 것이다.

353 여기에서부터 왕래를 그것의 '그것을 가지고'를 의도하여 분석하는 데에 필요한 지침으로, 배려되고 있는 존재자 곁에 실존하며 있음은 바로 하나의 고립된 손안의 도구가 아니라 도구전체에 방향 잡아야 한다는 것이 귀결된다. 손안의 도구가 지니는 두드러진 존재성격인 **사용사태**[16])에 대한 숙고도 왕래의 '그것을 가지고'를 이렇게 파악할 것을 강요한다. 우리는 이 용어를 존재론적으로 이해한다. '어떤 것을 가지고 어디에 사용한다'라는 말은 존재적으로 하나의 사실을 확인하고 있는 것이 아니라 손안의 것의 존재양식을 지시하고 있다. "……을 가지고 어디에"라는 사용사태의 연관 성격이 암시하고 있는 것은 도구 하나라는 것이 존재론적으로 불가능하다는 사실이다. 물론 단지 하나의 도구만이 손안에 있고 다른 것은 "없을" 수 있다. 그러나 거기에서도 알려오고 있는 사실은 바로 손안의 것이 다른 손안의 것에 귀속되어 있다는 점이다. 배려하는 왕래는 그것이 각기 나름대로 '어떤 것을 가지고 어디에'를 가지는 사용사태와 같은 것을 이미 이해하고 있을 때에만 도대체 손안의 것을 둘러보며 만나게 할 수 있다. 배려의 '……곁에' 둘러보며-발견하며 있음은 일종의 사용하게 함, 다시 말해 이해하며 사용사태를 기획투사함이다. 만일 사용하게 함이 배려의 실존론적 구조를 이루고 있지만 이 배려가 '……곁에 있음'으로서 염려의 본질적인 구성틀에 속한다면, 그리고 이 염려가 그편에서는 시간성에 근거한다면, 이 경우 사용하게 함의 실존론적 가능조건은 시간성의 시간화의 양태에서 찾아져야 한다.

---

16) 이 책의 제18절 129쪽 이하 참조.

도구의 가장 간단한 취급에도 사용하게 함이 놓여 있다. 사용하게 함의 '어디에'는 도구가 그 관점에서 사용될 수 있거나 사용되고 있는 '무엇을 위하여'의 성격을 가진다. '무엇을 위하여'를 이해함, 다시 말해 사용사태의 '어디에'를 이해함은 기대함의 시간적 구조를 가진다. '무엇을 위하여'를 기대하면서 배려는 동시에 사용사태의 '그것을 가지고'로 돌아올 수 있는 것이다. 사용사태의 '그것을 가지고'를 **간직함**과 동시에 '어디에'를 **기대함**이 그 탈자적인 통일성에서 도구를 특수하게 다루며 현재화함을 가능하게 한다.

'무엇을 위하여'의 기대는 "목적"의 고찰도 아니고 만들어내야 할 제품의 임박해 있는 완료를 예기함도 아니다. 그것은 도대체 주제적인 파악의 성격을 가지고 있지 않다. 그러나 사용사태의 '그것을 가지고'를 간직함도, 주제적인 확정을 의미하지 않는다. 다루는 왕래는 단지 사용하게 함의 "어디에"와만 관계하지 않으며 마찬가지로 그것의 "그것을 가지고"와만 관계하지도 않는다. 이 사용하게 함은 오히려 기대하는 간직함의 통일성 속에서 구성되며, 그래서 거기에서부터 발원하는 현재화가, 배려함이 그것의 도구세계에 성격 지은 방식으로 몰입하는 것을 가능하게 한다. "본래적"으로 전심전력으로 '……에 몰두함'은 작업[제품] 곁에 있는 것도, 작업도구 곁에 있는 것도 아니고 그 둘 "모두" 곁에 있는 것도 아니다. 시간성에 근거하고 있는 사용하게 함은 이미 그 안에서 배려가 둘러보며 "움직이고 있는" 그런 연관들의 통일성을 수립했다.

사용하게 함을 구성하고 있는 시간성에는 하나의 특수한 **망각**이 본질적이다. 작업세계에 "빠져" "실지로" 작업을 시작하고 다룰 수 있기 위해서는 자기가 자신을 망각해야 한다. 그러나 배려의 시간화의 통일성 안에서 각기 그때마다 기대가 이끌고 있는 한, 우리가 곧 제시할 바와 같이, 그럼에도 배려하는 현존재의 고유한 존재가능이 염려 안에 세워져 있다.

기대하며-간직하는 현재화가 친숙함을 구성하는데, 이 친숙함에 따라 현존재가 함께 더불어 있음으로서 공적인 주위세계를 "잘 알고 있는" 것이다.

사용하게 함을 우리는 실존론적으로 "존재"-하게 함으로 이해한다. 이 존재하게 함의 근거 위에서 손안의 것은 그것이 무엇인 그 존재자로서 둘러봄과 만날 수 있는 것이다. 그러므로 우리는 배려의 시간성을, 둘러보는 만나게 함의 양태들에 주목할 때, 더욱 명확하게 할 수 있다. 그 양태들을 우리는 앞에서[17] 눈에 띔, 강요[절박함] 그리고 버팀[적대성]이라고 성격규정했다. 손안의 도구는 그것의 "참된 그 자체에서"와 관련해서 바로 사물에 대한 주제적인 파악에서 만나게 되는 것이 아니라, 오히려 "자명하게" "객관적으로" 앞에 놓여 있는 것의 눈에 안 띔에서 만나게 된다. 그러나 이 존재자의 전체에서 어떤 것이 눈에 띌 때, 이 경우 바로 거기에 도구전체 그 자체가 함께 밀고 들어올 가능성이 놓여 있다. 사용하게 함은 실존론적으로 어떻게 구조 지어 있기에, 그것이 눈에 띄는 어떤 것을 만날 수 있게 해주는가? 이 물음이 이제 겨냥하는 것은 앞에 주어져 있는 어떤 것으로 주의를 유도하는 현사실적 계기가 아니라, 그러한 유도 가능성 그 자체의 존재론적 의미이다.

사용 불가능한 것, 예를 들어 어떤 작업도구의 특정한 사용거부는 오직 사용하는 왕래에서 그리고 이 왕래에게 눈에 띌 수 있다. 사물에 대한 가장 날카롭고 가장 집요한 "지각"과 "표상"조차도 작업도구의 파손과 같은 것을 결코 발견할 수 없다. 손에 맞지 않는 것을 만나기 위해서는 손에 잡음이 방해될 수 있어야 한다. 그러나 이것은 **존재론적으로** 무엇을 뜻하는가? 기대하며-간직하는 현재화가 나중에 파손으로 밝혀지는 그것에 의해서 사용사태연관에 몰입하는 것이 저지당하게 된다. 똑같이 근원적으로 '무엇을 위하여'를 기대하고 있는 현재화는 사용되고 있는 도구에게 꼼짝없이 붙잡히며, 그래서 이제 비로소 '무엇을 위하여'와 '그것을 위하여'를 명확하게 만나게 된다. 그렇지만 현재화 자체는 다시금 오직, 그것이 이미 '그것을 가

---

17) 이 책의 제16절 115쪽 이하 참조.

지고 어디에'라는 사용사태를 가진 그것을 기대하며 간직함에서 움직이고 있는 한에서만, '……에 부적합한 것'과 마주칠 수 있는 것이다. 현재화가 "저지당한다"는 것은, 간직하는 기대함과 일치해서 현재화가 더욱더 자신 속에 빠져들어 고장을 "점검", 검사, 제거하는 일을 구성한다는 것을 말한다. 배려하는 왕래가 단순히 "시간 속에서" 경과하는 "체험들"의 연속에 불과하다면, 이 체험들이 아무리 긴밀히 "연결되어 있다"고 해도, 눈에 띄는 사용 불가능한 도구를 만나게 함은 존재론적으로 불가능하다. 사용하게 함은 그 자체로서—그것이 도구연관들에서 무엇을 왕래적으로 접근 가능하게 만들든 간에—기대하며-간직하는 현재화의 탈자적인 통일성 안에 근거하고 있어야 한다.

그리고 어떻게 "없는[비는] 것", 다시 말해 손에 맞지 않게 손안에 있는 것이 아니라 아예 손안에 있지 않는 것의 "확인"이 가능할 수 있는가? 손안에 있지 않는 것은 둘러보며 **아쉬워함**에서 발견된다. 아쉬워함과 거기에 기초하는, 어떤 것의 눈앞에 있지 않음의 "확인"은 그 나름의 고유한 실존론적 전제를 가진다. 아쉬워함은 결코 현재화하지 않음이 아니라, 예기되고 있는 것 또는 언제나 이미 다룰 수 있었던 것을 현재화시키지 못한다는 의미에서 현재화의 결여적 양태이다. 둘러보는 사용하게 함이 "애초부터" 배려되고 있는 것을 **기대하고 있지** 않았다면 그리고 기대함이 현재화와의 **통일성** 속에서 시간화되지 않았다면, 현존재는 어떤 것이 없다[빈다]는 것을 결코 "발견할" 수 없을 것이다.

역으로 어떤 것에 의해서 **놀라게** 될 가능성은, 어떤 손안의 것을 기대하며 현재화함이, 이것과 가능한 사용사태연관 안에 서 있는 다른 것은 **기대하지 않는** 데에 있다. [다른 손안의 것을 기대하고 있지 않은] 상실되어 있는 현재화의 기대하지 않음이 비로소 처음으로 그 안에서 놀라게 하는 것이 현존재를 덮칠 수 있는 그 "지평적" 여지를 열어밝힌다.

제작함, 마련함으로서의 배려하는 왕래, 또한 딴 데로 향함, 멀리함,

……으로부터 자신을 보호함으로서의 배려하는 왕래가 성취하지 못하는 바로 그것이 그 극복될 수 없음에서 자신을 드러내 보인다. 배려는 포기하고 그것으로 만족하게 된다. 그러나 '포기하고 그것으로 만족함'은 둘러보는 만나게 함의 독특한 양태이다. 이러한 발견에 근거해서 배려는 거북한 것, 걸리적거리는 것, 방해되는 것, 위험스러운 것, 도대체 어떤 형태로든 저항해오는 것을 앞에서 발견할 수 있다. 포기하고 만족함의 시간적 구조는 기대하며-현재화하는 **간직하지 않음**에 놓여 있다. 기대하며 현재화함은, 예를 들어 부적합하지만 그럼에도 사용할 수 있는 것은 계산에 넣지 않는다. '……을 계산에 넣지 않음'은 사람들이 머물 수 **없는** 것에 대해서 가지는 고려에 넣음의 한 양태이다. 신뢰할 수 없는 것은 망각되지 않고 간직되는데, 바로 **그것의 부적합성**이 손안에 남아 있는 식으로 그렇다. 그런 식으로 손안에 있는 것은 현사실적으로 열어밝혀진 주위세계의 일상적인 실태에 속한다.

오직 저항해오는 것이 배려의 탈자적인 시간성에 근거해서 발견되어 있는 한에서만, 현사실적 현존재는 자신을 그가 결코 지배할 수 없는 그의 "세계"에 내맡겨져 있음에서 이해할 수 있다. 배려가 일상적인 필요의 긴급한 것에 국한되어 있다고 하더라도, 그것이 순수한 현재화일 수는 결코 없고, 그것은 현존재가 그것에 근거해서 또는 그 "근거"로서 하나의 세계에 실존하고 있는 그런 어떤 기대하는 간직함에서 발원한다. 그렇기 때문에 현사실적으로 실존하는 현존재는 낯선 "세계"에서도 언제나 이미 어떤 방식으로건 잘 적응하고 있는 것이다.

배려의 사용하게 함은 시간성에 의해서 기초 지어져 있으며, 그것은 사용사태와 손안에 있음을 아직 전적으로 존재론 이전으로 비주제적으로 이해함이다. 결국에 가서는 시간성이 얼마만큼 또한 이러한 존재규정 그 자체에 대한 이해를 기초 놓고 있는가 하는 것이 다음에 제시될 것이다. 그에 앞서 세계-안에-있음의 시간성을 좀더 구체적으로 입증하는 것이 중요하다. 이러한 의도에서 우리는 "세계"에 대한 이론적 관계 맺음이 손안의 것을 둘러보며 배려함에서 "생성되는" 과정을 추적한다. 세계내부적인 존재자를 둘러보는 발견함뿐 아니라 이론적으로 발견함도 세계-안에-있음에 기초한다. 저 생성에 대한 실존론적 시간적 해석이 이러한 현존재의 근본 구성틀에 대한 시간적인 성격부여를 예비할 것이다.

ㄴ) 둘러보는 배려가 세계내부적인 눈앞의 것의 이론적인 인식으로 변양됨의 시간적 의미

우리가 실존론적-존재론적 분석을 진행하는 가운데 둘러보는 배려함에서의 이론적인 발견의 "생성"에 대해서 물음을 제기한다면, 거기에는 이미 학문의 존재적인 역사와 발전, 그 현사실적 계기와 우선적인 목표 등이 문제가 되지 않는다는 점이 깔려 있다. 이론적인 행동관계의 존재론적인 발생을 추구하면서 우리는 이렇게 물음을 던진다. 현존재의 존재구성틀에 놓여 있는, 현존재로 하여금 학문적 탐구의 방식으로 실존할 수 있게끔 하는 실존론적으로 필연적인 가능조건은 무엇인가? 이러한 물음제기는 **학문의 실존론적 개념**을 겨냥한다. 이것은 학문을 그 성과를 고려해서 이해하고 학문을 "참된, 즉 타당한 명제들의 근거제시의 연관"으로 규정하는 "논리적" 개념과는 구별된다. 실존론적 개념은 학문을 실존의 방식으로서 이해하며 그로써 존재자 또는 존재를 발견하거나 열어밝히는 세계-안에-있음의 양태로서 이해한다. 그렇지만 학문에 대한 완전히 충분한 실존론적 해석은, 존재의 의미 그리고 존재와 진리의 "연관"[18]이 실존의 시간성에서부터 해명되어 있을 때에야 비로소 수행될 수 있다. 다음의 숙고는 이러한 중심적인 문제틀의 이해를 예비하는데, 이 문제틀 내에서 또한 비로소 서론에서 제시한 예비개념과는 구별되는 현상학의 이념[19]도 전개될 것이다.

---

18) 이 책의 제44절 311쪽 이하 참조.
19) 이 책의 제7절 52쪽 참조.

지금까지 획득한 고찰의 단계에 상응하게 이론적인 행동관계에 대한 해석에는 다른 제약들이 더 부과되어 있다. 우리는 단지 손안의 것을 둘러보는 배려가 세계내부적으로 발견 가능한 눈앞의 것에 대한 탐구로 전환되는 것만을, 세계-안에-있음 일반의 시간적 구성에로 밀고 들어가려는 주도적인 의도를 가지고 연구한다.

"실천적으로" 둘러보는 다룸, 사용함 등이 "이론적인" 탐구로 전환되는 것을 다음과 같이 성격 짓는 것은 흔히 있는 일이다. 즉, 존재자를 순수하게 바라봄은, 배려가 일체의 조작을 **억제함**으로써 생성된다. 이럴 경우 이론적인 행동관계의 "생성"에서 결정적인 것은 실천의 **소멸**에 있게 될 것이다. 바로 사람들이 현사실적인 현존재의 일차적이고 지배적인 존재양식으로서 "실천적인" 배려를 단초로 삼을 때, "이론"은 그 존재론적인 가능성을 실천의 **결핍**에, 다시 말해 일종의 **결여**에 감사해야 할 것이다. 그러나 배려하는 왕래에서 어떤 특수한 조작을 중지한다고 해서 그 조작을 주도해온 둘러봄이 단순하게 찌꺼기로 뒤에 남는 것은 아니다. 배려는 오히려 그 경우에 독특하게 자신을 "그저 주위를 둘러봄"에로 옮겨놓는다. 그러나 그로써 벌써 학문의 "이론적" 태도에 이른 것은 결코 아니다. 오히려 그 반대로 조작을 중단하고 머무름은 "점검함", 즉 성취한 것의 검사로서, 바로 "중단된 작업" 전체에 대한 검토로서 더 날카로워진 둘러봄의 성격을 취할 수 있다. 도구사용의 억제가 곧 "이론"이 아니니, 머무르는 "고찰하는" 둘러봄이 전적으로 배려되고 있는 손안의 도구에 붙잡힌 채 남아 있다. "실천적" 왕래는 나름의 **고유한** 머무름의 방식을 가지고 있다. 그리고 실천에 나름의 특수한 시야("이론")가 고유하듯이, 이론적 탐구에도 나름의 고유한 실천이 없지 않다. 어떤 실험의 결과로서 수치를 읽는 일에는 흔히 실험순서의 복잡한 "기술적" 구성이 필요하다. 현미경에 의한 관찰은 "실험용 재료[표본]"의 제작에 의존한다. "출토물"의 해석에 선행하는 고고학적 발굴에는 대단히 조잡한 조작이 필요하다. 그러나 문제의 "가장 추상적인" 정리작업 및 획득한 것의 확정도 예를 들어 필기도구를 사용한다. 학문적 탐구에서 그런 성립요소들이 아무리 "사소하고" "자명하다"고 해도, 그것들은 존재론적으로 결코 아무렇지 않은 것이 아니다. 세계-안에-있음의 방식으로서의 학문적 행동관계가 단지 "순수 정신적인 활동"인 것만은 아니라는 명시적인 지적이 짐짓 하찮고 쓸데없는 것으로 보일 수 있다. 단지 이러한 진부함에서 다음의 사실만 명확하게 되지 않는다면 말이다. 즉 도대체 본래 "이론적" 행동관계와 "비이론적" 행동관계와의 존재론적 경계가 어디에서 그어지는지가 전혀 명백하지 않다.

사람들은 학문에서 모든 조작이 단지 순수한 고찰, 즉 "사태 자체"를 탐구하며 발견하고 열어밝히는 일에 봉사하는 데에 있다고 주장하려고 할 것이다. 가장 넓은 의미로 말할 때, "봄"이 모든 "개최[준비, 설비]"를 규제하고 우위를 점한다. "어떤 양식으로 그리고 어떤 수단을 통해서 인식이 대상들과 관계를 맺는다고 해도, 인식이 그것을 통해서 대상들과 직접 관계 맺고, **모든 사유가 수단으로 삼고자 하는**(지은이의 강조) 그것은 **직관**이다."[20] 직관이라는 이념이, 그것이 현사실적으로 성취될 수 있든 또는 없든, 그리스 존재론의 시원에서부터 오늘에 이르기까지 인식의 모든 해석을 주도해왔다. "봄"의 우위에 따라 학문의 실존론적 발생의 제시는, "실천적" 배려를 이끌고 있는 **둘러봄**의 성격규정에서 출발하지 않으면 안 될 것이다.

둘러봄은 손안의 도구연관이 가지는 사용사태연관들 안에서 움직이고 있다. 둘러봄 자신은 다시 그때마다의 도구세계 및 거기에 속하는 공적인 주위세계의 도구전체에 대한 다소 분명한 내다봄에 의한 주도 아래 놓여 있다. 내다봄은 단순히 눈앞의 것을 추후적으로 긁어모으는 것이 아니다. 내다봄에서 본질적인 것은 그 내부에 현사실적인 배려가 그때마다 단초를 두고 있는 바로 그 사용사태전체성에 대한 일차적 이해이다. 배려를 밝혀

---

20) Kant, *Kritik der reinen Vernunft*(『순수이성비판』, 제2판), 33쪽.

주는 내다봄은 그 "빛"을 염려로서의 배려가 그 때문에 실존하고 있는 현존재의 존재가능에서부터 받고 있다. 배려의 "내다보는[전망적인]" 둘러봄은 그때마다의 사용과 조작에서 손안의 것을 본 것을 해석하는 방식으로 현존재에게 더 가까이 가져다준다. 배려되고 있는 것을 특수하게 둘러보며-해석하며 가까이함을 우리는 숙고라고 이름한다. 이 숙고의 독특한 도식은 "[만일] ······이면 ······이다"이다. 예를 들어 이것 또는 저것이 제작되어 사용되고 보호되어야 한다면, 이런 또는 저런 수단, 방법, 형편, 기회가 필요하다. 이러한 둘러보는 숙고가 현존재의 배려되고 있는 주위세계에서 그의 그때마다의 현사실적 처지를 밝혀준다. 그러므로 둘러보는 숙고는 결코 단순히 한 존재자의 눈앞에 있음 또는 그 속성을 "확인하지" 않는다. 숙고는 숙고에서 둘러보며 가깝게 된 그것 자체가 손에 잡힐 정도로 손안에 있고 가장 가까운 시야 안에 현전하지 않더라도 수행될 수 있다. 둘러보는 숙고에서 주위세계를 가까이 데려옴은 **현재화**라는 실존론적 의미를 가진다. 왜냐하면 앞에 떠올림[현재화함]은 단지 이 현재화의 한 양태일 뿐이기 때문이다. 이러한 앞에 떠올림에서 숙고는 손안에 있지는 않지만 필요한 것을 직접 보게 된다. 앞에 떠올리는 둘러봄은 "순전한 표상"과 관계 맺는 것이 아니다.

그러나 둘러보는 현재화는 여러 겹으로 기초 지어진 현상이다. 우선 그것은 각기 그때마다 시간성의 완전한 탈자적 통일성에 속한다. 그것은 도구연관의 **간직**에 근거하는데, 현존재는 이 도구연관을 배려하면서 하나의 가능성을 **기대**하고 있다. 기대하며 간직함에서 이미 열려져 있는 것을 숙고하는 현재화 또는 앞에 떠올림[현재화함]이 가까이 데려온다. 그러나 숙고가 "[만일] ······이면 ······이다"의 도식에서 움직일 수 있기 위해서, 배려는 이미 하나의 사용사태연관을 내다보며 "개괄적으로" 이해해야 한다. "······이면"으로써 말 건네지는 그것은 이미 이러이러한 것으로서 이해되어 있어야 한다. 이를 위해서 도구이해가 서술에서 표현될 필요는 없다. "어떤 것으로서의 어떤 것"이라는 도식은 이미 서술 이전의 이해의 구조 속에 앞서 윤곽 지어져 있다. '으로서-구조'는 존재론적으로 이해의 시간성에 근거한다. 오직 현존재가 하나의 가능성을 기대하면서, 다시 말해 여기에서는 하나의 '무엇을 위하여'를 기대하면서 하나의 '그것을 위하여'에로 되돌아 와 있는 한에서만, 다시 말해 어떤 손안의 것을 간직하는 한에서만, **역으로** 이러한 기대하며 간직함에 속하는 현재화는, 이러한 간직되고 있는 것에서 출발하면서, 그것[간직되고 있는 것]이 '무엇을 위하여'에로 지시되어 있음을 **분명하게 더 가까이 데려올** 수 있는 것이다. 가까이 가는 숙고는 현재화의 도식에서 가까이 가야 할 그것의 존재양식에 자신을 맞추어야 한다. 손안의 것의 사용사태성격은 숙고를 통해서 단지 가까워질 뿐이며—처음으로 발견되는 것이 아니다—그래서 숙고가 '**어떤 것을 가지고 어디에**' 사용할 수 있는 그 '어디에'를 바로 이것으로서 둘러보며 볼 수 있게끔 해준다.

둘러보는 이해를 이해함에서 기획투사된 것이 현재화에서 가까이 데려와 질 수 있으며, 그것도 이때 현재가 기대하며 간직함의 지평에서 만나게 되는 것에 자기를 맞추어, 다시 말해 '으로서-구조'의 도식에서 해석되어야 하는 데에 대한 실존론적-시간적 가능조건은 현재가 도래와 기재에 뿌리를 박고 있다는 사실이다. 이로써 앞에서 제기된 물음, 즉 과연 '으로서-구조'가 기획투사의 현상과 실존론적-존재론적 연관 안에 서 있는가 하는 물음[21])에 대한 답이 주어진 셈이다. '으로서'는 이해와 해석과 마찬가지로 도대체 **시간성의 탈자적-지평적 통일성에 근거한다.** 존재에 대한 기초분석에서, 그것도 계사로서 어떤 것을 어떤 것으로서 말하는 데에 "표현"의 바탕이 되고 있는 "이다"에 대한 해석의 연관에서 우리는 '으로서'-현상을 새롭게 다시 주제로 삼아야 하고 "도식"의 개념도 실존론적으로 제한규정해야 한다.

그렇지만 둘러보는 숙고와 그 도식들에 대한 시간적 성격규정이 이론적

---

21) 이 책의 제32절 227쪽 참조.

행동관계의 발생에 대한 공중을 떠도는 물음의 대답을 위해서 무슨 기여를 하고 있는가? 오직 그것이 둘러보는 배려에서 이론적인 발견에로 옮겨가는 전환의 현존재적인 상황을 분명하게 해주었다는 정도일 것이다. 전환 자체의 분석은 둘러보는 숙고의 기본적 발언과 그 가능한 변양을 실마리로 삼아 시도될 수 있을 것이다.

둘러보는 도구사용에서 우리는 "망치가 너무 무겁다"거나 "너무 가볍다"고 말할 수 있다. "망치가 무겁다"라는 명제도 배려하는 숙고를 표현할 수 있다. 그것은 "망치가 가볍지 않다", 다시 말해 "다루는 데에 힘이 필요하다", 또는 "그것은 다루기가 어려울 것이다"를 의미한다. 그러나 그 명제는 또한 다음을 말할 수도 있다. 우리가 둘러보며 이미 망치라고 알고 있는, 앞에 놓인 이 존재자는 무게를 가진다. 다시 말해 무게라는 "속성"을 가진다. 그것은 받침대에 압력을 가한다. 받침대를 제거하면 그것은 떨어진다. 이런 식으로 이해된 이야기는 더 이상 어떤 도구전체와 그 사용사태연관을 기대하며 간직하는 지평에서 말해지고 있는 것이 아니다. 말해진 것은 어떤 "질량적" 존재자 그 자체에 고유한 그것에 주목하여 나온 것이다. 이제 보여진 것은 작업도구로서의 망치에 고유한 것이 아니라 오히려 중력의 법칙 아래 놓여 있는 물체로서의 망치에 고유한 것이다. "너무 무겁다" 또는 "너무 가볍다"는 이제 아무런 "의미"를 가지지 않는다. 다시 말해 이제 만나게 되는 존재자는 그 자체에서, 그것과 연관해서 그 존재자가 너무 무겁다거나 너무 가볍다고 "간주될" 수 있는 것을 아무것도 제공하고 있지 않다.

변양된 말에서 그것의 '거기에 대해서[상관사항]'가, 즉 무거운 망치가 다르게 제시되는 까닭은 어디에 있는가? 우리가 사용과 거리를 두기 때문도 아니고 또한 우리가 이 존재자의 도구성격을 단지 **도외시하기** 때문도 아니고, 우리가 만나게 되는 손안의 것을 "새롭게" 눈앞의 것으로 **보기** 때문이다. 세계내부적인 존재자와의 배려하는 왕래를 주도하던 **존재이해가 전환되었다**. 그러나 우리가 손안의 것을 둘러보며 숙고하는 대신에 그것을 눈앞의 것으로 "파악한다"고 해서 그로써 벌써 학문적인 행동관계가 구성되고 있는 것인가? 더구나 손안의 것도 학문적 탐구와 규정의 주제가 될 수 있으니, 예를 들어 주위세계, 역사학적 전기와 연관된 환경의 탐구가 그것이다. 일상적인 손안의 도구연관, 그 역사적 생성, 이용, 현존재에서의 그 것의 현사실적 역할 등이 경제학의 대상이다. 손안의 것은 학문의 "객체"가 될 수 있기 위해서 그것의 도구성격을 상실할 필요는 없다. 존재이해의 변양은 "사물들에 대한" 이론적인 행동관계의 발생에서 반드시 구성적인 것 같지는 않다. 그렇다. 만일 변양이 이해에서 이해된, 앞에 놓여 있는 존재자의 존재양식의 변화를 의미한다면 말이다.

둘러봄에서부터 이론적인 행동관계가 발생되는 과정을 처음으로 특징짓기 위해서 우리는 세계내부적인 존재자, 즉 물리적인 자연에 대한 이론적인 파악의 방식 하나를 밑바탕에 놓았는데, 여기에서는 존재이해의 변양이 전환과 같다. "망치가 무겁다"라는 "물리학적" 발언에서는 만나게 되는 존재자의 도구성격이 **간과될** 뿐 아니라 또한 그와 함께 모든 손안의 도구에 속하는 그것, 즉 그의 자리도 간과된다. 그의 자리는 아무 상관이 없는 것이 된다. 눈앞의 것 일반이 그것의 "장소"를 잃어버렸다는 말이 아니다. 자리는 하나의 시공상의 한 위치로, 다른 것에 비해 아무런 특징도 가지지 않는 "세계의 점"이 된다. 바로 거기에, 손안의 도구의 주위세계적으로 제한되었던 자리의 다양성이 순수한 위치의 다양성으로 변양될 뿐 아니라 또한 주위세계의 존재자에 도대체 **한계가 철폐된다**는 점이 놓여 있다. 눈앞의 것의 일체가 주제가 된다.

존재이해의 변양에는 여기에서의 경우 주위세계의 한계철폐가 속한다. 이제 눈앞에 있음이라는 의미의 주도적 존재이해를 실마리로 삼아서 한계철폐는 동시에 눈앞에 있는 것의 "영역"의 제한규정이 된다. 주도하는 존재이해에서 탐구해야 할 존재자의 존재가 더욱 적합하게 이해되면 될수록, 그리고 그로써 한 학문의 가능한 사태분야로서의 존재자의 전체가 그 근본규정에서 분류파악되면 될수록, 방법적인 물음의 그때마다의 관점은 더욱더 확실해지는 것이다.

한 학문의 역사적 발전, 또 동시에 그 존재론적 발생에 대한 고전적인 예로 수학적 물리학의 생성이 있다. 물리학의 형성에 결정적인 것은 "사실"의 관찰을 높이 평가한 데에 있는 것도, 수학을 자연의 과정에 "적용한" 데에 있는 것도 아니고, **자연 자체의 수학적인 기획투사**에 있다. 이 기획투사가 선행적으로 지속적으로 눈앞에 있는 것(물질)을 발견하고 양적으로 규정 가능한 그 구성적인 계기들(운동, 힘, 장소와 시간)이라는 주도적인 관점을 위한 지평을 연 것이다. 그런 식으로 기획투사된 자연의 "빛 속에서" 비로소 "사실"과 같은 것이 발견될 수 있고 이 기획투사에서 규제적으로 제한 규정된 실험이 시도될 수 있다. "사실과학"의 "정초"는, 원칙적으로 "순전한 사실"이란 없다는 것을 탐구자가 이해함으로써 비로소 가능해졌다. 자연의 기획투사에서도 다시금 일차적으로 결정적인 것은 수학적인 것 그 자체가 아니라, 오히려 그 기획투사가 일종의 **선험을 열어밝힌다**는 그것이다. 그리고 그렇기 때문에 수학적 자연과학의 모범적 성격도 그것의 특수한 정밀성과 "누구에게나" 가지는 구속력에 있는 것이 아니라 오히려 다음의 사실에 있다. 즉 그 과학에서는 주제적인 존재자가, 존재자가 유일하게 발견될 수 있는 그런 방식으로, 즉 그것의 존재구성틀의 선행적인 기획투사에서 발견된다. 주도적인 존재이해의 근본개념적인 정리작업과 더불어 방법의 실마리, 개념성의 구조, 거기에 속하는 진리와 확실성의 가능성, 근거제시 및 증명의 방식, 구속력의 양태 그리고 전달의 양식 등이 결정된다. 이러한 계기들의 전체가 학문의 온전한 실존론적 개념을 구성한다.

각기 그때마다 이미 어떻게든 만나게 되는 존재자의 학문적인 기획투사는 이 존재자의 존재양식을 분명하게 이해하도록 해주며, 그래서 그로써 세계내부적인 존재자의 순수한 발견으로 가는 가능한 길들이 드러날 수 있게 해준다. 이러한 기획투사의 전체―여기에는 존재이해의 분류파악, 존재이해에 의해서 이끌려진 사태분야의 제한규정 그리고 존재자에 적합한 개념성의 앞선 윤곽 등이 속한다—를 우리는 **주제화**라고 이름한다. 이 주제화는 세계내부적으로 만나게 되는 존재자를 자유롭게 내주어, 이 존재자가 자신을 순수한 발견에 "마주 던져" 오는 것, 다시 말해 객체가 되는 것을 겨냥한다. 주제화는 객관화한다. 그것은 처음으로 존재자를 "정립하는" 것이 아니고, 그것을 자유롭게 내주어, 그것이 "객관적으로" 질문 가능하고 규정 가능하게 되는 것이다. 세계내부적인 눈앞의 것 곁에 객관화하며 있음은 **탁월한 현재화**[22]의 성격을 가진다. 이 현재화는 둘러봄의 현재와는 특히, 해당 학문의 발견이 오로지 눈앞의 것의 발견되어 있음을 기대한다는 점에서 구별된다. 발견되어 있음의 이러한 기대는 실존론적으로 현존재의 결단성에 근거하고 있는데, 현존재는 이 결단성을 통해서 "진리" 안에서 자기 자신을 존재가능에로 기획투사한다. 이러한 기획투사가 가능한 것은 진리-안에-있음이 현존재의 실존규정을 이루기 때문이다. 본래적 실존에서의 학문의 근원을 여기에서는 더 이상 추적할 수 없다. 지금 중요한 것은, 세계내부적인 존재자의 주제화가 과연 현존재의 근본구성틀, 즉 세계-안에-있음을 전제하고 있는지, 어떻게 그것을 전제하고 있는지를 이해하는 것뿐이다.

눈앞의 것의 주제화가, 즉 자연의 학문적[과학적] 기획투사가 가능하기 위해서는 **현존재**가 주제화된 존재자를 **초월해야** 한다. 초월은 객관화에서

---

[22] 모든 인식은 "직관"을 목표로 한다는 테제는, 모든 인식이 현재화라는 시간적 의미를 가진다. 과연 모든 과학이, 더구나 철학적인 인식이 현재화를 겨냥하고 있는가 하는 것은 여기에서는 아직 결정되지 않은 채로 있다. **후설**은 감각적인 지각의 성격부여를 위해서 "현재화"라는 표현을 사용한다. Husserl, *Logische Untersuchungen*(『논리연구』), 제1판 (1901년), 제2권, 588쪽과 620쪽 참조. 지각과 직관 일반의 지향적 분석은 이 현상의 이러한 "시간적" 특징을 암시했음에 틀림없다. "의식"의 지향성이 과연 현존재의 탈자적인 시간성에 근거하는지, 그리고 어떻게 근거하는지가 다음 단원에서 제시될 것이다[이것이 『존재와 시간』 제1부 제3편을 의미하는데, 이 부분은 출간되지 않았다. 그러나 많은 내용이 전집 제24권인 『현상학의 근본문제들』에서 다루어진다고 할 수 있다].

성립되는 것이 아니고 도리어 후자가 전자를 전제한다. 그러나 세계내부적인 눈앞의 것의 주제화가 둘러보며 발견하는 배려의 한 전환이라면, 손안의 것 곁에 "실천적으로" 있음의 밑바탕에 이미 현존재의 초월이 놓여야 할 것이다.

그 외에도 주제화가 존재이해를 변양시키고 분류파악한다면, 주제화하는 존재자, 즉 현존재는, 그가 실존하는 한, 존재와 같은 것을 이미 이해해야 한다. 존재의 이해는 중립적으로 남아 있을 수 있다. 그럴 경우 손안에 있음과 눈앞에 있음은 아직 구별되지 않으며 존재론적으로 개념파악되어 있지 않다. 그러나 현존재가 도구연관과 왕래할 수 있기 위해서는, 현존재는 비주제적이더라도 사용사태와 같은 것을 이해해야 한다. **현존재에게 하나의 세계가 열어밝혀져 있어야 한다.** 세계는, 현존재가 본질상 세계-안에-있음으로서 실존한다면, 현존재의 현사실적 실존과 더불어 열어밝혀져 있다. 그리고 더구나 현존재의 존재가 시간성에 근거한다면, 이 시간성은 세계-안에-있음을 그리고 그로써 현존재의 초월을 가능하게 해야 한다. 그리고 이 초월이 그편에서 세계내부적인 존재자 곁에 이론적으로든 실천적으로든 배려하며 있음을 떠받치고 있다.

ㄷ) 세계의 초월의 시간적 문제

둘러보는 배려에 포함되어 있는 사용사태전체성의 이해는 '하기 위한', '무엇을 위하여', '그것을 위하여', '때문에' 등의 연관에 대한 선행적인 이해에 근거한다. 이러한 연관들의 관련을 앞에서[23] 우리는 유의미성으로 끄집어낸 바 있다. 이 유의미성의 단일성이 우리가 세계라고 이름하는 그것을 형성한다. 여기에서 다음과 같은 물음이 제기된다. 어떻게 세계와 같은 것이 현존재와의 통일성 안에서 존재론적으로 가능할 수 있는가? 현존재가 세계-안

---

[23] 이 책의 제18절 135쪽 이하 참조.

에-있음으로서 실존할 수 있으려면 세계가 어떤 방식으로 **존재해야** 하는가?

현존재는 자기 자신의 존재가능 때문에 실존하고 있다. 현존재는 실존하면서 내던져져 있으며, 내던져진 자로서 존재자에 내맡겨져 있는데, 그는 그가 존재하고 있듯이 존재할 수 있기 위해서, 즉 자기 자신 **때문에** 존재하기 위해서 그 존재자를 필요로 한다. 현존재가 현사실적으로 실존하는 한, 그는 그때마다의 '위하여'와 더불어 자기 자신 '때문에'의 연관 안에서 자신을 이해한다. 실존하는 현존재가 그 안에서 **자기**를 이해하고 있는 그곳은 그의 현사실적인 실존과 더불어 "거기에" 있다. 일차적 자기이해의 '그 안에서'는 현존재의 존재양식을 가진다. 현존재는 실존하면서 그의 세계로 존재한다.

현존재의 존재를 우리는 염려라고 규정했다. 염려의 존재론적 의미는 시간성이다. 시간성이 '거기에'의 열어밝혀져 있음을 구성한다는 사실과 그 방식은 제시되었다. '거기에'의 열어밝혀져 있음에서는 세계도 함께 열어밝혀져 있다. 유의미성의 단일성, 다시 말해 세계의 존재론적인 구성틀은 그럴 경우 똑같이 시간성에 근거해야 한다. 세계의 실존론적-시간적 가능조건은, 시간성이 탈자적 통일성으로서 지평과 같은 것을 가지고 있다는 거기에 놓여 있다. 탈자태는 단순히 '……으로 빠져나감'이 아니다. 오히려 탈자태에는 빠져나감의 "거기에로"가 속한다. 탈자태의 이러한 '거기에로'를 우리는 지평적 도식이라고 이름한다. 탈자적 지평은 세 탈자태 각각에서 모두 다르다. 그 안에서 현존재가 **도래적으로**—본래적으로든 비본래적으로든—자기 자신에게로 다가오는 그 도식은 자기 자신 "때문에"이다. 그 안에서 현존재가 내던져져 있는 자로서 그 자신에게 처해 있음에서 열어밝혀져 있는 그 도식을 우리는 내던져져 있음의 **그 앞에서** 또는 내맡겨져 있는 의 '그 안에'라고 이름한다. 그것은 기재의 지평적 구조를 특징짓는 자기 자신 때문에 실존하면서 내던져진 자로서의 그 자신에게 내맡겨져 있으면서 현존재는 동시에 '……곁에 있음'으로서 현재화하면서 존재한다. 현재의 지평적 도식은 **위하여**에 의해서 규정된다.

도래, 기재 그리고 현재의 지평적 도식의 통일성은 시간성의 탈자적 통일성에 근거한다. 전체 시간성의 지평이 현사실적으로 실존하는 존재자가 그리로 본질적으로 **열어밝혀져** 있는 그것을 규정한다. 현사실적인 '거기에-있음[현-존재]'과 더불어 각기 그때마다 도래의 지평에서는 각기 하나의 존재가능이 기획투사되어 있으며, 기재의 지평에서는 "이미 있음"이 열어밝혀져 있고, 현재의 지평에서는 배려되고 있는 것이 발견되어 있다. 탈자태의 도식의 지평적 통일성이 '위하여'-연관과 '때문에'와의 근원적인 관련을 가능하게 한다. 바로 거기에, 시간성의 탈자적 통일성의 지평적 구성틀의 근거 위에서, 각기 자신의 '거기에'를 존재하는 그런 존재자에게 열어밝혀진 세계와 같은 것이 속한다는 사실이 놓여 있다.

시간성의 시간화의 통일성에서 현재가 도래와 기재에서부터 발원하듯이, 도래와 기재의 지평과 더불어 똑같이 근원적으로 현재의 지평이 시간화된다. 현존재가 시간화되는 한, 또한 하나의 세계도 있다. 시간성으로서의 자신의 존재의 관점에서 자신을 시간화하면서 현존재는 시간성의 탈자적-지평적 구성틀에 근거해서 본질적으로 "하나의 세계 안에" **존재한다**. 세계는 눈앞에 있는 것도 손안에 있는 것도 아니며 시간성 안에서 시간화된다. 세계는 탈자태의 "자기-밖에"와 더불어 "거기에" "있다". 현존재가 실존하지 않는다면, 세계도 "거기에" 존재하지 않는다.

현사실적으로 배려하며 손안의 것 곁에 있음, 눈앞의 것의 주제화 그리고 이 존재자의 객관화하는 발견 등은 **이미 세계를** 전제한다. 다시 말해 그것들은 오직 세계-안에-있음의 방식들로서 가능할 뿐이다. 탈자적 시간성의 지평적 통일성 안에 근거하면서 세계는 초월적이다. 세계는 이미 탈자적으로 열어밝혀져 있어야, 그 세계에서부터 세계내부적인 존재자를 만날 수 있게 된다. 탈자적으로 시간성은 이미 그 탈자태의 지평 안에 머무르며 시간화되면서 '거기에'에서 만나게 되는 존재자에게로 되돌아온다. 현존재의 현사실적인 실존과 더불어 또한 이미 세계내부적인 존재자도 만나게 된다. 그러한 존재자가 실존의 고유한 '거기에'와 함께 발견되어 있다는 사실은 현존재의 임의에 놓여 있는 것이 아니다. 오직 그가 그때그때 **무엇을, 어떤 방향에서, 얼마만큼, 어떻게** 발견하고 열어밝히는가 하는 것만이—어디까지나 그의 내던져져 있음의 한계 안에서이지만—그의 자유의 사안이다.

그러므로 세계의 구조를 규정하는 유의미성의 연관들은 어떤 무세계적 주체가 물질에 덮어씌우는 형식의 그물망이 아니다. 오히려 현사실적 현존재는 탈자적으로 자신과 자신의 세계를 '거기에'의 통일성에서 이해하면서 이러한 지평에서부터 그 안에서 만나게 되는 존재자에게로 되돌아온다. '……으로 이해하며 되돌아옴'은 존재자를 현재화하면서 만나게 함의 실존론적 의미이며, 그런 까닭에 이 존재자는 세계내부적인 존재자라고 불린다. 세계는 벌써 흡사 어떤 객체가 밖에 있을 수 있는 것보다 "훨씬 더 밖에" 있다. "초월의 문제"는 어떻게 한 주체가 [자신의] 밖으로 나가 한 객체에 이르는가—이때에 객체의 총체성이 세계의 이념과 동일시된다—하는 물음이 될 수는 없다. 물어야 할 것은 이것이다. 존재자가 세계내부적으로 만나게 되고 만나게 되는 것으로서 객관화될 수 있는 것을 존재론적으로 가능하게 하는 것은 무엇인가? 탈자적-지평적으로 기초 지어진 세계의 초월로 소급함으로써 우리는 대답을 얻을 수 있을 것이다.

"주체"가 존재론적으로 실존하고 있는 현존재로서 개념파악되고, 이 현존재의 존재가 시간성에 근거한다면, 세계는 "주관적[주체적]"이라고 말하지 않을 수 없다. 그러나 이러한 "주관적" 세계는 이 경우 시간적-초월적 세계로서 어떤 가능한 "객체"보다도 더 "객관적[객체적]"이다.

세계-안에-있음을 시간성의 탈자적-지평적 통일성에로 소급시킴으로써 현존재의 이러한 근본구성틀의 실존론적-존재론적 가능성이 이해될 수 있도록 했다. 동시에 세계구조 일반 및 그 가능한 변형의 구체적인 정리작업은 오직, 가능한 세계내부적인 존재자의 존재론이 해명된 존재 일반의 이념에 충분히 확실하게 방향 잡혀 있을 때에만 착수될 수 있다는 것도 명확해졌다. 이러한 이념의 가능한 해석은 그에 앞서 현존재의 시간성을 산출해낼 것을 요구하며, 지금까지의 세계-안에-있음에 대한 성격부여는 거기에 이바지하기 위한 것이다.

제70절 현존재적 공간성의 시간성

"시간성"이라는 표현이 "시간과 공간"에 관한 말이 시간으로서 이해하는 바로 그것을 뜻하지는 않더라도, 그럼에도 시간성과 마찬가지로 공간성 역시 상응하게 현존재의 근본규정성을 형성하는 듯이 보인다. 그러므로 실존론적-시간적 분석은 현존재의 공간성과 함께 한계에 이른 것같이 보이며, 그래서 우리가 현존재라고 이름한 이 존재자가 "시간적"이고 또한 공간적이라고 병렬적으로 말하지 않을 수 없는 것처럼 보인다. 현존재의 실존론적-시간적 분석은, 우리가 현존재적 공간성이라고 알게 되었고 세계-안에-있음에 속하는 것으로 제시한 그 현상[24]에 의해서 발판을 제공받았는가?

실존론적 해석의 진행과정에서 현존재의 "시간적-공간적" 규정성에 대한 이야기가, 이 존재자[현존재]가 "시간 안에 그리고 공간 안에도" 눈앞에 있음을 말하는 것이 아님은 더 이상의 논의를 필요로 하지 않는다. 시간성은 염려의 존재의미이다. 현존재의 구성틀과 그의 존재함의 방식은 존재론적으로 오직 시간성의 근거 위에서만 가능하다. 이때 이 존재자가 "시간 속에" 나타나는가 아닌가는 중요하지 않다. 그러나 이 경우 현존재의 특수한 공간성도 시간성에 근거해야 한다. 다른 한편, 이러한 공간성이 실존론적으로 오직 시간성에 의해서 가능하다는 것을 증명하는 작업이, 공간을 시간에서부터 연역하거나 또는 순수한 시간으로 해소시키는 것을 목표로 삼

---

[24] 이 책의 제22-24절, 155쪽 이하 참조.

을 수는 없다. 현존재의 공간성이 시간성에 의해서 실존론적인 기초 지음의 의미로 "포괄된다"고 해도, 이 경우 다음에서 설명해야 할 그 연관은 또한 **칸트**의 의미에서 공간에 대한 시간의 우위와는 다르다. "공간 안에" 있는 눈앞의 것에 대한 경험적 표상이 심리적 과정으로서 "시간 속에서" 전개되며, 그래서 "물리적인 것"이 간접적으로 또한 "시간 안에서"도 나타난다고 설명하는 것은, 직관의 형식으로서의 공간에 대한 실존론적-존재론적 해석이 아니라, 단지 심리적인 눈앞의 것이 "시간 안에서" 경과함을 존재적으로 확정하는 것이다.

현존재적 공간성의 시간적 가능조건에 대해서 실존론적-분석론적으로 물음을 던져야 한다. 그 공간성은 그편에서 세계내부적인 공간의 발견을 기초 짓는다. 이에 앞서 우리는 현존재가 어떤 방식으로 공간적인가 하는 것을 상기해야 한다. 현존재는 오직 현사실적으로 빠져 있으며 실존한다는 의미의 염려로서만 공간적으로 **존재할** 수 있을 것이다. 부정적으로 말하면, 현존재는 결코, 우선적이라도 결코, 공간 안에 눈앞에 있는 것이 아니다. 현존재는 실재하는 사물이나 도구처럼 공간의 한 부분을 채우지 않으며, 그를 둘러싸고 있는 공간 자체에 대한 그의 경계도 단지 공간의 공간적인 규정은 아니다. 현존재는—낱말 그대로 이해해서—공간을 차지한다. 현존재는 결코 신체물질이 채우고 있는 공간의 한 부분 안에[눈앞에] 있는 것이 아니다. 현존재는 실존하면서 각기 그때마다 이미 자신에게 활동공간을 마련했다. 현존재는 각기 그때마다 자신의 고유한 장소를 규정하여, 마련된 공간에서부터 그가 만든[차지한] "자리"로 되돌아온다. 현존재가 공간 안의 한 위치에[눈앞에] 있다고 말할 수 있으려면 우리는 이 존재자를 그에 앞서 존재론적으로 부적합하게 **파악하지** 않으면 안 된다. 연장(延長)된 사물의 "공간성"과 현존재의 공간성의 구별 또한, 현존재는 공간에 대해서 알고 있다는 거기에 놓여 있지 않다. 그 까닭은 공간을-차지함이 공간적인 것을 "표상함"과 동일하지 않을 뿐 아니라 오히려 후자가 전자를 전제하기 때문이다. 현존재의 공간성은 또한, "정신과 육신의 숙명적인 결합"으로 인해 실존에 붙어다니는 불완전성으로 해석되어도 안 된다. 현존재는 오히려 그가 "정신적이기" 때문에, 그리고 오직 그렇기 때문에 연장된 물질사물에는 본질적으로 불가능한 방식으로 공간적일 수 있는 것이다.

현존재의 공간마련은 방향 잡음과 거리 없앰에 의해서 구성되고 있다. 어떻게 그러한 것이 현존재의 시간성에 근거해서 실존론적으로 가능한가? 현존재의 공간성에 대해서 가지는 시간성의 기초부여하는 기능에 대해서는, 나중에 공간과 시간의 "연계"의 존재론적 의미에 대해서 논의할 때 필요한 만큼만 간략하게 지적하겠다. 현존재의 공간마련에는 **방면[주위]**과 같은 것을 방향 잡으며 발견함이 속한다. 이 표현으로써 우리가 우선 의미하는 것은, 주위세계적으로 손안에 있는, 자리에 놓을 수 있는 도구가 가능하게 귀속될 수 있는 '어디에로'이다. 도구를 눈앞에서 발견함, 손에 잡음, 옮겨놓음, 치워놓음 등 이 모든 행동관계에는 이미 방면이 발견되어 있다. 배려하는 세계-안에-있음은 방향 잡혀 있으며 방향 잡으면서 있다. 귀속성은 사용사태와 본질적인 연관이 있다. 그것은 현사실적으로 언제나 배려되고 있는 도구의 사용사태연관에서부터 결정된다. 사용사태연관은 오직 열어밝혀져 있는 세계의 지평에서만 이해될 수 있다. 세계의 지평성격이 또한 비로소 방면적인 귀속성의 '어디에로'의 특수한 지평을 가능하게 한다. 방면의 방향을 잡는 발견은 가능한 '저기로'와 '이리로'의 탈자적으로 간직하는 기대함에 근거한다. 공간을 마련함은 방면의 방향 잡힌 기대로서 똑같이 근원적으로 손안의 것과 눈앞의 것을 가까이 함(거리를 없앰)이다. 앞서 발견된 방면에서부터 배려가 가까운 것에로 거리-없애며 돌아온다. 가까이 함 그리고 마찬가지로 거리-없애진 세계내부적인 눈앞의 것의 내부에서 거리를 심삭하고 재는 것은, 그 안에서 방향 잡음도 가능하게 되는 그런 시간성의 통일성에 속하는 현재화에 근거한다.

현존재가 시간성으로서 그의 존재에서 탈자적-지평적이기 때문에, 그는 현사실적으로 그리고 지속적으로 마련된 공간을 함께 차지할 수 있는 것이다. 이러한 탈자적으로 차지한 공간을 고려할 때 그때그때의 현사실적 처지 또는 상황의 '여기'는 결코 공간의 한 위치가 아니고, 방향 잡음과 거리-없앰에서 열린 활동 공간, 가까이 배려되고 있는 도구전체의 범위를 포괄하는 활동공간이다.

"일에 몰입하는" 조작과 분주함을 가능하게 하는 가까이 함에서 염려의 본질적인 구조, 즉 빠져 있음이 알려진다. 빠져 있음의 실존론적-시간적 구성의 특징은, 그 빠져 있음에서 그리고 그로써 또한 "현재적으로" 기초 지어진 가까이 함에서 현재의 기대하는 망각이 뒤따라 나온다는 것이다. 어떤 것을 그것의 '저기에서부터' 가까이하며 현재화하면서 현재화는 '저기'를 망각하면서 자기 자신 속에 자신을 망각하게 된다. 그러므로 세계내부적인 존재자의 "고찰"이 그러한 현재화에서 시작하면, "우선" 오직 한 사물이 눈앞에, 그것도 여기에, 어떤 공간 일반 안에 규정되지 않은 채 있는 것과 같은 가상이 생겨나오게 되는 것이다.

오직 탈자적-지평적 시간성의 근거 위에서만 현존재의 공간으로의 침입이 가능하다. 세계는 공간 안에[눈앞에] 있는 것이 아니다. 그렇지만 이 공간은 오직 하나의 세계내부에서만 발견될 수 있다. 현존재적 공간성의 탈자적 시간성이 바로 시간에서의 공간의 독립성을 이해할 수 있게 해주지만, 역으로 또한 현존재의 공간에 대한 "의존성"도 이해할 수 있게 해준다. 이 의존성은, 현존재의 자기해석과 언어의 의미구성요소가 일반적으로 광범위하게 "공간적인 표상"에 의해서 두루 지배되고 있다는 잘 알려진 현상을 드러낸다. 의미와 개념의 분류파악에서의 이러한 공간적인 것의 우위는 그 근거를 공간의 특수한 위력에 두고 있는 것이 아니라, 오히려 현존재의 존재양식에 두고 있다.* 본질적으로 빠져 있으면서 시간성은 현재화 속에 상

---

* 대립되는 것이 아니다. 그 둘은 함께 속한다.

실되어, 배려되고 있는 손안의 것에서부터 둘러보는 식으로 이해될 뿐 아니라, 현재화가 그 자체 안에 현전하는 것으로 지속적으로 만나는 그것에서부터, 즉 공간적인 연관에서부터 이해 일반에서 이해된 것과 해석 가능한 것의 분류파악을 위한 실마리로 삼는다.

제71절 현존재 일상성의 시간적 의미

배려의 시간성의 분석은, 현존재의 존재구성틀의 본질적인 구조들—이것들은 시간성의 산출에 앞서 이미 이 시간성으로 인도하려는 의도 아래 해석되었다—이 그 자체 실존론적으로 **시간성 안으로 되돌려져야** 한다는 것을 보여주었다. 분석론은 첫 번째 단초에서 현존재의 어떤 특정한 탁월한 실존 가능성을 주제로 선택하지 않고 오히려 눈에 안 띄는 평균적인 실존함의 방식에 방향을 잡았다. 우리는 그 안에서 현존재가 우선 대개 머무르고 있는 그 존재양식을 **일상성**이라고 이름했다.[25]

이 일상성이라는 표현이 근본적으로 그리고 존재론적으로 제한규정될 때 무엇을 의미하는지는 어둠에 싸여 있다. 또한 탐구의 시작에는 일상성의 실존론적-존재론적 의미를 문제로 만들 수 있는 방법조차도 제공되어 있지 않았다. 이제 현존재의 존재의미가 시간성으로 밝혀졌다. "일상성"이라는 명칭의 실존론적-시간적 의미와 관련해서 여전히 의심이 있을 수 있는가? 그럼에도 우리는 이 현상의 존재론적 개념과는 멀리 떨어져 있다. 심지어 지금까지 수행된 시간성의 설명이 과연 일상성의 실존론적 의미를 제한규정하기 위해서 충분한지가 의문스럽다.

일상성은 분명 그 안에서 현존재가 "매일" 머무르고 있는 그런 실존함의 양식을 의미한다. 그리고 "매일"은 현존재에게 그의 "한평생"에 배당된 "날

---

25) 이 책의 제9절 72쪽 이하 참조.

들"의 총합을 의미하는 것이 아니다. 비록 "매일"이 달력의 의미로 이해되어서는 안 된다고 하더라도, 그런 시간규정이 "매일"의 뜻 속에 함께 풍기고 있다. 그렇지만 일상성이라는 표현은 일차적으로 "일생 동안" 현존재를 두루 지배하는 실존의 특정한 "어떻게[방식]"를 의미한다. 우리는 앞에서의 분석에서 자주 "우선 대개"라는 표현을 사용했다. "우선"이 의미하는 것은, 현존재가 공공의 서로 함께 있음에서 "드러나 있는" 방식―현존재가 "근본에서는" 이 일상성을 바로 실존적으로 "극복했다"고 하더라도―이다. "대개"가 의미하는 것은, 현존재가 항상은 아니지만 "통상" 어느 누구에게나 [익명의 그들에게] 자신을 내보이는 방식이다.

  일상성은 현존재가―그 모든 그의 행동관계에서든, 오직 서로 함께 있음에 의해서 앞서 윤곽 잡힌 일정한 행동관계에서든―그것에 맞추어 "나날을 살아가는" 방식의 '어떻게'이다. 이러한 '어떻게'에는 그 외에도 습관 속에서의 편안함도 속한다. 습관이 때로는 짐스럽고 "싫은 것"도 강요하기는 하더라도 말이다. 일상적인 배려가 기대하며 남아 있는 '내일의 일'은 "영원히 어제의 일"이다. 일상성의 단조로움은 그날그날이 가져다주는 것을 기분전환으로 삼는다. 일상성은 현존재가 '그들[세인]'을 "영웅"으로서 선택하지 않았을 때에도 그를 규정한다.

  그러나 일상성의 이러한 다양한 성격들이 일상성을 결코 순전한 "관점"으로 특징짓는 것은 아니다. "사람들이" 인간의 모든 행동거지를 "바라볼" 때에 현존재가 제공하는 그런 "관점" 말이다. 일상성은 **존재함**의 한 방식이다. 그리고 이 방식에는 어쨌거나 공공의 개방성도 속한다. 그러나 일상성은 자신의 고유한 실존함의 방식으로서 또한 그때마다의 "개별" 현존재에게도 다소 잘 알려져 있는데, 그것도 빛바랜 무규정성의 처해 있음에 의해서이다. 현존재는 일상성에서 둔하게 "당할" 수도 있고, 이 둔중함 속으로 가라앉을 수도 있으며, 그래서 거기에서 도피하려고 산만한 가운데 일 속에서 새로운 산만함을 찾을 수 있다. 그러나 실존은 또한 순간 안에서, 물론 대개 그저 "순간적으로"이지만, 일상을 지배할 수도 있다. 그러나 결코 소멸시킬 수는 없다.

현존재의 현사실적인 해석되어 있음에서 **존재적으로** 너무 잘 알려져 있어서 우리의 주목조차 끌지도 못하는 그것이 실존론적-존재론적으로 온통 수수께끼에 수수께끼를 간직하고 있다. 현존재의 실존론적 분석론의 첫 번째 단초를 위한 "자연스러운" 지평이 **그저 겉으로만 자명할 뿐이다**.

그러나 우리는 이제 이만큼 시간성을 해석했으니 일상성의 실존론적 제한규정과 관련해서 전망이 풍부한 처지에 놓여 있는 것 아닌가? 아니면, 이러한 혼란스러운 현상에서 바로 시간성에 대한 우리의 설명이 불충분함이 확연해지는 것은 아닌가? 우리는 지금까지 지속적으로 현존재를 일정한 처지와 상황에 정지시켜놓아 "일관성 있게", 현존재가 그의 나날을 살아가면서 그의 날들의 연속 속에서 "시간적으로" 자신을 **뻗어나가고[늘려나가고]** 있다는 것을 경시한 것은 아닌가? 단조로움, 습관, "어제처럼 오늘도 그리고 또 내일도", "대개" 등은 현존재의 "시간적인" 뻗음에로 소급하지 않고는 파악될 수 없는 것들이다.

그리고 실존하고 있는 현존재에게는 또한, 그가 자신의 시간을 보내면서 매일 "시간"을 계산에 넣고 이 "계산"을 천문학적으로-달력으로 규제한다는 현사실이 속하지 않는가? 우리가 현존재의 일상적 "사건"과 그가 이러한 사건에서 배려하고 있는 "시간"의 계산을 현존재의 시간성의 해석에로 끌어들일 때 비로소 우리의 방향설정도 충분히 포괄적이어서 일상성 그 자체의 존재론적인 의미를 문제로 삼을 수 있게 될 것이다. 그렇지만 일상성이라는 명칭으로써 근본에서는 다른 것이 아닌 바로 시간성이 의미되고 있지만, 이 시간성이 현존재의 **존재**를 가능하게 하기 때문에, 일상성에 대한 충분한 개념적인 제한규정은 존재 일반의 의미와 그 가능한 변형에 대한 원칙적인 테두리 안에서 비로소 성공할 수 있을 것이다.

제5장
시간성과 역사성

제72절 역사 문제의 실존론적-존재론적 개진

실존론적 분석론의 그 모든 노력은 존재 일반의 의미에 대한 물음에 대답할 가능성을 발견한다는 하나의 목표에 향해 있다. 이 물음의 정리작업은 그 안에서 존재와 같은 것이 접근 가능하게 되는 그 현상, 즉 **존재이해**에 대한 제한규정을 요구한다. 그런데 이 존재이해는 현존재의 존재구성틀에 속한다. 이 존재자가 먼저 충분하게 근원적으로 해석되어 있어야 비로소 그의 존재구성틀에 포함되어 있는 존재이해 자체가 개념파악될 수 있으며 이 존재이해에 근거해서 그 안에서 이해되고 있는 존재에 대한 물음과 이 이해의 "전제"에 대한 물음이 제기될 수 있을 것이다.

비록 개별적인 점에서는 현존재의 많은 구조가 아직 어둠에 싸여 있을지라도, 시간성을 **염려**의 근원적인 가능조건으로 밝혀냄으로써, 요구된 현존재의 근원적인 해석은 도달한 듯하다. 시간성이 현존재의 본래적인 전체존재가능과 관련해서 끄집어내어졌다. 그다음, 염려의 시간적인 해석은 배려하는 세계-안에-있음의 시간성을 증명함으로써 확증되었다. 본래적인 전체존재가능의 분석은 염려에 뿌리를 박고 있는 똑같이 근원적인, 죽음, 탓, 양심의 연관을 드러내주었다. 현존재가 자신의 본래적인 실존의 기획투사에서보다 더 근원적으로 이해될 수 있는가?

지금까지 우리가 실존론적 분석론의 더 근본적인 단초의 가능성을 보지 못했다고 하더라도, 그럼에도 바로 일상성의 존재론적 의미에 대한 앞에서의 논의를 고려하면 심각한 의문이 고개를 든다. 그렇다면 과연 실제로 현존재의 전체가 그의 본래적인 전체존재와 관련해서 실존론적 분석의 앞서가짐에로 데려와졌는가? 현존재의 전체성과 연관된 물음제기가 그 진정한 존재론적인 명백성을 가질 수 있을 것이다. 그 물음 자체가 심지어 **종말[끝]을 향한 존재**를 고려해서 그 대답을 발견했을 수도 있다. 그러나 죽음은 분명 현존재의 "끝[종말]"이며, 형식적으로 볼 때 단지 현존재의 전체성을 포괄하는 하나의 끝[종말]일 뿐이다. 그러나 다른 "끝"은 "시작", 즉 "태어남"이다. 태어남과 죽음 "사이의" 존재자가 비로소 찾고 있는 전체성을 제시할 것이다. 그렇기 때문에 분석론의 지금까지의 방향설정은 **실존하는 전체존재**로 향한 그 모든 경향에서와 본래적이고 비본래적인 죽음을 향한 존재에 대한 진정한 해명에도 불구하고 "일면적으로" 남아 있을 뿐이다. 현존재는 오직 그가 흡사 "앞을 향해서" 실존하고 모든 기재를 "자기 뒤에" 남겨놓는 방식에서만 주제가 되었다. 시작을 향한 존재가 주목되지 않았을 뿐 아니라 또한 특히 태어남과 죽음 사이에 현존재가 **뻗쳐 있음**이 주목되지 않았다. 바로 그 안에서 현존재가 끊임없이 어떻게든 머무르고 있는 "삶의 맥락[연관]"이 전체존재의 분석에서 간과되었다.

그렇다면 우리는, 비록 태어남과 죽음 사이의 "연관"으로 이야기되는 그것이 존재론적으로 전적으로 어둡다고 해도, 현존재의 전체성으로서의 시간성이라는 단초를 철회해야 한다는 말인가? 아니면, 끄집어낸 **시간성**이 비로소 처음으로, 언급한 "연관"에 대한 실존론적-존재론적 물음을 명백한 방향으로 이끌어줄 **지반**을 제공하지는 않는가? 아마도 이러한 탐구의 마당에서는 문제를 너무 쉽게 다루어시는 안 된다는 것을 배운 것만으로도 이미 하나의 수확일 것이다.

무엇이 탄생과 죽음 사이의 삶의 연관을 성격 짓는 일보다 "더 단순한" 것처럼 보이겠는가? 그 연관은 "시간 속에서"의 체험의 연속으로 **성립된다**. 사람들이 의문스러운 연관에 대한 이런 식의 특징부여와 특히 그 존재론적인 앞선 견해를 추적하면, 어떤 이상한 일이 귀결된다. 이러한 체험의 연속에서는 "본래" 각기 그때마다 오직 "그때마다의 지금"에 [눈앞에] 있는 체험만이 "현실적"이다. 이에 반해 지나가버렸거나 이제부터 오게 될 체험은 더 이상 있지 않거나 아직 "현실적"이지 않다. 현존재는 그에게 부여된 두 한계[태어남과 죽음] 사이의 시간적 거리를 두루 통과하는데, 이때 그는 각기 그때마다 오직 지금에서만 "현실적"이므로 그의 "시간"의 지금의 연속점들을 흡사 두루 깡충깡충 뛰고 있는 것이다. 그렇기 때문에 사람들은 현존재는 "시간적"이라고 말한다. 이와 같은 끊임없는 체험의 변화에서도 자기 자신은 일정한 동일성에서 관철된다. 이 지속적인 것과 그것이 가지는 체험의 변화와의 가능한 연관에 대한 규정에서 의견들은 갈라진다. 이러한 지속하며-변하는 체험의 연관의 존재는 규정되지 않은 채 남아 있다. 그러나 근본에서 삶의 연관에 대한 이러한 성격부여에서는―사람들이 승인하려고 하든 그렇지 않든―"시간 속에" 있는 어떤 눈앞에 있는 것, 그러나 물론 374 "사물적이지 않은 것"이 단초로 놓이고 있다.

염려의 존재의미로서 시간성이라는 명칭 아래 끄집어내온 그것을 고려함으로써 다음의 사실을 제시할 수 있다. 그 한계 내에서만 정당하고 충분한 통속적인 현존재해석을 실마리로 삼아서는 태어남과 죽음 사이의 현존재의 **뻗쳐 있음**에 대한 진정한 존재론적인 분석을 관철할 수 없을 뿐 아니라 문제로서조차도 확정할 수 없다.

현존재는 잇달아 계속 나타나며 사라지는 체험의 찰나적인 현실의 총합으로서 실존하고 있는 것이 아니다. 이러한 '차례로 잇달아'는 또한 점차로 어떤 테두리도 채우지 못한다. 왜냐하면 각기 그때마다 오직 "현행적인[활동적인]" 체험만이 "현실적"이고 테두리의 한계인 태어남과 죽음은 지나가버린 것과 이제 비로소 오게 될 것으로서 현실성을 결여하고 있는데, 어떻게 이 테두리가 눈앞에 있을 수 있다는 말인가? 근본에서 "삶의 연관"에 대한 통속적인 견해 또한 현존재의 "바깥"에 쳐져 있으며 현존재에 빙 둘러쳐진 테두리를 생각하는 것이 아니라, 그 테두리를 옳게도 현존재 자체 안에서 찾는다. 그러나 이 존재자를 암암리에 존재론적으로 "시간 속에" 있는 눈앞의 것으로 단초 삼는 것이 태어남과 죽음 "사이의" 존재에 대한 존재론적인 성격부여의 시도를 좌초하게 하고 있다.

현존재는 그의 찰나적 현실성의 단계들에 의해서 비로소 어떻게든 눈앞에 있는, "삶"의 행로와 노정을 채워나가는 것이 아니라, **자기 자신을 뻗쳐** 애초부터 자신의 고유한 존재를 뻗쳐나감으로 구성한다. 현존재의 존재에는 이미 태어남과 죽음과 연관된 "사이에"가 놓여 있다. 반대로 현존재는 결코 하나의 시점에 현실적으로 "**존재하다가**" 거기에 추가로 그의 태어남과 그의 죽음의 비현실적인 것에 의해서 "둘러싸이게" 되는 것이 아니다. 실존론적으로 이해될 때, 태어남은 결코 더 이상 눈앞에 있지 않은 것의 의미로 지나가버린 것이 아니며, 마찬가지로 죽음 역시 아직 눈앞에 있지는 않지만 오게 될 미완의 존재양식을 가지는 것도 아니다. 현사실적 현존재는 태어나서 실존하며, 또한 죽음을 향한 존재의 의미로 태어나면서 이미 죽고 있다. 그 두 "끝"과 그 "사이"는, 현존재가 현사실적으로 실존하는 한, 있다. 그리고 그것들은 현존재가 **염려**로서의 현존재의 존재에 근거해서 오로지 가능하듯이 그렇게 있다. 내던져져 있음과 죽음을 향한, 도피적인 또는 미리 달려가보는 존재의 단일성에서 태어남과 죽음은 현존재적으로 "함께 연관되어" 있다. 염려로서 현존재는 "사이에"로 있는 것이다.

그러나 염려의 구성틀 전체성은 시간성에 그 통일성의 가능한 근거를 두고 있다. 그러므로 "삶의 연관"에 대한 존재론적 해명은, 다시 말해 특수한 뻗쳐나감, 현존재의 움직여져 있음과 지속성의 존재론적 해명은 이 존재자의 시간적 구성틀의 지평 안에서 출발해야 한다. 실존의 움직여져 있음은 어떤 눈앞의 것의 운동이 아니다. 그것은 현존재의 뻗쳐나감에 의해서 규정된다. 뻗쳐진 채 자기를 뻗음의 특수한 움직여져 있음을 우리는 현존재의 **생기**[일어남]라고 이름한다. 현존재의 "연관"에 대한 물음은 그의 생기의 존재론적 문제이다. **생기의 구조 및 그 실존론적-시간적 가능조건을 밝힘은 역사성에 대한 존재론적** 이해를 획득함을 의미한다.

현존재의 생기에 고유한, 특수한 움직여져 있음과 지속성에 대해서 분석함으로써 우리의 탐구는 시간성의 구명 바로 앞에서 건드린 바 있는 그 문제, 즉 우리가 현존재의 '누구'라고 규정했던 '자기'[1]의 지속성에 대한 물음에로 되돌아 오게 된다. 자기지속성[자립성]은 현존재의 존재방식의 하나이며 따라서 시간성의 특수한 시간화에 근거하고 있다. 생기의 분석은 우리를 시간화 그 자체에 대한 주제적인 탐구의 문제 앞으로 데려간다.

역사성에 대한 물음이 우리를 이러한 "근원"에로 소급시키고 있다면, 그로써 이미 역사 문제의 **장소**에 대해서도 이미 결정이 내려진 셈이다. 그 장소는 역사에 대한 학문으로서의 역사학에서 찾아져서는 안 된다. 비록 "역사" 문제의 학문이론적인 취급양식이 단지 역사학적 파악의 "인식이론적" (지멜) 해명을 겨냥하거나 또는 역사학적 서술의 개념형성의 논리(리케르트)를 겨냥할 뿐만 아니라 또한 "대상 측면"에도 방향을 잡고 있다고 하더라도, 이러한 물음제기에서는 역사는 원칙적으로 그저 한 학문의 **객체**로서 접근 가능해질 뿐이다. 그렇게 되면 역사학에 의한 가능한 주제화에 앞서 놓여 있으며 그것의 밑바탕에 깔려 있는 역사라는 근본현상은 어쩔 수 없이 옆으로 치워지게 된다. 어떻게 역사가 역사학의 가능한 **대상**이 될 수 있는가 하는 것은 오직 역사적인 것의 존재양식에서부터, [즉] 역사성과 그것의 시간성에 뿌리박고 있음에서부터 설명될 수 있다.

만일 역사성 자체가 시간성에서부터 그리고 근원적으로는 **본래적인 시간**

---

1) 이 책의 제64절 457쪽 이하 참조.

성에서부터 해명되어야 한다면, 이 경우 이러한 과제의 본질에, 그 과제는 오직 현상학적인 구성*의 방법으로만 수행될 수 있다는 것이 놓여 있다.2) 역사성의 실존론적-존재론적 구성틀은 현존재의 역사를 은폐하는 통속적인 해석을 거슬러 쟁취되지 않으면 안 된다. 역사성의 실존론적 구성은 통속적인 현존재이해에 그 특정한 발판을 가지고 있으며 지금까지 획득한 실존론적 구조에 의해서 인도될 것이다.

우리의 탐구는 우선 역사에 대한 통속적 개념을 특징지음으로써 통상 역사에 본질적인 것으로 통용되는 계기들에 대한 하나의 방향설정을 마련한다. 이때 무엇이 근원적으로 역사적이라고 말해져야 하는지가 분명해져야 한다. 이로써 역사성에 대한 존재론적인 문제의 개진을 위한 착수지점이 지칭된 셈이다.

역사성의 실존론적 구성을 위한 실마리는 수행한 현존재의 본래적 전체존재가능에 대한 해석과 거기에서부터 자라나온, 시간성으로서의 염려에 대한 분석이 제공한다. 현존재의 역사성의 실존론적 기획투사는 단지 무엇이 시간성의 시간화 속에 이미 감싸여 놓여 있는지를 밝히는 데까지만 인도할 것이다. 역사성이 염려에 뿌리를 둔 것에 상응하게 현존재는 각기 그 때마다 본래적 또는 비본래적으로 역사적인 것으로 실존한다. 일상성이라는 명칭 아래 현존재의 실존론적 분석론을 위해서 가까운 지평으로서 시야에 서 있었던 그것이 현존재의 비본래적인 역사성으로서 명확해진다.

현존재의 생기에는 본질적으로 열어밝힘과 해석이 속한다. 역사적으로 실존하는 이 존재자의 존재양식에서부터 역사를 명시적으로 열어밝히고 파악할 수 있는 실존적 가능성이 자라나온다. 역사의 주제화, 다시 말해 **역사학적** 열어밝힘은 "정신과학에서 역사적 세계를 건립할" 수 있기 위한 전제이다. 학문으로서의 역사학에 대한 실존론적 해석은 오로지 그 존재론적인

---

2) 이 책의 제63절 449쪽 이하 참조.
* 기획투사.

유래를 현존재의 역사성에서부터 입증해내는 것을 목표로 한다. 여기에서 부터 비로소 현사실적인 학문 활동에 방향을 잡은 학문이론이 자신의 물음 제기의 우발성에 자신을 맡겨도 되는 그런 한계들을 그어놓을 수 있다.

현존재의 역사성에 대한 분석은, 이 존재자[현존재]가 "역사 안에 서 있기" 때문에 "시간적인" 것이 아니라, 오히려 그 역으로 오직 그가 그의 존재의 근거에서 시간적이기 때문에, 역사적으로 실존하며 실존할 수 있다는 것을 보여주려고 시도한다.

그럼에도 현존재는 또한 "시간 안에" 있다는 의미에서도 "시간적"이라 일컬어져야 한다. 현사실적인 현존재는 역사학에 대한 소양이 없어도 달력과 시계를 필요로 하고 그것들을 사용한다. 현존재는 "그에게서" 일어나는 것을 "시간 안에서" 일어나는 것으로 경험한다. 동일한 방식으로 그는 생명 없는 자연과 생명 있는 자연의 과정들을 "시간 안에서" 만나게 된다. 이것들은 시간내재적이다. 그러므로 역사성과 시간성의 연관에 대한 논의에 앞서, 우리가 다음 장[3)]에서 다룰 과제, 즉 시간성에서부터 시간내재성의 "시간"의 근원을 이끌어내는 분석을 해야 한다고 여길는지도 모른다. 그렇지만 시간내재성의 시간의 도움으로 행해진, 역사적인 것에 대한 통속적인 성격부여로부터 겉보기의 자명성과 독점성을 빼앗기 위해서는, "사태적인" 연관도 요구하고 있듯이, 앞서 먼저 역사성을 순수하게 현존재의 근원적인 시간성에서부터 "연역해야" 한다. 그러나 시간내재성으로서의 시간 또한 현존재의 시간성에서부터 "유래하는" 한, 역사성과 시간내재성은 동일근원적인 것으로 입증된다. 그러므로 역사의 시간적 성격에 대한 통속적 해석은 그 한계 안에서는 나름의 권한을 간직하는 것이다.

이렇게 역사성을 시간성에서부터 존재론적으로 개진하는 과정을 먼저 특징짓고 나서도 여전히, 다음의 우리의 탐구는 역사 문제를 일거에 해결

---

3) 이 책의 제80절 583쪽 이하 참조.

하려는 믿음에서 나온 것이 아님을 명시적으로 확실하게 해야 할 필요가 있는가? 역사 문제를 그 **근원적인** 뿌리로 더 가까이 끌고 가면 갈수록, 사용 가능한 "범주적" 도구의 빈곤함과 일차적 존재론적 지평의 불확실성이 더욱더 절박해진다. 다음의 고찰은 역사성 문제의 존재론적 장소를 제시해 보이는 것으로 만족한다. 근본적으로 다음의 분석에서 문제되는 것은 오로지, 오늘날의 세대에게도 여전히 당면한 과제인 **딜타이**의 탐구를 내 것으로 만드는 일을 부분적으로 길을 예비하면서 촉진하는 것이다.

그 외에도 기초존재론적 목표에 의해서 어쩔 수 없이 제한된 역사성의 실존론적 문제에 대한 개진은 다음과 같이 분류된다. 역사의 통속적 이해와 현존재의 생기(제73절), 역사성의 근본구성틀(제74절), 현존재의 역사성과 세계-역사(제75절), 현존재의 역사성에서 유래하는 역사학의 실존론적 근원(제76절), 이상의 역사성 문제의 제시와 딜타이의 탐구 및 **요르크 백작**의 이념과의 연관(제77절).

제73절 역사의 통속적 이해와 현존재의 생기

당면한 목표는 역사의 본질에 대한 근원적인 물음, 다시 말해 역사성의 실존론적 구성을 위한 출발지점을 발견하는 것이다. 이 지점은 근원적으로 역사적인 그것에 의해서 표시될 것이다. 그러므로 고찰은 통속적인 현존재 해석에서 "역사" 또는 "역사적"이라는 표현으로써 의미되는 그것을 특징짓는 것으로 시작한다. 그 표현은 다의적이다.

가장 흔한, 자주 지적되지만 결코 "대충"은 아닌, "역사"라는 용어의 애매함은 다음의 사실에서 드러난다. 즉 그 용어는 "역사적 현실"뿐 아니라 또한 그것에 대한 가능한 학문까지도 의미한다. 역사과학(역사학)에서 의미하는 "역사"의 뜻은 우리는 잠시 배제한다.

역사에 대한 학문도, 또 객체로서의 역사도 의미하지 않고 반드시 객관화될 필요는 없는 이 존재자 자체를 의미하는 "역사"라는 표현의 의미 중에서, 이러한 존재자가 **지나가버린 것[과거의 것]**으로 이해되고 있는 그 의미가 주로 우선적으로 사용되는 의미이다. 이러한 의미는 다음과 같은 말 속에서 나타난다. "이런저런 일은 이미 역사에 속한다.""지나가버린 것"은 여기에서 첫째, 더 이상 눈앞에 있지 않거나 또는 비록 아직은 눈앞에 있지만 "현재"에 아무런 "영향"을 미치지 못하는 것을 말한다. 어쨌거나 지나가버린 것으로서의 역사적인 것은 또한 그 반대되는 의미도 있다. 즉, 우리가 "사람들은 역사로부터 도망할 수 없다"고 말할 때이다. 여기에서는 역사가 지나가버린 것*이지만 그럼에도 아직 계속 영향을 미치는 것을 의미한다. 어쨌든 지나가버린 것으로서의 역사적인 것은 "지금" "오늘날" 현실적인 것이라는 의미로 "현재"와의 긍정적인 또는 결여적인 작용연관에서 이해된다. "과거"는 이때 여전히 기이한 이중의 의미를 간직한다. 지나가버린 것은 돌이킬 수 없이 이전의 시대에 속한다. 그것은 그 당시의 사건에 속하며 그럼에도 여전히 "지금" 눈앞에 있을 수 있다. 예를 들면 그리스의 신전의 유적이 그렇다. 한 "조각의 과거"가 그 유적과 함께 "현재적으로" 있는 셈이다.

둘째, 역사는 지나가버린 것이라는 의미에서 "과거"를 의미한다기보다는 과거에서의 **유래**를 의미한다. "역사를 가지고 있는" 것은 되어감의 연관 안에 서 있는 것이다. 이때 "전개"는 금세 흥함이다가 금세 쇠망이기도 하다. 그런 식으로 하나의 "역사"를 가지는 것은 동시에 역사를 "만들" 수 있기도 하다. 그것은 "세기[시대]를 만들면서" "미래"를 "현재적으로" 규정한다. 여기에서 역사는, "과거", "현재", "미래"를 가로지르고 있는 일종의 사건의 연관과 "영향의 연관"을 의미한다. 이때 과거는 아무런 특별한 우위를 점하지 못한다.

---

* 이전에 앞서 일어난 것 그리고 지금 남아 있는 것.

역사는 그 밖에도 "시간 속에서" 변화하는 존재자 전체를 의미하며 그리고 마찬가지로 "시간 속에서" 움직이는 자연과는 달리, 인간과 인간 집단 및 그들 "문화"의 변천과 운명을 의미한다. 여기에서 역사는 존재양식, 즉 생기를 의미한다기보다는 존재자의 영역을 의미한다. 사람들은 이 영역을 인간의 실존에 대한 본질적 규정을 고려해서 "정신"과 "문화"로써 자연과 구별한다. 비록 자연 또한 일정한 방식으로는 그렇게 이해된 역사에 속하기도 하지만 말이다.

마지막으로, 전수된 것 그 자체가 "역사적인" 것으로 통용된다. 그것이 역사학적으로 인식되었든 또는 자명한 것이어서 그 유래가 은폐된 채 전해지고 있든 말이다.

열거한 네 가지 뜻을 하나로 종합요약하면 다음과 같은 것이 귀결된다. 역사는 시간 안에서 일어나는, 실존하는 현존재의 특수한 생기이며, 그래서 서로 함께 있음에서 "지나가버린" 그리고 동시에 "전수된" 그리고 계속 영향을 미치는 생기가 강조된 의미에서 역사로 통용된다.

이 네 가지 뜻은 그것이 사건의 "주체"로서의 인간과 연관된다는 점으로 하나의 관련을 가지고 있다. 어떻게 이 사건들의 생기성격이 규정되어야 하는가? 생기는 과정들의 연속, 발생사건들의 변화무쌍한 출현과 소멸인가? 이러한 생기가 어떤 방식으로 현존재의 역사에 속하는가? 현존재가 앞서 이미 현사실적으로 "눈앞에 있고", 그다음 때때로 "역사 속으로" 휘말리는 것인가? 현존재가 여러 사정과 발생사건과 연루되어서 비로소 역사적이 되는 것인가? 아니면 생기에 의해서 비로소 처음으로 현존재의 존재가 구성되고, 그래서 오직 현존재가 그의 존재에서 역사적이기 때문에, 여러 사정들, 발생사건들, 운명들과 같은 것이 존재론적으로 가능하게 되는 것인가? "시간 안에서" 생기하는 현존재를 "시간적으로" 성격 짓는 데에 왜 하필이면 과거가 강조된 기능을 가지는가?

만일 역사가 현존재의 존재에 속하고 이 존재가 시간성에 근거한다면,

역사성의 실존론적 분석은 명백하게 시간적인 의미를 가지는 역사적인 것의 그런 성격들로부터 시작하는 것이 당연하다. 그러므로 역사라는 개념에서 "과거"가 차지하는 기이한 우위를 더 날카롭게 특징지음으로써 역사성의 근본구성틀의 개진을 준비해야 한다.

박물관에 보존되고 있는 "고대유물들", 예를 들어 가구는 "과거 시대"에 380 속하지만 그럼에도 여전히 "현재"에 [눈앞에] 있다. 이 도구는 분명 아직 [완전히] 지나가버린 것은 아닌데 얼마만큼 역사적인가? 이를테면 오직 그것이 역사학적 관심, 고대유물 보호, 지방연구 등의 **대상**이 되었다는 그 이유 때문인가? 그러나 그러한 도구가 **역사학적 대상**일 수 있는 것은 오직 그것이 그 자체에서 어쨌든 **역사적**이기 때문에 그런 것이다. 물음은 다시 반복된다. 무슨 권리로 우리는 이 존재자를, 그것이 아직 [완전히] 지나가버린[과거의] 것이 아닌데, 역사적이라고 일컫는가? 아니면 이러한 "사물들은", 비록 오늘날에도 눈앞에 있기는 하지만, 그럼에도 "그 자체 안에" "지나가버린 어떤 것"을 가지고 있는가? 그렇다면 눈앞에 있는 그것들은 과연 여전히 그것들이 [그전에] 그것이었던 그것인가? 분명 "사물들"은 변했다. 그 기구는 "시간의 흐름 속에서" 망가지고 벌레 먹게 되었다. 그러나 박물관 안에 [눈앞에] 있는 중에도 계속 진행되는 이러한 파손[과거성, 무상성]에 그 가구를 역사적인 어떤 것으로 만드는 **그런** 특수한 과거성격이 놓여 있는 것이 아니다. 그렇다면 그 도구에서 무엇이 지나가버렸는가? 그 "사물들"에서 오늘날 더 이상 존재하지 않는 것으로서 무엇이 **존재했었는가**? 그 가구들은 분명 특정한 사용도구들이지만 현재는 사용 불능이다. 그렇다면 만일 그것들이 가구류의 많은 상속물처럼 오늘날에도 여전히 사용 중이라고 한다면, 그것들은 아직은 역사적이지 않은 것인가? 사용 중이든 사용 중이 아니든, 그것들은 그것들이 무엇이었던 그것은 더 이상 아니다. 무엇이 "지나가버렸는가?" 다른 어떤 것이 아닌 **세계**이다. 그 세계내부에서 그것들이 하나의 도구연관에 속하면서 손안의 것으로 만나졌고 배려하는 세계-안에-있음인 현존재에 의해서 사용되었던 것이다. 그 세계가 더 이상 존재하지 않는다. 그러나 전에 그 세계의 세계내부적이었던 것은 아직 눈앞에 있는 것이다. 세계에 귀속되어 있는 도구로서 지금도 눈앞에 있는 그것은 그럼에도 불구하고 "과거"에 속할 수 있다. 그렇지만 세계가 더 이상 존재하지 않는다는 것은 무엇을 뜻하는가? 세계는 세계-안에-있음으로서 현사실적으로 존재하는 실존하는 현존재의 방식으로만 존재한다.

따라서 아직 간수되고 있는 고대유물의 역사적 성격은 그것들이 속했던 세계 속에 살았던 현존재의 "과거"에 근거하고 있는 것이다. 그렇다면 "지나가버린" 현존재만 역사적이고, "현재의" 현존재는 역사적이지 않을 것이다. 그렇지만 우리가 "지나가버린"을 "이제 더 이상 눈앞이나 손안에 있지 않음"이라고 규정한다면, 현존재가 도대체 지나갈 수 있는 것인가? 분명히 현존재는 결코 지나갈 수 없다. 그가 불멸이라서가 아니라 그가 본질상 결코 눈앞에 있을 수 없기 때문에 그렇다. 그는 존재한다면 실존한다. 그러나 더 이상 실존하지 않는 현존재는 존재론적으로 엄밀한 의미에서 지나가버린 것이 아니라 '거기에'-있었던 것이다. 아직도 눈앞에 있는 고대유물들은, 그것들이 '거기에'-있었던 현존재의 기재했던 세계에 도구로서 귀속해 있었다는 것과 그 세계에서 유래했다는 사실에 근거해서 "과거" 또는 역사 성격을 가지는 것이다. 이러한 "거기에"-있었던 현존재가 일차적으로 역사적이다. 그러나 현존재가 더 이상 거기에 있지 않음으로써 비로소 역사적이 되는 것 아닌가? 아니면, 현존재는 현사실적으로 실존하는 자로서는 바로 역사적이지 않은가? 현존재는 오직 '거기에'-있었다는 의미에서만 기재하는가? 아니면 현재화하며-도래적인 것으로서, 다시 말해 자신의 시간화의 시간성 속에서 기재하는가?

아직 눈앞에 있지만 그럼에도 어쨌든 "지나가버린", 역사에 속하는 도구를 이상과 같이 잠정적으로 분식한 결과, 그러한 존재자는 오직 그것의 세계귀속성에 근거해서만 역사적이라는 것이 분명해졌다. 그러나 세계는 역사적인 것의 존재양식을 가지고 있는데, 그 까닭은 세계가 현존재의 존재론적 규정성을 형성하고 있기 때문이다. 그 외에도 다음과 같은 것을 밝혀냈다. "과거"라는 시간규정은 일의적[명백한] 의미는 결하고 있으나, 우리가 현존재의 시간성의 탈자적인 통일성의 구성계기로서 알게 되었던 **기재**와는 분명하게 구별된다. 그러나 그로써 결국은, 기재가 현재와 도래와 함께 똑같이 근원적으로 시간화되는 터에, 왜 하필이면 "과거"가, 또는 더 적합하게 말해서 기재가 역사적인 것을 **주로** 규정하고 있는가 하는 수수께끼만이 더욱 첨예화된다.

일차적으로 역사적인 것은 현존재라고 우리는 주장했다. 그러나 **이차적으로** 역사적인 것은 세계내부적으로 만나는 것, 가장 넓은 의미에서의 손 안에 있는 도구뿐 아니라 "역사적인 지반"으로서의 주위세계 **자연**이다. 우리는 그것의 세계귀속성에 근거해서 역사적인 그러한 현존재적이지 않은 존재자를 세계역사적이라고 칭한다. 우리는 "세계역사"라는 통속적인 개념이 바로 이러한 이차적으로 역사적인 것에 방향을 잡은 데에서 발생한다는 점을 밝혀 보일 것이다. 세계-역사적인 것은 이를테면 역사학적인 객관화에 근거해서 비로소 역사적인 것이 아니라, 그것이 세계내부적으로 만나지면서 그 자체 안에서 그것인 **그런 존재자로서** 역사적인 것이다.

아직도 눈앞에 있는 도구의 역사적인 성격에 대한 분석은 일차적으로 역사적인 것으로서의 현존재에로 소급해왔을 뿐 아니라 또한 동시에, 과연 역사적인 것 일반의 시간적 성격부여가 눈앞의 것의 시간-안에-있음에로 방향을 잡아도 되는가 하는 것을 의심스럽게 만들었다. 존재자가 더 먼 과거로 빠져나간다고 해서 "더 역사적이게" 되는 것은 아니다. 그렇다면 가장 오래된 것이 가장 본래적으로 역사적일 것이다. 지금과 오늘날로부터의 "시간적인" 간격이 본래적으로 역사적인 존재자의 역사성에 대해서 일차적으로 구성적인 의미를 가지지 않는데, 그 까닭은 이 존재자[본래적으로 역사적인 존재자, 현존재]가 "시간 안에" 있지 않고 무시간적이기 때문이 아니라, 그 존재자가 **그토록 근원적으로 시간적으로** 실존하기 때문에, 그 존재론적 본질상 결코 "시간 안에" 있는 눈앞의 것, 지나가는 것 또는 도래하는 것이 될 수 없기 때문이다.

번잡스러운 고찰들이라고 사람들은 말할 것이다. 그러나 근본에서 인간 현존재가 역사의 일차적 "주체"라는 것을 어느 누구도 부인하지 않으니, 상술한 통속적인 역사 개념이 이를 충분히 명확하게 말하고 있다. 그러나 "현존재는 역사적이다"라는 테제는, 현존재가 세계역사의 동력에 다소 중요한 "원자" 역할을 맡고 있지만 정세와 사건의 노리개로 남아 있다는 존재적 현사실을 의미할 뿐 아니라 다음과 같은 문제도 제기한다. "역사적" 주체의 주체성에는 얼마만큼 그리고 어떤 존재론적 조건을 근거로 해서 본질구성틀로서의 역사성이 속하는가?

제74절 역사성의 근본구성틀

현존재는 현사실적으로 각기 그때마다 자신의 "역사"를 가지고 있으며 그러한 것을 가질 수 있는데, 그 까닭은 이 존재자의 존재가 역사성에 의해서 구성되기 때문이다. 이 테제는 역사의 **존재론적** 문제를 실존적인 것으로서 개진하려는 의도 아래 정당화될 필요가 있다. 현존재의 존재는 염려로서 제한규정되었다. 염려는 시간성에 근거하고 있다. 따라서 우리는 이러한 시간성의 범위 안에서, 실존을 역사적으로 규정하는 생기를 찾아내지 않으면 안 된다. 이렇듯 근본에서 현존재의 역사성에 대한 해석은 단지 시간성에 대한 한층 더 구체화된 정리작업임이 입증된다. 이 시간성을 우리는 처음에 우리가 미리 달려가보는 결단성으로 성격규정했던 본래적인 실존함의 방식과 관련해서 밝혀 보였다. 얼마만큼 여기에 현존재의 본래적인 생기가 놓여 있는가?

결단성은 침묵 속에서 불안의 태세가 되어 있는 고유한 탓이 있음에로 자기 자신을 기획투사함으로 규정되었다.⁴⁾ 결단성은 그 본래성을 **앞질러 달려가보는 결단성**으로 획득한다.⁵⁾ 이 결단성에서 현존재는 자신의 존재가능과 관련해서 자기 자신을 이해하는데, 그가 죽음 앞으로 나아가 그 자신인 그 존재자를 그 내던져져 있음에서 전적으로 떠맡는 식으로 이해한다. 고유한 현사실적인 "거기에"를 결단하며 떠맡음은 동시에 상황에로의 결의를 의미한다. 현존재가 각기 그때마다 **현사실적으로** '무엇에로[무엇을 하기로]' 결단하는가 하는 것은 실존론적 분석이 원칙적으로 논의할 수 없다. 그러나 여기의 이 탐구는 또한 실존의 현사실적인 가능성을 실존론적으로 기획투사하는 것도 배제한다. 그럼에도 현존재가 현사실적으로 그리에로 자기 자신을 기획투사하고 있는 그 가능성들은 **도대체** 어디에서부터 길어내어질 수 있는가 하는 물음은 제기되어야 한다. 실존의 건너뛸 수 없는 가능성, 즉 죽음에로 미리 달려가보며 자기 자신을 기획투사함은 단지 결단성의 전체성과 본래성을 보장할 뿐이다. 그러나 우리는 현사실적으로 열어밝혀진 실존의 가능성들을 죽음에서부터 끄집어낼 수는 없다. 더구나 가능성으로 앞질러 달려가봄이 가능성에 대한 사변이 아니라 현사실적인 "거기에"로 돌아옴이라면 더욱 그렇다. 이를테면 자기의 내던져져 있음을 자신의 세계 안에 내던져져 있다는 것을 떠맡음이, 실존이 거기에서부터 그 현사실적 가능성들을 찢어내오는 그런 지평을 열어밝혀야 한다는 말인가? 더구나 현존재는 결코 자신의 내던져져 있음의 배후로는 돌아가지 못한다고 말하지 않았던가?⁶⁾ 과연 현존재가 자신의 고유한 실존 가능성들을 내던져져 있음에서부터 길어내는지 아닌지에 대해서 성급하게 결정하기에 앞서 우리는 먼저 염려의 이러한 근본규정성의 온전한 개념을 확실히 해야 한다.

현존재는 내던져져 있으면서 자기 자신과 그의 존재가능에 내맡겨져 있

---

4) 이 책의 제60절 427쪽 이하 참조.
5) 이 책의 제62절 441-442쪽 참조.
6) 이 책 411-413쪽 참조.

으나, 그럼에도 그것은 세계-안에-있음으로서 그러한 것이다. 내던져진 채 그는 "세계"에 의존하고 타인들과 더불어 현사실적으로 실존한다. 우선 대개 '자기'는 '그들' 속에 상실되어 있다. '자기'는 그때마다 오늘의 "평균적"이고 공적인 현존재의 해석되어 있음에서 "유통되고 있는" 실존 가능성들에서부터 자신을 이해한다. 대개 그 가능성들은 애매함으로 인해 알아볼 수 없게 되어 있지만 잘 알려져 있다. 본래적인 실존적 이해는 전수되어온 해석되어 있음에서 벗어나지 못하는데, 그렇기 때문에 그 이해는 그 해석되어 있음에서부터 그리고 그것을 거슬러 그러면서도 다시 그것을 위해서 선택된 가능성을 결의를 내려 장악한다.

현존재가 그 안에서 자기 자신에게로 돌아오는 결단성은 본래적 실존함의 그때마다의 현사실적 가능성들을, 결단성이 내던져진 것으로 **넘겨받는 유산**에서부터 열어밝힌다. 결단하여 내던져져 있음에로 돌아옴은 자체 안에—반드시 넘겨받은 것으로서는 아닐지라도—넘겨받은 가능성들을 **자신에게 전수함**을 간직하고 있다. 모든 "좋은 것"은 유산상속이고 "좋음[재산]"의 성격이 본래적 실존을 가능하게 하는 데에 놓여 있다면, 결단성에서는 각기 그때마다 유산의 전수가 구성되고 있는 셈이다. 현존재가 더 본래적으로 결단을 내리면 내릴수록, 다시 말해 애매하지 않게[명백하게] 자신의 가장 고유한 탁월한 존재가능에서부터 죽음에로 앞질러 달려가봄에서 자신을 이해하면 할수록, 그의 실존의 가능성을 더욱 명확하고 더욱 비우발적으로 선택하며 발견하게 된다. 오직 죽음에로 앞질러 달려가봄만이 모든 우발적이고 "잠정적인" 가능성을 몰아낸다. 오직 죽음에 대한 자유로움만이 현존재에게 단적으로 목표를 제공하며 실존을 그 유한성에 부딪치게 한다. 이렇게 장악된 실존의 유한성이 유쾌함, 경솔함, 책임회피 등 자신에게 제공된 가까운 가능성들의 끝없는 다양함에서부터 현존재를 다시 떼어내어 그의 운명의 단순함에로 데려온다. 이로써 우리는 본래적 결단성 안에 놓여 있는 현존재의 근원적인 생기를 지칭한 셈이다. 현존재는 그 생기 안에서 죽음에 대해서 자유로우면서 상속된, 그럼에도 선택된 가능성 속에서 자신을 자신에게 **전수한다**.

현존재가 운명의 타격을 받을 수 있는 것은 오직 그가 그의 존재의 근본에서 특징지은 의미로 운명으로 **존재하기** 때문이다. 자신에게 전수하는 결단성 속에서 운명적으로 실존하며 현존재는 세계-안에-있음으로서 "다행스러운" 형편에 "마주나감" 또는 우연의 잔인함에 열려 있다. 형편과 사건들이 충돌해서 비로소 운명이 생겨나는 것이 아니다. 결단을 내리지 않은 자도 선택한 자 이상으로 형편과 사건들에 의해서 휘몰림을 당하지만 그럼에도 그는 운명을 "가질" 수 없다.

현존재가 앞질러 달려가면서 죽음으로 하여금 자신 안에서 위력을 갖도록 할 때, 그는 죽음에 대해서 자유로우면서 자신을 그의 유한한 자유의 독특한 **강력함** 속에서 이해하며, 그래서 각기 그때마다 오직 선택을 선택했을 때에만 "존재하는" 이러한 유한한 자유 안에서 그 자신에 내맡겨져 있음의 **무력함**을 넘겨받고 열어밝혀진 상황의 우연들을 꿰뚫어볼 수 있게 된다. 그러나 운명적인 현존재가 세계-안에-있음으로서 본질적으로 타인들과 함께 더불어 있으면서 실존할 때, 그의 생기는 공동생기이고 **역운**으로 규정된다. 이로써 우리는 공동체, 민족의 생기를 지칭하고 있는 셈이다. 역운은 개별적인 운명들이 모여 결합된 것이 아니며, 서로 함께 있음도 여러 주체들이 함께 모여 있음으로 개념파악될 수는 없다.[7] 동일한 세계 안에서 특정의 가능성들로 결단을 내리며 서로 함께 있음에서 운명들은 애초부터 이미 주도된 것이다. 역운의 힘은 전달과 투쟁에서 비로소 자유롭게 된다. 그의 "세대"[8] 안에서 그의 세대와 더불어 현존재의 운명적인 역운은 현존

---

[7] 이 책의 제26절 178쪽 이하 참조.
[8] "세대"라는 개념에 대해서는 W. Dilthey, "Über das Studium der Geschichte der Wissenschaften vom Menschen, der Gesellschaft und dem Staat"(「인간, 공동체 및 국가에 대한 학문의 역사에 관한 연구에 대하여」, 1875년), 『딜타이 선집. 제5권』(1924년), 36–41쪽 참조.

재의 온전한 본래적인 생기를 형성한다.

운명은 침묵하고 있으며 불안의 태세를 갖추고 자기 자신을 고유한 탓이 있음에로 기획투사함의 무력하지만 불운에 대비하는 강력함인데, 이 운명은 그 가능성의 존재론적 조건으로서 염려, 다시 말해 시간성의 존재구성 틀을 요구한다. 오직 한 존재자의 존재에 죽음, 탓, 양심, 자유 및 유한성이 염려에서와 같이 똑같이 근원적으로 함께 기거할 때에만, 그 존재자는 운명의 양태 속에 실존할 수 있다. 다시 말해 그의 실존의 근거에서 역사적일 수 있다.

그의 존재에서 본질적으로 **도래적**이어서, 자신의 죽음에 대해서 자유롭게 이 죽음에서 부서지면서 자신의 현사실적인 '거기에'로 자신이 되던져지도록 할 수 있는 그런 존재자만이, 다시 말해 도래적이면서 똑같이 근원적으로 **기재하며 있는** 그런 존재자만이 상속된 가능성을 자기 자신에게 전수하면서, 자신의 고유한 내던져져 있음을 넘겨받고 "자신의 시간"을 위해서 **순간적일** 수 있다. 동시에 유한하기도 한 본래적인 시간성만이 운명과 같은 것을 만든다. 다시 말해 본래적인 역사성을 가능하게 한다.

결단성이 거기에로 자신을 기획투사하는 그 가능성의 유래를 반드시 **명확하게** 알 필요는 없다. 그러나 현존재의 시간성에 그리고 오직 거기에만, 현존재가 자신을 거기에로 기획투사하는 실존적인 존재가능을 전수된 현존재이해에서부터 **명확하게** 가져올 수 있는 가능성이 놓여 있다. 자기에게로 되돌아오면서, 자신을 전수하는 결단성은 이 경우 넘겨받은 실존 가능성의 **반복(다시 잡음)**이 된다. 반복은 **명확한** 전수이다. 다시 말해 '거기에' 존재해온 현존재의 가능성으로 소급해감이다. 존재해온 실존 가능성의 본래적인 반복—현존재가 자신을 자신의 영웅으로 선택함—은 실존론적으로 앞질러 달려가보는 결단성에 근거하고 있다. 그 까닭은 이 결단성에서 반복 가능한 것에 대한 투쟁하는 추종과 충성을 자유롭게 해주는 선택이 비로소 처음으로 선택되기 때문이다. 그렇지만 존재해온 가능성을 반복하며 자기 자신에게 전수함은 '거기에'-존재해온 현존재를 열어밝혀서 그를 한 번 더 실현시키는 것이 아니다. 가능한 것의 반복은 "지나가버린 것"을 다시 데려옴도, "현재"를 "지난 것"에 도로 붙들어 맴도 아니다. 반복은 결단한 자신을 기획투사함에서 발원하므로, "지나가버린 것"에 설득되어 그것을 그때의 현실적인 것으로 그냥 되돌아오도록 하지 않는다. 반복은 오히려 '거기에'-존재해온 실존의 가능성에 응답하는 것이다. 그러나 결의에서의 가능성에 대한 응답[응수]은 동시에 **순간적인 응답으로서**, 오늘날 "과거"로서 영향을 미치고 있는 그것의 **폐기[거부]**이다. 반복은 지나가버린 것에 자신을 내맡기지도 않고 진보를 목표로 삼지도 않는다. 이 둘은 순간에 있어서는 본래적인 실존과는 무관하다.

우리는 반복을 자신을 전수하는 결단성의 양태라고 특징짓는데, 현존재는 그것에 의해서 분명하게 운명으로 실존한다. 그러나 운명이 현존재의 근원적인 역사성을 구성하고 있다면, 이 경우에 역사는 그 본질적인 무게를 지나가버린 것에도 또 오늘날과 그것의 지나가버린 것과의 "연관"에도 가지고 있지 않고, 현존재의 **도래**에서부터 발원하는 실존의 본래적인 생기에 가지고 있다. 역사는 현존재의 존재방식으로서 그 뿌리를 도래에 가지고 있어서, 죽음이 현존재의 앞에서 성격 지은 가능성으로서 앞질러 달려가보는 실존을 그 **현사실적인** 내던져져 있음에로 도로 던지며, 그래서 비로소 기재에 그 독특한 역사적인 것에서의 우위를 부여한다. **죽음을 향한 본래적인 존재, 다시 말해서 시간성의 유한성은 현존재의 역사성의 숨겨진[은폐된] 근거이다.** 현존재는 반복에서 비로소 역사적이 되는 것이 아니라, 그가 시간적인 자로서 역사적이기 때문에, 반복하면서 그의 역사 속에서 자신을 넘겨받을 수 있는 것이다. 이를 위해서 역사학이 필요한 것은 아니다.

결단성 속에 놓여 있는, 앞질러 달려가보며 자신을 순간의 '거기에'로 전수함을 우리는 운명이라고 이름한다. 이 운명 안에 역운도 함께 근거하는데, 우리는 이 역운 아래 타인과의 더불어 있음에서 일어나는 현존재의 생기를 이해한다. 운명적인 역운은 전수되는 상속에 붙들려 있음과 관련해서 반복에서 두드러지게 열어밝혀질 수 있다. 반복이 현존재에게 그의 고유한 역사를 비로소 드러내 보여준다. 생기 자체와 거기에 속하는 열어밝혀져 있음 또는 이 열어밝혀져 있음의 자기 것화는 실존론적으로 현존재가 시간적인 자로서 탈자적으로 열려 있다는 데에 근거하고 있다.

우리가 지금까지 앞질러 달려가보는 결단성에 놓여 있는 생기에 맞추어 역사성이라고 특징지은 그것을 우리는 현존재의 **본래적인** 역사성이라고 이름한다. 도래에 뿌리를 두고 있는 전수와 반복의 현상에서부터, 왜 본래적인 역사의 생기가 기재에 그 무게를 두고 있는가 하는 점이 분명해진다. 그렇지만 어떤 방식으로 운명으로서의 이 생기가 탄생으로부터 죽음에 이르기까지의 현존재의 전체 "연관"을 구성하는가 하는 것은 더욱더 수수께끼로 남아 있다. 결단성에로의 소급이 해명에 무슨 도움을 줄 수 있는가? 결의는 도대체 각기 그때마다 단지 전체 체험연관의 연속 속에 있는 **하나의 개별 "체험"**에 불과하지 않는가? 무릇 본래적인 생기의 "연관"이 결의의 빈틈없는 연속에서부터 성립되어야 하는가? "삶의 연관"의 구성에 대한 물음이 충분히 만족스러운 대답을 발견하지 못하는 이유는 어디에 있는가? 우리의 탐구가 결국에 가서는, 먼저 **물음**을 그 정당성에서 검토해보지도 않고, 너무 성급하게 대답에만 매달리고 있는 것은 아닌가? 지금까지의 실존론적 분석론의 진행에서 가장 분명해진 현사실은, 현존재의 존재론은 언제나 거듭 통속적인 존재이해의 유혹에 잘 떨어진다는[약하다는] 사실이다. 이 사실에 대해서 방법적으로 우리는 그렇게 "자명하기"까지 한 현존재연관의 구성에 대한 물음의 **근원**을 추적하여, 그 물음이 어떤 존재론적인 지평 안에서 움직이고 있는가를 규정하는 식으로 대처해야 할 것이다.

역사성이 현존재의 존재에 속한다면, 비본래적으로 실존함도 또한 역사적이어야 할 것이다. 현존재의 **비본래적인** 역사성이 "삶의 연관"에 대한 물음의 방향을 규정하고 있어서 본래적인 역사성과 이에 독특한 "연관"으로의 접근을 엇갈리게 하고 있다면 어찌하겠는가? 이것이 어떠하든 역사의 존재론적 문제의 개진이 충분히 완전해야 한다면, 어쨌거나 우리는 현존재의 비본래적인 역사성에 대한 고찰을 피할 수는 없을 것이다.

제75절 현존재의 역사성과 세계-역사

우선 대개 현존재는 자신을 주위세계적으로 만나게 되는 것과 둘러보며 배려되고 있는 것에서부터 이해한다. 이러한 이해는 현존재의 모든 행동관계를 수반하는, 자기 자신에 대한 순전한 앎[자기인지]이 아니다. 이해는 세계-안에-있음의 그때마다의 가능성에로 자기 자신을 기획투사함을, 다시 말해 이 가능성으로서 실존함을 뜻한다. 이렇게 이해는 값싼 이해로서 '그들'의 비본래적인 실존도 구성하고 있다. 일상적인 배려가 공공의 서로 함께 있음에서 만나는 것은 도구나 일[제품]만이 아니라 또한 동시에 그것들과 함께 "일어나는" 것, 즉 "업무", 사업, 사건, 사고 등도 있다. "세계"는 동시에 지반이자 무대이며 이러한 것으로서 일상적인 거래에 함께 속한다. 공공의 서로 함께 있음에서 타인들은, "사람들"이 "함께 허우적거리는" 그러한 일[법석] 속에서 만나게 된다. 사람들은 그것을 알고 있어서 협상하고 유리하게 하고 쟁취하고 보유하고 망각하고 하지만, 언제나 거기에서 **무엇이 도모되며 무엇이 "생겨나오는가"** 하는 것을 일차적으로 고려하고 있다. 개별 현존재의 승진, 대기, 좌천, "실적"을 우리는 우선 배려되고 있는 것의 진척, 현황, 변화, 효용 등에서부터 계산해낸다. 일상적인 값싼 이해의 현존재이해에 대한 언급이 아무리 진부할지라도, 존재론적으로 그것은 결코 투명하지 못하다. 그러나 그렇다면 왜 현존재의 "연관"이 배려되고 있고 "체험되고 있는" 것에서부터 규정되어서는 안 된다는 말인가? 도구와 제품, 그리고 현존재가 거기에 체류하고 있는 그 모든 것이 도대체 다 "역사"에 함께 속하지 않는가? 그러면 역사의 생기가 단지 개별 주체들 내면의 "체험의 흐름"의 고립된 경과에 불과하다는 말인가?

실제로 역사는 객체들의 변화의 운동연관도 아니고 공중을 떠도는 "주체들"의 체험연속도 아니다. 그렇다면 역사의 생기는 주체와 객체의 "연결"에 해당되는 것인가? 사람들이 생기를 이미 주체-객체연관에 귀속시키고 있다고 하더라도, 근본에서 "일어나는" 것이 그 연결이라면, 연결 그 자체의 존재양식에 대한 물음이 제기되어야 할 것이다. 현존재의 역사성에 대한 테제는, 무세계적인 주체가 역사적이라고 말하는 것이 아니고, 세계-안에-있음으로서 실존하는 그 존재자가 역사적이라고 말하는 것이다. **역사의 생기는 세계-안에-있음의 생기이다.** 현존재의 역사성은 본질적으로 세계의 역사성인데, 이 역사성은 시간성의 탈자적-지평적 시간성에 근거해서 이 시간성의 시간화에 속한다. 현존재가 현사실적으로 실존하는 한, 또한 이미 세계내부적으로 발견된 것도 만나게 된다. 역사적인 세계-안에-있음의 실존과 더불어 손안의 것과 눈앞의 것이 각기 그때마다 이미 세계의 역사 속으로 연관되어 들어와 있다. 도구와 제품, 책들은 예컨대 나름의 "운명"을 가지고, 건물들과 제도들은 나름의 역사를 가진다. 자연조차도 역사적이다. 우리가 바로 "자연사"[9]에 관해 이야기할 때는 아니지만, 반대로 풍경, 정착지, 식민지, 싸움터와 예배장소로서는 [자연도] 역사적이다. 이러한 세계내부적인 존재자는 그 자체로서 역사적이며, 그 역사는 "영혼"의 "내적" 역사를 단지 수반하는 어떤 "외적인 것"을 의미하지 않는다. 우리는 이러한 존재자를 **세계-역사적인 것**이라고 칭한다. 이때 우리가 선택한, 존재론적으로 이해된 "세계-역사"라는 표현의 이중 의미에 유의해야 한다. 그 표현은 첫째, 그 본질상 현

---

[9] 역사의 동성(動性)과 구별해서 "자연발생[자연생기]"를 존재론적으로 한정하는 문제에 대해서는 오랫동안 충분하게 평가받지 못한 고틀(Friedrich Gottl)의 고찰을 참조 F. Gottl, *Die Grenzen der Geschichte*(『역사의 한계』), 1904년.

존재와 실존적 통일성을 이루고 있는 세계의 생기를 의미한다. 그러나 그것은 동시에 현사실적으로 실존하는 세계와 더불어 각기 그때마다 세계내부적인 존재자가 발견되어 있는 한에서, 손안의 것과 눈앞의 것의 세계내부적인 "생기"를 의미한다. 역사적 세계는 현사실적으로 오직 세계내부적인 존재자의 세계로서만 존재한다. 도구와 제품 그 자체와 더불어 "일어나고 있는" 그것은 움직여짐[동성]의 고유한 성격을 가지는데, 이 성격이 지금까지 전적으로 어둠에 놓여 있다. 예를 들어 "건네받아" "끼고 다니는" 반지는 이러한 의미에서 단순히 장소의 변화만을 받고 있는 것이 아니다. 그 안에서 어떤 것이 "그것과 더불어 일어나고 있는" 그 생기의 움직여짐은 장소변화로서의 운동에서부터는 전혀 파악될 수 없다. 이것은 모든 세계-역사적인 "경과"와 사건에 해당되며 어떤 방식에서는 "자연의 대참사"에도 해당된다. 세계-역사적인 생기의 존재론적 구조의 문제를 우리는 여기에서 추적할 수 없다. 그를 위해서는 주제의 한계를 넘을 수밖에 없다는 점은 차치하고라도, 더구나 바로 여기에서의 진술의 의도가 생기 일반의 존재론적인 수수께끼 앞으로 인도하는 것이기 때문에 더더욱 그렇다.

중요한 것은 다만, 현존재의 역사성에 대한 이야기에서 존재론적으로 필연적으로 함께 의미되고 있는 현상들의 범위를 제한규정하는 일이다. 각기 그때마다 이미 세계-역사적인 것은, 세계의 시간적으로 기초 지어진 초월에 근거해서, 실존하는 세계-안에-있음의 생기 속에는—**역사학적으로 파악되지 않으면서도**—"객관적으로" 거기에 있다. 그리고 현사실적 현존재가 빠져 있으면서 배려되고[신경 쏟고] 있는 것에 몰입하고 있기 때문에, 그는 자신의 역사를 우선 세계-역사적으로 이해한다. 그리고 그 외에도 통속적인 존재이해가 "존재"를 무차별적으로 눈앞에 있음으로 이해하기 때문에, 세계-역사적인 것의 존재가 다가와 현전하다가 사라지는 눈앞의 것이라는 의미로 경험되고 해석된다. 그리고 마지막으로 존재 일반의 의미가 단적으로 자명한 것으로 통하기 때문에, 세계-역사적인 것의 존재양식 및 생기 일반의 움직여짐에 대한 물음은 "무릇 본디" 그저 아무 쓸데없는 말장난의 번거로움에 불과할 뿐이다.

일상적인 현존재는 매일 "일어나는" 온갖 일에 흐트러져 있다. 배려가 미리부터 "전술적으로" 기대하며 남아 있는 그런 기회와 사정들이 쌓여 "운명"을 만들어낸다. 비본래적으로 실존하는 현존재는 배려되고[신경 쓰고] 있는 것에서부터 비로소 그의 역사를 계산해낸다. 그리고 이때 현존재가 자신의 "용건들"에 쫓기고 있음에도 그 자신에게로 오기를 바라기 때문에, 그러나 그러기 위해서는 그가 방금 "일어난 것"의 흐트러짐과 무연관에서부터 자신을 비로소 한데 (불러)모아야 하기 때문에, 오직 이러한 비본래적인 역사성의 이해의 지평에서부터 비로소, "또한" 눈앞에 있기도 한 주체의 체험이라는 의미에서 수립해야 하는 현존재의 "연관"에 대한 **물음**도 자라나 오는 것이다. 이러한 물음 지평이 지배할 가능성은 "자기"의 비-자립성의 본질을 형성하고 있는 비결단성에 근거하고 있다.

이로써 탄생과 죽음 사이의 체험들을 연결하는 통일성이라는 의미에서 현존재의 "연관"에 대한 물음의 **근원**은 제시된 셈이다. 동시에 이 물음의 유래는 그것이 현존재의 생기의 전체성에 대한 근원적인 실존론적 해석의 의도에서 볼 때 적합하지 못함을 폭로하고 있다. 그러나 다른 한편 이러한 "자연스러운" 물음의 지평이 우세하게 될 때, "삶의 연관"에 대한 물음이 근본에서 지향하는 그것을 존재론적으로 근거 지어진 문제의 형태로 데려오기 위해서 바로 이 현존재의 본래적인 역사성이, 즉 운명과 반복이 현상적 지반을 조금도 제공할 수 없을 것처럼 보이는 이유가 설명될 수 있다.

물음은, 생겼고 생기고 있는 "체험들"의 연속을 추후적으로 연쇄시키기 위한 연관의 통일성을 현존재가 무엇을 통해서 획득하는가 하는 것일 수가 없다. 물음은 오히려 현존재가 자신을 상실하고 있는 존재양식이 어떠한 양식이기에, 그가 흡사 사후(事後)에 새삼스럽게 흐트러져 있음에서부터 자신을 도로 찾아와야 하고 한데 모으기 위해서 일종의 포괄적인 통일성을 고안해야만 하는가 하는 것이어야 한다. '그들'과 세계-역사 속에 자기를 상실하고 있음을 우리는 앞에서 죽음 앞에서의 도피라고 밝혀 보였다. 이러한 '……앞에서'의 도피는 죽음을 향한 존재를 염려의 근본규정성의 하나로서 드러내 보여준다. 그러나 이러한 죽음을 향한 존재를 앞질러 달려가보는 결단성이 본래적인 실존에로 데려온다. 그런데 이러한 결단성의 생기를, 즉, 미리 달려가보며 가능성의 유산을 자신에게 전수하는 반복을 우리는 본래적인 역사성이라고 해석했다. 이를테면 이러한 역사성에 근원적이고 자신을 상실하지 않은, 연관을 필요로 하지 않는 전체적 실존의 뻗쳐 있음이 놓여 있는가? 흐트러짐의 비자립성을 거스른 자기의 결단성이 그 자체에서 **뻗쳐 있는 지속성**이며, 이 지속성 속에서 현존재가 운명으로서 탄생과 죽음 그리고 그 "사이"를 자신의 실존 안에 "관여되어 있도록" 해서, 그러한 자립성 속에서 자신의 그때마다의 상황의 세계-역사적인 것에 대해서 순간적으로 존재한다. 기재해온 가능성들을 운명적으로 반복하면서 현존재는 자신을 자기 이전에 이미 기재해온 것 앞으로 "직접" 데려간다. 다시 말해 시간적으로 탈자적으로 도로 데려간다. 그러나 이렇게 상속을 자신에게 전수함으로써 죽음의 건너뛸 수 없는 가능성에서부터 되돌아오면서 "탄생"이 실존 안으로 받아들여지는데, 이것은 물론 단지 이 실존이 고유한 '거기에'의 내던져져 있음을 환상 없이 인수하기 위해서이다.

  결단성이 고유한 자기 자신에 대한 실존의 **성실함**을 구성한다. 불안의 태세가 되어 있는 결단성으로서 성실함은 동시에 자유로운 실존함이 가질 수 있는 유일한 권위 앞에서의, 즉 실존의 반복 가능한 가능성 앞에서의 경외이다. 결단성이란 오직 '결단'의 "행위"가 "지속되는" 동안만 "체험"으로서 현실적일 뿐이라고 생각하려고 한다면 그것은 결단성을 존재론적으로 오해하는 것일 것이다. 결단성에는 그 본질상 모든 가능한, 거기에서부터 발원하는 순간을 이미 앞질러 취한 실존적 지속성이 놓여 있다. 운명으로서의 결단성은 경우에 따라 상황이 요구하면 어떤 특정한 결의를 **포기하는** 자유이다. 그로 인해 실존의 지속성이 단절되는 것이 아니라 오히려 순간적으로 확증되는 것이다. 지속성은 "순간들"을 잇대어놓음으로 만들어지는 것이 아니라, 오히려 이 순간들이 도래적으로 기재해온 반복의 이미 **뻗쳐 있는** 시간성에서부터 발원한다.

이와는 반대로 비본래적인 역사성에서는 운명의 근원적인 뻗쳐 있음이 숨겨져 있다. 현존재는 '그들'-자신으로서는 비지속적으로 자신의 "오늘"을 현재화한다. 당장의 새것을 기대하면서 현존재는 또한 이미 옛것은 망각해 버렸다. '그들'은 선택을 회피한다. 가능성에 대해서는 눈이 멀어 있어서 '그들'은 기재해온 것을 반복할 수 없으며, 기재해온 세계-역사적인 것 중에서 남게 된 "현실적인" 것을, 즉 잔재물과 그에 대한 눈앞의 지식을 간직하고 보존할 뿐이다. "오늘"의 현재화에 자기를 상실하고 있어서 '그들'은 "과거"를 "현재"에서부터 이해한다. 이와는 반대로 본래적인 역사성의 시간성은 앞질러 달려가보며-반복하는 순간으로서 오늘을 **탈현재화함**이며 "그들"의 관습으로부터의 탈습관이다. 이와는 반대로 비본래적으로 역사적인 실존은 그 자신에게도 알 수 없게 되어버린 "과거"의 유물을 짊어지고 현대적인 것을 찾는다. 본래적인 역사성은 역사를 가능적인 것의 "되돌아 옴"으로서 이해하고, 가능성이 되돌아오는 것은 오직 실존이 운명적-순간적으로 그 가능성에 대해서 결단한 반복에서 열려 있을 때만이라는 것을 안다.

현존재의 역사성에 대한 실존론적 해석은 끊임없이 자기도 모르는 사이에 어둠 속에 빠져든다. 이 어둠은 벗겨내기가 어려운데, 적합한 물음의 가능한 차원이 이미 혼란에 빠져 있고 모든 것에서 **존재의 수수께끼**와―이제 분명하게 되었듯이―**운동의 수수께끼**가 그 본질을 발휘하고 있는 한 더욱 그렇다. 그럼에도 학문으로서의 역사학의 존재론적 발생에 대한 기획투사가 현존재의 역사성에서부터 감행될 수 있을 것이다. 이 기획투사는 다음에서 수행해야 할, 철학의 역사를 역사학적으로 해체해야 할 과제의 해명[10])에 도움이 될 것이다.

제76절 현존재의 역사성에서 유래하는 역사학의 실존론적 근원

역사학이 여타의 다른 학문과 마찬가지로 현존재의 존재양식의 하나로서 현사실적으로 그리고 그때마다 "지배적인 세계관"에 "의존하고 있다"는 사실은 [더 이상의] 논의를 필요로 하지 않는다. 그렇지만 이러한 현사실을 넘어서 학문의 근원을 존재론적으로 현존재의 존재구성틀에서부터 물어볼 필요는 있다. 이러한 근원은 아직 그다지 투명하지 못하다. 우리의 분석은 다음의 연관 속에서 역사학의 실존론적 근원을 개략적으로 드러내 보이려고 하는데, 그것도 오직 그렇게 해서 현존재의 역사성과 이것이 시간성에 뿌리를 두고 있다는 것이 더욱 명확하게 밝혀지는 한에서이다.

현존재의 존재가 원칙적으로 역사적이라면, 모든 현사실적 학문은 분명히 이러한 생기에 붙들린 채 남아 있을 것이다. 그런데 역사학은 독특하고 탁월한 방식으로 현존재의 역사성을 전제하고 있다.

사람들은 이것을 우선 다음과 같은 사실을 지적함으로써 분명하게 하고 싶어할 것이다. 역사학은 현존재의 역사에 대한 학문으로서 근원적으로 역사적인 존재자를 그 가능한 "객체"로서 "전제해야" 한다고 말이다. 그러나 역사는 단지, 역사학적 대상이 접근 가능하게 되기 위해서 있어야 하는 것이 아니며, 역사학적 인식만이 현존재의 생기하는 행동관계로서 역사적인 것만도 아니다. 오히려 **역사에 대한 역사학적 열어밝힘**은 그 자체에서—그것이 현사실적으로 수행되건 되지 않건 상관없이—그 존재론적인 구조상 현존재의 역사성에 뿌리를 두고 있다. 현존재의 역사성에서 유래하는 역사 393

---

10) 이 책의 제6절 42쪽 이하 참조.

학의 실존론적 근원에 대한 이야기는 바로 이러한 연관을 뜻하고 있는 것이다. 그 연관을 밝혀낸다는 것은 방법적으로 역사학의 **이념**을 현존재의 역사성에서부터 존재론적으로 기획투사함을 의미한다. 이에 반해, 역사학의 개념을 오늘날의 현사실적인 학문 활동[운용]에서 "추상하거나" 거기에 동화시키는 것은 문제가 되지 않는다. 원칙적으로 볼 때, 이러한 현사실적인 절차가 실제로 역사학을 그 근원적이고 본래적인 가능성에 따라 대변하고 있다는 것을 무엇이 보장한다는 말인가? 그리고 그것이 맞는다고 해도—이에 대해서는 모든 결정을 유보한다—그 개념은 분명 오직 이미 이해된 역사학이라는 이념을 실마리로 해서만 현사실에서 "발견될" 수 있을 따름일 것이다. 그렇지만 역으로 역사학의 실존론적 이념은 역사학자가 그의 현사실적 행동관계와 그 이념과의 일치를 확증한다고 해서 더 높은 권리를 가지는 것도 아니다. 그 이념은 또한 역사학자가 그런 일치를 부인한다고 해서 "거짓"이 되는 것도 아니다.

학문으로서의 역사학의 이념에는, 역사학이 역사적인 존재자의 **열어밝힘**을 자신의 고유한 과제로서 장악했다는 사실이 놓여 있다. 모든 학문은 일차적으로 주제화에 의해서 구성된다. 열어밝혀진 세계-안에-있음으로서의 현존재에서 학문 이전의 방식으로 잘 알려져 있는 것이 그 특수한 존재로 기획투사되는 것이다. 이러한 기획투사에 의해서 존재자의 영역이 한정된다. 이 존재자에 이르는 통로는 그 방법적인 "지시"를 얻게 되며, 해석의 개념성의 구조는 그 앞선 그림을 획득하게 된다. 만일 우리가 "현재의 역사"의 가능성에 대한 물음을 유보하고, 역사학에 "과거"를 열어밝힘을 과제로서 배정한다면, 역사에 대한 역사학적 주제화는 오직, 각기 그때마다 이미 "과거"가 열어밝혀져 있을 때에만 가능하다. 과연 과거의 역사학적인 재현을 위해서 자료를 충분히 가지고 있는가 하는 점은 전적으로 도외시한다고 해도, 도대체 모름지기 그 과거에 대한 길은 거기에 가려는 역사학적인 소급에 열려 있어야 한다. 그러한 것이 맞는지, 어떻게 그것이 가능한지는 전혀 분명하지 않다.

그러나 현존재의 존재가 역사적인 한, 다시 말해 탈자적-지평적인 시간성을 근거로 해서 그의 기재에서 열려 있는 한, 실존에서 수행될 수 있는 "과거"의 주제화는 도대체 자유로운 궤도를 가지고 있는 셈이다. 그리고 현존재가 그리고 오직 그만이 근원적이고 역사적이기 때문에, 역사학적인 주제화가 탐구의 가능한 대상으로서 앞에 제시해주고 있는 그것은 "거기에"-존재해온 현존재의 존재양식을 가질 수밖에 없다. 세계-안에-있음으로서의 이러한 현사실적인 현존재와 더불어 각기 그때마다 또한 세계-역사도 존재한다. 현존재가 더 이상 거기에 존재하지 않는 경우 세계가 역시 거기에 존재했던[기재하고 있는] 것이 된다. 이것은 이전에 세계내부적으로 손안에 있던 것이 아직 지나가지 않았고 거기에 존재해온 세계의 지나가지 않은 것으로서 현재에 "역사학적으로" 발견될 수 있다는 것과 모순되지 않는다.

아직도 눈앞에 있는 유물, 기념비, 기록 등은 거기에 존재해온[기재하고 있는] 현존재를 구체적으로 열어밝히기 위한 **가능한** "자료들"이다. 그러한 것이 **역사학적 자료가 될 수** 있는 까닭은 오직 그것이 그 고유한 존재양식상 **세계-역사적인** 성격을 가지고 있기 때문이다. 그리고 그것은 애초부터 자신의 세계내부성과 관련해서 이해되어 있음으로써 비로소 자료가 **되는** 것이다. 이미 기획투사된 세계가 "간직된" 세계역사적인 자료를 해석하는 방법으로 규정된다. 자료의 마련, 고찰, 확보가 비로소 "과거"로의 소급을 궤도에 올려놓는 것이 아니라, 오히려 그것은 거기에 존재해온[기재하고 있는] 현존재에 대한 **역사적 존재**를, 다시 말해 역사학자의 실존의 역사성을 이미 전제하고 있다. 이 실존의 역사성이 실존론적으로 학문으로서의 역사학을 아주 사소한 "수작업적인" 준비에 이르기까지 기초 짓고 있다.[11]

---

11) 역사학적 이해의 구성에 대해서는 E. Spranger, *Zur Theorie des Verstehens und zur geisteswissenschaftlichen Psychologie*(『이해의 이론과 정신과학적 심리학에 대하여』), 요하네스 볼켈트 기념논총, 1918년, 357쪽 이하 참조.

역사학이 이런 식으로 역사성에 뿌리를 두고 있다면, 거기에서부터 또한 역사학의 **대상이** "본디" 무엇인지도 규정되어야 한다. 역사학의 근원적인 주제의 제한규정은 본래적인 역사성과 그것에 속하는 "거기에"-존재해온 것의 열어밝힘, 즉 반복에 맞추어 이행되어야 할 것이다. 이 반복은 거기에 존재해온 현존재를 그의 존재해온 본래적인 가능성에서 이해한다. 본래적인 역사성에서부터의 역사학의 "탄생"은 이 경우 다음을 의미한다. 즉 역사학적 대상의 일차적인 주제화가 거기에 존재해온 현존재를 그의 가장 고유한 실존 가능성으로 기획투사한다. 그러면 역사학은 **가능적인 것을** 주제로 삼아야 한다는 말인가? 역사학의 전체 "의미"는 오로지 "사실"에, 즉 실지로 그것이 어떠했는가 하는 그 점에 향해 있지 않는가?

그러나 현존재가 "사실적"이라는 것은 무엇을 뜻하는가? 현존재가 "본래" 오직 실존에서만 현실적이라면, 무릇 그의 "사실성"은 다름 아닌 선택한 존재가능에로 결단하여 자기 자신을 기획투사함에서 구성되고 있다. 그러나 이 경우 "사실적" 본래적으로 거기에 존재해온 것은, 그 안에서 운명, 역운 그리고 세계-역사가 현사실적으로 규정된 실존적 가능성이다. 실존은 각기 그때마다 현사실적으로 내던져져 있기 때문에, 역사학은 그것이 더욱 단순하고 더욱 구체적으로 세계-안에-있어와 있음을 그것의 가능성에서부터 이해하고 "그저" 서술하기만 하면 할수록, 가능적인 것의 말 없는 힘을 더욱 철저하게 열어밝히게 될 것이다.

역사학이 그 자체 본래적인 역사성에서부터 자라나오면서 반복하면서 거기에 존재해온 현존재를 그의 가능성에서 열어 보인다면, 그것은 또한 이미 일회적인 것에서도 "일반적인 것"을 드러내 보이고 있는 셈이다. 과연 역사학이 단지 일회적인 "개별적" 사건들의 나열만을 대상으로 삼는가, 아니면 "법칙"도 대상으로 삼는가 하는 물음은 밑바탕부터 잘못된 것이다. 역사학의 주제는 오직 일회적으로 일어난 것만도 아니고 그 위를 떠돌고 있는 일반적인 것도 아니라, 현사실적으로 실존하는 기재하는 가능성이다. 이 가능성은 그것이 초시간적인 범례의 창백함 속으로 뒤바뀌어 들어가면, 그 자체로서 반복되지 않는다. 다시 말해 본래적으로 역사적으로 이해되지 않는다. 오직 현사실적인 본래적인 역사성만이 결단된 운명으로서 거기에 존재해온 역사를 열어밝혀, 반복에서 가능적인 것의 "힘"이 현사실적인 실존 안으로 파고들도록, 다시 말해 그 도래성에서 실존으로 다가오도록 할 수 있다. 그러므로 역사학은—비역사학적 현존재의 역사성과 마찬가지로—그 출발을 결코 "현재" 또는 그저 오늘 "현실적인 것"에서 취해 거기에서부터 지나가 버린 것을 더듬어 올라가는 것이 아니라, **역사학적 열어밝힘도 도래에서부터 시간화되는 것이다**. 역사학의 가능한 대상이 되어야 할 것의 "**선별**"은 이미 현존재의 역사성의 현사실적 실존적 선택에서 **내려진 셈이며**, 이 현존재에서 비로소 처음으로 역사학이 발원하며 오로지 거기에만 **존재한다**.

운명적인 반복에 근거하고 있는, "과거"의 역사학적 열어밝힘은 결코 "주관적"이지 않으며 오히려 오로지 그것만이 역사학의 "객관성"을 보장한다. 왜냐하면 한 학문의 객관성은 일차적으로, 과연 그 학문이 그것에 속하는 주제적인 존재자를 그 존재의 근원성에 있어 은폐되지 않게 이해에 **마주 데려올** 수 있는가에 의해서 규제되기 때문이다. 어느 학문에도 척도의 "보편타당성"과, '그들'과 '그들'의 값싼 이해가 요구하는 "보편성"에 대한 요구주장들이 있지만, 이것들이 결코 본래적인 역사학에서보다는 **못한** 가능한 "진리"의 척도는 아니다.

오직 역사학의 중심 주제가 각기 그때마다 거기에 존재해온 실존의 **가능성**이며 그리고 이 실존이 현사실적으로 언제나 세계-역사적으로 실존하는 때문에만, 역사학은 무조건 "사실"에만 방향을 잡을 것을 자신에게 요구할 수 있는 것이다. 그렇기 때문에 현사실적 탐구는 다양하게 갈라져서 도구, 제품, 문화, 정신, 이념 등의 역사를 대상으로 삼는다. 역사는 동시에 그 자체에서 자신을 전수하는 것으로서 각기 그때마다 그 역사에 속하는 해석되어 있음 안에 있으며, 이 해석되어 있음도 나름의 고유한 역사를 가지고 있어서, 역사학은 대개 전승의 역사를 관통해서 비로소 거기에 존재해온 것 자체로 밀고 들어가는 것이다. 바로 거기에, 구체적인 역사학적 탐구가 각기 그때마다 자신의 본래적인 주제에 대해서 상이한 가까움을 취할 수 있는 이유가 있다. 애초부터 한 시대의 "세계관"에 자신을 "던지는" 역사학자가 있지만, 그렇다고 해서 그가 그의 대상을 단지 "심미학적으로"가 아니라 본래적으로 역사적으로 이해하고 있다는 것을 증명한 것은 아니다. 그리고 다른 한편 "그저" 사료만을 간행하는 역사학자의 실존도 본래적인 역사성에 의해서 규정되어 있을 수 있다.

이리하여 세분화된 역사학적 관심이 가장 멀리 떨어져 있고 가장 원시적인 문화에까지 미치어 지배한다고 해도 그 자체로는 아직 한 "시대"의 본래적 역사성에 대한 증명이 되지는 못한다. 결국 "역사주의"의 문제가 대두한다는 것은 역사학이 현존재를 그의 본래적인 역사성에서부터 소외시키려고 한다는 데에 대한 가장 명확한 표징이다. 역사성은 반드시 역사학을 필요로 하는 것이 아니다. 비역사학적인 시대가 그 자체로 또한 이미 비역사적인 것은 아니다.

역사학이 도대체 "삶에" "유익하거나" "유해할" 수 있는 가능성은, 이 삶이 그 존재의 뿌리에서 역사적이고 그래서 현사실적으로 실존하는 것으로서의 삶이 각기 그때마다 이미 본래적 역사성 또는 비본래적 역사성에 대해서 결단을 내렸다는 데에 근거한다. 니체는 「생에 대한 역사학의 유용성과 해에 대하여」라는 그의 두 번째 『반시대적인 고찰』(1874년)에서 본질적인 것을 인식하고 명확하고 박력 있게 말했다. 그는 역사학을 기념비적 역사학, 골동품적 역사학 그리고 비판적 역사학의 세 종류로 구분하는데, 세 가지여야 하는 필연성과 그 통일성의 근거를 명확하게 제시하지는 않는다. 역사학의 삼중성은 현존재의 역사성 속에 앞서 그려져 있다. 현존재의 역사성은 동시에, 어느 만큼 본래적인 역사학이 현사실적으로 이 세 가능성의 구체적인 통일성일 수 있는가를 이해하게 해준다. 니체의 분류는 우연한 것이 아니다. 그의 "고찰"의 시작은 그가 알려주고 있는 것보다 더 많은 것을 이해했음을 추정하게 한다.

현존재는 오직 시간성을 근거로 해서만 역사적인 것으로서 가능하다. 이 시간성은 그 빠져나감의 탈자적-지평적 통일성 안에서 시간화된다. 현존재는 도래적인 것으로서 본래적으로 선택한 가능성을 결단을 내려 열어밝히면서 실존하고 있다. 결단을 내려 자기 자신에게로 돌아오면서 현존재는 반복하면서 인간 실존의 "기념비적" 가능성들에 열려 있다. 그러한 역사성에서 발원하는 역사학은 "기념비적"이다. 현존재는 존재해오면서 자신의 내던져져 있음을 떠맡고 있다. 가능적인 것을 반복하며 자기 것으로 만듦에는 동시에 거기에 존재해온 실존을 존경하며 보존할 가능성이 앞서 그려져 있으며, 장악된 가능성은 이 실존에서 분명해진다. 기념비적 역사학으로서 본래적인 역사학이 "골동품적인" 것은 그 때문이다. 현존재는 도래와 기재의 통일성 안에서 현재로서 시간화된다. 이 현재는 오늘을 열어밝히는데, 그것도 순간으로서 본래적으로 열어밝힌다. 그러나 이 오늘이 장악된 실존 가능성을 도래적으로-반복하면서 이해함에서부터 해석되어 있는 한, 본래적인 역사학은 오늘의 탈현재화가 된다. 그것은 오늘의 빠져 있는 공공성에서부터 고통스럽게 자신을 빼내는 것이다. 기념비적-골동품적 역사학은 본래적인 역사학으로서 필연적으로 "현재"에 대한 비판으로서 존재한다. 본래적인 역사성은 역사학의 세 방식의 가능한 통일성의 **기초**이다. 그러나 본래적인 역사학의 기초의 근거는 염려의 실존론적 존재의미로서의 **시간성**이다.

역사학의 실존론적-역사적 근원에 대한 구체적인 서술은 이 학문을 구성하고 있는 주제화의 분석에서 수행된다. 역사학적 주제화는 그 중심부분을 해석학적 상황의 형성에 두고 있는데, 이 해석학적 상황이 역사적으로 실존하는 현존재의 결의와 함께 거기에 존재해온 현존재의 반복하는 열어밝힘으로 열린다. 역사적 실존의 본래적인 열어밝혀져 있음("진리")에서부터 역사학적 진리의 가능성과 구조가 개진되어야 한다. 그러나 역사학적 제 학문의 근본개념들—이것들이 그 객체에 관한 것이건 또는 그 취급양식에 관한 것이건—이 실존개념들이기 때문에, 정신과학의 이론은 현존재의 역사성에 대한 주제적 실존론적 해석을 전제하고 있다. 이 역사성이 바로 딜타이의 탐구 작업이 가까이 가려고 부단히 노력한 목표이며 바르텐부르크의 요르크 백작(Grafen Paul Yorck von Wartenburg)의 이념에 의해서 한층 더 철저하게 밝혀진 목표이다.

제77절 이상의 역사성 문제의 제시와 딜타이의 탐구 및 요르크 백작의 이념과의 연관

지금까지 수행된 역사 문제의 풀어헤쳐 보임은 딜타이의 작업을 내 것으로 만들면서 자라나온 것이다. 그것은 요르크 백작이 딜타이에게 보낸 여러 편지들에 산재되어 발견되는 그의 테제에 의해서 확인되고 동시에 확정되었다.[12]

오늘날에도 여전히 널리 퍼져 있는 딜타이 상(像)은 다음과 같다. 딜타이는 정신의 역사, 특히 문학사의 "섬세한" 해석자로서 "또한" 자연과학과 정신과학의 구별을 위해서도 노력했으며, 이때 정신과학의 역사와 "심리학"에 두드러진 역할을 할당했고 그 전체가 일종의 상대론적 "삶의 철학" 안에서 떠다니도록 했다. 피상적인 관찰에 이러한 추정은 "올바르다". 그러나 그것은 "실체"를 놓치고 있다. 그것은 드러내는 것보다 오히려 더 많은 것을 은폐하고 있다.

도식적으로 딜타이의 탐구 작업을 세 분야로 나눌 수 있다. 정신과학의

---

12) *Briefwechsel zwischen Wilhelm Dilthey und dem Grafen Paul Yorck von Wartenburg 1877-1897*(『1877-1897년에 딜타이와 요르크 백작 사이에 교환된 서한집』), 할레 안 데어 잘레, 1923년 참조.

이론 및 자연과학과 정신과학의 구분에 대한 연구, 그리고 인간, 사회 및 국가에 관한 제 학문들의 역사에 대한 탐구, 그리고 "인간이라는 전체 사실"을 서술해야 하는 심리학에 들인 노력이다. 학문이론적, 학문역사적 그리고 해석학적-심리학적 탐구들이 끊임없이 상호 침투하고 교차되고 있다. 하나의 시선방향이 우세하면 다른 것들은 또한 이미 동기와 수단이 된다. 분열인 듯, 불확실하고 우발적인 "시론"인 듯 보이는 것은, 하나의 목표를 향한 기본적인 동요이다. 즉 "삶"을 철학적인 이해로 끌고 오고, 이 이해에 "삶 자체"에서부터 하나의 해석학적 기초를 확보해주는 것이 목표이다. 모든 것은 심리학에 집중되며, 이 심리학은 "삶"을 그 역사적인 발전연관과 작용연관 속에서 인간이 **존재하는 방식**으로서, 정신과학의 가능한 **대상**으로서 그리고 **동시**에 이 정신과학의 **뿌리**로서 이해해야 한다. 해석학은 이러한 이해의 자기해명이며 파생된 형식에서야 비로소 역사학의 방법론인 것이다.

　동시대의 논의들이 정신과학의 정초를 위한 **딜타이**의 고유한 탐구를 일면적으로 학문이론의 장으로 몰아버렸기 때문에, 딜타이는 분명 이런 논의들을 고려해서 자신의 연구발표를 여러 번 이런 방향으로 잡기도 했다. "정신과학의 논리[학]"는 그에게 중심적인 것이 아니다. 마치 그의 "심리학"이 "단지" 심리적인 것에 대한 실증 과학을 개선하기 위해서 추구된 것이 아닌 것과 같다.

　딜타이의 가장 고유한 철학적 경향은, 그의 친구인 요르크 백작과의 서신교환에서 언젠가 요르크 백작이, "우리의 공통의 관심인 **역사성**을 이해하는 것"(지은이의 강조)이라고 언급했을 때, 의심의 여지없이 표현되고 있다.[13] 이제 비로소 그 전모가 접근 가능해진 딜타이의 탐구를 자기 것으로 만드는 일은 원칙적인 대결적 논쟁의 끈기와 구체화를 필요로 한다. 여기에서는 딜

---

13) 『서한집』, 185쪽.

399 타이를 움직였던 문제들, 그리고 어떻게 이 문제들이 그를 움직였는가 하는 것을 상세하게 논의할 수는 없다.[14] 그렇지만 요르크 백작의 몇몇 중심 이념은 그의 편지 중 특색 있는 몇 군데를 선별해서 잠정적으로 특징지어보도록 하겠다.

딜타이의 문제제기와 연구에 대해서 의견을 나누는 가운데 요르크 백작의 생생한 경향은, 다름 아닌 기초 분과인 분석심리학의 과제에 대한 그의 입장표명에서 잘 드러나고 있다. 그는 딜타이의 학술원 발표논문「기술하고 분해하는 심리학에 대한 이념들」(1894)에 대해서 이렇게 쓰고 있다. "일차적 인식수단으로서의 자기성찰, 일차적 인식절차로서의 분석은 확고하게 설정되었습니다. 여기에서부터 독자적인 판단이 검증하고 있는 명제들이 정식화됩니다. 구성적 심리학과 그 가정의 비판적인 해소, 해명 그리고 그로써 내적인 반박에까지는 나아가지 못했습니다."(『서한집』, 177쪽) "……비판적인 해소 = 심리학적 출처증명을 상세하게 개별적인 것까지 상론하지 않는 것은 제 생각으로는 선생께서 인식이론에 지정하고 있는 개념 및 위상과 연관이 있습니다."(177쪽) "적용 불가능성의 **설명**—사실이 설정(제시)되고 명확하게 되었습니다—은 오직 인식이론만이 제공할 뿐입니다. 인식이론은 과학적 방법의 적합성에 대해서 변론해야 하며, 지금처럼 방법을 개별 분야에서부터—운이 좋다면 말입니다—끄집어내오는 대신에, 방법론을 정초해야 합니다."(179쪽 이하)

요르크 백작의 이러한 요구—이것은 근본적으로는, 플라톤과 아리스토텔레스의 논리학이 그랬던 것처럼, 학문에 선행해서 그것을 이끄는 논리학이다—에는 자연이라는 존재자와 역사로 **존재하는** 존재자(즉 현존재)의 상이

---

14) 우리는 미슈(Georg Misch)의 연구에 힘입어 구체적이고 핵심적인 경향을 겨냥한 딜타이론(論)을 가지고 있으므로 더더욱이 이 점을 포기해도 될 것이다. 그의 딜타이론은 딜타이 지술과의 논쟁에 없어서는 안 되는 것이다. W. Dilthey, *Gesammelte Schriften Bd. V* (『딜타이 선집 제5권』, 1924년), [미슈의] 예비보고, VII-CXVII쪽 참조.

한 범주적 구조를 적극적으로 근본적으로 작업해내는 과제가 포함되어 있다. 요르크 백작은 딜타이의 연구가 "존재적인 것과 역사학적인 것 사이의 종적 차이를 너무 강조하지 않고 있음을"(191쪽)[지은이의 강조] 발견했다. "특히 비교의 절차가 정신과학의 방법으로서 요구주장되고 있습니다. 이 점에서 저는 선생과 의견을 달리합니다.……비교는 언제나 미학적이며 늘 형태에 붙잡혀 있습니다. 빈델반트(Wilhelm Windelband)는 역사에 형태를 지정하고 있습니다. 유형이라는 선생의 개념은 철두철미하게 내적인 개념입니다. 거기에서 문제가 되고 있는 것은 성격이지, 형태가 아닙니다. 전자[빈델반트]에게 역사는 일련의 형상들, 개별형태들, 즉 미학적 요구입니다. 자연과학자에게는 과학 이외에 오직 일종의 인간 진정제로서 미학적 향유만이 남아 있을 뿐입니다. 선생의 역사라는 개념은 힘들의 연결의 개념, 즉 힘의 단위에 해당하는 것으로 거기에 형태라는 범주는 오직 변형된 방식으로만 적용되어야 할 것입니다."(193쪽)

"존재적인 것과 역사학적인 것의 차이"에 대한 확실한 본능적 감각으로 요르크 백작은, 얼마나 강하게 전통적 역사연구가 아직도 물체적인 것과 형태적인 것을 겨냥하는 "순수 시각적인 규정"(192쪽)에 매달리고 있는가를 인식했다.

"랑케(Leopold von Ranke)는 거대한 접안 렌즈입니다. 이 접안 렌즈에게는 사라져버린 것이 현실이 될 수는 없습니다. ……역사의 소재를 정치적인 것에 국한시키고 있는 것도 랑케의 전체 기질로부터 설명됩니다. 오직 정치적인 것만이 극적인 것입니다."(60쪽) "시간의 경과가 초래한 변형들은 제게는 본질적인 것이 아닌 것으로 보이며, 그래서 저는 그것을 다르게 평가하고 싶습니다. 왜냐하면 예를 들어 이른바 역사학파라는 것을 저는 동일한 강줄기의 한 지류에 불과하고 예로부터 유통되어 내려온 대립의 한 항만을 대변하는 것으로 여기기 때문입니다. 그 이름은 기만스러운 어떤 것을 지니고 있습니다. 저 학파는 결코 역사학파가 아니며[지은이의 강조],

거대한 지배적 운동이 기계적 구성의 운동인 데에 반해, 미학적으로 구성하는 골동품적인 학파입니다. 그러므로 그 학파가 방법적으로 추가한 것, 즉 합리성의 방법에 덧붙인 것은 단지 전체감정뿐입니다."(68쪽 이하)

"진정한 문헌학자는 역사를 일종의 골동품 상자로 여기는 자입니다. 손으로 만져볼 수 있는 것이 없는 곳—그곳으로는 오직 생생한 심리적 전이만이 인도되는데, 거기에 그분들[역사학파의 사람들]은 이르지 못합니다. 그들은 바로 가장 깊은 내면에서는 자연과학자들이고 게다가, 실험이 결여되어 있기 때문에, 회의론자가 될 것입니다. 사람들은 예를 들어 **플라톤**이 얼마나 자주 마그나 그라이키아나 시라쿠사에 갔었는가 하는 따위의 그 모든 자질구레한 일들은 전적으로 멀리해야 합니다. 거기에는 아무런 생동감이 들어 있지 않습니다. 제가 지금 비판적으로 두루 살펴본 그런 외적인 수법은 결국 커다란 의문부호에 이르게 되고, **호메로스**, **플라톤**, 『**신약 성서**』 등의 위대한 실재에게는 수치스러운 것이 됩니다. 모든 현실적으로 실재적인 것은, 그것이 '물 자체'로서 고찰되고 체험되지 않는다면, 허깨비가 되고 맙니다."(61쪽) "'과학자'는 시대의 세력들에 대해서, 마치 세련된 교양을 갖춘 프랑스 사회가 그 당시의 혁명운동에 반대했던 것과 같이, 반대하고 있습니다. 그때에나 지금에나 형식주의, 형식의 숭배입니다. 관계의 규정이 지혜의 마지막 말입니다. 그런 사유방향은 물론—제가 생각하기로는—아직 쓰이지 않은 나름의 역사를 가지고 있습니다. 사유의 무지반성 및 이 사유에 대한 믿음의 무지반성은—인식이론적으로 고찰할 때, 일종의 형이상학적인 태도로서—역사학적인 산물입니다."(39쪽) "400년 훨씬 이전에 새로운 시대를 이끌어왔던 탈중심적 원칙이 불러일으킨 파동은 극단적으로 넓어지고 평평해졌다고 생각됩니다. 인식은 자기 자신을 지양할 정도까지 진보했고, 인간은 더 이상 자신을 알아볼 수 없을 정도로 자기 자신으로부터 빠져나갔습니다. '근대 인간'은, 다시 말해 르네상스 이후이 인간은 몬힐 지경에 이르렀습니다."(83쪽) 이와는 반대로 "참으로 살아 있는, 단지 삶을 장식하기만 하지 않는 역사학은 비판입니다."(19쪽) "그러나 역사지식의 중요한 부분은 숨어 있는 사료의 지식입니다."(109쪽) "역사에서는 장관을 이루고 눈에 잘 띄는 것은 주요 사항이 아닙니다. 본질적인 것이 대체로 보이지 않듯이 핵심은 보이지 않습니다. 그리고 '너희가 잠잠하여야 힘을 얻을 것이다'라고 하듯이, 이를 변형해서, '너희가 잠잠하여야 인지하게 될 것이다. 다시 말해 이해하게 될 것이다'라고 말하는 것도 참입니다."(26쪽) "그리고 그렇게 되면 나는 고요한 자기대화와 역사의 정신과의 교류를 즐길 것입니다. 이 역사의 정신은 숨어 있어서 파우스트에게도 나타나지 않았고 거장 괴테에게도 나타나지 않았습니다. 그 나타남이 아무리 엄숙하고 감동적이었다고 해도 파우스트와 괴테는 그 정신 앞에서 놀라 도망치지는 않을 것입니다. 그 나타남은 수풀과 들판의 거주자와는 다른 더 깊은 의미에서 형제 같고 친하기 때문입니다. 그 노력은 야곱의 씨름과 비슷한 점이 있어서 씨름하는 자에게는 확실한 이득일 것입니다. 이것이 바로 일차적으로 중요한 것입니다."(133쪽)

"잠재력"으로서의 역사의 근본성격에 대한 명확한 통찰을 요르크 백작은 인간 현존재 자체의 존재성격에 대한 인식에서부터 얻는다. 따라서 학문이론적으로 역사고찰의 객체에서 얻은 것이 아니다. "전체 심리적-물리적 주어져 있음은 **존재하는** 것이 아니라[존재 = 자연의 눈앞에 있음. 지은이의 주석] 살고 있는 것이라는 사실이 역사성의 발아점입니다. 그리고 추상적인 자아에게로가 아니라 나 자신의 충일에게로 향해 있는 자기성찰은 내가 역사[학]적으로 규정되어 있다는 것을 발견하게 될 것입니다. 마치 물리학이 내가 우주적으로 규정되어 있음을 알고 있듯이 말입니다. 자연인 것과 마찬가지로 나는 역사입니다······."(71쪽) 그리고 그 모든 거짓 "관계규정"과 "지반 없는" 상대주의를 꿰뚫어본 요르크 백작은 현존재의 역사성에 대한 통찰에서부터 마지막 결론을 끄집어내는 것을 망설이지 않는다. "그러나 다른 한편 자기의식의 내적 역사성의 경우에는 역사학으로부터 분리된 체

402

계성은 방법론적으로 적합하지 않습니다. 생리학이 물리학을 도외시할 수 없듯이, 철학—그것이 더욱 비판적 철학이라면—은 역사성을 도외시할 수는 없습니다. ……자기관계와 역사성은 마치 호흡과 기압 같으며 그리고—이것이 약간은 역설처럼 들리겠지만—철학함의 비역사화가 저에게는 방법적인 연관에서 일종의 형이상학적 찌꺼기 같아 보입니다."(69쪽) "철학함이 삶이기에, 그 때문에—놀라지 마십시오—제 생각으로는 역사철학이라는 것이 있는 것입니다.—누가 그것을 쓸 수 있게 될지!—물론 이 역사철학이라는 것이, 선생께서 반론의 여지없이 설명한 것처럼, 지금까지 파악되고 시도되어온 것 같은 것은 아닙니다. 이제까지의 물음제기는 잘못된 것, 아니 불가능한 것이었지만 그러나 그것이 유일한 것은 아닙니다. 그렇기 때문에 역사학적이지 않은 진정한 철학함이란 더 이상 있지 않습니다. 체계적 철학과 역사학적 서술의 분리는 본질상 잘못된 것입니다."(251쪽) "어쨌거나 이제 실천적일 수 있다는 것이 곧 모든 학문의 본래의 권리근거입니다. 그러나 수학적인 실천만이 유일한 실천은 아닙니다. 우리 입각점의 실천적 목표는 가장 넓고 가장 심오한 낱말의 의미로 교육[학]적인 것입니다. 그것은 모든 참된 철학의 혼이며 플라톤과 아리스토텔레스의 진리입니다." (42쪽 이하) "선생께서는 제가 학문으로서의 윤리학의 가능성에 대해서 생각하는 바를 알고 계십니다. 그럼에도 그것은 계속 조금씩 개선될 수 있습니다. 그런 책들이란 본디 누구를 위한 것입니까? 기록 넘어 또 기록들! 유일하게 주목할 만한 것은 물리학에서 윤리학으로 가려는 충동뿐입니다."(73쪽) "철학을 삶의 표명이라고 개념파악한다면, 시야가 의식의 지반에서 벗어나 있기 때문에 지반 없는 것으로 보이는 무지반적 사유의 토로(吐露)로 개념파악하지 않는다면, 과제는 결과에서 간결한 만큼, 그 획득에서는 뒤엉켜 있어 얻기 힘든 것입니다. 선입견으로부터의 자유가 전제이지만 이미 이 전제를 얻는다는 것도 어렵습니다."(250쪽)

요르크 백작 자신이 존재적인 것(시각적인 것)과 대비해서 역사학적인 것을 범주적으로 파악하고 "삶"을 합당한 학문적 이해에로 끌어올리려고 시도했다는 사실이 그러한 탐구의 어려움의 유형에 대한 지적에서 분명해진다. 즉 미학적-기계적 사유방식이 "직관의 배후로 소급하는 분석보다도 쉽게 낱말의 표현을 발견하는 것은, 낱말의 폭넓은 출처가 시각성에 있다는 것으로 설명될 수 있습니다.……이에 반해 생명성의 근거로 파고들어 가는 것은 통속적인 서술을 벗어나 있습니다. 그렇기 때문에 모든 용어들이 쉽게 이해될 수 없으며 상징적이게 되고 불가피하게 됩니다. 철학적인 사유의 특수한 양식에서부터 그 언어적 표현의 특수성이 귀결되는 것입니다."(70쪽 이하) "그러나 선생께서도 제가 역설을 선호한다는 것을 알고 계신데, 저는 그것을 이렇게 변호합니다. 역설은 진리의 한 표식이며, 공통의견(communis opinio)이란 결코 진리 안에는 어디에건 없습니다. 그것은 일반화시키는 반쪽 이해가 기본적으로 침전된 것으로서, 진리와의 관계에서 보자면 번개가 남긴 유황의 김과 같습니다. 진리는 결코 요소가 아닙니다. 국가교육의 과제는 이런 기본 공적 견해를 붕괴시켜서 가능한 한 봄과 관찰의 개별성이 형성되도록 만들어주는 일일 것입니다. 그 경우 이른바 공적 양심—이러한 극단적 외면화—대신에 다시 개별양심이, 다시 말해 양심이 힘을 얻게 될 것입니다."(249쪽 이하)

역사성을 이해하려는 관심이 "존재적인 것과 역사[학]적인 것† 사이의 종적인 차이"를 끄집어내는 과제로 이끌고 온다. 이로써 **삶의 철학**의 기초 **목표가** 확정되었다. 그럼에도 물음제기는 일종의 **원칙적인 근본화[철저화]** 를 필요로 한다. "존재적인 것"뿐 아니라 "역사[학]적인 것"도 가능한 비교 관점 및 구별 가능성의 **더 근원적인 통일성**에로 데려오지 않는다면, 달리 어떻게 역사성이 존재적인 것과 구별되어 철학적으로 파악되고 "범주적으로" 개념파악될 수 있다는 말인가? 그러나 그것은 다음과 같은 통찰이 자라나와야만 가능할 뿐이다. 1. 역사성에 대한 물음은 역사적 존재자의 존재 구성틀에 대한 **존재론적** 물음이다. 2. 존재적인 것에 대한 물음은 현존재적이지 않은 존재자, 즉 가장 넓은 의미의 눈앞의 것의 존재구성틀에 대한 존재론적 물음이다. 3. 존재적인 것은 존재자의 단지 한 구역일 뿐이다. 존재의 이념은 "존재적인 것"과 "역사[학]적인 것"을 포괄한다. 그것[존재의 이념]이 곧 자신을 "종적으로 차별화시켜야" 하는 그것이다.

요르크 백작이 역사적이지 않은 존재자를 단적으로 존재적이라고 명한 것은 우연이 아니다. 그것은 단지 단절되지 않은 전통적 존재론의 지배의 반영일 뿐인데, 이 전통적 존재론은 존재에 대한 고대의 물음에서 유래하여 존재론적 문제틀을 원칙적으로 협소화시키는 데에 붙잡아두고 있다. 존재적인 것과 역사[학]적인 것 사이의 차이의 문제는, 존재 일반의 의미에 대한 물음이 기초존재론적으로 해명되어, 먼저 앞서 그 실마리가 확보되어 있어야만 탐구문제로서 정리작업될 수 있다.[15] 이렇게 해서, 현존재에 대한 예비적 실존적-시간적 분석론이, 딜타이의 저술에 도움이 되기 위하여 어떤 의미에서 요르크 백작의 정신을 돌보기로 결단했는지가 분명해진다.

---

[15] 이 책의 제5절과 제6절 36쪽 이하 참조.

제6장
시간성과 통속적 시간개념의 근원으로서의 시간내재성

제78절 전술한 현존재의 시간적 분석의 불완전함

시간성이 과연 그리고 어떻게 현존재의 존재를 구성하고 있는지를 입증하기 위해서, 실존의 존재구성틀로서의 역사성이 "근본에서" 시간성이라는 것을 제시했다. 역사의 시간적 성격에 대한 해석은, 모든 생기[일어남]가 "시간 속에서" 경과한다는 "사실"을 고려하지 않고 수행되었다. 현사실적으로 모든 역사를 오직 "시간내재적" 생기로만 알고 있는 일상적인 현존재이해에게는 역사성의 실존론적-시간적 분석 과정에서는 발언권이 주어지지 않았다. 실존론적 분석론이 현존재를 바로 그의 현사실성에서 존재론적으로 투명하게 만들어야 한다면, 역사에 대한 현사실적 "존재적-시간적" 해석에게도 **분명하게** 그 권리가 되돌려져야 한다. 역사뿐 아니라 자연의 경과도 "시간에 의해서" 규정되어 있는 이상, "그 안에서" 존재자를 만나게 되는 그 시간에 대한 **원칙적인** 분석은 더욱더 필연적이다. 그렇지만 역사와 자연에 관한 **학문들**에서 "시간요인"이 나타난다는 사정보다 더 기본적인 것은 현존재가 그 모든 주제적인 탐구에 앞서 이미 "시간을 고려하여" 시간에 맞추어 살고 있다는 현사실이다. 그리고 여기에 다시금 현존재가 "그의 시간을 계산에 넣는다"는 바로 **그것이** 결정적인 것으로 남아 있다.

이것은 시간규정을 위해서 맞게 만들어진 측량도구의 그 모든 사용에 앞서 놓여 있다. 전자가 후자를 앞서 가며 시계의 사용 같은 것을 비로소 처음으로 가능하게 만들어준다.

현사실적으로 실존하면서 그때마다의 현존재는 "시간"을 "가지고" 있거나 또는 "시간이 없거나" 한다. 현존재는 "자신에게 시간을 주거나" 또는 "시간이 없도록 할 수 있다". 현존재는 왜 자신에게 "시간"을 주며 왜 그는 시간을 "잃어버릴" 수 있는가? 그는 어디에서 시간을 취하고 있는가? 이 시간은 현존재의 시간성과는 어떤 관계가 있는가?

현사실적 현존재는, 시간성을 실존론적으로 이해하지 않고도 시간을 고려하고 있다. 시간을 고려한다는 기본 행동관계는, 존재자가 "시간 안에" 있다는 것이 무엇을 말하는가 하는 물음에 앞서 해명될 필요가 있다. 현존재의 모든 행동관계는 그의 존재, 다시 말해 시간성에서부터 해석되어야 한다. 어떻게 현존재가 시간성**으로서**, 시간을 고려하는 **그런** 방식으로 시간과 관계하는 그런 행동관계를 시간화하는가를 제시하는 것이 중요하다. 그러므로 이제까지의 시간성의 성격부여는, 우리들이 그 현상의 모든 제반 차원들에 유의하지 않은 한에서 도대체 불충분할 뿐 아니라, 또한 세계시간과 같은 것이 세계라는 실존론적-시간적 개념의 엄격한 의미에서 시간성 자체에 속하기 때문에 근본적으로 결함이 있다. 어떻게 그것이 가능하고 왜 그것이 불가피한지가 이해되어야 한다. 그렇게 함으로써 "그 안에서" 존재자가 나타나는 통속적으로 잘 알려져 있는 "시간"과 그와 함께 동시에 이 존재자의 시간내재성도 해명을 얻게 될 것이다.

자신에게 시간을 주는 일상적인 현존재는 시간을 세계내부적으로 만나게 되는 손안의 것과 눈앞의 것에서 발견한다. 그렇게 "경험된" 시간을 그는 가장 가까운 존재이해의 지평 안에서 이해한다. 다시 말해 그 자체를 일종의 어떻게든 눈앞에 있는 것으로 이해한다. 그가 어떻게 그리고 왜 통속적 시간개념의 형성에 이르게 되는가 하는 것은 시간을 배려하는 현존재의 시간적으로 기초 지어진 존재구성틀에서부터 해명될 필요가 있다. 통속적 시간개념은 그 유래를 근원적인 시간의 평준화에 힘입고 있다. 통속적 시간개념의 근원을 이렇게 증명하면 시간성을 **근원적인 시간**이라고 한 이전의 해석은 정당화되는 셈이다.

통속적인 시간개념의 형성에 있어서는, 시간에 "주관적인" 성격을 부여해야 하는가 아니면 "객관적인" 성격을 부여해야 하는가 하는 기이한 동요가 보이고 있다. 사람들이 시간을 그 자체로 존재하는 것으로 파악하는 때에도, 시간은 주로 "영혼"에게 지정된다. 그리고 시간이 "의식에 준하는" 성격을 가지는 때에도, 그것은 무릇 "객관적으로" 기능한다. 헤겔의 시간해석에서 그 두 가능성은 일정한 지양으로 이끌려진다. 헤겔은 "시간"과 "정신"의 연관을 규정하려고 시도하며, 거기에서부터 왜 정신이 역사로서 "시간 안으로" 떨어져 들어오는지를 이해할 수 있게 만들려고 한다. 현존재의 시간성과 거기에 세계시간이 속한다는 앞의 우리의 해석은 결과에서 헤겔과 일치하는 듯이 보인다. 그러나 여기의 이 시간분석이 근본적으로 이미 단초에서 헤겔과 구별되고 그 목표, 다시 말해 기초존재론적 의도에서 그와 **정반대되게** 방향을 잡고 있기 때문에, 시간과 정신의 관련에 대한 헤겔의 견해를 간략하게 서술하는 것이 현존재의 시간성, 세계시간, 통속적 시간개념의 근원 등에 대한 실존론적-존재론적 해석을 간접적으로 명확하게 하고 잠정적으로 마무리 짓는 데에 도움이 될 수 있을 것이다.

과연 그리고 어떻게 시간에 "존재"가 부여되는가, 왜 그리고 어떤 의미로 우리가 시간을 "존재하는 것"으로 일컫는가 하는 물음은, 얼마만큼 시간성 자체가 그 시간화의 전체에서 존재이해와 존재자에 대한 이야기를 가능하게 하는지가 제시되어야 비로소 대답될 수 있다. 이 장의 분류는 다음과 같이 이루어진다. 현존재의 시간성과 시간의 배려(제79절), 배려된 시간과 시간내재성(제80절), 시간내재성과 통속적 시간개념의 발생(제81절), 시간과 정신의 관련에 대한 헤겔의 견해에 대비하여 시간성, 현존재, 세계시간의 실존론적-존재론적 연관을 구별함(제82절), 현존재의 실존론적-시간적 분석론과 존재 일반의 의미에 대한 기초존재론적 물음(제83절).

제79절 현존재의 시간성과 시간의 배려

현존재는 그에게 그의 존재에서 바로 이 존재가 문제가 되는 그런 존재자로서 실존하고 있다. 그 자신을 본질적으로 앞질러, 현존재는 그 모든 순전하고 추후적인 자기 자신에 대한 고찰에 앞서 자신을 기획투사했다. 기획투사에서 그는 내던져져 있는 것으로 밝혀진다. 내던져 "세계"에 내맡겨진 현존재는 배려하면서 "세계"에 빠져 있다. 염려로서, 다시 말해 빠져 있으면서 내던져진 기획투사의 단일성 안에 실존하면서 그 존재자는 '거기에'로서 열어밝혀져 있다. 타인들과 더불어 있으면서 그는 평균적인 해석되어 있음 안에 머무르고 있는데, 이 해석되어 있음은 말에서 분류파악되고 언어에서 밖으로 말해진다. 세계-안에-있음은 **자신을** 언제나 이미 밖으로 말했으며, 세계내부적으로 만나게 되는 존재자 **곁에 있음**으로서 그는 **자신을** 끊임없이 배려되고 있는 것 자체에 대해서 말하며 이야기하면서 밖으로 말하고 있다. 둘러보며 쉽게 이해하는 배려는 시간성에 근거하고 있으며 그것도 기대하며-간직하는 현재화의 양태에서 그렇다. 배려하는 계산함, 계획함, 예비함, 예방함 등은 언제나 이미—음성으로 들을 수 있든 없든—다음과 같이 말하고 있다. "그때에"는, 그것이 발생해야 한다. "그에 앞서", 저 일은 끝장을 보아야 하고, "**지금**"은, "그 당시" 실패해서 놓친 것이 만회되어야 한다.

배려가 "그때에"에서는 기대하면서, "그 당시"에서는 간직하면서, "지금"에서는 현재화하면서 자신을 말한다. "그때에"에는 대개 암암리에 "지금은 아직 아님"이 놓여 있다. 다시 말해 기대하며-간직하는, 또는 기대하며-망각하는 현재화에서 말해지고 있다. "그 당시"에는 "지금은 더 이상 아님"이 간직되어 있다. 그것과 더불어 간직함이 기대하는 현재화로서 밖으로 말해진다. "그때에"와 "그 당시"는 "지금"과 연관해서 함께 이해되어 있다. 다시 말해 현재화가 독특한 중점을 점유하고 있다. 비록 현재화가 언제나 기대와 간직과의 단일성 속에서 시간화되기는 하지만, 이 기대와 간직 또한 기대하지 않는 망각으로 변양될 수 있다. 그러한 양태에서 시간성은 현재 속으로 휩쓸려 들어가고, 그 현재는 현재화하면서 주로 "지금-지금" 하고 말한다. 배려가 바로 다음의 것으로 기대하는 것은, "즉시" 속에서 이야기되고, 가장 최근에 가지게 된 것 또는 잃어버린 것은 "방금" 속에서 말해진다. "그 당시"에서 밖으로 말해지는 간직함의 지평은 "이전"이고, "그때에"에 대한 지평은 "이후"이며, "지금"에 대한 지평은 "오늘"이다.

그러나 모든 "그때에"는 그 자체로서 "……할 그때"이고, 모든 "그 당시"는 "……한 그 당시"이며, 모든 "지금"은 "……하는 지금"이다. 우리는 이러한 겉보기에 자명한 듯 보이는 "지금", "그 당시", "그때에"의 연관구조를 **시점기록 가능성**이라고 이름한다. 이때 시점기록이 현사실적으로 달력의 "날짜"를 고려해서 수행되는가 아닌가 하는 것은 완전히 도외시해야 한다. 그러한 "날짜" 없이도 "지금", "그때에", "그 당시"는 다소간 특정하게 시점기록되어 있다. 시점기록의 규정성이 없다고 해서, 시점기록 가능성의 구조가 결여되어 있다거나 우연적이라는 것을 말하는 것은 아니다.

그러한 시점기록 가능성이 본질적으로 거기에 귀속되는 그것은 무엇이며, 그리고 이 시점기록 가능성은 어디에 근거하고 있는가? 그러나 이보다 더 쓸데없는 물음이 제기될 수 있겠는가? "……하는 지금"으로써 우리는 분명 "잘 알듯이" 하나의 "시점"을 의미한다. "지금"은 시간이다. 논란의 여지 없이 우리는 "……하는 지금", "……할 그때에", "……한 그 당시"가 "시간"과 연관되어 있다는 것을 또한 어떤 방식으로든 이해하고 있다. 그러한 것이 "시간" 자체를 의미한다는 사실, 어떻게 그것이 가능하며, "시간"은 무엇을 의미하는지 등 이 모든 것은 "지금" 등에 대한 "자연스러운" 이해와 더불어 또한 이미 개념파악되는 것은 아니다. 아니, 우리가 "지금", "그때에", "그 당시"와 같은 것을 "아무 문제 없이 이해하고" "자연스럽게" 말한다는 사실이 과연 자명한가? 우리는 도대체 어디에서 이러한 "……하는 지금"을 취하고 있는가? 우리는 그러한 것을 세계내부적인 존재자, 즉 눈앞의 것 가운데에서 발견했는가? 분명 그렇지 않다. 그렇다면 도대체 그것이 발견되기는 했다는 말인가? 우리는 그것을 찾아서 확정하려고 나서지 않았던가? "어느 때나" 우리는 그것을 두드러지게 넘겨받지 않고서도 그것들을 마음대로 다루고 있으며, 언제나 음성화하는 것은 아니지만 끊임없이 그것을 사용하고 있다. 예컨대, 아주 진부한, 일상적으로 이야기되는 흔해빠진 "춥다"라는 말도 "……하는 지금"을 함께 의미하고 있다. 현존재는 왜 배려를 말하면서, 비록 대개 음성은 내지 않지만, "……하는 지금", "……할 그때에", "……한 그 당시"를 함께 밖으로 말하고 있는가? 해석하며 ……에 대해서 말함이 **자신을** 함께 밖으로 말하고 있기 때문이다. 다시 말해 손안의 것을 발견하며 만나게 해주는, 손안의 것 **곁에** 둘러보며 이해하며 **존재함을** 함께 밖으로 말하고 있기 때문이고, **자신을** 함께 해석하는 말함과 이야기함이 **현재화함에** 근거하고 있고 오직 이 현재화함으로서만 가능하기 때문이다.1)

기대하며-간직하는 현재화가 **자신을** 밖으로 풀어내놓는다[해석한다]. 그리고 이것은 다시금 오직, 기대하며-간직하는 현재화가—그 자체에서 탈자적으로 열려 있으면서—그 자신에 대해서 각기 그때마다 이미 열어밝혀져 있고 이해하며-말하는 해석에서 분류파악되어 있기 때문에만 가능하다. 시간성이 '거기에'의 밝혀져 있음을 탈자적-지평적으로 구성하고 있기 때문에, 그 때문에 시간성은 근원적으로 '거기에'에서 언제나 이미 해석 가능하고 따라서 잘 알려져 있다. 자신을 밖으로 풀어내놓는[해석하는] 현재화를,

---

1) 이 책의 제33절 231쪽 이하 참조.

다시 말해 "지금"에서 말해지고 있는 해석된 것을 우리는 "시간"이라고 이름한다. 여기에서 알려지고 있는 것은 단지, 시간성은 탈자적으로 열려 있는 것으로서 알아볼 수 있으나, 우선 대개는 오직 이러한 배려하는 해석되어 있음에서만 잘 알려져 있다는 것뿐이다. 그렇지만 시간의 "직접적" 이해 가능성과 식별 가능성은, 근원적인 시간성 그 자체뿐 아니라 또한 그 안에서 시간화되는 밖으로 말해진 시간의 근원도 인식되지 않고 개념파악되지 않은 채 남아 있다는 것을 배제하지는 않는다.

"지금", "그때에", "그 당시"로써 해석된 것에는 본질적으로 시점기록 가능성의 구조가 속한다는 점은 해석된 것이 자신을 해석하는 시간성에서부터 유래한다는 데에 대한 가장 기본적인 증명이 된다. "지금"이라고 말하면서 우리는 언제나 또한 이미―함께 말하지 않으면서도―"이것저것을 하는 때"를 이해하고 있다. 어째서 그런가? "지금"이 존재자의 **현재화**를 해석하고 있기 때문이다. "……하는 지금"에는 현재의 탈자적 성격이 놓여 있다. "지금", "그때에", "그 당시"의 **시점기록 가능성**은 시간성의 탈자적 구성틀의 반영이며 그렇기 때문에 밖으로 말해진 시간 자체에 본질적이다. "지금", "그때에", "그 당시"의 시점기록 가능성의 구조는 이것들 자체가 **시간성의 줄기에서부터 나온 것들로서** 시간이라는 데에 대한 증거이다. 해석하며 "지금", "그때에", "그 당시"를 밖으로 말함은 가장 근원적인* **시간언명**이다. 그리고 시점기록 가능성과 더불어 비주제적으로 그리고 그 자체로서는 모르게 이해되어 있는 시간성의 **탈자적 통일성** 안에서 각기 그때마다 이미 현존재가 세계-안에-있음으로서의 그 자신에게 열어밝혀져 있으며 그와 함께 동시에 세계내부적인 존재자가 발견되어 있기 때문에, 해석된 시간이 각기 그때마다 또한 이미 '거기에'의 열어밝혀져 있음에서 만나게 되는 존재자에서부터 시점기록을 가진다. 즉 지금―문이 쾅하고 닫히는 때, 지금―나에

---

* 가장 가까운.

게 책이 없는 때 등.

탈자적 시간성에서 유래하는 동일한 근원에 근거해서 또한 "지금", "그 때", "그 당시"에 속하는 지평들도 "……하는 오늘", "……할 이후", "……한 이전"이라는 시점기록 가능성의 성격을 가진다.

기대함이 "그때에"에서 자신을 이해하면서 자신을 해석하고, 이때에 현재화로서 그것이 기대하고 있는 바로 그것을 자신의 "지금"에서 이해한다면, "그때에"의 "언명"에는 이미 "그리고 지금은 아직 아님"이 놓여 있다. 현재화하는 기대함은 "그때까지"를 이해한다. 해석은 이러한 "그때까지"를 그 사이로서—즉 [그때까지는] "시간이 있다"—분류파악하는데, 이것도 마찬가지로 시점기록 가능성의 연관을 가지고 있다. 이 시점기록 가능성의 연관은 "……하는 동안에"에서 표현되고 있다. 배려는 이 "동안에" 자체를 기대하면서 다시 계속해서 다른 "그때에"를 언명함으로써 분류파악할 수 있다. "그때까지"는 몇 개의 "그때부터 ……그때까지"에 의해서 분류되는데, 그러나 이 후자는 애초부터 일차적인 "그때에"에 대한 기대하는 기획투사 속에 "포함되어 있다". "동안에"를 기대하며-현재화하는 이해함과 더불어 "존속함"이 분류파악된다. 이러한 지속은 다시금 시간성의 **자신**을 해석함에서 드러나는 시간인데, 이 시간이 그렇게 그때마다 "잠깐 동안[펼침]"으로서 비주제적으로 배려에서 이해된다. 기대하며-간직하는 현재화는 오직, 그것이 그때 **자신**에게 역사적 시간성의 탈자적인 **뻗쳐 있음**으로서—그 자체로서는 인식되지 않더라도—열어밝혀져 있기 때문에만, **펼쳐진** "동안에"를 "밖으로 풀어놓는" 것이다. 그러나 여기에서 "언명된" 시간의 다른 독특함이 드러나고 있다. "동안에"만 펼쳐져 있는 것이 아니고, 모든 "지금", "그때에", "그 당시"가 시점기록 가능성의 구조와 함께 각기 그때마다 변화하는 펼침 폭의 펼쳐져 있음을 가지고 있다. 즉 "지금"은 휴식 중, 식사 중, 저녁때, 여름날의 "지금"이고, "그때에"는 아침 식사할, 올라갈 "그때에"이다.

기대하며-간직하며-현재화하는 배려는 "자신에게" 이런저런 시간을 허용하며 이 시간을 배려하면서 언명하는데, 이것은 전혀 시간규정함이 없이도 가능하며 그리고 그 모든 특수한 계산하는 시간규정에 앞서 이루어진다. 이때에 시간은 각기 그때마다 바로 주위세계적으로 배려되고 있는 것에서부터 그리고 처해 있는 이해에 열어밝혀져 있는 것에서부터, 즉 사람들이 "하루 종일" 쫓아다니는 그것에서부터 배려하며 자신에게 시간을 허용하는 그때마다의 양태에서 시점기록된다. 현존재가 기대하면서 배려되고 있는 것에 몰입하여, 자기 자신을 기대하지 않고, 자신을 망각함의 정도에 따라, 또한 현존재가 자신에게 "허용하는" 그의 시간도 이러한 "허용하는" 방식으로 인해 **은폐된** 채 남아 있다. 일상적으로 배려하며 "그냥 살아가는" 바로 거기에서 현존재는 자신을 순수한 "지금"의 끊임없이 존속하는 연속을 따라 달리는 것으로 이해하지 않고 있다. 현존재가 자신에게 허용하는 시간은 이러한 은폐 때문에 흡사 구멍을 가지고 있는 듯싶다. 우리는 자주, "사용해버린" 시간을 되돌아볼 때, "하루"를 [어떻게 지냈는지] 연결하지 못한다. 그렇지만 이렇게 구멍 뚫린 시간을 한데 연결하지 못함은 결코 잘게 쪼갬이 아니라, 각기 그때마다 이미 열어밝혀져 있는 탈자적으로 **뻗쳐 있는** 시간성의 한 양태이다. "허용된" 시간이 경과하는 방식과, 배려가 이 시간을 다소 분명하게 언명하는 양식을 현상적으로 적합하게 설명할 수 있기 위해서는, 한편으로는 끊임없는 지금-흐름이라는 이론적인 "표상"을 멀리 해야 하고, 다른 한편으로는 현존재가 자신에게 시간을 주고 허용하는 그 가능한 방식들이 일차적으로, **현존재가 어떻게 그때마다의 실존에 상응하면서 자기의 시간을 "가지는가"**에서부터 규정되어야 함을 개념파악해야 한다.

앞에서 우리는 본래적 또는 비본래적 실존함을 그것을 기초 놓는 시간성의 시간화의 양태와 관련해서 성격 지었다. 거기에 따르면 비본래적 실존의 비결단성은 기대하지 않으며-망각하는 현재화의 양태에서 시간화된다. 결단을 내리지 않은 자는 자신을 그러한 현재화에서 만나게 되고 변화하며 밀려오는 가장 가까운 사건이나 우연사[우연적으로 닥침]에서부터 이해한다. 배려되고 있는 것에 분망하게 **자기**를 잃으며 결단 내리지 않은 자는 거기에서 **자기의 시간을 잃는다**. 그러므로 그에게 맞는 전형적인 말은 "시간이 없다"이다. 이렇게 비본래적으로 실존하는 자가 끊임없이 시간을 잃어버려서 결코 그런 것을 "가지지" 못하듯이, 본래적인 실존의 시간성의 특징은 이 실존이 결단성 속에서 결코 시간을 잃어버리지 않으며 "언제나 시간을 가지고 있다"는 것이다. 왜냐하면 결단성의 시간성은 그 현재화와 연관해서는 순간의 성격을 가지기 때문이다. 순간이 본래적으로 상황을 현재화할 때, 현재화 자체가 주도하는 것이 아니라 그것은 기재하는 도래에 간직되어 있다. 순간적인 실존은 "자기"의 본래적 역사적 **지속성**이라는 의미에서 운명적으로 전체적인 뻗쳐 있음으로 시간화된다. 이런 식의 시간적 실존은 "지속적으로" 상황이 그 실존에게 요구하고 있는 그것을 위한 그의 시간을 가지고 있다. 그러나 결단성은 '거기에'를 이렇게 오직 상황으로만 열어밝힌다. 그러므로 결단을 내린 자는 열어밝혀져 있는 것을 만나면서, 그가 거기에서 결단을 내리지 않아 자기의 시간을 잃어버릴 수도 있는 식으로는 결코 만날 수 없다.

현사실적으로 내던져져 있는 현존재가 자신에게 시간을 "주거나" 그것을 잃어버릴 수 있는 까닭은 오직, 탈자적으로 뻗쳐 있는 시간성으로서의 그에게 이러한 시간성에 근거하고 있는 '거기에'의 열어밝혀져 있음과 더불어 "시간"이 배정되어 있기 때문이다.

현존재는 열어밝혀져 있는 자로서 현사실적으로 타인과 더불어 있는 방식으로 실존한다. 현존재는 공공의, 평균적인 이해성 안에 머무르고 있다. 일상적인 서로 함께 있음에서 해석되고 밖으로 말해지고 있는 "……하는 지금", "……할 그때에"는—비록 그것이 오직 일정한 한계에서만 명확하게 시점기록되어 있다고 하더라도—원칙적으로 이해되어 있다. "가장 가까운" 서로 함께 있음에서 여러 사람이 "함께" "지금"이라고 말할 수 있는데, 이

때 이들 각자는 "지금"을 각기 다르게 시점화한다. 즉 이런 또는 저런 일이 일어나는 지금이라고 말이다. 밖으로 말해진 "지금"은 각자에 의해서 서로 함께-세계-안에-있음의 공공성 안에서 말해진다. 그러므로 그때마다의 현존재의 해석된, 밖으로 말해진 시간은 그 자체로서 그의 탈자적인 세계-안에-있음에 근거해서 각기 그때마다 이미 공공화된 것이다. 이제 일상적인 배려가 자신을 배려되고 있는 "세계"에서부터 이해하는 한, 배려는 그것이 자신에게 주는 그 "시간"을 자기의 시간으로 알고 있지 않고, 배려는 사람들이 계산하는 "주어져 있는" 시간을 배려하면서 사용하는 것이다. 그러나 "시간"의 공공성은, 현사실적인 현존재가 시간을 특별히 고려하면서 더욱더 드러나게 배려하면 할수록 그만큼 더 절실해진다.

제80절 배려된 시간과 시간내재성

잠정적으로 이해할 필요가 있었던 것은 오직, 어떻게 시간성에 근거하는 현존재가 실존하면서 시간을 배려하고, 어떻게 이 시간이 해석하는 배려에서 세계-안에-있음을 위해서 공공화되는가 하는 것이었다. 이때에 어떤 의미로 밖으로 발화된 공적인 시간이 "존재하는지", 과연 그것이 도대체 존재하는 것으로 말해질 수 있는지 하는 것은 전혀 규정되지 않은 채 남아 있었다. 과연 공공의 시간이 "무릇 주관적인 것에 불과한가" 아니면 "객관적으로 실제하는가" 아니면 이 둘 중 어느 것도 아닌가 하는 것에 대해서 어떤 결정을 내리기에 앞서 공공 시간의 현상적 성격이 무엇보다도 먼저 더 날카롭게 규정되지 않으면 안 된다.

시간의 공공화는 추후에 때때로 일어나는 것이 아니다. 오히려 현존재가 탈자적-시간적인 자로서 각기 그때마다 이미 열어밝혀져 있고 실존에 이해하는 해석이 속하기 때문에, 배려에서 또한 이미 시간이 공공화된 것이다. 사람들이 이 시간에 자신을 맞추고 있기 때문에, 그 시간은 어떻게든 누구에게나 발견될 수 있는 것이어야 한다.

비록 시간의 배려가 앞에서 성격규정했듯이 주위세계적인 사건들에서부터 시점기록되는 방식으로 수행될 수는 있다고 하더라도, 그것은 분명 근본에서 이미 언제나 우리가 천문학적이고 일력적 시간계산이라고 알고 있는 그런 시간배려의 지평 안에서 일어나고 있다. 이 시간계산은 우연히 발생하는 것이 아니고 그 실존론적-존재론적 필연성을 염려로서의 현존재의 존재구성틀에 가지고 있다. 현존재가 본질적으로 내던져진 자로서 빠져 있으며 실존하기 때문에, 그는 자기의 시간을 시간계산의 방식으로 배려하면서 풀어놓는다[해석한다]. 이 시간계산 속에서 시간의 "본래적" 공공화가 시간화되며, 그래서 이렇게 말해져야 하는 것이다. 즉 현존재의 내던져져 있음이 시간이 공공적으로 "주어져 있는" 데에 대한 근거이다. 공공의 시간이 그 근원을 현사실적인 시간성에 두고 있다는 것을 증명하면서 이 증명에 가능한 이해 가능성을 확보하기 위해서, 우리는 그에 앞서 배려의 시간성에서 해석된 시간을 일반적으로 성격규정해야 했다. 그것은 시간을 배려함의 본질이 수적 규정들을 적용하는 데에 시점기록[시점화]에 놓여 있지 않다는 것을 명확하게 하기 위해서도 필요했다. 그러므로 시간계산에서 실존론적-존재론적으로 중요한 것을 시간의 양화에서 찾아서는 안 되고, 더 근원적으로, 시간을 계산에 넣는 현존재의 시간성에서부터 개념파악해야 한다.

"공공의 시간"은 "그 안에서" 손안의 것과 눈앞의 것이 세계내부적으로 만나게 되는 바로 그 시간임이 입증된다. 이것은 이러한 현존재적이지 않은 존재자를 시간내재적인 것이라고 명명할 것을 요구한다. 시간내재성에 대한 해석은 "공공 시간"의 본질에 대한 한층 더 근원적인 통찰을 마련해줄 뿐 아니라 동시에 그것의 "존재"를 제한규정하는 것을 가능하게 한다.

현존재의 존재는 염려이다. 이 존재자는 내던져져 있는 자로서 빠져 있으며 실존한다. 그의 현사실적 "거기에"와 더불어 발견된 "세계"에 내맡겨진 채 배려하며 그 "세계"에 의존하고 있으면시, 현존재는 그의 세계-안에-

있을-가능을 기대하고 있다. 그런데 이때 그는, 그가 이러한 존재가능 때문에 결국에는 탁월한 **사용사태**를 가지게 된 바로 그것을 **가지고** 그것을 "계산에 넣는"식으로 기대한다. 일상적인 둘러보는 세계-안에-있음은 볼 수 있는 가능성을, 다시 말해 눈앞의 것 내부에서 손안을 것을 배려하며 다룰 수 있는 그런 밝음을 필요로 한다. 그의 세계가 현사실적으로 열어밝혀져 있음으로써 현존재에게 자연이 발견되어 있는 것이다. 그의 내던져져 있음에서 현존재는 낮과 밤의 바뀜에 내맡겨져 있다. 낮은 그 밝음으로 가능한 시야를 주지만, 밤은 시야를 빼앗는다.

둘러보며 배려하면서 봄의 가능성을 기대하며 현존재는, 그의 낮일에서부터 자신을 이해하면서, "날이 밝으면, 그때에는"이라고 하면서 자신에게 그의 시간을 준다. 배려되고 있는 "그때에는"은 밝게 됨과 가장 가까운 주위세계적인 사용사태연관에 놓여 있는 그것에서부터 시점기록된다. 즉 태양의 떠오름에서부터 시점기록된다. 태양이 떠오르는 그때에는 ……할 시간이다. 이렇게 하여 현존재는 그가 자신에게 주어야 하는 시간을, 세계에 내맡겨져 있음의 지평 안에서 이 세계내부에서 어떤 것으로 만나게 되는 그것에서부터 시점기록한다. 이때 현존재는 그 어떤 것을 가지고 둘러보는 세계-안에-있을 가능을 위한 탁월한 사용사태를 가지고 있는 것이다. 배려는 빛과 열을 선물하는 태양의 "손안에 있음"을 이용한다. 태양은 배려에서 해석된 시간을 시점기록한다. 이러한 시점기록에서부터 "가장 자연스러운" 시간척도인 날[일, 하루]이 자라나온다. 그리고 자신에게 시간을 주어야 하는 현존재의 시간성이 유한하기 때문에, 그의 날들도 이미 헤아려져 있는 셈이다. "낮인 동안에"가 배려하는 기대함에게, 배려되어야 할 그것의 "그때에"를 예비하며 [미리 앞서] 규정할 수 있는 가능성을 준다. 다시 말해 날[하루]을 분할할 수 있게 한다. 이러한 분할은 다시금 시간을 시점기록하고 있는 그것, 즉 이동하는 태양을 고려해서 수행된다. 일출과 마찬가지로 일몰과 정오도 이 천체가 차지하는 탁월한 "자리들"인 것이다. 세계 속에 내던져져 있으면서 시간화하며 자신에게 시간을 주고 있는 현존재가 이 천체(태양)의 규칙적으로 되풀이되는 지나감을 고려한다. 이러한 태양의 운행사건이 "거기에"로 내던져져 있음에서부터 앞서 윤곽 잡힌 채 시점기록되는 시간해석에 근거해서 일종의 **매일매일**의 사건이 되는 것이다.

이렇게 빛과 열을 선사하는 천체와 그것의 하늘에서의 탁월한 "자리들"에 의거해서 이루어지는 시점기록이 "동일한 하늘 아래에서" 서로 함께 있는 "누구에게나" 어느 때고 똑같은 방식으로, 일정한 한계 안에서는 우선 일치해서 행해질 수 있는 시간언급[제시]이다. 시점기록하는 것[태양과 그것의 위치]은 주위세계적으로 마음대로 다루어질 수 있지만 그렇다고 그때그때마다 배려되고 있는 도구세계에 국한되어 있는 것은 아니다. 오히려 이러한 도구세계 안에서는 언제나 이미 주위세계 자연과 공공의 주위세계가 함께 발견되어 있다.[2] 그 안에서 누구나 자신에게 자신의 시간을 알려줄 수 있는 이러한 공공의 시점기록은 누구나 "계산에 넣을" 수 있으며, 그것은 공적으로 다루어질 수 있는 **척도**를 사용한다. 이러한 시점기록은 **시간측정**이라는 의미로 시간을 계산하며, 따라서 이것은 시간측정기, 즉 시계를 필요로 한다. 바로 여기에 다음과 같은 사실이 놓여 있다. 내던져져 있으며 "세계"에 내맡겨진 채 자신에게 시간을 주고 있는 현존재의 시간성과 더불어 또한 이미 "시계"와 같은 것이 발견되어 있다. 다시 말해 그 규칙적인 반복됨을 기대하면서 현재화하는 가운데 접근할 수 있는 그런 손안의 것이 발견되어 있다. 손안의 것 곁에 내던져져 있음은 시간성에 근거하고 있다. 시간성이 시계의 근거이다. 시계의 현사실적 필연성의 가능조건으로서 시간성은 동시에 시계의 발견 가능성을 제약하고 있다. 왜냐하면 세계내부적인 존재자의 발견되어 있음과 더불어 만나게 되는 태양의 운행을 기대하며-간직하는 현재화만이 오직, 자기를 해석하는 현재화로서, 공공의 주위세계적

---

2) 이 책의 제15절 107쪽 이하 참조.

손안의 것에서부터 시점기록을 가능하게 하고 동시에 요구하기 때문이다.

시간성에 근거하는 현존재의 현사실적인 내던져져 있음과 더불어 각기 그때마다 이미 발견된 "자연스러운" 시계가 비로소 좀더 다루기 쉬운 시계의 제작과 사용을 촉진하고 가능하게 한다. 그러니 이러한 "인공적" 시계가 자연적 시계에서 일차적으로 발견된 시간을 그 나름 접근 가능하게 만들어야 한다면, 이 "인공적" 시계는 저 "자연적" 시계에 "맞추어져" 있어야 한다.

시간계산과 시계사용의 형성이 내보이는 주요특성을 그 실존론적-존재론적 의미에 있어 특징짓기 전에, 우선 시간-측정에서 배려되고 있는 시간을 좀더 완전하게 성격규정해야 할 필요가 있다. 시간측정이 배려되고 있는 시간을 비로소 "본래" 공공화한다면, 그러한 "계산하는" 시점기록에서 시점기록된 것이 어떻게 보이는가를 추적함으로써 공공의 시간이 현상적으로 은폐되지 않고 접근 가능해져야 한다.

배려하는 기대에서 자기를 해석하는 "그때에"의 시점기록은 자체 안에 이런 것을 포함하고 있다. 즉 날이 밝으면, 그때에는 하루 일을 할 **시간**이다. 배려에서 해석된 시간은 각기 그때마다 이미 '……할 시간'으로 이해되어 있다. 그때그때의 "이것저것을 하는 지금"은 그 자체로서 각기 그때마다 **적당**하거나 **부적당**하다. "지금"은—그리고 해석된 시간의 모든 양태가—"……하는 지금"일 뿐 아니라 또한 동시에 이러한 본질적으로 시점기록 가능한 것으로서 본질적으로 적당함 또는 부적당함의 구조에 의해서 규정되어 있다. 해석된 시간은 본성상 "……할 시간" 또는 "……에는 불시[不時 = 적당하지 않은 시간]"의 성격을 가지고 있다. 배려의 기대하며-간직하는 현재화는 시간을 "무엇을 위하여"와의 연관에서 이해하며, 이 '무엇을 위하여'는 그 나름 궁극적으로 현존재의 존재가능의 '그 때문에'에 고정되어 있다. 공공의 시간은 이러한 "위하여-연관"과 더불어 우리가 앞에서[3) **유의미성**이라고 알게 된

---

3) 이 책의 제18절 129쪽 이하와 제69절 ㄷ) 520쪽 이하 참조.

바로 그 구조를 드러내고 있다. 이 유의미성이 세계의 세계성을 구성하고 있다. 공공의 시간은 '……할 시간'으로서 본질적으로 세계성격을 띠고 있다. 그러므로 우리는 시간성의 시간화에서 공공화되는 시간을 세계시간이라고 이름한다. 그 까닭은 그 시간이 세계내부적인 존재자로서 눈앞에 있기―결코 그렇게는 있을 수 없다―때문이 아니라, 그 시간이 실존론적-존재론적으로 해석된 의미에서 세계에 속하기 때문이다. 어떻게 세계구조의 본질적인 연관들이, 예를 들어 "위하여"가 시간성의 탈자적-지평적 구성틀에 근거해서 공공의 시간과, 예를 들어 "……할 그때에"와 관련되어 있는가 하는 것은 다음에서 보일 것이다. 어쨌거나 이제 비로소 배려되고 있는 시간이 구조적으로 완전하게 성격규정될 수 있다. 그 시간은 시점기록 가능하고, 펼쳐져 있고, 공적이며, 그리고 그렇게 조직된 것으로서 세계 자체에 속한다. 모든 자연적-일상적으로 말해진 "지금"은 예컨대 이러한 구조를 가지고 있으며 그러한 것으로서, 비록 비주제적이고 개념 이전이기는 하지만, 현존재의 배려하며 자기에게 시간을 허용함 안에서 이해되어 있다.

내던져져-빠져 있으며 실존하는 현존재에 속하는 자연적 시계의 열어밝혀져 있음에는 동시에, 현사실적 현존재가 각기 그때마다 이미 수행한 배려되고 있는 시간의 탁월한 공공화가 놓여 있다. 이 공공화는 시간계산의 완벽화 및 시계사용의 세밀화에 맞추어 더욱 강화되고 고정된다. 시간계산 및 시계사용의 역사적인 발전을 여기에서 역사학적으로 그 가능한 변천에서 서술할 수는 없다. 오히려 실존론적-존재론적으로 이렇게 물어야 할 것이다. 현존재 시간성의 시간화의 어떤 양태가 시간계산 및 시계사용의 형성방향에서 드러나게 되는가? 이 물음의 대답과 더불어, 시간측정, 다시 말해 동시에 배려되고 있는 시간의 명시적인 공공화가 현존재의 시간성에 그리고 그것도 그 시간성의 전적으로 특정한 시간화에 근거하고 있다는 것에 대한 한층 더 근원적인 이해가 자라야 한다.

우리가 "자연적" 시간계산의 밑바탕으로 삼은 "원시적" 현존재를 "진보한" 현존재와 비교하면, 후자는 낮도 밤으로 만들 수 있는 "우월함"을 가지고 있기 때문에, 그에게는 낮과 태양 빛의 현전이 더 이상 아무런 특별한 역할을 띠지 않는다는 점이 드러난다. 마찬가지로 시간확인을 위해서 더이상 태양과 그 위치를 분명하게 직접 쳐다볼 필요도 없다. 특별한 측정도구를 만들어서 사용하기 때문에 특별히 제작된 시계에서 시간을 읽어낼 수 있다. '시계의 얼마만큼[시계의 몇 시인가]'은 "시간의 얼마만큼[시간의 몇 시인가]"이다. 비록 그것이 그때마다 시간을 읽는 데에는 은폐된 채 남아 있다고 하더라도, 시계도구의 사용도 또한, 시계가 공공의 시간계산을 가능하게 한다는 의미에서 "자연적" 시계에 맞추어 규제되어야 하기 때문에, '거기에'의 열어밝혀져 있음과 더불어 처음으로 비로소 배려되고 있는 시간의 시점기록을 가능하게 하는 현존재의 시간성에 근거하고 있다. 진보하는 **자연발견**과 더불어 형성되어가는 **자연적** 시계의 이해가 새로운 시간측정 가능성을 위한 지침을 주는데, 이 지침은 낮이나 그때그때의 명확한 천체관측에는 비교적 의존하지 않는다.

그러나 "원시적" 현존재도 일정한 방식으로는 하늘에서 직접 시간을 읽는 방식으로부터 독립되었다고 할 수 있는데, 그가 하늘에서의 태양의 위치를 확인하는 대신에, 어느 때나 마음대로 다룰 수 있는 존재자가 던지는 그림자를 재는 한 그렇다고 할 수 있다. 이것은 우선 가장 단순한 고대의 "농부시계"의 형태에서 일어날 수 있다. 누구나 끊임없이 따라다니는 그림자에서 다양한 위치에서의 태양의 변화하는 현전성을 만나게 된다. 낮동안 다양하게 바뀌는 그림자의 길이는 "어느 때고" 발로 재어질 수 있다. 비록 개인의 키와 발 크기가 다르다고 해도, 양자의 **비율**은 정확성의 일정한 한계에서는 불변한다. 예컨대 배려하는 약속의 공공의 시간규정은 이런 형태를 띤다. "그림자가 몇 발 정도 길어지면, 거기에서 만나도록 하자." 이때 가까운 주위세계의 긴밀한 한계 안에서 서로 함께 있음 안에는, 그림자를 발로 재는 "장소"의 위도(緯度)가 같다는 것이 암암리에 전제되어 있다.

현존재는 이런 시계를 지니고 다닐 필요가 없는데, 그가 곧 일정한 방식으로는 그 시계 자체이기 때문이다.

공공의 해시계에서는 하나의 그림자 선이 태양의 운행 맞은편에서 문자판 위를 움직이는데, 이에 대해서는 더 다룰 필요가 없겠다. 그러나 왜 우리는 그림자가 숫자판 위에 점하는 그 위치에서 시간과 같은 것을 발견하는가? 그림자도, 나누어진 궤도도 시간 자체는 아니고, 그들 상호의 공간적 연관도 시간 자체는 아니다. 그렇다면 우리가 그런 식으로 "해시계"에서, 또한 모든 회중시계에서 직접 읽어내는 시간은 어디에 있는가?

시간을 읽는다는 것은 무엇을 뜻하는가? "시계를 본다"는 것이, 눈앞의 도구를 그 변화에서 고찰하며 시곗바늘의 위치를 추적하는 것만을 말하는 것은 아니다. 시계를 사용해서 몇 시인가를 확인할 때, 우리는 명시적이든 아니든 이렇게 말한다. **지금**은 몇 시이다, **지금**은 ······할 시간이다, 또는 아직 시간이 있다, 즉 ······하기까지 **지금**은 시간이 있다. 시계를 봄은 자기에게 시간을 줌 안에 근거하고 있으며 그것에 의해서 이끌려지고 있다. 이미 가장 기본적인 시간계산에서 드러났던 것이 여기에서 한층 더 명확해진다. 시계를 보며 **시간**에 자기를 맞추는 것은 본질적으로 일종의 **지금을-말함**이다. 그것은 너무나 "자명해서" 우리는 전혀 그것에 유의하지 않으며, 더구나 이때 지금이 각기 그때마다 이미 시점기록 가능성, 펼쳐져 있음, 공공성, 세계성 등의 그 완전한 구조적 구성계기에서 이해되고 있고 **해석되어** 있다는 것을 분명하게 알지 못한다.

그러나 '지금을-말함'은 간직하는 기대함과의 통일성에서 시간화되고 있는 그런 **현재화**의 말하는 분류파악이다. 시계사용에서 수행되는 시점기록은 눈앞의 것의 탁월한 현재화임이 입증되었다. 시점기록은 단순히 눈앞의 것과 연관을 취하는 것이 아니라, 연관 취함 자체가 **측정**의 성격을 가지는 것이다. 무릇 측정수치가 직접 읽히는 것이다. 그렇지만 거기에 다음과 같은 사실이 놓여 있다. 척도가 측정되어야 할 길이 안에 포함되어 있다는 것이 이해되어 있다. 다시 말해 그 척도가 그 길이 안에 얼마나-자주 **현전해** 있는가가 규정된다. 측정은 시간적으로 현전하는 길이 안에서 현전하는 척도를 현재화하는 데에서 시간적으로 구성된다. 척도의 이념 안에 놓여 있는 불변성이란, 그 척도가 어느 때이건 누구에게나 지속적으로 [눈앞에] 있어야 함을 말한다. 배려되고 있는 시간을 **측정하며** 시점기록함은 이 시간을 눈앞의 것에 대한 현재화하는 관점에서 풀어놓는[해석하는] 것을 말한다. 그리고 이 눈앞의 것은 척도 및 측정된 것으로서 오직 탁월한 현재화에서만 접근 가능해진다. 측정하는 시점기록에서 현전하는 것을 현재화함이 특별한 우위를 점하고 있기 때문에, 측정하며 시계에서 시간을 읽음이 또한 강조된 의미에서 지금과 더불어 밖으로 말해지는 것이다. 그러므로 **시간측정**에서는 시간의 **공공화**가 수행되며, 이 공공화에 따라 시간이 그때마다 그리고 어느 때이건 누구에게나 "지금 그리고 지금 그리고 지금"으로서 만나게 되는 것이다. 이렇게 "일반적으로" 시계에서 접근될 수 있는 시간은 흡사 일종의 **눈앞에 있는 지금의 다양성**으로 발견되는데, 이때 시간측정은 시간 그 자체에는 주제적으로 향해 있지 않다.

현사실적인 세계-안에-있음의 시간성이 근원적으로 공간의 열어밝힘을 가능하게 하고 공간적인 현존재가 각기 그때마다 발견된 "저기"에서부터 자신에게 현존재적인 "여기"를 지시했기 때문에, 현존재의 시간성 안에서 배려되고 있는 시간은 그 시점기록 가능성과 관련해서 각기 그때마다 현존재의 한 장소와 결부되어 있다. 시간이 한 장소와 연결되는 것이 아니라, 시점기록이 공간적-장소적인 것과 결부될 수 있고, 그래서 이 공간적-장소적인 것이 척도로서 누구에게나 결속력을 가지게 되는 데에 대한 가능조건은 시간성이다. 시간이 공간과 더불어 비로소 연결되는 것이 아니라, 오히려 추정상 연결시켜야 할 것으로 생각하는 "공간"이 오직 시간을 배려하는 시간성에 근거해서만 만나진다. 시계와 시간계산은 현존재의 **시간성**에 기초를 두고 있으며, 시간성이 이 존재자를 역사적인 것으로 구성하고 있는데, 이에 따라 시계사용이 얼마만큼 존재론적으로 그 자체 역사적이며, 또 모든 시계가 그 자체 어느 정도로 "역사를 가지고" 있는지가 제시될 수 있다.[4]

시간측정에서 공공화된 시간은 공간적 척도관계에서부터 시점기록된다고 해서 결코 공간으로 되는 것은 아니다. 마찬가지로 시간측정의 실존론적-존재론적으로 본질적인 것을, 시점기록된 "시간"이 어떤 한 사물의 **공간**의 길이와 **장소**의 변화에서부터 규정된다는 데에서 찾아서는 안 된다. 오히려 존재론적으로 결정적인 것은, 측정을 가능하게 하는 특수한 **현재화**에 놓여 있다. "공간적으로" 눈앞에 있는 것에서부터 시점기록함은 시간의 공간화가 아니며, 이러한 추정적인 공간화라는 것이 다름 아닌 모든 지금에서 누구에게나 눈앞에 있는 존재자를 그 현전성에서 현재화하는 이것을 의미할 뿐이다. 본질필연적으로 '지금을-말하는' 시간측정에서 척도를 획득하면서 측정된 것 그 자체는 망각하고, 그래서 길이와 수 외에는 아무것도 발견하지 못하게 된다.

시간을 배려하는 현존재가 더욱 적게 시간을 상실해야 하면 할수록, 시간은 그만큼 "더 귀중하게" 되고, 시계 또한 그만큼 더 **다루기 쉬워져야** 할 것이다. 시간은 단지 "더 정확하게" 공표될 수 있어야 할 뿐 아니라, 시간규정 자체가 가능한 한 시간을 잡아먹지 말아야 하고 또한 동시에 타인의 시간공표와 일치해야 한다.

잠정적으로 중요했던 것은 오직, 시계사용이 자신에게 시간을 주는 시간성과 가지는 "연관"을 제시하는 것이었다. 발달한 천문학적 시간계산의 구체적 분석이 자연발견의 실존론적-존재론적 해석에 속하듯이, 일력적인 역

---

[4] 여기에서 시간측정의 상대성이론적 문제를 다룰 수는 없다. 이러한 측정의 존재론적 기초의 해명은 이미 세계시간과 시간내재성을 현존재의 시간성에서 해명할 것을 전제할 뿐 아니라 또한 자연발견의 실존론적-시간적 구성 및 측정 일반의 시간적 의미를 밝힐 것을 전제한다. 물리학적 측정기술의 공리론은 이러한 연구들 위에 서 있으며 그 나름으로서는 결코 시간문제 그 자체를 펼쳐보일 수 없다.

사학적 "연대기"의 기초 또한 오직 역사학적 인식을 실존론적으로 분석하는 과제의 범위 안에서만 밝혀질 수 있다.⁵⁾

시간측정은 시간의 공공화를 두드러지게 각인하기 때문에 이 길 위에서 비로소 우리가 통상 "시간"이라고 일컫는 것이 잘 알려지게 된다. 배려에서 모든 사물에게 "그것의 시간"이 할당된다. 모든 사물은 자기의 시간을 "가지며" 모든 세계내부적인 존재자와 같이 시간을 "가질" 수 있는데, 그 까닭은 오직 그것이 도대체 "시간 안에" 있기 때문이다. "그 안에서" 세계내부적인 존재자를 만나게 되는 그 시간을 우리는 세계시간으로 알고 있다. 이 세계시간은 그것이 거기에 속하고 있는 시간성의 탈자적-지평적 구성틀에 근거해서 세계와 **동일한** 초월을 가지고 있다. 세계의 열어밝혀져 있음과 더불어 세계시간이 공공화되며, 그래서 세계내부적인 존재자 곁에 시간적으로 배려하며 존재함은 모두 이 **세계내부적인** 존재자를 "시간 안에서" 만나게 되는 것으로서 둘러보며 이해한다.

"그 안에서" 눈앞의 것이 움직이고 정지하는 그 시간은 "**객관적**"이지 않다. 만일 그로써 세계내부적으로 만나게 되는 존재자의 자체-존재를 의미

---

5) 연대기적 시간과 "역사년수(歷史年數)"에 대한 해석의 최초의 시도로서는 지은이의 프라이부르크 교수임용 자격취득 강의(1915년 여름학기)인 "Der Zeitbegriff in der Geschichtswissenschaft"(「역사학에서의 시간개념」, *Zeitschrift für Philosophie und philosophische Kritik*(「철학 및 철학비판을 위한 학술지」), 제161권, 1916년, 173쪽 이하)를 참조. 역사년수, 천문학적으로 계산해낸 세계시간, 현존재의 시간성과 역사성 사이의 연관들에 대해서는 더 폭넓은 연구가 필요하다. 그 외에도 G. Simmel, "Das Problem der historischen Zeit"(「역사[학]적 시간의 문제」, 칸트 학회가 펴낸 철학강연집 제12집(1916년) 참조. 역사학적 연대기의 형성에 관한 두 기초가 되는 저술로는 Josephus Justus Scaliger, *De emendatione temporum*(「연대의 교정에 관하여」), 1583년과 Dionysius Petavius S. J., *Opus de doctrina temporum*(「연대론에 관한 저술」), 1627년 참조. 고대의 시간계산에 대해서는 G. Bilfinger, *Die antiken Stundenangaben*(「고대의 시간공표」), 1888년와 *Der bürgerliche Tag. Untersuchungen über den Beginn des Kalendertages im klassischen Altertum und im christilichen Mittelalter*(「시민의 하루. 고전적 고대와 그리스도교적 중세의 달력 날짜의 시작에 관한 연구」), 1888년 참조. 또한 H. Diels, *Antike Technik*(「고대의 기술」), 제2판, 1920년, 155–232쪽 이하, "Die antike Uhr(「고대의 시계」) 참조. 최근의 연대기에 대해서는 Fr. Rühl, *Chronologie des Mittelalters und der Neuzeit*(「중세와 근세의 연대기에 대하여」), 1897년 참조.

하는 것이라면 말이다. 그러나 마찬가지로 시간은 "주관적"이지 않다. 만일 우리가 그것으로써 "주체" 안에 [눈앞에] 있음이나 발생함을 이해한다면 말이다. 세계시간은 모든 가능한 객체보다 "더 객관적"인데, 그 까닭은 그것이 세계내부적인 존재자의 가능조건으로서 세계의 열어밝혀져 있음과 더불어 각기 그때마다 이미 탈자적-지평적으로 "객관화되기" 때문이다. 그러므로 세계시간은 또한 칸트의 견해와는 다르게, 심리적인 것에서와 마찬가지로 물리적인 것에서도 직접적으로 발견되는 것이지, 물리적인 것에서 심리적인 것을 거친 우회를 통해서 비로소 발견되는 것이 아니다. 우선 "시간"은 다른 곳이 아닌 하늘에서, 다시 말해 사람들이 자연스럽게 자신을 그 시간에 맞추면서 시간을 발견하게 되는 그곳에서 나타나며, 그래서 "시간"은 심지어 하늘과 동일시되기까지 한다.

그러나 세계시간은 또한 모든 가능한 주체보다 "더 주체적"인데, 그 까닭은 세계시간이 현사실적으로 실존하는 자기의 존재로서의 염려라는 잘 이해된 의미에서 이 존재를 비로소 함께 가능하게 만들기 때문이다. "시간"은 "주체"에도 "객체"에도 눈앞에 있는 것이 아니고 "안에"도 "밖에"도 있는 것이 아니며 모든 주관성과 객관성보다도 "훨씬 이전에" "있는" 것이다. 왜냐하면 "시간"이 이러한 "훨씬 이전에"의 가능조건 자체를 나타내기 때문이다. 그렇다면 "시간"은 도대체 "존재"를 가지고 있는가? 그리고 만일 가지고 있지 않다면 그것은 일종의 환영인가, 아니면 모든 가능한 존재자보다 "더 존재적인가?" 이러한 물음의 방향으로 더 전진해가는 탐구는 이미 진리와 존재의 연관에 대한 잠정적인 논의가 봉착했던 동일한 "한계"에 부딪치게 된다.[6] 이 물음들이 다음에서 어떻게 대답되거나 또는 비로소 처음으로 근원적으로 제기되건, 우선 먼저 이해해야 할 것은 시간성이 탈자적-지평적 시간성으로서 세계시간과 같은 것을 시간화하며, 이 세계시간이 손안

---

6) 이 책의 제44절 ㄷ) 330쪽 이하 참조.

의 것과 눈앞의 것의 시간내재성을 구성하고 있다는 점이다. 그러나 그렇다면 이 존재자[손안의 것과 눈앞의 것]는 엄밀한 의미에서 "시간적"이라고 일컬어질 수 없다. 그런 존재자는 그것이 실제로 나타나고, 생성되고 소멸하거나 또는 "이상적으로[관념적으로]" 존립한다고 해도, 모든 다른 현존재적이 아닌 존재자와 마찬가지로 비시간적이다.

따라서 세계시간이 시간성의 시간화에 속한다면, 세계시간은 "주관론적으로" 증발할 수도 없고 나쁜 "객관화" 속에서 "사물화될" 수도 없다. 우리는 이 양자를 단순히 그 두 가능성 사이에서 불확실하게 흔들리고 있다는 이유 때문에가 아니라 명확한 통찰에서 피할 수 있기 위해서는 다음의 사실을 이해할 수 있어야 한다. 즉 어떻게 일상적 현존재가 그의 가장 가까운 시간이해에서부터 "시간"을 이론적으로 개념파악하며, 어느 정도까지 이러한 시간개념과 그 지배가, 그 개념에서 의미되고 있는 것을 근원적인 시간에서부터, 다시 말해 **시간성으로서** 이해할 수 있는 가능성을 그 현존재에게 가로막고 있는가 하는 사실 말이다. 자신에게 시간을 주는 일상적인 배려는 "시간"을 "시간 안에서" 만나고 있는 세계내부적인 존재자에서 발견한다. 그러므로 통속적 시간개념의 발생의 구명은 그 출발점을 시간내재성에서 잡아야 한다.

제81절 시간내재성과 통속적 시간개념의 발생

일상의 둘러보는 배려에게 "시간"과 같은 것은 우선 어떻게 보이는가? 어떤 배려하며 도구를 사용하는 왕래에서 시간이 **두드러지게 접근 가능한가?** 현존재가 **자신을** 고려하며 시간을 계산하는 한, 세계의 열어밝혀져 있음과 더불어 시간이 공공화되고 세계의 열어밝혀져 있음에 속하는 세계내부적인 존재자의 발견되어 있음과 더불어 언제나 또한 이미 시간이 배려되고 있다고 한다면, 이 경우 "사람들이" 분명하게 **시간으로** 자신을 맞추는 행동관계는 다름 아닌 시계사용에서이다. 시계사용의 실존론적-시간적 의미는 움직이는 시곗바늘을 현재화함임이 입증된다. 시곗바늘의 위치를 현재화하며 좇으면서 헤아린다. 이러한 현재화는 기대하는 간직함의 탈자적 통일성에서 시간화된다. 현재화하며 "그 당시"를 간직함이란, 지금을 말하면서 '이전'의, 다시 말해 '더 이상 지금이 아님'의 지평에 열려 있음을 뜻한다. 현재화하며 "그때에"를 기대함은, 지금을 말하면서 '이후'의, 다시 말해 '아직 지금이 아님'의 지평에 열려 있음을 말한다. 그러한 현재화에서 시간화되는 그것이 곧 시간이다. 그렇다면 둘러보며 자신에게 시간을 주며 배려하는 시계사용의 지평에서 드러나고 있는 시간의 정의는 어떻게 기술될 수 있는가? 시간은 움직이는 시곗바늘을 현재화하며 헤아리며 좇아가는 가운데에서 제시되는[보여지는] **헤아려진** 것이다. 그래서 현재화는 이전과 이후로 지평적으로 열려 있는 간직함과 기대함과의 탈자적 통일성에서 시간화된다. 그러나 이것은 아리스토텔레스가 시간에 대해서 내리고 있는 정의를 실존론적-존재론적으로 해석한 것 이외에 다른 것이 아니다. 즉 "시간이란 곧 이전과 이후의 지평에서 만나게 되는 운동에서 헤아려진 것이다(τοῦτο γάρ ἐστιν ὁ χρόνος, ἀριθμὸς κινήσεως κατὰ τὸ πρότερον καὶ ὕστερον)."[7] 이 정의가 첫눈에 아주 낯설게 느껴질 수 있겠지만, 그것은 아리스토텔레스가 그것을 끄집어내온 그 실존론적-존재론적 지평이 제한[규정]되면, "자명한" 것이고 바르게 길어내어진 것이다. 그렇게 드러난 시간의 근원이 아리스토텔레스에게는 아무런 문제가 되지 않았다. 오히려 그의 시간해석은 "자연적인" 존재이해의 방향에서 움직이고 있다. 그렇지만 이 존재이해 자체가 그리고 그 안에서 이해된 존재가 여기의 탐구에서는 근본적으로 문제가 되고 있기 때문에, 존재물음이 해결된 뒤에야 비로소 아리스토텔레스의 시간분석이 주제적으로 해석될 수 있고, 그래서 그의 시간분석은 고대 존재론 일반에 대한

---

7) Aristoteles, *Physik*(『자연학』), Δ 11, 219 b 1 이하 참조.

비판적으로 한정된 물음제기를 긍정적으로 내 것으로 만든다는 원칙적인 의미를 획득하게 된다.[8]

시간개념에 대한 모든 후세의 논의는 **원칙적으로** 아리스토텔레스의 정의에 머무르고 있다. 다시 말해 그것들은 시간이 둘러보는 배려에서 어떻게 보이는 가 하는 방식으로 시간을 주제화 삼고 있다. 시간은 "헤아려진 것"이며, 이것 은 **움직이는** 시곗바늘(또는 그림자)을 현재화하는 가운데에 밖으로 말해진 것 또는—비록 비주제적이기는 하지만—의미된 것이다. 움직이고 있는 것을 그 움직임에서 현재화하면서 이렇게 말해진다. "지금 여기, 지금 여기 등." 헤아려진 것은 지금들이다. 그리고 이 지금들은 "매 지금 안에서" "즉시-더 이상-아님……"과 "당장-지금은-아직-아님"으로 제시된다. 우리는 이러한 방식으로 시계사용에서 "보이는" 세계시간을 **지금-시간**이라고 명명한다.

자기에게 시간을 주는 배려가 "더 자연스럽게" 시간을 계산에 넣으면 넣 을수록, 그 배려는 더욱더 밖으로 말해진 시간 그 자체에 머무르지 않고, 오히려 각기 그때마다 자신의 시간을 가지고 있는 배려되고 있는 도구에 상실되어 있다. 배려가 시간을 규정하고 언급하는 것이 "더 자연스러워질 수록", 다시 말해 시간 그 자체에로 주제적으로 향하는 것이 더 적어질수 록, 그만큼 더 배려되고 있는 것 곁에 현재화하며-빠져 있는 존재는—소리 를 내든 내지 않든—즉각 "지금, 그때에, 그 당시"를 말한다. 그리고 그래 서 통속적 이해에게 시간은 지속적으로 "눈앞에 있는", 사라지며 동시에 도 래하는 지금의 연속으로 보인다. 시간은 "계속 잇달음"으로서, 지금의 "흐 름"으로서, "시간의 경과"로서 이해된다. 이러한 배려되고 있는 세계시간의 해석에는 무엇이 있는가?

세계시간의 **온전한** 본질구조로 소급해 올라가서 그 구조와 통속적 시간 이해가 알고 있는 그것을 비교하면, 대답을 얻어낼 수 있을 것이다. 배려되

---

8) 이 책의 제6절 42-52쪽 참조.

고 있는 시간의 첫 번째 본질계기로서 **시점기록 가능성**이 끄집어내어졌다. 이것은 시간성의 탈자적 구성틀에 근거하고 있다. "지금"은 본질적으로 '……하는 지금'이다. 배려에서 이해된—비록 그 자체로서 파악되지는 않았다고 하더라도—시점기록 가능한 지금은 각기 그때마다 적당한 또는 부적당한 지금이다. 지금의 구조에는 **유의미성**이 속한다. 그러므로 우리는 배려되고 있는 시간을 **세계시간**이라고 명명했다. 시간을 지금-연속으로 보는 통속적 시간해석에는 시점기록 가능성뿐 아니라 유의미성도 **결여되어** 있다. 시간을 순수한 '계속 잇달음'으로 보는 성격규정은 이 두 구조를 "앞에 나타나게" 할 수 없다. 통속적인 시간해석은 그것을 **은폐한다**. 그 안에 지금의 시점기록 가능성과 유의미성이 근거하고 있는 시간성의 탈자적-지평적 구성틀은 이러한 은폐에 의해서 **평준화**된다. 지금들은 흡사 이런 연관들로부터 떼어내져 그렇게 떼어내진 것으로서 그저 차례로 세워져 '계속 잇달음'으로 형성된다.

통속적 시간이해가 수행하고 있는 이러한 평준화하는 세계시간의 은폐는 우연적인 것이 아니다. 그렇기는커녕 일상적 시간해석이 오로지 배려하는 값싼 이해에만 머물러 있고, 오직 그런 지평 안에서 "보이는" 것만을 이해하기 때문에, 바로 그 때문에 일상적 시간해석으로부터 이 구조들이 빠져나갈 수밖에 없는 것이다. 배려하는 시간측정에서 헤아려진 것, 즉 지금은 손안의 것과 눈앞의 것의 배려에 함께 이해되고 있다. 그런데 이제 **이러한 시간배려가 함께 이해된 시간 자체로 돌아오고 이 시간을 "고찰하는"** 한, 이 시간배려는 지금들—이것은 분명 어떤 형태로든 "거기에" 있는 것일 테니까—을 이 배려함 자체가 그것에 의해서 끊임없이 이끌려지고 있는 **바로 그 존재이해의 지평 안에서 본다**.[9] 그러므로 **지금들도** 또한 일정한 방식으로 함께 눈앞에 있는 것이다. 다시 말해 존재자를 만나면 그리고

---

9) 이 책의 제21절, 특히 153쪽 이하 참조.

또한 지금도 만난다. 비록 분명하게 말해지고 있지는 않지만, 지금들은 사물들처럼 눈앞에 있으며, 그래서 그것들은 존재론적으로 분명히 눈앞에 있음이라는 이념의 지평 안에서 "보여진다". 지금들은 **지나가고**, 지나간 지금들이 과거를 만든다. 지금들은 **도래하고**, 도래하는 지금들이 "도래"를 제한 규정한다. 세계시간을 지금-시간으로 보는 통속적 해석은 결코 세계, 유의미성, 시점기록 가능성 같은 것을 접근 가능하게 만들 수 있기 위한 지평을 가지고 있지 못하다. 이러한 구조들은 필연적으로 은폐된 채 남아 있을 수밖에 없는데, 통속적 시간해석이 이러한 은폐를, 그것이 그 안에서 자신의 시간성격 부여를 개념적으로 형성하고 있는 그 양식에 의해서 더욱 고정시키기 때문에 더더욱 그렇다.

지금의 연속이 어떤 방식으로든 눈앞에 있는 것으로 파악되고 있다. 왜냐하면 그것 자체가 "시간 속으로" 밀고 들어오기 때문이다. 우리는, 매 지금 안에 지금이 있고, 매 지금 안에서 또한 지금이 이미 사라진다고 말한다. 매 지금 안에서 각기 그때마다 다른 지금이 도래하면서 사라진다고 해도, 매 지금 안에서 지금은 지금이며, 그래서 끊임없이 **동일한 것으로서** 현전하는 지금이다. 지금은 이렇게 변화하는 것으로서 동시에 자기 자신의 지속적인 현전성을 보이고 있다. 그래서 일찍이 **플라톤**이 끊임없이 생성하고-소멸하는 지금의 연속으로서의 시간에 시선을 두고 시간을 영원의 모상이라고 명명해야 했다. "그러나 그[조물주]는 영원의 움직이는 상(像)을 만들기로 결정했다. 그리고 그는 천체를 질서 지으면서, 수에 따라 움직이는 영원한 모상을, 일자(一者)에 머무르고 있는 영원의 모상을 만들었다. 이것이 곧 우리가 시간이라고 부르는 것이다(εἰκὼ δ' ἐπενόει κινητόν τινα αἰῶνος ποιῆσαι, καὶ διακοσμῶν ἅμα οὐρανὸν ποιεῖ μένοντος αἰῶνος ἐν ἑνὶ κατ' ἀριθμὸν ἰοῦσαν αἰώνιον εἰκόνα, τοῦτον ὃν δὴ χρόνον ὠνομάκαμεν)[10]

---

10) Platon, *Timaeus*(『티마이오스』), 37d 참조.

지금의 연속은 단절되지 않으며 틈도 없다. 우리가 지금을 아무리 잘게 분할할지라도 그것은 여전히 지금이다. 사람들은 시간의 항상성을 해소될 수 없는 눈앞의 것의 지평에서 본다. 하나의 끊임없이 눈앞에 있는 것에 존재론적으로 방향을 잡고 사람들은 시간의 연속성의 문제를 탐구하거나, 아포리아로 남겨두거나 한다. 이때 세계시간의 특수한 구조는, 그것이 탈자적으로 기초 지어진 시점기록 가능성과 함께 **펼쳐져** 있기 때문에, **은폐된 채** 남는다. 시간의 펼쳐져 있음이 시간배려에서 공공화된 시간성의 탈자적 통일성의 지평적 **뻗쳐** 있음에서부터 이해되지 않고 있다. 아무리 찰나적이라고 해도 매 지금에는 **각기 그때마다 이미** 지금이 있다는 것은 매 지금이 유래하고 있는 더 "이전의 것"에서부터, 즉 시간성의 탈자적 뻗쳐 있음에서부터 개념파악되지 않으면 안 된다. 그러나 이 탈자적 뻗쳐 있음은 눈앞의 것의 연속성에는 전혀 낯선 것이지만, 그 나름 눈앞에 있는 지속적인 것에 이르는 접근의 가능조건을 나타내고 있다.

통속적 시간해석의 주논제는 '시간은 "무한하다"'인데, 이 논제는 그러한 해석에 깔려 있는 세계시간 그리고 그로써 시간성 일반의 평준화와 은폐를 가장 철저하게 드러내 보여준다. 시간은 우선 단절되지 않은 지금의 연속으로 제시된다. 매 지금은 또한 이미 방금 또는 곧[금새]이다. 시간의 성격규정이 일차적으로 그리고 전적으로 **이러한 연속에** 머무르고 있다면 그 연속 자체에서는 원칙적으로 시작도 끝도 발견할 수 없다. 매 마지막 지금은 **지금으로서** 각기 그때마다 언제나 이미 '곧 더 이상 아님', 따라서 '더 이상 지금이 아님', 즉 과거의 의미에서의 시간이다. 매 처음의 지금은 각기 그때마다 '방금 아직 아님', 그리하여 '아직 지금이 아님', 즉 "도래"의 의미에서의 시간이다. 그러므로 시간은 "양쪽 방향으로" 끝이 없다. 이러한 시간논제는 오직 **눈앞에 있는 지금의-경과**라는 멋대로 떠돌아다니는 **자체-존재**에 방향을 잡을 때에만 가능하며, 이때 완전한 지금의 현상이 시점기록 가능성, 세계성, 펼쳐져 있음, 현존재적인 공공성과 관련하여 은폐되고 알아볼 수 없는 파편으로 가라앉고 만다. 눈앞에 있음과 눈앞에 있지 않음이라는 시선방향에서 사람들이 지금의 연속을 "끝까지" "사유한다면", 결코 끝을 발견할 수 없을 것이다. 이렇게 시간을 끝까지 **사유하는** 것도 각기 그때마다 여전히 시간을 **생각해야 한다**는 점에서부터 사람들은, 시간은 무한히 있다고 결론짓게 된다.

그러나 세계시간을 이렇게 평준화하고 시간성을 은폐하는 일은 어디에 근거하고 있는가? 그것은 우리가 예비적으로 **염려**라고 해석한 현존재 자신의 존재에 근거하고 있다.[11] 내던져져-빠져 있으면서 현존재는 우선 대개 배려되고 있는 것에 자기를 상실하고 있다. 그러나 이러한 상실되어 있음에는, 앞질러 달려가보는 결단성이라고 특징지은 바 있는 자신의 본래적인 실존 앞에서 도망하는 현존재의 은폐하는 도피가 알려지고 있다. 배려된 도피에는 죽음 앞에서의 도피가, 다시 말해 세계-안에-있음의 종말로부터 눈을 돌림이 놓여 있다.[12] 이러한 "······으로부터 눈을 돌림"은 그 자체로 종말을 **향한** 탈자적 **도래적**인 존재의 한 양태이다. 빠져 있는-일상적 현존재의 비본래적 시간성은 이러한 유한성**으로부터 눈을 돌림으로써** 본래적인 도래성을, 그리고 그로써 시간성 일반을 잘못 알 수밖에 없다. 그리고 더군다나 통속적 시간이해가 '그들'에 의해서 이끌리고 있다면, 공공의 시간의 "무한성"에 대한 자기망각적인 "표상"이 무엇보다도 먼저 굳어져버릴 수 있다. "그들"은 결코 죽지 않는다. 왜냐하면 죽음이 각기 그때마다 나의 죽음인 한 그리고 본래적으로 오직 앞질러 달려가보는 결단성에서만 실존적으로 이해되는 한에서, '그들'은 사망할 수 없기 때문이다. 결코 죽지 않고 종말을 향한 존재를 잘못 이해하고 있는 '그들'은 그럼에도 죽음 앞에서의 도피에 독특한 해석을 부여한다. 종말까지는 "여전히 시간이 아직 있다". 여기에 상실할 수 있음이라는 의미에서 시간을-가짐이 알려지고 있다. 즉

---

11) 이 책의 제41절 282쪽 이하 참조.
12) 이 책의 제51절 366쪽 이하 참조.

"지금은 우선 이것을, 다음에는 이것을, 그리고는 단지 이것을 그리고 다음에는……." 여기에서는 가령 시간의 유한성이 이해되고 있는 것이 아니라, 오히려 역으로, 배려는 아직 오고 있고 "계속 지나가는" 시간에서부터 가능한 한 많은 것을 낚아채려고 한다. 시간은 공적으로 누구나 자신을 위해서 취하고 취할 수 있는 어떤 것이다. 평준화된 지금의 연속은 일상적인 서로 함께 있음에서는 개별 현존재의 시간성에서부터 그것이 유래한다는 것을 전혀 알 수 없게 되어 있다. "시간 안에"[눈앞에] 있는 인간이 더 이상 실존하지 않는다면, 어떻게 그가 "시간을" 그 진행에서 조금이라도 건드릴 수 있다는 말인가? 한 인간이 "삶 안으로 들어섰을" 때, 시간이 이미 "있었듯이", 그렇게 시간은 계속 진행된다. 사람들은 오직 평준화되고 누구에게나 속하는, 다시 말해 누구에게도 속하지 않는 공공의 시간만을 알고 있을 뿐이다.

그러나 죽음 앞에서 회피해도 이 죽음이 도피하는 자를 뒤쫓아오고 그래서 그는 몸을 돌리면서도 죽음을 볼 수밖에 없는 것과 같이, 단순히 경과하는 무해한 무한한 지금의 연속도 기이한 수수께끼 속에서 현존재 "위로" 덮쳐온다. 왜 우리는 시간은 **지나가버린다**고 말하면서 똑같이 그것이 발생한다고는 강조하지 않는가? 순수한 지금의 연속이라는 관점에서는 분명히 두 가지가 다 똑같은 권리로 말해질 수 있다. 시간이 **지나가버림**이라는 말에서 현존재는 결국 그가 인지하고 싶어하는 것보다 더 많이 시간에 대해서 이해하고 있다. 다시 말해 세계시간이 그 안에서 시간화되는 **시간성**이 그 모든 은폐에도 완전히 닫혀져 있는 것은 아니다. 시간이 지나가버린다는 말은 그것을 멈출 수 없다는 "경험"에 대한 표현을 담고 있다. 이 "경험"은 다시금 오직 시간을 멈추기를 원함에 근거해서만 가능하다. 바로 여기에 빠져나가는 "순간들"을 또한 이미 **망각하는** "순간"에 대한 비본래적인 기대가 놓여 있다. 비본래적인 실존을 현재화하며-망각하며 **기대함**이 시간이 지나가버림을 통속적으로 경험하는 것의 가능조건이다. 현존재가 '자기를-

앞질러'에서 도래적이기 때문에, 그는 기대하면서 지금의 연속을 빠져나가며-지나가버리는 것으로 이해한다. 현존재는 도피적인 시간을 그의 죽음에 대한 "도피적인" 앎에서부터 알고 있다. 시간의 지나가버림이라는 강조된 말 속에 현존재 시간성의 유한한 도래성이 공적으로 반영되고 있는 셈이다. 그리고 죽음이 심지어 시간이 지나가버림이라는 말 속에서도 은폐된 채 남아 있을 수 있기 때문에, 시간이 "그 자체" 지나가버림인 것으로 보이는 것이다.

그러나 이러한 그 자체 지나가는 순수한 지금의 연속에서조차도 그 모든 평준화와 은폐를 꿰뚫고 근원적인 시간이 드러나는 것이다. 통속적인 해석은 시간의 흐름을 일종의 **되돌릴 수 없는** 잇달음이라고 규정한다. 왜 시간이 되돌려질 수 없는가? 그 자체에서는, 그리고 바로 전적으로 지금의 흐름에만 향하는 시선에서는, 왜 지금의 연속이 한번도 다시 반대의 방향에서는 나타날 수 없는지를 통찰할 수 없다. 되돌릴 수 없음은 그 근거를 공공의 시간이 시간성에서 유래한다는 데에 두고 있다. 이 시간성의 시간화는 일차적으로 도래적이어서, 탈자적으로 그 종말로 "가며", 그래서 그 자체 이미 종말에 와 "있는" 것이다.

시간을 끝이 없는, 지나가는, 되돌릴 수 없는 지금의 연속으로 보는 통속적인 성격규정은 빠져 있는 현존재의 시간성에서 발원한다. **통속적인 시간표상**은 나름의 자연적인 권리를 가지고 있다. 그것은 현존재의 일상적 존재양식에 속하고 우선적으로 지배하는 존재이해에 속한다. 그러므로 우선 대개 **역사도 시간내재적인 생기로** 이해되고 있다. 이러한 시간해석은 그것이 "참된" 시간개념을 매개하고 시간해석에 유일하게 가능한 지평을 앞서 그려줄 수 있는 것으로 요구하고 주장한다면, 그저 그 자신의 독점적이고 우선적인 권리를 상실할 뿐이다. 오히려 다음과 같은 것이 귀결되어 나왔다. 즉 오직 현존재의 시간성과 그 시간화에서부터만, 왜 그리고 어떻게 세계시간이 거기에 속하는가 하는 것이 이해될 수 있다. 시간성에서 길어낸 세계시간의 완전한 구조에 대한 해석이 비로소, 통속적인 시간개념에 놓여 있는 은폐 일반을 "보고" 시간성의 탈자적-지평적 구성틀의 평준화를 평가할 수 있는 실마리를 제공한다. 그러나 현존재의 시간성에 방향 잡는 것이 동시에, 이러한 평준화하는 은폐의 유래 및 현사실적 필연성을 제시하고 시간에 대한 통속적인 테제를 그 권리근거에서 검사하는 것을 가능하게 한다.

이에 반해 **역으로** 시간성은 통속적인 시간이해의 지평에서는 **접근될 수 없는** 것으로 남아 있다. 그러나 지금-시간이 단지 가능한 해석의 순서에서만 일차적으로 시간성에 방향 잡아야 하는 것이 아니라, 그 자체가 비로소 현존재의 비본래적인 시간성에서 시간화되기 때문에, 지금-시간이 시간성에서 파생한다는 것을 고려할 때 이 시간성을 근원적인 시간이라고 말하는 것은 정당하다.

탈자적-지평적 시간성은 **일차적으로** 도래에서부터 시간화된다. 이와는 반대로 통속적인 시간이해는 시간의 근본현상을 **지금**에서 보며 그것도 그 완전한 구조가 잘려나간, 사람들이 "현재"라고 일컫고 있는 순수한 지금에서 보고 있다. 여기에서부터 우리는, **이러한 지금에서부터** 본래적 시간성에 속하는 탈자적-지평적 **순간**의 현상을 해명하거나 또는 도출해내려고 하는 것은 근본적으로 전망이 없을 수밖에 없다는 사실을 끄집어낼 수 있다. 이에 상응하게, 탈자적으로 이해된 도래, 시점기록 가능한 유의미한 "그때에", 아직 도래하지 않은, 이제 비로소 도래하는 순수한 지금이라는 의미의 "미래"라는 통속적 개념 등은 서로 합치하지 않는다. 마찬가지로 탈자적인 기재, 시점기록 가능한 유의미한 "그 당시", 지나가버린 순수한 지금이라는 의미의 과거라는 개념도 일치하지 않는다. 지금은 '아직 지금이 아님'을 잉태하고 있는 것이 아니고, 오히려 현재가 시간성의 시간화의 근원적인 탈자적 통일성 속에서 미래에서부터 발원한다.[13]

---

[13] "정지해 있는 지금"(지속적인 지금, nunc stans)이라는 의미의 전통적인 영원의 개념이 통속적인 시간이해에서부터 길이내어진 것이며 "끊임없는" 눈앞에 있음이라는 이념으

비록 통속적인 시간경험이 우선 대개 단지 "세계시간"만을 알고 있더라도, 그 경험은 분명 동시에 또한 언제나 세계시간에게 "영혼"과 "정신"과의 탁월한 연관을 제공하고 있다. 그리고 그것은 철학적 물음이 명시적으로 일차적으로 "주체"에로 방향 잡는 것과 먼 때에도 그렇다. 이를 위해서는 다음과 같은 두 전형적인 증거로 충분할 것이다. 아리스토텔레스는 이렇게 말하고 있다. "만일 영혼 이외에, 영혼의 마음 이외에, 헤아리는 것을 본성적으로 갖추고 있지 않다면, 즉 영혼이 없다면, 시간은 존재하지 않을 것이다(εἰ δὲ μηδὲν ἄλλο πέφυκεν ἀριθμεῖν ἢ ψυχὴ καὶ ψυχῆς νοῦς ἀδύκατον εἶναι χρόνον ψυχῆς μὴ οὔσης)."[14] 그리고 아우구스티누스는 이렇게 기술하고 있다. "그러므로 나에게는 시간이 연장 이외의 다른 것이 아니라고 생각됩니다. 그러나 그것이 무엇의 연장인지 나는 모릅니다. 하지만 그것이 영혼의 연장이 아니라고 한다면 이상할 것입니다(inde mihi visum est, nihil esse aliud tempus quam distentionem; sed cuius rei nescio; et mirum si non ipsius animi)."[15] 이렇듯 현존재를 시간성으로 해석하는 것도 근본적으로 통속적 시간개념의 밖에 놓여 있는 것은 아니다. 그리고 헤겔도 이미 통속적으로 이해된 시간과 정신과의 연관을 끄집어내려고 분명하게 시도했는데, 이에 반해 칸트에게는 시간이 비록 "주관적"이기는 하지만 "나는 사유한다"의 "옆에" 결속되지 않은 채 놓여 있다.[16] 시간과 정신 사이의 연관

로 방향 잡혀 제한규정되어 있는 것이라는 사실에 대해서는 상세한 논의가 필요하지 않다. 신의 영원성이 철학적으로 "구성될" 수 있다면, 그것은 오직 한층 더 근원적이고 "무한한" 시간성으로서 이해되어야 할 것이다. 이를 위해서 부정과 우월의 방법(via negationis et eminentiae)이 가능한 길을 제공할 수도 있는가 하는 문제는 열린 채 남아 있다.

14) Aristoteles, *Physik*(『자연학』), Δ 14, 223 a 25, 1. c. 11, 218 b 29-219 a 1, 219 a 4-6 참조.
15) Augustinus, *Confessiones*(『고백록』), 제11권 26장.
16) 다른 한편, 얼마만큼 칸트에게서 헤겔에서보다 시간에 대한 더 근본적인 이해가 돌출하고 있는가 하는 것은 이 책의 제2부 제1편에서 제시될 것이다. [그러나 이 부분은 발표되지 않았다. 그렇지만 『칸트와 형이상학의 문제』에서 어느 정도는 서술되고 있다고 할 수 있다.]

에 대한 헤겔의 명확한 근거제시는, 현존재를 시간성으로 본 앞의 해석과 세계시간의 근원을 이 시간성에서부터 제시한 것을 간접적으로 명료하게 하는 데에 적합하다.

제82절 시간과 정신의 관련에 대한 헤겔의 견해에 대비하여 시간성, 현존재, 세계시간의 실존론적-존재론적 연관을 구별함

역사는 본질적으로 정신의 역사이며 그것은 "시간 속에서" 경과한다. 따라서 "역사의 전개는 시간 안으로 떨어져 들어온다."[17] 그러나 헤겔은 정신의 시간내재성을 하나의 현사실로서 정립하는 것으로 만족하지 않고, 정신이 "비감각적이면서 감각적인"[18] 시간 안으로 떨어져 들어오는 그 사실의 가능성을 이해하려고 노력한다. 시간은 정신을 흡사 수용할 수 있어야 한다. 그러므로 두 가지를 논의해야 한다. 1. 헤겔은 시간의 본질을 어떻게 제한 규정하는가? 2. 정신으로 하여금 "시간 안으로 떨어져 들어오는" 것을 가능하게 하는 정신의 본질에는 무엇이 속하는가? 이 두 물음에 대한 대답은 오로지 현존재를 시간성으로 본 앞의 해석을 부각시켜 **명확히** 하는 데에 기여할 뿐이다. 이 대답은 바로 헤겔에게서 필연적으로 함께 튀어오르는 문제들을 비교적이나마 완전하게 다루어야 한다는 주장을 내세우지는 않는다. 더욱이 헤겔을 "비판하는" 것을 이 대답은 추호도 생각하지 않는다. 이제까지 개진된 시간성의 이념을 헤겔의 시간개념과 대비하여 구별하는 것이 특히나 당연한 까닭은, 헤겔의 시간개념이 통속적 시간이해의 가장 극단적이면서도 거의 주목받지 못한 개념적 형성을 표현하기 때문이다.

---

17) Hegel, *Die Vernunft in der Geschichte. Einleitung in die Philosophie der Weltgeschichte*(『역사 속의 이성. 세계사의 철학 입문』), Georg Lasson 편집, 1917년, 133쪽.
18) 같은 곳.

ㄱ) 헤겔의 시간개념

철학적 시간해석이 거기에서 관철되고 있는 그 "체계적인 장소"는 거기에서 주도적 역할을 하는 시간의 근본견해에 대한 척도로서 통용될 수 있다. 통속적 시간이해에 대한 최초의 전승된, 주제적인 상세한 해석은 **아리스토텔레스**의 『자연학』에서 발견된다. 다시 말해 **자연**에 대한 존재론의 연관 안에서 발견된다. "시간"은 "장소"와 "운동"과 연관되어 있다. 헤겔의 시간 분석도 전승에 충실하게 그 자리를 그의 『철학적 과학의 백과전서』의 제2부에 가지고 있는데, 그것은 "자연의 철학"이라는 명칭을 달고 있다. 제1편은 역학을 다루고 있다. 제1장은 "공간과 시간"에 대한 논의에 할당되어 있다. 공간과 시간은 "추상적 서로의 바깥"이다.[19]

비록 헤겔이 공간과 시간을 함께 놓고는 있으나, 그것이 단순히 공간 "그리고 또 시간" 식으로 외적인 나열로 전개되고 있는 것은 아니다. "이 '또'를 철학은 쟁취하려고 한다." 공간에서 시간에로 넘어감이 그것들을 다루는 절을 차례로 이어나감을 의미하는 것이 아니라, "공간 자체가 넘어가는" 것이다. 공간이 시간으로 "있는" 것이다. 다시 말해 시간이 곧 공간의 "진리"이다.[20] 공간이 변증법적으로 **그것이 무엇인** 그 점에서 **사유된다면**, 공간의 이러한 존재가 헤겔에 의하면 시간으로서 드러난다. 공간이 어떻게 사유되어야 한다는 말인가?

공간은 자연의 자기 바깥 존재[자기 밖에 있음]의 매개 없는 무차별성이다.[21] 이것이 말하고자 하는 것은, 공간은 공간 안에서 구별 가능한 점들의 추상적 다수성이라는 것이다. 공간은 이러한 점들에 의해서 단절되는 것이 아니지만, 그렇다고 또한 그것들에 의해서 심지어 함께 이어붙이는 식으로

---

19) Hegel, *Encyklopädie der philosophischen Wissenschaften im Grundrisse*(『철학적 과학의 백과전서』), Gerard Bolland 편집, 레이던, 1906년, §§ 254 이하 참조. 이 판은 헤겔의 강의로부터 보충해 넣은 "보탬글"도 싣고 있다.
20) 같은 책 § 257, 보탬글.
21) 같은 책 § 254.

생겨나는 것도 아니다. 공간은 그 자체 공간인 구별 가능한 점들에 의해서 구별되지만, 자기 쪽에서는 구별되지 않은 채 남아 있다. 구별 자체가 그것이 구별하고 있는 그것의 성격을 띠고 있다. 그러나 점은 그럼에도, 그것이 도대체 공간 안에서 어떤 것을 구별하고 있는 한, 공간의 **부정**인데, 그렇지만 그것이 이러한 부정으로서(점 역시 공간이다) 그 자체 공간 안에 남아 있는 식으로 그렇다. 점은 공간 이외의 다른 것[타자]으로서 이 공간에서 빠져나오지 않는다. 공간은 점의 다양성의 구별 없는 바깥 나열이다. 그러나 공간은 점이 아니라, 헤겔이 말하듯이 "점성(點性, 정확성)"22)†이다. 바로 여기에 헤겔이 공간을 그 진리에서, 다시 말해 시간으로서 사유하고 있는 다음과 같은 명제가 근거하고 있는 것이다.

"부정성은 점으로서 공간과 관련을 맺고 공간 안에서 선과 면이라는 자신의 규정을 전개시킨다. 그러나 이 부정성은 자기 밖에 있음의 영역에서는 **대자적(對自的)**이며 그 안에서 자신의 규정들로 있지만 동시에 자기 밖에 있음의 영역 안에서 정립하면서, 이때 정지해 있는 나란히 있음에 대해서는 무차별한 것처럼 나타난다. 이렇게 대자적으로 정립되면, 부정성이 곧 시간이다."23)

공간이 표상되면, 다시 말해 그 구별의 무차별적인 존립이 직접적으로 직관되면, 이 경우 부정성은 흡사 소박하게 주어져 있다. 그러나 이러한 표상은 아직 공간을 그 존재에 있어 파악하지 못한다. 그것은 오직 정립과 반정립을 통과하여 그것들을 지양하는 종합으로서의 사유에서만 가능하다. 공간은 부정성이 단순히 그 무차별성 안에 존립하지 않고 지양될 때, 다시 말해 그 자체가 부정될 때, 비로소 **사유되고** 그로써 그 존재에서 파악되는 것이다. 부정의 부정(다시 말해 점성[정확성])에서 점은 **대자적으로** 정립되고 그로써 존립의 무차별성에서부터 빠져나온다. 대자적으로 정립된 것으

---

22) 같은 책 § 254, 보탬글.
23) Hegel, *Encyclopädie*(『백과전서』), 호프마이스터의 비판적 개정판, 1949년, § 257.

로서 점은 이 점 또는 저 점과는 구별되며, 그것은 더 이상 이 점이 아니고 아직 저 점도 아니다. 자신을 대자적으로 정립함으로써 점은 그것이 그 안에 서 있는 잇달아 있음을, 즉 이제는 부정된 부정인 자기 밖에 있음의 영역을 정립한다. 무차별성으로서의 점성[정확성]의 지양은 공간의 "마비된 정지" 속에 더 이상 머물러 있지 않음을 의미한다. 점은 모든 다른 점들을 향해 "자기를 뻗친다". 점성[정확성]으로서의 이러한 부정의 부정이 헤겔에 의하면 곧 시간이다. 이러한 논의가 도대체 증명 가능한 의미를 가져야 한다면, 그것은 다른 것이 아닌 이것을 의미하고 있을 것이다. 즉 개개의 점이 대자적으로 자신을 정립함은 지금-여기, 지금-여기 등이다. 개개의 점은 대자적으로 정립되면 지금-점인 것이다. "그러므로 점은 시간 안에서 현실성을 가진다." 점이 그것에 의해서 각기 그때마다 이 점으로서 거기에서 대자적으로 자신을 정립할 수 있는 바로 그것이 곧 각기 하나의 지금인 것이다. 점의 대자적 자기정립의 가능조건은 지금이다. 이 가능조건이 점의 **존재**를 형성하며, 그리고 존재는 동시에 사유되어 있음이다. 그리하여 점성[정확성]의 순수 사유가, 다시 말해 공간의 순수 사유가 각기 그때마다 지금과 지금들의 자기 밖에 있음을 "사유하기" 때문에, 공간이 **시간**으로 "있는" 것이다. 이 시간 자체는 어떻게 규정되고 있는가?

"시간은 자기 밖에 있음의 부정적 통일성으로서 동시에 단적으로 추상적인 것, 즉 관념적인 것이다. 시간은, 그것이 있으면서 있지 않고, 있지 않으면서 있는 그런 존재, 즉 직관된 생성이다. 다시 말해 시간은 단적으로 찰나적이고, 직접적으로 자신을 지양하는 구별들이 외부적인, 그러나 자기 자신에게 외부적인 그런 구별로서 규정되어 있는 것이다."[24] 시간은 이러한 해석에서는 "직관된 생성"으로 밝혀진다. 헤겔에 따르면 이것은 존재에서 무(無)로, 또는 무에서 존재에로 넘어감이다.[25] 생성은 발생일 뿐 아니라 또한

---

24) 같은 책 § 258.
25) Hegel, *Wissenschaft der Logik*(『대논리학』), 제1권 제1편 제1장(Georg Lasson 편집, 1923

소멸이다. 존재는 "넘어가거나" 또는 무가 넘어간다. 시간과 관련해서 이것은 무엇을 말하는가? 시간의 존재는 지금이다. 그러나 매 지금이 "지금" 이미 더 이상 있지 않는 이상, 또는 지금이 각기 이전에는 아직 있지 않은 이상, 그것은 또한 비존재로 파악될 수 있다. 시간은 **직관된** 생성, 다시 말해 사유되지는 않고 지금의 연속에서 소박하게 자신을 제공하고 있는 그런 넘어감이다. 시간의 본질이 "직관된 생성"으로 규정된다면, 그로써 이 점이 드러나게 된다. 즉 시간은 일차적으로 지금에서 이해되고 있으며 그것도 그 지금이 순수한 직관에서 발견되는 식으로 이해되고 있다.

  헤겔이 이 시간해석과 함께 전적으로 통속적인 시간이해의 방향 안에서 움직이고 있다는 것을 명확히 하기 위해서 더 이상의 논의는 필요하지 않다. 헤겔이 지금에서부터 시간을 성격규정함은, 이 지금이 그 완전한 구조에서 은폐되고 평준화된 채 남아 있어, "관념적"이기는 해도 눈앞의 것으로서 직관될 수 있다는 것을 전제하고 있다.

  헤겔이 시간을 일차적으로 평준화된 지금에 방향을 잡고 해석하고 있다는 사실은 다음의 문장도 증거하고 있다. "지금은 굉장한 권리를 가지고 있다. 그것은 개별의 지금으로서는 아무것도 아니다. 그러나 그 뻗침에서 독점적인 이것이, 내가 그것을 밖으로 말하면, 해소되고 용해되고 재가 되어 흩어지고 만다."[26] "그런데 시간이 늘 지금인 자연에서 지금은 저 차원(과거와 미래)에 의한 구별의 '존립'에 오지 않는다."[27] "그러므로 사람들은 시간의 긍정적인 의미에서, 오직 현재만이 있고 이전과 이후는 있지 않다고 말할 수 있는 것이다. 그러나 구체적인 현재는 과거의 결과이고 그것은 미래를 잉태하고 있다. 따라서 참된 현재는 영원이다."[28]

  헤겔이 시간을 "직관된 생성"이라고 이름할 때, 그 시간 안에서는 발생

    년), 66쪽 이하 참조.
26) 헤겔, 『백과전서』 § 258, 보탬글 참조.
27) 같은 책 § 259.
28) 같은 책 § 259, 보탬글.

도, 소멸도 우위를 점하지 않는다. 그럼에도 그는 시간을 때때로 "소모의 추상"이라고 성격규정하며 그래서 통속적 시간경험과 시간해석을 가장 극단적인 형식에까지 이끌고 온다.29) 다른 한편 헤겔은 매우 일관성 있게, 일상적인 시간경험에서 옳게도 확고하게 견지되고 있는 만큼의 우위를 본래적인 시간정의에서는 소모와 소멸에게 인정하지 않는다. 왜냐하면 헤겔은, 다름 아닌 점의 대자적 자기정립에서 지금이 등장할 때, 그가 자명한 것으로 끌어들인 그 "상황"에서와 같이 여기에서도 이 우위를 변증법적으로 근거제시할 수 없기 때문이다. 그래서 헤겔은 시간을 생성으로 성격규정할 때에도 이 생성을 시간의 "흐름"이라는 표상을 넘어서는 "추상적" 의미로 이해하고 있다. 그러므로 헤겔의 시간견해에 대한 적합한 표현은 시간을 **부정의 부정**(다시 말해 점성[정확성])으로 규정한 데에 있다. 여기에서는 지금의 연속이 극단적인 의미로 형식화되어 유례없이 평준화되었다.30) 오로지

432

---

29) 같은 책 § 258, 보탬글.
30) 평준화된 지금의 우위에서부터, 헤겔의 시간에 대한 개념규정도 **통속적** 시간이해, 다시 말해 **전통적** 시간개념의 성향을 따른다는 것이 명확해지고 있다. 헤겔의 시간개념이 심지어 아리스토텔레스의 『자연학』에서부터 직접 길어내어졌음을 보여줄 수 있다. 헤겔의 교수임용 자격논문 집필 시절에 기획된 『예나 논리학』(Georg Lasson 편집, 1923년)에 『백과전서』의 시간분석이 그 모든 본질적인 부분에까지 이미 형성되어 있다. 시간에 관한 장(202쪽 이하)을 대충 검토해보아도 그것이 아리스토텔레스의 시간논문을 풀이한 것임이 드러난다. 헤겔은 이미 『예나 논리학』에서 그의 시간견해를 자연철학의 테두리 안에서(186쪽) 전개하고 있으니, 제1부의 명칭을 "태양의 체계"(185쪽)라고 했다. 에테르와 운동의 개념규정에 이어 헤겔은 시간의 개념을 논의한다. 공간의 분석이 여기에서는 아직 뒤에 배치되어 있다. 비록 변증법이 벌써 등장하고는 있지만, 아직은 후기의 경직되고 체계적인 형태를 띠고 있지 않고 현상에 대한 느슨한 이해를 가능하게 한다. 칸트에서 헤겔에 이르며 형성된 체계의 길 위에서 다시 한번 아리스토텔레스의 존재론과 논리학이 결정적으로 침투해 들어온다. 이것은 이미 오래 전부터 잘 알려져 있던 사실이다. 그러나 이 영향의 경로, 양식, 한계는 지금까지도 여전히 어둠에 싸여 있다. 헤겔의 『예나 논리학』, 아리스토텔레스의 『자연학』 및 『형이상학』을 구체적으로 비교하는 **철학적** 해석이 새로운 빛을 가져올 것이다. 이상의 고찰을 위해서는 몇몇 가지의 단순한 지적으로도 충분할 것이다.

아리스토텔레스는 시간의 본질을 νῦν[지금]에서 보고 있는데, 헤겔은 Jetzt[지금]에서 보고 있다. 아리스토텔레스는 지금을 ὅρος[한계]로서 파악하고, 헤겔은 지금을 "Grenze [한계]"로서 간주한다. 아리스토텔레스는 지금을 στιγμή[점]으로서 이해하고, 헤겔은 지금을 Punkt[점]라고 해석한다. 아리스토텔레스는 지금을 τόδε τι[이것이라고 지칭되는 것]이

이러한 형식적-변증법적 시간개념에서부터 헤겔은 시간과 정신의 연관을 끄집어내올 수 있다.

433 ㄴ) 시간과 정신의 연관에 대한 헤겔의 해석

정신의 실현과 더불어 정신이 부정의 부정으로서 규정된 시간 안으로 떨어져 들어가는 것이 정신에 합당하다고 말할 수 있으려면, 정신 자체가 어떻게 이해되어 있어야 하는가? 정신의 본질은 개념이다. 헤겔은 개념을 사유된 것의 형식으로서의 종이라는 직관된 일반자라고 이해하지 않으며, 오히려 스스로를 사유하는 사유 자체의 형식이라고 이해한다. 즉 자신을—비-자아의 파악으로서—개념파악하는 것이다. 비-자아의 파악이 일종의 구별을 나타내고 있는 한, 이러한 구별의 파악으로서의 순수 개념에는 구별을 구별함이 놓여 있다. 그러므로 헤겔은 정신의 본질을 형식적-서술적으로 부

라고 특징짓는데, 헤겔은 지금을 "절대적 이것"이라고 이름한다. 아리스토텔레스는 전승에 따라 χρόνος[시간]를 σφαῖρα[원형체]와 연관시키고 있는데, 헤겔은 시간의 "순환운동"을 강조한다. 아리스토텔레스의 시간분석의 중심 경향은, 지금, 한계, 점, 이것 사이에 일종의 기초부여연관(ἀκολουθεῖν)을 발견하는 것인데, 헤겔은 물론 이 경향을 빠져나간다. 공간은 시간"이다"라는 헤겔의 테제와 베르그송의 견해는 근거제시의 그 모든 상이함에도 불구하고 결과에 있어서는 일치한다. 베르그송은 단지 '시간(temps)이 공간이다'라고 반대로 말할 뿐이다. 베르그송의 시간견해 역시 아리스토텔레스의 시간논구에 대한 해석에서 자라나온 것이다. 시간과 지속의 문제가 개진되고 있는 베르그송의 『의식의 직접적 소여에 대한 시론』과 동시에, 「아리스토텔레스는 장소에 대해서 무엇을 생각하고 있는가」라는 제목의 논문이 발표된 것은 단순히 외적인 문헌상의 연관이 아니다. 시간을 '운동의 수(ἀριθμὸς κινήσεως)'라고 보는 아리스토텔레스의 시간규정을 고려하여 베르그송은 시간의 분석에 앞서 수의 분석을 선행시키고 있다. 공간으로서의 시간(『시론』, 69쪽 참조)은 양적인 연속이다. 지속은 이러한 시간개념에 거꾸로 방향을 잡아 질적인 연속이라고 기술된다. 베르그송의 시간개념 및 현대의 여러 다른 시간견해와 비판적으로 논쟁을 벌이기 위해서는 여기가 마땅한 장소가 아니다. 오늘날의 시간분석이 도대체 아리스토텔레스와 칸트를 넘어서는 본질적인 어떤 것을 획득하게 된다면, 그것은 시간파악과 "시간의식"에 더 관계된다. 헤겔의 시간개념과 아리스토텔레스의 시간분석 사이의 직접적인 연관에 대한 지적은 헤겔에게 "의존성"을 계산해보이려는 것이 아니고, 헤겔의 논리학에 대한 이러한 친자관계가 가지고 있는 원칙적인 존재론적 영향범위를 주목하게 만들려는 것이다. "아리스토텔레스와 헤겔"에 대해서는 Nicolai Hartmann, "Aristoteles und Hegel"(『아리스토텔레스와 헤겔』), *Beiträge zur Philosophie des Deutschen Idealismus*(『독일 관념론 철학 논집』), 제3권(1923년), 1-36쪽 참조.

정의 부정이라고 규정할 수 있는 것이다. 이 "절대적 부정성"은 데카르트의 '나는 내가 사물을 사유한다는 것을 사유한다(cogito me cogitare rem)'—그는 의식의 본질이 여기에 있다고 본다—를 논리적으로 형식화한 해석을 제공하고 있다.

그러므로 개념은 자기를 개념파악하고 있는 이 자기의 개념파악되어 있음이다. 자기는 그러한 것으로서 그가 있을 수 있는 바와 같이 본래적으로, 다시 말해 **자유롭게** 있는 것이다. "나는 개념으로서 **현존재**[= 있음]에 도달한 순수 개념 자체이다."[31] "그러나 나는 **첫째로** 자기를 자기에게로 연관시키는 순수한 통일성인데, 직접적으로 그것[통일성]이 아니라, 내가 그 모든 규정성과 내용에서 추상되어 자기 자신과의 제한 없는 동일함의 자유 속으로 돌아감으로써 그런 것[통일성]인 것이다."[32] 이렇듯 자아는 **"보편성"**이지만 **마찬가지로** 직접적-**"개별성"**이다.

이러한 부정의 부정은 동시에 정신의 "절대적 동요[불안정]"이자 또한 그의 **자기계시**인데, 이 자기계시는 그의 본질에 속한다. 역사 속에서 자기를 실현하는 정신의 "진보"는 "배제의 원리"[33]를 자체 안에 지니고 있다. 그렇지만 이러한 배제는 배제된 것을 분리시키지 않고 그것을 **극복하게** 한다. 극복하며 동시에 견뎌내는 자신을 자유롭게 함이 정신의 자유를 성격 짓는다. 그러므로 "진보"는 절대 양적인 증대만을 의미하지 않으며, 오히려 본질적으로 질적이고 그것도 정신의 질에 의한 것이다. "진보"는 의식되어 있는 진보이고 그 목표에서 자기를 알고 있는 진보이다. 정신은 그의 "진보"의 매 발걸음에서 "자기 자신을 그의 목적을 진실로 막는 적대적인 장애로서 극복해야 한다."[34] 정신의 전개의 목표는 "자신의 고유한 개념에 도달하

---

31) Hegel, *Wissenschaft der Logik*(『대논리학』, Georg Lasson 편집, 1923년), 제2부, 220쪽 참조.
32) 같은 곳.
33) Hegel, *Die Vernunft in der Geschichte. Einleitung in die Philosophie der Weltgeschichte* (『역사 속의 이성. 세계사 철학 입문』, Georg Lasson 편집, 1917년, 130쪽.
34) 같은 책 132쪽.

는 것"이다.35) 전개 자체는 "자기 자신과의 끝이 없는 고달픈 투쟁"36)이다.

자신을 자신의 개념으로 데려오는 정신의 전개의 동요가 부정의 부정이기 때문에, 자기를 실현하면서 부정의 직접적인 부정으로서의 "시간 안으로" 떨어져 들어오는 것이 정신에게 적합한 것으로 남는다. 왜냐하면 "시간은, 거기에 있는, 텅 빈 직관으로서 의식에 표상된 개념 자체이기 때문이다. 그렇기 때문에 정신은 필연적으로 시간 안에 나타나며, 그가 그의 순수 개념을 파악하지 못하는 동안은, 다시 말해 시간을 말살하지 않는 동안은, 시간 안에 나타난다. 시간은 자기에 의해서 파악되지 않은 외적으로 직관된 순수 자기, 즉 단지 직관되기만 한 개념이다."37) 이렇듯 정신은 필연적으로 그 본질상 시간 안에 나타난다. "따라서 세계사는 도대체 시간 안에서의 정신의 해석이다. 마치 이념이 공간 속에서 자연으로서 해석되는 것과 같다."38) 전개의 운동에 속하는 "배제"는 그 자체 안에 비존재와의 연관을 간직하고 있다. 그것이 곧 자기를 뻗치는 지금으로서 이해된 시간이다.

시간은 "추상적" 부정성이다. 시간은 "직관된 생성"으로서 직접적으로 발견될 수 있는, 구별된 자기를 구별함이고, "거기에 있는", 다시 말해 눈앞에 있는 개념이다. 정신의 눈앞의 것, 따라서 정신의 외적인 것으로서 시간은 개념에 대해서 아무런 힘을 가지고 있지 못하며, 오히려 개념이 "시간의 힘이다".39)

헤겔은 정신이 "시간 안에서" 역사적으로 실현될 수 있는 가능성을 부정의 부정이라는 정신과 시간의 형식적 구조의 동일성으로 소급해서 제시하고 있다. 정신과 시간이 그리로 외화되는, 가장 공허한, 형식적-존재론적, 형식적-서술적 추상이 그 둘 사이의 친근성을 산출하는 것을 가능하게 한다.

---

35) 같은 곳.
36) 같은 곳.
37) Hegel, *Phänomenologie des Geistes*(『정신 현상학』), Glockner 판 전집, 제2권, 604쪽 참조.
38) Hegel, 『역사 속의 이성』, 앞의 곳, 134쪽 참조.
39) 『백과사전』, § 258 참조.

그러나 시간이 동시에 단적으로 평준화된 세계시간의 의미로도 개념파악되기 때문에, 그리고 그래서 그 유래가 전적으로 은폐된 채로 남아 있기 때문에, 시간은 일종의 눈앞의 것으로서 단순히 정신과 마주 서 있는 것이다. 그렇기 때문에 정신은 **비로소 처음으로** "시간 속으로" 떨어져 들어와야 한다. 이러한 "떨어짐"과, 시간을 지배하며 본래적으로는 시간 밖에 "존재하는" 정신의 "실현"이 존재론적으로 무엇을 의미하는지는 어둠에 싸여 있다. 이렇듯 헤겔은 평준화된 시간의 근원을 밝히지 않으며, 마찬가지로 과연 도대체 정신의 본질구성틀이 부정의 부정**으로서가** 아니고 다르게도 가능할 수 있는가 하는 물음은 전혀 검토하지 않은 채 놔두고 있다. 가능하다면 근원적인 시간성을 근거로 해서일 것이다.

시간과 정신 그리고 그 연관에 대한 헤겔의 해석이 과연 올바르게 성립해 있고 도대체 존재론적으로 근원적인 기초 위에 놓여 있는가 하는 것은 지금은 아직 논의될 수 없다. 그렇지만 정신과 시간의 연관을 형식적-변증법적으로 "구성하려는" 시도가 **도대체** 감행될 수 있다는 **사실은**, 그 둘 사이의 근원적인 친근성을 드러내고 있는 것이다. 헤겔의 "구성"은 그 추진력을 정신의 "구체화"를 개념파악해보려는 노력과 투쟁에서부터 받고 있다. 이것을 『정신 현상학』의 마지막 장에 있는 다음과 같은 문장이 알려주고 있다. "그러므로 시간은 그 자신 아직 완성되지 않은 정신의 운명과 필연성으로 나타난다. 이 필연성은 자기의식이 의식에 가지고 있는 몫을 풍부하게 해주고, **즉자존재의 직접성**─실체가 의식 속에 있는 형식─을 움직이게 하는 필연성이고, 또는 역으로 즉자존재를 **내면적인 것으로** 취해서, 처음에 **내면적이었던** 그것을 실현하고 드러내는 필연성, 다시 말하면 그것[=처음에 내면적이었던 그것]을 자기 자신의 확실성에 속하는 것이라고 요구하는 필연성이다."[40]

---

40) 『정신 현상학』, 앞의 책, 605쪽 참조.

이와는 반대로 앞의 현존재의 실존론적 분석론은 현사실적으로 내던져져 있는 실존 자체의 "구체화"에서 시작하여, 실존을 근원적으로 가능하게 하는 것으로서 시간성을 밝혀 보였다. "정신"은 이제야 비로소 시간 안으로 떨어져 들어오는 것이 아니고, 오히려 시간성의 근원적인 **시간화로서 실존**하고 있다. 이 시간성이 세계시간을 시간화하며, 이 세계시간의 지평 안에서 "역사"가 시간내재적인 생기로서 "나타날" 수 있다. "정신"은 시간 안으로 떨어져 들어오는 것이 아니라, 오히려 현사실적 실존은 빠져 있는 실존으로서 근원적인 본래적인 시간성에서부터 [이미 시간 안으로] "떨어진다". 그러나 이러한 "떨어짐" 자체도 그 실존론적 가능성을 시간성에 속하는 이 시간화의 한 양태 안에 가지고 있다.

제83절 현존재의 실존론적-시간적 분석론과 존재 일반의 의미에 대한 기초존재론적 물음

지금까지의 고찰의 과제는, 현사실적 현존재의 근원적인 전체를 본래적 또는 비본래적 실존함의 가능성과 관련하여 실존론적-존재론적으로 그의 근거에서부터 해석하는 것이었다. 이 근거는 그리고 따라서 염려의 존재의미는 **시간성**임이 드러났다. 그러므로 현존재의 예비 실존론적 분석론이 시간성의 구명에 앞서 준비한 것이 이제 현존재 존재전체성의 근원적인 구조로, 즉 시간성으로 **되돌려진** 셈이다. 이전에 그저 "제시되기"만 했던 구조들이 근원적인 시간의 분석된 시간화의 가능성에서부터 그 "근거제시"를 얻은 것이다. 그러나 그럼에도 현존재의 존재구성틀을 끄집어내는 작업은 단지 하나의 길로 남아 있을 뿐이다. **목표**는 존재물음 일반의 정리작업이다. 실존에 대한 주제적인 분석론은 그편에서 앞서 해명된 존재 일반의 이념에서부터의 빛을 먼저 필요로 한다. 이것은 입문에서 이야기한 명제가 모든 철학적 탐구의 기준척도로서 확고하게 견지될 때에 더욱 그렇다. 즉 철학은 현존재의 해석학에서 출발하는 보편적 현상학적 존재론인데, 이 해석학은 **실존**에 대한 분석론으로서 모든 철학적 물음의 실마리의 끝을, 거기에서부터 그것이 **발원하며** 거기에로 그것이 **되돌아가는*** 거기에다 고정해놓았다.41) 물론 이 테제도 교의로서 통용되어서는 안 되고, 아직 "감싸여 있는" 근본적인 문제의 정식화로서 통해야 한다. 즉 존재론은 **존재론적으로** 근거제시될 수 있는가, 아니면 그것은 그를 위해서 어떤 **존재적 기초**를 필요로 하는가, 그리고 **어떤** 존재자가 그런 기초부여의 기능을 떠맡는가?

실존하는 현존재의 존재가 현존재적이지 않은 존재자의 존재(예컨대 실재성)에 대해서 가지는 구별이 그토록 명백하게 나타날지라도, 그것은 단지 존재론적 문제틀의 **출발점**일 뿐이지, 철학이 자신을 안심시킬 수 있는 곳은 결코 아니다. 고대 존재론이 "사물개념"을 가지고 작업을 했다는 사실, 그리하여 "의식을 사물화시킬 수 있는" 위험이 있다는 사실을 사람들은 일찍부터 알고 있었다. 그러나 사물화가 무엇을 의미하는가? 그것은 어디에서 발원하고 있는가? 왜 존재가 하필이면 "우선적으로" 눈앞에 있는 것에서부터 "개념파악"되고 분명히 더 **가까이** 놓여 있는 손안의 것에서부터 개념파악되지 않는가? 왜 이러한 사물화가 언제나 거듭 지배하게 되는가? "의식"의 존재는 어떻게 **긍정적으로** 구조화되어 있기 때문에, 그에게 사물화가 적합하지 않은 것으로 남아 있는가? 존재론적 문제틀을 근원적으로 펼치기 위해서 도대체 "의식"과 "사물"의 구별로서 충분한가? 이러한 물음에 대한 대답이 길 위에 놓여 있는가? 그리고 존재 일반의 의미에 대한 **물음**이 제기되지도 않고 해명되지도 않은 채 남아 있는데도 그 대답을 **찾을** 수 있다는 말인가?

우리는 존재 일반의 "이념"의 근원과 가능성에 대해서, 형식적-논리적 "추상"의 수단을 가지고서는, 다시 말해 확실한 물음 및 대답의 지평이 없

---

41) 이 책의 제7절 67쪽 참조.
*   따라서 실존철학이 아니다.

이는 결코 탐구할 수 없다. 중요한 것은 존재론적 기초물음을 밝히기 위해서 하나의* 길을 찾아 그 길을 가는 것이다. 그 길이 유일한 길인가, 또는 도대체 올바른 길인가 하는 것은, 길을 다 가본 뒤에야 비로소 결정될 수 있다. 존재해석을 둘러싼 싸움은 중재될 수 없는데, 그 까닭은 그 싸움이 아직 한번도 붙어본 적이 없기 때문이다. 그리고 결국 싸움이라는 것이 "다 짜고짜로 시작되는 것"이 아니기에, 싸움이 붙기 위해서도 준비는 필요한 것이다. 오직 그 준비를 위해서 여기의 이 탐구는 도상에 있는 것이다. 이 탐구는 어디에 서 있는가?

"존재"와 같은 그런 것은, 이해로서 실존하는 현존재에 속하는 그런 존재이해 안에서 열어밝혀져 있다. 비록 비개념적이기는 하지만 선행적으로 열어밝혀진 존재가, 현존재로 하여금 실존하는 세계-안에-있음으로서 **존재자와**, 즉 세계내부적으로 만나는 존재자뿐 아니라 실존하는 자로서의 자기 자신과도 관계 맺을 수 있도록 해주고 있다. **존재를 열어밝히며 이해하는 것이 어떻게 도대체 현존재적으로 가능한가?** 이 물음은 그 대답을 존재를 이해하는 현존재의 근원적인 존재구성틀로 소급하면 얻을 수 있는가? 현존재전체성의 실존론적-존재론적 구성틀은 시간성에 근거하고 있다. 그러므로 탈자적 시간성의 근원적인 시간화의 방식이 그 자체 존재 일반의 탈자적 기획투사를 가능하게 해야 한다. 시간성의 이러한 시간화의 양태를 어떻게 해석해야 하는가? 근원적인 **시간**에서부터 **존재**의 의미로 인도하는 길이 있는가? **시간** 자체가 **존재**의 지평으로서 드러나는가?

---

* 유일한 하나뿐인 길이 아니다.

옮긴이의 주

7쪽

† 하이데거가 『존재와 시간』 제7판(1953년)부터 책 머리에 싣고 있는 일종의 '일러두기'이다.

17쪽

† '존재'는 '존재하는', '존재하는 것'과 같은 표현 속에 자주 나타나는데, 이 경우 그것은 우리의 일상용어인 '있는', '있는 것'과 같은 의미로 사용된다. '존재'는 '존재함', '있음'이 실사화(實辭化)된 경우이다. 그래서 오래 전에는 '존재'라는 개념 대신에 '유(有)'라는 개념이 철학용어로 사용되기도 했지만 그것이 다양한 변형에 적당하지 않아서 '존재'라는 개념에 자리를 내주고 망각 속으로 사라져버렸다.

따라서 어떤 형태로건 '존재하는', 즉 '있는' 것은 전부 '존재'라는 포괄적인 개념속으로 합류할 수 있고, 이러한 '존재'의 범주를 벗어날 수 있는 것은 그야말로 '존재하지 않는 것'이기 때문에 이 개념은 가장 포괄적인 개념이며 존재하는 모든 것에 적용이 되는 가장 초월적인 범주인 셈이다. 존재하지 않는 것으로 규정되는 '무(無)'도 우리가 이렇게 글로 쓰고 그것에 대해서 말을 하는 한 이미 '존재하지 않는 것'이 아니라 어떤 의미에서는 '존재하는 것'으로 우리에게 경험된다고 할 수 있다.

이렇게 우리에게 아주 친숙한 '있음'의 의미 외에도 '존재'에는 아주 중요한 다른 의미가 있으니 그것은 곧 '이다'의 의미이다. 흔히 "인간은 이성적 동물이다"라고 정의한다. 이 경우 우리는 인간에 대해서 그가 이성적임을 이야기하고 있는 것이다. 우리는 어떤 사람이 인간으로서의 예의를 지키지 않고 멋대로 행위할 때 "그 사람은 야만적이다"라고 말하면서 야만적 **존재**로서의 그 사람의 못된 측면들을 자세하게 열거할 수 있다. 이렇듯 우리말의 일상적 사용에서도 어떤 것의 어떠함 또는 무엇임을 서술하기 위해서 사용되는 '……이다'를 '무슨 무슨 존재'라는 용어로 바꾸어서 사용하기도 한다. 이 용법이 우리말에는 자세하게 드러나지 않는 서술적 용법으로서의 '존재'의 의미이며, 영어, 독일어, 프랑스어 등의 서구 언어권에서는 이러한 '연계사'로서의 '존재'는 필연적으로 자명하게 '존재'의 의미 속에 포함되어 있다.

종합 요약하여 '존재'는 이와 같이 '있음'과 '……임' 두 가지를 다 포함하는 가장 포괄적인 개념이다. 따라서 일상적인 언어사용, 학문적인 논의와 주제탐구 등에서 이러한 두 가지 의미의 '존재'개념을 벗어날 수 있는 것이란 아무것도 없다. 앞으로의 설명에서도 우리는 이 점을 꼭 염두에 두어야 한다. 다시 말해서 '존재'라는 개념에는 '있음'과 '……임' 두 가지 의미가 동시에 함축되어 있으며, 역으로 우리가 '있음'과 '……임'을 이야기할 때에도 그 배경에는 '존재'에 대한 논의가 깔려 있음을 이해해야 한다.

19쪽

† 우리는 존재의 보편성을, 사물을 유와 종에 따라서 개념적으로 분류, 정리하여 도달하게 되는 최고의 윗단계 영역을 지칭하는 것으로서 이해할 수는 없다. 존재는 단적으로 이러한 모든 유적 형태의 보편성을 넘어선다. 아리스토텔레스는 존재가 함축하는 이러한 '보편'의 단일성을—사태내용을 함축하는 최고의 유개념이 가지는 다양성과 구별 지어서—유비의 단일성으로 생각했다. 즉 철수가 건강한 것, 혈색이 건강한 것, 논리가 건강한 것, 식품이 건강한 것 등에서 우리는 '건강하다'라는 표현을 사용하기는 하지만, 여기에서 사용된 표현이 똑같은 일의적인 의미로 이해되어서도 안 되고 그렇다고 전혀 아무 상관이 없는 다의적인 의미—마치 '성'이라는 낱말이 '성(城)'도 의미하고 '성(性)'도 의미하듯이—로 간주되어서도 안 되며 어떤 식으로건 연관이 있는 것으로 사용되고 있는데, 이때 그것을 유비적인 의미라고 한다. 존재하는 모든 것에 통용되는 다양한 의미의 존재를 묶고 있는 '존재'의 '보편성'도 이러한 유비적 의미에서 통용되는 보편성으로 이해해야 한다는 것이 아리스토텔레스의 생각이다.

22쪽

† 물음에서 우리는 세 가지의 형식적 구조계기를 구별할 수 있다.

첫째, 물음은 어떤 것에 대한 물음으로서 그 물음에서 명시적으로 묻는 것이 있다. 이러한 물음의 내용 또는 주제를 우리는 물음에서 **물어지고 있는 것**이라고 하자.

둘째, 물음은 찾고 있는 그것을 알기 위해서 무엇인가에 물음을 던져야 한다. 물음은 어떤 것에 대한 물음으로서 어떤 방식으로건 무엇인가에 물음을 걸어야 한다. 어떤 것을 알기 위해서 물음이 향하는 직접적인 물음의 대상을 우리는 **물음이 걸려 있는 것**이라고 하자.

셋째, 물음에는 물음에서 본래 의도되고 있는 것이 있다. 우리는 어떤 의도에서 무엇인가를 알기 위해서 어떤 것에 물음을 거는 것이다. 우리의 물음은 바로 여기 물음이 꾀하고 있는 것에서 목표에 이르게 되는 것이다.

†† 현사실(Faktum) : 사물이나 사건들이 시공간 안에 놓여 있거나 그 안에서 일어나고 있는 것을 사실(Tatsache)이라고 할 때, 인간 현존재의 세계 안에 있음이라는 '사실'을 그것과 구별하여 '현사실'이라고 부른다. 이 개념은 무엇보다도 인간의 내던져져 있음과 인간이 이 내던져져 있음을 떠맡는다는 것을 동시에 강조한다.

24쪽

† 독일어 es gibt는 일상적인 의미로는 우리말의 '있다'와 다를 바가 없다. 여기에서는 우선 앞에서 열거된 다양한 '있음'과 구별하여 es gibt를 '주어져 있음'이라고 번역한다. 하이데거는 후기에 가서는 '존재'와 '시간'에 대해서만 es gibt를 써야 한다고 주장한다. 그 경우, 존재의 역운 속에 주어진 것으로서의 존재를 말하기 때문에 흔히 '존재가 주어져 있다'고 번역한다. 물론 하이데거가 여기에서는 아직 후기의 의미로 es gibt를 쓰고 있지는 않지만 의미의 차별화를 위해서 '주어져 있음' 또는 '(주어져) 있음'이라고 번역한다.

25쪽

† 이 Dasein 개념은 본래 한 존재자의 실재, 있음, 현실 등을 뜻하는 중세의 용어 existentia를 크리스티안 볼프가 독일어로 옮긴 낱말이다. 또한 이것의 상관개념인 essentia(한 존재의 본질)를 그는 Sosein(그리 있음)이라고 번역했다. 이때 이 개념 쌍은 인간을 포함한 모든 존재자에게 무차별적으로 통용된다. 다시 말해서 개개의 존재자는 모두 무차별적으로 existentia와 essentia라는 존재 구성계기를 가진다. 그러나 하이데거는 인간이 그 존재양식의 관점에서 그 밖의 다른 존재자와는 다르다는 점에 주목한다. 그로써 그는 이 Dasein이라는 용어를 특출난 존재방식을 지닌 인간에만 한정시켜 이 용어에 전혀 다른 의미를 부여한다. 그에 따라서 종래의 이 용어가 가지는 무차별적 의미는 인간이 아닌 다른 모든 존재자에 귀속시켜 그것을 눈앞에 있는 것(Vorhandenes), 그것의 존재방식을 눈앞에 있음(Vorhandenheit) 또는 눈앞의 존재(Vorhandensein)라고 새로운 용어로 대치하여 지칭한다. 여기에서는 우선 간략하게 존재의 인간본질과 연계된 관련과 또한 동시에 인간 존재자 그 자체의 개방성 ('거기에')과의 본질적 관계를 나타내기 위해서 하이데거가 선택한 용어로 이해하면 되겠다. 현존재는 존재의 밝힘의 자리이며 존재자의 한가운데에서 존재가 존재로서 '거기에(da) 있게 되는 장소이다.

26쪽

† 본질구성틀(Wesensverfassung) : 하이데거는 구성틀(Verfassung)이라는 용어를 여기에서처럼 다른 낱말과 합성하여 자주 사용한다. 존재구성틀(Seinsverfassung), 근본구성틀(Grundverfassung) 등이 그렇다. Verfassung은 본질적인 구조와, 그 구조에 의해서 이루어지는 전체적인 틀을 의미하는 낱말이기 때문에 '구성틀'이라고 번역했다.

27쪽

† '존재적'과 '존재론적' : 존재자를 단순히 그 있음의 차원에서 만나고 경험하고 다루고 고찰하는 방식을 '존재적'이라고 한다. 이와는 달리 존재자를 그것의 본질적인 구조와 그 구성틀, 그 존재의미 등을 밝혀내기 위해서 행하는 이론적이고 개념적인 접근은 '존재론적'이라고 지칭된다. 우리의 일상적인 존재자와의 왕래는 대개의 경우 '존재적' 만남이다. 그러나 이러한 일상적인 왕래에서도 우리가 어느 정도는 다루고 있는 그 존재자의 존재를 이해하고 있기 때문에 전적으로 '존재적인' 것만은 아니다. 이러한 일상적인 만남에서도 확인할 수 있는 존재이해를 학문적이고 이론적인 '존재론적' 논의와 구별하기 위해서 '존재론 이전의' 존재이해라고 부른다. 그렇다고 모든 학문적인 탐구가 다 '존재론적인' 것은 아니다. 존재구조나 본질구성틀을 고려하지 않은 단순한 사실적 서술이나 기술은 아무리 학문적 탐구라고 하더라도 '존재적' 차원을 벗어난다고 할 수 없다.

30쪽

† '선험적(a priori)'과 '초월론적(transzendental)' : '경험에 의거해서나 경험의 결과에 의해서가 아니라 경험에 선행하여, 경험에 앞서서, 애초부터'를 의미하는 a priori는 '선험적'이라고 번역했고, 여태까지 많은 철학서에서 칸트의 철학을 특징짓기 위해서 표현한 '선험철학'에서의 '선험'에 해당하는 transzendental은 본래의 어원적 의미를 살려서 '초월론' 또는 '초월'이라고 번역했다. 하이데거 자신은 칸트의 초월철학과의 연관 속에서 '초월론적 인식'을 다음과 같이 설명한다. "초월론적 인식은 존재자 자체를……탐구하는 것이 아니라 앞선 존재이해의 가능성, 달리 말해서 존재자의 존재구성틀을 탐구한다. 그것은 순수이성의 존재자에게로 넘어감(초월)—그로써 존재자는 이제 비로소 가능한 대상으로서 경험에 자신을 맞출 수 있게 된다—을 논의의 주제로 삼는다." M. Heidegger, *Kant und das Problem der Metaphysik*(『칸트와 형이상학의 문제』), 프랑크푸르트 암 마인, 1973쪽, 16쪽 참조.

31쪽

† 존재론적으로-존재한다 : 하이데거는 여기에서처럼 붙임표(-)를 자주 사용한다. 현존재의 경우에도 현존재가 존재가 드러나는 '존재의 거기에임'을 강조하기 위해서는 '현-존재(Da-sein, 거기에-있음)' 식으로 드러낸다. 여기에서는 현존재의 있음이 사물이나 도구처럼 단순한 눈앞에 있음이나 손안에 있음이 아니라, 자기가 관계 맺고 있는 그 존재자의 존재를 어떠한 방식으로건 이해하며 있음이라는 사실을 강조하기 위해서 붙임표로 연결해서 표현한다. 앞으로도 하이데거의 표현방법을 살려서 원문에서 붙임표로 강조된 부분은 번역에서도 그대로 따르도록 하겠다. '세계-안에-있음'의 경우와 같은 표현에서는 그것이 여러 구성계기들로 이루어져 있기는 하지만 하나의 통일적인 현상이라는 점을 부각시키기 위해서 세 개의 낱말을 하나로 묶어 표현한다. 우리는 이런 식의 표현을 자주 만나게 될 것이다.

36쪽

† '직접적으로' 앞에 주어져 있다 : 대부분의 '의식' 철학자들은 '자아'의 직접적인 주어져 있음을 가장 확실한 철학의 기반으로 삼아서 출발한다. 데카르트가 그렇고 후설이 그렇고 사르트르도 그런 셈이다. 그러나 하이데거는 인간 현존재의 존재방식이 규명되지 않는 한 그러한 '직접적으로 앞에 주어져 있음'이 무엇을 의미하는지가 분명하지 않음을 지적한다.

37쪽

† "범주적" : 하이데거는 여기에서 이 낱말을 큰따옴표(" ")로 강조하는데, '범주적'이라는 표현이 엄격하게는 현존재의 존재를 설명하기 위한 합당한 개념이 아님을 드러내기 위해서이다. 현존재는 그 있음(존재)에서 이미 존재를 이해하면서 존재한다. 현존재의 존재적 차원인 '실존적' 구조가 이미 존재론적인 것이다. 따라서 현존재적이지 않은 존재자 일반에 적용되는 범주적 개념들을 현존재의 존재구조를 설명하는 데에 사용할 수는 없다. 그런데 바로 이 현존재의 고유한 존재구조에 의거하건대 현존재는 자신의 독특한 실존적 차원을 일상적인 평균적 이해에서 범주적인 개념으로 평준화시켜서 이해하려는 경향이 있다.

38쪽

† 실존적, 실존론적 : 인간 현존재가 그 있음에서 이렇게 또는 저렇게 관계 맺을 수 있고 또 언제나 이미 어떻게든 관계 맺고 있는 현존재의 있음(존재)를 하이데거는

실존이라고 이름한다. 실존은 현존재의 독특한 존재양식을 지칭하는 것으로서, 현존재가 각기 자신의 존재를 존재해야 한다는 점을 부각시키기 위해서 택해진 개념이다. 현존재만의 독특한 있음의 차원, 즉 존재적 차원을 두드러지게 드러내기 위해서 '**실존적**'이라는 표현이 사용된다. 따라서 예를 들면 존재적 차원에서의 현존재의 자기 자신에 대한 이해는 실존적 이해인 셈이다. 현존재는 그 자신으로 존재하거나 그 자신이 아닌 것으로 존재하거나 할 수 있는 자신의 가능성에서부터 자신을 이해한다. 현존재의 있음(존재)의 문제인 실존의 문제는 오직 실존함 자체에 의해서만 처리될 수 있을 뿐이다. 우리는 이러한 실존적 차원에서 한 걸음 더 깊이 들어가서, 실존을 구성하는 것은 무엇인가 하는 실존의 존재론적 구조에 대한 물음을 제기할 수 있다. 실존의 존재론적 구조연관을 우리는 실존성이라고 이름한다. 실존성을 탐구하려는 시도는 실존적인 이해의 차원에서 만족할 수 없고 실존의 구조까지 파고 들어가는 **실존론적** 이해여야 한다.

39쪽

† 잠정적 : 현존재에 대한 존재론적 분석학은 존재의 의미를 밝혀내기 위한 의도와 목적 아래에서 수행되고 있는 것이다. 그런 의미에서 분명히 현존재 분석론은 잠정적이다. 그 외에도, 현존재가 우선 대개 자신을 내보이는 그의 평균적인 일상성에서부터 현존재 분석론이 출발한다는 점이 이 분석론을 잠정적이게 하는 이유이다. 현상적 차원에서 현상학적인 방법으로 획득하여 얻은 현존재의 존재구조가 나중에 존재의미의 빛 안에서 존재론적으로 다시 해석되어야 하는 이유가 바로 여기에 있다.

41쪽

† 시간성(Zeitlichkeit)과 존재시성(Temporalität) : 하이데거에 의하면 엄격한 의미에서 '**시간적(zeitlich)**'이라는 형용사를 사용할 수 있는 존재자는 현존재뿐이다. 자신의 시간을 가질 수 있어서 자신으로 존재하거나 존재할 수 없는, 실존 가능의 존재자만이 시간적일 수 있는 것이다. 우리가 통상 '시간과 더불어 변화하는'이라는 의미로 사용하는 '시간적'은 하이데거의 엄격한 낱말사용에 따를 것 같으면 '**시간내재적**'이라고 표현되어야 한다. 그럼에도 일상적인 용법대로 사용하는 경우는 큰따옴표(" ")로 묶어서 표기한다. 하이데거는 현존재의 존재의미를 **시간성**으로 밝혀내며 그것이 곧 존재이해의 존재론적 가능조건임을 천명한다. 그런데 우리는 현존재가 시간이라는 존재이해의 지평에서 이해하고 해석해내는 존재 자체의 의미도 '시간적' 성격을 띠고 있음에 주목할 수 있다. 이렇게 존재 자체의 의미가 함축하는 '시간적' 성격을 인간

현존재의 시간적 특성과 구별짓기 위해서 하이데거는 전자를 '존재시적'이라고 표현하며 그 독특함을 '존재시성'이라고 칭한다.

42쪽

† 생기, 역사, 역사성, 역사학 : 인간 현존재가 자신의 시작인 태어남 그리고 자신의 끝인 죽음과 관계 맺으면서 시간적으로 존재하는 방식을 '생기(Geschehen)'라고 한다. 이러한 생기 속에서 일어난, 또는 일어나고 있는 제반 과정과 사건이 '역사(Geschichte)'이다. 시간성에 근거하는 인간 현존재의 이러한 역사적인 존재구조를 '역사성(Geschichtlichkeit)'이라고 칭한다. 역사적 현실에 대해서 반성하고 역사적인 사료를 수집하여 분석하고 해석하는 일련의 이론적인 작업은 '역사학(Historie)'이다. 우리말의 번역에서는 이러한 표현들이 지니는 내적 연관성이 드러나지 않기 때문에 이러한 연관을 염두에 두고 텍스트를 읽어야 한다.

†† 그가 이미 이렇게 "무엇"으로 존재해온(wie und »was« es schon war) : 이 문장은 아리스토텔레스의 τὸ τί ἦν εἶναι를 암시하고 있다.

44쪽

† 망각 : 하이데거가 의미하는 망각이란, 부주의나 기억의 쇠퇴, 무관심 등의 단순한 결과가 아니라 일종의 적극적인 태도이다.

46쪽

† 여기에서 하이데거는 실증주의자와 문헌학자들, 하르트만, 딜타이 학파의 역사학자들을 비판한다.

†† 이 절에서 하이데거는 아주 간략하게 존재론사의 해체가 무엇인지를 예시적으로 보여준다. 이에 대한 자세한 논의는 1927년 마르부르크 대학교에서의 그의 강의록에 실려 있다. M. Heidegger, *Die Grundprobleme der Phänomenologie*, 프랑크푸르트 암 마인, 1975년(『현상학의 근본문제들』, 이기상 옮김, 문예출판사, 1994년) 참조. 이 강의록을 하이데거 자신은 『존재와 시간』 제1부 제3편인 '시간과 존재'에 해당된다고 설명한다.

48쪽

† 칸트와 연관되어 '현상'이라는 낱말이 나오기는 하지만, 여기에서의 현상은 칸트적인 의미로 이해되어서는 안 되고 하이데거적인 현상으로 이해되어야 한다.

51쪽

† 하이데거는 그 자신이 여기에서 제시하는 과제, 즉 존재의 의미를 위한 더 근원적인 보편적 지평을 밝혀내는 과제를 이후의 그의 작품 속에서 구체적으로 수행하지 않는다. 그러나 『형이상학이란 무엇인가?』에서는 존재의 너울인 무(無)를 통해서, 인간 현존재의 무에 대한 근원적인 경험을 통해서 '존재'에 이르는 길을 모색한다. M. Heidegger, *Was ist Metaphysik?*, 프랑크푸르트 암 마인, 1969년(『형이상학이란 무엇인가?』, 이기상 옮김, 서광사, 1995년) 참조.

52쪽

† 존재 자체를 밝혀내려는 과제를 안고 있는 여기에서의 존재론은 가장 넓은 의미의 존재론이다. 그렇기 때문에 존재의 의미를 망각하고 존재자의 존재성을 탐구하거나 특정한 존재자의 영역을 주제로 삼으면서 '존재론'임을 자처해온 전통존재론의 방법으로는 가장 넓은 의미의 존재론을 합당하게 나눌 수 없다.

54쪽

† 그리스어의 동사형에는 능동태와 수동태 외에도 그 중간에 해당하는 중간태가 있는데, 여기에서 '파이네스타이'는 이러한 중간 동사태의 부정형이다.

59쪽

† 하이데거는 말의 구성계기로서 말에서 그것에 대하여 이야기되는 그것(Worüber, das Beredete)과 말에서 어떠어떠하다고 이야기된 것(Wovon, das Geredete)을 구별한다. 예를 들면 "방 안이 지저분하다"라고 말했을 때, 이야기되고 있는 그것은 '방 안'에 대해서이고 이야기된 것은 방 안의 '지저분함'이다. 앞으로 Worüber는 '……에 대하여'로, Wovon은 '……에 관하여'로 구별하여 번역한다.

62쪽

† 여기에서 하이데거는 독일어 Vernehmen('인지함', '받아들임'이라고 번역한다)과 Vernunft(이성) 사이의 연관에 주목한다. '이성'이라는 개념이 존재자 그 자체의 단순한 존재규정을 단적으로 바라보면서 인지함(받아들임)을 뜻하는 그리스어 '노에인'에 근거하고 있음을 지적하는 것이다.

72쪽

† '각기 나의 존재'라고 해서 유아론적 주관주의를 긍정하는 것은 아니다. 그것은 현존재의 있음이 무차별적으로 그 있음 속으로 '포섭되어버리는' 것이 아님을 뜻하며, 오히려 각자의 있음이 이 현존재를 '주목하고', 이 현존재에 '관여하며', 그럼으로써 이 현존재 속에서 각기 '그의 것'인 그 있음이 언제나 '전체적인' 있음이라는 존재론적 '사실'을 드러낸다.

†† 이러한 존재자의 존재는 그 존재자에게 속할 뿐 아니라, 이 존재자는 그 스스로가 '그 자신의' 존재에 속한다는 특권을 지닌다. 그러므로 그의 존재는 이 존재자에게 떠맡겨져 있다.

73쪽

† 현존재의 '본질(무엇임)'은 바로 그의 있음(존재, 실재)에서부터 개념파악되어야 한다. 현존재는 이렇게 그 있음에서 이미 다른 존재자와 구별된다. 있음(즉 실재, 다시 말해서 existentia)이 벌써 그 존재자의 고유한 '본질'인 그런 존재자의 독특한 존재양식을 지칭하기 위해서 Existenz라는 표현을 쓴다. 그러나 이제 이 Existenz라는 표현은 인간 현존재의 독특한 있음(실재)만을 지칭하기 위해서 사용되어야 한다. 그래서 그것을 '실재'와 구별하여 '실존'이라고 번역한다. 하이데거는 현존재의 있음이 아닌 다른 존재자의 있음(실재)을 지칭하기 위해서 '눈앞에 있음' 또는 '눈앞의 존재'라는 새로운 표현을 만든다.

75쪽

† 인간 현존재의 존재규정인 실존에는 그가 그 자신으로 존재하거나 그 자신이 아닌 '그들-자신'으로 존재하거나 할 수 있는 가능성도 포함된다. 현존재에게 그의 있음(실존함)에서 문제가 되는 그 존재는 각기 '나의' 존재인 것이다. 따라서 본래성과 비본래성의 문제를 실존의 실존성에서부터 이해해야지, 그 반대로 실존을 본래성과 비본래성의 문제로 축소시켜서는 안 된다.

78쪽

† 하이데거는 현존재 분석론이 인간에 대한 영역적 존재론이거나 실존철학이거나 철학적 인간학이 아님을 강조하면서, 존재의미에 대한 물음에 필요하거나 중요한 범위 내에서만 인간 현존재에 대해서 다루고 있음을 밝힌다.

80쪽

† 후설과 셸러의 현상학을 비판적으로 논의하는 이 자리에서 하이데거가 자신이 규정하는 의미와는 다른 의미에서 '현상학'이라는 용어를 사용하고 있음을 알 수 있다.

89쪽

† 하이데거는 세계-안에-있음을 인간 현존재의 존재방식에만 국한하여 사용한다. 따라서 엄밀한 의미에서 세계-안에-있을 수 있는 존재자는 인간 현존재뿐이다. 그렇지만 우리는 통상적인 언어사용에서 사물들이 '세계 안에서' 발견된다고 말한다. 현존재가 아닌 사물들, 즉 눈앞의 것들이나 손안의 것들이 '세계 안에' 존재하는 방식을 현존재의 존재방식과 구별하기 위해서 하이데거는 '세계 내부'라는 표현을 사용한다. 세계-안에-있으면서 세계 안에서 만나는 존재자들에게 의미를 부여하며 자신의 세계를 형성해나가는 인간 현존재자에게만 '세계적(weltlich)'이라는 형용사를 쓸 수 있고 사물들에게는 오직 '세계내부적(innerweltlich)'이라는 표현을 사용할 수 있을 뿐이다.

90쪽

† 여기에서 우리는 처음으로 하이데거의 언어 또는 근본개념에 대한 태도를 접하게 된다. 하이데거는 인간 현존재가 존재밝힘의 자리로서, 즉 존재의 '거기에'로서 자신이 이해한 존재를 낱말로 데려오려는 노력에 주목한다. 하이데거는 가장 기본적인 낱말들 안에 간직된 존재의 소리를 들으려고 노력한다. 그래서 그는 후기에는 언어가 '존재의 집'이라고까지 말하기에 이른다.

100쪽

† 일상적인 생활세계의 배려의 둘러보는 시야에서 만나는 손안의 것들이 손을 놓고 단순히 바라보게 되는 눈앞에 있는 관찰의 대상이 된다는 거기에서 실천적인 행동 관계가 이론적인 태도로 넘어가는 과정을 설명하고 있다.
†† 인식이나 이론적 태도는 원초적 세계-안에-있음의 결여적 양태를 이룬다. 여기에서 하이데거의 생각은 모호한 입장을 취하고 있음을 알 수 있다. 다음과 같은 물음이 제기될 수 있다. 인식은 빠져 있음이 더욱더 강화된 그런 존재자와의 관계 맺음인가? 아니면, 오히려 그 반대로 빠져 있음을 극복하기 위한 발걸음으로 보아야 하는가? 첫 번째 물음의 방향을 예시하는 논의는 제36절 "호기심"에서 찾을 수 있을 것 같고, 두 번째 방향으로의 접근은 제16절 "세계내부적인 존재자에서 알려지

는 주위세계의 세계적합성"에서 볼 수 있을 것 같다.

여기에서 우리는 또한 시야의 변경을 확인할 수 있다. 손안의 것을 배려하며 다루는 시야는 둘러봄(Umsicht)인데, 손을 놓고 배려에 응하지 않는 눈앞의 물건을 관찰하는 시야는 바라봄(Hinsicht)이다.

105쪽

† Umwelt를 '주위세계'라고 번역한다. 이 번역어는 하이데거가 뜻하고자 하는 um의 두 가지 의미 중에 하나만을 적중시킬 뿐이다. 전치사 um은 '……의 주위에'를 뜻할 뿐 아니라 '……때문에', '……을 위하여'도 의미한다. 따라서 Umwelt로서의 '주위세계'는 우리를 둘러싸는 주변세계 또는 환경세계만을 지칭하는 것이 아니라, 우리의 행위, 우리의 기획투사, 우리의 배려의 '그 때문에'가 부여하는 유의미성도 간직하는 세계임을 잊지 말아야 한다.

†† 앞의 주(89쪽의 †)에서 설명했듯이 인간 현존재에게만 '세계적'이라는 서술을 할 수 있다. 눈앞의 존재자나 손안의 존재자에 대해서는 '세계내부적' 또는 '세계귀속적'이라는 표현을 사용해야 한다. 하이데거는 여백주석(105쪽의 *)에서 사물이나 도구의 '세계귀속적(weltzugehörig)' 존재상태에 대비하여 인간 현존재의 독특한 존재양식을 '세계를 이해하며(welthörig)'라고 설명한다. 인간 현존재만이 부여된 의미전체성으로서의 세계의 소리를 들을 수 있으며 이 세계를 의미 지평의 확장을 통해서 자신의 세계로 형성해나가면서 이해할 수 있다.

††† '자연'은 우리가 그 안에서 살고 있는 세계를 일종의 무대로, 우리 자신을 관객으로 변형시켜서 관심이 배제된 관람객의 눈으로 무차별한 범주를 적용하여 고찰할 때 우리의 시야 안으로 들어올 수 있다. 자연에 대한 근대 물리학의 이러한 시야는 '탈세계화'의 과정을 통해서만 가능하다. 그럼에도 불구하고 이 탈세계화는 여전히 세계-안에-있음의 존재방식의 하나로서 세계를 상정한다.

106쪽

† 인간 현존재가 세계에 대한 인식인 과학적 인식에 몰두할 때, 그는 세계 그 자체를, 세계성을 건너뛰게 된다. 우리는 '세계의 드러나지 않음'이 배려되고 사용되는 손안의 존재자의 '자체 존재'를 구성한다는 점에 주목해야 한다. 제16절 참조.

109쪽

† 우리가 일상적으로 생활하며 우선 만나게 되는 존재자는 손안에 들고 사용하는 '도

구들'이지, 손을 놓고 멀거니 바라보기만 하는 눈앞에 놓여 있는 '사물들'이 아니다. 이렇게 하이데거는 도구와 사물을 구별하여 사용한다. 도구는 일상의 배려 속에서 둘러봄에 의해서 발견되는 손안의 것으로서 그것의 존재는 손안에 있음이다. 사물은 손을 놓고 관찰하는 바라봄의 대상으로서 눈앞에 놓여 있는 것이며 그것의 존재는 눈앞에 있음이다.

†† 이 문장은 도구가 가지는 세계연관을 시사한다. 도구의 독특함은 그것이 그 자체로 독립하여 존재하는 것이 아니라, 언제나 다른 것과의 연관 속에서만 존재한다는 점에 있다. 존재자를 그 자체로 독립하여 있는 실체로 고찰하는 존재론적 경향이 세계현상을 건너뛴 것은 존재자의 세계귀속성을 간과한 데에 있다. 모든 연관에서 잘려져 나온 존재자가 실체적으로 그 자체 안에서 본질이나 속성을 통해서 규정되며, 그것이 그 존재자에 대한 참된 본질규정으로 통하게 된다.

110쪽

† 우리가 도구를 사용할 때—예를 들면 망치질을 할 때—그 도구에 대한 주제적인 인식이 필요하지는 않다. 오히려 그러한 주제적인 파악도—그것이 더 적합하게 도구를 사용하는 데에 있는 한—단지 사용의 변화만을 초래할 뿐이다. 도구를 주제적 파악의 대상으로 삼지 않으면 않을수록 그만큼 더 적합하게 도구를 그 손안에 있음에서 잘 이해한다는 것이 도구사용에서의 '앎'이다. 이것이 이론적 태도에서의 눈앞의 사물을 파악하는 인식함과 다른 점이다. 손안의 존재자는 그것이 다른 사물들과 독립하여 그 자체로 눈앞에 있지 않는 정도에 따라서 오히려 그 자체로서 존재하는 셈이다. 손안의 도구는 그것이 주제적 인식의 형태로 파악되지 않는 정도에 따라서 적합하게 파악된다고 할 수 있다.

111쪽

† 전집판이 발간되기 전까지는 '확실성을'이 "사물차원을"로 인쇄되어 있었다. 1979년의 제15판부터 여기에서처럼 교정되어 있다.

114쪽

† 하이데거는 자신에게 맡겨진 후설의 미발표 원고들을 읽을 수 있었기 때문에 후설이 그 당시 '생활세계'의 구조에 관심을 두었다는 것도 알고 있었을 것이다. 그러나 하이데거는 이 각주를 통해서 자신의 주위세계 분석이 후설의 '생활세계'에 대한 논의와는 근본적으로 다르다는 차별성을 부각시키려고 했던 듯싶다. 여기에서 언급되

는 '현사실성의 해석학'은 하이데거가 1923년 여름학기 프라이부르크 대학교에서 강의한 것으로서 전집 제63권으로 출간되었다. M. Heidegger, *Ontologie (Hermeneutik der Faktizität)* (『존재론. 현사실성의 해석학』), 프랑크푸르트 암 마인, 1988년 참조. 이 외에도 하이데거는 1925년 여름학기 마르부르크 대학교에서도 '세계현상'을 집중적으로 다루었는데, 이 강의록은 전집 제20권으로 출간되었다. M. Heidegger, *Prolegomena zur Geschichte des Zeitbegriffs*(『시간개념의 역사를 위한 서설』), 프랑크푸르트 암 마인, 1979년 참조. 하이데거는 1929/30년 겨울학기 프라이부르크 대학교에서 체계적으로 '세계문제'를 다루었는데, 이 강의록은 전집 29/30권으로 출간되었다. M. Heidegger, *Die Grundbegriffe der Metaphysik. Welt-Endlichkeit-Einsamkeit*(『형이상학의 근본개념들. 세계-유한성-고독』), 프랑크푸르트 암 마인, 1983년 참조.

116쪽
† 도구를 제대로 사용할 줄 아는 배려 속에서는 눈에 안 띄며 '그 자체로서 존재하던' 손안의 도구가 사용에 장애를 받게 되자 그 '자체 존재'에서 벗어나와 다른 존재자와의 연관에서 분리되어 눈앞의 것으로서 앞에 놓이면서 바라봄의 대상이 된다. 그러나 이렇게 도구가 사용사태의 맥락에서 분리되어 하나의 눈앞의 것으로 고찰의 대상이 됨으로써 지금까지는 눈에 띄지 않았던 그 도구의 도구연관이, 또한 그로써 그 도구의 세계귀속성이 두드러지게 드러날 수도 있다.

117쪽
† 하이데거는 여기에서 손안의 것(도구)의 가능한 세 가지 결여적 양태를 구분한다. 첫째는 도구의 사용 가능성에 손상이 간 경우로서 잘 사용하던 도구가 사용 불가능이 되어버린 경우, 둘째는 사용 가능한 상태이기는 하지만 사용되어야 할 그 자리에 없어서 절실하게 필요함만을 안겨주는 경우, 셋째는 사용 가능한 도구이기는 하지만 우리가 의도하는 목적에 맞지 않는 도구로서 그 자리에 있는 경우가 그것이다.

130쪽
† 사용사태는 Bewandtnis의 번역어이다. '어떤 것을 가지고 어디에' 사용하는 도구 사용연관의 전체를 가리키는 존재론적 표현이다. 사용의 사태라는 뜻으로 '사용사태'라고 옮긴다. 그런데 사용사태의 모든 사용은 더 이상 사용사태가 없는 어떤 최종의 '무엇을 위하여(Wozu)'에, 말하자면 '자기 자신 때문에 실존하는', '그 때문에(Worum-willen)'로서 자기 자신을 드러내는 인간 현존재와의 연관 아래에 놓이게

되어, 결국 인간 현존재가 존재자를 그것의 존재에로, 사용사태에로 자유롭게 내어주게 된다.

131쪽

† '위하여'의 연관으로 계속 지시되며 연결되는 도구사용연관에 최종적인 '위하여'를 주어 그 연관을 하나의 통일된 사용사태전체성으로 만들기 위해서는 더 이상 다른 것을 지시하지 않는 존재자, 즉 어떤 것을 위하여 존재하지 않고 그 자체 때문에 존재하는 존재자가 요구된다. 현존재는, 앞에서 우리가 보았듯이, 그 존재함에서 바로 이 존재함 자체가 문제가 되는 그런 존재자로서 각기 자신의 존재를 존재해야 하는 존재자이다. 이렇게 어떤 다른 것을 위하여 존재하는 것이 아니라, 바로 자기 자신 때문에 존재하는 현존재가 사용사태전체성에 의미를 부여함으로써 그것을 유의미성으로 만들고 자신의 세계로 형성한다. 이러한 자기 자신 '때문에'를 사용사태의 '위하여' 연관과 구별짓기 위해서 하이데거는 '그 때문에(Worum-willen)'라는 용어를 택한다.

132쪽

† 독일어 'sein lassen'은 세 가지의 다른 의미로 이해될 수 있다. 첫째, 다른 동사의 부정법과 같이 사용되어 '하게 하다'의 의미로 쓰인다. 예를 들면 lass sehen은 '보게 하다'를 의미한다. 둘째, 같은 식으로 부정법과 결합된 lassen은 gehen lassen의 뜻으로 '가게 내버려두다'를 의미하기도 한다. 셋째, 'Lass sein'은 '어떤 것을 못 하게 하다', '어떤 일을 하는 것을 그만두게 하다'의 뜻으로 쓰인다. 하이데거는 특히 두 번째와 세 번째의 의미를 염두에 두고 sein lassen을 사용하고 있다. 즉 존재하는 것이 그것이 존재하는 그대로 그렇게 존재하도록 그냥 둔다는 의미가 그것이다. 또는 존재하는 것이 그것이 존재하는 그대로 그렇게 존재하도록 그것의 '본질적인' 존재에로 자유롭게 내준다(해방시킨다)는 넓은 의미의 '자유'의 의미가 그것이다. 이 표현은 하이데거의 후기 철학에 핵심적인 개념으로 대두된다.

135쪽

† 유의미성(Bedeutsamkeit) : 어떤 것을 가지고 어디에 또는 무엇을 위하여 사용하는 모든 도구의 사용연관은 그때마다 최종적으로 현존재의 '그 때문에'에 근거하는데, 모든 세계연관들을 이렇게 그것들의 그때마다의 지시연관 안에서 분류하여 파악하는 것이 의미부여(뜻[Bedeutung])이다. 이러한 의미부여의 관련 전체가 세계의 구조

를 이루고 있으며 도구 존재자가 발견될 수 있는 존재론적 가능조건인 유의미성이다. 그러나 이때, 애초부터 인간 현존재가 이미 이러한 유의미성과 친숙한 세계이해를 지니고 있기 때문에 의미부여가 가능하다는 점을 유의해야 한다.

136쪽

† "세계" : 세계를 여기에서처럼 큰따옴표(" ") 안에 넣어서 표현할 경우는 존재자의 총체로서의 세계를 의미한다.

†† 의미(Sinn)와 뜻(Bedeutung) 그리고 언어(Sprache) : 손안의 존재자는 둘러보는 해석에서 '어떤 것을 어떤 것으로서'라는 방식으로 이해되지만, 이는 그렇게 이해된 것이 앞서 이미 이해 가능했기 때문에 가능하다. 존재자는 그것이 그의 존재가능에로 기획투사되면서 일차적으로 등장하게 될 때에만 이해 가능해지는 것이다. 이렇게 어떤 것을 그것이 무엇인 그 어떤 것으로 그 가능성에서 개념파악될 수 있도록 일차적으로 기획투사하는 '그리로(Woraufhin)'의 지평이 '의미'이다. 따라서 의미란 해석의 기초이며 해석에게 이해 가능한 것, '분류파악 가능한' 것인데 이러한 '분류파악 가능한' 것을 '분류파악한' 것이 뜻이다. (따라서 전자는 이해의, 후자는 말의 상관사항으로 간주될 수 있다.) 인간 현존재는 이렇듯 그 존재 자체에서 의미부여하며 존재하기에 뜻 속에 살며, 이 뜻으로써 자신을 밖으로 말할 수 있다. 이러한 뜻들에 맞추어서 비로소 자라나온 발성들의 전체가 언어인 것이다.

137쪽

† 여기에서는 에른스트 카시러를 염두에 두고 그를 간접적으로 비판하고 있다. 카시러의 저작 중에는 *Substanzbegriff und Funtionsbegriff. Untersuchungen über die grundfragen der Erkenntniskritik*(『실체개념과 함수개념. 인식비판의 근본물음에 대한 연구』, 1906년)가 있다.

157쪽

† Gegend를 여기에서는 구역(주변)이라고 옮긴다. Gegend는 흔히 주위, 근처, 부근 등으로 번역되는데, 보다 정확하게는 '이런저런 방향 속에서 위치지어진 이런저런 곳의 주위들'을 뜻한다. 여기에서처럼 형식적인 의미로 사용될 경우에는 '구역'이라고 옮기고, 뒤에서 Gegend가 일상생활에서 둘러보며 도구를 사용할 때 구체적으로 간직하고 있는 방향 잡힌 주변들을 의미하는 것으로 사용되는 경우에는 '방면'이라고 번역한다.

158쪽

† das Umhafte를 '주위성'으로 번역하기는 하지만 여기에서 독일어 전치사 um이 가지는 두 가지 의미를 염두에 두어야 할 것이다. 즉, 그것은 '……둘레에, 주변에'라는 공간적인 의미도 있지만 '……때문에, 위하여'라는 목적적인 의미도 간직한다. 따라서 여기에서 하이데거는 um의 공간적 의미를 사용사태적 의미에 근거하는 것으로 해석하는 셈이다. 손안의 것들이 우리-주위에-있음은 그냥 제멋대로 널려 있는 것이 아니라, 자기 자신 때문에 존재하는 현존재가 자신의 존재가능에 따라서 기획투사하는 유의미성 안에서의 그 존재자의 '……을 위하여 있음'에 근거하여 나름대로의 자리를 배정받는 것이다.

174쪽

† Mitsein은 '더불어 있음'으로, Mitdasein은 문맥에 따라서 '공동현존재' 또는 '함께 거기에 있음'으로 번역한다. Mitdasein이 타인의 '나와-함께-거기에-있음'을 의미하는 반면에, Mitsein은 나의 '타인과-더불어-있음'을 뜻한다.

184쪽

† 전집판이 나오면서 이렇게 교정되었다. 그전까지의 단행본에서는 '함께 거기에 있음(공동현존재)'이라고 인쇄되었다.
†† 구체적인 상황에 내던져져 자신의 존재를 과제로 떠맡아 각자 자기의 존재를 존재해나가야 하는 인간 현존재의 독특한 '존재(있음)'를 한 낱말로 명명한 것이 '염려'이다. 이러한 염려로서의 현존재가 구체적인 일상생활에서 사물을 만나며 다루는 사물과의 관계 맺음의 방식은 배려이며, 자신과 똑같은 현존재인 타인과 관계 맺는 방식은 심려이다. 현존재가 자기 자신과 관계를 맺는 방식은 염려인데, 그것은 현존재가 이미 존재적 차원에서 실존이며 이 실존은 곧 자기 자신과의 관계 속에서 존재함을 의미하기 때문이다. 그래서 하이데거는 자기 자신과의 관계 맺음의 방식을 지칭하기 위해서 '자기 염려'라는 표현을 사용한다면 동어반복이 된다고 말한다.

190쪽

† Selbstein을 그것이 함축하는 의미를 살려서 길지만 '**자기 자신으로 있음**'이라고 옮긴다. 이 개념이 현존재가 자신의 본래적인 있음의 의미에 충실하게 자기 자신으로 존재하느냐, 아니면 '그들'이 넘겨주는 존재방식에 따라서 자기 자신을 상실한

채 '그들-자신'으로 존재하느냐 하는 본래성과 비본래성의 문제가 달려 있음을 부각시키는 개념이기 때문에 '자기 자신으로 있음'이라고 번역한다.

195쪽

† 본래성-비본래성(Eigentlichkeit-Uneigentlichkeit) : 일상의 현존재로 남아 있어서 '그들'의 보이지 않는 명령에 따라 존재하게 될 때에는 본래적인 자기 자신으로 존재하지 못하게 되기 때문에 그것을 비본래성이라고 칭하고, 그러한 '그들-자신'으로부터 자기 자신을 되찾아 자신의 존재를 떠맡아 자기 자신으로 존재하는 양태를 본래성이라고 칭한다. 그러나 현존재에게 이 두 양태 중에 하나를 택하고 하나를 버리는 식의 결단이 가능하지는 않다. 현존재는 그의 독특한 존재구조상 끊임없이 '더불어 있음'과 '자기 자신으로 있음'의 긴장 속에서 존재하기 때문이다.

199쪽

† 동일근원성(Gleichursprünglichkeit) : 처해 있음, 이해, 말의 근본 실존범주들 중 어느 하나가 다른 것보다 더 근원적이거나 더 우선적이지 않고 똑같이 근원적임을 말한다.

203쪽

† 처해 있음(Befindlichkeit) : 인간 현존재가 세계-안에-있는 존재방식의 하나로서 어떤 규정된 (분위기 잡힌) 구체적인 상황에 내던져져 있음을 표현한다. 그래서 그는 그가 처한 분위기, 기분에 따라서 만나는 존재자를 일차적으로 그렇게 대하고 있음을 의미한다.

204쪽

† 내던져져 있음(Geworfenheit) : 인간 현존재는 그가 존재하는 한 그 자신의 힘으로 존재하게 된 것이 아니라, 오히려 원하든 원하지 않든 그에게는 그의 존재를 존재해야 하는 것이 과제로 앞서 부과되어 있어서, 그가 자신의 존재해야 함을 떠맡아야 한다는 것을 가리키는 표현이다.
†† 현사실성(Faktizität) : 구체적인 상황에 내던져진 인간 현존재가 자신의 그러한 처해 있음을 과제로 떠맡아 그러한 자신의 존재를 존재해야 하는 현존재만의 독특한 '실존적 사실성'을 말한다.

215쪽

† 이해(Verstehen) : 인간 현존재가 세계-안에-있는 존재방식의 하나로서 그가 대하고 만나는 존재자를 자기 자신의 존재가능이라는 지평에서부터 포괄적으로 받아들이고 있음을 의미한다.

†† 실존범주(Existenzialien) : 인간 현존재는 이렇게 저렇게 보이는 존재자의 눈앞에 띄는 어떤 특성에 의해서가 아니라 존재해야 함(Zu-sein)과 각자성(Jemeinigkeit)이라는 두 가지의 존재성격에 의해서 규정될 수 있다. 즉 인간 현존재는 존재 자체가 문제가 되는 존재자로서 그의 존재를 자신의 것으로 존재해야 하며(존재해야 함), 이 존재자에게 그 존재함에서 문제가 되는 그 존재는 각자 자신의 것(각자성)이다. 하이데거는 이러한 인간 현존재의 존재양식을 실존이라고 명명하면서, 이때 인간 현존재의 실존구조에만 적용되는 독특한 개념장치를 다른 여타의 존재자들의 존재규정에나 적용될 수 있는 범주와 구별하여 실존범주라고 부른다.

219쪽

† 기획투사(Entwurf) : 인간 현존재는 자기 자신뿐만 아니라 그가 만나는 존재자도 그 자신의 존재가능에서부터 이해하며 파악한다. 이것을 하이데거는 존재가능에로 기획투사한다고 말한다. 즉 현존재를 그 자신의 고유한 가능에로 던지며 세계내부의 것을 그것의 '무엇을 위하여'에로 자유롭게 내주는 것이 기획투사이다.

222쪽

† 값싼 이해(Verständigkeit) : 존재자를 자기 자신의 존재가능에로 기획투사하여 거기에서부터 그것의 존재에서 이해하지 않고 '그들'이 이해하고 해석하는 일상의 자명성을 따르는 이해를 하이데거는 본래적인 의미의 이해와 구별하여 값싼 이해라고 명한다.

227쪽

† 이해의 앞선 구조와 해석 : 하이데거는 이해 안에서 기획투사된 가능성들을 정리정돈하여 이해의 기획투사를 비로소 그 목표점에 이르게 하는 현존재의 이행양식을 해석이라고 한다. 이러한 해석은 첫째로 하나의 앞서 가짐(Vorhabe), 즉 이미 이해된 사용사태전체성을 이해하는 존재이해 및 세계이해를 가지며, 둘째로 해석은 그때마다 앞서 가진 것에서 취해진 것을 특정의 해석에로 잘라버려서 사용사태 전체 내부에서의 시야가 하나의 특정한 영역으로 제한되는 앞서 봄(Vorsicht)에 근거를 두며,

셋째로 해석은 이미 특정한 개념설정과 결부된 앞서 잡음(Vorgriff)에 근거한다. 이러한 이해의 세 실존론적 요소를 하이데거는 이해의 앞선 구조라고 부른다.

231쪽
† 발언(Aussage) : 둘러보는 해석에서부터 유래한 파생된 양태로서 해석된 것을 밖으로 말하는 것을 말하는데, 곧 규정하면서 함께 나누는 제시를 뜻한다.

237쪽
† 실존론적-해석학적 '으로서'와 서술적 '으로서' : 둘러보며 신경쓰는 왕래에서 만나는 존재자는 그 자체 나름대로 이미 하나의 세계이해 속에서 열어밝혀진 사용사태를 지니고 있어서 여기에서부터 그때마다 그것의 '무엇을 위하여'에로, 즉 '어떤 것이 어떤 것으로'에로 발견되어 풀어헤쳐짐으로써 의미부여되는데, 하이데거는 서술 이전의 이러한 해석의 근원적인 '어떤 것을 어떤 것으로서'의 구조를 실존론적-해석학적 '으로서'라고 칭한다. 이러한 해석의 구조를 토대로 발언에서 눈앞의 존재자가 변양되어 서술된다. 발언도 해석에서처럼 그 실존론적 토대를 이해의 앞선 구조에 가지는데, 이때 특히 앞서 봄은 손안의 것을 눈앞의 것으로 시각을 바꾸어 보게 됨으로써 시야는 이제 지시연관들에 향하지 않고 속성과 같은 서술적 규정에로 향하게 된다. 이렇듯 둘러보는 해석의 근원적 '으로서'를 눈앞의 있음을 규정하는 '으로서'로 평준화시켜버리는 발언의 변형된 '으로서'가 서술적 '으로서'이다.

240쪽
† 말(Rede) : 하이데거는 『존재와 시간』에서 언어(Sprache)보다도 말(Rede)을 더 근원적인 것으로 해석한다. 말은 인간 현존재가 세계-안에-있는 존재방식의 하나로서 만나는 존재자를 그의 세계의 의미전체성에서부터 구체적으로 분류파악하여 어떤 것으로 말 건네 취하며 남과 더불어 그것에 대해서 이야기함을 의미한다. 후기에 가서는 언어에도 근원적인 의미가 부여되며 그래서 '언어는 존재의 집'이라고 규정되기에 이른다.

250쪽
† 잡담(Gerede) : 말은 한번 언어에서 밖으로 말해져 근원적인 세계이해와 존재이해에서부터 떨어져나오면 밖으로 말해진 것을 눈앞에 놓여 있는 것으로 간주하여 그 근원을 잃게 될 위험이 생기는데, 이때 세계-안에-있음을 하나의 구분된 이해 안에

서 드러내려고 애쓰지 않고 오히려 세계-안에-있음을 폐쇄시키고 세계내부 존재자를 덮어버리는 구체적 일상성에서의 '말'을 잡담이라고 칭한다.

261쪽

† 빠져 있음(Verfallenheit) : 일상의 구체적 현존재는 우선 대개 남들이 존재하듯이 그렇게 존재하고 자신이 관심을 쏟는 사물과 '세계'에 푹 빠져버려 거기에서부터 자기 자신까지도 이해하는데, 이러한 일상적 구체적 존재양태를 하이데거는 빠져 있음이라고 부른다.

304쪽

† '존재이해가 일어나고 있다는 사실'은 전집판의 출간과 더불어 추가된 문장이다.

419쪽

† 지금까지 독일어 Interpretation과 Auslegung을 따로 구별하지 않고 '해석'이라고 번역해왔다. 엄밀히 구분짓는다면 Interpretation은 이론적인, 학문적인 차원의 해석이고 Auslegung은 일상적인 또는 존재론-이전의 차원에서의 해석을 말한다. 그래서 하이데거는 여기에서도 실존론적인 양심'해석'은 Interpretation이라고 명하고 통속적인 양심'해석'은 Auslegung이라고 칭한다.

571쪽

† 독일어 Historisches는 엄밀히 말해서 기억되고 전해진 것으로서의 '역사적인 것'을 지칭한다. 따라서 memoria rerum gestarum의 의미에서의 '역사'를 지칭하는 셈이다. 그것은 이론적으로 구명되고 탐구되어 학문적으로 정리된 '역사학'과는 구별되어야 한다. 그렇다고 우리가 구별 없이 '역사적인 것'이라고 말할 때처럼 과거에 일어난 사건(res gestae) 자체를 말하는 것은 아니다. 이에 해당하는 독일어는 Geschichtliches라는 낱말이다. 이러한 구별을 염두에 두고 Historisches를 여기에서처럼 '역사[학]적인 것'이라고 번역한다.

608쪽

† 헤겔은 독일어 Punktualität가 간직하는 두 가지 의미를 염두에 둔다. 즉, 일상어의 '정확성'이 공간적인 점의 부정인 '점성'을 어원적으로 함축한 것으로 해석하고 싶어 한다.

초판 옮긴이의 말

20세기를 마감하는 시점에 와 있다. 20세기는 우리 한국인에게뿐 아니라 전 인류에게 유례가 없는 격동의 한 세기였다. 1903년, 라이트 형제가 인류 역사상 최초로 동력을 단 비행기를 타고, 새처럼 창공을 날고자 했던 인간의 꿈을 실현시킨 것이 20세기 벽두의 일이었다. 그후 인류는 눈부신 발전을 거듭하여 드디어 1969년에는 영원한 신비의 상징이었던 달에 감격의 첫발을 내디디게 되었다. 그로부터 30년이 채 안 된 지금 우리는 안방에서 화성 탐사선 패스파인더 호(號)가 지구에서의 원격조정에 의해서 화성표면을 탐색하며 생생한 화면과 자료를 지구로 전송해오는 것을 지켜보고 있다. 기술과 과학이 지난 한 세기 안에 이룩해놓은 믿기 어려운 업적이다. 기술과 과학은 인류를 하나로 묶어놓았고 드디어 '하나의' 세계의 구현을 목전에 두게 만들었다. 그런가 하면 서로가 신봉하는 이념이 다름으로 해서 인류는 두 차례나 이편저편으로 갈라져서 전면전을 벌였고, 표면상으로 전쟁이 끝난 뒤에도 제1세계, 제2세계, 제3세계가 갈라져서 도저히 '이성적' 인간으로서는 할 수 없는 만행을 지구상 곳곳에서 인류와 역사를 위한다는 구실 아래 자행해왔다. 엄청난 기술과 과학의 발달에도 불구하고 지금처럼 지구상에 굶어죽은 사람이 많았던 때는 일찍이 없었다.

인류역사를 되돌아보건대 문제가 많았던 시대에는 언제나 또한 문제를 해결하려고 노력한 위대한 지성들도 많았다. 철학은 그 시대를 사상으로 파악한 시대의 거울이라고 하지 않는가? 20세기가 격동과 파란의 시대였던 만큼이나 이 세기는 또한 과거 어느 때보다도 위대한 철학자들을 많이 배출시켰다. 20세기 인류 사상의 지도를 화려하게 수놓은 가장 훌륭한 철학자의 한 사람으로 우리는 '마르틴 하이데거(Martin Heidegger)'를 꼽는 데에 주저치 않는다. 그의 대표작인 『존재와 시간(Sein und Zeit)』은 20세기에 인류가 상속받은 가장 소중한 정신적 자산의 하나이다.

　무엇이, 어떤 점이 하이데거의 『존재와 시간』을 그것이 출간된 지 70년이 지난 지금까지도 여전히 배울 만한 가치가 있는 작품이라고 평가하게 만드는가? 한마디로 하이데거의 위대함은 시대를 앞서가는 그의 통찰력에 있다고 할 수 있다. 그는 다가올 세기를 기술과 과학의 세기로 보았고 그 기술과 과학이 인류에게 안겨줄 용약과 환희의 이면에 도사리고 있는 보이지 않는 어두운 그림자를 앞서 느낀 사람이다. 그래서 그는 기술과 과학을 움직이고 있는 인류역사의 '논리'가 무엇인지를 밝게 파헤쳐 보이려고 노력했다. 거기에 그치지 않고 다가올 세기에 인류가 택해야 할 삶의 문법과 문화의 논리는 무엇이며, 그를 위해서 인류는 무엇을 어떻게 준비해야 할지 고심했다. 이러한 문제의식 속에서 하이데거는 기술과 과학이 서 있는 토대가 서구의 형이상학임을 간파하고 그 형이상학이 간직하고 있는 일면적이고 일방적인 이성중심의 '논리'를 비판하며 그 근원이 어디에 있는지를 구명하려고 시도한다.

　『존재와 시간』은 이러한 세기적인 작업을 구체적으로 수행하기 위해서 하이데거가 내디딘 첫걸음인 셈이다. 하이데거는 이 작품에서 과학의 논리가 뿌리를 내리고 있는 삶의 문법을 탐구한다. 하이데거는 언제부터인가 과학의 논리가 삶의 문법을 지배하며 과학이 생활세계를 식민지화하고 있음을 꿰뚫어보고 그 전도된 관계를 밝혀 바로잡으려고 노력한다. 이러한 과학중심적 태도는 과학을 통해서 보는 시야만을 유일하게 타당한 시각으로 간주하여, 신적인 것을 내몰고 성스러움의 영역을 폐쇄하며 예술을 사적인 감정의 영역에 가두어놓고 윤리도덕을 행위조절 기능으로 평가절하하기에 이른다.

하이데거의 『존재와 시간』은 한마디로 삶의 문법을 과학의 논리로부터 해방시키기 위한 노력의 일환이다. 삶을 과학의 족쇄에서부터 해방시켜주어 삶이 간직하고 있는 다양한 차원과 그 풍부한 논리를 되살려주자는 것이 하이데거의 생각이다. 그는 또한 그의 책 제목이 시사하고 있듯이 '존재와 시간'의 관계에 주목한다. 그가 누차 강조하듯이 여기에서 중요한 것은 바로 '와'이다. 하이데거는 바로 '시간 속에서' 현성하는 존재의 생기, 존재의 사건을 보았던 것이며, 이 둘이 어떤 관계에 있는지를 사유하며 탐구하는 것이 여러 우여곡절 속에서도 변하지 않은 그의 유일한 관심사이다. 존재는 시간 속에서 주어지는 것이며 그렇기에 유일한, 변하지 않는, 모든 시대와 모든 문화권에 보편적으로 다 통용될 수 있는 그런 '존재'나 '존재의 논리'란 없다. 인간은 자신의 '시간 속에서' 일어나는 존재의 사건에 참여하여 거기서의 존재의 부름에 나름대로 응답할 뿐이다.

다가올 세기는 '세계화의 시대'라고 한다. 하나뿐인 지구에서 하나의 인류가 하나의 세계를 이루며 '지구촌의 시대'를 살게 된다고 말한다. 그렇다. 이미 우리는 여러 가지 면에서 그야말로 '하나의' 세계 속에 살고 있다. 제1세계, 제2세계, 제3세계를 구별하게 했던 이데올로기의 벽은 허물어져가고 있고 기술과 과학으로 인해서 가능해진 '하나의 세계, 하나의 지구'라는 보편적 인류의 이념에 모든 나라, 모든 민족, 모든 문화가 동참하려고 한다. 지금 세계를 하나로 묶어주고 있는 끈은 자유민주주의라는 정치이념과 기술과 과학에 의한 생산방식이다. 이 둘은 모두 유럽적인 근원을 가지고 있다. 그것을 한마디로 서구적 합리성의 전형이라고 이름하기도 한다. 지금 세계가 이러한 합리적인 유럽적 사유방식, 생활방식에 의해서 지배되고 있다는 데에는 이의가 없을 것이다. 따라서 '세계화'라는 허울 좋은 구호는 결국 '서구화'를 말하는 것이 된다. 사실 '현대화'는 곧 서구화였고 이제 그 서구화가 세계를 하나로 만드는 유일한 논리와 잣대로 구실하고 있음을 공인받으려고 하는 셈이다.

그러나 여기에서 우리는 그러한 서구화의 논리인 합리성이 서구적 생활세계와 역사에 뿌리를 두고 거기에서의 삶의 문법에서 형성되어 나온 '시간 속의' 산물임을 망각해서는 안 된다. 따라서 특정한 시대와 역사를 통해서 특정한 문화권에서 생성된 지역적인 '이성'을 너무 성급하게 모든 시대와 역사, 모든 문화권에 통용될 수 있고 통용되어야 하는 보편문화의 논리로 삼아서는 안 된다. '세계화'가 지구상의 모든 민족, 모든 역사, 모든 문화를 하나로 획일화시키는 프로크루스테스의 침대로 서구의 합리성을 재가하는 계기로 남용되어서는 안 된다. 오히려 서구적 합리성으로 인해서 지구파멸의 위험이 더욱 가중되고 있는 지금, 우리는 대안적 문화논리를 찾아야 한다. 그러기 위해서는 다른 역사, 다른 문화권에서 일어난 '존재생기'의 사건에도 귀를 기울여 거기에서 형성된 '존재의 논리'도 탐구해서 다가올 세기를 준비해야 한다. 이것이 하이데거의 『존재와 시간』이 다른 문화권에서 다른 역사적 전통 속에서 다르게 존재의 소리에 응답하며 살아온 우리에게 부과하고 있는 과제이다.

하이데거는 『존재와 시간』에서 존재의 다양한 의미와 그 통일적 이념을 파헤치기 위해서, 비주제적으로 암암리에 이미 각양각색의 존재자와의 만남에서 그 존재자들을 이해하며 관계 맺고 있는 인간의 생활세계와 그 삶의 문법에 주목한다. 『존재와 시간』은 이렇게 존재이해가 일어나고 있는 인간 현존재의 세계-안에-있음을 체계적으로 구조적으로 분석하여, 존재가 시간적으로 어떻게 인간에게 주어지며 인간이 어떻게 거기에 응답하는지를 드러내보임으로써, 존재의 의미에 대한 물음에 대답하기 위한 토대를 마련하고자 한다. 따라서 우리는 『존재와 시간』을 존재사건에 대한 공시적인 시각에서의 탐구(synchronische Untersuchung)라고 할 수 있다. 그리고 그 이후, 이른바 후기에서의 존재역사 또는 존재역운에 대한 탐구는 '존재사건'

에 대한 통시적인(diachronische)인 접근방식이라고 할 수 있겠다. 어쨌든 '존재와 시간'은 하이데거의 전 사상을 두루 꿰뚫고 있는 유일한 그의 관심사임에 틀림없다.

『존재와 시간』과 관련하여 독일인들 사이에서 이야기되는 농담이 있다. "『존재와 시간』이 왜 독일어로 번역 안 되고 있느냐?"라는 농담이 그것이다. 독일어로 쓰였지만 독일인들도 이해하기 힘든 어려운 책임을 시사하고 있는 대목이다. 그것은 또한 문화가 다르고 삶의 문법이 다른 우리의 말로 옮기려는 시도가 얼마나 무모한 일인지를 경고하는 경종이기도 하다. 『존재와 시간』을 번역하면서 새삼 느끼며 확인하게 된 것은 '번역은 반역이다(Traditio est trahitio)'라는 널리 퍼져 있는 통념이다. 그렇지만 누군가는 짐을 져서 후대에서의 학문적인 발전을 기약해야겠기에 이렇게 무모한 일을 감행하게 되었다.

옮긴이는 1974년 벨기에 루뱅 대학교에서 처음으로 하이데거의 『존재와 시간』에 대한 강의를 들었다. 기억에 남는 것은 한 학기 내내 '현존재(Dasein)'라는 개념을 이해하지 못하고 헤매던 일이다. 그후로 그것이 인연이 되어 독일로 학교를 옮겼고 거기에서 철학공부를 학부에서부터 새로 시작하면서 하이데거 철학을 공략하기로 일생일대의 계획을 세웠다. 석사학위논문은 하이데거의 『존재와 시간』에서의 언어관에 대한 것이었고, 박사학위논문은 하이데거의 『존재와 시간』이 얼마만큼 현상학적 저작인지를 밝히는 것을 주제로 삼았다. 그뒤 귀국하여 강단에 서서 15년 가까이 하이데거 철학을 강의하면서 후학들에게 도움이 될까 하여 하이데거 철학을 소개하는 10여 권가량의 책을 쓰거나 번역하여 출간했다. 그러나 이 모든 노력은 사실 옮긴이에게는 『존재와 시간』을 제대로 우리말로 번역하기 위한 준비작업이었다. 이제 『존재와 시간』을 공부하기 시작한 지 어언 사반세기가 되어가는 시점에서 이 책을 번역하여 출간하게 되니, 그것은 분명 옮긴이가 스스로에게 부과한 필생의 과업 하나가 구현되는 뜻깊은 순간이다.

옮긴이가 번역하면서 가장 고심한 부분은 하이데거의 핵심용어를 그 사태내용에 맞게 우리말로 옮기는 일이었다. 많은 경우 적합한 번역어가 없기에 차선책을 찾아야 했고 그러다 보니 사태에서 조금씩 벗어나는 경우가 종종 있었다. 거기에다 하이데거 자신이 설명에 매우 인색하기 때문에―그는 대개의 경우, 자신의 중요개념들을 아무 해설 없이 선언적으로 사용한다―독자는 문맥에서 그리고 철학사적 배경에서 하이데거가 의도하고 있는 것이 무엇인가를 찾아내서 해석해야 하는 과제까지 떠맡아야 한다. 하이데거의 텍스트의 경우 번역은 곧 해석이다. 그렇지만 『존재와 시간』과 같은 세기의 명작을 전적으로 번역자의 의역에만 맡길 수는 없다. 가능한 한 텍스트에 충실하면서 텍스트가 담고 있는 의미를 알기 쉬운 우리말로 옮겨야 하는 것이 번역자가 짊어져야 할 어려운 과제이다. 이 과제를 성실하게 수행하려고 옮긴이는 처음에는 역자주를 많이 달아 텍스트 이해에 도움을 주려고 애를 썼지만 곧 그것도 한계가 있음을 깨닫게 되었다. 그래서 자세한 역자주가 딸린 용어해설집을 이 번역서와 함께 출간하기로 마음을 정하게 되었다.

하이데거는 『존재와 시간』뿐만이 아니라 그의 모든 저서에는 사항 색인 또는 용어 찾기를 만들지 못하도록 했다. 왜냐하면 그의 저서가 사항 색인이나 용어 찾기를 통해서 단시간에 부분적으로 요점과 급소로 이해될 수 있는 지식의 집적물이 아님을 누구보다도 그가 잘 알고 있기 때문이다. 그렇지만 전통 철학에 대한 철저한 비판 속에서 전혀 다른 개념 틀로 자신의 철학을 전개하고 있는 그의 텍스트는 용어에 대한 정확한 이해 없이는 한 줄도 제대로 따라가기가 힘들 정도로 어렵다. 그래서 옮긴이는 『존재와 시간』의 이해를 돕고 앞으로의 하이데거 철학연구에 도움이 되려는 마음에서 『「존재와 시간」 용어 해설』을 동시에 내놓는다. 좀더 상세한 역자의 해설을 기대하는 독자의 경우 이 해설집을 같이 놓고 『존재와 시간』을 정독한다면 이해에 많은 도움을 받으리라고 믿는다.

번역의 대본으로는 *Sein und Zeit*(Max Niemeyer Verlag Tübingen) 제12판(1972)과 제15판(1979)을 동시에 대조하면서 사용했다. 아울러 전집 제2권으로 나온 클로스터만 출판사의 1977년 판본도 참조하여 비교했다. 외국 번역본으로는 존 맥커리(John Macquarrie)와 에드워드 로빈슨(Edward Robinson)이 번역한 영어판 *Being and Time*(Oxford Basil Blackwell, 1973)과, 루돌프 보엠(Rudof Boehm)과 알퐁스 드 밸랭(Alphonse de Waelhens)이 번역한 프랑스판 *L'Être et le Temps*(Gallimard, 1964)과 프랑수아 브쟁(Francois Vezin)이 번역한 최신 번역판 *L'Être et le Temps*(Gallimard, 1986)을 참조했다. 우리말 번역본도 이미 네 가지 종류가 있지만 번역용어의 독자성을 견지하기 위하여 참조하지 않고 번역 후에 대조하여 보았다.

『존재와 시간』 제15판에는 하이데거가 토트나우베르크의 오두막에 두고 가까이 사용하던 소장본의 가장자리 여백에 적어놓은 하이데거 자신의 주석이 추가로 실려 있다. 옮긴이는 이 여백주석을 어떻게 할 것인가를 놓고 고심을 많이 했다. 우선 그 여백주석은 언제 기입해놓았는지가 분명치 않기 때문에 하이데거 자신의 사유의 변화과정을 알아내는 데에는 아무런 도움이 안 된다. 그 주석들은 한결같이 짤막한 단어나 경구로 이루어져 있기에 정확하게 하이데거 자신이 무엇을 의도하며 썼는지를 알아보는 것이 쉽지 않다. 이런 이유로 처음에는 번역하는 것을 포기했다. 그러나 그래도 하이데거의 전체 사상을 염두에 둔다면 그 여백주석이 무엇을 의미하는지는 알 수 있겠다 싶어서 번역하기로 마음을 바꾸었다. 그러나 미리 독자에게 유의시키고 싶은 것은 이러한 사정을 감안하여 여백주석을 반드시 원문과 대조하여 읽으라는 점이다.

이 번역서가 사반세기의 준비과정을 거쳐 이렇게 세상의 빛을 보기까지에는 우여곡절도 많았고 여기저기서 받은 오해로 인한 마음의 상처도 적지는 않았다. 그렇지만 그것이 거름이 되어 이 번역서가 내일의 한국철학을 준비하는 한글 세대의 하이데거 연구에 도움이 된다면 옮긴이의 노력은 그것으로 충분히 보상받는 셈이 될 것이다. 이 자리를 빌려서 그동안 대학원에서 같이 『존재와 시간』을 강독하면서 음으로 양으로 도움을 준 한국외국어대학교 대학원생들에게 감사의 마음을 전하고 싶다. 매끄러운 우리말이 되도록 글을 다듬어준 박사과정 수료자 이한우 군과 꼼꼼히 원전과 대조하여 완벽한 번역서가 되도록 힘써준 구연상 군에게는 특별한 감사의 말을 전한다.

옮긴이를 전적으로 믿고 옮긴이에게 필생의 과업을 성취할 기회를 준 까치글방의 박종만 사장님께도 진심으로 고마움의 인사를 드린다. 보이지 않는 곳에서 힘들고 짜증나는 교정작업을 장인정신으로 훌륭하게 수행하여 이처럼 묵직한 책으로 세상의 빛을 보게 해준 편집부 직원들에게도 감사드린다.

             1998년 2월 돌마을[石村洞] 서재에서
                   이기상

제2판 옮긴이의 말

서양과 동아시아에서 일어난 서로 다른 "존재-사건"

『존재와 시간』은 1927년에 발간되었다. 곧 발간 100주년(2027년)을 맞이한다. 100주년을 맞이하며 『존재와 시간』의 의미를 되돌아본다.

하이데거의 『존재와 시간』 덕분에 탈근대라는 21세기에 '존재'의 귀환을 확인할 수 있다. "사건학"이라는 이름으로 '존재'에 대한 논의가 새롭게 불붙고 있다. '존재의 사건'이 '사건'으로 논의된다는 사실 자체가 '존재물음'에 불을 지피려는 하이데거의 기획이 어느 정도 성공했음을 확인하는 셈이다. "우리는 다시 철학사의 원점으로 돌아왔다. 문제는 여전히 '존재'이다. 근대 철학에서 형이상학은 거부되었다. 그러나 현대 철학은 형이상학의 부활을 통해서 새로운 사유의 문을 연다. 하지만 현대 형이상학은 고전적인 형이상학 체계들과는 다른 방식으로 문제를 제기한다. 현대 형이상학의 출발점은 존재, 영원, 필연이 아니라 무, 시간, 우연이다."* 그리고 이런 주제를 다루는 것이 바로 **사건학**이라고 이정우는 소개한다.

하이데거가 1929년 프라이부르크 대학교 교수취임 강연인 "형이상학이란 무엇인가?"에서 인용한 라이프니츠(Gottfried Wilhelm Leibniz)의 말이 20세기 말 세계철학계의 뜨거운 화두로 등장한다. "도대체 왜 무(無)가 아니고

---

* 이정우, 『세계철학사 4 : 탈근대 사유의 지평들』, 도서출판 길, 2024년, 20쪽 이하.

도리어 어떤 것(사물)이 존재하는가?(Pourquoi il y a plutôt quelque chose que rien?)"*

어쨌거나 '존재(있음)'와 '있음 증명'이 다양하게 펼쳐지는 철학의 역사에서 동서양의 대응이 아주 다르게 전개되었음에 우리는 주목해야 한다. 그 의미에 대한 논의도 당연히 그렇고, 그 반대급부인 무(無), 없음, 공(空)에 대한 이해와 해석도 마찬가지이다. 서양의 형이상학에 지구촌 모든 문화권의 존재이해의 지평에 대한 **검열과 통제권**이 주어지지 않았다는 사실에 역점을 두어야만 한다.

여기에서 우리는 하이데거의 애제자인 막스 뮐러(Friedrich Max Müller)가 하이데거의 사후에 발표한 글, 「오늘날 형이상학이란 무엇인가? 형이상학의 자기 이해에 대한 세 가지 고찰」("Was ist Metaphysik‒heute? Drei Betrachtungen zu ihrem Selbstverständnis")**에 주목해볼 필요가 있다. 막스 뮐러의 말에 귀를 기울여보자.

> '존재', '시간', '세계'와 같은 개념 또는 사태는, 그 안에 이미 '들어서 있음' 및 그것들과 '친숙해 있음'과 더불어 구별과 거리, 즉 일정한 '물러섬'이 따를 때에만 이해될 수 있다. 다시 말해, **다른 세계들과 다른 시대들**은 그들 나름대로 독특한 '존재이해'와 더불어 생성되는 것이지, 어떤 필연적인 순서 속에, 계속적이거나 변증법적인 "전개" 속에 분리된 것이 아니라는 뜻이다. 그들의 '출생'은 각기 다른 '운명'에서부터 시작되었고, 그 운명은 그들에게 나름대로 새로운 자유에서 떠맡을 것을 호소한다.
>
> 존재, 시간, 그리고 그것들의 내어줌, 그때그때의 세계 등은 존재하는(sind)

---

* Martin Heidegger, *Was ist Metaphysik?* 프랑크푸르트 암 마인, Vittorio Klostermann 편집, 1981년, 22쪽.
** Max Müller, "Was ist Metaphysik‒heute? Drei Betrachtungen zu ihrem Selbstverständnis (「오늘날 형이상학이란 무엇인가? 형이상학의 자기 이해에 대한 세 가지 고찰」", in : *Philosophisches Jahrbuch* 92 [1985년], 52‒67쪽 참조.

것들이 아니고, 하이데거가 말하듯이, "주어지고 있는(es gibt)" 것이다. 이 말은 그것들 안에서 역사적으로 개개의 '존재자'는 모두 나름대로 '다른 존재자'이며, 그것들 안에서 '시간'은 나름대로 '다른 역사적인 시간'으로서 개방된다는 것을 인정하자는 이야기이다. '존재'는 우리에게 역사적으로 나름대로 다른 형태로 결단하도록 자신을 내주고 있다. 이 잊힌 "주어지고 있다(es gibt)"가 비로소 이것 또는 저것으로 하여금 각기 다른 '존재의 의미'로 존재하게끔[있게끔] 해준다.

하이데거는 이렇게 단초를 잡기는 했지만 유럽 이외 세계들과의 비교를 통해서 이것을 상세하게 설명하지는 못했다. 그렇지만 어쨌거나 하이데거는 서양의 존재이해의 커다란 시대들을 구별 지어 처음으로 '메타 역사학적인' 기술을 시도했다. 이 "내어줌(Geben)"과 "주어지는 것(Gaben)"이 다시 기억된다(an-gedacht)고 해도, "Es(그것)"는 아직 사유되어야 할 것으로 남아 있다. 이 사유되어야 할 Es는 원칙적으로 파악될 수 없는 신비이며, 이것은 바로—그 자신의 파악될 수 없음 속에서—잊힘을 벗어나 '신비'로서 보존되고 존중되어야 한다. 이러한 '테두리' 안에서 비로소 모든 존재자, 유한한 존재자, 아니 유한한 존재자 그 이상이 나름대로 다르게 '등장할' 수 있다. 즉, 사물, 인간, 신들의 등장, 그리고 그것들 안에서 나름대로의 '시간-공간' 및 나름대로의 다른 '존재의미'를 통해서 Es의 신비가 드러난다. Es는 감추어져 있음 속에서 자기 자신을 드러내 보인다.

이 모든 것("주어지고 있다[es gibt]"라는 사건)이 **역사**이다. 역사 또한 존재자가 아니며, 역사 그 자체는 자신의 근거들에서부터는 자신의 참된 존재가 인식될 수 없다. 그것은 대상적인 것이 아니다. 그것은 올바른 판단들 속에서 명백하게 파악될 수 없고 연역적으로 그것의 가능조건에서 확실하게 파악될 수 없다. 역사는 '이해된다'고 우리는 말한다. 그것의 방법은 **해석학**이다. 그 시대 그 시대의 세계내부적인 역사가 있고 그것과 더불어 세계내부적인 해석학이 있다.

해석학의 방법적인 출현과 관련해 우리는 19세기의 슐라이어마허(Friedrich Ernst Daniel Schleiermacher), 뵈크(August Boeckh), 드로이젠(Johann Gustav Droysen), 딜타이(Wilhelm Dilthey) 등을, 그리고 20세기의 요아힘 바흐(Joachim Wach), 한스-게오르크 가다머(Hans-Georg Gadamer) 등을 들 수 있다. 역사 또는 세계-안에서의 역사들 외에도 다양하고 나름대로 다른 "존재의 떠오름"과 "존재의 짐"으로서의, 또는 의미이해인 존재이해의 출생과 죽음으로서의 '역사 자체', 아니 차라리 '세계들의 여러 역사들'이 주어져 있다. 하이데거의 견해는 명백하지 않은 "존재의 역사"에 대한 그의 "미래적인" 사유의 자기이해에서 각기 나름대로 독특한 '존재이해'와 '세계이해'를 다른 것과 구별 지어 파악해야 하는 '해석학'으로 넘어가는 듯하다.

개개의 커다란 시대와 세계의 '있음(ist)'은 이러한 모든 것을 의미하며 개개의 다른 '여기'와 '저기'를 뜻한다. 끊임없이 번역과 전수의 '전이'가 필연적이다. 이해는 여기에서 언제나 "유비적"이다. 그런데 예전의 표현양식을 빌어 낯선 것으로의 감정이입에서도, 해석과 의미 부여에서의 불합치를 결코 제거할 수는 없음을 알아야 한다. 여기에서 "차이"는 항상 "동일성"에 비해 더 큰 것으로 존립하고, 유비적인 이해에서도 아직 남아 있는 낯섦이 더 지배적이며 결코 완전히 극복될 수 없다. "유사함이 크면 클수록 또한 그만큼 차이점도 크다(Quanto maior similtudo tanto maior dissimilitudo)"라고 1215년의 라테란 공의회는 신학적인 형이상학의 표현방식을 기록한다. 이렇게 자기 자신에게로 되던져짐 속에서 비로소 자신의 독특한 동일성은 다른 것과의 경계를 의식하고 이제 비로소 자기 자신으로 이해된다. 이제 비로소 **역사적인 자기이해**가 힘을 펴기 시작한다.

각기 다른 문화권에서 역사적으로 펼쳐온 존재 "역운(Geschick)"의 "존재-사건(Ereignis)"에 주목하고, 그 문화권의 존재의 신비가 간직하는 "있음"의 의미를 그에 맞갖게 응답하며 이해하는 밝혀-보임이 '지구촌 시대'

에 사유하는 철학자의 과제일 것이다. 그런 의미에서 21세기 **사유하는 철학**이 가야 할 길은 어쩔 수 없이 다양한 문화권과 대화하며 펼치는 소통과 공감의 열린 장이다.

이 대목에서 우리는 동아시아에서 오랜 전통과 역사 속에 전개되어온 "존재-사건"에 주목해야 한다고 생각했다. 그 존재역운적 사건은 그 깊이 은닉된 심연을 들여다볼 때 전혀 "존재"-중심적이지도 않고 "이성"-중심적이지도 않고 "인간"-중심적이지도 않음을 깨달을 수 있었다. 동아시아에서의 "존재-사건"은 무, 공, 허(無, 空, 虛) 빈탕한데, 텅 빔 속에서 펼쳐지는 "있끝[太極]"과 "없끝[無極]"의 "맞춰 놀이"였다. 그래서 우리 동아시아인에게 "존재-사건"은 하늘과 땅 사이의 그 끝없는 장[마당]인 빈탕한데에서 펼쳐지는 "사이-놀이"인 것이다. 그래서 우리는 있고 없고를 막론하고 모든 것을 "텅 빈 빈탕 사이"에서 펼쳐지는 "맞춰 놀이"로 보았다. 우리는 사람이라는 인간(人間 = 사람 사이)이 시간(時間 = 때 사이)과 공간(空間 = 빔 사이)이라는 천지간(天地間 = 하늘땅 사이)의 빈탕한데에서 서로서로 사이좋게 사이하며 맞춰 논다고 보았던 것이다.

우리 동아시아인에게 "존재(있음)"의 의미는, 하이데거가 강조하는 "an-wesen", "τὸ τί ἦν εἶναι", 즉 "그 자리에 있음"이나 "어떤 무엇으로 계속 존재해왔음"의 의미가 결코 아니다. 하이데거가 강조하듯이 "존재의미의 지평"이 다르다. "무(無)"나 "없음"에 관해서는 아예 이야기를 꺼낼 필요도 없을 것이다. 하이데거 스스로 말했듯이, 서양 철학의 역사는 곧 "무(無) 제거의 역사"였으니 말이다. 그에 반해서 동아시아에서는 "존재", 즉 "있음"이 "없음", 즉 "무극(無極)"에서 유래한 것으로 풀이한다. 그래서 다석 류영모는—서양의 철학개념을 이용해서—우리 동아시아인에게 있음[실재]은 없음[무(無)]의 양태라고 풀이한다. "없음"이 "실체"이고 "있음"은 그 없음이 밖으로 드러나는 "양태"라고 말이다.

이제 서양의 현대 철학에서도 무와 없음에 대한 다양한 논의가 펼쳐지고 있다. 그러한 논의의 마당을 사건학이라는 이름으로 묶고 있다. 이제 사건학이라는 새로운 "존재론(?)"으로 동서양이 서로서로 머리를 맞대고 21세기 "탈근대의 새로운 사유"를 펼쳐야 할 시점이다. 과거 어느 때보다도 열린 마음이 요구된다. 21세기 이제는 인간도 "공감인(homo empathicus)"으로 새롭게 규정하고 있다. 그야말로 이심전심(以心傳心)과 역지사지(易地思之)의 정신과 마음, 다시 말해 상대방의 관점과 입장에서 상대방을 이해하려는 마음가짐으로 서로에게 마음을 열고 탈근대 사건의 숲을 함께 헤쳐나가야 할 것이다.

"사건"으로서의 "존재"가 철학적 사유의 주된 관심사가 되고 있다는 사실에 주목해야 한다. 그 이야기는 이제 "존재"는 명사가 아니라 동사, 다시 말해 "존재하다"로 읽고 그렇게 이해해야 한다는 말이다. 사건의 시대인 탈근대에는 '명사'가 아닌 '동사'가 주도권을 잡으며 그 역동적인 징표를 펼쳐 보이고 있다. 하이데거 역시 후기 철학으로 가면서 "사물(Ding)"은 "사물하다(dingen)"로, "세계(Welt)"는 "세계하다(welten)"로 풀이한다. 예술가 김아타는 그런 시대적인 추세를 작품에 반영해서 "자연하다(ON NATURE)"라는 작품전시회를 열었다. 하이데거는 "사건(Ereignis)"도 "사건하다(ereignen)"로 풀이하면서 그것이 함축하는 심층문법을 파헤쳐 그의 철학하기에서 다양한 "탈근대적 말놀이"로 활용한다. 여기에서 영향을 받은 김아타는 모든 낱낱의 개체들이 펼치는 "존재[있음]"의 향연에 지구인을 초대한다. 김아타는 이어령 선생과의 마지막 대화를 『이어령하다』라는 제목으로 출간했다.* 더 나아가 "홀씨하다"라는 제목의 작품도 발표했다. 김아타는 사물 개체의 "있음"에 하이데거가 인간의 실존에만 유보했던 동사를 사용했다. 개별 존재자의 존재로 있음을 그 "독자적인 유니크함"을 드러내며 표현하기 위해서

---

* 김아타, 『이어령하다: 이어령 선생과의 마지막 대화』, 맥스미디어, 2022년.

"……하다"라는 동사형을 활용한 것이다. 이른바 존재론적 차이로서의 사건적인 "차이생성"을 표현하는 셈이다. 예전에 종(種)이 가졌던 본질적 차원의 존재론적 위상을 이제 낱낱의 개별체들도 갖게 된 것이다.

하이데거도 후기 철학에서는 낱낱의 사물들이 사건 속에서 각기 나름의 고유한 독자성을 펼쳐 보이는 사태에 주목하면서, 『존재와 시간』에서 인간 실존에게만 유보되었던 "본래성(Eigentlichkeit)"을 "사건(Ereignis)"의 한 국면으로 파악하려고 시도한다.*

이러한 탈근대적 추이를 반영해서 이번 『존재와 시간』 개정판에서는 "존재"를 동사형으로 이해해서 풀이하려고 노력했다. 그래서 "존재"라는 낱말 대신에 "있음", "있다"라는 번역어를 택했다. 그리고 전에 세계-내-존재라고 번역한 개념을 세계-안에-있음으로 옮겼다. "Dasein"의 번역어인 "현존재"는 워낙 깊이 각인된 개념이라 바꾸지 않았다. 하이데거가 풀어서 "Da-sein"이라고 표기할 때에 "거기에-있음" 식으로 풀어서 옮겼을 뿐이다.

까치글방에서 『존재와 시간』을 출간한 때가 1998년이었으니 25년, 사반세기가 지난 셈이다. 그동안 독자분들의 꾸준한 관심과 사랑을 받아 매년 인세를 받는 유일한 책이다. 옮긴이로서는 이보다 더 큰 보람이 어디 있겠는가? 이번 개정판을 내기 위해 처음 번역판을 낼 때만큼이나 온갖 심혈을 기울였다. 그럼에도 "번역은 반역"이라지 않는가? 완벽한 번역은 있을 수 없는 일임을 다시 한번 깨닫는다. 총기가 예전 같지 않아서 이쯤 손을 놓고 교정지를 출판사로 넘긴다. 독자분들의 이해와 사랑을 바랄 뿐이다. 고(故) 박종만 대표님과의 인연으로 『존재와 시간』을 비롯해 많은

---

* eigen, eignen, Aneignung, Eigentum, Eigentumschaft, Eignung, eineignen, enteignen, übereignen, ureigen, zueignen 등이 하이데거의 책 *Beiträge zur Philosophie. Vom Ereignis*(『철학에의 기여』, Vittorio Klostermann 편집, 1989년)에 등장한다.

하이데거 저술 책을 까치글방에서 출간할 수 있었다. 하이데거 철학을 전공한 나에게는 하늘이 내려준 기회였다. 그 행운을 박후영 대표로부터도 이어받을 수 있어 기쁘기 그지없다. 『존재와 시간』 출간 100주년에 맞추어 개정판을 출간하도록 배려해준 박후영 대표님께 큰절을 올린다. 정성을 다해서 전문가 정신을 한껏 발휘한 편집부 선생들께도 깊은 고마움의 인사를 드린다.

2025년 봄 돌마을[石村洞] 서재에서
이기상